国家"十二五"规划重点出版项目

吕振羽全集

【第七卷】

任命吕振羽为中華人民共和國民族事务委員会委員

总理 周恩来

1957年6月7日

第 7430 号

中華人民共和國國務院

任 命 書

1957 年,周恩来签署的国务院任命书

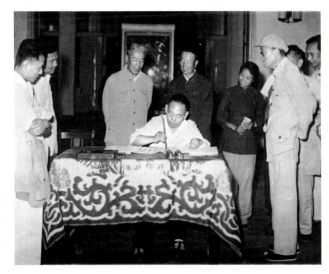

1961 年 7 月,吕振羽参观内蒙古博物馆留言(右一为范文澜、左三为王冶秋)

第二讲 学习历史的方法

1961 年，吕振羽在中央学校作《中国历史讲座》时的手稿

1961年，中央党校印制的中国历史讲座讲义

我國若干少數民族
的原始公社制或其殘余

吕振羽

地下出土的远古遺存和
我國原始公社制时代的歷史过程

吕振羽

中共中央高級党校
一九六一年八月

中國歷史讲稿

吕振羽

《中国历史讲稿》书影

《史学散论》(即《史学评论》)书影

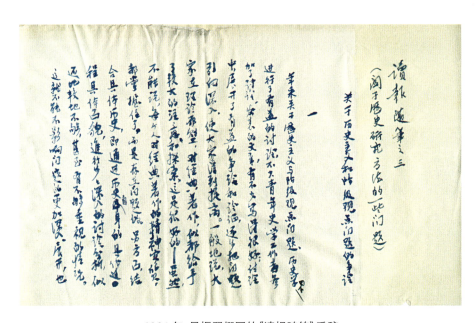

1964年,吕振羽撰写的《读报随笔》手稿

目　次

中国历史讲稿

编 印 说 明

　　《中国历史讲稿》，是著者 1961 年为中共中央高级党校理论班学员讲授中国通史的讲稿，由中央党校历史教研室据录音整理，汇编成校内教材印行。1982 年，应人民出版社之约，该稿经魏晨旭同志主持整理，又经江明同志据著者讲授底稿修订，于 1984 年出版。该书是著者中国通史思想体系与研究中国历史主要学术观点的全面总结。简明扼要，理论性强，深入浅出，是该书主要特点，适应了当时高中级党校干部学习中国历史的迫切需要，受到中央党校师生与校领导的欢迎与赞许。

　　全集编辑，以人民出版社 1984 年版为底本整理排校，更正了出版时的个别错字，内容和观点均保持原貌，并把著者在中央党校《中国历史讲授大纲》、《中国通史问题解答》（记录稿）整理后作为附录辑入。

张锦城

目 录

第一讲
中国历史引言（一）

同志们：现在讲引言。

首先，谈一下我们为什么要学习历史，也就是说要谈谈学习历史的重要性问题。

同志们都看过毛主席的著作，党内生活也过了许多年，都知道我们党一向重视党员干部学习历史，而且把干部学习历史提到相当的高度。毛主席在《改造我们的学习》、《整顿党的作风》等几篇文章里，把学习历史都提得很重要。这是同志们都很熟悉的，因此不多谈了。

关于怎样学习历史，在《毛泽东选集》的许多文章里，作了很多重要的指示。如《中国共产党在民族战争中的地位》一文就谈得很多。从历史科学这一个角度来看，这篇文章的重要性不下于列宁的《什么是"人民之友"以及他们如何攻击社会民主主义者》，在我们中国人看来，更有特别的意义。毛主席在这篇文章中说过这样一段话："一般地说，一切有相当研究能力的共产党员，都要研究马克思、恩格斯、列宁、斯大林的理论，都要研究我们民族的历史，都要研究当前运动的情况和趋势；并经过他们去教育那些文化水准较低的党员。特殊地说，干部应当着重地研究这些，中央委员和高级干部尤其应当加紧研究。指导一个伟大的革命运动的政党，如果没有革命理论，没有历史知识，没有对于实际运动的深刻的了解，要取得胜利是不可能的。"[1] 毛主席关于这一类的话说得很多，原则提得很高、很深刻。从这里可以了解，我们党在

---

[1]《毛泽东选集》第2卷，人民出版社1991年第2版（下同），第532—533页。

对干部教育的安排中，历史学习一直占有重要地位。毛主席在《改造我们的学习》中讲：有些人不懂得自己的祖宗。"对于自己的历史一点不懂，或懂得甚少，不以为耻，反以为荣。"①

为什么我们的党和毛主席把学习历史提到这样的原则的高度呢？我们学习历史是为了改造世界，为了共产主义事业，为了我国和全世界的共产主义事业。历史是劳动人民创造的。我们马克思主义者所从事的共产主义事业，是人类历史上空前未有的光荣、伟大而艰巨的创造历史的事业。我们每天的活动都是在创造历史，都是在创造伟大的、光明的未来。当然，我们创造历史是有指南针的，那就是马克思列宁主义的理论。马克思主义、毛泽东思想是人类历史的总结和概括，而又对人类所创造的历史遗产作了批判地检查和分析，并从中吸取了优秀的成果。马克思的《资本论》是关于资本主义社会的历史，一直到今天还没有别人写出这样的历史来。马克思的《路易·波拿巴政变记》、《法兰西内战》，恩格斯的《家庭、私有制和国家的起源》（今天我们研究原始社会的历史，没有这个本子不行），毛主席的《中国革命和中国共产党》，这些著作，在今天也还没有人写出这样的历史著作来。所以说，他们是最伟大的历史家。当然他们不仅是历史家。但是，从历史学的角度来看，他们是人类有史以来最伟大的历史家。

恩格斯在《共产主义者和卡尔·海因岑》一文中曾讲过："共产主义不是学说，而是运动。它不是从原则出发，而是从事实出发。被共产主义者作为自己前提的不是某种哲学，而是过去历史的整个过程，特别是这个过程目前在文明各国的实际结果。"② 这就是说，学历史要把重点放在近代和现代。毛主席在他的著作中也有这个精神。因此，我们学历史特别要着重学近代史、现代史，尤其是近代工人运动史、党史。我不能因为在这里讲古代史，就把古代史的重要性夸大起来，超过近代史、现代史。

毛主席在他的著作中指示我们要用马克思列宁主义的普遍真理和中国历史实际、革命实际相结合。毛泽东思想是马克思列宁主义的普遍真理和中国历史实际、革命实际相结合的产物。对我们共产党人来说，学习历史是为了解决中

①《毛泽东选集》第 3 卷，第 798 页。
②《马克思恩格斯全集》第 4 卷，第 311—312 页。

国革命的理论问题和策略问题，是为了正确地认识、掌握和执行党的政策。

下面，分三方面谈谈学习历史的意义：

（1）为了认识人类社会历史发展的客观规律需要学习历史。因为，知道了过去是怎样来的，才能知道今天和预见未来。毛主席讲过，今天的中国是昨天和前天的中国发展来的，我们不能割断历史。孔夫子说过："殷因于夏礼，所损益可知也。周因于殷礼，所损益可知也。其或继周者，虽百世可知也。"①这是说，殷朝的制度是根据夏朝来的，它增加什么或减少什么都可以知道。周朝的制度又是根据殷朝而来，它增加或减少什么也都可以知道。将来继续周朝的社会到底应该怎样？根据以往的历史情况，虽经百世也可以知道。当然，这是孔夫子吹牛，他不知道今天的社会主义和共产主义，他不知道历史发展的客观规律。但我们知道这些大事情。今天，我国社会主义革命已取得伟大的胜利，社会主义建设也取得了重大的胜利，而且要向共产主义前进。但是共产主义的道路并不是那么一帆风顺的，这个道路是人类从未走过的道路。所以，我们要从历史上吸取经验，掌握规律。当然，今天的规律有特殊性。毛主席讲，共产主义社会和过去的社会不同，它有很多的优越性。至于共产主义社会将来还要不要变，以后是不是还会有一个不同于共产主义社会的阶段？大概也有可能，不然就不符合历史唯物主义，而变成形而上学了。不过，那是多少年以后才能了解的事情。今天，我们学习历史是为了认识人类历史发展的客观规律，并根据这样一个客观规律去进行社会主义革命和社会主义建设。恩格斯在《反杜林论》中讲："和那种以天真的革命精神笼统地抛弃以往的全部历史的做法相反，现代唯物主义把历史看做人类的发展过程，而它的任务就在于发现这个过程的运动规律。"② 斯大林有几句话讲得很好。他说："历史科学的首要任务是研究和揭示生产的规律，生产力和生产关系发展的规律，社会经济发展的规律。""无产阶级党要想成为真正的党，首先应当掌握生产发展规律的知识，社会经济发展规律的知识。"③ 党是由党员组成的，因此，我们共产党员就应该精通生产规律，社会经济发展规律。这个问题很重要。恩格斯在《劳

---

① 见《论语·为政》。
②《马克思恩格斯选集》第3卷，人民出版社1972年版（下同），第64页。
③《斯大林选集》下卷，人民出版社1979年版，第444页。

动在从猿到人转变过程中的作用》中讲了这样几句话："单是依靠认识是不够的。这还需要对我们现有的生产方式，以及和这种生产方式连在一起的我们今天的整个社会制度实行完全的变革。"① 这段话是说，我们认识规律，不光是为了认识世界，而且是要变革社会，变革世界。认识规律是为了革命，为了改造社会。这是我们为什么要学习历史的第一种意义。

（2）为了吸取历史上的经验教训，使我们得以正确地认识、掌握和执行党的政策，需要学习历史。

我们学习历史就是为了吸取历史上的经验教训，使我们能够正确认识、掌握和执行党的政策。共产党员要正确地执行党的政策，要领导千百万群众进行斗争。这里还要引一句恩格斯在上面那本书里讲过的一段话，他说："但是经过长期的常常是痛苦的经验，经过对历史材料的比较和分析，我们在这一领域中，也渐渐学会了认清我们的生产活动的间接的、比较远的社会影响，因而我们就有可能也去支配和调节这种影响。"② 这就是说，要利用以往的经验，使我们不重复过去所犯的错误。毛主席有一段话讲得很明白，他说："根据马克思列宁主义的理论和中国革命的实践之统一的理解，集中十八年的经验和当前的新鲜经验传达到全党，使党铁一样地巩固起来，而避免历史上曾经犯过的错误——这就是我们的任务。"③ 他这段话主要是从党史这个角度讲的，但我们可以把这个原则运用到全部历史上来。

（3）为了批判地继承历史遗产，使过去的历史遗产为共产主义事业服务，需要学习历史。

上面我们讲过，马克思列宁主义、毛泽东思想总结、概括了历史上人类思想和文化的全部成果。因此，学习马克思列宁主义、毛泽东思想对学习历史有着重大的意义。列宁在《马克思主义的三个来源和三个组成部分》中讲："在马克思主义里绝没有与'宗派主义'相似的东西，它绝不是离开世界文明发展大道而产生的固步自封、僵化不变的学说。恰恰相反，马克思的全部天才正在于他回答了人类先进思想已经提出的种种问题。它的学说的产生正是哲学、

---

① 《马克思恩格斯选集》第 3 卷，第 519 页。
② 《马克思恩格斯选集》第 3 卷，第 519 页。
③ 《毛泽东选集》第 2 卷，第 614 页。

政治经济学和社会主义的最伟大代表的学说的直接继续。"① 列宁在《青年团的任务》里说；"但是，如果你们试图从这里得出结论说，不掌握人类积累起来的知识就能成为共产主义者，那你们就犯了极大的错误。如果以为不必领会产生共产主义学说的全部知识，只要领会共产主义的口号，只要领会共产主义科学的结论就已经够了，这也是错误的。马克思主义就是共产主义从全部人类知识中产生出来的典范。""马克思研究了人类社会发展的规律，了解到资本主义的发展必然会走向共产主义，更主要的是他完全依据对资本主义社会所作的最确切、最缜密和最深刻的研究，借助于充分领会以往的科学所提供的全部知识而证实了这个结论。凡是人类社会所创造的一切，他都用批判的态度加以审查，任何一点也没有忽略过去。凡是人类思想所建树的一切，他都重新探讨过，批判过，在工人运动中检验过，于是就得出了那些被资产阶级狭隘性所限制或被资产阶级偏见束缚住的人所不能得出的结论。"② 十月革命后，苏联共产党的干部文化水平还很低，有些人对理论的学习，对历史知识的学习认识得不恰当，不全面，为了改变这种情况，列宁在《论无产阶级文化》里指出："马克思主义……吸收和改造了两千多年来人类思想和文化发展中一切有价值的东西。"③

　　对这个问题，毛主席讲得很透彻。中国历史非常丰富，有很多特点，是欧洲历史所没有的，马克思、恩格斯、列宁没有谈到这些，但毛泽东思想把它概括进去了。毛主席在《中国共产党在民族战争中的地位》中讲："学习我们的历史遗产，用马克思主义的方法给以批判的总结，是我们学习的另一任务。我们这个民族有数千年的历史，有它的特点，有它的许多珍贵品。"的确，到外国一些地方去看一看，就更知道祖国的可爱。不把外国的历史和中国的历史比较一下，就不知道我们的祖先并不是对不起我们的，对我们很不错，给我们留下很多珍贵品。并不像为帝国主义服务的林语堂所骂的那样，把中国人骂得一文不值，把自己的祖先骂得一文不值。马克思主义者就不是这样。毛主席接着说："对于这些，我们还是小学生。"其实，毛主席不是小学生，他对中国历史是非常熟悉的，融会贯通的。毛主席又说："今天的中国是历史的中国的一

① 《列宁选集》第 2 卷，人民出版社 1972 年版（下同），第 441 页。
② 《列宁选集》第 4 卷，第 347 页。
③ 同上书，第 362 页。

个发展；我们是马克思主义的历史主义者，我们不应当割断历史。从孔夫子到孙中山，我们应当给以总结，承继这一份珍贵的遗产。这对于指导当前的伟大的运动，是有重要的帮助的。"① 毛主席在《新民主主义论》里又说，"中国的长期封建社会中，创造了灿烂的古代文化。"从历史上来看，从殷朝开始，或从秦汉开始，直到西欧资本主义侵入中国，即直到清朝的这一段时期，中国在经济、文化上，一直是站在全世界最先进的地位。讲爱国主义就应该爱这个国家。毛主席继续指出："清理古代文化的发展过程，剔除其封建性的糟粕，吸收其民主性的精华，是发展民族新文化提高民族自信心的必要条件；但是决不能无批判地兼收并蓄。"因为不加批判，就很容易夸大民族文化遗产，成为国粹主义者；而不看到这些遗产，就叫做虚无主义者。所以毛主席又说："……我们必须尊重自己的历史，决不能割断历史。但是这种尊重，是给历史以一定的科学的地位，是尊重历史的辩证法的发展，而不是颂古非今，不是赞扬任何封建的毒素。对于人民群众和青年学生，主要地不是要引导他们向后看，而是要引导他们向前看。"② 毛主席这段话，是要我们把历史放到一定的科学地位，要我们把古人的东西拿来为我们服务，为共产主义事业服务。

学习历史的意义，根据我的了解，在经典作家的著作里，主要的有这三条。当然可能还有其他一些重要的意义，这里不谈了。

第二部分，讲一讲我们学习中国历史为什么必须以毛泽东思想作为指导思想的问题。

我们说以毛泽东思想作为指导思想，也就是说以马克思列宁主义作为指导思想。因为毛泽东思想是马克思列宁主义的普遍真理和中国的历史实际、革命实际相结合的产物。但这不等于不要马克思、恩格斯、列宁的东西了。马克思、恩格斯逝世已经大半个世纪，当时他们对人类历史的材料不可能全部掌握，他们只可能掌握到欧洲的材料，而且主要是西欧的材料，中亚细亚这一带知道一些，非洲知道一些，对东方的印度和中国，通过商人搞到一些材料，但中国的材料却不多。关于鸦片战争，马克思写过文章，他是根据报纸上的材料写的。当时他们对东方的很多情况还没有接触到，也不可能接触到，我们就不

---

① 《毛泽东选集》第 2 卷，第 533—534 页。
② 同上书，第 707—708 页。

能要求他们把东方的情况，特别是把中国的情况概括到他们的理论中去。列宁逝世已近四十年，列宁和斯大林对中国问题在第三国际上谈过，对中国革命指出了大的方向。但是，中国的历史情况他们也接触的不多。毛泽东思想才可能比较全面地接触并解决中国的问题。

在民主革命中，我们遇到了若干不解决就不能前进的重大问题。在那种情况下，有些人变成了右倾机会主义者或"左"倾机会主义者。但是，毛泽东思想解决了中国革命一系列的重大问题，从而引导中国革命取得了胜利。

马克思、恩格斯逝世后，世界情况变化很大，新的事变很多，最大的事件是无产阶级革命的胜利。在马克思、恩格斯活着的时候，只有巴黎公社，而且最后失败了。列宁逝世后，东方的中国由帝国主义的尾闾变成了社会主义国家。除中国以外，在东方和欧洲也先后出现了许多社会主义国家。原来的亚洲、非洲，拉丁美洲绝大部分是殖民地半殖民地，现在有了那么多民族主义的独立国家。世界情况变化是这样大，列宁不可能对当时还没有出现的这些新的情况、新的历史条件下所提出的新的问题，给我们预先作出结论，我们也不能那样要求列宁。可以这样讲：在新时代的历史任务下，毛泽东思想解决了不少问题。

下面我们谈一谈中国为什么产生毛泽东思想的问题，我们可以从以下几个方面来看：

一，毛泽东思想产生在中国的国土上，是中国具备了产生毛泽东思想，也就是具备了产生马克思列宁主义和中国历史实际、革命实际相结合的条件。

中国经历了长期的、曲折的、复杂的、伟大的民族民主革命。这个革命从鸦片战争开始到中华人民共和国成立共经过一百零九年。还有人这样设想：从过去的农民战争算起，从陈胜、吴广算起有两千多年。现在我们还是从鸦片战争算起。这个革命所走的道路非常曲折，非常艰难。因为全世界的帝国主义压迫我们，敌人的力量是强大的，封建的统治阶级又积累了很多政治经验。毛主席说，我们有大小数百次的农民起义都被地主阶级镇压下去了，他们积累了丰富的经验。这真是"道高一尺，魔高一丈"。我国斗争是很复杂的，除了阶级关系、阶级矛盾外，还有民族关系、民族矛盾。毛主席说，我国的大资产阶级有英美派和亲日派，英美派明明是革命的对象，但是在抗日战争时期，我们可以联合它抗日的一面，反对它反共反人民的一面。这一点在马、恩、列、斯的书里面是没有的，这是毛泽东思想对马克思列宁主义创造性地运用和发展。在民族民主革命的过程里，孙中山搞了那么久没有搞出一个名堂来。孙中山与共产党合作后，党帮助他把旧三民主义改造为新三民主义。在这个过程中，我们发现了许多问题，解决了许多问题。但是教条主义只是把外国的经验抄过来，他们想不出办法来解决中国的问题。因此，我们说，毛泽东思想的伟大意义就在于解决了中国的问题，并且在国际上有很大的影响。

二，中国有四千多年丰富的革命传统和文化遗产。

对"四千年"解释一下。郭沫若、范文澜同志讲有四千四百年。我认为差一点不到四千年，这是从殷朝开始。同志们可以说四千几百年，也可以说五千年，还可以说四千年。过去说我们有五千年的文明历史，大概是从夏朝开始。我们说四千年的文明历史是从殷朝开始。

在这四千年里，我们经过了奴隶制度的革命、封建制度的革命、民族民主革命和社会主义革命。现在社会主义革命基本胜利，社会主义建设也取得了重大的胜利。回顾一下世界上所有各国的历史转变，在阶级社会里，大都是经过革命，才实现了社会性质转变的；但像中国这样丰富的、大规模的、轰轰烈烈的革命是世界上少有的。比如属于奴隶制革命的"成汤革命"。特别是"武王革命"，在河南安阳举行入城仪式非常隆重。武王进城后，又宣布几项政策。革命胜利后，对退到山东一带的反革命势力实行了一系列政策，分化敌人，让一部分敌人转到革命方面来。（这一点是按我自己的认识来讲的。郭沫若同志认为纪元前475年转入封建制，武王不是革命的。毛主席在《别了，司徒雷登》中说到"武王领导的当时的人民解放战争"，说武王是革命的。）尤其是我国以汉族为主体的各民族的人民，举行了数百次农民战争、农民起义，斗争内容非常丰富，为全世界所罕见。我们这样说不是大国主义，不是吹牛，历史的记载是不能假造的。另外，还有民族战争。民族战争的内容也是阶级斗争，它是阶级斗争的延长，是在阶级矛盾的基础上产生的。我国历史上的民族战争，主要是以农民为主体进行的。统治阶级进行过没有？进行过，就是搞不到底，搞一下就妥协了。

关于优秀的文化遗产就不讲了，毛主席在《中国革命和中国共产党》中有一段话讲得很清楚。他说我们有许多优秀的遗产，同时产生了很多伟大的革命家、思想家、政治家、文学家、艺术家、军事家，等等。我附带说一句，就是要以历史唯物主义观点来看这个问题。我们说的这些"家"当然有伟大的成就，他们对社会历史起过进步的作用。但这些人当中，劳动人民出身的也有，而地主阶级出身的人却还是占多数，所以我们要以历史唯物主义的观点来看这个问题。

三，中国自鸦片战争之后成为西方资本帝国主义的尾闾，是资本帝国主义的后方和市场。比如八国联军镇压义和团运动，全世界的帝国主义侵略我们。因此，我国国内的阶级关系非常复杂，阶级矛盾非常尖锐，不只有人民大众和帝国主义、封建主义、买办资产阶级的矛盾，还有大地主、大资产阶级相互之间的矛盾、帝国主义之间的矛盾等等。当时的中国是世界矛盾交错的焦点。

四，毛泽东思想是在和国内外各种错误的、敌对的思想流派作斗争的过程里成长发展起来的。在国内与毛泽东思想作斗争的很多，而在当时最明显的是戴季陶主义。戴季陶主义就是蒋介石主义。在国外有各种反动的主义和错误思想等等。

同时，毛泽东思想也是在和革命队伍中的"左"倾机会主义和右倾机会主义的斗争中成长起来的。关于这一点，我们学习了党史就很清楚，这里不多讲了，只是提一下，不过这是很重要的一点。

毛泽东思想是在中国革命的实践中成长和发展起来的。毛泽东思想经受了长期的中国革命实践的考验。在中央苏区的时候，由于王明"左"倾机会主义和教条主义的错误领导，革命就遭到了失败，受到重大损失。遵义会议以后，中国革命就能够取得伟大的胜利。这说明了毛泽东思想经受了实践的考验。这不是普通的考验，在国内这个考验是极其丰富的。在我国的外交活动里毛泽东思想也受到了考验。这几年来我们的外交工作做得那样好，外国那么喜欢中国人。过去不是这样。不要说中国人到外国去，就是到上海的黄浦滩也被禁止，那里挂着牌子："中国人和狗不许入内"。中国人到外国去，外国人不给我们刮胡子、理发，叫做"白人之刀，不加于黄人之头。"中国人不能进舞厅，一进去，"高贵的"老爷、太太就一哄而散。这比打耳光还要难堪。现在你们看，中国人民的朋友遍天下，我们在毛泽东思想的指导下站起来了。

上面我们谈到马克思列宁主义毛泽东思想总结和概括了人类过去历史的全部过程，毛泽东思想特别是总结和概括了中国全部历史的过程，在世界历史一般规律的基础上，揭示了中国历史一些重大的特点，把它提到理论原则的高度，增添到马克思列宁主义宝库中。

中国历史到底有一些什么重大的特点？

首先，中国是一个统一的、多民族的国家。建国以来从地下挖出的成千上万件文物来看，在中国没有进入国家以前的时代，当时就有很多不同的种族和部落居住在我们祖国的大地上，而且彼此相互影响、相互促进，彼此交流。譬如，今天湖北的江汉平原就有几种文化的融合，这表明在没有阶级、没有人压迫人的时代，不同的种族、不同的部落的相互融合。所以说历史反驳了资产阶级民族主义的观点。在中国共产党的民族政策里，毛泽东思想里，把这种历史特点概括进去了。

还有很重要的一点，就是中国各个民族从有国家的时代起，每一个革命都不是一个民族的人民单独进行的。"成汤革命"，这是奴隶制的革命，书本上记载这个革命是很多民族共同进行的。"武王革命"也是很多民族共同进行的。我们党领导的民族民主革命、社会主义革命，那就更不用说了，它是各民族人民共同进行的。历史上的农民战争，除了个别的战争是由某一个民族进行的以外，绝大多数的农民战争都包括有不同民族参加。但一般地讲，是以汉族为主体，这是历史上长期以来形成的结果。

同时，从古代开始，直到民主改革、社会主义改造以前，各民族的发展是不平衡的，它们处在各种不同的社会形态中。解放以后，到民主改革、社会主义改造以前，我国各个民族，总的来讲都是半殖民地社会。关于半封建就不能笼统说。汉族和一些民族是处在半封建社会；其他有些民族处在后期封建制度；有些民族还处在前期封建制——农奴制，如西藏、傣族、新疆部分地区是农奴制。还有大、小凉山彝族地区有一些向封建制过渡的东西，但总的来讲是奴隶制。处在原始公社制的就更多了，而且是处在原始公社制的不同时期。如东北的鄂伦春族、海南岛黎族的一部分、云南的景颇族、佤族。根据中国历史的这一特点，毛泽东思想创造性地运用了马克思列宁主义关于不平衡的理论，并且在解放以后的建设时期，在国内经济建设里，把这个规律揭示出来。

另外，在各民族相互杂居的地区，在接近汉族的地区或其他先进的地区，发展水平比较高。同汉族不杂居的地区，离汉族远一些的地区就落后一些，这说明了先进帮助落后，也表明了发展的不平衡性。这是统一的多民族国家一个重大的特点。这一点和斯大林讲的亚历山大帝国的情况有些不同。斯大林说：

亚历山大所建立的帝国，不曾有自己的经济基础，而是暂时的不巩固的军事行政的联合。但是我们从秦汉开始或者更早一些，它们的经济联系是比较密切的，就是在中央地区四分五裂的时候，衰落的时候，边远地区还是要派人来"朝贡"。这反映了什么问题呢？这反映了彼此在生产资料甚至一部分生活资料上的相互依赖性。当然，总的来说，过去是边疆对中央地区的依赖性更多一些，更大一些。但也不等于说，中央对边疆没有依赖。比如，宋因为西夏占领了产马的地方，它的军用马没有办法解决，就要依靠边疆解决。还有内地需要的药材、珍珠、玛瑙、琥珀、麝香、牛黄都是从少数民族地区来的。所以，毛主席所说的祖国的统一、各民族的团结，是从全部中国历史概括出来的原则，并不是从主观愿望出发，而是概括了客观存在的规律。

　　而且，我们国内的民族关系经过长期不断矛盾统一的发展过程。这包括两方面：过去，在主流方面各民族人民是平等交往、合作和融合，谁也不压迫谁，直到今天全国各个民族地区差不多都有汉人，而且当地先进的生产技术、生产经验一般都是汉人带去的，当地的一些手工业技术工人多是流入的汉人。比如最初在新疆吐鲁番种棉花的是汉人，但后来这一部分汉人已不是汉人了，他们被维吾尔人同化了。这里面主要是统一的，但也有矛盾，有时也有一些压迫，这是统治阶级制造的。在统治阶级方面，汉族统治阶级和其他民族的统治阶级或者上层集团，在一些问题上，他们是一致的，但是也有矛盾。历史上的民族战争，是统治阶级之间所进行的战争，如"五胡"十六国，辽、金和两宋的战争，元朝的蒙古贵族从战争到南下入关，满族贵族统治中国。现在有些人在写这些历史的时候，还在当作外国与中国的关系写，其实这些问题在基本原则上，毛主席在《中国革命和中国共产党》一文中已经指示过了。这些都是国内民族关系问题。有人从相反的角度提出：金与岳飞打仗，是不是岳飞变成了坏人，秦桧变成了好人？那不是。岳飞还是民族英雄，他站在进步的方面，有利于历史的发展。金是落后的，它处在奴隶制，用比较野蛮的方法统治人民，违反了人民的利益，阻碍历史发展。所以岳飞还是好的，秦桧是坏蛋，秦桧在岳飞墓前还是应该跪着，不能把他扶起来。

　　正因为我国是统一的多民族的国家，所以我们国家的文化具有多样性，绚丽缤纷。现在我们有几百个剧种，外国人就不能想象。在文化方面，各民族相互学习。汉族原来有很多舞蹈，以后在封建势力的长期统治下，舞蹈到宫廷里面去了，老百姓不大跳了，现在汉族要到兄弟民族那里去学习。

我们祖国的疆宇，是在长期的历史过程中形成的，是各民族的祖先长期以来共同开辟的。

总之，各民族在长期共同生活、共同斗争中，彼此影响，相互学习和交流。如汉人穿的衣服，很多民族的样式都有，不仅有中国的，还有外国的。对于这一点，我们毫不在乎，只要适合我们就要，不保守，不能认为因此就丧失了我们民族的风格。现在女同志穿的旗袍是吸收了满族的服装样式的。这说明汉族容易接受兄弟民族好的东西，不保守，吸收的东西就多，这是优点。

过去，我国各民族的历史长期以来发展不平衡。这个历史如果让外国人写，他就没有办法写了。在民主改革以前，如果按照凉山彝族的历史写，我国就是奴隶制社会。按照西藏的历史写，就是农奴制社会。在西周、春秋、战国时也是这样，按照不同地区来写，情况就不相同。所以在写历史的时候，要看主导的方面，同时要看革命的作用。比如在民主改革之后，我们尽力帮助各少数民族从不同的社会阶段，向社会主义过渡，将来共同走向共产主义。这一点只有共产党才能做到。

我们学习毛泽东思想，读毛主席的著作，就必须了解我国历史的这个特点。不然有些问题就没有办法懂得，即使懂了，也懂得不深，理解不了它的精神实质，不能了解它所揭示的客观规律。

第二个特点就是文化悠久。从有国家的时候开始，或者说有四千几百年，或者说有四千年的文化。大家要求参观的周口店，是五十万年前中国猿人的发源地，现在地下出土的东西，一天天都在证明它是中国各民族的祖先，并不是外国人。过去外国人说：那不是你们的祖先。这个不对，它是中国各民族的祖先。总之，我国文化悠久，传统丰富，东西就多。

第三个特点，地大、物博、人众。这是毛主席讲的。这个特点是长期以来的历史形成的，这对我们的革命很有作用。了解这一特点，才能了解毛泽东思想的精神实质。我们的第二次国内革命战争，都与这个特点有密切的关系。

还有鸦片战争以后，中国是帝国主义的尾闾，但鸦片战争是一个落后的国家起来反抗的，这也是一个特点。

第四个特点，我们中国的民族民主革命，我们党领导的新民主主义革命，以及由新民主主义革命转变到社会主义革命和社会主义建设时期，这里面有许多重大的特点。这些经验对今后全人类的发展都将作出重大的贡献。

还有其他一些特点，这里不讲了。以上就是中国国土上产生毛泽东思想的历史条件。

毛泽东同志对马克思列宁主义创造性地运用和发展，大家对这一点是很清楚的。这里就毛泽东同志对辩证唯物主义和历史唯物主义所作的创造性地运用和发展简略地提一下。

据我了解，有这样几个方面：

1. 生产力和生产关系对立统一的规律；

2. 经济基础和上层建筑对立统一的规律；

3. 阶级分析和阶级斗争的问题。如对国民党蒋介石集团、大地主、大资产阶级两面性的分析，在列宁的《两个策略》里是没有提到的。

4. 人民群众和个人在历史上的作用。这一点从我们党和毛主席在每一时期的政策上，每一时期的具体工作上，领导人民所进行的斗争上，都可以看得很明显。关于人民群众创造历史这一点，过去马克思、恩格斯、列宁讲明了基本规律和原则，讲得最具体的是普列汉诺夫，但毛主席是从党的全部历史来看这个问题的。关于个人在历史上的作用问题，毛主席着重提出主观能动性的作用、人的作用问题，对于这一条，特别要结合经济基础和上层建筑的作用来学习，就能对精神实质掌握得更深刻、更全面一些。有一些问题准备放到学习方法里谈，这里就不多说了。

第三部分，我国马克思主义历史科学发展的过程，以及在这个过程中的一些问题。

我国马克思主义历史科学是在同反马克思主义的思想斗争中发展起来的。

现在要写史学史，北大和其他大学有一些年轻教师问我怎么写？我说：马克思主义的史学史，首先要写李大钊同志；但自有《中国社会各阶级的分析》等文章以后，马克思主义的史学，基本上是在毛泽东思想指导下发展的。同时，由于马克思主义史学始终是文化战线的一个组成部分，而文化战线又是党领导的各种革命战线里的一个组成部分，所以马克思主义史学，在各个时期都是围绕着党在当时的方针、政策，为完成党在当时所提出的任务进行的。

我想，可以在这样的原则下来区别马克思主义与非马克思主义。在中国历史上曾经有过假马克思主义，以马克思主义的姿态出现，和我们党进行斗争。

假马克思主义主要有两派，托洛茨基派和国民党亲自培养出来的新生命派（包括食货派）。为什么叫新生命派？因为它有一个刊物叫《新生命》。为什么叫食货派？因为它有一个刊物叫《食货》。

他们怎样反对我们呢？

首先，他们在中国社会性质上反对我们。我们党和毛泽东同志长期以来说明中国社会是半殖民地、半封建社会（列宁早就这样提出过，但没有详细讲）。我们革命的性质、革命的领导力量、革命的动力、革命任务、革命对象、革命前途等一系列问题，都是由社会性质规定的。当时托派说中国是资本主义社会，他们说帝国主义帮助了我们，帮助中国发展了资本主义。在资本主义社会里，就应该是无产阶级和资产阶级作斗争。事实上，这就是孤立了无产阶级，把资产阶级推到大地主大资产阶级方面去了。同时，中国如果是资本主义社会，就不要反帝反封建了。归根结底是取消反帝反封建的任务，孤立无产阶级。而陶希圣的新生命派却说中国社会是末期封建社会。所谓末期封建社会，就是没有资产阶级、帝国主义的压迫，因此就不要反帝。新生命派说：目前封建社会没有帝国主义压迫，因此不要反帝。是不是反封建呢？他说要反。反什么封建呢？他说：中国现在掌握政权的人没有土地，有土地的人不掌握政权。这样就把反封建的任务取消了。归谁领导呢？他说归资产阶级领导，这就是要取消无产阶级对革命的领导权，把革命的领导权让给资产阶级。在这个问题上，马克思主义的历史家在党的领导下进行了斗争，保卫了马克思主义，保卫了革命。

其次，就是反对马克思主义的关于社会发展阶段的学说。也就是说社会发展没有阶段性，没有客观规律。因此，他们污蔑共产党领导的革命是没有根据的，是徒劳的。但是，我们在党的领导下，在马克思主义、毛泽东思想指导下，与他们进行了斗争。

总之，从第二次国内革命战争到抗日战争，甚至再往后一些，历史科学战线上争论的问题有好几个，有些问题的争论是以往争论问题的继续，有的问题是过去解决了的，后来又提出来了。现在，我们教研室在《中国历史讲授大纲》① 里列了七个现在有争论的问题。关于这些问题的争论，我们要有分析。

————————

① 编者注：这是著者为配合讲课需要，指导当时的中共中央高级党校历史教研室按照其史学思想体系和通史纲目编写的。

过去，史学界马克思主义与假马克思主义的论战是与敌人进行斗争。今天，史学界的争论是百家争鸣的问题，是人民内部的问题。关于现在史学界争论的问题，《中国历史讲授大纲》里列了奴隶制与封建制的分期问题、中国封建社会的分期问题、中国封建社会土地所有制的问题、农民战争问题、中国资本主义萌芽问题、中国近代史分期问题、太平天国革命性质问题①。关于这些问题，另有介绍，这里不讲了。

我们和假马克思主义斗争的过程，也正是毛泽东思想成长发展的过程。对非马克思主义的斗争一直是存在的。

①　编者注：这几个有争议的问题，由中央党校历史教研室汇编成《中国历史学界几个重要学术争论的介绍》小册子，于1962年8月印发给学员参考。编写说明中特别指出："我们在编写过程中，曾经得到吕振羽同志的指导，特此表示感谢。"

第二讲
中国历史引言（二）

今天讲学习历史的方法。我们学习历史是用马克思列宁主义的方法。马克思主义关于学习历史的方法是极其丰富的。这里，我们结合老干部学习历史的情况，结合我们历史界教学和科学研究的具体情况来讲。主要只讲三个问题：

一，立场、观点和方法问题；

二，理论与实际结合的问题，也就是"史"与"论"的关系问题；

三，运用已有的研究成果以及个人钻研、个人学习与集体钻研、集体学习的结合问题。也就是说，在我们的学习中如何发挥集体力量的问题。

一，立场、观点和方法问题。

首先谈一谈毛主席在《整顿党的作风》中讲的几句话，这几句话对于研究历史的方法可以说是一个纲。他是这样说的："现在我们党的中央做了决定，号召我们的同志学会应用马克思列宁主义的立场、观点和办法，认真地研究中国的历史，研究中国的经济、政治、军事和文化，对每一问题要根据详细的材料加以具体的分析，然后引出理论性的结论来。"① 这段话说明了研究历史与研究当前情况的原则、方法是一致的。立场、观点和方法是历史唯物主义的理论问题，详细地占有材料是"史"的问题，总的来说，这是属于"史"与"论"的关系问题，也就是理论与实际的结合问题。所以这几句话是我们学习和研究历史的根本方法，是我们研究当前经济、政治、军事、文化以及国内国际种种问题的根本方法。历史唯物主义的立场、观点和方法是一致的，也

---

① 《毛泽东选集》第3卷，第814—815页。

就是世界观、认识论和方法论是一致的。所以，研究历史的根本方法是理论与实际的统一，"史"与"论"的统一。

先谈一谈立场问题。

立场问题，对我们共产党员来说，不仅是我们研究、学习方面的一个根本性问题，同时也是一个党性问题。古往今来，所有的人，无不是不站在一定的立场上去观察和处理各种问题的。在阶级社会里，一定要站在一定的阶级立场上。对于我们共产党员来说，当然应该站在无产阶级的立场上，党的立场上。对于以往的历史，我们应该站在什么立场上呢？当然还是站在无产阶级立场上。以往的历史是劳动人民创造的，因此我们应该站在劳动人民的立场上去看历史。

真理是在人民这一边，只有无产阶级才能认识真理，也只有掌握了真理才能够胜利。无产阶级和共产主义运动之所以不可战胜，之所以有光荣伟大的前途，就是因为它适合于历史发展的客观规律，就是因为真理在它这一面。历史上其他的统治阶级——奴隶主阶级、封建主阶级、资产阶级都害怕真理，尤其是在他们走下坡路的时候，就更害怕真理了。因为真理说它一定死亡，它害怕死亡，而且不愿意让人民知道它要死亡，所以它反对真理。

由此可见，对历史问题的看法是有阶级性的。无产阶级从无产阶级立场看问题，也就是站在进步方面和革命方面看问题。立场不同，看问题就不一样。共产党员站在无产阶级立场上，不会认为过去的农民暴动、农民起义应该镇压。从无产阶级这一面看，可以全面地看历史，从地主阶级、资产阶级方面看，往往会戴着有色眼镜看历史，不是把事实夸大了，就是缩小了，常常是歪曲了历史。关于这个问题，马克思、恩格斯、列宁讲得很多，毛主席也讲得不少。毛主席《在延安文艺座谈会上的讲话》中说："立场问题。我们是站在无产阶级的和人民大众的立场。对于共产党员来说，也就是要站在党的立场，站在党性和党的政策的立场。"[①]

历史上的一切事件和事变，都是极其复杂的，充满着矛盾的。其中必有主要的矛盾和主要的矛盾方面。我们研究不同时代的历史的时候，首先就要从充满无限复杂矛盾的历史事变中去分析哪一个矛盾是主要矛盾。而当主要矛盾找出来以后，更重要的就是我们站在矛盾的哪一方面的问题了。譬如在封建社会

---

① 《毛泽东选集》第 3 卷，第 848 页。

里，我们找出农民与地主阶级的对立是主要矛盾以后，更重要的就是我们站在地主阶级的一边，还是站在农民的一边。在资本主义社会里，就是站在无产阶级一边，还是站在资产阶级一边的问题。毛主席说过，我国民族民主革命的情况复杂一些，主要矛盾是中华民族与帝国主义的矛盾，人民大众与大地主、大资产阶级的矛盾。问题是看你站在矛盾的哪一边。

人们不能不站在矛盾的一定方面，阶级的一定方面，去看待和处理矛盾，并从而去解决矛盾，否则就是客观主义。过去，我们在思想改造、思想斗争中，常常首先讲到立场问题，在历史研究学习方面，也有一个立场问题。我们当然要站在历史上人民的立场。有些人讲，我只把矛盾的情况老老实实叙述出来，分析出来，写出来，我不站到哪一面，这是最公正的。这种态度是不对的，是客观主义。我们要批判客观主义。他说不站到哪一面，实质上就是否认阶级矛盾，取消阶级斗争，这是站在资产阶级立场，所以我们说客观主义是一种资产阶级观点。不管对资本主义社会也好，封建社会也好，奴隶社会也好，原始社会也好，只要他是抱客观主义的态度，他就是资产阶级观点。

立场问题就讲这些。下面讲一讲关于观点与方法的问题。

我们的观点和方法是辩证唯物主义和历史唯物主义，它是马克思主义历史科学的理论基础。马克思主义的辩证法就是关于包罗万象和充满矛盾的历史发展的学说。

我们研究以往的历史，除去原始公社以外，都是阶级社会的历史。对于阶级社会的历史，马克思主义的基本观点和基本方法是阶级分析法。在历史上的一切东西，不管它如何错综复杂，不管它是属于经济形态、政治形态，或者是文化形态的东西，它们都是有阶级性的，表现了一定的阶级矛盾。毛主席关于这个问题概括地讲了这样几句话："阶级斗争，一些阶级胜利了，一些阶级消灭了，这就是历史，这就是几千年的文明史。拿这个观点解释历史的就叫做历史的唯物主义，站在这个观点的反面的是历史的唯心主义。"① 毛主席在其他的著作里，特别是《实践论》里讲了很多。马克思、恩格斯在《共产党宣言》中也讲过这个问题。所以说对过去的阶级社会的历史，要进行阶级分析。在阶级社会里，有主要的对立的阶级，除此以外，还有其他阶级；在其他阶级里，

---

① 《毛泽东选集》第 4 卷，第 1487 页。

有些是前代社会残留下来的阶级的残余，有些是中间阶级。在过去的历史上，阶级与阶级之间的关系是错综复杂的。中间的阶级在中国历史上多次的革命斗争里，多次的农民战争里面，是不稳定的，当它和统治阶级的矛盾发展到一定程度的时候，常常站到人民这一边来参加起义，但有时它又倒向统治阶级那一边。不过也不完全都是如此，个别的也有例外的情况。我们研究历史，要着重研究主要的敌对阶级之间的相互关系，以及各个社会阶级之间的相互关系。阶级关系，最根本的是各阶级之间的利害关系，是各阶级在物质生产中的不同地位。这种关系会反映到政治、思想、文学、艺术、宗教等等方面。中间阶级的态度，它的经济利益、政治利益，也常常从文化方面反映出来。我们研究历史，就要按照这样的线索去研究。

同一个阶级内部，为什么有时也会发生敌对，发生冲突，发生矛盾？这需要具体分析。毛主席说在阶级里面有不同的阶层，而且在阶层里面又有各个不同的集团、各个流派。在民族民主革命时期，在大地主、大资产阶级中，有英美派、亲日派，山西的阎锡山派，广西的李宗仁、白崇禧派。反映到思想上又有不同的流派，如有国社党、中国青年党（在大革命时期，我们把中国青年党叫做"狮子狗"，为什么？因为他们办了一个刊物叫《醒狮周报》，所以我们就叫它为"狮子狗"）。正因为有这些阶层、集团和流派，所以我们就要具体分析，否则就不能把历史的本质解剖出来。自古以来，除原始社会成员以外，只有无产阶级是集体主义者，因为它一无所有，只能实行集体主义，他们彼此之间本质上没有矛盾。除此以外，以往的奴隶主阶级、封建主阶级、资产阶级内部，个人与个人之间有冲突，一个家族与一个家族之间也有冲突，像中国的四大家族就有冲突，美国当权的六十个家族也有冲突。这个问题在这里不详细讲了。

二，关于理论与实际相结合，"史"与"论"的统一问题。

马克思主义是科学，它必须与实际相结合，如果离开了实际，它就会变成软弱无力。马克思主义在不同的历史条件下，在不同的情况下，在不同的地点和时间，是有发展的。如马克思在当时的历史条件下，作出了很多的结论，到了列宁的时代，根据情况的变化和实践的检验，列宁又作出了许多新的结论来代替旧的结论。在今天的条件下，毛主席又作出了许多新的结论。历史上的问题也是这样。如果不能这样，马克思主义就不成其为马克思主义了。在同一个时代，在总的历史条件相同的情况下，各民族的具体情况也不尽相同。马克思主义必须和不同的情况、不同的历史条件、不同的历史特点相结合，这样，它才有力量。

毛主席在《改造我们的学习》中，讲到对待马克思列宁主义的两种不同态度，这对我们研究历史是完全适用的，我们必须运用它。他讲的这两种态度是什么呢？他说，一种是理论与实际分离的态度，是无的放矢的态度，也就是主观主义的态度。这是对教条主义和宗派主义讲的，这种态度是要不得的。毛主席还说，另一种是正确的态度，就是理论与实际相结合的态度，有的放矢的态度，也就是马克思列宁主义的态度。关于第一种态度我们不讲了。关于第二种态度，它是我们工作的指南、科学研究的指南、学习马克思列宁主义理论和学习历史的指南。毛主席说："在这种态度下，就是应用马克思列宁主义的理论和方法，对周围的环境作系统的周密的调查和研究。"譬如我们研究历史，要了解"五四"时代的历史，就要对"五四"时代的社会情况、国内外情况作周密的调查和研究。我说同志们学历史是容易的，因为你们在具体工作中，哪怕是管一个省、一个专区、一个县、一个区，都要了解情况，收集资料和研究情况，要分析哪些情况是可靠的，哪些是虚假的不可靠的，要从分析研究中找出规律，订出今后的工作方向。研究历史也要这样。讲清楚了，同志们是很会搞的，不仅比一般大学生会搞，而且比一般研究人员会搞。你们写的很多工作报告、调查报告是写得好的，历史书上找不到这样的东西。毛主席在这里讲的，一个是应用马克思列宁主义的方法问题，一个是对周围的环境要作系统的周密的而不是片面的粗枝大叶的调查和研究的问题。毛主席在下面又说："在这种态度下，就是不要割断历史。"我们很多同志写工作报告，都要说我们那一个县原来是什么情况，那一年是什么情况，这就是不割断历史。我们对于全国的情况也要不割断全国的历史。毛主席继续说："不单是懂得希腊就行了，还要懂得中国"，过去的教条主义者、宗派主义者不懂得中国，言必称希腊。在这种影响下，在第二次国内革命战争时期，我们与反对马克思主义的流派作斗争的时候，他们一切都讲希腊、罗马，用希腊、罗马的情况来套中国，所以毛主席说，不单懂得希腊、罗马就行了，还要懂得中国。并且还说："不但要懂得外国革命史，还要懂得中国革命史；不但要懂得中国的今天，还要懂得中国的昨天和前天……这种态度，就是实事求是的态度。'实事'就是客观存在着的一切事物，'是'就是客观事物的内部联系，即规律性，'求'就是我们去研究。""实事求是"是一句老话，他用到这里包含了很丰富的内容。毛主席说："我们要从国内外、省内外、县内外、区内外的实际情况出发"，过去我们搞减租减息、搞土地改革，后来搞农业合作化，今天搞人民公社，每一件事都有它的特点，不可能完全一样的。所以毛主席又指出："从其中引出其固有的而不是臆造的规律性，即找出周围事变的内部联系，作为我们行动的向导。"这个规律是那一个区、那一个县本身存在的规律，而不是我们写一篇文章说这是它的规律。过去我们的教条主义者、宗派主义者就是主观主义地臆造规律性，左、右倾机会主义者也是这样主观主义地臆造规律性。我们找出周围事变的内部联系是为什么呢？是作为我们行动的向导，是为了改造世界。"而要这样做，就须不凭主观想象，不凭一时的热情，不凭死的书本"。当然这是讲的教条主义、宗派主义，因为他们把经典著作变成了教条。我们研究历史要看古书，看古书并不等于教条主义。"而凭客观存在的事实，详细地占有材料，在马克思列宁主义一般原理的指导下，从这些材料中引出正确的结论。"①我们研究历史，就应该这样去研究。

研究历史要理论与实际统一，"史"与"论"统一。这样，才能把历史写得具体生动，才能把历史的本来面貌反映出来，而这些历史事实本身又体现了历史发展的规律性。这不同于今天一些错误的说法。如现在有一种"以论代史"的说法，"以论代史"就是不要讲具体的历史事实，只要讲马克思列宁主义理论。如果是这样，这就不是历史。因为这里没有中国的历史，只有一个公式，随便套到那里都可以。这在历史研究中叫做公式主义。另一种是"以史代论"，即只要一些历史资料的堆砌，不要马克思主义、毛泽东思想作指导，不要发现历史发展的规律性。像中国封建时代的有些历史著作，就是皇家年谱，看不出历史发展的规律性。按照胡适的说法，历史就是史料层垒堆砌的混杂的一团，没有规律性。它要掩盖规律性，反对规律性。

现在有些人不要马克思主义理论，不要毛泽东思想的理论，这是错误的，我们要反对。因为离开了理论的指导，我们的研究和学习就一步也不能前进。但是也不是有了理论就行了，我们还需要详细地占有材料，然后加以科学的分析和综合。因此，我们既反对公式主义，也反对唯史料论和烦琐的考据。今天

①《毛泽东选集》第 3 卷，第 801 页。

还有一些唯史料论者，他们喜欢进行烦琐的考据，譬如他们考据洪秀全有没有胡子，武则天第一次入宫的时候是不是处女，这有什么意思？我们不可陷入烦琐考据，但是必须详细占有材料。资产阶级历史家攻击马克思主义历史家，说我们不掌握资料，不要资料。这真是胡说。马克思写《资本论》的时候，几乎把当时资本主义社会所有一切能见到的资料都收集起来了，每天吃完早饭后就到伦敦图书馆去。列宁写《帝国主义论》所占有的资料也很多，哪个资产阶级历史家占有的资料有马克思、列宁那么全面？毛主席的文章也是占有大量资料的。比如写《中国革命和中国共产党》的时候，他不仅掌握了中国历史的资料，而且掌握了当时国内外的情况，他占有的资料是多么全面，多么具体！马克思主义的历史家也是占有史料的，他们在这方面下了功夫。关于史料的重要性，我们的经典作家在很多地方都谈了。马克思在《资本论》第一卷第17页，恩格斯在《论马克思的政治经济学批判》的附录二里面都谈了这个问题。毛主席关于这个问题的谈话，上面已讲了。马克思是最重视全面占有资料的。恩格斯说，马克思对人类全部成就都作过精密的分析、批判和检验，有用的东西就接受下来。我们的经典作家经常批判、反对胡乱用一些例子或个别的材料来说明历史。用个别的事实来说明问题是最容易引起诡辩的，伯恩施坦就是用个别的、似是而非的东西来宣传他的修正主义观点，宣传他的修正主义纲领。我们反对这种有害的做法。

　　马克思、恩格斯、列宁、毛主席都说过，社会现象是极其复杂的，要想在全部生活里，特别是历史上，找一些例子、个别材料，那是什么地方都可以找到的。因为某一时期的历史，不仅有当代的东西，而且还有前代的东西，甚至更远一些时代残留下来的东西，所以个别的东西不能说明历史。我们中国民族这样多，这样复杂，在解放以前，或者是民主改革以前，他们有的为殖民地半殖民地半封建制，有的为半殖民地的封建制，有的为半殖民地的农奴制，有的为半殖民地的奴隶制，有的为半殖民地的原始公社制，而且在原始公社制里面，又处在各个不同的时期。关于这个问题，列宁讲得很多，《帝国主义是资本主义的最高阶段》①、《统计学和社会学》② 里都讲了，恩格斯在《给爱因斯

---

① 《列宁全集》第22卷，第179—297页。
② 《列宁全集》第23卷，第278—285页。

坦的信——论易卜生》① 都谈到这个问题。

同时，我们也反对公式主义，反对把马克思列宁主义理论当作框框，随便找一些资料往框框里面填，以作为自己的历史体系。恩格斯对这个问题的批评是很尖锐的。他在《致康拉德·施米特》② 的信里面批评了这个问题。这充分说明，我们的经典作家马克思、恩格斯、列宁、毛主席不仅重视理论与实际的结合，而且关于"史"与"论"如何结合的问题，给我们作过详细的指示和论述，给我们指出了研究历史的正确方法。历史总是生动的、具体的，我们要从历史叙述中体现客观规律性；而不是为了说明规律性，硬把历史事实塞进去。科学的理论是从全部人类社会历史过程中总结概括出来的原则，是客观规律正确的反映。

下面我们谈一谈史料。

史料多得很，大概有这几个方面：首先是书籍、档案资料。要读的书很多，如一个人想看完北京图书馆的书是不可能的，读到三百岁也读不完。已经整理出来的就有那么多册，现在还有五百万册没有摆出来。我们的曾三同志所管的中央档案馆，我去看过两次，资料多得很，只是抗日战争时期各个地区送到中央的材料和工作报告，就超过了历史上的任何朝代资料的数量。

其次，还有地下出土的大量文物。这些年来，我们地下出土的东西很多，很丰富，这是世界上其他国家所少有的。

再次，还有民俗资料，包括民族建筑。山西有很多古代建筑物，有很多碑。少奇同志说吕梁山上有一个人祖庙，里面有各个朝代的碑碣，他要我去看一看，但我还没有完成这个任务。

另外，还有人们世世代代口传下来的东西。现在在作义和团调查，调查出来很多东西，过去统治阶级把这些材料藏起来了。我提议他们再到山东、河南、河北去调查一下。

此外，有些少数民族过去没有文字，他们的历史根本没有记载。像东北的赫哲族，解放前夕只剩下三百多人，他们没有历史记载。毛主席要我们对这些少数民族的历史赶快抓紧时间去作调查研究，不然过几年社会改革了，再找那

---

① 《马克思恩格斯列宁斯大林论文艺》，人民出版社 1959 年版，第 28 页。
② 《马克思恩格斯全集》第 37 卷，第 432 页。

些材料就找不到了。就是现在我们拍少数民族电影时，让他们穿上自己民族的服装，有的就不肯穿，我们作了很多的说服工作，他们才把原来的衣服穿起来了。经过调查，我们已整理出二千多万字的少数民族材料。

这样多的材料怎样看？如何处理？首先是沙里淘金。同志们看古书就知道，它不是按照科学的方法分门别类地来讲生产力和生产关系、阶级关系、文学、艺术、宗教等。司马迁做了好事，大力搜集史料，还写了《平准书》、《货殖列传》，都是讲经济的。《日者列传》、《游侠列传》等是讲社会游离分子或某些阶层的。

我们怎样找材料？

可以按照各个朝代来找。找一个朝代有关生产力和生产关系的材料，有关阶级构成和阶级关系的材料（阶级关系包括阶级斗争），有关上层建筑如政治、哲学、科学、文学艺术、宗教等等方面的材料，还有有关少数民族、民族关系的材料，有关国际关系的材料等等。同时要注意收集包括各种思想、各种主张、各种观点的材料。同时要注意材料的时间性，注意时代，这样就可以看出它的发展和变化。材料收集好了以后，最后按照毛主席指示的几个原则去做。这就是首先要去伪存真。因为我们调查到的材料不完全是真实的，所以我们要用各种方法分辨真伪；然后再由粗到细，粗的就不要了，因为很乱的材料堆积起来的历史是没有办法读的；最后就要由表及里，就是要抓住内在的东西加以分类，或作卡片，或作笔记。我过去是用本子记，现在科学的办法是作卡片，分类整理。另外，对于过去考据学的优秀成果，还是应该批判地继承，对于烦琐的考据要进行批判，但对于有用的东西还要接受下来。

我们这些干部，特别是比较高级的干部学习历史，和大学生学历史与科学研究人员学历史不能完全一样。同志们要我谈一谈个人的学习经验，我就根据个人片面的经验来谈一下。

我的学习体会，集中起来是三个字，即"约、博、精"。现在我将这三个字分别的谈一谈。

什么叫"约"？

就是第一步阅读一些主要的史书，掌握人家的研究成果，掌握它的主要内容，根据这些书去了解历史上的重大事件和事变，以及一般的事件和事变的大势，对于书中有怀疑和不满足之处，再去看其他的书或查原始资料。我过去读经典著作或文件时，就是结合它的时代、社会情况、历史条件以及无产阶级工人运动的任务、自己工作的那个地区周围的情况、自己的经验，去体会它的精神实质，去学习和消化它。这个方法可以参考。这是跟少奇同志工作时他告诉我的。如果传达的不对，由我负责。

你们现在读什么书呢？

可以集中精力读几部中国历史。

第二是"博"。

"博"就是博览。要看当代的、近代的、古代的、外国的各家的著作，还要看原始资料、笔记、札记等等。这么多，怎样读呢？这就应该"博"中有"约"。就是选择，不是完全读，有些东西浏览一遍其大概，有些可以翻一翻目录，如果其中有几个题目需要看，就可以细看一看。还可以由"段"到"全"。我们的历史这样长，可以先读某一断代史，最后读全部通史，这样可以节省时间。还可以由"专"到"通"。这就是先看经济史、文化史……等专史，然后再到通史。这样，在自己的脑子里就有一个数了，然后再分类排队，贯穿起来，这就是"博"。

下面讲"精"。精就是选择一门，或者按专史选择军事史、政治史、经济史、文化史等等，或者按断代史选择近代史、鸦片战争史，"五四"运动史，然后把有关这一门、这一段所有能够找到的书都集中起来阅读，用自己掌握的马克思主义观点去详细地读。马克思主义是一条红线。我们要运用马克思主义观点，把各家的论点摆出来，相互印证，人家已有的研究成果我们就接受下来，不够的地方我们再继续研究，不对的地方我们就进行分析、批判。

还有各家的材料，有些是对的，有些不对，有些不完全对，我们要加以斟酌。这个工作很麻烦，因为古书记载的东西，古人的意见就不一致。尤其是关于年月日或某一个字的问题，他们的意见很不一致。在这方面，特别是在考据方面我们做了一些工作，郭沫若同志做得多。但是，应该说马克思主义考据学的体系还没有建立起来，今后需要努力。我们要承认这个现象，否则就不努力了。在考据学方面，我们要达到什么目的呢？达到能够区别正确与错误，我们占有的材料要比较可靠。

另外，同志们在"约、博、精"的学习过程中，也可以作一些力所能及的专题研究，或者作一些笔记、材料摘要或索引。力量来不及就不搞了。

　　总之，我们在研究历史时，在马克思列宁主义理论指导下，以马克思列宁主义、毛泽东思想作为武器，必须对具体事实作具体分析。这是《矛盾论》里面讲的，马克思、恩格斯、列宁也讲过无数次。在这方面，马克思的《资本论》、列宁的《帝国主义论》、毛泽东同志的很多著作都是典型范例。比如毛泽东同志的《论持久战》，把国内的情况作了极其深刻的、全面的分析，对日本帝国主义的情况也作了极其深刻、全面的分析，而且作了历史的分析，最后抓住了问题的本质，以及围绕这个本质的其他各种矛盾。在这里揭发出了中国抗日民族战争的发展趋势和发展过程，提出了三阶段论。这是一个科学的结论，以后的抗日战争过程，证明了毛泽东同志的论断完全正确。我们运用这种范例，去研究历史上的每一个事件和每一个时代，都是适合的。当然，不要去硬套公式。

　　下面讲一讲厚今薄古和历史主义的态度。

　　我们研究历史，学习历史，对待历史上的任何事件、任何事变、任何人物，都必须从一定的历史条件出发，要按照当时可以做到的去进行研究和分析，不能按当时不可能的，不能按照今天的条件，今天的水平，今天的要求去分析历史问题，衡量以往。如果不是这样，历史上就没有一个人物或一个事件值得肯定了。关于这个问题，毛泽东同志讲了很多，同志们都很熟悉。列宁在《论民族自决权》和《游击战争》中都讲过这个问题。但另一方面，也不要拿今天的东西去替古人解释，把古人看得和今天的毛泽东同志一样，那是违反历史的。

　　我们说历史是人民群众创造的，我们要站在人民的立场上研究历史，那么是不是就像今天有些人所说的那样，帝王将相都不写了，只写人民；朝代也不要了，只写纪元多少年？最近有一个读者来信说："纪元"也不是中国的。如果说纪元多少年，懂得历史的知道是怎么回事，不懂历史的怎么办呢？还是说秦始皇、汉武帝我熟悉。把过去的历史一笔抹杀，这是虚无主义。历史上的封建统治阶级里面，也有些人有进步性，作过一些有利于历史发展和符合人民要求的事情，至少在客观上起了这样的作用。直到今天，我们仍然说那是人民性的东西。在那里面是不是还有封建性的东西呢？他们生活在封建时代，当然也有一些封建性的东西。但人民性的东西是主要的，里面也夹杂了一些封建性的东西。抗战时期我到山东去，听到鲁南的老乡称孔夫子为老夫子，人们非常信仰他。所以，我们要以历史主义的态度去分析，人家做了好事我们要记账，作了坏事也要记账。岳飞主要做了好事，但岳飞镇压农民起义，这是坏事，他有这一个污点，但岳飞这个人是不错的。岳飞的军队主要是由河北南部、河南北部、山西南部的一部分农民军组成的。他当时做的事对历史起了进步作用，符合人民的利益和要求。

　　时间不够了，厚今薄古及第三个问题就不讲了。

第三讲

中国原始公社制

关于中国原始公社制，在中国马克思主义历史科学产生以前，地主阶级和资产阶级的历史家否认中国有原始公社制。他们认为自从"盘古开天地"就有国家和阶级；中国马克思主义历史科学产生以后，他们还是认为中国最初是有国家有阶级的。

马克思主义的历史家们都肯定中国有原始公社制，但他们对于原始公社制的下限问题存在着不同的看法。

首先是郭沫若同志，他在《中国古代社会研究》（这是中国人用马克思主义理论来系统研究中国历史的第一本书）一书中说，中国的社会，殷代是原始公社制，西周是奴隶制，东周以后是封建制。他后来改变了看法，认为夏禹以前是原始公社制，夏商到春秋是奴隶制，春秋以后是封建制。

范文澜同志的意见基本上和郭沫若同志的意见相同，但也有一点不同，就是关于奴隶制和封建制的分期问题。范文澜同志认为殷代是奴隶制，西周开始就是封建制。

侯外庐同志等认为中国在西周以前都是原始公社制，其理由就是没有铁。恩格斯在《家庭、私有制和国家的起源》一书中曾说过，大规模田间农业的出现需要铁，有了铁以后才能产生奴隶制。他们以恩格斯《家庭、私有制和国家的起源》一书为理论根据，认为中国的奴隶制是从春秋战国开始的，秦汉以后才进入了封建制。

另外还有一种魏晋封建论，尚钺同志等就持这种见解。在第二次国内革命战争时期，我们和托派、新生命派、食货派作斗争的时候，曾经出现过这种见解。当时的托派、新生命派持魏晋封建论，但是我们不能认为今天说魏晋封建制的也是托派、新生命派，如果这样扣帽子，人家就不敢讲话了，那就会妨碍科学的发展。

关于原始公社制的资料，外国很少。在摩尔根向美洲印第安人中间进行调查并写出书来以前，马克思、恩格斯不知道有原始公社制。所以马克思说，人类全部的历史，都是阶级斗争的历史。后来恩格斯加了一句话说：自从有文字记录以来的历史，都是阶级斗争的历史。但中国古书上关于原始公社制的记载很多，在《淮南子》、《穆天子传》、《山海经》里面都有记载。说那个时候人类是女子当家，只知道有母，不知道有父，没有财产观念，饿的时候就搞一些东西来吃，当时吃的是树果、草根、虫子等，吃饱了，剩下的东西就不要了。由于中国是一个多民族的国家，长时期在祖国境内存在着各种社会形态，正如毛主席所讲，中国社会和世界其他各国一样，经历了原始公社制、奴隶制、封建制等几个阶段。他并且在《中国革命和中国共产党》一文中，把中国历史的特点概括到了科学原则的高度。

我这样讲的目的，第一是让大家知道我们的国家在长期的原始公社制时代，在祖国的大地上布满了人类。也就是说，我们的祖国自古以来就是最适宜于人类发展的地方。（这对孩子们进行爱国主义教育有好处）第二是说明我们的祖国在有国家以前，就有很多种族和部落一同散布在祖国的大地上，相互交往，相互影响。当时没有阶级，也没有人压迫人、民族压迫民族，他们在平等的基础上相互融合，或者叫自然融合。恩格斯说过，在原始公社制时代，不同种族、不同血统的部落平等地加入联盟，变成一个部落联盟，以后又变成一个平等的部族。这就是融合。（这对我们的干部、我们的孩子进行爱国主义、国际主义教育有好处）第三是希望同志们大概知道一下原始公社时代生产力和生产关系的发生、发展和变革的过程，也就是从这里来了解中国原始公社制的客观规律。最后我想介绍一下在大陆解放以前，也就是1949年以前，或者说在民主改革和社会主义改造以前，在我们国家里某些少数民族的原始公社制，或者一些比较显著的原始公社制的残余。

现在先讲中国原始公社制的生产力和生产关系的发生、发展、变革的过程。

地下出土的生产工具及其文化遗存，是我们解剖原始社会的有力佐证。地下出土的东西很重要。马克思在《资本论》中说："动物遗骸的结构对于认识已经绝迹的动物的机体有重要的意义，劳动资料的遗骸对于判断已经消灭的社会经济形态，也有同样重要的意义。"[1] 在另一个地方，他又说："……人体解剖对于猴体解剖是一把钥匙。低等动物身上表露的高等动物的征兆，反而只有在高等动物本身已被认识之后才能理解。"[2] 地下出土的东西和我国古书所记载的原始公社制的情形相符。有巢氏住在树上，燧人氏钻木取火，伏羲氏教民渔牧，神农氏开始知道农耕，轩辕氏知道农业和盖房子。此外还有尧、舜、禹的传说。同时古书神话式的记载关于有巢氏、燧人氏、伏羲氏、神农氏、轩辕氏、尧、舜、禹及所谓夏朝，其所表述的社会形态，基本上又与马克思、恩格斯所阐述的原始公社制的社会形态及其历史发展过程相适合。

有关汉族和某些兄弟民族的记载都是根据传说，因为当时没有文字，许多事实是后人记载下来的。比如夏人、商人、周人散布和移动的地区，今天看来，记载大致同地下挖出来的东西相符。地下挖出来的有仰韶系统的新石器文化（在河南西北部渑池县仰韶村），因为最初在那里挖出了新石器文化的遗址，所以后来在其他地方挖出了与它相同的东西都叫仰韶文化；龙山文化（在山东章丘龙山镇），因为最初在那里挖出了新石器晚期文化遗址，所以以后挖出来的同样的东西，都叫龙山文化；齐家文化，它是仰韶文化的高级阶段，是在甘肃齐家镇首先挖出来的。这些文化遗址散布的地区，仰韶文化和古书记载的夏人散布的地区基本上相当；龙山文化散布的地区和古书记载的商人散布的地区基本上相当。夏、商、周人是汉族祖先的主要来源。为什么说是汉族的主要来源呢？因为还有其他民族融合在最初的汉族里面。

此外，还有称作吴越文化（也叫百越文化）的新石器文化遗址。这种文化有两个特点：一个特点是用石磉子，叫有肩石磉；另一个特点是有几何印纹陶。它散布的地区主要在广东、福建、浙江、江苏、安徽、湖南、湖北、广西、江西、台湾（所以说台湾自古就是中国的领土）等地。据古书记载，这些地方散布了许多民族，有杨越族、东越族、南越族、闽越族、骆越，还有苗人、"蛮"等等。

---

① 《资本论》第1卷，人民出版社1975年版，第1254页。
② 《马克思恩格斯选集》第2卷，第108页。

先讲旧石器时代。在我国华北地区发现的猿人，叫北京猿人，也叫中国猿人，或者叫北京人。北京猿人不是从猿到人的最初的阶段，因为北京猿人已经知道用火了，知道用火以前的那个阶段现在还未发现。古人类学家已经证明北京猿人是蒙古人种的祖先。所谓蒙古人种，就是最初活动在人类具有好的自然条件的地方的一种人类，而现在发现的这种地方不止一个，所以马克思主义在人类起源问题上是一元论。它不是说人类出自一个祖先，而是认为从猿到人的转化以及社会的发展有一个共同的规律。而单元论则认为人类是一个祖先，现在已经发现的北京猿人和爪哇人就是人类起源的圣地。过去我在东北局党校作报告的时候，有人说我们都是蒙古人的子孙。我说是蒙古人种，不是蒙古人的子孙。蒙古民族是我国的民族之一，也是蒙古人种的后裔的一支，但蒙古人种和蒙古民族是两回事。

关于旧石器时代的遗物，散布在今天的河北、山西、内蒙古、陕西等广大地区。在这些地方，我们发现了以北京人为主干的以及他们的后裔的一些东西，其中以山西最多。此外还发现有比北京人进步一些的旧石器时代的东西。在广西的来宾、柳江发现了旧石器时代的人骨化石，据许多人类学家研究，也属于蒙古人种系统。在黑龙江的顾乡屯还有所发现，而且顾乡屯的发现很重要，因为今天在北京、河北、陕西发掘出来的石器缺一个用弓矢的阶段，而顾乡屯却已知道用弓矢了。假如顾乡屯是属于北京人系统，这将证明北京人在当时曾经转移到今天东北的北部。另外，湖北长阳有发现，叫长阳人；四川资阳有发现，叫资阳人；广东的马坝也发现了人类的头骨，叫马坝人。还在广东西樵山发现那里的人已知用弓矢，表现了旧石器时代到新石器时代的过渡。总而言之，这些人类化石，都是属于我国汉族或其他兄弟民族远古祖先的遗存；那些骨头，都是我国各民族的远古祖先的骨头。

现在我们讲在河北、山西、陕西、内蒙古发现的北京猿人，即周口店发现的北京猿人，山西丁村发现的丁村人，河套发现的河套人，周口店山顶洞发现的山顶洞人等等。关于山顶洞人的时间，有的人类学家认为距今有六万年，有的认为距今有十万年，总之和北京猿人相差几十万年。这就是说，北京猿人在周口店住过，后来离开了周口店几十万年，最后又回来了，这说明他们都属于一个人种系统——蒙古人种系统。我国各民族，如汉族、蒙族、朝鲜族、满族都属蒙古人种系统，所以我们都是他们的后裔。

　　新石器时代的仰韶文化和齐家文化是一个系统，它是属于夏人遗留下来的。以后是周人，周是夏的后裔，是夏人之一支。龙山文化是"成汤革命"以前（奴隶制革命以前）商人的遗存。现在发现仰韶文化和齐家文化主要的散布地区是在今陕西、晋南、豫西北、甘肃东部同陕西渭河流域等地（豫东南、冀南、山西其他地点等处，也都有其或多或少的遗址）。甘肃仰韶文化遗存，实质上也属于仰韶文化系统。所谓甘肃仰韶文化，即它和仰韶文化有共同的主要特点，但由于它们处在不同时间和不同地区，以及受到其他文化系统的不同影响，而形成了彼此间的差异性。它主要散布地区在今甘肃河西走廊一直到青海湟水流域一带。龙山文化遗址，主要散布在辽东半岛南部、山东、河北南部、河南及苏北、皖北、晋东南等地。晋东南有个微子镇是商的地方。这两个系统的文化都是蒙古人种文化，在古代称为两个姐妹系统，二者有不同的特点：比如石斧、石刀等等石器都有不同的特点；陶器的风格、气派也各有不同特点。一般讲，仰韶文化的陶器叫彩陶，龙山文化的陶器叫黑陶，很薄。它们还有其他的陶器。但二者又有交互的影响，特别在接合地方，如河南境内，这种情形看得更明显。这说明仰韶人和龙山人是同属于蒙古人种的两大姐妹集团，或者叫兄弟集团。大概商人这个集团不知在什么时候往北走，不知由于什么原因离开了河北、山西，而且到了今天内蒙的林西一带，南下到山东半岛或渤海湾沿岸；或者跑到东北，然后南下，到辽东半岛，再进到山东半岛；或者越过渤海湾进到山东半岛。当时是否可能从辽东半岛越海到山东半岛呢？这是可能的，因为当时已有独木舟，可以泛海到山东半岛。到了山东半岛以后，不只沿海南下，散布到苏北、皖北等地，并沿黄河西进到今河南、冀南、晋东南一带，在这里和夏人碰面了。从地下出土的东西和历史记载看，商族的生产力比夏族高，这样商族就留下来了。夏人的一部分被堵住不能前进，一部分则向陕西、甘肃往回走，那就是后来的周人，所以周人说夏人是他的祖先。夏人的一部分就不回去了，另一部分跑到中原地区如河南、山东、河北南部一带。当时商人没有国家，于是夏人就加入了商人的部落联盟，与商人开始融合了。还有一部分沿汉水流域和伏牛山一带达到了豫南和江汉平原一带，那里是属于吴越文化的一部分——青莲岗人。他们到了那里，就和青莲岗人建立了部落联盟。这时，龙山人也去了，龙山人也和他们建立了部落联盟。因此这一带文化表现了仰韶、龙山、青莲岗三种文化融合的色彩，叫屈家岭文化（今湖北京山）。夏商两个部落原来是一家，离开了很久，现在又开始融合。夏人居住的地区主要以陕西华山和夏水及晋南等一带为中心，所以后来周朝叫华人，又叫夏人，又叫华夏族，今天我们叫中华民族、叫中华人民共和国就是这样来的。（为什么称"华"呢？可能是那个山很漂亮，经常开满了花，所以叫华，华者花也。）他们的语言差不多，但语音不同。以汉人为主体，把湖南、湖北、江西、安徽、江苏、浙江的人都汇合起来，所以我们说汉人是大杂烩。

夏人在旧石器时代离开了河北、山西、内蒙古、陕西以后，到了什么地方呢？今天还未考据出来。据有人说曾经西进到了新疆，到底是不是到了新疆，还待地下发掘的文物来证明（但据记载，西周或战国时的人对新疆、青海的情况很熟悉。《穆天子传》和《山海经》记载：周穆王周游天下，骑了八匹骏马，曾经跑到昆仑山）。以后夏人从甘肃、陕西往东南前进，到了河南、山西南部，商人把他阻住了。现在由于古书没有记载，有些情况搞不清楚，只能根据地下发掘的东西，在这里大体上讲一下作为汉族的主要祖先来源的夏人、商人和今天的兄弟民族在古代移动的大体情形。

下面讲从北京人到山顶洞人的旧石器工具和它的生产发展过程。

这里讲的生产包括生产力和生产关系对立的统一。

同北京猿人相当的是燧人氏。燧人氏发明用火，北京猿人已知用火了，在周口店发现灰烬，是烧火的痕迹。在燧人氏以前是有巢氏，地下还未发掘出有巢氏时代的东西，将来可能发现。所谓有巢氏，古书记载，即知道构木为巢，在树上架房子。到了有巢氏，我们的祖先才开始和动物区别开来（只是开始，并没有完成这个区别），也就是说，他们开始生产自己所必需的生活资料（关于这一点，大家可以看看恩格斯的《家庭、私有制和国家的起源》）。当时住在树上的人类，遍体长满了很长的毛，经过很长的年代，前面的两个脚变成了手，才开始直立行走，手发展了，身体的其他部分也逐渐起了变化。在当时，猿人用手工作，尤其是用手制造砾石工具，这不是一件简单的事情。马克思、恩格斯说：人类和动物的区别在于人类是能制造劳动工具的动物。又讲过：人类社会区别于猿群的特征就在于劳动。而劳动又是从创造工具开始的。所以说，手不仅是劳动的器官，而且是劳动的产物。猿人从知道制造劳动工具起，就开始和兽类区别开来，从此就开始了人类的历史。

当时猿人制造的劳动工具很简单，有石拳楔、石片，是将石块稍微加工。

除石块以外，还有木棒。当时到处是毒蛇猛兽，生产工具又很简单粗笨，因此，人们只能集体劳动，在集体劳动的过程中，人要讲话，所以产生了语言。当时的语言开始可能是单字，就像今天我们在劳动中发出嗨唷、咳唷的声音一样，这是劳动的协律。这样猿人就和猿猴不同了，各部分机能发展起来，脑子也发达起来。当时人类由于生产工具很简单，只能主要吃树上的果子，地下的草根，甚至还吃昆虫。由于生产力低，生产和自卫，都必须集体进行，所以形成了原始群团，即人类社会。男男女女、老老少少、大大小小都住在一起，不仅没有夫妻，也没有群婚，当时人类的婚姻关系是杂交。

据古书记载，有巢氏以后是燧人氏。燧人氏时代的工具比过去进步了，已能制造投掷和钻孔用的尖锐器（从投掷器开始，以后变成矛，后来变成枪，以后发展成今天的原子弹、氢弹和火箭）。由于生产工具的进步，就有可能在木器上钻孔，在这个过程中发明了用火。后人说火是燧人氏发明的，实际上这不可能一个人发明。以前也有天然火，但生产工具未发展到这个程度，不可能发明用火。有人说，人类最初知道用火是天然火，我不同意。恩格斯说摩擦生火。火的发明在人类历史上是一件大事，恩格斯对它估价很高。他在《反杜林论》中说："就世界性的解放作用而言，摩擦生火还是超过了蒸汽机，因为摩擦生火第一次使人支配了一种自然力，从而最终把人同动物界分开。"[1] 知道用火后，就可以把鱼类、贝壳及其他水栖动物作食物。有人说，恩格斯讲人类发明火以后，肉食多了，什么肉食都可以吃，在这以前是茹毛饮血。实际上不全如此，如在解放前云南个别兄弟民族还有生食肉类的情况。因此，我们一方面要按照经典作家的指示阐明历史，但对于他们没有接触到的问题，我主张打破框框，如果不是这样，我就不可能提出殷朝是奴隶制。有人认为殷朝没有铁器，只有青铜器，没有铁是不可能产生阶级社会的。但我认为有了青铜器就可以产生阶级，产生国家。人类知道熟食后，还发展了人的大脑，改变了人的体质。由于有了火，可用火取暖，从此寒冷的地方也可住人了，因此人类活动的范围扩大了。同时火还能保卫人类，防御猛兽和毒蛇。还能用火来加工制造工具。这个时期的人类，在古书记载上是燧人氏，地下出土的是北京猿人。

在山西发现旧石器时代的丁村人，河套发现的河套人，周口店发现的山顶

---

[1]《马克思恩格斯选集》第3卷，第154页。

洞人，这个时代大体上跟传说中的燧人氏时代及伏羲氏时代相当。这时，生产工具的式样更多了，制作也较前为精，能够制尖锐器、刮削器、投掷器、刺杀器，还能制造渔网等等。由于生产工具的进步，生产力也提高了，食物来源多了。但个人还不能单独进行生产，因为当时打猎要围猎，例如很多人把一座山围起来，一部分人把野兽赶到一起，一部分人在周围截住，等野兽跑出来就打。现在有些落后民族还用这个办法打猎。其次，还有围渔，例如大家排成队，用手在水下摸；后来打鱼又有另一办法，就是将小河道开一个坝，中间留一个口子，口子中间用树棍拦起来。这种办法在当时用得很少，到新石器时代才真正适用。同时还有"焚林而猎"，即大家一起把山烧了，野兽出来大家打。"竭泽而渔"，即把水沟搞干来捉鱼。这种劳动一般由壮年男子负担，女人掌握分配权。这时依性别、年龄进行分工，这样的分工就产生了族内级别群婚，这一群壮年男人和那一群壮年女人配婚。由于生产的进步，活动范围的扩大，开始有了这个氏族的壮年男人或壮年女人，到另一氏族劳动和那一氏族的壮年女人或壮年男人结婚的情况，这就是族外婚。有人认为这种族外婚不是由于劳动的关系，而是由于生理学的原因，感觉到族内婚对人类害处很大，所以产生了族外婚。我不同意这样的看法，因为当时的人类还不可能意识到生理上的原因，这种婚姻是在劳动过程中产生的。

现在讲新石器时期——原始公社制后期。

从地下出土的遗物看来，从山顶洞人到仰韶人之间，有一段空白，在黄河流域、长江流域还没有发现由旧石器到新石器的过渡形态，即所谓中石器时代的遗址（那是以弓箭为主要标志的），只在黑龙江的顾乡屯、广东的西樵山发现有类似这种遗存。

下面讲一讲原始公社制后期的仰韶文化、齐家文化、龙山文化的新石器工具和其生产的发展过程。

这时使用的工具，在农业方面，主要的有石刀、石斧、石耨、石碎、石凿等等石制工具，也有骨制工具，还有木制的工具，现在发现有木耒。从地下出土的这些生产工具看来，这些经过磨光制造出来的工具开始种类较少，制造得也比较粗糙，后来一步步地提高，种类越来越多，制造也越来越精致，越来越锐利，骨制的东西更精致了。当时除了有农业生产以外，还知道纺织，在很多地方发现有纺织用的陶纺轮，或者石制的纺轮。此外还有打猎用的石箭，骨制的鱼钩，这种鱼钩做得很精致，上面有倒刺，鱼被钩住以后跑不掉。

这里提出一个问题，有人说恩格斯讲东方首先知道畜牧业生产，西方首先知道农业生产。我们根据仰韶文化的地下遗存发现有家畜的骨骼，证明当时就知道畜牧和饲养。同时也发现小米粒，在陶器里面有谷粒子。因此我们说，中国在当时不仅知道畜牧，也知道种植，跟恩格斯讲的不完全一样。但这不是原则问题，何况恩格斯讲的东方是指欧洲和中亚，没有把中国包括在内。

由于石器制造的进步和发展，也发明了冶金术。冶金术的发明大概是这样的：先用高温烧矿石，最初烧出来的是铅和锡，接着烧出铜来。新石器时代初期发明陶器也是这样。原来吃熟食，是把食物上面放一层土再烧，或把食物放在烧热的石板上烤，不仅没有金属锅，而且也没有陶器。后来就做一个草和木编成的筐，外面抹上泥土，然后放在火上烧，这样就把木筐烧掉了，泥土模型烧出来了，这就是最初的陶器。陶器的发明也是生产力发展到一定程度的产物。其后还发明了冶金的生产工具。

由于陶器、冶金生产技术的发明，使人类生活的流动性范围缩小，人的活动比较固定些了。因为在小的地区内就可找到食物养活自己，人类就得以相对地定居下来。由于食物增多，人类就把小兽、小鸟养起来，开始发展牧畜；又由于人类把吃剩的草根、果子丢在地上，到明年它又生长出新的东西来，这样，就逐渐知道种植了。

由于有了这样的生产工具和进行这样的生产，人类就不再像过去那样按性别、年龄来分工了，而是男子搞牧畜，女子管家务和采集。在农业生产方面，解放前有些少数民族是这样搞的：先把山上的树木点火焚烧，再把它砍掉（那时是用石刀砍树，很费劲，不像今天用电锯来伐木，所以人们必须集体生产，这些土地是集体的），然后男的在前面挖一个坑，女的在坑里放一两粒种子，小孩再用土将坑埋上。由于这样的集体生产，就产生了氏族公社。这样的氏族公社成员很多，现在发现的氏族公社，都是几十户或百来户，中间有一个会议厅，周围有一家一家的房子（龙山的房子和仰韶的房子不一样，各有独特的风格）。土地为氏族公社共有，大家共同耕种，生产的产品共同消费。后来由于生产的发展，人口增多了，氏族公社虽然还是共同生产，共同消费，但是分给各个家族自己消费。再往后，由于生产又进一步的发展，生产工具增多，特别是后来有了犁锄来挖地（当然最初不是使用铁犁），挖地就比较容易一些了，这样三家、五家、十几家就可以居住在一个地方进行生产，因此在氏族公社里就出现了家庭公社。家庭公社的土地，都是由氏族公社交给的。这时公社的生产情况有两种，即最初是由公社的成员在一起生产，产品进行平均分配，然后分配到各个家庭自己消费（我们有些兄弟民族在解放前都是这样的情况）；后来就把土地分配到家庭公社各家族，各个家族单独进行生产，但生产物仍由公社统一掌握、统一分配。这是原始公社制末期出现的情况，那时已经有了贫富的分化。

与这种生产情况相适应，婚姻制度也跟着改变了，即产生了对偶婚。这种婚姻制度一直实行到原始公社末期。关于这个问题，这里不详细讲了。

从出土的东西看，那时的农产品主要有小米（当然地区不同，生产不一定全是小米）。同时有了饲养和牧畜。所以古书上说："神农之世……耕而食。"那时就是靠耕种取得生活资料。天下为一家，无私耕私织，都是集体耕种，集体纺织；有房子大家住，要挨冻大家都一块挨冻；有饭大家吃，没有吃的大家就一块挨饿。

当时由于生产进一步的发展，特别是后来由畜牧发展到田野农业，主要是靠男子搞农业，原来的级别群婚或者对偶婚时代生下来的孩子，只知道自己的妈妈，不知道自己的爸爸。由于这时的男子掌握了财产权，因此以女子当家的母系氏族社会逐渐转变为男子当家的父系氏族社会。在父系氏族社会里，以父系为主，同时把自己的财产传给自己的子女，古书记载夏禹传位给自己的儿子夏启，从此就不传贤了，启死以后就传给自己的儿子，这就说明当时已进入父系氏族社会。这个时期，从出土的新石器时代遗存来看，是与铜器的出现相当，古书记载"禹铸九鼎"。这时有很多生产工具，甚至生产资料开始出现私有，并且有了明显的贫富分化，这可从出土的遗存得到证明。如殉葬的东西，有的多，有的少。有些人的殉葬品，陶器比较多，石器有石斧、石刀，甚至还有玉器、铜器；大多数人的殉葬品只有一两件；有些人甚至没有殉葬品。这就很明显地表明了贫富分化。这时还开始出现了家内奴隶。以前，因为生产力比较低，奴隶一天的生产只能养活自己，没有剩余劳动可以剥削，所以打仗捉来的俘虏不是作奴隶，而是作养子。养子是公社的成员之一，平等相待，谁也不剥削谁。但这时就开始出现奴隶。据记载，夏桀有好多老婆，有妻有妾，妾就是奴隶，所以"奴"从"女"边，最初奴隶就是女的。同时在出土的文物中有人头化石，很可能是殉葬的奴隶，还有可能是俘虏。在夏朝，一方面表现了帝王权力的萌芽，如从古书记载看，有了城堡围子；另一方面也出现了一夫多妻的父家长制。

与生产发展相适应，原始公社制的组织也发生了变化。开始是氏族，后来发展为胞族，一个胞族里面有几个氏族，再发展成部落，一个部落里有几个胞族。部落以下是同血统的。部落以上的组织是由很多部落组成的部落联盟，部落联盟不是同血统，是杂种。他们彼此居住在一起，但是，居住时彼此必须先打招呼，商订一个协定，或者你走，我在这个地方，或者我走，你在这个地方，或者两方面平等参加一个联盟。如果没有履行这种手续，就是彼此还未处于和平状态。当时原始社会的婚姻制度，在前期是群婚制，即分族内群婚和族外群婚；到了后期，大多实行对偶婚制，即一个男子有一个主要的妻子，一个女子有一个主要的丈夫；到了原始公社的末期，就过渡到一夫一妻制了。

下面讲原始公社制时代散布在我国大地上各人们集团之间的关系。

现在我国的许多兄弟民族的祖先，从早期以来就和汉人的祖先一样，住在今天祖国的大地上。这是为地下出土的东西所证明了的。如地下出土的有关于汉族的仰韶文化、龙山文化系统，也有沿海沿江的吴越文化（百越文化）系统，和从黑龙江、吉林、内蒙古自治区、宁夏回族自治区到青海、新疆、甘肃以至西藏的阿里一带的细石器时代文化，是属于好多民族的遗存。另外在西北、西南、东北还有不少其他一些不同系统的文化。再从古书记载中看，如"成汤革命"时就有"万邦"、"万方"。

百越包括苗、瑶、蛮、侗、彝、戎、羌等族，这些民族大体上都是蒙古人种的后裔，或者是马来人种的后裔。今天散布在两广、福建、浙江、台湾、江苏、安徽、江西、湖北、湖南等省区里的所谓吴越文化，是属于百越各族的祖先的遗存。当时叫越，在安徽有山越，江西有杨越，浙江有东越，福建有闽越，广东有百越，广西有骆越，骆越就是广西壮族的祖先。这些地下出土的文化，就是原始公社制时代遗留下来的新石器文化。关于细石器文化，它在古代是属于哪些民族的遗存，今天还很难确定，大抵都是属于古书上所述散布在当地的古代各人们集团的遗存，大抵后来散布在当地的各兄弟民族都是他们的后裔。这是不是同匈奴有关，还不知道。匈奴后来分为南匈奴、北匈奴。郭沫若同志写的《王昭君和番》是指南匈奴，他写的《蔡文姬》也是指南匈奴。当时南匈奴早已服从汉朝，他们同北匈奴作对，这一部分大概后来和汉人融合，也有一部分和其他兄弟民族融合。但北匈奴的绝大多数是到欧洲去了，在欧洲也可能被其他民族融合了，其大部分是现在的芬兰和匈牙利民族（匈牙利自己称"匈"，世界史上也称"匈"。匈奴的"奴"字，是我们的祖先大汉族主义给人家加的。这是中国和日本的历史学家一致的意见）。在它们没有去以前和留下来的匈奴人，有一部分被蒙族吸收了。所以，在今天的蒙语里有匈奴语的遗留，还有少部分大概和满人融合了。突厥族也分为两部分，一部分叫西突厥，即维吾尔族的前身，至于东突厥到哪里去了，今天还不大清楚。大概有一部分到汉族里来了，也有一部分到了回族，回族的同志不承认，说他们的祖先是从中亚细亚来的。我说从中亚细亚来的，同汉族结婚的有一部分，从突厥族来的也有一部分。为什么这样讲？因为从甘肃一带和今天的宁夏回族自治区到河州一带，原来是突厥人住的地方，回族后来来了，突厥族就没有了，到哪去了呢？可以研究一下。

地下出土的东西表明，在原始公社制时代，我国各族之间的关系就很密切，彼此相互交往，相互影响。比如在河北、山西、甘肃北部的仰韶文化里，有细石器文化的东西，也有其他文化系统的东西，这是彼此交往的结果。仰韶文化、龙山文化也是如此。仰韶文化和龙山文化给细石器文化的影响很多，这从细石器文化遗存中就可看到。细石器文化有不少东西有浓厚的仰韶文化、龙山文化色彩，特别是陶器，如新疆的彩陶就有仰韶、龙山两种文化的色彩。所以说，居住在新疆的人们同居住在玉门关以东的夏人，在过去很早的时期就有联系和往来。南方浙江一带的吴越文化（百越文化）受仰韶文化、龙山文化的影响也很多，而且还受到殷朝、周朝的影响，并且一直影响到福建、台湾、广东一带的文化遗存。又比如江汉流域就有仰韶文化、龙山文化、青莲岗文化混合在一起的屈家岭文化；这表明夏人、商人和吴越人在这里平等的融合了。这种融合是从周开始的，因为文王的父亲季历有两个哥哥，一个叫泰伯，一个叫虞仲，后来两个人跑到江苏南部去了。现在在江苏西南丹徒烟敦山挖出来的东西和西周的东西一样，有"矢"可以证明。而且武王革命以前已经有人到那里去了，假若那里原来没有夏人、周人，那么后来去的北方人怎样在那里生活呢？就是当地人不打死他们，由于语言不通，弄不到吃的和穿的也是无法生活下去的。而那里由于原来有夏人、商人同当地人融合了，所以他们跑到那里以后，才能生活下去。而且他们大概知道以前有人跑到那里去了，所以他们才往那里跑。在旧社会，也有某一地方的人，当他们生活无法维持下去的时候，就往外地跑的情形。如山东、河北、山西的人，没有办法就往东北、内蒙古跑；湖南人没有办法就往云南、贵州跑。以上情况说明在古代很早的时期，各个民族就互相融合，大家互相接触、互相影响、共同杂居，平等地生活在一起。所以说部落联盟没有纯血统的，各族都是人种混杂的，汉族就更杂了。从这里可以看出不管是大民族主义也好，或者是地方民族主义也好，都是违反科学的。这是有几十万年或者几万年的历史根据的。

最后讲一讲在民主改革和社会主义改造以前，我国一些少数民族地区的原始公社制或它的残余。

我们国家从古以来，就是多民族的国家。而从秦汉以来又成为统一的多民族的国家。但各民族的发展是不平衡的。又由于一个国家之内的各民族，在长期共同进行阶级斗争和民族斗争中，以及共同生产中，先进的带动落后的、影响落后的，这样就使各民族之间发展不平衡的距离缩小了，但不可能消灭这种距离。只有社会主义革命胜利以后，才有可能消灭这种距离。所以我们现在提出争取在若干年的时间内，使国内各少数民族赶上汉族。但是，这种距离可以消灭，不等于不平衡规律可以消灭。因为它是客观规律，不平衡，经过调整，平衡了，但经过一段时间，它又会不平衡。

在我国历史上，中央朝廷是代表全国各民族统治阶级联合进行统治的。绝大多数的中央朝廷是以汉族为主体的，但在一定的时期也有一些是以少数民族为主体的。如辽以契丹族为主体，金以女真族为主体，北魏以鲜卑族为主体（鲜卑族大概是满族的一部分），元以蒙古族为主体，清以满族为主体。但在以少数民族为主体的王朝里，统治集团里面仍有很多汉人，此外还有其他少数民族的人参加。如元朝的统治集团里有维吾尔人、阿拉伯人（原来维吾尔人叫畏吾尔人，阿拉伯人叫色目人，汉人叫南人，长江以南的人叫蛮人，后来又叫黄河以南的人为蛮人）。每一个统治集团，都代表地主阶级的利益。在当权的统治阶级里，汉人很多，即使在少数民族为主体的统治集团里，汉人仍然很多。当然，历代汉族或其他族统治阶级为主体的中央朝廷的反动措施，及其对少数民族地区的压迫和剥削，都阻碍了各民族的发展进程。而当各民族自己的统治阶级或上层集团进行统治时，他们依然对本民族人民进行残酷的剥削和压迫，从而阻碍了本民族的发展进程。在历史上，各个民族统治阶级之间，尽管有利害的矛盾，但彼此在统治各民族人民这一点上却是一致的，所以说民族矛盾是阶级矛盾的延长，离开阶级矛盾来了解民族矛盾是错误的。

在民主改革和社会主义改造以前，或者说在我国解放以前，我国还有一些民族存在着原始公社制或者存在着原始公社制的残余形态。落后的社会制度和旧的统治阶级的压迫，使他们的发展受到很大摧残。如东北的赫哲族，只剩了三百人，如果不是解放，这个民族就要灭种了。而现在很多少数民族都欣欣向荣地发展起来了，如黑龙江兴安岭的鄂伦春族、鄂温克族，海南岛五指山的黎族，云南的苦聪族、纳西族、佤族、景颇族等兄弟民族里，都有一部分存在着原始公社制，或者存在着原始公社制的残余，也就是处在由原始公社制向阶级社会过渡的社会形态中。这些民族同汉族或者其他先进民族长期杂居，长期共同生活在一个国家里，因此经济上、文化上和其他民族有联系，而且人民之间相互接近、相互影响、相互合作、相互帮助，交错杂居；同时，在历史上各民族又是共同生产、共同斗争（关于这一方面的历史资料很多。同志们将来可以查一查二十五史"四夷传"，即少数民族传，以及中国科学院出的《我国少数民族社会生活调查》，这里面有我写的几篇文章，还有其他同志写的几篇文章），因此在这些民族中同汉族或者其他先进民族杂居的那一部分，他们的生产已经跟汉族或其他先进民族的生产差不多了，或者相接近了。如黑龙江的鄂伦春族同汉族、蒙族、达斡尔族居住接近的地方，海南岛的黎族同汉族杂居的地方，他们的生产已经接近于汉族，或者已经和汉族的水平一样了。只有和他们攀谈起来，才知道他们的祖先不是汉族。还有湖南苗族中的"熟苗"、湖南的土家族也是这样，他们的语言、生活习惯等等，都和汉族差不多，或者接近于汉族。

此外，同汉族或者其他先进民族邻近的少数民族，如居住在五指山外围的那一部分黎族，他们的生产水平同汉族有一定距离，也就是说比较落后，但比五指山里面的黎族却要进步得多，因为他们已经进入阶级社会。在这种阶级社会里，出现了一些奴隶制的东西，也出现了一些农奴制的东西，今天看来，基本上是封建制度。又如云南的景颇族同汉族杂居的地方已经接近于汉族，在民主改革以前是地主封建制社会；同傣族接近、杂居的地方，差不多接近于傣族的农奴制，这里已经有阶级制度，并且差不多处于支配地位。在阶级制度中，有封建制后期的东西，也有农奴制的东西，也还有个别奴隶制的残余。但深居在佤佤山区里面的，就表现为一种由原始公社制到奴隶制过渡的社会形态；生产资料表现为一部分公有，一部分私有；在分配制度上，有私有制存在，但也有一部分公有。同时，五指山黎族的原始公社制和原来单独发展的原始公社制不一样。他们使用的工具有铁器，如犁、耙、刀等，但这不是他们自己生产的，是从汉族地区运进去的，只有一种很小的刀或其他小工具是他们自己加工制造的。他们用牛耕地。土地一般有三种所有制，即家庭所有、个别家族所有、几个家族共有。在使用分配上，不管土地多少，不管谁的土地，都是大家共同耕种；不管谁的牲口、农具如犁、耙、刀等，大家都共同使用；而且生产的成果，平均分配给各个家庭。但是，这里面也表现出在个别家庭中已经产生了剥削，出现了私有。东北的鄂伦春族的情况也是这样。邻近汉族、蒙族、达斡尔族的鄂伦春族的生产就接近于这三个民族，中间地区比较落后一些，再往山里，又更落后一些，他们是靠打猎为生。这里有一个矛盾，他们打猎是使用现代步枪，猎枪、牲口为个别家庭所有，而打来的东西基本上又是平均分配，那也是原始公社制。他们的分配，在个别地方出现这样的情况：兽皮归打猎的人所有，或者把兽头或其他东西多分给打猎人一些，老幼孤寡也多分一些，其他不参加打猎的人就平均分配。猎枪、牲口是个人的，但可以大家共同使用，毫无代价。他们出外打猎，要离开家好几个月，因此要带一些粮食、生活用品。大家带东西，不管带多少毫不计较，而吃的时候，用的时候，就大家一起吃，一起用，不分是谁的。这里虽然出现一些阶级制度的因素，剥削的因素，但它基本上还是属于原始公社制。

同志们要注意，我们研究历史情况也好，研究现状也好，只有通过全面的具体的情况，用具体分析的方法，才能够解剖出问题的本质。历史本身是生动活泼的，不能书呆子式地或公式主义地看问题。鄂伦春族打猎用的步枪，黎族使用的生产工具是私有的，而且是铁制的，应该说是阶级社会了吧，但是大家又可以共同使用这些工具，而且毫无代价，生产的成果又是共同分配。这就表现了历史本身的辩证法，历史本身是一点也不机械的。

第四讲

中国奴隶制社会——商朝

（公元前 1766——公元前 1122 年）

商朝奴隶制社会的材料，今天保存的不够多，《尚书》中的许多文诰遗失了。但证明商朝是奴隶制的材料还是够的，只是说明商朝具体的历史面貌的材料不够多。

关于商朝社会的性质，直到现在，中国的历史学家和外国的历史学家的看法都还不一致，因此，在这一讲里，首先着重说明一下商朝奴隶制社会的基本论据。其次，恩格斯讲，原始公社制衰亡的前夜，人类知道冶铁，因此到奴隶社会，人类生产开始使用铁器。根据恩格斯当时所掌握的欧洲以及世界其他一些地方的材料完全是这样的情况。但是，从那以后，马克思主义者对历史材料掌握得越来越多了，所以斯大林在《辩证唯物主义与历史唯物主义》中，就不是讲铁器工具，而是讲金属工具。因此，我在这里要着重讲一下青铜器怎样能够引起阶级社会的产生。其次讲"成汤革命"和商朝的衰亡问题。

首先，我把我国历史上关于奴隶制社会的争论意见介绍一下。在建国以前，特别是在第二次国内革命战争时期，争论的焦点是中国历史上有没有奴隶制社会阶段的问题。那次争论是马克思主义者和假马克思主义者的争论，是革命与反革命的争论，是保护革命与反对、破坏革命的争论，是保卫马克思主义的纯洁性与反对马克思主义的争论。当时假马克思主义者托洛茨基派的代表人物有李季、王宜昌、叶青等人。新生命派（包括食货派）的头子是陶希圣。他们说中国历史上没有奴隶制，其目的就是为了说明马克思主义的社会发展阶段论是不可信的，历史发展不是一元论。

马克思主义者与他们进行了斗争。阐明了马克思主义关于这个问题的理论，使他们后来不得不承认中国有奴隶制社会。但是他们接着又用另一种手法来反对马克思主义，即用地理史观和外因论来反对马克思主义。譬如他们说中国只是在齐国也就是今天的胶东半岛出现了奴隶制。为什么呢？他们的理由是那里有渤海，就像希腊罗马有地中海而产生了奴隶制一样。这是用地理史观来解释历史。诸如此类的解释很多。同时，还用外因论来解释。

马克思主义者认为马克思、恩格斯、列宁所阐明的社会发展阶段论是完全适合中国历史发展情况的，中国是有过奴隶制阶段的。郭沫若在《中国古代社会研究》一书中首先说明了这个问题，其他的同志也坚持了这个原则。

当然，在马克思主义的历史家中，关于中国奴隶制与封建制的分期问题，还存在着不一致的看法。当时郭沫若同志认为夏、商是原始公社制，西周是奴隶制，东周以后是封建制。我和其他一些同志认为：自从盘古开天地到成汤革命以前，是中国的原始公社制时代，商朝是中国奴隶制阶段，西周以后是封建制阶段。

到了抗日战争时期，托洛茨基派、新生命派在群众中已经搞臭了，他们再叫不起来了。但在我们自己的队伍中，仍继续对奴隶制和封建制的分期问题进行研究。郭沫若同志在这个问题上的态度是值得钦佩的，他坚持真理，进一步进行研究，然后修正自己的意见，从而认为中国从夏朝开始一直到春秋都是奴隶制。范文澜同志则提出夏商是奴隶制，西周是封建制。我和其他一些同志仍认为商朝是奴隶制，夏朝不是奴隶制。侯外庐同志等认为战国是奴隶制，因为战国才大量用铁；秦汉开始封建制。另外，还有一些人认为战国、秦汉时期都是奴隶制，三国才开始由奴隶制向封建制过渡，这就是所谓的魏晋封建论。其理由一是西周没有铁，二是当时社会上还有许多奴婢存在。

以上这些主要的意见分歧，同志们在学习中赞成哪一家都可以，哪一家都不赞成，自己另有一种看法也可以。我是根据自己的看法讲，即认为商朝是奴隶制，这是一家之言。

这里附带提一下，奴隶制是非常残酷的。同志们大概看过关于凉山彝族在民主改革以前的社会情况的影片，从那部影片中，可以看出奴隶制的残酷性。有些奴隶长到三四十岁还只那么一点高，走路连腰都不能直起来，这确实是十分残酷的。但我们今天看来，奴隶制社会比起原始公社制社会还是一个跃进，所以，奴隶制出现以后，它的生产曾经有一个跃进。恩格斯说过，如果没有奴隶制，就没有后来欧洲的文明，没有欧洲的文明就没有恩格斯所处时代的资本主义的文明。也就是说，如果没有奴隶制这一个阶段，就不可能有以后的封建社会，也不可能有以后的资本主义社会，从而也不可能进到今天的社会主义。所以，奴隶制社会是人类历史必经的一个阶段。

下面讲第一个问题：成汤革命和商朝奴隶制国家的建立。

首先讲商朝在成汤革命以前的发展。成汤革命以前，商族散布的地区很广，有今天的山东、苏北、皖北、河南这一大片地区。从地下出土的东西看来，在这么一大片地区里，畜牧业很发达，农业也有适当的发展。从传说记载（那些文章、文件不完全可靠）和今天地下出土文物看来，他们与夏朝的关系，是这样的情况：商人所住的地区，山东有沂蒙山区，其他都是平原，一直到济南、河南都是平原。当时黄河水灾很严重，所以人口就往太行山集中，当进到河南后，就同夏族碰头了。现山西潞城东北十五里处有一个微子镇（微子是商朝的贵族，皇帝的儿子，政治家），据《竹书纪年》等书所记载，商曾经是夏的属领。郭沫若、范文澜同志认为应该说是夏朝奴隶制国家统属的一个部属。我看夏朝不是奴隶制国家，因为地下没有挖出青铜器来。范文澜同志说青铜器太宝贵，当时可能没有同其他东西放在一起保存下来，将来也可能发现。我说，这有可能。但在今天没有在这里发现青铜器以前就按这样讲法，等将来发现青铜器以后再按将来的讲法。当时的夏朝大概有点像白种人到美洲去以前的印加的情况（印加是一个很大的部落联盟，当时处于没有国家的时代，开始有一个武装集团支配其他部族、部落，向人家征税，那是国家产生前夜的情况）。

商人在成汤革命以前，发明了青铜器冶金技术（铜和锡的合金制造的器物叫青铜器）。现在在河北唐山大城山龙山文化遗址里发现了青铜器，在河南也发现了青铜器，在山东发现了类似青铜器的东西。青铜生产工具发明以后，生产更发展起来了，很快就在商族内部引起了贫富分化。这种贫富分化的情形可以从墓葬里看出来，如山东大汶口挖掘出来的墓葬和其他地方的墓葬都发现了许多殉葬品，有玉器、陶器，有些大墓里就有几十件殉葬品，也有些墓里就只一二件，甚至没有殉葬品。这种殉葬品多少不等的情况，说明在原始公社制末期，各个家族内已经有了富有和贫穷的差别。

另外，在土地所有制方面也产生了矛盾。在原始公社制时代，土地属于部落所有，由部落分给各个氏族公社，各个氏族公社再分给每一家耕种。那时是共同耕种，共同分配。但是随着生产的发展，人口的增多，产生了分家的现象，这样公社的土地按家分就不够分配了，因此就只有到邻近的部族、部落去占领人家的土地来分配。占领人家的土地以后，就像恩格斯说的"强迫移民"那样，将自己部族的人移一部分到被征服的部落去。既然移民去了，原来部落的人就被征服了，于是征服者把他们用作奴隶，从此产生了奴隶。以前从战争中得到的俘虏不是杀掉，就是留着作养子。现在，由于生产力提高了，一个人生产的东西自己消耗不完，出现了剩余劳动，有了剩余劳动，就使得剥削有了产生的可能，从此，就不再把俘虏杀掉或作养子，而把他们用作氏族奴隶。这时和其他部落进行战争，占有土地和俘虏人口是由军事集团进行的，因此军事集团对土地和俘虏的支配有优先权，于是这些人就更加富有起来。另有一种情况，就是在征服其他部族、部落后，不把本部族、部落的人移民过去，就像印加一样，要被征服部落纳税和进贡人口。但是，新占领的土地不能归氏族或部落支配，而由部落联盟来支配。这样，部落联盟的土地所有制与氏族土地所有制产生了矛盾，在这样的基础上产生了奴隶制度的革命——成汤革命。

成汤革命主要是以富有家族为基础，还有氏族奴隶参加。成汤就是原来的军事集团的首领。在这次革命中，主要的领袖人物除成汤以外，还有伊尹（氏族奴隶，叫"滕臣"，《尚书》记载是汤的老婆陪嫁的奴隶）、仲虺、咎单等。参加革命的还有其他部族、部落的人，即当时的所谓万方诸侯、万邦诸侯。"万方"这两个字很有意思，所以说《汤誓》、《汤诰》这几篇文章是不是完全是假的，我看值得考虑。因为商朝把其他部族、部落叫"方"，每一个族也叫"方"（周朝叫邦）。而《尚书》和甲骨文上也都叫"方"。

我说成汤革命主要是推翻了原始公社制，因为：第一，《尚书·伊训》记载成汤革命以后宣布了所谓"三风十愆"是被禁止的，而在原始公社制时代，这是不禁止的。《尚书》上没有讲"十愆"的内容，大概是犯了这十条过失就要治罪。三风就是巫风、淫风、乱风。总之，他们是树立和行使了国家强制权力。还建立了官职，有了刑法、监狱、军队。并宣布不服从者斩首。这在原始公社制时代是不行的，说明那时奴隶制政权建立起来了。关于这种情形，地下出土的东西可以证明，甲骨文里也有记载。

同时，还确立了私有财产制度，承认私有财产的合法地位，即生产资料以至奴隶的奴隶主所有制。国家法律保护私有财产。奴隶成为个别家族的私有财产，奴隶制国家的自由民一般都属于原来部落的成员，现在国家公开宣布要种地的自由民勤恳地耕种，不许偷懒，否则就只有挨饿，因为自己生产的东西归自己，与原始公社制时代不同了。

第二，确立阶级对阶级的压迫和剥削：从成汤革命开始，就有一部分人完全脱离了生产，不从事生产劳动，他们依赖人家劳动过活。除下层自由民劳动以外，大奴隶主、中等奴隶主和小奴隶主都不参加劳动。牧业、农业、手工业、运输业以至于奴隶主家内劳动都依靠奴隶劳动。为了适应奴隶主阶级对于奴隶阶级的统治，在那个阶级里又产生了等级的差别，当时不仅有大贵族、大奴隶主、中等奴隶主、小奴隶主和一般自由民与手工业者阶层的分别，而且还有侯爵、伯爵、子爵等。

第三，确立土地国有和农村公社为社会基层组织。成汤革命以前，氏族土地所有制和部落联盟土地所有制产生了矛盾，革命以后，这个矛盾解决了，所有土地都宣布国有。但是这种土地国有是名义上的，实际上土地是由国家的名义分配给各个公社，再分配给公社内各家族使用，使用土地的各家族向国家纳税。不过这时的公社已起了本质的变化，在原来的氏族成员中出现了大小奴隶主，他们不从事劳动，依靠奴隶的劳动为生，土地都由奴隶耕种；另外一部分成员则转化为一般的自由民阶层，是自由农业和手工业的个体小生产者，他们缺乏生产资料，有的甚至因为贫穷逐渐丧失了自己的耕地。这就是当时的"农村公社"。所以说这种土地国有是名义上的，它与以后封建时代的土地国有不同，直到武王革命以后，才能说"普天之下，莫非王土"了。这种农村公社是殷朝社会的基层组织，里面有阶级，公社在当时叫"邑"。殷朝的"田"字是这样写的：囲囲囲，这表示了土地的耕种情况。甲骨文里有"城××"，这表示在那个地方建立了一个公社。

当时，还有一种公社，就是其他民族或其他部族、部落的公社。它上受国家权力的统治，要给商朝纳税、征集人口作奴隶，其部落长对国家来讲是官吏，对部落内部来讲还是原来的部落长，他具有两重性质。

同时，还确定了国家疆域。在此以前，没有一定的国家疆域。殷朝疆域的中心区叫"邦畿千里"，南到淮河以北，西到今陕西，东抵于海，是商族自己居住的地方。而整个疆域是西到四川（蜀），南到潜山（安徽、湖北），东南到上虞（浙江），西北到甘肃（甘、凉），东北到古营州。现在看来，古营州恐怕包括辽东的南部，是不是当时曾经到朝鲜北部去过，那还不大清楚。据苏联的考古学家说，在西伯利亚叶尼塞河流域地下挖出了青铜器，具有殷朝青铜器的风格，也就是说受到了殷朝的影响，即殷朝的影响达到了西伯利亚。甲骨文里"国"字写成"或"字，它表明了什么呢？现在有两个解释：一个解释认为"口"是人口，戈是武器，即以武器保卫人口；另一个解释认为"口"是领土、疆域，即以武器保卫国土。

成汤革命后，殷朝国家不仅有监狱、刑法，而且有法律、法典。这是过去所没有的。彝器上就有法，还有礼。"礼"就是等级制度的法典。

此外，自由民还分有国家的土地，他们向国家纳税和服兵役。这也是国家的特点，在国家未成立以前是没有这种情形的。

成汤革命大概起了以上一些作用。在此以后，殷朝的发展就表现出了革命和革命政权的创造性，以及革命政权对于基础的作用。

再讲第二个问题：商朝奴隶制度的生产方式和阶级关系。

我们首先谈一谈青铜器生产工具和奴隶主对生产资料和奴隶的占有。

我们在地下发现了冶铜场，其中以郑州发现的冶铜场规模最大，过去在安阳发现的冶铜场也相当大，它的一块矿渣有一二十斤。

青铜器的生产工具有犁，上海博物馆陈列有这种犁，在郑州发掘出的奴隶主墓葬里也有一个犁。有人说这种犁可能不是作耕种用的，是殉葬的。我不同意这样的说法，因为当时的生产力很低，人们不可能用它殉葬的；另外，在殷朝的甲骨文里有很多"犂"字，从这个字来看，殷朝有犁，而且用牛耕耘，牛和犁是合在一起的。除犁以外，还有铜镰刀、铜刀、铜斧等农具。从唐朝到宋朝这个时期，云南南诏彝族、白族、汉族建立了一个奴隶制政权，他们使用的生产工具就是铜镰、铜刀、铜斧。这也可反证殷朝是奴隶制。此外，殷朝的青铜器还有铜矛子、铜磷、铜箭头、铜钩等。特别是司母戊大鼎重 875 公斤，这是原始社会不可能生产的东西，从此可以看出殷代炼铜、制铜的技术水平。

商朝生产工具除铜制的以外，还有石器、木器。在奴隶社会，不仅生产工具属于奴隶主所有，就连奴隶本身也是属于奴隶主的，他们在奴隶主残酷的剥削和压迫下，对生产没有兴趣，常常只有拿牲口和生产工具出气，所以奴隶主总是将一些很粗笨的生产工具给奴隶使用。例如大小凉山彝族在民主改革以前用的铁器工具都是内地运去的；他们自己的工具都是笨重的石器、木器。又如西藏在民主改革以前，也是用石器、木器生产，农奴主甚至把中央发给农奴的铁农具收起来，不让农奴使用。

在世界历史上，我国进入奴隶制阶段是比较早的。原来在中亚细亚这个地方比我国早进入奴隶制的有巴比伦，另外，亚述、叙利亚、埃及也在很早的时候建立了奴隶制的国家，他们当时使用的工具主要是青铜器，还有木器、石器、骨器，只有亚述在后期发明了铁。日本的冶铁术是中国传去的，俄国的炼铁术也是外传的，德意志的炼铁术，据恩格斯说也是外传的，希腊、罗马的炼铁术与古代亚述的炼铁术有关。我国一些兄弟民族在历史上曾经建立过奴隶制，像北魏、辽、金等，他们使用的铁器工具都是从汉族地区运去的。青铜器和铁比较，青铜器的硬度比铁高。恩格斯说，铁和青铜器都不能把石器完全排除掉。

下面再讲生产资料所有制问题。

在殷朝，生产资料、生活资料有这样几种情况：一种是归奴隶主所有，这从文献记载和地下发掘出的墓葬中可以看得很清楚。奴隶是奴隶主的私有财产，是他们的生产工具，他们可以像牲口一样处死奴隶，奴隶可以作为他们的殉葬品。从奴隶主的墓葬来看，殉葬的东西很多，殉葬的奴隶有几百个、几十个、几个或一个的。这说明生产资料连奴隶在内都是属于奴隶主所有，奴隶连人身都是奴隶主的，当然谈不到有他自己的财产。

另外附带介绍一下关于民主改革以前的大小凉山的社会性质问题，现在有三种意见：许涤新同志认为大小凉山已经进入初期封建制；第二种意见认为大小凉山是奴隶制；第三种意见认为大小凉山基本上是奴隶制，还有一些由奴隶制向封建制过渡的情况。

殷朝奴隶社会有这样几种人：一种是世俗贵族、僧侣贵族，他们掌握着国家的统治权力，说他们是天帝的代理人，天帝的意志通过他们体现出来。殷朝的相都是巫教徒。还有一种自由民，他们除享有一些特权，向国家纳税外，不剥削他人，靠自己劳动来养活自己。另外一种人就是一无所有的奴隶，他们就连自己的人身也属于奴隶主所有。如大小凉山的奴隶主吃剩下来的东西、很粗糙的、腐烂的东西才给奴隶吃。恩格斯说，奴隶主之所以给奴隶一点东西吃，是为了让奴隶能够继续为他们劳动。此外还有失业的自由民，或者是从其他部族、部落流落到有奴隶的城市里来的人，这种人就是所谓的贫民，也叫贱民。最后一种人是奴隶主，他们占有生产资料和生产者本人，完全不从事生产劳动。

总起来说，青铜器创造了殷朝国家，青铜器的出现引起了殷朝社会的阶级分裂，分裂成为奴隶主和奴隶两大阶级。同时，殷朝能够发明青铜器工具，建立起奴隶制国家，与当时殷朝占领地区的自然条件也有关系（当然我们不是地理史观），因为那里多是黄土地带，土地肥沃，比较容易生存下去。

下面讲殷朝当时主要的生产是什么？关于这一问题意见不一致：有人认为主要生产是畜牧业，因为在殷朝马、牛、羊、鸡、犬、猪都有，而且他们常杀几百头牛羊来祭祀祖宗，祭祀以后人也不吃，就把它们埋葬了。另有人认为殷朝的农业很发达，甲骨文记载了许多祷告丰收的卜辞，这就是所谓"祈年"。我认为殷朝的农业、畜牧业都很发达，但是畜牧业在走下坡路，农业在走上坡路。因为它用大量的牲畜来作祭品，而且不吃它，这不仅是一个浪费问题，而且表明了人们的生活资料的主要来源不是依靠畜牧业，而是依靠农业。

殷朝还出现了手工业，这是奴隶制社会与原始公社制有区别的地方。殷朝手工业内部的分工以及它与农业的分工都很发达。殷王仲丁在安阳建都，后迁都郑州，安阳的面积达十平方华里，比郑州还要大。在安阳有很多手工业作坊，如有冶铜场、铜器作坊、骨器作坊、石器作坊、陶器作坊、玉器作坊，还有制皮革的、酿酒的、造车船的、织布的、做衣服的。这样，不仅使手工业从农业中分裂出来，而且手工业本身也有了较多的分工。

此外，还有商业。据说姜太公就在安阳开过小饭馆（以后他是武王革命的领袖之一）。当时有所谓"远服贾"，他们备有一种车子，前面坐人，后面箱子里放东西，车子有一马拉的、二马拉的。

当时从事农业生产的是奴隶。甲骨文里有"众黍"字样，"众"就是奴隶，足见当时是很多奴隶在一起耕种土地。畜牧业、手工业、运输业也使用奴隶劳动。奴隶在生产上受到监督，监督农业奴隶的叫"耤臣"，也叫"田畯"。监督牧业劳动的叫"牧人"，监督手工业生产的叫"冢"，监督其他各种劳动的叫"小臣"。这在甲骨文与文献里有记载。甲骨文里有"众牧"字样，由此可以想象商朝奴隶主使用奴隶劳动的人数之多，规模之大，但目前还没有更多、更详细的材料来说明这个问题。

商朝奴隶的来源有几个：第一是战争的俘虏。商朝经常到远方打仗，每次战争中所得到的俘虏的数字在甲骨文里都有记载；第二是人口买卖，这在《易经》卦辞里有记载；第三是将犯罪的人罚作奴隶，叫做"刑人"。当时有这样的记载，即"一人受罚，其子为奴"。另外还有被统治的其他民族和部落向商朝贡纳人口，如甲骨文记载蜀人贡纳人口为奴。现在根据甲骨文和文献记载看，殷朝奴隶用作家务事，开始是不用奴隶作战的，以后慢慢要奴隶参加防御战争，后来由于兵力不足，出兵打仗也用奴隶了，到了殷朝灭亡的前夜，在公务上也使用奴隶了。

同志们有时间可以翻一翻《尚书》的《汤誓》。那篇文章只有几百字，但包括很多内容。可惜《尚书》中有几篇遗失了。

殷朝的成汤革命发生在纪元前 1766 年。关于殷朝存在多少年？我在《简明中国通史》上说有两种记载：一种记载说从盘庚迁殷到殷朝灭亡以前共 773 年，那样，殷朝就一共存在了一千多年了，时间很长。另一种记载说从汤灭夏到殷灭亡是 416 年。

下面讲商朝奴隶制的发展和衰落。历史上的革命成功以后，当然不能像社会主义革命胜利后那样，生产来一个大跃进。过去没有大跃进，但每一次革命以后，生产上都有一个跃进，这从全世界的历史来看都是这样，不管奴隶制革命、封建制革命，还是资本主义革命，都是如此。

成汤革命以后，生产也有跃进。但是，根据历史上的记载来看，成汤革命以后有七年闹旱灾，《史记》记载有六年之久的特大旱灾，因此，生产受到影响。虽然如此，由于革命的推动作用，生产还是向前发展了。那时，农业和畜牧业是主要的生产，手工业是次要的，而农业、畜牧业又与季节、气候有很密切的关系。现从甲骨文考察出来，在汤死后，他的孙子太甲的时代，经济、文化比较发展。当然更大的发展是在盘庚迁都到今天的安阳之后。还有大戊的时代经济也较发展。因此这三个时期是殷朝划时代的大发展时期。因为革命粉碎了成为生产力发展桎梏的旧制度，创建了适合生产力发展的新制度。这三个时期的特点首先表现在由于生产的发展，城市发展起来了。从安阳、郑州发掘出来的东西看，可知当时有各种各样的商业和手工业，各方面的人员都集中在这里。还可看到国家的疆域在一步步扩大和巩固。同时它的发展也影响到其他各部落的发展，从地下出土的东西看，其他部族、部落经济文化的发展都受到它的推动。

由于生产的发展，需要疏通黄河。那么，黄河到底是什么时候疏通的呢？西周的人说是夏禹疏通的，《国语》上也是这样记载的。不过夏朝使用的是石器工具，而且是一个个分散的部落，在没有建立国家以前，疏通黄河是不可能做到的。而且商人住在这里，最受黄河之害，所以疏通黄河，开河道，大概是商朝的功劳。据商朝文献记载，商朝有一个人叫冥，因治水殉职了。这是最初治河的人，而且牺牲了，这样的人值得纪念。以此也可证明治理黄河是从商朝开始的。但是，第一次疏通黄河不能想象的那么好，说"禹疏九河"是不实际的。禹治水也就是看到黄河某一处不通了，挖一个沟把它疏通一下，让水流出去，所以几千年来黄河改道好几次。

今天由于商朝的具体材料不多，所以我们来谈商朝的发展，只能就农业、都市的发展来谈谈。

下面讲一讲商朝的衰落和灭亡。

衰落的第一个原因是由于奴隶来源的缺乏，劳动力减少。在甲骨文中说："唯我奚不足"。"奚"就是奴隶，这就是说缺乏奴隶，劳动力不够，这当然会使社会生产衰落下来。同时，在奴隶制时代，一般的自由民到后来都厌恶劳动，认为劳动是可耻的事情，自己也不从事劳动了，这样，劳动力更少了，生产必然下降。在这种情况下，奴隶主一方面尽量征服周围的部族、部落，甚至到更远的地方去征服，以掠取奴隶，但是兵力又不够；另一方面就加紧对奴隶的榨取，加紧对庶人、被征服的人（贫民和一般自由民）的榨取，这样就更加扩大了他们之间的矛盾。同志们查一查《简明中国通史》武王讨伐商纣的文告，其中有这样的话："俾暴虐于百姓，以奸宄于商邑"。这就是说商纣王残暴地虐待老百姓，在商朝的城市里无法无天地压榨人民。在《诗经》的《大雅》篇中又说："敛怨以为德"。这就是说被压迫的人民已到了怨天怨地的程度。这样的记载很多，这里不一一列举了。同时，下层自由民更加贫穷化。怎么办呢？他们就去偷东西，甚至把皇宫里祭祖宗的祭祀品都偷来吃掉了。

衰落的第二个原因是在夏人里出现了"五十而贡"的情况。孟夫子说这是夏朝的事，我们说这不可能，大概是殷朝末期的事。当时由于缺乏劳动力，就把土地让给夏人耕种，他们向国家纳地租，五十份纳一份，叫做"五十而贡"。或者是自己种七十亩，再给公家种七十亩，或给奴隶主种七十亩，即所谓"七十而助"。这种情况相当于罗马后期的科洛式性质，这是封建制生产方式的萌芽。

衰落的第三个原因是阶级矛盾剧烈化、复杂化。首先是统治阶级或者统治集团内部日益腐化、堕落，政治上更加黑暗，他们对自己的前途丧失了信心，感到前途暗淡。据文献记载：纣王命人把天下的奇鸟异兽搞来，集中在一个园子里，供他玩赏。并做"酒池"，即修一个酒池子，让男女奴隶赤着身子到里面去喝酒，喝醉以后，作出各种各样的怪样子，供他取乐。还命奴隶和野兽搏斗，他坐在一旁观看。其次，世俗贵族和僧侣贵族之间的矛盾也日益扩大。本来，殷王都是世俗贵族，而相都是巫教徒，并且权力极大。开始，他们互相争权夺利，因而发生冲突。到了商朝末期，情况更严重了。殷王常以不许祭祀天帝来反对巫教徒（即相），甚至弄一个兽皮袋，里面灌满牲畜的血，说这就是天帝，用箭把兽皮袋射穿，血直往外流，于是他就说天帝不行，打不过他们，这表现了王权与教权的矛盾。在甲骨文里常有"王贞"的字眼，就是殷王自己来掌握占卜，不通过巫教徒的意思。由于统治阶级内部矛盾的尖锐，反映到统治阶级内部家庭之间也发生了利害冲突，也表现为贫民、自由民与贵族的矛盾扩大了，还表现为商朝统治的各个部落与朝廷矛盾的扩大，这在《微子》篇和甲骨文里都有记载，如商朝后期，朝廷常常把各个部落的首长关起来，像鄂侯、九侯、文王、文王的父亲都被关过。

但当时最尖锐的矛盾还是奴隶和奴隶主之间的矛盾，这个矛盾集中表现为奴隶起义。关于奴隶起义的材料，遗存下来的不多，在甲骨文里表现奴隶起义的具体材料也是不多的，在《易经》卦辞里有一些对奴隶起义的抽象描写，如说奴隶起义像狂风暴雨一样，具体情况也不清楚。不过，据记载，武王革命时，他带兵七十万（主要是奴隶）从山西经过风陵渡过河到安阳，其中主力军只有三千人。事实上参加革命的总人数当然不止三千人，还有与他一起革命的各个部落的人。这一仗革命军打胜了，主要是奴隶"前徒倒戈攻于后"，即奴隶从后方起义，支援革命。这个革命是以周人为中心，对于这个问题的看法，我和范文澜同志的意见有所不同。范文澜同志认为当时周是一个国家，我说周当时是殷朝的属领，因为甲骨文里有"命周侯"的记载，《竹书纪年》等文献又记载文王的父亲、祖父和他自己都受到殷朝的任命，所以我说周伐纣是一个社会内部的革命，是社会制度的革命，不是一个国家战胜另一个国家。周所以能成为革命的中心，首先一条是殷朝统治下的各个部落都倾向于周，围绕在周的周围，而同意脱离开殷朝的统治。所以孔子说，文王"三分天下有其二。"① 这就是说当时有三分之二的地区已经是周的或和周一致。因此，在殷朝末期，殷朝一方面把周的首领关起来，把文王的父亲、文王和文王的儿子都关起来，甚至还说殷朝把文王的大儿子伯邑考煮熟了给文王吃。这当然是传说，但是伯邑考被杀是可能的。在甲骨文里"寇周"的字眼很多，即伐周的意思。这个武装斗争是长期的，武王由风陵渡过河是决定性的一战，而以往却已经打了几十年的仗。其次是殷朝的进步人士都跑到周朝去了，比如殷的太师、辛甲大夫、少师、伯夷、叔齐都到周去了（伯夷、叔齐原先是到周去了，他们也说纣不好，等武王革命以后，他们又不革命了）。同时，武王打进殷朝的首都——安阳以后，殷朝的人都非常欢迎他，如记载说商人都到城外去欢迎他，这个记载是可靠的。牧野之役是决定殷周胜负的一仗，在此以前曾经过了几十年的斗争，在此以后，又经过了长期革命和反革命的斗争。在殷朝统治集团失败以后，他们退到山东（它的老根据地），为了消灭这个残余势力，周公东征三年，后来成王又联合淮人、楚人在这里一块斗争过。所以说斗争是长期的，不能设想一个革命不经过战争，或只经过一次战争就能解决问题。而且革命以后，反革命还企图复辟，不仅殷朝的奴隶主残余曾起来进行复辟，并且在革命队伍里边也会分化出一部分人与他们合作。所以，历史上的革命，没有人企图复辟是不可设想的。当然武王、周公、太公这些革命领袖是有警惕性的。如武王临死前几天睡不着觉，他的兄弟周公问他为什么睡不着？他说：我向东北一望，看到殷朝奴隶主还在，也就是说反革命残余还存在（这是用我的话来说，他当时不是说反革命残余），我怎么能睡得着呢！这表现了他的警惕性，他不是那么安心睡大觉的。

这里有一个材料是重要的，但过去的人解释不一样。同志们考虑一下，把"夏后氏五十而贡，殷人七十而助"解释为封建生产方式的萌芽对不对。这个解释我在书上没有写，因为孟子说，"夏后氏五十而贡"是讲夏朝，"殷人七十而助"是讲殷朝。我看这种现象主要产生在殷朝末年，但目前还没有材料

① 见《论语·泰伯》。

证明这一点，不过，根据分析，殷末以前不可能出现那样的事。

最后讲第三个问题：商朝奴隶制社会的创造发明和它对人类的贡献。

商朝是世界上古代文明国家之一，它的贡献也很多，这里只讲几点：

第一，它发明了天文历数学，这是商朝的僧侣和奴隶主阶级里面的知识分子发明的。但它是以千百万奴隶在千百万次农业、畜牧业的劳动中所积累的经验为基础的，他们总结了这些经验。它以地球绕太阳一周的年份划分为十二个月，客观上似为调剂年份为十二个月之太阴历与年份四季之太阳历的参差，又设一年有十三个月的闰年，但它不叫闰几月，而叫第十三月。又依据月球与地球相对行而反照的月球形象的变化，应用三分制把每月分为三旬，从其参差上创为大小月建（大月三十日，小月二十九日）。有一篇甲骨文是历书，记载按甲子、乙丑、丙寅……这样排列下来，六十年即为一个甲子，以后，又是另一个甲子。殷朝文献里还有典、有册，在甲骨文上有几册、几篇的记载。天文历数学的发明是大事情。中国是世界上最早发明天文历数学的国家，比纪元前710年罗马知道以十二月为一年，早一千年左右，它还是传说。欧洲任何一个国家知道天文历数学都没有我们早；在亚洲几个文明古国中，我们也是最早的一个。

第二，医学。在这方面有"神农尝百草"的记载，这说明那个时候已知道药物了。殷朝有两句话可以证明已有药物，即"若药弗冥眩，厥疾弗瘳"。这是说，吃了药以后，头不昏一下，病就不能治好。中药里有这个规律。我曾出过风疹，吃中药后一小时，疹子就不出了，但头发昏。到了春秋战国时代，像扁鹊这些著名的医生，他们的方法论已经有朴素的辩证法和唯物论的因素。这不是短时期发展起来的，我想可能是从殷周以来长期发展的结果。过去西医说中医不行。我们也是相信西医，今天你说它不行，它就是行，很多病西医治不了，中医治好了。中医有几千年的传统，过去中国这样多人，没有西医，就是依靠中医治病，这就不简单。当然我们不是说只要中医不要西医，中医应该提高到科学原理上来，中西医应该互相学习，形成一个学派，这是党的方针。

医学大概从殷朝开始，但这方面的文献记载遗留下来的不多，最早的文献有《黄帝内经》，这本书不是黄帝著的，它有价值，它的医学方法论是朴素的辩证法和唯物论。

第三，在以周为中心的革命阶级里，产生了朴素的辩证唯物主义的八卦哲学。它认为宇宙间一切东西都是由八种物质来的，这就是天、地、山、泽、水、火、风、雷八种物质，它本身在变化？相互矛盾，相互排斥而产生宇宙、万物。

同时还认为天在上面、地在下面是原来的次序，这不对。天代表统治阶级，地代表被统治阶级，天在上、地在下是一个否卦，它要倒过来，就是统治阶级与被统治阶级颠倒过来，这就是泰卦，也就是天下太平。这表现了他们的革命思想。

今天看来，这些认识是片面的，是不完全的（而且在周得天下后又改变了，由辩证法变成了形而上学），但是，这种哲学思想在当时是一种伟大的思想，而且这种朴素的辩证唯物主义哲学，是人类历史上最早出现的，它比古代希腊的德谟克利特的朴素的辩证唯物主义哲学还要早几百年。

商朝对人类历史的贡献，除以上三点以外，当然还有其他贡献，这里不讲了。

关于殷纣王的评价问题。殷纣王这个人很有能力，很会讲话，力气很大，能与猛兽打仗，他觉得他是天下第一，没有人再比他能干了，问题就是他在政治上是倒行逆施的。关于这个问题，因为时间关系不讲了。

第五讲

初期封建制——西周、春秋、战国

（公元前 1122——公元前 221 年）（一）

今天讲西周。重点讲以下几个问题：

（一）"武王革命"、革命和反革命的斗争；

（二）由奴隶制到封建制的过渡（因为过渡的时间比较长，所以这里包括两周——西周和东周），两周社会形势发展的过渡性和不平衡性；

（三）西周的衰落和"平王东迁"。

西周的社会性质是中国古代史分期问题争论的关键。关于这个问题，争论几十年了。从第二次国内革命战争时代起，在这个问题上，一方面我们同敌人有过斗争；另一方面在马克思主义史学界内部，也有一些分歧意见，但是，这种分歧是我们内部争鸣的问题。一直到今天，对西周社会性质的问题，还有着不同的看法，总起来讲，共有三种见解：一，认为西周的社会性质是奴隶社会；二，认为西周的社会性质是封建社会；三，认为西周还是原始社会。

首先讲一讲郭沫若同志的见解。

郭沫若同志在同敌人的斗争中，首先肯定了中国社会有过奴隶制阶段，这是很有功劳的。他一直认为西周是奴隶制社会。但是他关于中国历史上奴隶制的断限问题的见解，曾有某些部分的改变。他现在认为从夏朝一直到春秋，是奴隶制社会。他认为西周是奴隶制的基本论据是：

（1）西周没有铁。我看，其实奴隶社会也不一定要有铁。恩格斯就讲过，奴隶制社会在希腊、罗马是有铁的。斯大林讲有金属工具。至于西周有没有铁，今天还不能肯定。

（2）周天子赐给诸侯大量人口，这里面有农夫、夫、庶人，这些人都排在"鬲"、"民献"下面。"鬲"是什么？"民献"是什么？这是在当时"武王革命"以后，俘虏了一些殷族的遗民来作杂役和家内奴隶。因此，郭沫若同志说：农夫、夫、庶人都排在"鬲"、"民献"下面，这就意味着他们比家内奴隶还低一等，他们的社会地位还不如奴隶。

（3）周天子除分给鲁、卫、郑等诸侯的土地外，还分些人口给他们作奴隶，如所谓"殷民六族"、"殷民七族"、"怀姓九宗"等。郭沫若同志认为封建制不可能是这样的。

（4）农业的直接生产者没有自己的生产工具。也就是说，他们没有自己的私有经济。我们书上所说的"钱镈"等，都是金属农具。"命我众人，庤乃钱镈，奄观铚艾"（《诗经·周颂·臣工》篇）。周天子这些话郭沫若同志认为不是对农夫讲的，而是对他们的统治者讲的。意思是说：你们要告诉这些农夫，拿着你们的农具，到地里去好好耕种。这就说明工具不是属于农夫所有。同时，他认为《诗经》里面的"公田"、"私田"，指的就是农村公社的情况，"私田"不是封建主给予农民的份有地，而是公社给公社成员的份有地。

这就是郭沫若同志的基本论据。当然，他还谈到其他的论据，同志们可以看看他的《奴隶制时代》，这本书代表他最近的见解。

第二种见解，认为西周是封建制社会。主张这种见解的也不完全一致，还有大同小异的地方，特别是在很多问题上的解释是不完全一致的。

首先讲一讲范文澜同志的见解。他认为在西周"武王革命"以前，即周灭殷以前，就已经建立起封建的小国。在他的《中国通史简编》修订本的第一编里，就认为西周的主要农业生产者有自己的生产工具，有自己的私有经济。他援引《诗经》上的："命我众人，庤乃钱镈"，意即拿着你们的各种农具，到自己的田地上或者到公田上去劳动。这就证明生产工具是农民自己的，农民有着自己的私有经济。又如：《诗经》上也描写过农民种地，老婆孩子送饭给农夫吃，这也证明农业生产者有自己的生产工具，有土地，有私有经济。同时，农民在谈到他的农具时，自称为"我"的农具，这就是农民的而非奴隶的口气。至于郭沫若同志提出的所谓"公田"、"私田"，范文澜同志认为，"公田"是农民给领主提供的劳动地租，"私田"是领主给予农民的份地。同时，范文澜同志说，周天子分给诸侯的，不仅是土地，而且连同土地上的人民也分给了诸侯。如："殷民六族"、"殷民七族"、"怀姓九宗"等。这种情况也恰恰符合马克思所讲的：封建主所分封的土地，不单纯是土地，而是连同土地上的农民。因此，也正好说明西周已是封建社会。这就是范文澜同志的最根本的论据。

另外，还有一些同志也认为西周是封建社会，其中也包括我在内。但我和范文澜同志有一点小异。我认为西周以至东周，两周都是由奴隶制向封建制过渡的时期。西周中央地区由"武王革命"以后的二百几十年间才完成了这个过渡，在相当长的时期内是原始公社制、奴隶制和封建制同时并存着；另外有一些地区到春秋时期才完成了这个过渡；有些地区到战国时才完成了这个过渡。这么一个大国家，情况是相当复杂的，各个部族和部落的地方不可能完全一样。但是，所谓过渡期是不能成为一个独立阶段的，不是划入前一阶段，就是划入后一阶段。由于革命和革命政权的重大作用，由于革命政权对经济基础的积极作用，"武王革命"的胜利，事实上标志着封建制度的开始。所以从"武王革命"胜利时起，就应该划进封建制阶段。同时，对郭沫若同志所讲的"鬲"、"民献"即家内奴隶，同农夫、夫、庶人在生产中的地位问题，我的意见是要作具体分析，不能光从位置排列的次序上来看这个问题。书上记载，农夫、夫有自己的私家，有自己的财产。马克思说：奴隶是没有自己的私家和私有财产的。因此我们说，农夫、夫，就是向封建领主提供劳动地租、提供徭役、提供贡纳的农奴。私田和公田以及井田制，我们的看法是这样的：西周地区原来是原始公社制后期，自"武王革命"以后，由于革命的作用，革命以后大封诸侯的措施等等，已经临到"文明入口"的原始公社开始转化为封建庄园。在原来殷人地区的农村公社里包括有奴隶主、下层自由民和奴隶，它是由不同的阶级、不同的阶层构成的。这种农村公社在"武王革命"以后，开始向封建庄园转化。

第三种见解认为，从西周到春秋，都是原始公社制。这些同志的一条主要论据，就是西周没有铁，没有铁就不可能出现封建制度，而且也不可能出现奴隶制度，甚至不可能出现阶级。这是一个最基本的论点。今天不少同志，特别是有一些年轻的同志赞成这种见解。因此，他们认为"井田制"是原始公社制的氏族公社，宗法制度是氏族制度的一种形式，等等。

我现在是按照自己的见解来讲的，我是一家在鸣，你们要以百家争鸣的精神来听。

（一）"武王革命"，革命与反革命的斗争。

首先谈"武王革命"的问题。

当时爆发革命的形势，就是由于社会内部的阶级矛盾、民族矛盾，统治阶级倒行逆施、堕落腐化，等等，我们在第四讲里已经讲过了，这里不再重复。

革命前周人的社会是什么性质的呢？

从地下出土的工具和用具来看，在"武王革命"以前就有了青铜器工具，但主要的还是使用石器和木器。那么当时知道不知道炼铁呢？今天还不能解决这个问题。同时，当武王的爸爸（文王）为周族部落长时，并没有从生产劳动中脱离出来，他还要参加生产劳动。另一方面，从地下出土的东西以及周初的文献和历史材料来看，当时有氏族奴隶，但不是属于各个家族所有，而是属于氏族公共所有。从这些情况来看，在"武王革命"以前，周人的社会是处在原始公社制后期从父家长奴隶制到阶级社会的过渡形态。（在唐朝以前，中国的经济中心是在西北，那里的土地很肥沃，农业比较发达；唐朝以后，由于西北的长期战争，树木都被砍掉了，水土流失，那里的风很大，把好土都刮走了，因此，中国的经济中心转移到东南。今天我们搞根治黄河的工程，搞水土保持，改良土壤，现在就有很大的改变，成绩很大。）因为这些地方原来都是很肥沃的，所以周人当时的生产很发达。周人当时的生产力并不比殷人的生产力高（殷人居住在山东的济南、河南一带），周人使用的青铜器工具也没有殷人用的多，也有使用铁的痕迹。因此，断言那时根本没有铁，是不合适的，不过是不是有铁，还没有得到确切的证明罢了。1933 年，河南汲县发掘出西周初的十三件青铜制兵器。这些东西被美帝国主义盗走了，现在美国国立佛基尼亚美术陈列馆，大概等马克思主义在美国胜利以后才可以还给我们。在这十三件青铜兵器中，两件有铁刃。另外，山西芮城出土的芮公纽钟（现在日本），它的上部环纽下脚顶面接合部分有铁锈涌出，纽下脚部分内部有两个铁制的角形管①。因此，不能说西周不知道用铁。同时，司马迁（中国的大历史学家，他的墓和庙在陕西韩城）在《史记·周本纪》里说：武王打进安阳以后，以黄钺斩纣头，以黑钺斩纣的两个小老婆的脑袋。黑钺应该是铁的吧，从这里也

---

① 参阅《简明中国通史》上册，1982 年版，第 96 页注①。

可以说明，西周在当时是可能知道用铁的。但是，当时的炼铁，正如恩格斯讲的，最初是没有冶铁风箱的，当时的铁里含的炭质很多，只能把它打成熟铁，这是一种软铁。只有用冶铁风箱才能炼成硬铁，铸造农具。

此外，上次已经讲到，殷末，在"武王革命"以前，就已经出现了封建制剥削的萌芽。"夏后氏五十而贡，殷人七十而助"，以及《诗经》里说周的祖先公刘"彻田为粮"等就反映了这种情况。"彻"，就是把地划成一块一块的，十家种十块，另外十家合种一块归公，在这个基础上出现了封建制度。同时，周在当时是殷的属领，还不是敌国，这在甲骨文上记载的很明白。孟子说："夏后氏五十而贡，殷人七十而助，周人百亩而彻，其实皆什一也。"[1] 这种说法不一定可靠。孟子说："惟助为有公田。"意思是说："七十而助"以后才有公田，"五十而贡"没有公田。

当时参加革命的是什么人呢？书上记载的很清楚，有以周为中心的殷朝统治下的几个部落，有殷朝的进步人士，因为这些人都跑到周那里去了；此外还有奴隶、贫民以及殷朝的下层自由民。所以这次革命基本上是阶级斗争的爆发。因此我们说，"武王革命"是在社会内部矛盾基础上爆发的革命。

"武王革命"获得决定性胜利的一战是在牧野。胜利以后，武王的革命军进到殷朝的首都安阳。当时武王革命军的基本队伍只有三千人，与几个部落合起来才四万人，后来发展到十七万人，而其中大部分都是纣王的奴隶。在战场上有大批的奴隶倒戈内应。（《史记·周本纪》："纣师皆倒兵以战"，《尚书·武成》："前徒倒戈攻于后"）因为当时的殷人上层统治极为黑暗，他们的倒行逆施，遭到了老百姓的反对，这是纣王为武王所败的根本原因。当时文献记载，武王进城时还举行了入城式，一百人打着武王的旗帜走在前面，武王的兄弟叔振铎在前面护卫着武王，周公拿着大钺，毕公拿着小钺，在武王两旁护卫，另外还有一些次要的领袖如散宜生、太颠、闳夭等手里拿着剑，在周围护卫。当武王进城时，商人百姓都到郊外去欢迎。武王叫他左右的人对欢迎的百姓讲：上天保佑你们，给你们带来幸福。百姓都跪下来给他叩头，武王也下车答拜。

入城以后，武王在政治上采取了一些什么措施呢？首先，宣布全部取消殷

---

① 见《孟子·滕文公上》。

朝的一切政治制度；其次，把殷朝关起来的好人都放出来；把被杀的好人（如比干等人）的坟墓修好；第三，把商朝国库的财产、粮食拿出来，以赈济贫弱。即所谓"命召公释箕子之囚，命毕公释百姓之囚，表商容之闾。命南宫括散鹿台之财，发钜桥之粟，以振贫弱萌隶。……命闳夭封比干之墓，命宗祝享祠于军①"。第四，封纣的儿子武庚：好好带领你的殷臣，祭祀你的祖宗。并派管叔、蔡叔、霍叔三人去监视他，帮助他统治殷臣。由于实施了这些措施，所有的部落都很高兴。所以说这是革命的措施。

现在讲封诸侯的问题。

当时，参加革命的各个部族和部落，在革命胜利以后，需要论功行赏，不可能也不应该再回到原来地区去；奴隶参加了革命，也不可能再叫他们去当奴隶。同时，殷朝的奴隶主也不可能再回到原始公社制、奴隶制去统治奴隶和参加革命的各个氏族的成员。因此，周只有在原始公社制、氏族公社制以及殷朝旧地居住的农村公社的基础上，实行分封领主的办法。当时，周朝用什么办法建立起它的政权统治，用什么办法来控制这些人？这个问题必须解决。恰好那时已经存在"五十而贡"的贡法，"七十而助"的助法，和"彻田为粮"的彻法。不过，原来在农村公社的纳贡是给商朝国家，在原始公社的氏族公社里是纳给氏族的公共机关，而现在是纳给诸侯——新的土地所有者。马克思叫这种新土地所有者为名义地主。

那么，他封的都是一些什么人呢？以武王的亲属为最多。武王姓姬，所以当时诸侯姓姬的也最多。其次是封左右的功臣，当时的革命领袖有周公、太公（太公姓姜），把胶东封给太公为齐，把曲阜封给周公的儿子为鲁；另外分给参加革命的部落酋长，如芮、焦、祝、陈、杞等。同时，他为了分化殷朝的反革命残余，把殷朝一部分比较开明的贵族也封为领主，如宋、郜（邶）、时、来、巢等；还把同反革命残余有联系的人也封为诸侯，如徐、淮、楚等。所谓分封，就是把某一区域划归某人，叫做领地，归其所有，同时把领地上的居民也一起划归他们管辖。如周朝的亲戚、左右，建立封邦，这一部分土地上的人口也归他们所有。在这些人口中，不光有奴隶，有氏族、部族的成员，还有仆役。

---

① 见《史记·周本纪》。

以上就是"武王革命"所做的一些事情。

其次，讲一讲革命与反革命的斗争问题。

革命军进占殷朝的首都安阳以后，纣王抱着他的财宝跳到火里烧死了，但这并不是革命的最后胜利。纣的儿子武庚，这时还受封在安阳作诸侯，新的革命政府还给他一定的权力。另外，逃跑到山东一带的反革命残余，联合苏北、皖北、湖北一带的徐、淮、楚等进行反革命活动。武王在革命胜利两年后就死掉了。在武王打下安阳回到陕西以后，他已经看到反革命复辟的问题。当时的文献记载，武王同参加革命的各个部族的首长一同到豳的山上去看过以后，回去就睡不着觉。周公问他为什么失眠，他说，殷朝的奴隶国家已经统治了几百年，它有一定的基础，今天革命的基础还不稳定，反革命残余还没有完全消灭，我怎能睡得着呢！（大意）武王死后，一方面，以纣的儿子武庚为首的殷朝反革命残余在安阳一带，要实行反革命复辟；另一方面，在革命阵营内部，原来派去监视武庚的管叔、蔡叔、霍叔也同反革命联合起来举行反革命叛变。他们原来是氏族酋长，最初为反对殷朝奴隶所有者的压迫而参加革命；在革命取得胜利，新的封建秩序建立后，由于这些诸侯只往后看，不愿往前看，他们从新制度和旧制度矛盾的基础上，利用一些周人对新制度的不满，便从保守旧制度的立场上，反对新秩序，并与反革命残余合流。

恰巧在这时，武王去世，成王还年轻，周公当时是宰相，就代替成王执政，而武王的弟弟召公奭怀疑他要篡位，"三叔"马上制造谣言进行挑拨离间，说周公居心不良，想把成王搞掉，这样就掀起了反革命复辟。

当时周朝采取什么政策对付反革命复辟呢？

首先，镇压了内部的"三叔"反革命分子的叛乱，巩固了革命后方。其次，尽量分化殷朝的反革命残余，区别不同情况分别对待。对奴隶制度各阶级的人们，不仅区别奴隶主和贫民，区别奴隶主阶级同其他下等自由民，而且在奴隶主阶级里面也根据他们的不同政治态度和不同表现分别对待。比如对反革命头子，只要他不继续进行反革命活动，都不杀，并给以出路，能够做事的给他工作，并让他们保有自己的私家财产。甚至在殷人地区里，在新的制度下，暂时承认奴隶制度的合法存在，就是所谓"启以商政"；但是分封土地这个原则不能动摇，即"疆以周索"。这是一个很大的进步，是一种革命的改良主义政策，有很高的策略性。

另外，分封一些诸侯去镇守边疆，如封周公的儿子伯禽于鲁，封太公于齐，这都是为了监视和镇压反革命残余。此外，又封一些诸侯到江南去，使北方的反革命残余不能和长江以南的部族、部落发生联系。再就是武装镇压，周公亲自带兵把内部的反革命残余"三叔"平定以后，又直接领兵讨伐反革命。周公亲居东土三年，基本上把反革命平定了，但是，还没有最后解决问题。所以在周公死后，成王及时带兵同殷朝的反革命残余势力以及与徐、淮、楚有联系的反革命势力进行了相当长时期的军事斗争，最后才基本上把他们消灭了。

（二）由奴隶制到封建制的过渡，两周社会形势发展的过渡性和不平衡性。

在革命胜利以后，由于各个地区的历史条件不同，社会情况不同，所以过渡的形式也不同，过渡的时间也不一致。两周到周宣王时，在二百几十年的时间里完成了过渡；齐、鲁到春秋时期，秦到春秋末战国初，才完成了过渡；越（今浙江）到春秋末战国初，封建制度才有了相当的发展，占据了支配地位，但是还没有完全完成过渡。所以毛主席经常教导我们，对于具体的历史情况，要进行具体分析。斯大林同志说，由奴隶制到封建制的过渡，大概需要二百年，或者略少于二百年，这完全符合于欧洲的情况；但是中国的情况就有它过渡的不平衡性，因此必须充分理解这种不平衡性的规律。斯大林讲过，由封建社会向资本主义社会的过渡，大概需要一百年，至多不会多于一百年；而我国从鸦片战争起，经过民族民主革命，到中华人民共和国成立是一百零九年，多了九年，这与具体的历史条件有关。在中华人民共和国成立以后，立刻转入社会主义革命阶段；但当时南方新解放区还要搞土地改革，而土地改革是属于民主革命的范畴。所以，对于具体的历史情况，要进行具体分析。

在"武王革命"以后，革命政权所支配的地区，社会发展是极不平衡的。在殷人居住的"邦畿千里"地区是奴隶制度；周人居住的地区是原始公社制末期的父家长奴隶制的过渡形态；而其他一些部落和部族，差不多都处在原始公社制后期的不同发展阶段上。但是，在这种不同地区、不同生产方式下，这些被封的诸侯，都是封建式的，每一个领主或每一个贵族都必须制定和实行相应的封建制度的措施，这在当时是一种革命的措施。由奴隶制向封建制的过渡，在历史上是一个很大的进步。"武王革命"胜利后，周朝新政权实行了一系列的封建主义建设和措施，引起了各种不同的社会经济制度向封建制度转化，使封建制的生产方式逐步地形成和发展，逐步地代替了原来的原始公社制、奴隶制而取得支配的地位。在这里，特别对革命和革命政权的积极作用，要给予足够的估计，估计不够，就会看不清历史的真实情况。正是因为这样，封建制度的生产方式不断地一步一步成长和发展，也不断地削弱、克服和排除原始公社制和奴隶制的生产方式，但是，这是一个长期的、复杂的斗争过程，而且各个地区的情况又不是完全相同的。

西周的中央区域首先完成了向封建制的过渡。当时西周国家的中央地区（即畿内）采用了贡法。它的内容是：周在革命以前，原来是处在原始公社制的末期，它的社会基层组织是氏族公社。在氏族公社里包括家庭公社，土地为部落公有，分给各个家族耕种，每一家把耕种土地所收获的一部分，贡给公共机关作为公共费用，这叫做"五十而贡"。革命胜利后，土地不是部落公有，而是分给贵族、分给封建领主所有，亦即为周天子的亲属和左右所有。原来贡给公共机关的贡税，现在变成纳给周天子的亲属和左右的租税，这时的"贡"就带有封建农奴制的地租的性质。另一方面，把土地封给诸侯，或者锡（锡即赐）采邑给新的领主以后，原来的奴隶，首先变成了农奴；原来公社里贫困化的成员——自由农民，也变成了农奴。因为他们失去了土地，没有生产资料，只好拿出一部分劳动力听从新的领主支配；有些贫穷的自由民也到新领主那里称臣或作侍从，依附他们生活。这就是恩格斯所讲的"亲兵"，而这种"亲兵"便是当侍从。（亲兵又译为扈从，见恩格斯：《德国古代的历史和语言》第86—89页）另外还有一部分殷人迁到周人地区去，转化为农奴。对于农奴，除分给他们每家一份土地，以维持其劳动力再生产外，每家要用一定的劳动时间在领主的土地上劳动，生产的产品归领主所有。马克思讲过，在当时的生产力非常低下的情况下，农奴到领主的土地上劳动的时间比较少。为什么？因为再多了就不可能完成他自己份地的生产，就不能够实现劳动力的再生产，这对领主是不利的。而原来公社里其他一些成员——不是贫困化的自由民，他们原来的纳贡，现在变成缴纳给新领主的地租，这样，他们就带有封建农奴的性质；处在新领主的政治、经济的支配下，他们逐渐地一个一个地贫穷化，一步一步地失去土地，从而，山林、川泽、池塘等公有地都变成领主所有，农民不能随便使用；原来公社成员的私有土地，慢慢的也丧失了。这些农民就这样经过相当长的时期，逐渐降到农奴的地位。

所以，西周社会在一个相当长的时期内是原始公社制、奴隶制、封建制并存。在这个时期内，原始公社成员的自由农民，一方面向领主提供租税，即什一税；一方面名义上有自己的私有土地，实质上已经带有农奴的性质，在领主权力支配下不断贫困化，有的后来就完全沦为农奴，很多人的份地在实质上已经为领主所兼并。直到春秋、战国时期，这种自由农民自己占有的土地还是存在的，但已不占主要地位；他们跟其他农奴一样，向领主提供劳动地租，提供力役，提供贡纳、赋税。这种贡纳和赋税，周人叫做"藉"。"藉"就是租。在氏族公社里，大家共出一份劳动耕共耕田，把共耕田上收获的东西作为公费，这就是所谓"藉田"。由于西周原始公社制的存在，也就把"藉"一直保存下来。周天子也参加"藉田"，所有的贵族也要参加"藉田"，直到周宣王时为止（公元前827—公元前782年）再不行藉田了。天子、贵族再不去耕藉田了，这就表明了向封建制过渡的完成，原始公社制残余在实际生活中不起作用了。所以宣王不藉田，就表明了西周的中央区域由原始公社制到封建制转变的完成。这就是西周经过二百几十年过渡的大概情况。

从西周到东周时代，原来殷朝的邦畿地区（齐——山东济南、胶东一带；鲁——曲阜一带；卫——安阳一带）向封建制的过渡又是另一种类型。当时这些地区里主要是奴隶制，在农村公社里，有奴隶主，有靠自耕而食的自由民，还有奴隶。周朝革命后，一方面承认奴隶制的合法，即"启以商政"；一方面把殷的属地一块一块分给贵族、诸侯，这就是土地按周朝的办法分封——"疆以周索"。这样一来，就产生了一个矛盾，原来的奴隶主对奴隶的剥削仍然存在，但是，不管是奴隶主还是自耕农，一律都要按照"七十而助"的办法向封建领主纳税，这就给了原来的公社以庄园的新内容。另外，在西周的制度下，解放了一部分奴隶成为农民，但他们又跟一般农民不同，农民有自己的私有经济，而奴隶是在奴隶主的支配下生活的，这就扩大了奴隶和自由民之间的矛盾。新封的封建诸侯，一方面解放了一部分奴隶；另一方面又把一部分人当作奴隶来使用，特别是把从战争中捉来的俘虏当奴隶使用，或者把那些和殷朝的反革命残余勾结在一起企图复辟的部落、部族，如徐、淮、楚等地的俘虏，当作奴隶。这样就存在着几种矛盾：有奴隶制度同封建制度的矛盾，有奴隶制内部奴隶同奴隶主之间的矛盾。但是，农奴制在当时是比较进步的制度。在齐、鲁的封建诸侯所施行的方针就是走的农奴制的道路。在这种情况下，原来旧的奴隶主，既受新制度的影响，又遭到奴隶斗争的反抗，上下交迫；为他们从事生产的奴隶大批逃亡，跑到别的地方去作农奴；他们自己也不得不把奴隶制生产改变为农奴制生产，把自己原来的地方改为封建庄园。（原来的农村公社叫"书社"或者叫"社"，也叫"邑"。邑有大有小，如孔子讲："十室之邑"）这种改变是逐渐的，它本身就是一个复杂的斗争过程；同时，由于周政府处理殷朝反革命残余，采取分化的革命改良政策，更增加了它的复杂性。当时周公的儿子伯禽到了曲阜以后，向中央政府报告，他采取新的封建制与旧的奴隶制同时并存的措施；而齐太公到了胶东，经过三年的时间了解了各方面的情况以后，再分别对待。中央朝廷说太公的办法是对的，他的基础会慢慢地巩固起来；而伯禽的办法是操之过急，基础不容易巩固，同时也不容易搞好。鲁国到了伯禽末年有两种制度同时存在，此点在《费誓》这篇文告中说得很清楚。一方面说明他奉朝廷命令剿杀徐、淮、楚等殷朝奴隶制反革命残余；另一方面却动员所有的奴隶和自由民提供赋税，还下命令保护殷人的土地所有权以及牛、羊等财产，也就是说承认奴隶制是合法的，两种制度同时存在。齐国到管仲（齐国的大政治家）的时候，一方面冶铁有很大的进步，农业上普遍用铁做工具。这时有了冶铁风箱，知道"鼓铁"，说明齐国生产力的进步；另一方面，在农业生产上，以农奴制为主，主要收入是赋税，靠农奴提供劳动地租、徭役、工役，同时又有大量的奴隶从事生产。这表现在：除冶铁使用大批奴隶外，当时在某些乡村里建立了寨子，白天叫奴隶从事劳动生产，晚上则关在寨子里不准随便出去，并派人监视。可见齐到了春秋管仲时，还是奴隶制和封建制并存的局面。从《国语》和《管子》书中可以看出，农奴制生产方式占主要地位，奴隶制生产方式已经退居次要地位了。齐桓公的姑娘嫁给晋献公的儿子重耳（即晋文公），重耳住在齐国（山东），不想回去了，他左右的人看到这个情况不妙，于是跑到桑树下商量，想办法要把晋公子搞回山西。给重耳的老婆姜氏养蚕的奴隶在桑树下听到了这些话，回去告诉了姜氏。而姜氏认为叫她丈夫回山西是对的，但怕奴隶把这个消息传出去，就把养蚕的奴隶杀了。这正如斯大林所讲的：奴隶主可以把奴隶当作牲畜，任意买卖屠杀。从而表明，在这个地区还是过渡的情况，还承认奴隶制的合法存在。也说明了由奴隶制向农奴制转变，新的农奴制——封建制度的支配地位不断加强的这个过程，是从西周到春秋这一长时期内逐步完成的。

秦国过渡的情况。秦国原来是比较落后的，在西周很长的一个时期内，还是以畜牧业为主要的生产，不知道搞农业。所以当时中原地区——山西、河南、陕西的诸侯说秦国"野蛮"。到了平王东迁以后，才把岐西这块地方给了秦国。但这里在西周末期，又遭过严重的天灾，几年大旱，河水干了，庄稼长不出来，人民纷纷逃亡，《诗经》上讲："民卒流亡，我居圉卒荒。"秦原来就落后，加上岐西的生产遭到这样严重的破坏，经过一个很长时期，逃亡人口逐渐地回来，生产才慢慢地得到恢复；另一方面，秦国在当时有很多的落后的部落地区，从甘肃到四川，就是落后的部落地区，这些地区地广人稀，缺乏劳力，就使用俘虏在这里从事畜牧业和农业生产。西周逃亡的人口回来恢复生产，随之也恢复了农奴制；在这些落后地区俘虏来的人从事生产，都是奴隶制的生产方式。此外，那些原来比较落后的部落，受诸侯的统治，而自己内部又是原始公社制的生产方式，所以说，当时的秦是三种生产方式同时并存。秦在一个很长的时期内，一直是用大量奴隶殉葬的，多者竟达几百人。直到春秋末年秦献公时才不用奴隶殉葬（这正是和封建制长期并存的奴隶制退处到从属地位的反映）。此外，秦在战国时期，与六国作战，打到河南一带，因为地广人少，就把捉来的俘虏以及当地赦免的一部分奴隶移居到那里去，组成封建庄园；招引山西、河南等地人移到陕西去，实行农奴制以至佃耕制，给他们盖房子，给他们地种，开垦荒地三年之内不纳税。秦到春秋末期，在陕西境内，农奴制已占支配地位。秦政府的收入主要是靠农奴提供赋役，但直到战国时期，以至到了秦朝，还在大量使用奴隶，因为在它统属下有很多较落后的部落还存在原始公社制和奴隶制，封建制才有一些萌芽。在战争中它又把不断俘虏的大量人口做奴隶（到河南、山西等地打仗时，也常常俘虏人口做奴隶）。因此，到战国直至秦朝，奴隶制残余还强烈地存在。到了秦朝，才成为专制主义封建制。但由于这样一些条件，所以由秦朝到汉朝使用奴隶的数量还相当大。这就是秦从奴隶制到封建制过渡的大致情况。

在浙江，当时是越国。越的过渡又是一种类型（这里不讲楚同吴了，它们的过渡比越早一些）。越人是南下的华人（从龙山人到商人、夏人到周人）同原来当地的氏族和部落混合起来的。——如果没有那时的混合，那么在春秋时期，他们的语言文字就不能基本上和北方各国相同。他们大概和吴、楚的情况是一样的，而楚比吴、越还进步一些。在春秋时期是这样，后来帮助吴国的伍子胥是楚人，伯嚭（唱戏说他是坏人）也是楚人，越国的范蠡、文种也是楚人。楚包括的地方很广，司马迁讲有南楚、西楚。越国比较落后，西周时期，大概它们还是处于原始公社制时期，但是到周初分封诸侯的时候，也封越为诸侯。同时，北方的先进生产方式不断地给它以影响和推动，特别是周公的几次东征，成王到徐州、苏北、皖北一带，由于革命政权的推动作用，阶级社会奴隶制、封建制的因素逐步形成和成长。由于受封，它就变成诸侯，内部虽然没有阶级，但是它与原来的原始公社的各个集团不同，慢慢地变为向各个部落的公社成员征收赋税，公社各成员也开始变成农奴的性质，原来的公社土地也开始变成封建主给农奴的份地。在这种情况下，就产生了贫富的分化，贫穷的公社成员逐渐下降为农奴，原来属于部落的土地，氏族公有的土地，由于周朝的封侯，就变成诸侯自己的土地了，实际上是公社公有的土地被他所占有。到了越王勾践时，赋税、劳役地租成为它的主要收入，不过这种主要收入的性质，还不像北方农奴化的程度那样深刻。根据《吴越春秋》的记载，它还是贡、助那样的性质。另一方面，越国的诸侯因为被赋予封建性质的特权，不断地侵入它周围的落后部落，并且把俘虏来的人口作为奴隶，这样，在越王勾践时，就出现了使用大量奴隶从事生产的状况。因此在越王勾践时，奴隶制生产同早期农奴制生产是混合的。同时，在越国的范围内，不仅其他落后部落是原始公社制，就是在封建领地内，原始公社制的残余也比较强烈地存在。越王勾践想雪耻报仇，他把受自吴国的耻辱，说成同一族自由民和公社成员们的耻辱，称这些成员为父老兄弟，以激发他们对吴的同仇敌忾。这是越国过渡的情况，直到春秋末，战国初，过渡还没有完成，但封建制也已开始占有支配地位。

上面这些情况充分表明了两周社会形式的过渡性和不平衡性。如果我们忽视这种特性，是无法阐明两周社会性质的。西周的中央区域到周宣王时才完成了这个过渡，前后经过了二百四十多年。其他地区过渡的时间就更晚，时间也更长。针对这种情况，假若我们只片面地从某一个地区出发，就会对西周的社会性质产生不同的看法，得出不同的结论。同时，在西周境内，还有很多落后部落和部族，还处在原始公社制的阶段，特别是四川、河北北部、山西北部以及甘肃一些地区，甚至包括河南境内的一些落后部落。所以，我们对于各种不同的具体情况要进行具体的分析，看哪些东西是主导的，是占支配地位的。占主要的支配地位的东西，决定这个社会的性质。如果我们忽视了主要的本质的东西，而只看到某些次要的一面，不仅可以把它说成奴隶制，也还可以说成是原始公社制，并且还可以说成是原始公社制发展的各种不同时期。

从西周到东周的封建庄园的组成，封建制剥削的具体情况，具体的阶级构成，以及它的变化情况，同志们可以看一看《简明中国通史》中的叙述。

(三) 西周的衰落和"平王东迁"。

西周的衰落并不是由于生产力和生产关系的矛盾到了不可缓和的地步，当时初期封建农奴制才告完成，还是封建农奴制上升的时期。那么西周的衰落是什么原因呢？(1) 由于特大的天灾对生产的致命破坏。《诗经》里讲得很清楚："山冢崒崩，高岸为谷，深谷为陵"。当时那样落后的封建制的生产力，没有办法解决天灾的问题，因而人民大量逃亡；(2) 由于当时周天子（厉王）同他的左右荣夷公等倒行逆施，只顾自己，不管人民的死活，尽量压迫剥削人民，而其他一些大的封建主又兼并小的封建主，社会矛盾尖锐化了；(3) 在这种情况下，"国人"和没落领主举行了起义。这时"国人"已经转化为农奴的地位，或者还没有转化到农奴的地位，因为他原来是自由民，对农奴地位不满；再加上天灾，所以就起来反抗，这时地方诸侯也参加了起义，如共伯和，他们把西周朝廷推翻了。此外还有封建领主间的冲突，如东方申侯、缯侯同西周的冲突。申侯的姑娘是周幽王的皇后，幽王把她废了，把她生的孩子也废了，因而引起了矛盾，他们反对西周。另外，居住在西部的"西夷"、"犬戎"是游牧部落，他们在西周统治地区进行掠夺，在这种情况下，就把西周搞垮了。但是，更重要的是由于封建制度本身的发展，地方经济发展起来了，晋、秦、齐、鲁、魏、燕等诸侯国地方封建经济的发展，就不断地增强了分散性、割据性，扩大了地方性，西周天子在这时已经支配不了他们。周幽王当时很昏庸，他的皇后褒姒很漂亮，史称"褒姒不好笑，幽王欲其笑万方，故不笑。幽王为烽燧大鼓，有寇至则举烽火。诸侯悉至，至而无寇，褒姒乃大笑。幽王悦之，为数举烽火"[1]后来敌人真正打来了。他又举烽火，诸侯都不理他了，结果幽王被"西夷"、"犬戎"杀死。过去有些写历史的人把这个罪加在褒姒身上，说"哲妇倾城"，认为是这个漂亮的女子使西周亡国了，这是冤枉了褒

---

[1] 见《史记·周本纪》。

似。实际上是因为封建制的地方经济扩大了，他们各搞一套，看不起周天子，本质是这么一个问题。所以，"平王东迁"标志着割据性的地方诸侯国经济、权力的发展。也就是说，它反映了地方封建经济的发展。周迁都洛阳以后，就出现了诸侯称霸，如果不迁，一直在西安，是不是天子的权力就不没落？那不见得，因为周天子已经无力继续支配诸侯了。即使平王不东迁，这种局面也必然形成和出现。

第六讲

初期封建制——西周、春秋、战国

（公元前1122——公元前221年）（二）

今天讲初期封建制——春秋、战国。在这个问题里，介绍以下几点：

一、春秋战国是从农奴制到雇役佃耕制的演进时期。

"雇役佃耕制"，这是老的说法，现在的翻译叫工役制。工役制包括好几种形式：农民用自己的劳动到地主的土地上耕种，耕种之后收入完全归地主，这是一种形式；对半分租是另一种形式。

春秋、战国从农奴制到雇役佃耕制的演进，也就是由初期封建领主制到以买卖占领土地为手段的地主阶级的土地所有制，就是由初期封建领地和庄园制到后期地主阶级土地占有制的点面交错。土地改革以前还有这样的情况，地主阶级占有的土地不是那么整齐的连着一大片，而是点面交错的，这一块地是张三的，那一块地是李四的。同时更重要的是由劳动地租到实物地租的演进（翻译不一样，我在书里写的是现物地租，也有叫生产物地租，现在一般叫实物地租）。我为什么说是演进呢？因为它本质上是一个东西，所以不叫转变，而叫演进。在第一部分里所要介绍的主要是这些内容。

二、封建兼并战争，连年持续，不断扩大，阶级矛盾的扩大和合纵与连横的斗争（连横也叫连衡）。春秋、战国时期的兼并战争，是从西周开始的，以后持续不断地扩大，把这个问题的特点、本质，总的说一下。

三、春秋、战国时期的百家争鸣。

春秋、战国时期，在我国历史上第一次涌现出百家争鸣的盛大场面，在这里想着重讲一讲当时的社会形势、阶级构成、阶级关系以及各派思想的阶级属性，及其对哲学和政治的根本问题的见解与主张。

今天主要讲这三方面的问题，其他方面的很多问题如等级制、爵位制、宗法制这些就不讲了，同志们可以去看教材。

现在我就分别谈这三个问题。

一、初期封建经济的发展及其从农奴制
到雇役佃耕制的演进

雇役佃耕制有很多种形式，有分租，有纳税，有用自己的工具到地主土地上去劳动的。在东北搞土地改革前还有"耪青"的。雇役佃耕制在我国历史上的时间很长，从秦汉开始以来，基本上都是这样的。当然这不等于说社会没有发展，而只是说社会进步的比较慢一些。

在这个问题里，谈谈以下几个问题：

（一）封建制的历史阶段。

现在我国历史界正在讨论分期问题。但是，有一个问题我看大家还没有给予足够的重视，就是马克思、恩格斯、列宁所一再讲过的低级时期，即农奴制时期。一般国家都经过了农奴制时期，我国历史上也不例外。农奴制有一些特点，和后期地主阶级占有土地制不一样。土地是一块一块的，一个区域归一个领主所有。在这里一个领主或者把他们土地的一半分给他们的家属和佣人，同时他还分给每户农民一份份地。这一点马克思在《资本论》里分析得很清楚。在工厂里工人是得工资，而农民是份地，这是为了养活这个劳动力并使它能够再生产。同时，封建领主制的最初地租形态，是劳动地租。就是马克思在《资本论》里说的，一个星期内农民用三天时间在自己土地上劳动，另外用三天时间在封建领主的土地上劳动。这两种劳动，在时间上、空间上有区别。三天为自己劳动，三天为封建领主劳动，这是时间上的区别。在自己土地上劳动和在封建领主的土地上劳动，是空间上的区别。农村的基本组织形式是庄园制。上一次我们讲到邑、田、社、书社。孟子说九家一个庄园，也有十家一个庄园的。按照孟子的说法，是像划豆腐块一样划成九块，每一块一百亩，这是孟子的理想，实际上不可能实现。如果在冀、鲁、豫平原还可以划，在山区根本就没有办法划；就是在苏北地带也没有办法划，因为那个地方到处都是水，这怎么划法哩？

总之，一家给一份地，一个庄园发展到一个村落，周围的土地都是领主的，每一家给一百亩（过去的一百亩，不到现在的二十五亩），当然有些庄园大，有些庄园小。封建诸侯也不是一样大的，官职有大有小。农奴制基本上有这样一些特点。同时马克思、恩格斯、列宁再三说农奴制都是用劳动地租，这是和当时生产力低下、生产工具粗笨分不开的，所以都会有这样一个时期。

地租形态在封建时期有三种：

一是劳动地租，这是适应于农奴制的，在农奴制时期占主要地位的是劳动地租。

二是在农奴制后期出现了雇役佃耕制，实行的地租是实物地租。

三是在封建制崩溃的前夜出现了货币地租，马克思说这种货币地租还不是资本主义地租，还是封建地租。

劳动地租、实物地租和货币地租是封建地租相继的三种形态。

这三种地租，本质上都是封建主阶级占有生产资料，向直接的生产者剥削剩余劳动，当然也有一些差别。这些问题，我们以后再讲。

我所以首先讲清楚这样一个问题，因为现在有这样的一种看法：认为中国封建制没有经过农奴制的劳动地租阶段，一开始就是地主阶级的土地占有制，就是实物地租，这与马克思、恩格斯、列宁的讲法不一致。今天已经发表的毛主席的著作里没有直接谈这个问题。但是，中国社会是存在过农奴制这一阶段的，这一点毛主席却是谈过的。如果说没有农奴制，这是与中国的历史情况不完全符合的，或者说是很不符合的。

（二）春秋、战国时期生产力发展的基本情况。

我们上一次说，西周时期的一些地区已经知道炼铁，在春秋时期开始就有好几个诸侯国家（我们这里讲封建时代的诸侯国家，就是马克思说的"半国家"，在中国文献上也叫"邦"）。什么叫"半国家"呢？因为在这个"邦"里，经济、财政、军事都有相当的独立性，有一定的权力。当时齐在山东，晋在山西，秦在陕西，楚在湖南、湖北，吴在江苏，越在浙江。在这些诸侯国里，一个接着一个地把冶铁事业发展起来。在春秋初期就有冶铁风箱。（斯大林在《辩证唯物主义和历史唯物主义》里说到封建时代的冶铁风箱问题）当时已经使用风箱冶铁了。同时，这时的农业、手工业用的工具普遍都是铁的，这一点在《国语·齐语》里面讲得很清楚："美金以铸剑戟，试诸狗马，恶金以铸锄夷斤欘，试诸壤土"。那时不叫铁，而叫恶金，铜叫美金，铁是不好看的金属，铜是漂亮的金属。当时把铜用来作兵器，凡是生产工具都是用铁来作。

在战国时期，冶铁术有进一步的发展。表现在以下几个方面：

第一，战国时期的冶铁遗址很多，规模相当大，在兴隆地下挖出很多铁范。有的同志说：这些范型是作铜器用的。我说：既然能用铁作的范型来作铜器，为什么不能做铁器呢？而且中国的铁矿很多。

特别重要的是在战国时期已经知道炼钢，原来是软铁，以后变成硬铁。硬铁里面的杂质就少一些，可以拿来铸成各种工具。当时怎样炼钢呢？说法有两种：一种是尽量在上面锤，让它千锤百炼变成钢；还有一种说法是把铁放在高温炉里面炼，把杂质排出去。据说，用这种东西作成兵器，用来砍兽，能够横腰两断；作出的箭头，能够射穿人的身体。范文澜同志说：当时要刻石碑，没有钢，石碑也刻不成。当时在山西、河南、山东以至于比较落后的湖南、湖北、江苏、浙江，都知道炼钢。在原来比较落后的江浙，出现了冶铁的技术家，一个叫做欧冶子，这不是我们国家第一个炼钢工程师，却是第一批里面的一个。还有两夫妇叫作"干将、莫邪"，他们炼钢做成两支剑，一支剑叫干将，另一支剑叫莫邪。神话里说：他们在炼钢的时候，把自己的头发放在里面，炼到一定的时候，再挑出来，所以才能炼出这样的钢。

从这里可以看到，我们这个国家炼钢的历史很长。这是当时生产力发展的第一个重要表现。

第二，与铁制工具和炼钢技术发明相并行的，是由于封建制生产方式的发展以至于取得支配地位，从而大大地解放了农业生产力。由奴隶到农奴，这是一个大解放；另一方面，生产工具、生产技术的发展和进步，也使生产力得到解放，促进了生产的不断提高和发展。

生产的不断提高又表现在几个方面：

今天我们缺少一个材料，就是单位面积产量，如西周时相当今天一亩地能打多少粮食，春秋初期打多少，春秋末期打多少，战国时期打多少，这个材料没有。但是另外有一个材料可以说明这个问题，西周时是劳动地租，到春秋时就开始在这里或那里出现了实物地租。为什么用实物地租呢？因为农奴三天在自己的土地上劳动，收入全归自己，劳动生产率就高一些；另外三天在领主的土地上劳动是被迫的，生产率就低一些，封建地主看到这种情况，就想出对付的办法：地不要分开，统统归农奴种，生产出来的东西对半分，或者是四六分。据说当时一般是对半分，叫做"耕者得其半"。这就是说，生产力的提高，引起了生产关系的部分变化（本质上没有变化）；由劳动地租到实物地租，这是生产关系的部分变化。

其次，又表现为以精耕细作代替了"三圃制"。从春秋时期起，就提倡精耕细作，到战国时期有好几本书总结了精耕细作的经验，并大大地提倡精耕细作。最著名的有《商君书》（商鞅著）和《吕氏春秋》（吕不韦主编）。

再次，表现了独立手工业、商业的形成和发展。在封建农奴制初期，马克思、恩格斯说，那时几乎没有商品交换，完全是封建庄园的自给自足。为什么呢？马克思说封建领主以及他的左右所消耗的、所使用的基本上都是农奴生产的，他们吃的穿的都由农奴供给。所以最初出现的手工业和商业，完全是为领主服务的，出现在庄园里面的所谓"工商食官"。但是到了春秋时期，独立手工业慢慢出现了，最初是一些比较粗制的工业，像草鞋、编席子。这时的商业不是等价交换的，商人很赚钱，他们冒着危险到几百里、几千里地以外去买本地所没有的东西，运回来以后，他要卖多少钱就卖多少钱，结果封建领主就抢他们的东西，与商人发生了矛盾。所以当时子产说：我们原来是一起到这地方来的，以后你不要欺骗我们，我们也不抢你的东西。独立手工业和独立商业的出现，这是封建经济本身发展的规律。

由于独立手工业和商业的出现，封建领主所居住的城堡里的人口增加了，很多地方出现了城市。当时很多地方都有万户城的字样，特别是齐国的临淄，在战国时就有二十五万人口。从遗址里挖出很多陶片，大多均有"楚贾购，○○里豆"的字样，说明这是湖南、湖北的商人买的陶器。这些都表现了生产力的发展，人口的增加。为什么城市人口这样多呢？因为农村人口多了，跑到城市里去了。同时在战国时，农村人口失业，被排挤出去的人跑到城市里搞各种各样的事情，如玩刀的、卖唱的等等。原来的诸侯城堡，宽只有二三百丈，最大的封建领主，一开始不过有二三千家，但是到战国时，大的城市发展到二十五万人，山西的曲沃就很大。苏秦说齐国城市里的人挥汗成雨，可见人口之多。这些城市的城墙有多高、多长，这些数目字我的书上没有写，范文澜同志的书上有，你们可以去看看。

另外，谈谈水利事业的发展。水利事业最早在殷代就有，最早的灌溉是打井，搞一个瓦缸提上水来；春秋时就有渠道，动不动就能浇多少万亩，把漳河的水引出来修了一个大水道。我们的水利工程师在陕西修了一个郑国渠，使关中一带不怕旱了。还有李冰父子，修了都江堰这样大的水利工程，今天调查起来，这个水利工程基本上符合科学原理。四川成都所以是天府之国，这与都江堰的修建分不开。

解放以前，帝国主义说中国不行，但是中国历史上有这样多的科学家作出了这样伟大的事业，要讲爱国主义，这就是应当爱的地方。比如北京城市的建筑，是从辽开始，但基本上是明朝建立起来的。今天来看北京的地下水道，基本上符合现代地下水道建筑的科学原理。在北京的地下水道里还可以划小船。帝国主义在我国建立的几个有租界地的大城市——天津、上海，一下大雨，水积起来，一两天流不下去。我们北京不管下多大的雨，下过之后一个小时就完全下去了。这就是科学。当然我们不是复古，而是说我们中国有这样值得我们很好继承和发扬的传统。

水利工程的发展也表现了生产力的进步。

特别大的诸侯国家，像齐、晋这些国家，一方面封建的农奴制的生产方式逐步扩大，取得支配地位，大庄园的经济得到比较迅速的发展；另一方面，奴隶制以及原始公社的生产方式一步步地退到了从属的地位，以至到了战国末期成为残余。由于封建兼并战争的不断扩大与持续进行，若干生产比较落后的弱小领主的领地就被那些生产比较发展的、比较先进的、力量强大的封建领主吃掉了，所以产生了这样的情况。与生产发展的同时，进行着兼并战争。由于生产的发展和兼并，封建领主的军费开支不断增加，封建领主的生活开支也不断扩大，本地的自己的生产逐渐不能满足他的要求，而要求本地不生产的东西。这样开支大了，使得封建领主的财政穷困，其中有一部分大领主更为困难，一些小领主不光是困难，甚至于贫困化。《诗经》记载：西周末期、春秋初期就有一些已经穷困的儒生，他吃东西时，还发牢骚，说：要吃鱼，随便搞什么地方的鱼吃就是了，何必一定要吃黄河的鲤鱼呢？（过去可能一定要吃黄河的鲤鱼）吃菜就行了，何必一定要四大铜盘呢？（过去是四大铜盘）娶一个老婆就行了，何必一定要齐国姜家的姑娘作老婆呢？（大概那个时候齐国姜家的女儿是最漂亮的了）。

在这样的情况下，封建领主就加紧对农民剥削、榨取，农民除了负担一般的徭役之外，还有军赋、佃田赋。因为要打仗，就规定要多少家出一辆车子，领主要住好房子，要有亭台楼阁，就出现了土木赋；要打仗，就要服兵役。这些，就不断地使农民负担加重。当然还有一些个体小生产者，就是原来遗留下来的氏族成员和奴隶制时代的自由民，他们由于负担的加重，也不同意战争的破坏。当时墨子说"争地以战，杀人盈野"，就是说为了争地打仗而死的人，遍地都是。墨子不是和平主义者，他是代表劳动人民的利益反对封建阶级的。当然墨子当时的思想有片面性，他不可能认识到正义的革命战争是必要的。

在这样的情况下，出现了"以货易土，土可贾也"，即土地可以买卖。早在西周时，就已经开始出现了用土地换土地，用农奴和奴隶去换土地，也出现了用珍珠宝物换土地的情况。土地买卖的出现，同时也就产生了实物地租。封建领主看到我们上面讲的那种原因，他就不用劳动地租，而用实物地租。土地买卖的出现带来了一个新问题：新的地主阶级购买了土地，但他不能够组织庄园，因为他在这里买一块地，那里又买一块地，只能租给人家种，收取实物地租。所以，在鲁、楚，在山东、河南、山西等地方都出现了实物地租。

实物地租与劳动地租在本质上是一样的，没有变化，都是从直接生产者——农民身上剥削无偿的剩余劳动。但是有以下这样一些区别：

首先，农奴原来在自己的土地上的劳动是必要劳动，在领主的土地上的劳动是剩余劳动，两者在时间、空间上区分开了。现在用实物地租后，在时间和空间上混在一起了，没有区别了，反正所有的土地都在一起耕种，完了之后交一定的实物地租也好，领主派人看着对半分也好，都是一样的。原来农奴在领主的土地上劳动的时候，领主派人监视，督促农奴提高劳动强度，现在也不用派人监视了。农奴原来有一部分时间为自己支配，所以按照马克思的说法，把农奴叫做"半人格的人"，与奴隶不同。所谓"半人格"就是自己有财产，有生产资料，特别具体表现为有一半时间归自己支配。现在所有的劳动时间都可以归农民自己安排了（当然，领主不是完全不管了），农民为着维持自己最低限度的物质生活需要，他总是想多劳动一些，而每家、每户的劳动力不一样，再加上其他的条件，农民中慢慢产生了区别，有些户比较穷，有些户比较富，有些户甚至完全破产，这就改变了农奴制时每一家、每一户差不多一样的情况。

关于春秋战国时期生产发展的情况，就讲上面这些。

（三）战国时期新兴的封建地主土地占有与原来封建领主的土地占有两种形态之间的矛盾，实物地租和庄园经济的矛盾。

一般的庄园的实际情况是：一个小的村落，住着几家农奴，周围都是耕地，农奴每户有一份耕地，另外是封建领主的公地。公地由农奴共同耕种。封建领主自己住的比较大的庄园是一个大城堡，在这个圈圈里面住着封建领主和他的家属，他的左右，为他服务的奴隶，还有帮助他到外面去采买东西的商人，所有这些人封建领主都包下来，称为"国人"；住在圈子外面的叫做"野人"。封建领主当然叫"君子"，"野人"也叫"小人"。所以说："无君子莫治小人，无小人莫养君子"。这是说，没有君子谁来统治小人呢？没有小人谁来养活君子呢？庄园大体上是这样的情况。

上面讲到新兴的地主土地所有制出现了，尤其是秦国，同时还有很多过去的小生产者，他们占有土地的比重一天天在加大，在战国时期占了主要地位。

秦国为什么发展那么快呢？因为它的土地广大，人口比较少，商鞅在秦国主要干这样一件事：他挖三晋的墙脚，对山西、河南、河北的人民说：你们到我们秦国来，我们秦国好得很，来了之后给你们土地和房子，你们开荒的土地，三年之内，国家不收税。这样，山西、河南、河北有很多人都带着家眷过黄河到他那里去了，去了之后开了很多荒地，就出现了很多小土地所有者，个体小生产者增加了。土地买卖出现了，新兴的地主阶级的土地占有也增加了。商鞅还搞了这样一手，凡是在外面打仗有功的人，回来后都给土地，因而这些人都变成了新的土地占有者。所以在秦孝公死后，秦惠公把商鞅抓回来"五马分尸"了，这是旧封建领主做的事。商鞅的变法为秦始皇的统一打下了基础。这样一搞，新兴的地主土地所有者的比重更大了，个体小生产者增多了。这样就产生了矛盾。

为什么产生了矛盾呢？这时新兴的地主和个体小生产者占有土地，但是都在封建领主的大圈子内，不管是个体小生产者也好，新兴的土地占有者也好，家家户户都要向封建领主纳贡或服徭役，这就和原来领主制的圈圈发生了矛盾。封建领主说：土地是我的，农民要在这个土地上耕种就要服徭役，做工，应当纳贡给我。新兴的地主说：你这个封建的庄园应该被打破。个体生产者也赞成打破封建庄园。于是，两方面就发生了矛盾。这种封建庄园的土地占有形式叫邑、田、社、书社，或者是领主同农奴都住在这里，或者住的就是农奴。这个庄园就是这里面的一个村落，周围土地划成块块，每一家农奴给一块份地，周朝叫百亩，约相当现在的二十五亩，此外十家共耕一百亩，收获全归封建庄园主。孟子讲得很清楚，《诗经》里面也讲："中田有庐"，或者是农奴，或者是庄园主住。

抗日战争胜利后，我们在河北围场搞土地改革时还有这种情况。周围住的是"耪青"的农民，地主不住在那里，过两年去收租，那里有二地主在管事。地主们就住在天津、北京。

新兴地主土地占有的形式，适合于雇役佃耕制。他们要收实物地租，不能用劳动地租。更重要的是这些现象都是与生产发展到一定水平相适应的，生产不发展到一定水平不可能产生这些现象。在战国时期，由于新兴地主对土地的占有，实物地租一步步排除劳动地租。在这里产生了一个问题：原来封建领主为着提高对农奴剩余劳动的榨取，不用劳动地租了，而采用实物地租。由于实物地租的实行，农户之间产生了差别，有些人把自己的土地卖掉了，但也有的人土地增加了。这就是说，在农民里面占有财产的情况不一样了，地位也不一样了，有些上升了，有些保持原来的地位，有些下降了，这和封建庄园制也是矛盾的。

这种矛盾又具体表现在战国后期秦与其他六国的斗争。秦国本来是新兴的封建地主占有支配地位的，由于采取商鞅的办法，秦国的个体小生产者的数量一天天扩大。因此，秦国统一六国，主要又反映了新兴封建地主的要求，并且又得到庶民阶级的支持。所以，六国合起来也抵抗不过秦国，原因也就在此。秦国由初期的封建农奴制到以后的雇役佃耕制，从封建主分散割据的情况到秦的统一，这是一个进步，正是由于秦站在矛盾的进步性一面，才能够统一六国。

二、封建兼并战争的持续与扩大，阶级矛盾的 扩大和合纵与连横的斗争

由于封建领主对于在它的领地内的行政、经济、财政、军事有相当的独立性，所以在这种制度下，大吃小，强吃弱，在世界各国历史上，农奴制度发展到一定的程度都曾发生过这样的情况。而且它们这种大吃小，强吃弱，都是通过战争去进行的，都想扩大自己。到新兴地主占有土地以后，出现了土地买卖，这时不仅通过买卖取得土地，而且也通过其他各种手段去兼并扩大土地。在阶级社会里面就是这样，资本主义社会资本家也是大吃小。下面分几点讲一讲。

（一）封建兼并战争的持续和扩大。当时齐、晋这些封建诸侯国，西周末期，它们的经济比较发展，力量比较强大，逐步增长了封建割据性和兼并性，用战争去兼并那些比较弱小的封建主的领地。所以，在春秋战国时期的文献上记载着，小领主不断被大领主吃掉，大的又被更强大的吃掉。西周最初的封建领主数量很多，有人说有八百个，实际上书上记载的更多，如十里诸侯等等，有些封建领主只有一个、两个庄园那么大，数量不知道有多少。

齐、晋、秦、楚、吴、越这些封建诸侯国，最初分给他们的土地不过几十里或几百里，到了春秋战国的后期，就并吞了人家好几十个封建领主的领地，把人家吃掉了，结果他们扩地几千里。比如秦国，主要是今陕西、甘肃、四川的一大部分，到战国时期，还有山西、河南。齐国是在今山东的绝大部分。楚国在今湖北的一部分，安徽、江西、江苏、浙江的一部分，湖南以至于广东、广西。楚的地方最大，但是很多的地方生产没有发展起来。吴在苏南，越在浙江，原来都有地界，后来搞得很大。因为强的吃了弱的，把人家吃掉了，因此他们的地方都有几千里宽，到了战国时，差不多等于一个国家。同时他们自己占了这么多领地之后，就要人打仗，把吃掉人家的地方又分赐给他的亲属与他的左右，所以在他的领地下面，同时又出现了很多中等领主与小的领主。

兼并的办法就是打仗。原来在一个封建国家之内大家都立了誓约，说明彼

此不相侵犯，要效忠于最高最大的领主周天子，下级领主要服从上级领主周天子的管辖。现在要打仗，就用"挟天子以令诸侯"的办法，假借周天子的名义去打仗。他说：为什么打你呢？因为你对周天子不忠实，你违反了誓约。齐桓公打楚国时，说楚国有几条罪状。管仲说：其中第一条罪状，过去你向周天子进贡土特产，现在不进贡了，所以要打你，这是一条；第二条周昭王带兵到湖北来讨伐你的时候，周昭王在汉江里溺死了，你为什么搞死他？因此我特来问罪。它要打仗，就要设法得到其他大诸侯的同情，不然就会形成老鼠过街，人人喊打，遭到大家反对。所以，当时楚国就说：你说我没有向周天子进贡土特产，这是对的，我承认。你说周昭王在汉江坐船溺死了，那怎么能怪我！所以每一个封建主进行兼并战争，都要争取其他诸侯国的同情和支持，争取合法地位。中国以后的统治阶级也大都是利用所谓"挟天子以令诸侯"这个办法。曹操也就是这样。蒋介石明明是反革命，但他还抓住第一次国内革命战争时期四个阶级联盟的国民革命的旗帜不放。蒋介石明明反对孙中山的"三民主义"，但是他还是口口声声称孙中山是总理，而且还说执行总理遗嘱。这完全是为了取得合法化，是骗人的。

（二）封建领主这样不断地进行兼并战争，是为了使他们的领土扩大，不断地把弱的小的吃掉，那些强大的诸侯就更加强大了。刚才我们讲到战国时期，全国就变成了七国：齐、秦、楚、燕、韩、赵、魏等。强大的封建诸侯同他下层的中等领主所养的农奴，人口一天一天增多了，所以他们在打仗时，就能够组织庞大的军队。

同时，他也一天天地削弱了自己，他自己更加腐化了，主要表现在这些方面：在大的诸侯国家里，争权夺利的矛盾一天天剧烈了，不管他的部下还是左右，有所谓"臣弑君"的，有儿子杀死父亲的，还有弟弟杀哥哥的等等。争权夺利的矛盾一天天剧烈了，他们的政治也一天天黑暗了。当时在各个诸侯的宫廷里面，是没有是非可讲的。政治上，对人民他想怎样就怎样，搞得民不聊生。而他们的生活一天天更加堕落、奢侈、腐化。搞音乐，搞舞蹈，在宫廷里面搞得无法无天，纲纪败坏，这些都表现了他们自己一天天在削弱而不是加强了。而更严重的是表现在军费财政的开支上一天天浩大，国库空虚，每年都不够开支，因而更加重了对农民的剥削，加重了大领主对小领主，特别是对附属于他们的领主的剥削。山东的滕县，有个小小的滕国，国君滕文公在孟子去滕国游说时，他对孟子说：老先生你来得正好，你是一个贤人，我有个困难问题解决不了，想请你帮我出个主意好不好？孟子说：你讲吧。他说：我这个滕国是很小的一个国家，南面是楚，北面是齐，他们都很强大，我在他们两国之间，他们都要我进贡，我给这个进贡，那个不高兴，我同那个靠近一点，这个又要抓我的小辫子。你看，我到底依靠齐国好呢？还是依靠楚国好呢？孟子说：你做点好事，讲点仁义就行了。这是一句空话，并没有解决问题。

这种情况就日益扩大了诸侯国之间的矛盾，也扩大了各阶级、阶层之间的矛盾。阶级间的矛盾是封建主与农奴、农民阶级间的矛盾。阶层间的矛盾就是封建领主里面有最高的领主，有大的领主，有各个诸侯，有中等领主、大夫、小领主等各级领主间的矛盾，特别是扩大了当权领主（即还有自己领地的领主）与那些丧失领地的领主（所谓没落的领主，被人家吃掉了的领主）之间的矛盾。同时，因为新兴的封建地主出现了，产生了他们与封建领主之间的矛盾。这些都是阶层之间的矛盾。

到了战国时期，七国都俨然成了一个个封建国家，对原来的公、侯、伯、子、男都不讲了，他们都自己称王称霸。但由于上面讲的这些矛盾情况，尽管他们拥有的领地更扩大了，封建领主们还是愈来愈虚弱了，名义上是领主，实质上他们的领地很多变成了新兴地主的。所以到了战国时，封建领主本身都成了半身不遂的巨人，摇摇欲坠。因而阶级矛盾更加剧烈起来。

（三）春秋战国时期阶级矛盾扩大的基本情况。

首先和主要的是以农奴为主的庶民阶级与封建领主之间的矛盾一天天扩大。这也就是马克思、毛泽东同志一直讲的，在封建社会里，封建地主同农民这两个阶级的矛盾是主要的矛盾。这个矛盾一天天扩大。封建主一天天腐化、堕落，战争不断在进行，所以产生了这样的矛盾现象：一方面生产发展了，而农民的负担却一天天加重。同时由于人口的增加，在封建领主的庄园里面原来每户给一百亩份地，现在人口多了，很多土地又被新兴地主占去了。农奴生了孩子，孩子长大了讨了老婆又生了孩子，分不到份地，但是封建领主还是不放松对他们的剥削，要他们服役、纳贡等等，叫他们做"余夫"（多余的农夫），原来给的是一百亩份地，后来只给二十五亩（约现在的五六亩的样子），地就是给这么多，而对封建主的负担却丝毫没有减少，这个剥削就加重了好多，所以有些农民就失了业，跑到城市里去了，这是一方面。还有另一方面，那就是大量新兴地主的土地占有，出现了佃耕制，农民不愿再受农奴制的压迫和剥削，便相继逃亡。他们跑到哪里去呢？有些农奴开始只能看到自己那块小天地，还幻想着这个封建领主的地方可能比那个封建领主的地方好一点，以后，他就感到天下乌鸦一般黑，就不再跑了。另外有的跑到城市里去当佣人，到商店里去当仆役，有的就成了流浪者，"流氓"就这样产生了，甚至有的女人当了娼妓，还有玩把戏的、卜卦的等等。

在春秋末期，阶级矛盾还表现在这样一点上：在很多的诸侯国里，出现了许多小型的农民起义和农民暴动。书上记载说是"多盗"，不是偷东西的盗，而是起义。就是要从封建领主手里把财产夺回来，要打倒、推翻他们。春秋末期战国初期出现了以"盗跖"为首的农民暴动。盗跖的"盗"是后来统治阶级加的诬蔑之词，他原来的名字就叫"跖"。"跖"当时领导的农民起义在湖北、山东、山西一带，规模很大。据说"跖"的墓还在陕西，当时封建主对他们就没有办法。据庄子讲（这是传说），"跖"他们当时很反对孔夫子，说孔夫子替封建领主作说客。因此孔夫子对跖说：你这位将军是英雄人物，很不错，假使你现在愿意同我与各个封建主商量一下，同大家一块做诸侯，你的才能就能完全发挥出来。据说"跖"很坚定地回答说："你这个孔夫子，不要到我这里来卖弄这一套，你是口是心非，你出的是坏主意，帮封建领主来欺侮我们老百姓。你走的话，我不伤害你；你不走，我要杀你的脑袋。"这是庄子讲的。同时书上还讲，"跖"还是很英明很有能力的人。农民起义的领袖当然是这样，在当时条件来讲是了不起的。

在当时，农民阶级普遍苦于封建主的兵役、租税负担苛重，这在战国时期各学派的著作里面也有反映。当时封建领主的割据和生活的奢侈豪华，加重了人民的负担，这使农民很反感。对封建农奴制的等级森严、人身压迫等等，农民也很反感。这是第一点。

其次，新兴的封建地主与原来的封建领主之间的矛盾，在春秋时开始出现；到战国时期，已经成长起来的新兴封建地主阶级，同原来的封建领主这两个阶级的权利、地位的矛盾冲突，发展日益剧烈，表现得十分尖锐。新兴封建地主要求废除庄园制，就是要求废除封建领主的统治，以郡县制来代替。上面去掉封建领主的框框，下面去掉封建庄园制，土地占有完全通过买卖手段（当时叫做"名田制"），在政治权利上他们要求废除封建领主的家系世袭制

（当时的统治阶级自称所谓"龙生龙子"，就是这样来的）。封建地主的土地占有是交错的，各个封建地主不能单独组织封建统治机构，他们只能联合组织政权机构——郡县制，以州官县官，即官僚制度来代替原来的制度。原来的封建领主是宝塔式的，一级一级确立他的地位，而新兴封建地主原来有很多没有地位的，他们变成商人，或者变成了商人兼地主的身份，他们说：我们今天有土地，有财产，我们要同封建领主在政治上有同等地位。

同时，他们主张变法。认为原来封建领主的那一套不行了，原来是封建领主想怎么样就怎么样，那是圣旨；现在要用法典来代替，以法作标准，不管是谁，犯了法就要办罪。这种新兴的封建地主对于农民虽也是剥削阶级，也存在着根本矛盾，但是，以农民为主的庶民阶级把农奴制对他们的统治压迫拿来比较一下，就宁肯要新兴封建地主的一套，所以农民当时是支持新兴的封建地主的。

第三，当权的封建领主与没落的封建领主之间的矛盾。在当时的条件下，有一部分封建领主被人家兼并了，失去了自己的地位，贫困了，他们丧失土地财产的原因，就是被当权的大封建领主用战争的手段把它吃掉了。所以，他们对当权的大封建领主有很大的反感，因为有利害矛盾，他们最反对兼并战争（就是大吃小的战争）。当然他们也反对替当权的封建领主出谋划策的人。他们说，我反对这个大吃小的兼并战争制度，如果不是大领主兼并小的领主，大家相安无事，不是很好吗？当然，他们也反对当时的商业和手工业。他们说，为什么会发生兼并战争，并吞人家的土地？就是由于商业、手工业发展了，他的胃口扩大了。所以，他们说不要商业、手工业就好了。特别是对庶民的地位上升有反感，他们对新兴地主的上升看不惯。当然，他们对于农民、农奴始终是对立的，他们始终是主张维护封建秩序的。

归根结底，他们把一切归罪于斗争，他们要求取消一切斗争，停止一切斗争；认为没有斗争，他们就不会没落，这是没落封建领主与当权封建领主这两个阶层之间的矛盾。

第四，合纵与连横的斗争。什么叫合纵？就是齐、楚、燕、韩、赵、魏这六个诸侯国，大家联合起来拧成一根绳，共同对付秦国，因为六个诸侯国谁也单独抵抗不了秦国。出这个主意的最初是苏秦（河南洛阳人），他向六个诸侯国提出了这个意见，六个诸侯国都说你这个主意出得好，你做我们的宰相吧。

六个诸侯国都要他做宰相。他很高兴地回到洛阳，并说，从前没有得志的时候，我回来，嫂子只顾织布，不理我，现在我做了大官后回来，我的嫂子、妈妈都看得起我了。他说，我当时如果在洛阳郊外有两顷地的话，就当不成这个官。就是说，如果他原来有二顷土地，就做了一个小领主了，他就不搞这一套，没有做领主，才搞这一套。苏秦搞的叫合纵运动，这是为了保存封建领主制度的，它是比较保守的、落后的。

秦国搞的是连横，就是六个国家都要听秦国的，与秦国联合，共同对付反秦的势力。替秦国出这个主意的有犀首、范雎和张仪（在我的《简明中国通史》中对这几个人所用的字眼多少带有一些挖苦性质。由于这些人搞的连横运动具有比较进步的政治内容，所以最好不要挖苦它。我这是不自觉的受传统影响带来的，希望把那些字眼改一下）。当时特别是站在庄园制立场上的人，是很反对他们的。他们的主意也是一步一步的发展起来的。他们把六个诸侯国划成一条线，最初他们是近交远攻，联近的打远的。以后发现了打远的也占不住那块地方，他们就改为远交近攻，和齐、楚作朋友，而打河南、山西。要求连横的国家互相合作，最好是出兵配合，至少也要保持中立。他们的这个连横运动，是以一些新兴的地主为基础的。新兴的地主同旧的封建领主比较起来带有进步性，因此，我们说连横是具有比较进步的作用的，合纵比较保守落后。连横战胜了合纵，实现了全国的统一，标志着我们国家由初期封建制的诸侯割据进到中央集权的专制主义封建制度，也就是由秦开始有了比较统一的国家。这个统一是从封建制本身来说的，它与以后的资本主义时代的统一有区别，当然与社会主义时代的统一更有区别。这是一个进步，比较明显地标志着我们国家封建社会的部分质变。毛主席说，要从部分的质变去划分同一历史阶段的各个时期，我看这是我们划分历史阶段（时期）的一个基本原则。我们划分初期封建制，就是用这样一个原则去划的，因为它是表现了比较明显的部分质变。

三、春秋、战国时期的百家争鸣

这是同志们兴趣很大的问题，但是只能够讲要点。如要系统的讲，恐怕一年也讲不完。

对于春秋战国时期的各派思想，由于大家对这个时期的历史分期，或者对这个时期社会性质的看法不一样，所以对当时各派的思想估计也不一样。

首先，应当指出：春秋战国时期是我们国家历史上、文化思想史上的一个百家争鸣、百花齐放的时期。在这次争鸣中，居于领导地位的是代表当权的封建统治集团的儒家思想，以孔夫子为代表。我们有一个老同志，他主张战国还是奴隶制，但是他有一个问题解决不了，他说孔夫子主张把人当人看待，而奴隶制社会是不把人当人看待的。所以他说这一条想不通，这是一个很客观的科学态度。当时处在先进地位的是墨家思想，它代表当时的生产阶级，先进的阶级。

其次，谈一下当时所出现的思想家，以及各个学派的基本观点和政治主张，完全和当时社会各阶级、阶层的存在并与各阶级、阶层彼此间的关系，和思想家各自所代表的阶级、阶层的要求相适应的。这表现了上层建筑、意识形态同它的经济基础、政治关系相适应。现在我们有个别同志研究思想史，不研究基础，甚至对基础、对政治完全无知，只研究思想。马克思讲，思想是有阶级性的，他就按这个原理在那里贴标签，这一家分配给奴隶主，那一家分配给奴隶；这一家分配给地主，那一家分配给农奴。应当指出：这种研究方法是不对的。在春秋战国时期的百家争鸣，首先出现两家：孔子与老子，这两家是两个学派。对老子的《道德经》（五千字），大家也有不同的看法。有些人说是后来写的，但是反映了当时老子的思想；有些说是老子的思想，是当时老子的门徒记录的。我看老子的思想是在孔子以前。为什么呢？因为那里面讲的很多范畴在孔子的著作里有反映，而在孔子著作以前没有这个范畴。

先讲孔子。

孔子是代表当时当权的封建领主集团的思想。当时的封建制度，从中国封建制的全部发展阶段来说，正处在上升时期，孔子的思想在当时是具有一定程度的进步性的。两千多年来，都是孔子的思想占支配地位，在孔庙里吃猪头肉，吃了两千年，这并不是简单的事。

孔子没有明确提出关于世界观的问题，但是他对认识论等个别论点上表现了朴素的唯物论倾向，如"学而不思则罔，思而不学则殆"。可以看出他是注意客观事物的研究。"思而不学则殆"，就是你光靠闭着眼睛想不行，还要学；

"学而不思则罔",就是假使你光学不想,那脑子里就会是乱七八糟一团,提高不到原则上去。从这个方面讲,孔子还有些唯物论的因素。但是,总起来讲,他的世界观,是属于客观唯心主义的。

在政治上,总的精神他主张要维护当时的封建领主的统治与社会秩序。他最佩服周公("武王革命"的领袖),他讲他每天晚上梦到周公,有一个时期好久没有梦见周公了,他还说我怎么这么久没有梦见周公?他为什么这样佩服周公呢?因为初期封建制的典章制度首先是周公订立的,他根据周公的制度加以发挥,主张各级封建主以至农民都要按照等级,吃饭、穿衣等等都要按照一定的等级来规定,大家都听周天子的命令,都要尊重周天子。同时他提出"尊尊"(就是下级领主要尊重上级领主)、"亲亲"(亲属远近要分得很清楚,家长的权利、职位要分得很清楚)。同时他又提出"三纲五常"。三纲就是君臣、父子、夫妻之间的关系,君臣之间以忠为中心,臣要忠于君,下级要服从上级,体现了封建等级制度;父子一纲以孝为中心,体现了封建家长制;还有夫妻之间的关系。"五常",就是孝悌忠信等;"五常"以后有各种不同的解释,是指君臣、父子、夫妇、兄弟、朋友这五种人的关系的。在孔子时代,当时纲纪败坏,在这五种人的关系方面出了很多的乱子,朋友之间大吃小,夫妻之间也出了很多不好办的事情,兄弟之间为了争权夺利,弟弟杀死了哥哥,父子之间有儿子杀死爸爸自己作诸侯国王的,孔子就根据这种情况,提出了这一系列主张的。

同时他还提出"爱人",就是要缓和阶级矛盾。当时还有奴隶制存在,他说要把人当人看待。在政治上,提出在封建制度下要讲"礼",礼就是体现封建等级制。对农民要"用刑"。《尚书》上的《吕刑》,就是把暴力镇压当作统治农民的唯一手段。孔子讲不行,不仅要用刑,还要用"德",即先用道德去教育,就是软化、欺骗。"德"行不通再用刑法。当时在对待人民使用愚民政策上,他与老子是一样的。所以,我们说,孔子思想虽有消极的一面,但是又有进步的一面,要历史主义地去看。总的说来,他给封建制建立起成套的思想体系,是适应于封建制上升时期的前进倾向和要求的。他不仅长期支配了中国封建时代的思想,并且对东亚和全世界产生过重大影响。今天,我们只能说,孔子思想里有若干积极因素,在马克思主义、毛泽东思想指导下批判地吸收。关于孔子,就讲这些。

再讲老子。

老子的思想，我认为是代表没落封建领主的思想。老子在世界观上是唯心主义，有朴素的辩证法。他的世界观的中心是"道"，其他东西都是从"道"所派生的。"道"是什么呢？老子说："道"是不可捉摸的，变化莫测的，没有形象的，天、地、鬼，一切东西部是由它创造出来的，所以称老子为道家，就是这样来的。

他的政治主张，首先主张复古，恢复西周的那些制度，因为西周时代封建领主没有兼并，也就是主张恢复到"小国寡民"的封建小领主的庄园时代去。他不向前看而是往后看，他是倒退的。他反对战争，因为小领主们是被战争所并吞的，是封建兼并战争使他们没落了。同时，凡是商业或文化上的进步的东西，他都反对，他说这些最坏，把这些都毁掉，恢复到过去的原始朴素的状态就好了。此外，他还反对当权领主的代言人，即所谓圣人、贤人，说正因为这些人才搞得我们今天没有饭吃，就是他们出的坏主意。老子特别是主张取消斗争。他说不要战争，对立的一切都不要，只要没有斗争就好了。他主张"无为"，主张复古。对老百姓主张实行愚民政策，他说老百姓最难弄，什么东西都不让他们知道就好了。孔子是"民可使由之，不可使知之"，老子的基本思想也是这样。这是没落封建领主思想的反映。由此可见，上面所讲的他们学派的思想，是与老子、孔子当时所代表的集团的情况和要求相适应的。

现在讲孟、荀思想。

孔子的思想到战国时代发展为孟子、荀子学派。

孟子在世界观方面是主观唯心主义，即"性善论"。我们读《三字经》："人之初，性本善"，这头句就是从孟子那里来的，后来的几句却是环境决定论。"人之初，性本善"是先验主义的，现在我们所批判的人性论就是这个东西，是唯心主义。他说人性本来是很善良的，这实质上就是抹杀阶级。孟子与孔子一样，阶级观点非常明确，孔子说唯女子与小人为难养也，不仅骂了农民，而且还骂了"女子"，把"女子"一笔抹杀了。孟子说："劳心者治人，劳力者治于人；治于人者食人，治人者食于人"[1]。意思就是小人（劳动力）养活君子，君子（劳心的人）靠小人来养活，君子是天生治小人的，小人天

_____

[1] 见《孟子·滕文公上》。

生被君子治的。所以他的阶级观点，非常明确。孟子把孔子的思想复述了很多。由于孟子处在这样一个时代：新兴的封建地主成长起来了，它与封建领主矛盾得很厉害，而农民与封建领主的阶级矛盾也很尖锐，所以孟子思想根本的东西是主张阶级调和。主要是调和两面：一面调和封建统治阶级内部各个阶层间的利益；一面主张实行改良，缓和阶级矛盾，缓和农民对封建领主阶级的反抗。所以在孟子的书里很多是谈"民为贵，社稷次之，君为轻。"他认为要有老百姓和农民，没有农民不行；"社稷次之"，没有农民还有什么社稷？皇帝封建领主阶级的财产、家当也就没有了；"君为轻"，没有了这些，那还有什么君？所以他主张改良。胡适瞎讲一气，说孟子是民主主义者，他是混淆民主与封建思想的界限，主张调和阶级矛盾。所以对于那个礼，也就是孔子讲的"礼"，是与封建阶级里面各个等级相适应的。孟子说，礼适用于天子以达庶人，对于劳动人民统统适用。所以他主张阶级调和，在封建统治阶级里面调解各个阶层的利益，同时实行一些改良政策来麻痹人民，缓和阶级矛盾。但孟子思想也包含不少积极的因素，特别是当时正处在中国封建制的初期，在全国有些地区，才走完到封建制的过渡期，它对封建制的巩固和发展所起的作用，仍是有积极意义的。所以孟子几与孔子并列，也被称为中国初期封建时代的大思想家。对东亚和世界都发生相当影响。

再讲荀子的思想。

孟子之后就是荀子。荀子姓荀名卿。他在世界观方面主张"性恶论"。他说人性是恶的，他的"性恶论"和孟子不同，不是先验主义的，虽然他以先验主义的形式出现；他的"性恶论"是有些倾向于唯物主义的经验主义。他主张"伪"（不是今天的虚伪的"伪"），他说一切自然界完全可以改造，因此，人可以发挥主观能动性。虽然他还有很多唯心论的因素，但基本上属于唯物主义；像恩格斯所指出的那样，荀子的唯物主义有点像小脚女人一样，是扭扭捏捏怕羞的唯物主义。他提出"人定胜天"，就是发挥人的主观能动性和创造精神。这个思想在当时是伟大的思想，今天我们当然比他高明得多，但是在当时有这种思想是不容易的。

在政治上，荀子为什么有这种思想？是由于在荀子时代，封建领主的地位已经摇摇欲坠，封建地主的地位、力量已经成长起来，所以，荀子当时主张的，不是原来的那班封建领主，而是由已成长起来的封建地主再建封建领主制的秩序；并提出"群"与"分"等较进步的主张。

他的思想反映了由封建领主到地主这样一个过渡时期的新旧交替的情况，一面表现了儒家孔子的思想立场，一面又融合了法家的思想观点（法家代表封建地主阶级）。他的学生韩非子的思想，就表现了当时从法家的立场上接受了儒家的东西，也就是说，韩非子的思想成为融合儒家、法家后的一种新的思想，他完全接受了以往封建领主以及封建地主在政治上、意识形态上的一些原则和论点。李斯（韩非子的同学，唱戏时是把李斯的脸上划上白点的）帮助秦始皇统一中国，是秦国的宰相，是当时的政治家。这个人值得重新研究一下。他的思想也类似韩非子的思想。他和韩非子是融合儒家、法家的思想家和政治家。在荀子的思想中反映了一些矛盾。一面是维护孔子的"三纲五常"，就是维护那些封建领主的等级制度等等。一面他又说这些东西要改造。荀子思想是在当时社会有着部分质变的情况下产生的一种思想。荀子在初期封建时代是伟大的思想家。

现在讲庄子的思想。

老子思想在战国时代发展到庄周，京戏里的《庄周戏妻》的庄周，他是老子思想的一个代表。老子时代，封建领主还想复辟。庄周时代，封建领主的地位完全没落了，再无恢复的希望。庄周当时在世界观上，把老子的唯心主义更深刻化，体系化，把老子的朴素的辩证法完全庸俗化了，把它降低到相对论，以至于诡辩论、怀疑论到不可知论，到主观唯心论。列宁讲过，旧哲学史思想里面，最没有辩证法因素的是诡辩论，在诡辩论里面一点辩证法都没有。修正主义抓住个别的事实，作为根据，最没有辩证法，它就是诡辩论。

庄周在政治上，表现为厌世主义、悲观失望，认为一切都是不存在的，一切都得过且过，过一天算一天，什么创造性都没有了。这些东西很有毒害，它麻痹人民，什么都不干了。

新兴的封建地主思想的代表人物很多，从春秋开始直到战国，有邓析、杨朱、申不害、商鞅和吕不韦。吕不韦是做买卖出身的，他是一个大商人，是秦始皇的真父亲。为什么呢？因为吕不韦那时看到秦国派到邯郸为质的子楚，这个小子不错，大概以后可能做皇帝，所以他就把他讨的一个漂亮的老婆送给了他，恰好吕不韦的那个老婆已怀了孕，后来生下了秦始皇，做了皇帝。

这些人的世界观不完全一样，有些人是唯物主义，有些人是表现了唯物主义的倾向。他们留下来的东西不完全，特别是邓析、杨朱的东西很不完全。孟子骂杨朱"杨氏为我，是无君也"。商鞅有《商君书》，吕不韦有《吕氏春秋》（不是他写的，是他的门客们写的，但反映了他的思想）。他们当时的世界观是这样：《商君书》与《吕氏春秋》有唯物主义的倾向，他们的书里对历史的观点，是比较进步的。他们把历史分为上世、中世、下世，认为历史是发展变化的。

他们在政治上主张中央集权，主张取消封建领主，实行大一统制，主张以法治代人治（变法），反对封建领主的家系世袭制和压制地主地位的等级制度等等。主张按功劳来担任国家职务，改变旧的等级制度，等等。他们的主张可以用他们的三个字代表，在统治权上是："权、术、势"。"权"，就是要把大权集中在中央；"势"，就是要形成这样一个形势，权力完全归中央，中央一施行就可以推行下来；"术"，就是要研究治国的方法。还有一条，他们主张农业要精耕细作，讲究很多技术，研究如何耕种，如何施肥，如何掌握季节等等的问题。这是中国最早研究农业的学说。他们这一批是代表中国新兴封建地主阶级的思想。

再讲讲墨子的思想。

墨子学派，反映了庶民阶级的思想和要求，或者说，基本上代表了以农民为主体的庶民阶级的要求。墨子反对大吃小的兼并战争，在一个戏中，他从山东跑到湖北去劝楚王，在路上很苦，喝一点水，吃一些冷馍。他的世界观是唯物主义的，因为他首先很明确地提出思维是客观事物的反映，客观事物是原来存在的。同时，在我国历史上第一次表述了形式逻辑的体系，这是很伟大的思想。

在政治论上，首先他主张"以兼易别"，"以兼"就是大家平等，"易别"就是主张取消等级制。国家政治怎么处理呢？他主张就以他们墨家这一派，用宗教形式来组织。他们的教主叫"巨子"，他们说"巨子"都是圣人。"巨子"由大家来选举，由"巨子"来掌握国家的政权，因为"巨子"都是很能干很正派的，假如"巨子"不行，可以罢免他，就是以选举来代替封建的世袭。同时反对封建主以前的庄园，主张减轻农民在战争中所带来的负担和苦役，主张节约，反对封建领主的乐队、大房子、用过多的钱搞殡葬等等奢侈浪费。这是一种朴素的思想，他还有"不劳动者不得食"的朴素的思想萌芽。

墨子是我国初期封建时期很伟大的思想家。他们用宗教形式去组织农民，这是消极的，但是，历史上古今中外农民的起义利用宗教形式的也不少。

在春秋战国时代所讲的"百家"，实质上是这样四大流派，所谓"百家"，实质上是四家，代表四个主要阶级、阶层。同时，这四个主要的阶级、阶层随着春秋战国时代的情况变化，他们的要求、利益、主张，反映在思想上、政治要求上都有变化。当时各派相互争鸣和相互抨击，特别是墨子学派同儒家学派的斗争更加厉害。当然，孟子这一学派是站在封建领主立场上的，他不仅反对农民，而且也反对新兴地主阶级。

第七讲

专制主义中央集权封建国家的
创立与发展——秦汉时期

（公元前 221——公元 220 年）

这一讲，主要讲以下几个问题。

（一）秦始皇有哪些政策是带有进步性质的，哪些政策是保守的，甚至是反动的？秦始皇开创的专制主义统一的封建国家，为什么只有十六年就灭亡了，原因何在？

大家知道，秦始皇在历史上是挨骂挨得很厉害的，这几年来，有些人替他全部翻案，说秦始皇好得很，甚至说毛主席的好处他都有。我和范文澜同志有点折中主义。我说，对秦始皇这样的人，应该肯定他好的一面，同时应该批判他不好的一面。看来，在这个问题上，过去有些人"左"了一些，现在有些人又右了一些。

（二）两汉（前汉、后汉）社会经济的发展和它的起伏性。

两汉社会经济发展的起伏性，正体现了毛主席在《中国革命和中国共产党》中对于中国封建社会的高度概括。毛主席说：中国社会几千年来停滞不前的基本原因，是由于封建统治阶级对农民的残酷的经济剥削和政治压迫，因而造成了农民生活的极端穷苦和落后，使他没有力量再去发展生产。

（三）两汉的农民暴动（前汉的赤眉军暴动和后汉的黄巾军大暴动）。

"赤"字在中国有传统。元末的农民起义叫"红巾军"，国民党骂我们为"赤匪"。在前汉，除了赤眉军以外，还有其他的农民暴动；在后汉，除了黄巾军以外，也还有其他的农民暴动。关于农民暴动的问题，去年郭沫若同志写过文章，翦伯赞同志也写过文章。郭沫若同志替曹操翻案，当时讨论的规模很大，对群众起了广泛的教育作用。我们这里讲农民起义发展的历史，并着重讲一讲它的作用。毛主席讲过：中国历史上大小数百次的农民起义，是历史发展的真正动力。

（四）统一的多民族国家基础的奠定和两汉对匈奴的战争。

从原始公社制那个时候起，我国就是多民族的。这里讲的是：奠定了大规模统一的多民族国家的基础，特别要讲一讲两汉朝廷对匈奴的战争。关于匈奴问题，郭沫若同志曾先后写了《王昭君和番》、《蔡文姬》等戏，这是同志们很熟悉的。

下面就来分别讲讲这些问题。

一、秦始皇的进步政策和反动政策。秦朝灭亡的原因

秦始皇在中国第一个奠定了专制主义封建的大一统的局面。但这件事不是他一人之功，是李斯、蒙恬等好多人帮助他干的。蒙恬制笔，大家都知道，但我想制笔并不始于蒙恬[1]，不过是他有所改进罢了。这从战国时代的竹片上就可以看到，那时已经使用毛笔写字了。蒙恬将军的墓，在陕北绥德秦始皇长子扶苏墓西北一座塔下，他当时是为了防御匈奴而到陕北的。

秦始皇很有才干，精力充沛，很勤政，他每天要看120斤重的公文（当时公文写在削制成的竹片或木片上），很认真。还有一个长处，就是经常注意掌握情况。他曾到全国各地巡游过好几次，就连边疆地区也都去过。后来的历史学家骂他去游山玩水，这是冤枉了他。事实上他是去了解情况，作"调查研究"的。司马迁在《史记》上说，秦始皇对所有的情况，对他的部下的好坏、功过，都很了解。从这些地方看来，我们应该肯定秦始皇这个人。

司马迁在《史记·秦始皇本纪》中引秦始皇巡行各地的刻石文写道："皇

---

[1] 殷墟发现过毛笔——在兽骨上写字，或先写后刻。

帝并宇，兼听万事，远近毕清。运理群物，考验事实，各载其名；贵贱并通，善否陈前，靡有隐情。……" "皇帝之功，勤劳本事，上农除末，黔首是富……。""皇帝之明，临察四方；尊卑贵贱，不踰次行；奸邪不容，皆务贞良；细大尽力，莫敢怠荒；远迩辟隐，专务肃庄……。"

这里所说的"皇帝并宇"，是说秦始皇把全国统一起来了。所谓"兼听万事"，就是对一切事情都不偏听偏信；"远近毕清"一句，是说秦始皇事事都搞得有条有理；"运理群物，考验事实"，说明他很注意研究客观事实；"各载其名"，是说把一切事物都一项一项地搞得眉目清楚，秩序井然；"贵贱并通"，即由贵族到农民、奴隶，他通通心中有数，"善否陈前"，无论好事坏事，他都了如指掌；"靡有隐情"，无论什么人有冤屈，有贪污，都瞒不过他。"皇帝之功，勤劳本事"，是说皇帝很重视农业生产；"上农除末，黔首是富"，是说秦始皇重视农民，抑制商人。"黔首"指农民成天在太阳下劳动，脸晒得很黑；"是富"，意思是要使农民富裕。"皇帝之明，临察四方"，是说秦始皇心明眼亮，对全国各个方面，都看得很清楚；"尊卑贵贱"，封建社会无论从家族，从职位，都讲究"尊"、"卑"，尊是贵，卑是贱；"不踰次行"，那就是不准下人超越贵族，也不准下级超越上级；"奸邪不容，皆务贞良"，就是坏事丝毫不准做，大家都要做好事；"细大尽力，莫敢怠荒"，就是说所有的人，不论职位高低，都要尽力做好自己的工作，不敢怠惰，不敢放弃自己的职务；因此，"远迩辟隐，专务肃庄"，就是无论远方或近处，都是事事有条理，样样有秩序的。

当然，考据学家不一定这样解释，这是我的解释，大概是这个意思。这都是秦始皇值得肯定的地方。

但是，秦始皇同时又是一个暴君。他的刑罚很严，全国各地都用他的军法。他的军法不同于今天我们的马克思列宁主义的军法：我们的军事干部同时又是政治干部，而他当时的将军却动不动就砍人家的头。因此，秦始皇是历史上有名的暴君。他整知识分子也整得很厉害，因而知识分子没有替他讲好话的。

下面先谈谈秦始皇在奠定专制主义封建制国家过程中起过进步作用的政策。大体上有这几项：

1. 确立"名田"制的土地制度，废除了领主土地占有制，实行土地买卖制。因此，地主的土地占有，便获得全国土地关系中的支配地位。个体的小生产者也可以占有土地，这比庄园制的农奴制是一个进步。当然，那时封建时代的土地所有制和资本主义时代的土地所有制有实质的区别。谁出钱多就卖给谁，这是资本主义时代的土地所有制。封建时代的土地不能自由买卖，要受到封建关系的约束。所谓"问内外，尊宗属"，就是说，卖地一般都要先问宗人乡里，即首先卖给自己的伯、叔、兄、弟，甚至同姓、近邻等，而且要卖得便宜一些；其次再卖给本村的街坊邻里；然后才能卖给外村，而价钱也要贵一些。可见封建时代的土地所有制是不容许自由买卖的。直到鸦片战争前夕，我国沿海、沿江地区才开始有土地买卖的自由。但实际上，直到全国解放以前，土地的自由买卖在我国土地关系中还没有占到支配地位。

2. 确立郡县制度。原来的封建领主把自己管辖范围以内的地区当作独立王国，领主统治是子孙相承，没有什么选择余地的。这时的郡县制则是地主阶级联合统治的机关。县以上的官吏由朝廷任命，贪官和渎职的可以撤职。

3. 改造文字，统一全国文字的书写。中国最早的文字是殷代的甲骨文、金文，以后发展到西周的金文（或称"大篆"），后来，在金文中又发展到"蝌蚪文"（或称"古文"）等等，后来，又发展到篆书（或称"小篆"），一次比一次更简便。"小篆"是秦始皇的宰相李斯改造的（李斯也是历史上挨骂的人物，但他却做了这样一件好事），后来，程邈又根据"小篆"制成更简单的"隶书"。程邈是个犯人，被关在监里，什么事情也不能做；他就根据自己的生活经历，天天沉思默想，因此就想到改造文字。为什么叫"隶书"？因为是犯人写的字。"隶书"后来又逐渐简化为楷书、草书、行书。第二次国内革命战争时期，我们刻钢版时，感到有的字很难刻，农民也不好认，由此，又简化了好多字。

另外，在春秋战国时期，诸侯割据一块一块的地方，出现了很多地方字。直到现在广东还有地方字，如"乜"、"冇"。秦始皇时把七国的文字统一为一种写法。当然，统一文字也是相对的，如果是绝对地统一起来，那就没有现在的广东字了。

4. 重新制定度量衡制度。战国时期，各地度量衡的名称、单位都不统一，升、斗的大小不一样，尺寸的长短也不一致。秦始皇把它相对地统一了一下。

5. 统一币制。原来各国使用的货币不一样，有的是圆的，有的像一把刀。

最初的货币交往用贝，后来用工具来代替，如刀、农具、铲子、杈子等。原来有刀币，后来简化成不要刀把子，只有圆框框。

秦始皇把当时各国的货币统一起来了，但那时的钱很大、很重，到汉朝才减轻了一些。

6. 发展交通和灌溉事业。在交通方面，首先是修筑全国"驰道"（车行大道）。尽管他的动机是为了自己方便，但对全国的交通来说却有很大的好处。从长安到咸阳的路，中间有两三丈宽，只准他走，两边才是老百姓走的路。抗战前国民党在南京修的路也是这样，中间一丈五至两丈宽的柏油路，专走汽车，两边的人行路却是土的，下雨以后，泥泞难行；如果在柏油路上走，汽车一过就溅一身泥。这种柏油路，实际上也是专门为官儿们修的。

为了灌溉，秦始皇搞了很多水利事业。

7. 在巩固国防方面，秦始皇做了许多工作，初步打下了统一的多民族国家的基础。北至今天的南满如辽宁、大半个吉林，全是他的郡县；西部到甘肃、四川；西南到云南、贵州。当时还派了五十万至七十万农民军到两广的五岭驻防，实际上是屯田，他们去了，就和当地的壮族、越族居住在一起。以后的南越王赵佗，就是秦始皇时派去的（赵佗原来是真定即今河北省正定人）。因此，长江以南的汉人杂得厉害，福建、福州、潮汕一带叫"福老"的都是从湖南去的，在海南叫"客家"，最早到广东去的叫"土"，以后去的叫"客"。现在的广东土客家汉人，还时常争执，你说你是汉人，我说我是汉人。我们觉得今天的广东话不好懂，就因为它保存的古语太多了。秦始皇把海南岛、广东、广西都划为郡县。为了对付匈奴（匈奴当时还是奴隶制国家，秦汉时期，长期受它的侵犯），秦始皇修补了长城。长城原是战国时期燕、赵、魏诸国互相攻伐修筑的，后由秦始皇把它补缀起来。据考古学家说，秦朝的长城西经甘肃敦煌，入热河，经赤峰往东，再经吉林，到朝鲜民主主义人民共和国北境。后来各个朝代又加以修补，现在的万里长城是明朝修的，已经不是秦始皇那时的长城了。

秦始皇把汉族的劳动人民搬到边疆去——主要是到广东、广西、湖南、江西、福建，这就促进了汉族人民和少数民族人民的接近、杂居，如当时南越的统治集团里就有汉人。汉人把当时在全世界最先进的经济、文化，带到比较落后的少数民族地区里去，有利于这些地区经济、文化的发展，同时使各民族人民开始共同开发祖国的疆宇，共同巩固边疆。这在客观上起了进步作用，是做了一件好事；当然，秦始皇在主观上倒不一定是这么打算的。

秦始皇所做的好事情，主要就是这么一些。我们现在对他作鉴定，既要合乎实际情况，又要有原则。也就是说，不能离开历史唯物主义的原则去评价他。

其次，谈谈秦始皇的反动政策。他为了达到子孙万代永远做皇帝，世世代代统治中国的愿望，做了许多反动事情。

1. 他不知休养民力。战国时期，七国打了那么多的仗，全国死了好多人，人口减少，土地荒芜，很需要休养生息。但他仍然大量征役，从事战争和修建。他打的仗，有些有进步意义，应该打，有些仗就不应该打；修水道，是有进步意义的，但占了过多的劳动力；修宫殿也占用了过多的人力。宫殿都修得很大，如阿房宫，项羽放了一把火，连续烧了三个月。在这个问题上是项羽做了坏事，如果不烧，现在还可以参观嘛。

此外，秦始皇还强迫把很多年轻漂亮的姑娘送入宫内。据说，有的名义上作他的老婆，但在三十六年中却没见过他一面。这些坏事，都不能和开驰道、修水利相提并论。

那时，七国混战的局面刚刚结束，战争创伤还没有恢复过来，生产力还没有发展起来，他就大事远征，屯戍，修建，花费很多的人力物力，大大加重了人民的赋税和劳役负担。所谓：民之"田租口赋，盐铁之利，二十倍于古"；"力役""三十倍于古"。有人大概地计算了一下，当时共有两千万人口，一千万男的，一千万女的。在一千万男子当中，老人、小孩、少壮各占三分之一，那么，少壮男子有三百三十多万人，而他征的徭役就将近三百万。这样的政策，不是反动的又是什么呢！

2. 严刑苛罚。他对人民征收的负担和徭役这样苛重，引起人民的反抗，从而加深了阶级矛盾；同时，在统治阶级内部，有进步倾向的人也不赞成他这种做法。对此，秦始皇采取严刑苛罚，加以镇压，谁不遵照他的办法，就要杀头、割鼻子、割耳朵、割脚跟筋，等等。最残酷的是割生殖器。"偶语《诗》《书》者弃市"，赴役延期者杀头，一人犯罪，罚及三族，一户违禁，比邻连坐。所谓三族，即父族、母族、妻族。他用这一套刑法杀了很多人，强迫人民服徭役，农民犯法，就罚人家作奴隶，等等。秦朝还有所谓一年刑徒，二年刑徒……，终身刑徒的要剃光头。

3. "焚书坑儒"。他看到战国时期诸子百家思想纷纭、其说不一；当时的知识分子又经常议论秦朝的法律、政治、时事等，觉得这些人很麻烦，就下了一道命令，把这些人统统抓起来。抓的太多了，杀头也杀不过来，干脆一大坑一大坑活埋了事。（蒋介石活埋了许多共产党员和革命者，他那一套也是从秦始皇那里学来的）把书也都烧掉。因为好多书被他烧了，现在我们研究战国以前的历史就不好办了，秦始皇这一手是最反动的。但是，他把有关技术、科学、医学、天文的书还是留下来了。秦始皇烧了书，人民受教育怎么办呢？他说：你们不用读书，有事去问地方官好了。他把一些知识分子搞到首都的学府里去，"以吏为师"，把留下的书也放在那里，让他们在那里读书。后来，项羽打到长安，又放一把火把这些书给烧掉了。

关于秦始皇的进步政策和反动政策，大概就是这样一些。两者孰轻孰重，同志们可以去比较比较、研究研究。

下面讲一讲秦灭亡的原因。大家知道，秦朝是从中国初期封建领主制推进到专制主义封建地主制，这是一个进步，它的基本前提是对的。但为什么很快就灭亡呢？

它的灭亡，并不是由于封建统治的关系不可能再往前进了，最主要的原因，也正如毛主席所讲的，是对人民的压迫剥削太残酷了，人民不能忍受那种严刑苛罚，生产没有发展起来。为什么造反的人那么多？就是由于剥削残酷、赋役太重，修宫殿、修坟墓，盖房还要到两广运最好的楠木，要从远处运来那么好的石头，使人民得不到休养生息的时机来好好发展生产，当然要起来反抗。

在这样的基础上，形成了以陈胜、吴广为首的农民起义。陈胜、吴广都是给地主扛活的雇农。陈胜是河南阳城（今登封东南）人，吴广是河南阳夏（今太康）人。他们率领服役农民到现在的河北密云去，走到皖北的宿县，为暴雨所阻，不能如期到达。而秦朝法律规定，服役的人逾期报到，就要处死。那么，不去是死，去也是死。怎么办呢？就以他们两人为首，鼓动农民起义。实质上，这是在阶级矛盾的基础上爆发起来的。遇雨误期，是偶然性，阶级矛盾才是必然性。因为当时没有兵器，就用竹竿、木棍当兵器，所谓"揭竿而起，斩木为兵，揭竿为旗"就是这种情况。这几百人起来，就往回走，攻到河南淮阳时，人数就很不少了。这样一来，全国各地、各阶层纷起响应。在起义军中，不仅有农民，还有原来的小地主也都起来了，他们想在政治上捞一把。原来在秦朝统治下的六国领主的后裔，也起来了，想借机恢复封建领主的统治，形势很快发展到全国。秦朝统治者为了发动他的军队，就把奴隶生的孩子也赦免了，叫他们当兵，把在骊山修坟墓的几十万人，也用来打起义军。陈胜、吴广这些人回到淮阳，建国号为张楚，大家共立陈胜为张楚王。因为农民看不到社会发展的前途，所以他就只能仿效地主阶级政权组织的办法，来建立自己的政权。他们分兵两路，一路向东打到山东郯县一带，一路向西打到戏（今陕西临潼县境）一带，在那时，由于农民没有也不可能有先进阶级的领导，认不清前途大势；农民领袖又有个人英雄主义，争权夺利，引起内部分裂，就便于统治者各个击破，招致了自己的失败。如田臧自己想作领袖，把吴广杀掉了，自为上将，但下边干部和群众都不赞成他，结果力量分散，就被秦国军队打垮了。他这一垮，对其他各地震动很大，庄贾又叛变投降，杀死了陈胜，因而起义军在淮阳也站不住了。当时农民起义的优秀人物吕臣，虽然重整旗鼓，打回淮阳，捕获庄贾正法，大快人心，但也没有能把局势扭转过来，结果还是失败了。

陈胜、吴广为首的农民起义虽然失败，但这次起义却打开了亡秦的局面，来结束秦朝的暴虐统治。当时各地的各种起义，不管是地主阶级想利用时机捞一把，或是六国领主的后裔图谋复辟，大家都用陈胜的名义，打他的旗号，同他挂钩。

这里值得提一下的是：同农民军挂钩，用农民军旗号的，有项梁、项羽叔侄。他们原来是楚国的贵族，和当时很多没落的封建领主、贵族都有联系。他们组织起事，也有很多劳动人民参加，所以他们的起事具有农民起义的性质，但项羽的政治纲领和实际行动，却是想恢复六国领主制度，有复古主义的落后一面。

另外，刘邦（汉高祖）原是秦朝的一个地方上的小官——泗上亭长（泗上，即今江苏微山湖边沛县），相当于过去的一个保长。他和沛县小官吏萧何等相交好，还结识了一些流氓朋友，同时也有一些农民参加，共同起事，打下了沛县，大家尊奉他为沛公。刘邦一面佯奉楚怀王的孙子名心的作首领，并与项羽结为兄弟，一面用收买的办法，吃掉很多农民军，扩大自己力量，形成项羽、刘邦两部分势力的对立。后来项羽封刘邦为汉中王，刘邦就在汉中组织力量，又到河南收罗了一些人，并派韩信领兵打到今豫北、山东一带，又收买了项羽手下的彭越、英布（彭越住在河南东部，英布住在当时的九江，即今安徽寿县）。刘邦执行的是地主阶级的政策，当时地主阶级是新兴的阶级，而项羽是复古的。加之张良又帮助刘邦搞了一套在地主阶级说来是比较有效的战略策略：首先联合六国的一套在地主阶级说来是比较有效的战略策略：首先联合六国的残余势力反对项羽；打倒项羽以后，又收买、分化农民军，联合农民军反对六国的封建领主残余势力；把六国封建领主残余势力打垮之后，转过头来，再向同他合作的农民军开刀，英希、彭越等最后都被他处死。（所谓"狡兔死，走狗烹；飞鸟尽，良弓藏"，就是刘邦干的事情。最后，连对他左右的功臣也都不放心了。）这都是张良教给他的，是一种朴素的战略策略思想。从这里也可以看出：中国有悠久的、丰富的战略策略思想的传统。

刘邦把几个方面的力量联合起来以后，就把项羽包围了。项羽原来都彭城（今徐州），彭城失守后，项羽跑到垓下（现在安徽灵璧，范文澜同志说在豫东）。听到"四面皆楚歌"，知道自己的部下都投降了刘邦，山穷水尽，走投无路。走到安徽的乌江边上，当时有人接他过江，对他讲：你到江东去，组织力量，还可卷土重来。项羽说：我犯的错误太大了，没有脸面见江东父老。遇见过去相识的吕马童（在刘邦军队里），项羽对他说："刘邦许下重赏，要我的脑袋；你是我的老朋友，我把它送给你吧！"于是自刎。

至此，项羽败了，刘邦取得胜利，建立了汉朝的封建统治。

二、两汉社会经济的发展和它的起伏性

总的讲，汉朝的社会情况和经济制度，基本上和秦朝一样，是秦朝的延续，不过比秦朝更发展、更完备了。过去的历史家称之为"汉承秦制"。

汉朝初期，社会生产破坏得很厉害，人口很少，特别是刘邦、项羽两大集团的连年战争，人民到处逃散。所以，汉朝为了巩固和维护自身的统治，客观上又迫于秦末的农民暴动，在它统治的初期不得不实行宽简之政，"与民休

息"，采取了一系列改良的政策。例如：大量遣散军队，分给遣散的士兵一部分房屋、土地；减轻租税，减轻刑罚。这些改良政策，对汉朝生产的恢复和发展，劳动力的复员和增加，巩固地主阶级社会秩序，起了一定的作用，这是秦末农民大暴动推动历史前进的一个方面。

汉朝初年，由于秦末的战争破坏，加上遍地严重的饥荒，社会空前穷困。一石米值五千钱，人吃人，"死者过半"。所谓刘邦"八年定天下"，八年来，死于战争的不知多少，项羽动不动就把几十万人活埋了。所以，在汉初时，刘邦不得不采取改良的政策。这种改良政策的结果，从汉高祖经过惠帝、吕后、文帝、景帝，生产逐步发展，到汉武帝初年，社会上出现了富足的景象，仓库里的粮食吃用不完都腐烂了。这是从汉初以来生产发展的高峰；在汉武帝即位后的相当时期内，一直保持着这种高峰的水平，武帝末年（他做皇帝有五十年），生产开始下降；昭帝、宣帝时，重新向上发展，汉平帝以至王莽做皇帝时，生产又形衰落；后汉刘秀当了皇帝，生产开始恢复，到他儿子明帝，孙子章帝时，进一步恢复、发展，到和帝时一直保持了高度的水平，以后又往下降了。综观整个汉朝经济的发展，有这样三个大的起伏，也就是说汉朝经济的发展是三起三落的。汉朝的生产力、生产技术的发展水平，是较高的。这表现在几方面：一方面是汉朝的采矿、冶金、炼钢，比战国时期有进一步的发展，而且不断有所提高。在生产工具上，发明了耦犁（两牛三人）。汉武帝时发明了耧车，这种耧车，一牛拖一车，一天下种一顷地。生产技术上有些地方开始注意精耕细作。赵过发明"代田法"，汉成帝时氾胜之又发明"区田法"，都比过去的生产技术大大提高了。"区田法"根本消灭了三圃制，消灭了粗放经济。"间种"也是从"区田法"产生的。所以，从生产技术和生产力的发展看，汉朝比秦朝有很大的进步，而且还不断在提高。水利灌溉工程，汉朝的比秦发展得更大、更全面，全国各地都搞。在湖南、广西，使湘江、漓水分流，后汉还发明了水车。后汉蔡伦发明用破布、麻头、树皮造纸，这都说明了生产力的上升和发展。关于商业、手工业方面，金属工业上的冶金、制造、玉器、陶器、石器、漆器、砖瓦、陶瓷、彩瓷、刺绣等等，在汉朝都得到不断地发展。

那么，在当时，生产的直接担当者是些什么人呢？

秦、汉有很多奴隶，不仅在私人手工业里大量使用奴隶生产，国家的手工业工场也使用大量的奴隶，而且很多地主用奴隶从事耕种。这就是说，奴隶在当时生产中占有一定的比例。因此，有很多同志只看到这一面，就认为秦汉时期是奴隶制度。

但是，另外还有一种情况，即国家养活的绝大部分奴隶在西汉时期不生产，只作杂役劳动。书上记载，这些奴隶为国家造成很大的负担，要靠农民生产很多粮食来养活他们。这就是说，当时的奴隶主要是消费者，而不是生产者。很多大地主贵族的奴婢，穿的衣服红红绿绿，都很漂亮。这些奴隶吃的、穿的都很好，有的甚至还放债、置买房产。这就不像是奴隶制时代的奴隶，奴隶制时代的奴隶，不可能是这样的。很多同志很重视两汉时奴婢从事生产的情况，认为这就可以说明奴隶是当时生产劳动的主要担当者。其实，这是没有从中国历史的全部记载中具体的分析中国社会。当时，在某些家庭里使用奴隶生产，用奴婢织布，这样的情况是有的；古书上也有过这样的记载。但从全部情况来看，这并不是主要的现象。汉代从一开始，就禁止人口买卖，汉高祖并为此下过命令。其后，在很长的年代里，把犯人罚作奴隶大批地释放出来，这种情况在奴隶制时代是不会有的。当时，还禁止随便杀奴隶，公主杀奴隶也要问罪，其他大官僚、大地主更不用说了，这也是同奴隶制度相违反的。我们还可以从另一方面来说明这个问题。在前汉所有的文献记载里，国家的收入，主要是农民纳的地税，以及人头税、徭役税等。国家所有的力役，主要是靠农民服役，规定一个农民一年要作多少天，不能按规定服役的，就要按所欠的天数出钱。国家税收，一部分是地主缴纳的，一部分是个体生产者、自耕农缴纳的。当时绝大部分的土地属于地主阶级，即所谓"富者田连阡陌"；除使用少量奴隶外，绝大部分都由佃客耕种。佃客要向地主缴纳地租，还要给地主送点礼，担负一点劳役。这些才是事情的主要方面。根据马克思主义告诉我们的，矛盾的主要方面决定事物性质的原理，我们说：汉代社会是封建地主制而不是奴隶社会。至于奴隶制的残余，在中国社会以后很长时期内还存在着。抗战时期，我们从华中回延安，经过山东时，发现那里有一家地主，用着一百多个奴仆，男的在地里干活，女的在家里纺纱织布，每位太太、少爷、小姐，都有几个奴仆、丫鬟。再如：《红楼梦》里讲的奴婢很多，难道《红楼梦》反映的是奴隶社会？这就讲不通了。所以，我们研究社会的性质，要看当时主要是什么样的生产关系占优势。

这时的土地占有关系，主要是租佃制，即所谓"见税什五"，"耕者得其半"。当时被称为"三老"的地主、贵族、地方豪绅，以及为汉高祖打仗有功的军人，都免除劳役负担。地主、富人，可以出钱免役；做官的、豪强、恶霸，依仗势力，都不服役、不纳税。这在汉朝统治阶级内部也造成很多矛盾；在农村里，就像土改前一样，"豪强之徒，以武断于乡曲"，那就是恶霸地主的天下。

另一方面，农民负担的地租很重，另外还有"国赋"——人头税、居住税、舟车税、军事税等等。特别到武帝时，由于连年用兵，战费开支很大，把这些税加得很重。人民的高利贷负担也很重。地主大商人更把国家的盐铁专利操纵在手里，把这些生活必需品的质量搞得很坏，价格却很高。

因此，汉朝的经济发展，形成了贫富悬殊，地主阶级越来越富，劳动农民越来越穷。不要说耕种人家土地的佃农，就是自耕农也常常丧失自己的土地。卖土地、卖老婆、卖孩子给人家做丫头、仆人。汉武帝时，商人、地主发展起来了，他们兼并土地，对农民的剥削越来越残酷，家里养活着一大群不事生产的奴仆、丫头。

这时，一些地主阶级出身的政治家看出情况不妙。他们说：我们是从农民暴动中起家的，如果农民再起来暴动，我们也要和秦朝一样的垮台。所以他们提出，应该接受亡秦的教训，把大地主占有土地的数量限制一下，不要让他们无止境地占有土地，加重对农民的剥削，随便霸占人家的姑娘做丫头、做小老婆。武帝末年，生产力之所以衰落、下降，就是因为农民受的压迫剥削太重，无力改进生产，不能扩大再生产。正如毛主席所讲的，地主阶级这样残酷的剥削和压迫所造成的农民极端的穷苦和落后，使生产停滞了。

汉武帝很聪明，看到这种情况以后，便马上决定要减轻人民的负担，对丧失土地、丧失生产工具的人，贷给款项、种子、耕牛、工具，同时大搞水利工程建设，尤其是穿龙首渠、塞瓠子口、开灵轵渠、白渠等，从将军起，不管什么官，都要背柴草去塞瓠子口，并推行新的耕作技术。这样，才把生产稳定下来。不过，这时的生产也并没有恢复到以前的水平。也正是由于害怕农民暴动，昭帝和宣帝时继续实施一系列的改良政策，所以，这时的生产不但稳定了，而且又往上升了。但地主阶级终究是地主阶级，它的本质并不因此而有所改变。譬如后来师丹主张限田和限制奴婢的数量时，其他地主公开反对。师丹说：在当前这样的局势之下，一旦发生起义，汉朝的天下就难保了。这里，足见他是被迫无奈才主张让步的。但是，当时的大地主阶级还是拒绝了他的建议，转而采取了汉朝当权派的另一种方针。当时地主阶级统治集团内部有"安刘派"和"易姓派"的斗争。"安刘派"主张维持现状，巩同刘家的统治；"易姓派"以王莽、刘歆等为首，主张复古，开倒车，要求恢复封建领主制，恢复井田制，不要姓刘的当皇帝。在当时的情况下，"安刘派"搞不下去了，"易姓派"得势，王莽做了皇帝，造了许多假书，如《周礼》便是这时搞的。王莽的这一套办法，同各个阶级都有利害矛盾。农民不愿意回到农奴制时代，希望有较多的自由，因为他们都有自己的一点土地和财产；一般的中小地主和商人不赞成恢复领主制；大地主、大商人也不赞成。他这种开倒车办法的结果是：到王莽末年，天下户口减半，人们并不是都死掉了，而是大部分逃走了。农民逃亡，这是历史上农民阶级斗争的形式之一。农民斗争的形式当然还很多，从怠工、抗租，一直到起义和暴动，逃亡也是斗争形式之一。

这样，王莽就搞不下去了，历史进入了后汉时期（亦称东汉；前汉也叫西汉；三国刘备的政权，也叫后汉，我们称它为蜀汉）。

下面讲讲后汉的生产恢复同衰落。

后汉也是在农民暴动中建立起来的。刘秀利用农民军取得了天下，又出卖了农民军，夺取了政权。刘秀兄弟都是大地主大商人出身，假借起义的名义混入农民军。刘秀知道农民暴动的厉害和要求，他得到政权之后，采取了一些措施。把无主荒地分给暴动的农民；把没有土地的人民迁到边疆去，给土地；内地的人没有住处的，给房屋；精兵简政；减轻人民的赋税徭役负担。当时，前汉在新疆各部落曾派兵建立都护府，那里的官吏，特别是有些少数民族的部落酋长，曾再三请求朝廷派兵去。刘秀说：我现在还没有把内地的秩序搞好，还来不及派兵出去。刘秀的儿子明帝、孙子章帝也继续把一部分无主荒地和公田"假给"无地农民。因此，矛盾缓和下去了，生产也渐次恢复了。这都是统治阶级对农民的让步。所以说，农民起义是推动社会前进的动力。农民起义迫使统治阶级让步，使生产得到发展。但是，这只是事情的一面，下面再讲讲事情的另一面。

前汉末年，人口比汉初增加了差不多一半，土地增加了几百万顷；但到王莽时代，人口大大减少，很多土地都荒芜了；直到后汉光武、明帝、章帝、和帝时，生产才慢慢恢复过来；人口也增加了，耕地恢复到七百三十二万零一百七十顷，已接近前汉最高水平的八百二十七万零五百三十六顷。前面讲过，刘秀采取了一些恢复生产和发展生产的措施，这是带进步性的。但另一面，和刘秀一同起义的一些人都是大商人、大地主，所以，后汉的官僚，地主、大商人三位一体，享有特权。商业资本非常强大，他们的买卖到处都是，并由许多中小商人经手，到处放债。他们住的房子和过去封建诸侯的宫室一样，穿的花花绿绿，吃的山珍海味；到各地运货的车子，来来往往，结果把道路都给堵塞住了。另外，在中央皇朝里面，宦官、外戚当权，占有很多土地财产，政治上非常黑暗。到后汉和帝时，整个地主阶级的剥削压迫更加肆无忌惮，特别是商人、地主，财产多得不得了，家中使用大量的仆、婢。乡下的豪绅恶霸任意欺压人民，在这种情况下，从和帝以后，后汉的经济一直走下坡路。商人、地主在后汉社会生活中占了支配地位，他们的垄断，比前汉更加扩大。特权大商人垄断盐、铁等专卖权，以至从事铸钱；在布、绢、粮食、肉干、丹药、酱油、豆豉等方面的买卖，也都有大商业资本经营的店坊。这样，手工业、商业资本发展起来了，国家手工业资本发展起来了。同时，民间小手工业、中小商业、独立手工业也发展起来了。

汉朝的生产和经济发展，三起三落，而当时的阶级矛盾、阶级冲突和阶级斗争，也恰好同这样的几次波浪起伏相适应。由此可见，统治阶级的改良政策，是农民逼迫下的让步。这就使农民有一些力量来改进生产、扩大再生产，使生产得到发展；统治阶级过分残酷地剥削压迫，就阻碍了生产的发展，使生产停滞不前。全部封建社会的历史情况都是这样。

三、赤眉军、黄巾军等农民战争发展的形势和作用

现在讲一讲同经济发展的几个大起伏相适应的农民战争、农民起义的情况。农民起义从陈胜、吴广的农民大暴动以后，对封建势力有很大的打击，农民自己组织起一个个小农业和家庭手工业、副业生产相结合的小圈圈，大家共同生产、共同生活，有时，这种小圈圈还包括几个不同民族的人民，一起生

活，一起斗争，促进了民族关系的接近。他们的斗争迫使汉朝的统治阶级不得不向农民作一些让步，实施一些改良政策；加之，农民从战争中提高了自己，在生产上办法也多了，从而也能使生产有所发展，使汉朝的经济文化，在当时全人类经济文化的发展中占居最先进的地位。可是，到了汉武帝末年，在残酷的剥削之下，阶级矛盾又加深了，群众不断地逃亡，以至于武装起义。在河南、山东，都有小股的武装起义。汉武帝有经验，看到这种情况，觉得应该休养民力来补救，就采取改良措施。从这时起，汉朝的生产又有一个向上发展的时期。

到了王莽的复古主义时期，封建统治又走下坡路了。这时，就发生了以赤眉军为主的农民大暴动。这是全国范围的大暴动。一路是赤眉军，从山东、河南到鄂北，再分两路到陕北；另一路是绿林兵，从鄂西北、豫南一直打到洛阳，也打到西安。其他地方还有一些较小的起义。这就给封建势力以很大的打击，农民自己也从斗争中得到了锻炼和提高，吸取了阶级斗争的经验。他们吸取了什么经验呢？主要的经验有两条：一条是起自山东、湖北的两支农民军，出身于同一阶级，但被地主武装利用，自相火并，以致失败；另一条是他们从斗争过程中体验到地主阶级的阴狠恶毒，像刘秀那样，从农民暴动的血泊中登上皇帝宝座的事情，对农民来说是一条重要的教训。农民群众的智慧，就是这样从长期斗争中逐步提高的。我们在抗日战争期间就深深体会到这一点：无论遇到什么困难，只要依靠群众就能解决问题。从华中到延安，经过敌人封锁线时，那真是离开群众、离开农民就寸步难行。当然，我国现在的革命和建设首先需要无产阶级领导，没有无产阶级领导是不行的。农民起义没有无产阶级领导，虽然能迫使统治阶级暂时让步，但不可能根本解决问题。所以，后汉光武虽然暂时出现中兴的局面，和帝以后，外戚、宦官当政，政治混乱黑暗，就使生产一直衰落下去，不仅停滞了，而且有一定程度的倒退。

在阶级矛盾的基础上，统治阶级内部也发生了分裂。前面已经讲过，在前汉末年，由于阶级矛盾反映在地主统治集团内部，就形成"安刘派"和"易姓派"之争。前者以所谓"经今文"和《春秋公羊传》为理论根据；后者以所谓"经古文"和《春秋左氏传》为理论根据。一个主张维持现状，一个要求复古。两派斗争结果，"安刘派"维持不下去了，"易姓派"得了势。王莽代行皇帝职权，实行变法，实即以王舜、平晏、刘歆、哀章等人为首，实行复古运动。维持现状的"安刘派"起而反对，两方面发生了武装冲突，"安刘派"当时不得人心，被复古主义的王莽压下去了。王莽后来也被农民打垮了。当农民军打到潼关，快进长安的时候，长安市内的贫民也组织起义，打进皇宫，屠夫杜吴抢先把王莽杀死。

另外，前汉的地主阶级，也混到农民起义的行列里面来。赤眉军最初的领袖是吕母，山东莒县人。她组织暴动是因为她的儿子被县官刺死了，这在本质上也是阶级矛盾。吕老太太死后，樊崇在泰山组织了一支强大的农民军，从山东一直打到与河北、河南交界的濮阳。这时，从湖北地区打来的绿林军立刘玄为帝，已经住在洛阳。樊崇便到洛阳先看看形势。看到刘玄不行，他又回去，分两路打进西安。这时，先进西安的绿林军，就向赤眉军投降，大家都希望有一个好皇帝，于是便拥牧童刘盆子做皇帝。农民军在西安没饭吃，便往陕北走，到了陕北还是没饭吃，大家都愿意回山东；但恰在这时，就中了混在农民军里的地主阶级分子刘秀的诡计。原来，绿林军是在鄂西北枣阳一带起义的，当时刘秀自称汉朝的后裔（他是大地主商人出身，是不是汉朝后裔，很难说），打着绿林军的旗号，和他弟兄几人组织起义，实质上是想从这里捞一把，借此挽救地主阶级的统治。后来绿林军打了胜仗，这些地主阶级分子就出坏主意，还要姓刘的做皇帝，因此就叫刘玄登了帝位。当时，刘玄把绿林军的首领都封了大官。后来绿林军在河南昆阳与王莽军打了一仗，打得很猛，绿林军付出很大代价，而刘秀听到绿林军胜利的消息后，却偷偷摸摸地从后面突进去，扬言昆阳这一仗是他打的，要骗取功劳。农民军领袖愤愤不平，就把刘秀的哥哥刘缤杀了，还要杀刘秀。这时刘玄就派刘秀到河北去对付农民军。但当时河北到处都是农民暴动，刘秀在那里站不住脚。由于旧日的地主阶级的接济、支持，特别是地主出身的大官僚的支持，才立下脚跟。他得到由岑彭、耿弇等组织地主武装的响应，力量扩大很快。之后，他就采取毒辣的阴谋手段，把农民军一个一个分别对付，能吃掉的吃掉，能分化的分化，能收买的收买，能消灭的就消灭，与此同时，使自己的力量逐步成长壮大起来。当赤眉军进军西安时，刘秀派了两个将军——邓禹、冯异进入潼关，并一度乘虚占领了西安。农民军回师东进时，根本没有料到刘秀的阴谋，因而陷入他的圈套，遭到邓禹、冯异的前后夹击。"道高一尺，魔高一丈"，地主阶级就是这么毒辣，而农民军就这样完全被打垮了。中国的劳动人民就是这样通过一次又一次的阶级斗争、武装斗争，积累着历史经验。

下面再讲一讲后汉末年的黄巾军起义。和帝以后，宦官、外戚和人民之间的阶级矛盾很尖锐，社会秩序混乱，谣言很多，统治阶级的地位便大大的动摇了。皇帝常常是十二三岁的孩子，因酒色过度和苦闷，到二三十岁就死掉了，继位的皇帝常是几岁的娃娃。太后常常是二十几岁的年轻寡妇，抱着个小娃娃，坐在皇帝的宝座上。当时社会矛盾那样尖锐，大家都想造反，她依靠谁呢？在这种情况下，似乎只有两种人最可靠，一是靠自己的爸爸、哥哥，再就是靠自己左右的奴才——太监。因此，后汉末年，差不多就是这两种人掌权。掌权，就不能不争权，不是宦官排挤外戚，就是外戚排挤宦官，这个上来，那个下去，从和帝以后，这样的局面一直继续到袁绍诛灭宦官，董卓打进洛阳才告结束。

在后汉社会矛盾尖锐化的基础上，一些知识分子出身的人要求改良，发生了两次"党锢之祸"。

汉朝原来有选举制度，选上便可以做官。但后汉时这种制度实际上不起作用了，要做官的，只能走两条路——不是走宦官的门路，便是外戚的门路。选出来的人做不上官，只好送进太学养着。原来为贵族子弟特设的太学，现在变成了中小地主出身的知识分子候差的旅馆。那里有七八十岁头发胡子都白了的太学生。这些人对外戚、宦官的反感最大，认为当前政治这样黑暗，都是宦官、外戚造成的。因此，就互相结纳，客观上形成一种政团。他们想和外戚、宦官们作斗争，但又觉得自己没有力量，没有办法，于是依靠外戚来对付宦官。这样，就发生了两次"党锢之祸"：第一次有二百多所谓"党人"被禁锢终身；第二次差不多都被杀了。

"党锢之祸"过了十几年之后，发生了黄巾军的农民起义。这次的农民军起义与第一次不同。有组织、有准备，地区很广，从河北、山东、河南、苏北、皖北、湖北，直到湖南，都有他们的组织。在当时，他们的组织是有宗教因素的，他们的宗教叫作"太平道"，以张角、张宝、张梁为首。"太平道"的教义就反映在《太平清领书》里面。这本书虽被地主阶级修改了，但还可看出一些原始社会主义思想的因素。他们的具体组织内容，据传说是把全国分成三十六方，大方有一万人到几万人，小方几千人，一方有一个领袖。当起义的时候，这个方的领袖就等于一个将军。组织里还有医生，通过给群众治病来发动农民参加起义。他们的工作一直深入到皇宫里面，有些宦官都参加了他们的组织。他们约定在某一天全国各方同时起义，起义的秘密口号是"苍天已死，黄天当立，岁在甲子（按：即公元184年，灵帝中平元年），天下大吉"。还在全国各地以至皇宫门口都写上"甲子"二字。但后来由于内奸唐周告密，洛阳的黄巾军领袖被皇帝杀掉了，他们只好提前起义。这次起义的规模很大，曾被曹操吃掉了，后来又在青（今胶东）、徐（今苏皖豫鲁边一带）重新组织起来，而且活动的面很宽。

另外，张鲁和他的父亲、祖父在益州、汉中一带也组织活动。他们的宗教是"五斗米道"，教义与《太平清领书》所反映的大体相同。这里必须说明，这些宗教和"道教"不同，把它们混淆起来是不对的。"道教"是地主阶级的宗教；"太平道"、"五斗米道"这些宗教才真正是农民的宗教，两者有实质的区别。张鲁占领汉中以后，施行了《太平清领书》中的一些纲领，这也是群众性的创造，也取得了一些经验。当时，"太平道"最高领袖叫大贤良师，"五斗米道"叫师君，下面用一些劳动人民出身的人当干部，管理地方行政，称为"祭酒"，这就是他们的政权组织。他们通过这种政权组织，把当地的土豪劣绅都打倒了。无论少数民族还是当地的汉族人民，都拥护他们，连地主阶级也不得不承认："民夷便乐之"。在他们所管辖的区域内，凡是交通要道，都设"义舍"，其中有酒、肉、米和衣、被，不管什么人，经过那里，就可以进去吃饭、歇宿，不取分文，这就表现了他们的空想社会主义的思想。他们是不是也让土豪劣绅进去吃喝？书上没有记载；我想土豪劣绅都要被打倒，哪里有饭给他们吃?！这就是群众的创造，对社会起了进步的作用。我们也可以从这里吸取一条经验：今天我们在建设社会主义，采取张鲁的做法行不行？当然不行。它虽然有进步性，但仅是空想社会主义的东西，那样做是行不通的。

四、统一的多民族国家基础的
奠定和两汉对匈奴的战争

两汉时期，把祖国疆土的基础奠定下来了。当时中国的版图大概相当于除

去西藏以外今天的祖国疆土，只是边边上有些出入。有些地方则超出今天的疆域以外。

这里主要谈谈对匈奴的战争。匈奴当时是个奴隶制国家。从秦以来，它就是个很大的麻烦。经常到辽西、河北、山西、陕西、甘肃等地区来侵犯，俘虏人口作奴隶，烧房屋，抢牲口，抢财产，这些地方的老百姓，时常被抢掠、烧杀，对汉朝朝廷很有意见。汉朝对匈奴，起初是采取防御的战略，来了就打，去了不追。自从汉高帝在大同被匈奴的三十万兵包围以后，汉廷多次"忍辱""和亲"，嫁姑娘给它，一连嫁了五个姑娘，其中有皇帝的妹妹，有老百姓的女儿。但由于匈奴是奴隶制度，总要出来俘虏人口当奴隶，因此"和亲"政策解决不了根本问题。再就是匈奴出没无常，你一追它，它就跑到新疆去。当时维吾尔族还没到新疆，只有一部分在天山附近。新疆被匈奴占领，在那里设总督，叫僮仆都尉。他们对新疆各族人民剥削压迫得非常残酷，不仅课以重税，还要人口作奴隶。新疆那里地面辽阔，千里无人烟，匈奴又是牧畜部落，汉兵一追，它卷起帐篷就跑。因此，对它无计可施。

那时，汉朝的商业经济正在逐步恢复和发展，要求同各地通商，特别需要外地的军马、农马。张骞通"西域"，到过三十六国，包括今乌兹别克、哈萨克等地，回来后告诉汉武帝说："西域"地方真好，什么东西都有。汉武帝正在年少有为，听了之后，很感兴趣。当时匈奴又要汉朝朝贡东西、贡人口，汉武帝认为解决匈奴问题的根本办法，就是砍断它的右臂。于是决定派兵到新疆。汉兵一到，奴隶主纷纷投降，新疆的部落长也都欢迎，群众更欢迎，因为这一来，他们就摆脱了给匈奴当奴隶的命运；同时，汉朝用内地的绸子、铁，来换他们的马匹、皮毛，也不剥削他们，只有少数的部落长作匈奴国家代理人的或和匈奴有亲戚的，对汉朝口是心非。这样一来，匈奴的问题基本上解决了。另一方面，也打通了欧亚丝道。为什么叫丝道呢？因为中国的丝是最著名的产品，中亚细亚人、欧洲人都非常喜欢中国的丝织品，丝织品是中国当时最先进商品的一个标志。所以，祖国的商业由新疆通到中亚细亚和欧洲，叫作打通欧亚丝道。当时的丝道，有南道、北道两条。汉朝为了打通丝道，沿路驻兵，并且调动内地农民到那里屯田。这些人既是打仗的军队，又是屯田的农民；屯田所得，一面养活自己，一面供给其他部队，并供应来往商旅吃饭。生产需要农具，打仗要用兵器，但当地不能冶铁，汉人便自行铸造。因之随着驻兵、屯田，把生产技术和冶铁的技术同时带到新疆，促进了新疆的发展，受到群众的欢迎。后汉初期，朝廷抽不出力量来经营西域，不能派兵到那里去，新疆就要求设都护府、戊己校尉，或派当地人领导，实行自治。可见，新疆在汉朝时对中国已不是朝贡关系，而是统属关系。所以我们说，从汉朝开始，新疆就已成为祖国的一个组成部分。我在《简明中国通史》中批判汉武帝，说他侵犯新疆，这种说法不对。汉武帝对新疆的措施是有进步作用的，不仅对内地人民有好处，对新疆人民也有好处，有利于人类历史的发展。

两汉打退了匈奴，为后来的统一的多民族国家奠定了基础。留下的匈奴人都混合到维、回、契丹、蒙、汉人民里面，大部分到西欧去了（他们在欧洲叫"匈"，不叫"匈奴"，"奴"是汉族统治者给加的）。一部分人到匈牙利；还有一部分到芬兰去了，和当地人杂居在一起。所以，当时把匈奴的奴隶主赶走，还是对的。后来南匈奴的一些部族，附属于汉朝，是汉朝境内的一个部族，不是敌人，但当国内不安定时，它就钻空子，捞一把。后汉末期、三国初期，打仗打得很厉害，南匈奴就进来捞了一把，进扰山西、陕西、河南等地。还把蔡文姬捉去了。

第八讲

专制主义封建国家的分裂时期
——三国、两晋、南北朝

（公元 220——589 年）（一）

同志们！今天讲专制主义封建国家的分裂时期——三国、两晋、南北朝。准备分两次讲：第一次讲三国、西晋时期，第二次讲东晋、南北朝时期。第一次讲三个要点。

（一）三国的社会形势。在这个问题里，围绕以下重点来讲：

1. 在"讨黄巾"的反动旗帜下，形成的豪强武装和割据；

2. 官渡之战和曹操统一北方；

3. 赤壁之战（湖北嘉鱼县内）以及从此形成的三分鼎立；

4. 三国的性质，魏、蜀、吴各国的特点，三国当时的重要方针和政策；

5. 三国时社会生产的残破情况，以及它的恢复（这个恢复是微弱的）。

（二）西晋时期的阶级矛盾和民族矛盾。在这个问题里讲一讲：

1. 太康年间的小康局面（这个小康是昙花一现）；

2. 西晋统治阶级生活上的腐朽堕落和政治上的黑暗。这时土地集中在官府和皇室贵族大地主手里，他们对人民的残酷剥削和穷奢极欲，冒充风雅，广大人民则处于饥饿状态而大量流亡。在西晋末年，山西的汉人大部分流亡到两湖，山西境内的汉人只留下两万五千；

3. 西晋司马氏皇族内部的争权夺利，"八王之乱"以及它所造成的恶果。

（三）十六国的兴亡。在这个问题里谈谈以下几点：

1. 从两汉到三国的一些其他落后部落、民族迁居到内地与汉人杂居，曹操等人利用其他落后部落的人力作为自己政治斗争的工具，以及西晋统治阶级对落后民族的压迫和剥削，激起落后部落、民族人民的反抗。这种反抗原来是正义性的、进步性的阶级斗争和民族斗争，但是，后来却蜕变为反动的民族复仇主义。

2. 十六国政权的性质以及它本身所具有的脆弱性和落后性。十六国那种野蛮、残暴、落后的战争，此起彼伏，给我们祖国北方带来很大破坏，形成了空前残破的情况。这不是一般的削弱、残破，而是社会生产受到极大的摧残与破坏。

一、三国的社会形势

1. 首先讲一讲那些地主豪强，包括曹操、刘备、孙权以及孙权的父亲、哥哥在内，都是"讨黄巾"起家的，即靠镇压农民军、反对农民军起家的。

后汉末，黄巾起义爆发以后，后汉朝廷手忙脚乱，一面急急忙忙派兵到洛阳周围把几个重要关隘守住，一面出兵镇压；还有更重要的一面，是命令和号召全国所有豪强地主组织武装，镇压农民，反对农民军。在这样的命令下，所有的地方豪强（恶霸大地主）都纷纷组织武装，以后成为曹操武装的重要基础的李典、许褚、任峻、吕虔等等，他们的武装都是这样组织起来的。每人都有武装几千人，以几千家为基础，有的更多，以后发展起来成为"大者连郡国，中者婴城邑，小者聚阡陌"。在山东、河南、河北声势更大，江南也有。如孙坚起来讨伐农民军的时候，帮助他的一个恶霸地主孙静也组织武装。这些武装组织起来后，像野兽一样到处横行，任意屠杀、搜刮，镇压人民，非常残酷。从历史上看，他们都是打家劫舍的盗贼。刘备最初和关羽、张飞桃园三结义，共同起来组织武装，大地主张世平、苏双等则鼓动他们，并且拿出钱财帮助他们。曹操的祖父曹腾原是宦官，封了侯的，他的父亲曹嵩（曹嵩原姓夏侯，为曹腾抱养，故改姓曹），做过太尉（相当于今天的国防部长，但没有国防部长的权力大）；曹操自己在年轻时做过小官。他和皇甫嵩、朱儁一起讨伐过黄巾，起先被黄巾打垮了，就回到了家乡（原来是安徽亳县，后迁到河南陈留），用自己的财产组织武装，并且得到当地的恶霸地主卫兹等的极力帮助。孙坚也自己组织武装，他也是跟朱儁一起反对农民军起家的，在反对农民军的过程中占领了湖南，自称长沙太守。其他一些人也都是这样起家的。

当时反对黄巾的恶霸地主的武装很多，如曹操、刘备（刘备自称是汉朝皇室的后裔）。孙坚也是恶霸地主（孙坚的长子是孙策，次子是孙权）。董卓是甘肃的大恶霸，一贯欺压人民，是镇压农民和少数民族起家的。袁绍、袁术是叔伯兄弟，袁家是后汉朝廷中最大的贵族，家里做公、卿官的很多。公孙瓒占河北，公孙度占河北、辽宁一部分地方。总之，这些人都是出身于贵族、大官僚家庭，至少是恶霸地主，他们都组织了武装反对农民军。历来的统治阶级，对于所谓"造反"的农民，不问青红皂白的肆意屠杀。第一次国内革命战争失败后，蒋介石和他手下的一些反革命头子"宁肯枉杀一千，不可使一人漏网"，也正是历史上统治者残酷手段的重演。当时的地主武装在反对农民军的过程中，统统是杀人不眨眼的刽子手，他们在打开一个地方后就任意血洗，不管是参加农民军或没有参加农民军的，不问男女老少，一律杀光活埋。譬如董卓从洛阳（后汉的首都）往西安撤退时，把洛阳周围二百里的地方都烧光、抢光，人民不跟他走的，就被杀掉，使这一带都变成了废墟、荒野，史书上说：人民"无复孑遗"。后来董卓被打垮了，他的部下李榷、郭汜，樊稠、张济等重新攻破长安，在城内外大杀、大烧、大抢，以致长安变成了空城，使附近关中一带两三年内看不到一个人影（当然不是统统杀掉了，还有很多人逃亡出走）。曹操也是这样，他的所作所为，在《三国志》和其他一些书里面讲的不少，这里举两个例子。在东吴一个人写的《曹瞒传》里说：当时因洛阳一带遭到恶霸地主、军阀的屠杀和破坏，很多老百姓流亡到山东、皖北、苏北，后来曹操打到这个地方，坑杀男女数万口于泗水，尸体把河道都堵塞了，水流不通；曹操又带兵从泗南攻取虑（今山东沂水县西南）、睢宁（苏北睢宁县），不仅把人统统杀了，连鸡犬都杀了，村庄、市镇见不到人影[1]。

讲到这里，我们可以联想到一个问题：中国人民的斗争性为什么这么强呢？这是历史上几千年的艰苦斗争，把中国人民锻炼成这样的，什么艰难困苦都熬得过。一些外国朋友觉得很难想象，我们在十年内战时期、抗日民族解放

---

[1] 参考《简明中国通史》上册，1982 年版，第 291 页注①。

战争时期怎能战胜那样艰苦环境的考验？他们很奇怪：中国人民怎能锻炼得这样坚强？今天我们遇到这样大的灾荒，大家的斗志仍然很高，没有什么愁眉苦脸，这是不简单的，这是长期的斗争历史赋予中国人民的坚强不屈的性格。

由于地主恶霸、军阀的烧杀抢掠，从事生产的人口很少，生产破坏很严重。袁绍的军队在河北没有粮食吃，只吃桑葚、枣子过活，袁术的军队在苏北吃蒲草根和螺蛳过活。董卓部下在长安附近一带大杀、大烧、大抢，最后没有什么东西吃，就捉人吃，当时有"噉人贼"之称。汉献帝从长安逃往洛阳，到了山西安邑，衣服破破烂烂像个叫花子，想换一下衣服都没有办法；不止如此，连点粮食都找不到，只好吃酸枣和蔬菜。这里说明，恶霸地主为了反对农民军及互相争权夺利，实行烧、杀、抢、掠，致使人口大大减少，生产受到了严重的破坏。所以当时的官家只能管今天，不能管明天，百姓无安居之处。《张绣传》说："天下户口减耗，十裁存一。"这当然有点夸大。到西晋统一以后，全国人口数量最高的是西晋太康年间，有一千六百多万人，比汉朝少得多了。西晋有人说，太康时，户口只有汉朝的十分之一，这也有些夸大，如果是十分之一，那么汉朝应该是一亿六千多万，而汉朝人口最多的是五千多万。从五千多万到一千六百多万，减少了十分之七，只剩十分之三。这个情况同三国及以后实行屯田的土地制度有关，曹操所采取的政策主要是从这样的情况出发的。

曹操的武装力量，开始是在其他恶霸地主的帮助下组织起来的一支"讨黄巾"的武装，又把豫东、鲁西一直到徐州府一带的恶霸地主武装如李典、许褚之流合并进来，这些就是他的基础。后来到了兖州时，他又采取了硬打、派进去——分化、拉过来——收买三种办法，打垮了青、徐（山东、苏北）一带一百多万黄巾军的第二次起义，收留了二三十万人，一部分精壮的补充自己的军队，一部分实行屯田，进行生产来养活他的军队。曹操的武装就是这样搞起来的。

孙权的一家也是"讨黄巾"起家的。孙权的父亲孙坚死后，他的哥哥孙策带兵讨伐黄巾。后来他又向袁术请求去苏北、浙江，平定江东，袁术给他一千人做基础。他到江东后，扩大成为一个强大的武装集团。

刘备原来搞来搞去站不住脚。他反黄巾是很积极的，他的军队数量不大，但在河北、河南、山东境内打来打去，锻炼得很精干，也比较坚强。赤壁之战后，他收容了曹操的一部分败兵，特别是一些原来在荆州、后来投降曹操的刘琮军队；关羽打长沙时又收罗了一部分黄祖的残部；刘备打下四川后，又收容了刘璋的一部分军队；马超（羌族）被曹操逼得没有办法，就带兵到四川投降了刘备。就这样，刘备也形成了一个比较强大的武装集团。三国的武装力量是这么搞起来的。

　　但是光靠武装力量还不行，当时袁绍、袁术、公孙瓒、韩遂、马腾的军队都不少，结果都垮了。三国之所以站得住脚，主要还由于它们都有一套政策。首先是注意收罗人才和团结、使用人才。另外，当他们有了地盘以后，对当地人民也有一套办法，使大家能够安居乐业，进行生产。所以，曹操行军时，不让牲口踏坏老百姓的庄稼。刘备退兵时，老百姓跟他逃走，他也加意保护。他们注意生产建设，整训军队，使军队有一定的组织纪律和较强的战斗力。因此，他们能够把其他势力一个一个吃掉。到了赤壁之战以前就只剩下这三家势力，其他都被吃掉了。他们和其他地主武装是同一阶级成分，代表的是同一阶级的利益，所担负的任务也都是一样的，为什么其他的都失败了，而他们却胜利了呢？就是因为他们都有自己的一套政策。所以到官渡之战打败袁绍以后，就留下了这三家。

　　2. 官渡之战的结局，曹操完成了对北方的统一。

　　当时袁绍所占有的地方是河北、山西、山东的一部分、河南一部分和辽宁的一部分。这些地方在汉朝时都是生产比较发达的地区，遭受的破坏当然也很严重，但比破坏得特别严重的河南、陕西要好些，比兖州、徐州一带也要好一些。袁绍是一个大少爷，他只知道夜郎自大，对内政完全不知整顿，军队没有粮食而吃桑葚，他也不管；不去设法使人民安居下来搞生产；也不知道团结人才。有些人曾劝袁绍把内部政治好好搞一下，安定社会秩序，让人民能够安居生产，他也不加理睬。他那里有一些很能干的将军，他团结不了，都跑到曹操、刘备那里去了。不能团结人才，不能使用人才，不知道搞好自己的根据地，一心只想扩大地盘作皇帝。他统治的区域里因为不搞生产，结果没有吃的，但是，恶霸地主、统治阶级却不仅要吃，而且要吃好的、穿好的，没有别的办法，只有向人民要。这样，人民和统治者的矛盾加剧了。其次，袁绍的部下有一批比较有见解、有进步倾向的人，由于他不注意团结使用，统治集团内部也有了矛盾，发生了派别。这些矛盾都没有得到缓和，这是袁绍在官渡之战失败的根本原因。当然作战方针、策略对不对头也有关系。曹操的情况，则和袁绍恰恰相反，他占领了山东的一部分和豫东（当时的兖州、豫州）的一部分，所占地区比袁绍的少，遭受的破坏又很严重。但他采用了荀彧等人的建议（荀彧很能干，是地主阶级的政治家，懂得战略策略），尽量收罗人才、团结人才，同时和当地的恶霸地主紧密地团结起来，李典、许褚、吕虔都是这个地方的人，他还想把关羽争取过来，对张辽也是这样。他整顿和扩大自己的军队，把从各方面拼凑起来的军队合成一体。在自己占据的地盘里，根本改变了过去的屠杀政策（他原来的想法是，自己占不住的地方，也不能留给别人当作反对他的资本，所以采取了屠杀破坏的政策），转而稳定社会秩序，招徕人民。因此，他的军队内部是统一的，后方是稳固的。曹操这个人在地主阶级里面虽然阴险毒辣，但确实是很有能力的政治家，既有出色的政治才能（在这方面当时谁也敌不过他），又很有文学才能和军事才能，他的诗写得很好，还写过兵书。

上面所说袁绍、曹操双方的情况，是官渡之战决定胜负的根本条件。

今天京戏里面的官渡之战，是基本上符合当时的历史情况的。在这一战役中，曹操作到了知己知彼。他的情报工作做得很好，对袁绍的内部矛盾了解得也很清楚，袁绍军队的动态、虚实，将军们谁与谁不和，哪一个人的能力怎样，都掌握得一清二楚。袁绍却认为：曹操算个啥？论出身，他爷爷是个太监，父亲是抱养的，可我家里都是作大官的；论实力，他的地方只有兖州这一带，军队就是这么多，我的地区、军队都远远超过他，消灭曹操不成问题。正由于袁绍一味骄傲自满，夜郎自大，不认识自己也不认识敌人，因此，曹操能够在官渡之战诱敌深入，出奇制胜，袭击袁绍的后方，把粮食烧掉，切断了后路，搞得袁绍进退不得。当时如果袁绍后方巩固，还有可能包围曹操，转败为胜。但是由于袁绍内部矛盾的复杂剧烈，前线一失利，他的后方就全都瓦解了，全局动摇了。袁绍一气，便吐血而死。他的儿子在河南，女婿高干在山西，谁也不能重新组织力量，曹操军队一到，势如破竹，胜败就是这样决定的。官渡之战是对三国的局面起决定性作用的一仗。

曹操利用了官渡之战的胜利，把袁绍的政治军事力量、经济力量全部瓦解，一下占领了河北、山西和辽东。所以，官渡之战的结局是，北方从陕西、河北、山西、山东、河南、苏北、皖北一直到辽东，全部被曹操统一起来。这个时候便只剩下了曹操、孙权这两个集团，刘备当时还没有地盘，只是依附着刘表过活。

3. 赤壁之战决定了三国的三分鼎立的局面。

曹操在当时很想乘刘备的羽毛没有长起来，孙权的内部还分两派的时候（张昭一派主张降曹，鲁肃、周瑜一派主张反曹），一举统一全国。他想先打垮刘备，再顺手牵羊地搞掉刘表（当时刘表已死，子刘琮继立）。他的军队一到荆州，刘琮就投降了。所以他的水军都是刘琮原来的人马。

赤壁之战开始时，曹操带了"八十三万人马"（这个数字可能有些夸大，估计是三十多万），以及刘琮投降的二十来万水军，来势很猛。他的陆军很强。可是，孙权、刘备的武装数量比他少得多，为什么反而取得胜利，而曹操却失败了呢？原因有这样几个：一方面，曹操的部队年年打仗得不到休息，这一次又是长途远征，行军疲劳，一到江南不服水土，又感染了流行瘟疫，再加上刘琮投降的军队和曹操的军队互不团结，因之它的战斗力大为削弱；在孙、刘方面，首先是诸葛亮（即孔明，他也是地主阶级的政治家，是朴素的唯物主义者。他的"隆中对"，能够从全国的情况出发，分析时局，这在当时的条件下，是不简单的；但是这个人有缺点，政策上有错误）和鲁肃主张孙、刘联合对抗曹操，这一方针获得了胜利，说服了孙权内部的主降派，同心协力，一致对外；刘备和孙权两家的军队在军事部署上也配合得很好，在这一基础上，诸葛亮又巧妙地利用了曹操军队的弱点——不服水土、闹瘟疫、军队内部闹矛盾，因此，才能以少胜多，出奇制胜。至于孔明借东风是怎么回事，这倒是一个问题。据天文学家说，那个时候曾经刮过东风；那么，孔明也可能有一些天文知识，预计到有东风，才用火攻的。否则，万一刮的不是东风，岂不烧了自己？

这一仗的基本情况就是这样，京剧中关于这一战事的描写，基本符合历史事实。赤壁之战以后，三国的局面就定下来了。

4. 三国的性质、各自的特点及他们的方针、政策。

先讲曹操这一方面。赤壁之战以后，刘备得了荆州，接着就出兵占领了四川，建立了根据地。这时，曹操也知道诸葛亮和鲁肃关于孙、刘两家联合抗曹的政策占了上风，要消灭或战胜他们，决非一朝一夕之功，从而在这样的情况下，规定了自己的方针。他的地盘较大，生产比较发达，兵力也较雄厚，又有合法地位，汉献帝被他摘到许昌，掌握在手里，即所谓"挟天子以令诸侯"，这些都是曹操的有利条件；但是他的地区遭受破坏很严重。正如他在《蒿里行》里描写的："白骨露于野，千里无鸡鸣"，满目荒凉，人烟稀少，他知道这里的人民富于阶级斗争和武装暴动的经验，又鉴于边境上的南匈奴和辽西乌桓随时都可能叛变，因此，曹操和他的左右决定把重点放在整顿内政上。他把无主的土地交给人民耕种，并用军队来实行屯田，实质上是把那些被他分化、收买、俘虏的黄巾军，一家一家地安置下来。他知道不这样做，经济就不能发展，也就不能积聚力量，从而也就不能对付孙、刘；只有整顿了内政，使这块地区的生产得到一些恢复，才能增长自己的力量，为统一全国准备条件。所以他的方针是以对内为主，对蜀、吴则采取防御的方针（当然也有进攻性的防御），一面守住襄阳、樊城一线防御刘备；一面守住合肥、寿春一线，防御东吴。他也知道孙权和刘备不可能永久妥协，东吴也有两派，所以极力破坏蜀、吴的联盟，这一方针最后终于获得实现。在曹操死后，司马懿继续执行他的方针。所以我们说曹操是地主阶级的政治家，甚至是比较出色的政治家，在客观上对历史的发展起了进步作用，对华北广大地区，起了一些恢复、安定的作用，也为统一全国准备了条件。

其次讲一讲蜀汉方面。赤壁之战以后，刘备占领了荆州，周瑜非常不满，认为地盘是我们打下的，你们占了便宜，岂有此理。但是诸葛亮始终赖在荆州不退。他对孙权讲，东吴、蜀汉两家以湘江为界，湘江以西归我，湘江以东归你。诸葛亮还准备用两面钳击的办法对付曹操：一面是襄樊一线，一面是汉中，到时机成熟后，两只钳臂向河南夹击许昌，把曹操吃掉。当时蜀汉的地方较比东吴好，四川西北部生产发展水平比较高，原先虽不及华北和中原，但远比江南发达，破坏也比较少，这是它的好条件。尤其张鲁这股农民军，在汉中经营三十多年，搞得比别处更加好一些。但是地方比较小，人口也比较少；同时四川境内和贵州、云南有很多少数民族，这些少数民族地区都是比较落后的，由于过去统治阶级制造的民族隔阂，在这些地方存在着民族关系问题；而且，在财力、兵力方面，刘备不如曹操，也不如东吴。因此诸葛亮和刘备所采取的方针是：一面整兴内政，发展生产，积蓄力量；另方面，由于刘备自称是汉朝皇室的后裔，以讨伐曹操、光复汉室为号召群众、扩张势力的资本，因此又不断出兵北伐。诸葛亮六出祁山（实际上是五次出兵攻魏，两出祁山），行军几千里，粮食要运到陕西、甘肃，每一次虽然打了胜仗，但到粮食吃完了的时候就只好回去，长途跋涉，师劳无功，这是他们所犯的错误（后来姜维九伐中原也是这样的情况）。诸葛亮知道，光凭蜀汉之力，不能战胜曹操，也不能对抗曹操，所以必须联合东吴来保存自己，对于这个方针，诸葛亮是很坚决的。同时，他们觉得如果对境内的少数民族不作适当的安排，后方不稳，会带来很多麻烦，所以诸葛亮首先南征。所谓南征，就是解决自己境内的少数民族和其他部落的问题。诸葛亮的南征政策是对的。他的方针是"心战为上，兵战为下"。即不光是用军队去征服，而且要用攻心战术，使对方心悦诚服。所以在出兵以前，他把军队的纪律规定得很严，不准损坏当地人民的东西，不准奸淫掳掠，在打仗时，尽量减少杀伤。他南征孟获，七擒七纵，后来孟获说我很佩服你了，表示心悦诚服，永不再反。这个传说是有一定根据的，现在云南还有诸葛亮的庙，老百姓都当作神圣来祭祀。他这个政策是成功了，胜利了，他的民族政策是进步的，是处理民族问题的优秀典型。由于这一政策的成功，诸葛亮也得到少数民族的不少帮助，特别从云南、贵州等地获得造箭的很好的原材料——那里的竹子质坚，弹力大，造出箭来很好使，对蜀军作战很有利。但是，诸葛亮联吴攻魏的方针被关羽破坏了。关羽这个"武圣人"有很多缺点。诸葛亮将守襄阳、樊城的任务交给了关羽，关羽当时的威信很高，孙权想和他友好，同时还想把他往自己这边拉一把，就派人对关羽说，我想和你攀个亲家，我的儿子将来是要做皇帝的，你把女儿嫁给我的儿子做媳妇吧。关羽很骄傲地说：虎女怎么能嫁给犬子？他骄傲到这种程度，这在历史上是够典型的了。结果是破坏了孙、刘联盟的政策，败死麦城。关羽死了以后，刘备不听诸葛亮的劝告，出兵湖北攻打孙权，结果也大败而归，最后白帝城托孤。孙、刘两家的联盟，从此疏远了。

最后讲一讲东吴方面。当时东吴占领了今天的苏北一部、苏南全部、皖南全部和皖北的一部分，福建、广东、江西、湖北东部、湖南东部，甚至有今天越南的一部分。当时东南的生产比较落后，还是火耕水耨；但自然条件较好，兵力与人力比蜀强，又有长江天险可以依靠。所以孙策死时告诉孙权和左右说：他的政策是"保江东，观成败"，就是说对全国形势坐观成败，有空子可钻就钻，没有空子就守在江东不动。在这种政策下，它对蜀汉是也联合，也敌对。譬如在荆州问题上，东吴就坚决不让步，明知道刘备和关羽的关系这么亲，还是把关羽搞死了。对曹操也有一些联合，目的是保存实力、钻空子。他也搞一些生产，但不如刘备，特别不如曹操那样会抓经济。

当时三国的基本情况和方针政策大致就是这样。曹魏方面，曹操、司马懿相继实行了适合于曹魏情况的一套政策；东吴和蜀汉的内政则有根本的弱点。诸葛亮的方针被破坏了，同时，这一方针本身也有矛盾。譬如诸葛亮的多次北伐和他的大力整顿内政的方针就是矛盾的。北伐长途跋涉，师劳无功，把自己拖得筋疲力尽，虽然打了胜仗，粮草耗尽，又不得不退回来，长期和司马懿打蘑菇仗。最后诸葛亮看这样不行，也想屯田，但不久就在五丈原病死了，这个政策就垮台了。诸葛亮讽刺司马懿是"妇人孺子"，司马懿却善于利用诸葛亮的弱点：你千里迢迢，带粮食来打仗，我来一个以逸待劳，坚壁清野，不打你，由你自己败了回去。结果证明司马懿的方针是正确的，诸葛亮的方针是错误的。

5. 三国时社会生产的残破情况。由于时间的关系，这里就不讲了。

二、西晋时期的阶级矛盾和民族矛盾

1. 西晋短暂的统一和太康年间昙花一现的小康局面。

西晋把长期分裂的局面统一起来，使全国得到一个和平环境，对生产的恢复，从而对历史的发展都起了进步作用。但由于三国时期，生产很薄弱，即使在中原、华北、四川这些地方，生产的恢复也很有限，比两汉差得很远；在东南，东吴的生产则始终没有发展起来，虽然提倡牛耕、犁耕，但是很多地方火耕水耨的情况仍然没有改变。所以，西晋在它经济情况最好的时候——太康年间，全国人口也只有一千六百多万。

当时由于长期的战争，人口大量死亡，全国有大量的荒地，根据这一情况，西晋朝廷在土地制度方面，在封建制的基础上采取了一些更加进步的措施。一方面封了很多的皇室为诸侯王，把一部分土地分给这些皇室贵族和各级官吏。西晋的诸侯王和汉朝的诸侯王不一样，带有初期封建制时代的割据性，都有一定的政权、军权和财权。除分封的土地以外，他们另在首都附近，按等级分占田地，其余广大无主荒地，则按曹操的办法，化军队为佃户，有的是公家给耕牛，有的不给牛，生产品或对半分，或四六分。规定每一家农民给一些田，得到田地的农民要给公家耕多少地，也就是采取初期封建制时期那种劳役地租的形式。这是一个方面。另一方面，世家地主占有大量土地，像当时的大地主王恺、石崇等的田地遍天下，占田很多。由于土地多，劳动人口不够，晋朝还规定了几品官可以占有多少家佃户，这个规定虽是不能实现的空想，但也反映了统治者采取分赃的办法，从皇室一直到皇族、贵族、地主、官僚，把劳动人口都当作分赃的对象。另外，他们在打下成都时，得到很大的一笔财产，有粮食、金银宝贝、绸缎布匹等等。打下南京后，也得到很多财产。所以皇室阔了，带兵的将军、军官的荷包都装满了（关于他们占有土地的情况和财产积累情况，请参看《简明中国通史》①）。这些地主不仅占有土地，而且都放高利贷、做买卖。由于这些情况，所以在西晋初期的太康年间有过一个小康局面。生产有稍微的发展，但是比两汉差得远。

2. 西晋统治阶级生活上的腐朽堕落和政治上的黑暗，也是很惊人的。

在太康年间表面的、暂时的繁荣下面，掩盖着深刻的社会矛盾。从皇帝一直到大地主贵族，他们占有大量财富，土地、水碾、当铺、商店，并放高利贷，他们的生活豪华到什么程度呢？② 石崇积累了很多财富，他的房屋盖得很大，很漂亮，有好几百个老婆，穿的都是花花绿绿的绸缎，头上戴的是金银珍珠宝石，自己家里有乐队，厨房里有各种各样的山珍海味。他和贵族王恺比阔绰、比豪奢：王恺用糖水洗锅子，石崇拿白蜡当柴烧；王恺用丝作围障四十里，石崇用缎子做围障五十里；石崇用胡椒涂壁，王恺用赤石脂来涂。司马炎随便到他俩哪一家，他们都可以摆出一百多个菜来。司马炎的后宫有宫女、小老婆几万人。打下成都以后，把刘禅的人都搞了去，打下南京以后，把孙皓的人也都搞了去。他们的财产富厚，在生活上腐化堕落。当时他们还讲究炼丹，胡说吃了可以长生不老。有一本书叫《抱朴子》，专门讲炼丹术。还讲究吃药，没有病也吃药，胡说吃了可以不老不死。但是当时的人民已经很穷困，司马炎的儿子晋惠帝是一个无能的皇帝，他听到蛤蟆叫就问：蛤蟆天天这么叫干

---

① 参阅《简明中国通史》上册，1982 年版第 304 页注①。
② 参阅《简明中国通史》上册，1982 年版第 305 页注①。

什么？它们是为了公事还是为了私事？有人向他反映老百姓挨饿没有饭吃，他说老百姓为什么这么傻，没有饭吃为什么不吃肉糜？统治者和被统治者的生活情况对比是这样的鲜明，相差是这样悬殊，所以在太康末年人民普遍穷困。这种情况，是统治阶级的豪奢腐化，对人民进行无穷无尽的残酷压榨而形成的。

皇室、贵族、官僚、地主不光是对汉族人民施行残酷的压榨，对少数民族人民也是一样。特别是在山西这个地方，有的贵族大地主、恶霸地主拥有好几千户少数民族落后部落的人民给他当佃户。几户、几十户、几百户的就更为普遍。可见统治阶级压榨人民，是不分民族、不问地域的。

现在我们讲一讲阶级矛盾和民族矛盾的发展。在人民普遍穷困挨饿的情况下，政府不顾人民的死活，人民没有饭吃，朝廷是根本不关心人民生活的。贵族地主除用地租、劳役压榨人民外，还直接劫掠人口。乘少数民族穷困时拐卖人口，最典型的是西晋皇室司马腾，他的地位很高，封为东嬴公，却经常劫掠人口。他在山西把石勒（原来在地主郭敬、宁驱两家做过雇农）用枷锁上，卖到山东茌平地主师懽家里。这些情况充分说明太康年间那种所谓繁荣是没有基础的，因为没有基础，所以很快就衰落了。太康这个时期一过去，情况就严重起来。在晋惠帝末年，山西、山东以至四川，大量的无衣无食的人民相率逃亡，河北、河南也有这种情况，特别是山西、陕西、四川的农民大量逃亡到河南南部、湖北、湖南，共有几十万。当时全国就有成百万的流民。那时，南方的生产比较落后，容易得到土地，但是南方的统治阶级、官吏对他们也同样压榨、虐待，所以当时流民在两湖、豫南、河北都举行了大暴动。山西原是比较发达的地区，汉人很多，及至人民大批流亡南下后，留在山西的汉人只有两万户左右，主要是留下一些落后的部落，如匈奴等，还有其他部族部落，他们也同样遭受地主、皇室、贵族的剥削压迫。同时，统治阶级从自己的狭隘利益出发，在少数民族和汉人之间制造隔阂。到晋惠帝时，阶级矛盾和民族矛盾便一天天尖锐起来，武装起义在全国很多地方均有发展。

这些起义原来是以汉族为主体的各族人民共同参加的，是农民起义的性质。譬如，在鄂西北地区发生了兵变，同时也发生了农民暴动，规模相当大；陕西的流民在这些地区也发生了大规模的暴动；四川有几十万人流亡在湖南，由于湖南官吏的压迫也举行了暴动；在江东（今天的苏南、浙江一带）也发生了兵变，流往河南南部、山西、陕西的农民，也举行了大规模的暴动；在广东也有兵变，山东也有农民暴动。在刘伯根为首的农民暴动以前，很多地方就有各族人民参加的小型的暴动。譬如石勒被卖到山东茌平大地主师懽家之后，就和当地人一道逃到山里，后来就参加了农民暴动。这时的暴动，是有各族人民参加的农民起义，后来性质才变了。这些暴动基本上是从阶级矛盾的基础上产生的，同时也有民族矛盾。

3. 西晋司马氏皇族内部的争权夺利，以及八王之乱。西晋司马炎做皇帝时，封他家的子弟到各地为王，享有军事、财政、经济、行政的相对独立主权。这些人在西晋的首都有很大的王府，在首都周围有他们的土地、大庄园。西晋统治集团的腐朽、堕落，一方面表现在阶级矛盾剧烈的形势下，有一部分人便对自己的前途悲观失望，产生没落阶级的情绪，"今朝有酒今朝醉"，纵情逞欲，苟安无耻，冒充风雅。他们无聊到了什么程度呢？男人披头散发，赤身露体，不穿衣服裤子，还自命清高，其实是不知羞耻。他们提倡"清谈"，有一个身为大臣的王衍就是信口雌黄的清谈派。所谓清谈，就是大家成天坐在一起毫无原则、毫无内容、毫无目的、毫无意义地发些空洞的议论，讲一些空话，就是这样过日子。这些情况反映了当时统治阶级的悲观、没落、颓废、苦闷、无前途、无出路。另一方面，在王室里面，这些诸侯王贵族集团为了争权夺利，而形成小集团，他们就是司马氏家族的汝南王亮、楚王玮等八王，他们互相猜忌，互相残害，最后甚至公开地动刀动枪，搞得乌烟瘴气，朝廷混乱不堪，人民受到的摧残更加严重，太康年间那种昙花一现的虚假繁荣，又被这些人把它摧毁了，增加了人民的穷困和流亡，加剧了社会矛盾，同时也促使西晋朝廷加速灭亡。西晋朝廷就是在这种混乱的局势下，在阶级矛盾尖锐化的基础上，受到山西以刘渊、刘聪父子和刘渊的侄子刘曜（他们自称是汉朝的外甥）为首的匈奴部落的攻击，因而灭亡的。

三、十六国的兴亡

十六国当时叫"五胡"十六国，"五胡乱华"（现在如果要用，应该加上引号，这是汉族统治阶级对兄弟民族的污蔑）。

1．两汉和三国时期，不断有其他部落徙居到塞内和内地来。如前汉的丁零人，就是回纥人（维吾尔人），原在今天的蒙古人民共和国地区，因受其他部落的打击，向西迁徙，有一部分迁到河西走廊。后汉的马援把一部分羌人迁到陕西及黄河以东的山西地区，和汉人杂居。到后汉和帝时，又不断地有少数民族部落徙居到甘肃、陕西、山西、四川等地，在今天大概都变成了汉人。曹操为了孤立刘备，加强自己，就把一些少数民族部落迁移到秦州等地方，让他们和汉人杂居。这些迁移进来的其他民族部落，和汉人共同生产、共同斗争，直接受到汉人先进生产技术和经验、先进文化的推动和影响，促进他们的进步与发展，汉族也可以从他们那里吸收一些新的东西，事实上他们也给了汉族人民很多新东西，这本来是件好事。但是，由于统治阶级一方面对他们和对汉族人民一样进行压迫和剥削；另方面为了自己狭隘的阶级利益，又在他们和汉族人民之间制造隔阂，甚至制造相互之间的仇杀和敌视；与此同时，又利用他们作为政争的工具和补充自己兵力的来源。譬如曹操利用氐与羌部落作为防御刘备的工具，给他们武装，让他们反对刘备。这样一来，就扩大了民族矛盾与阶级矛盾，产生了坏的结果和坏的影响。在两汉和三国都是这样。西晋的统治阶级对少数民族部落的统治和压榨，更加深了这些矛盾。

从阶级斗争、民族斗争，最后蜕化为反动的民族报复主义。在阶级压迫和剥削的基础上，各部落的人民和汉族人民一起对统治阶级进行斗争，一起进行武装暴动。但是由于统治阶级制造民族隔阂和民族歧视，某一民族的统治阶级当权时，对待本民族就和别的民族不同，本族人民只受一重压迫（阶级压迫），而其他民族则受双重压迫，有阶级压迫又有民族压迫。这些少数民族同汉族人民交错杂居，共同生产，共同参加起义，一起进行斗争，这是一件好事。以后，这些少数民族出身的人自己当了头子，起而进行反对民族压迫的斗争，反对汉族统治阶级强加于他们的民族压迫，反对西晋朝廷的压迫，这还是进步的。但是，当他们自己武装起来以本民族为主体反对民族压迫的时候，他们的上层集团，或者是这一民族中的野心家，往往就利用这支力量作为自己争权夺利的工具，这样就把这种斗争和起义转变成为民族报复主义，对汉族和其他部落的人民大肆杀掠。当时刘渊、石勒等等到了一个地方，就对汉族或其他部落人民进行血洗、杀光；由于他们这样杀戮，其他部落也只有自己武装起来，一面保卫自己，一面进行报复，就这样形成了各民族互相残杀的混战局面。譬如羯族石勒下面就有一部分以冉闵、李农为首的汉人武装,联合现在的济南至豫北安阳一带的汉族人民进行报复,见到石勒的匈奴人就杀,据说杀了几十万,这是落后的、反动的。这些都是要由各部族、各部落的上层统治集团和野心家负责的。

2. 十六国政权的性质和它的落后性、脆弱性。华北灾荒,八王混战,统治机构解体,人民纷纷往南方逃亡,实际上西晋的政权已经很脆弱了。刘渊打下西晋的首都洛阳后,把西晋的皇帝、皇后、公主都抓到山西,地方官吏纷纷逃命,西晋就此瓦解了。这时候,有些汉人团结了一部分人组织了一些政权;各个部落、部族的上层分子或统治者,也把自己部落的人民组织起来,形成武装集团,即当时所谓"五胡"十六国。他们的基础不过是二三万人,至多是十来万。这些部落组织起来以后,一面进行民族报复,另一方面在汉族的一些地主阶级分子的帮助下(当然,这些地主阶级分子一方面是为了保护自己,另一方面也想借此"攀龙附凤",为自己安排出路),仿照汉朝地主阶级的办法组织政权,向自己统治区域内的人民征收地租、赋税、徭役,按照原来汉族的办法实行统治。从这方面来看,他们的政权基本上是地主阶级性质的政权。但是,当时的华北和西北由于过去统治阶级长期的摧残和破坏,人口稀少,加上各个落后部落集团相互之间进行民族报复,所以在十六国统治的地区内,汉人与其他民族的人口比西晋时期更为稀少,生产一天一天地更加残破,人民求死不得,能够逃走的就投奔他乡,不能逃走的就藏到山里。所以,十六国每一个统治地区内,正规的赋税收入有限,不够军费开支,不能满足他们自己的消耗。在这种情形下,有些汉族知识分子就向前燕的慕容虡建议,叫他不要仇视汉人,设法借给人民一些种子、耕牛,让人们好好进行生产,这样,就可以收赋税,派徭役,并且有人当兵,还可以吸引外地的汉人到这里来,增加劳动人口。前燕这样搞了以后,情况比较好些,确实有人跑来了。前秦苻坚手下的汉族地主阶级知识分子王猛,也劝苻坚让汉人和其他民族的人民安居乐业,进行生产,用这种办法解决军备上、财政上的开支。前燕和前秦的这种做法是带有进步性的,对人民有好处。在其他地方,生产残破,人口稀少,统治集团只靠向汉人及其他部落的人民,甚至自己部落的人民公开地进行抢掠、烧杀来维持局面,人民生命财产毫无保障。这种情况,说明了他们的落后,也表现了他们这些政权的基础是很薄弱的。在这种情况下,十六国各个国家的生产越来越残破，人口越来越少，民族之间的矛盾越来越剧烈，人民和统治集团之间的矛盾也越来越尖锐。因此，十六国的统治者始终不能使自己的统治扎下根子，它们是脆弱的，风一吹就倒，只存在了很短的时期，就垮台了。

由于十六国统治集团除去前燕、前秦之外，都不能使人民安居乐业、恢复和发展生产，只是对生产起了摧残破坏的作用，因此，他们都是违反人民的利益和要求的，都对历史的发展起了阻碍和促退的作用。他们当中，除去某些政权，在某一个时期、某种条件下的特殊表现外，一般都遭到汉族人民和其他部落人民的反对。当时的民族英雄祖逖从河南来到南京，建议要恢复中原，东晋就让他带兵北伐，获得人民热烈的响应和支持。当时大地主刘琨在河北、山西一带活动，维持晋的统治，不仅受到汉族人民的支持，鲜卑和其他部落的人民甚至部落上层也都支持他，因为他能够恢复比较安定的社会秩序，使人民获得安定下来进行生产的和平环境，这就带有进步性。十六国都受到各族人民的反对，因为他们是倒退的、落后的，祖逖、刘琨这些人是进步的，对历史起了促进的作用。我们不能因为今天要照顾民族团结，就忽略了这些事实，也不能说祖逖、刘琨打他们就变成了大汉族主义。正由于各民族人民对于这种野蛮、落后、残暴的统治进行了斗争，所以才把自己保存下来，历史才能够在这样的基础上延续地发展下去。

十六国的情况基本上是这样。在这里表明了阶级矛盾和民族矛盾的相互关系，民族斗争、阶级斗争的形式的相互转化及其在不同条件下的不同性质。原来的阶级斗争、民族斗争是进步的，后来转到民族报复主义，转到落后的、反动的统治政权的建立；但是，以后人民起来反对这种落后的、反动政权的统治，这种斗争带有阶级斗争、民族斗争的性质，这又是进步的。所以，不能说只存在着大民族对少数民族的压迫，只有少数民族反对大民族的压迫才是进步的，同样，大民族人民反对少数民族统治集团的压迫，也是进步的。这只能看问题的性质，而不能看民族的大小。

第九讲

专制主义封建国家的分裂时期
——三国、两晋、南北朝

（公元 220——589 年）（二）

同志们提的意见很好，要求多讲些书上没有的，书上有的少讲或不讲。我说过，五九班是要吃些亏的，我们在摸索经验，究竟怎样讲才好，还没有经验。今天就多讲一些课外的东西。但书上的完全不讲恐怕也不可能，因为历史总是那么一些事情。

今天讲三国两晋南北朝的第二部分，即东晋、南北朝时期（公元 317—589 年）。在这一讲里，想讲这样几个问题：

（一）东晋南北朝时期，南北对立的社会基础和它的矛盾。并说明南朝的生产是秦汉制度的延续。同时，想讲一下东晋南渡后军事的有利形势和发展生产的有利条件，以及它所存在的矛盾。此外，还要说明东晋南朝与北朝在生产方式上的矛盾，阶级矛盾与民族矛盾和军事上、政治上的对抗。

（二）北朝境内各种生产方式的斗争与北魏孝文帝的改制，推行汉化政策。在这里，想说明三种生产方式同各种土地所有形态的斗争；同时，分析一下鲜卑贵族由奴隶制到农奴制到佃耕制的逐步推移、转变，从中讲一讲北魏孝文帝改制和其进步作用。

（三）在阶级矛盾与民族矛盾基础上的苻族人民的联合起义。北朝的起义差不多都是各族人民的联合起义，或者这个民族起义，那个民族响应，这也是一种联合的形式。最后归结到南朝与北朝社会形势发展的结果，逐步使社会生产方式一致了，民族矛盾清除了，隋朝就在这样的基础上统一了全国。

我想从这三个重点来说明当时社会发展的大势，和它的客观发展的规律。

我们学习历史，首先要看当时社会的经济情况，即生产力和生产关系的情况。社会经济情况怎样，它反映在阶级关系上就怎样。如南朝生产上的三个起伏，同当时的阶级关系、阶级斗争的情况是相适应的。这种矛盾反映到统治阶级内部，便表现为统治集团内部的矛盾和斗争；反映到上层建筑上，便表现为思想、文化方面的斗争，这方面的斗争，既是它的经济基础、社会基础的反映，同时，也是当时政治斗争的反映。简单地讲，历史的规律就是这样去摸索。

一、南北对立的社会基础及其矛盾

首先，南朝与北朝有它对立的一面，也有统一性的东西。南朝的社会生产与社会制度，基本上是从秦汉时期的制度发展下来的。土地是地主的土地所有制占支配地位，实行雇役佃耕制；它与北朝统一的地方就在于：北朝在汉族或者其他民族中，在地主阶级的支配下的生产也是这样情况。但是，地主的土地所有制在北朝的各个时期所占的地位与比重不一样，因为北朝有奴隶制经济，有农奴制经济，也有封建地主的佃耕制经济。因此，南朝与北朝有统一，又有矛盾。正因为这样，汉族的地主阶级是南北流动的，南朝的大地主、大贵族失意时往北跑；北朝的地主、贵族失意时也往南跑，从这里也表现出尽管南北分裂，还是一个国家。但是，南朝与北朝虽然在经济上、社会制度上有其统一性（我讲的统一性不是哲学范畴上所说的对立统一的意思，是说它有共同性），而南朝的地主阶级与北朝的地主阶级却不能搞到一块去，因为北朝的奴隶制直到农奴制开始时还占较大的比重（以后比重就越来越小），这与地主阶级的土地所有制有矛盾，这是基本的矛盾。

北朝的政权是以拓跋贵族为主体的各民族统治阶级的联合统治，他们是由奴隶主阶级、封建地主阶级以及其他民族的统治集团联合起来的。南朝的政权则完全是掌握在汉族士族豪门地主的手里，主要是从山东、河南去的一百多家士族地主，如王导、谢安、刁协、周顗这些人，即所谓"百六掾"。

有人说要讲一点历史知识，这里谈一点历史知识：一般学中国书法主要学三种：以前是晋帖、唐碑，清朝中期以来，学魏碑的多了。晋朝字写得最好的是王羲之、王献之、王廙。王羲之原来是山东临沂人，后来南渡到浙江绍兴。王廙的字留传很少。王献之书法与王羲之齐名，并称二王。这两人是父子还是兄弟，说法不一。有一个记载说王献之是王羲之的弟弟，可是王羲之的老婆说王献之："吾儿临尽三缸水，只有一点似羲之"。就是说，她的儿子写字，磨墨磨尽了三缸水，只有一点像他的爸爸。这样说来，王献之应该是王羲之的儿子。到底是父子还是兄弟，我们不去考证它。王羲之的《兰亭序》是全世界闻名的。解放以后，曾发现一个过去给帝国主义作过买办的大陆银行的总经理有一份。《兰亭序》存世的，大体是唐朝人摹的。唐太宗曾得到真迹，很欣赏，死后用来殉葬了。《圣教序》是唐碑。有褚遂良写的，一般就简称《褚圣教序》；有怀仁和尚集王羲之行书，一般就叫它《王圣教序》。唐太宗是提倡写字的，他本人的字写得很好。

当时，南朝掌握政权的主要是江、浙本地的大地主集团和北方南渡的大地主；后者是主要的，他们大都是从山东、河南、河北去的，当时汉人到福建就是这么去的。"永嘉之难"时，匈奴人刘渊、刘聪打进洛阳之后，中原的大地主大知识分子林、黄、陈、郑四大家族逃到福建，所以，现在福建姓陈、郑的特别多，福建地方开化就是从这时开始的。

东晋南渡以后，对南方经济的发展起了推进作用。中国经济的重心原来在西北，从唐朝开始，重心转移到东南。这个转移和三国有关，三国时东南经济发达，但特别是东晋、南朝时代，由于北方混乱，几百万几百万的劳动人民从山西、陕西跑到江苏、浙江、安徽、江西、福建、湖南、湖北等地。首先使南方得到了很大一批劳动力，更重要的是把北方进步的生产技术、生产经验带到了南方。所以南方经济从东晋开始，很快地发展起来。当时，东晋、南朝的统治阶级虽然实行了一些改良，但他们的腐化堕落，在历史上也是非常突出的，同西晋的统治阶级、贵族地主的腐化堕落不相上下。但是，由于南方有天然丰富的物质资源，这样大量的劳动人口、先进的生产技术、生产经验和当地的自然条件结合起来，就使南方的经济得到了迅速的发展。东南在唐朝时代之所以成为全国经济的中心，是这个时期打下的基础。在后来长时期里，东南在文化上是全国最发达的地区，东南的知识分子，所谓文人、学士也是最多的。

南方从原来比较落后的状态，很快地赶上了北方，具体表现在南朝的水田由原来的"火耕水耨"到精耕细作；同时，也表现在炼钢技术上，南朝把它向前发展了两步：第一步是发展了百炼钢，第二步是横法钢。春秋战国时要炼七七四十九天，用高温把钢里面的渣滓去掉，并且反复锤击，中国古语说"百炼成钢"就是这样来的，这叫百炼钢。横法钢比百炼钢前进了一步，利用了一些化学知识。当时东晋、南朝很讲究吃药，地主、贵族利用化学知识来炼丹，王羲之、王献之与他们朋友的往来书信中就谈到怎样吃药。这个时候已经把化学知识应用到炼钢技术上来了，这叫做"横法钢"。给中国的炼钢技术奠定了科学的基础。一直发展到明朝，炼钢技术完成了。可见，中国炼钢技术有悠久的传统。

南朝的地主大都兼开大店（叫做"邸店"，就是百货公司）、开当铺，经营对外贸易。所以，东晋、南朝与南洋的贸易很发达。中国的对外贸易，在唐朝由以陆路的欧亚丝路为主转到以海道为主，是从南朝发展起来的。当时的对外贸易完全控制在地主阶级、官僚、商人的手里，运出去的是金属、钢（百炼钢、横法钢是在这时传播出去的）、铜器、麻、布、绸缎等等，运进来的是南洋各地出产的珍珠、玛瑙、象牙、檀香、白胡椒，还有其他山珍海味如鱼翅之类。进口的东西主要是供贵族的消耗，满足他们的豪奢生活；运出去的则是一些先进的手工业产品，对南洋的经济发展有积极作用。

由于商业的发展，一方面同南洋建立了联系；但同时却扩大了同北朝的矛盾，因为北朝在长期战争和某些少数民族统治集团的掠夺和摧残下，在一个时期内，商业比过去大大衰落了。

这时祖冲之（古代很有名的科学技术家）利用了机械的原理，发明了千里船。这种船相当大，在海里行走，一边有七八人摇桨，下面还有轮盘转动，这是机械。这种船当时在欧洲还没有。它名为"千里"，实际上在大海行驶一天可行一百多里，在当时算是相当快了，也比较安全。达表明了生产的发展和生产技术的进步。

到了隋朝，何稠（也是一个技术家）利用祖冲之的原理，搞流动的城市，把每一幢房子下面装上轮盘，可以推走，到达目的地以后，再把一幢一幢房子合在一块，挂上钩，就成了一个城。隋炀帝（杨广）到今天的内蒙古自治区的地方去巡视时，召见突厥酋长，就搞了一个这样的城。隋炀帝自己站在城楼上，突厥酋长在城下向他叩头。当然，隋炀帝这种作法是不对的。但是，从千里船发展到在陆地上把房子装上轮盘可以推走，而且可以从长安推到今天的内蒙古自治区地方，这在当时条件下是了不起的。

（二）北朝境内几种生产方式的斗争与北魏孝文帝的改制。

我们上次讲过，在"五胡"十六国时期，北方糜乱不堪，各部落统治集团利用自己的部落为基础，形成一个个的武装集团，它本身是很脆弱、很空虚的。原散布在今晋东北及雁门关外至阴山一带的鲜卑系的拓跋族，是从属于汉、魏、西晋的一个落后部落。因为长期接受中原的先进经济、文化、技术的影响，到西晋时就开始出现了奴隶制度。趁北朝混乱之际，他们到汉族地区和其他民族地区俘虏了大量人口作奴隶（有一次打到定县就俘虏了好几万人），得到了大量的劳动力和财物，也受到一些先进的政治、经济、文化的影响，因此，它的奴隶制度就较快地发展起来了。到了拓跋珪时代，完成了由原始公社制到奴隶制的转变，建立起奴隶制度的政权，号称魏，史称北魏。建立政权以后，其他十六国的基础很薄弱、很空虚，而它在雁门关一带有其奴隶制的社会基础，所以它的统治比较稳固，生产比较稳定。比起原来的原始公社制来，奴隶制度是一个进步。

拓跋贵族奴隶制度建立起来以后，十六国中的某些国家，在西北、河北、河南等地还存在，但都不能把北方局面稳定下来。东晋朝廷在南方建立以后，东晋的统治集团只求偏安一时，毫无长远打算。像王导，他明知人民对许多方面有意见，不但不理，反说："镇之以静，群情自安"。就是说：我闭上眼睛，大家闹我也不乱，结果大家就安定了。这就是他应付时局的方针。因此，拓跋的北魏政权建立之后，开始还只向南方抢夺土地、财产，俘虏人口作奴隶，以后，汉族地主阶级知识分子鉴于当时的情况，便劝他说：你不要这么搞，为什么住在大同呢？搬到南方地区去不好吗？这样，拓跋魏就转到山西、河北，后来到了陕西、河南、山东等地，把十六国消灭了，占领了大片土地。北魏强大了，但新的矛盾也就此产生了。

原来汉人地区是已经发展到高度的封建制度，而拓跋魏却是奴隶制社会。南下后，奴隶主随便占领土地，使用奴隶进行生产。这样，在华北、西北地区，就形成封建佃耕制的生产和奴隶制生产两者并存的局面。北魏拓跋贵族的奴隶制在政治上占支配地位，但是它是落后的，汉人地区地主阶级的封建佃耕制生产是先进的，但在政治上却处于从属地位。这两个东西的并存是北魏社会的基本矛盾。当时拓跋奴隶主们各自占有一块地方，采用奴隶制，按照它原来的公社形式组织生产。有一些人误认为封建庄园。所谓"魏晋封建论"，主要就是从这个现象出发的，他们不知道这是落后的东西，是依靠政治上的统治地位而强加于先进地区的。这是历史本身的辩证法。社会历史是按照它本身的规律发展的。北魏的奴隶主却违反了汉族地区原来的社会发展规律，切断了封建社会的发展线索，用外力把奴隶制度强加于中国社会，这种现象只能说是一种历史的变态，不是常态，而且，它也不是历史的主流。

　　那么，当时所使用的奴隶是哪几种人呢？有汉人，有其他部落的人，也有贫困破产的鲜卑人。汉人原来已经走过了奴隶制阶段和农奴制阶段，发展到佃耕制。佃耕制下的农民，虽然要把生产品的一半缴给地主，还要负担繁重的徭役等等，但是，他比奴隶有较多的自由。他的劳动时间，除了缴地租以外，由他自己支配。我们说农奴的生产时间一半归自己支配，一半由农奴主支配，而佃耕制农民就不同了，他们的自由比较多一些，同时，在经济上有它自己的私有财产，比农奴的财产多一些。正像马克思所说的，奴隶制时代的奴隶是最没有觉悟的阶级。比较起来，农民是有觉悟的。所以，矛盾就表现在以下的两个方面：一方面，汉人同其他部落出身的人民一同当奴隶，有着共同的遭遇，而且共同劳动，共同生活，因而他们彼此接近，大家共同斗争，奴隶对奴隶主的阶级矛盾把他们联结在一起，使他们不去计较彼此的民族差别。再一方面，因为这些奴隶制庄园式的组织是在汉人地区里面，和佃耕制的地主所有制交错，所以奴隶主无法阻止奴隶逃亡，奴隶可以逃亡到汉人或其他部落的农庄里去。这就和奴隶制时代不同，希腊罗马的奴隶颈上有一个铁圈，圈上写道：某某人逃亡了，请你逮捕送还原主。当时是奴隶主的世界，奴隶怎能逃得出去？！殷朝奴隶额上刺字，称为"黥面"，一看就知道是奴隶。但北魏的情况却大不相同，奴隶主就没有办法阻止奴隶逃亡。这件事本身就是一个很大的矛盾。同时，它不单是民族矛盾，也是阶级矛盾。毛主席讲过，民族矛盾说到底是阶级矛盾，但同时并不等于阶级矛盾。

　　汉族与少数民族之间语言不通，风俗习惯不同，统治阶级就常常利用这个空子制造隔阂。譬如北魏统治者对拓跋的奴隶主和统治集团较其他人有优待，给予更多的特权（当然，对拓跋族的奴隶是同样残酷的）。所以，在他们制造隔阂的情况下，拓跋群众也因不觉悟，受到剥削阶级的蒙蔽，他们有时也欺负汉人。劳动人民本身没有压迫别人的社会基础，但是群众的阶级觉悟要提高到超越民族成见，完全清除统治阶级制造的隔阂，这是另外一回事。今天我们有共产党的领导，共产党对于群众进行很多组织、教育工作，但也要经过相当艰苦、曲折、复杂的过程，才能使群众的阶级觉悟提高到一定程度。正因为这样，在汉人与拓跋人民之间，就是在劳动人民相互之间，也不是彼此一接近就平等了，只有在他们共同生活和共同斗争的长期联系中，才能逐渐建立起平等关系。拓跋的少数人（几十万人口）住到汉族人民的汪洋大海里，他们不能离开汉人生活。在和汉人共同生产、生活和斗争的过程中，逐步建立了比较密切的关系。但是，拓跋朝廷打仗时，要汉人在前面打冲锋，他们称汉人为"汉子"，管年纪大一些的男子叫"老汉"；在当时这是骂汉人的话，"汉子"就是"汉崽"。

在封建制和奴隶制两种生产方式矛盾的基础上，拓跋贵族在内地建立的奴隶制式的庄园，不能不受到周围汉人地区先进经济制度的影响，因而，逐步向农奴制庄园转化，在剥削方式上采取地租、贡赋等形式，拓跋奴隶主用这种办法来阻止奴隶的逃亡。

有了农奴制以后，北魏出现了奴隶制、封建农奴制和封建佃耕制三种形态，它们是互相矛盾、互相斗争的。上面我们讲，佃耕制下的农民在政治上、经济上都受压迫，与地主的关系不好，但农奴赶不上佃农，奴隶不仅赶不上佃农，连农奴也赶不上。农奴里面，也同样有从拓跋奴隶制中解放出来的，还有汉人和其他部落的人。他们在共同遭遇下，共同劳动、生活和斗争。尽管在政治上奴隶制占优势，北魏的政权主要是代表奴隶主的利益，但是，落后的东西不能战胜先进的东西，先进的东西却能克服落后的东西。当时从力量对比来看，拓跋贵族在政治上处于支配地位，但是在生产上、经济上、文化上他们却处于劣势；而汉族的佃耕制取得优势，处于压倒的地位。所以北魏社会几种生产方式的矛盾，呈现出错综复杂的关系。

还有，拓跋贵族与汉人地主之间也有矛盾，并且，两者在政治上的矛盾也反映到拓跋贵族的内部来。在拓跋贵族里面，转变为农奴主的贵族同奴隶主有矛盾，特别是后来在先进制度的影响下，农奴主又逐渐转变为地主，拓跋贵族中出现了奴隶主、农奴主、地主，既然同时存在，他们相互间就必然会出现矛盾和斗争，尤其是大同一带保守派奴隶主同进到南方后（洛阳一带）已经封建化了的贵族之间的矛盾更表现得特别尖锐。拓跋贵族为了冲淡阶级矛盾，转移各族人民对北魏朝廷的不满，就唆使、纵容其他民族的统治者，歧视和压迫汉人，制造民族隔阂，制造拓跋人民与汉族人民之间的矛盾。因此，就使阶级矛盾上面涂上了浓厚的民族矛盾的色彩。汉族地主阶级同其他民族上层集团，在拓跋朝廷里虽然都享有特权，汉族四大家族虽然名义上与拓跋贵族地位相等，但是，他们在政治上仍然受到一定程度的民族歧视。比如崔浩，他是北魏的历史家。崔家当时是北方头等名门贵族，崔浩编历史书，皇帝嫌他编得不好，就把他处死了。

下面，讲一讲北魏孝文帝改制的社会基础。

当时，北魏境内的拓跋贵族大部分已经转变为农奴主或地主。就是说，在拓跋族里面，农奴制与佃耕制的封建生产已经占支配地位，所以，孝文帝的改制得到拓跋人民和统治阶级的支持，这是一方面。另一方面，拓跋统治阶级里面有一部分人反对改制，在大同一带他们的力量占优势，这部分人坚持保存奴隶制，并且主张继续制造与扩大汉族同其他民族、部落之间的矛盾，以巩固他们的地位。两派之间发生了尖锐的斗争。北魏孝文帝为了贯彻他的改革社会制度的主张，就由大同迁都到洛阳，离开了奴隶制占优势的大同，转到拓跋人中封建地主、农奴主占支配地位的地区，在这个地区里还可以得到汉族地主方面的支持。这是改制的第一步。

另外，由于当时的民族矛盾、阶级矛盾很尖锐，阶级斗争已经常常发展为人民群众的公开的武装斗争，拓跋贵族中有些开明人士也不赞成野蛮落后的民族压迫和民族歧视政策，在这种情况下，不改制是不可能的。为了缓和极度紧张的民族关系，孝文帝就宣称鲜卑人同汉族并非不同的民族，大家原是一家，都是黄帝的子孙，拓跋氏，是黄帝的最小的儿子，被封到北方去的（大同以北的地区）。

北魏孝文帝的改制主要表现在两个方面：一方面是社会制度的改革；另一方面是强制实行民族同化政策。先讲讲社会制度方面的改革。当时推行封建制，推行三长制，大家共同成立农村的联合机关，实行土地买卖，推行佃耕制，使奴隶制、农奴制向佃耕制转化。孝文帝改制，在当时有很大的进步作用。当然，改制所以能够施行，是由于在当时阶级矛盾和民族矛盾的基础上，要求改制的趋势在群众中业已形成。拓跋奴隶、农奴制国家的人民都赞成这个办法。改制已经有了经济基础，又有了群众基础，客观条件已经具备，所以能够成功。社会制度的改变，主要是这一方面。

当然，对于社会制度的其他方面，为了使原来北魏传统的落后现象适应于地主阶级的社会秩序，也作了相应的一系列的改革。

另一方面，孝文帝又大力推行了同化政策。他所推行的同化政策，不是站在统治民族的地位，来强迫同化其他民族；而是相反地以居于统治阶级的主体地位的部族强制推行把自己同化于处于被统治地位的汉族。这个同化政策的基础是什么呢？这是由于拓跋族的劳动人民同汉族劳动人民及其他各民族、部落的劳动人民，在长期的共同劳动、共同生活、共同斗争中一天天接近起来；同时，在华北、西北地区和汉人的交往中，不讲汉话不行，同汉人打交道不用汉人名字不行，文化娱乐不用汉语不行；这样，汉人和拓跋人之间的共同性逐渐增多，差别性自然一天天减少了。这就是说，同化的趋势在群众中已经形成，所以，孝文帝的同化政策是符合群众要求的。这是一方面。另一方面，北魏拓跋统治集团为了巩固自己的统治，必须妥善地解决汉族与拓跋族的民族矛盾。他们看到大势所趋，人民群众已经走上了这条同化的道路，再不改变，就会失去自己的拓跋族群众，政权就会垮台。于是，在这种情况下，产生了一系列的汉化政策：

第一条，定氏族、定姓氏。把鲜卑姓都改为汉姓。北魏皇室原来都姓拓跋，现在改姓元。为什么姓元呢？因为"元"就是天的长子，这是天下最尊贵的姓氏，意味着"老子天下第一"；同时，他把拓跋其他族统统改为汉人的姓氏，把拓跋贵族与汉人贵族混合排队，同等待遇。这样，民族界限消灭了，大家都一样了。还有语言文字怎么办呢？他下了命令，严格禁止拓跋人说拓跋话，谁说拓跋话就是犯法，听到有人说拓跋话的要报告，政府要处分。这种强制是相当严厉的。（姓"元"的在中国历史上曾经出了两个大诗人。在唐朝，一个是写《莺莺传》的元稹，元稹大概就是《西厢记》里的张君瑞，是洛阳人，他和写《长恨歌》的白居易很要好，元稹与白居易是齐名的。金、元之际还有一个大诗人叫元好问。）孝文帝规定汉族地主的四大家族和皇室通婚，把他的公主和贵族的姑娘嫁给四大家族，他选皇后也到四大家族里去选。把服装也全部改变了，不准拓跋人再穿原来的服装，要穿汉人服装。房子、宫室也要改成汉族的式样。以前拓跋人死后，要从内地送回大同雁门关以北的家乡去，按原来的习俗埋葬，此时也被禁止。孝文帝说：死在什么地方，就埋在什么地方，这个地方就是你的家乡，不准送回去；埋葬的办法同汉人一样，不准按原来的办法埋葬。

孝文帝改制，主要是采取了这样一系列的政策。这些政策是成功的，因为它有社会经济基础，有群众基础，是进步的，不包含压迫与被压迫的内容，是符合社会发展的客观趋势的，是适合于群众要求的。任何强制同化的政策，若不符合群众的要求，是不可能成功的，历史注定都要失败。日本人在台湾几十年，拼命推行同化政策，结果失败了。为什么呢？因为违反群众的要求。日本人在旅大（日本人称为关东洲）四十三年，强制推行同化政策，结果又完全失败了，虽然当地一些孩子的语言中夹杂着几句日本式的汉语，但是他们知道自己不是日本人；很多人虽然会讲日语，但是也不放弃自己的语言，因为它不适合于群众的要求。日本在东北十三年，强制推行同化政策，也完全失败了。而北魏的强制同化政策，在客观上是符合历史趋势、符合群众要求的，所以它能成功。当然，北魏的同化政策的推行，也不是贸然一下就成功的，是在孝文帝改制的基础上，一直推行到北齐、北周时，社会制度的改革才基本上完成，民放同化政策才完全实现。到那时，民族已经分不出来了，民族矛盾消除了。

譬如，隋唐时期，隋文帝的老婆就是拓跋族。隋文帝杨坚在北朝时期，改成和拓跋一样的姓氏——姓普六茹，以后又改姓杨。又如，唐太宗李世民的妈妈独孤氏就是隋文帝的老婆的姐妹，李世民和隋炀帝是表兄弟。他们的妈妈都是鲜卑人。李世民的老婆是长孙无忌的妹妹，长孙氏的祖先是拓跋氏。所以，唐朝的皇室是杂种。李世民也实行了一些积极的民族政策。因此，我们说孝文帝的改制有进步性，在客观上符合社会发展的趋势，应该肯定。我觉得像孝文帝（元宏）这样的历史人物，应该给予应有的评价，将来写历史人物传记可以好好写一写，有些地方还可以挂一挂他的像，这是个有功之人。

（三）在阶级矛盾、民族矛盾的基础上，各民族人民的联合起义。

在南北朝，人民的起义主要分两个阶段。在十六国、北魏前期，起义的主要是汉人，其他民族的人民很少参加，特别是鲜卑、拓跋人参加的很少。这是同北朝境内从奴隶制到农奴制的演化过程，各族人民由彼此不接近到共同生活、共同劳动、共同斗争的过程相适应的。这些起义的具体内容，上次我们已讲过。石勒占领安阳一带时，冉闵、李农为首的斗争，《简明中国通史》上有，这里就不谈了。

现在谈一谈淝水之战，这是一次著名的战役。现任南京军区副司令员郭化若同志，专门研究过淝水之战，并且写过文章。同志们如果有搞军事工作的，我建议你们找来看一看，这本书在延安时曾印过。

大家知道，淝水之战中，前秦苻坚带了八十万人马准备消灭东晋。当时东晋兵力大概只有前秦人马的十分之一或八分之一。但是在这种众寡悬殊的形势下，东晋却胜利了，苻坚完全失败了。东晋军队势如破竹，苻坚完全垮了。原因主要是东晋利用了前秦的民族矛盾和统治集团内部的矛盾。当时，苻坚军队里有一个名叫朱序的汉人，受苻坚的兄弟前敌总指挥苻融之命，到晋军中劝降。苻融对朱序说：你去告诉晋军，我们的兵力有多大；再让他们想想东晋的力量有多大？问他们敢打不敢打？告诉他们我们随便用手指弹一下，就能把他们打垮；我们每人拿一条马鞭子摔到河里，就可以把河水堵住。叫他们趁早不要打了。那时东晋的将军如谢石、谢玄、刘牢之等，年轻有为，很有名望。他们见朱序是汉人，就拉他一把，朱序就把苻坚军队内部的情况和苻坚的作战计划、兵力部署全部告诉他们，特别重要的是，告诉他们：苻坚的军队虽有七、八十万，但是各个部族、部落凑起来的，利害不一致，各有各的打算；苻坚军中还有很多汉人，当兵的、当军官的都有，中下级军官里汉人很多，汉人受不了气，都希望把苻坚打垮，都说，只要你们仗打得好，我们可以配合行动。于是，谢玄等就和朱序定下了计，利用苻坚和汉人的矛盾，扩大苻坚统治集团内部前秦与其他部族上层分子之间的矛盾。

苻坚方面，大将苻融很骄傲，认为自己力量大，轻敌冒进，前锋被刘牢之打了一家伙，退到淝水边。一个占淝水北，一个占淝水南（东晋在淝水南）。打仗时，刘牢之和朱序预先商量好，晋军猛攻，朱序等在后方配合。当时谢玄对苻融说，你要打，得让我们过河到北岸来，现在隔着河怎么打？苻融一想，这正合我意，你过到河中间，我一打，岂不把你们统统淹死在河里，他可不知道晋军和朱序里应外合，引他上钩。谢玄又对苻坚说：先让你的军队往后退一下，你不离开河岸我怎么过河？苻坚说，那可以。命令部下退了二三里。东晋军队懂水性，淝水又不宽，很快就渡了过来。苻坚的军队却乱了营，原来，当苻融军队后退时，以朱序为首的汉人军官就在后方鼓噪起来，说打败了！打败了！士兵们跟着四散逃跑，东晋就这样打了胜仗。这次打胜仗是有道理的，东晋的将军们掌握了情况，利用了苻坚内部的矛盾。另外，苻坚内部慕容垂等其他的部族的上层分子，在紧急关头不仅不替他打仗，自己走自己的，而且顺手牵羊捞一把，扩大自己的势力。这就是淝水之战东晋以少胜多的主要原因。

过去在讲历史时，统治阶级的历史家对这一段是不问的，觉得很麻烦，很难搞；资产阶级历史家也是不摸它的。所以这段历史过去是漆黑一团，没有把它的本质揭示出来，也没有把这一段和秦汉以来中国历史的发展连接起来，以研究它的客观规律。以上所讲的是两晋南北朝前期人民起义斗争的一般情况。

在北魏前期的斗争规模较小一些，大体发生在河南、山西、河北、山东地区，多半是某一个民族或汉族人民单独举行的。在这时，北魏处在几种生产方式相互斗争的演变过程中。随着阶级关系、民族关系的变化和斗争形势的变化，斗争的形式逐渐变成了各民族共同起义，或者是互相影响，互相配合，并发展成为比较普遍的形式。这种形式是一种进步的形式，因而，为中国各民族人民的共同斗争又一次创造出优良的传统。这样的起义，规模是比较大的，大多数是以汉族人民为主体，也有少数民族为主体的。

除了这种斗争以外，还应该提到这样一点，即他们进行了各种形式的反抗。譬如，逃亡到山区去，隐藏户口。有的是汉人隐藏在其他民族的地区里；有的其他民族的人民跑到汉人地区隐藏起来；他们不纳粮饷，不当兵、不服役。用这种办法，反抗统治阶级的压迫剥削、横征暴敛。这种形式很普遍，武装起义，在魏孝文帝以前已经有了，到魏孝文帝时比较普遍。孝文帝改制以后的起义差不多都是各民族共同进行的，前后共有十几次，从这些起义可以看出，它们当中所包含的阶级斗争越来越尖锐，民族矛盾的性质却越来越减少。孝文帝时，大的起义有三四次，差不多全是阶级斗争。当时规模最大的起义，都是几个民族的人民共同参加的。如天水（当时称秦州）羌族人民起义，有汉族人民参加，也有其他部落的人民参加。陕西略阳氐族人民起义，也有其他民族参加并相互配合。今天的甘肃临夏回族自治州，那时也有少数民族的人民起义。同时，有破六韩拔陵①为首的鄂尔多斯②人民起义。甘肃还有孙掩、张长命、莫折太提、胡琛的起义。孙掩是汉人，张长命也是汉人，莫折太提是羌人，胡琛是少数民族的酋长。可见当时的起义是互相呼应、互相配合的。另外，在天水、固原、朝阳等地都有各民族人民的起义，这些起义都有其他民族的人民参加，相互配合，相互支援。在营州（今朝阳县，原在热河境内，现属辽宁）有汉人为首，其他民族人民参加的起义。莫折太提为首的起义，一开始就是各民族人民共同进行的斗争。在河北境内，是鲜于修礼（鲜卑人）为首的定州兵变和葛荣（汉人）为首的怀朔兵变与河北人民起义。形成声势浩大的起义军，并有大股同盟军配合，在河北、山西等广大的地区活动。在这次起义中，有很多鲜卑人，如宇文泰，他原是参加起义的，后来投降了北朝。所以，我们说，各族人民联合起来，共同斗争，是这一时期人民起义的特点，这次起义的几支力量，后来以葛荣为首，合并为规模浩大的农民军。这时，参加起义的鲜卑人里出现了内奸元洪业，他是北魏皇族出身，抱有个人野心来参加起义，因之，在斗争发展到一定程度时就想捞一把，作为自己的政治资本，这个目的没有达到，而斗争的发展又超出了他原来们愿望，在这时他叛变了，把起义领袖鲜于修礼杀死。元洪业和鲜于修礼出身于同一民族，同是参加从兵变发展起来的起义，但是斗争发展到一定程度以后，一个是坚决干下去，一个叛变了，把同一民族的起义领袖杀掉。在这次起义中，不同民族出身的宇文泰（鲜卑人）、高欢（汉人）在斗争的决定关头却同样被统治阶级收买、叛变，拖走自己的部队，为统治阶级打先锋。这些都说明了当时斗争的实质主要不是民族矛盾而是阶级斗争。

同时，这个斗争在反动统治阶级方面，也是各部落各民族的反动头子联合进行的。这正反映了北魏朝廷是以拓跋贵族为主体的各民族上层集团的联合统治，所以，在阶级斗争的生死关头，他们也联合起来保卫自己的政权。在农民军方面，各民族（包括鲜卑人民在内）为了共同的利益进行共同的斗争，他们同生死、共患难。通过这些起义，在了解民族矛盾与阶级矛盾的关系上给了我们一个生动具体的说明。矛盾的本质，在这里表现得非常明显。

---

① 匈奴族。

② 在今内蒙古自治区。

　　关于这个时期的农民战争，主要说明这样一个特点。直到今天，中国境内的民族关系都继承并发扬了历史上共同斗争的光荣传统。当然，这是由于我们党、由于毛主席的民族政策的正确、伟大，这种政策概括了我国历史上的民族关系的特点，反映了我国历史上各族人民联合斗争的优良传统。因而对于我国各族人民参加生产建设和革命斗争，起了伟大的动员、组织作用。

　　这一段历史为各族人民的联合斗争创造了范例，开辟了道路，但过去历史上记载只称少数民族起义为"叛逆"、"盗匪"，从来没有把联合起义的本质揭发出来，今天我们把它揭开来了。

　　各民族的联合斗争，促进了民族同化，是民族同化的最大动力。在这里附带说一句，今天一些同志对同化与融合的概念的理解上还有分歧。列宁、斯大林都讲过这个问题。斯大林说，在社会主义时期，民族还要发展；到共产主义时期，全世界各民族逐渐融合为一体。列宁也讲过，社会主义的目的，是要使各民族融合为一体，这个过程要在共产主义时代才能实现。对此，我们有些人理解为：在社会主义以前，不可能有融合，只能有同化，而且只有强制同化。那末，中国历史上有没有各民族的融合呢？有人认为：中国历史上从来没有过融合，过去的少数民族是被汉族吃掉了，不能叫融合。另外一种意见认为：强制同化是统治阶级干的，但强制同化的政策，一定要适合群众的要求，适合于客观发展的趋势，才能起作用。所谓融合，就是不同民族的人民在相互平等的基础上，彼此接近，彼此之间的差别性逐渐减少，以至消灭，共同性逐渐形成和增长的过程。斯大林讲过，民族融合之后产生的是具有共同特点的新东西，不是你，也不是我。中国历史上也有这样的情况：南北朝时期的各民族叫同化也好、融合也好，总之是搞在一块以后，旧的民族界限消失了，出现了具有共同性的新的东西。当然，汉人的东西保存得多一些，但在隋唐以后，鲜卑的服装、文化等等也保存了不少。由于参加了新的因素，新的血液，新的成分，当时的汉族已经起了变化，不是原来的汉族了。列宁在谈到资本主义时代的民族关系时，曾用过"同化"这个字眼，也用过"融合"、"溶合"这些字眼。当列宁讲到俄罗斯的工人阶级和乌克兰劳动人民住在一起，他们彼此之间的关系时，用过"融合"的字眼。那么，到底在以往的历史上有没有民族融合的现象？有没有民族同化的事情？在共产主义社会以前，民族之间有没有自然的融合？这个问题也可以百家争鸣。

强制同化要符合客观的趋势，符合广大群众的利益和要求。今天我们讲的魏孝文帝推行汉化政策，强制同化，是强制自己的民族同化于其他民族，强制占统治地位的民族同化于被统治、被支配的民族。这个问题我想提出这样的意见，供同志们参考。

第十讲

专制主义中央集权封建统一国家的
再建与发展——隋唐时期

（公元581——907年）

同志们！我们在研究阶级社会的历史时，总的有一条，那就是要抓住毛泽东思想里的阶级分析、阶级斗争这样一个基本理论原则。马克思、恩格斯在《共产党宣言》里一开头就这样讲过："至今所有一切社会（按：指阶级社会）的历史都是阶级斗争的历史。"[①] 列宁和毛泽东同志，又大大地发展了马克思和恩格斯这一思想。我们在学习阶级社会的历史时，是不能离开这一条的，否则，就抓不住它的规律和实质。

今天讲这样几个问题：

（一）隋朝的兴灭，唐在隋末农民战争的烽火里统一了全国。

这里重点讲一讲以李世民为首的唐中央集团统一全国的战略方针、部署。一方面概括地讲一下历史事实，另一方面把带理论性的问题分析一下。

（二）唐朝国内的民族关系和国际环境。

周恩来同志讲过，西藏从元朝开始正式加入中国的版图。但这并不是说，在这以前，西藏和祖国就没有关系。唐对西藏的经略已打下了基础，《文成公主》这个戏就说明了这个问题。

同时，这里要谈谈唐在处理民族关系上做的怎么样，我认为主要的方面应该肯定，它对祖国做出了贡献。这包括对李世民、武则天一直到唐玄宗李隆基

---

① 《马克思恩格斯全集》第4卷，第465页。

的评价在内。

在这个问题里，要总的讲一讲唐对当时国内各民族，对国际、对全人类的经济、文化做出了什么贡献。

（三）唐末农民大暴动。主要讲一讲以黄巢为首的农民大暴动的一些特点。至于《简明中国通史》中已经有的，以及黄巢如何打仗等问题就不多讲了。

一、唐的建国和当时的政治、军事形势

这里首先讲一讲隋的统一全国和它的灭亡，因为唐是在隋的基础上发展起来的。

隋是在南北朝为它准备的基础上统一起来的，它又从其他民族吸收了不少东西。隋文帝是一个在政治上有丰富经验的人，他曾采取了一些改良措施，即所谓行"裕民之政"和"宽民之政"。"裕民"就是在经济上设法恢复生产，减轻人民负担；"宽民"就是在刑罚上放宽一些。文帝自己生活也很节俭，据说他做皇帝时，铺盖破了就补，他和皇后穿的衣服都打补丁，至于公主、宫女们衣服破了不要是不行的。隋文帝做了很多好事情，如修水利、搞全国交通等。所以，隋朝初期的经济比南北朝有所发展。我们说有所发展，意思是发展不大或发展不多，但是却有发展，情况比南北朝时期好得多；特别是出现了全国和平统一的局面，人民能够安居乐业，就能发展生产。当然隋文帝终归是封建帝王，是封建统治阶级的头子。他自己生活虽然节俭，但他周围的人如杨素、韩擒虎等却是很阔气的。同时文帝也修一些行宫别墅，这当然也是不必要的花费。

隋文帝的改良措施，给唐朝李渊、李世民父子上了一课，唐是在隋文帝的基础上，根据他的办法发展起来的。当然不限于这些，而是发展了他的办法。

隋炀帝（即杨广），大家说他是一个花花公子，但他很有能力，文章和诗也写得很好，力气也很大。他曾吹过牛皮，并说：我爹爹是皇帝，所以我做了

皇帝，假如我生在老百姓家里，就凭我的诗文，考也考得上一个皇帝做。同时，这个人在政治上雄心很大，他和后来的李世民一样，也想把一度同中央朝廷疏远了的边疆地区，都要重新恢复起来，巩固起来。他想把新疆、青海、今天蒙古人民共和国东部地区的突厥族，以及东北都纳入隋的版图，还想打通对日本、朝鲜的交通，后来李世民搞的那一套他都想搞。问题在于他当时所处的条件不同，基础薄弱，不可能那样大搞特搞，否则就会损伤元气，动摇隋朝统治的根基。另外，李世民比他要聪明一些，凡是无用的建设，李世民不搞。当然，隋炀帝与李世民比较起来，他还不如李世民那么高明，也没有李世民那样丰富的斗争经验。他为了自己玩耍，把洛阳的宫殿修建得富丽堂皇，开凿运河，把几条河流连接在一起，在洛阳修了很大的湖，湖里面有岛，好像神话中神仙住的仙岛一样。他把皇宫里面三宫六院里的人都搬到船上，用几万人从洛阳开到扬州；为了修宫殿，要全国人民从广东、广西、四川等很远的地方把木材运到洛阳，这种纵情享受、劳民伤财的举动，使人民无法忍受下去；加之，为了远征朝鲜，他造了很多的船，装备了好多水军，武器都要搞得完全一模一样，他命令老百姓给他造船，但却不管老百姓的死活。例如，在山东烟台造船时，却让造船工人立在水里，时间久了，自腰以下多腐烂生蛆，死亡很多。他所以在烟台造船，是想从那里进攻朝鲜。（到朝鲜登陆的地点很多，如釜山、镇南铺等地都可登陆。）企图打通商路，恢复原来少数民族地区同中央朝廷的关系，但其办法是倒行逆施，不合时宜的。另外为了征服北面的突厥族，要那里的各部落长朝见他，就在那里搞"六合城"，把一幢一幢装有车轮的房子推到沙漠草原里，把它对起来，搞一个七八里宽的城。大家试想：这在当时生产力低下的情况下，要用多少人力、物力，人民怎能负担得起？本来骑几匹马或几只骆驼就可以去了，但他偏要抖抖威风，在那里的沙漠原野上搞出一个城市来，这就是倒行逆施。当时不但伤害了老百姓，而且一般的地主也都受到严重的损害。因为他的基础薄弱，征赋税时，中小地主在经济上、劳役上也有负担，所以，在隋末农民起义时，有很多地主阶级分子也参加了。如窦建德，他是个两面派人物，当河北的农民起义之后，他一面也搞农民暴动，另一面却同隋朝保持着秘密的联系，所以，隋朝曾封过他一个很大的官。这是地主阶级的两面手法：一面充当农民暴动的领袖，另一面又是隋朝的官僚和封建地主阶级的代理人。

在这种形势下，隋朝的大贵族，都想钻空子，利用时机，给自己打江山，捞一些政治资本。隋朝第一个大贵族杨素的儿子杨玄感起兵反抗隋朝；贵族出身的李密，在随杨玄感暴动失败后，投奔瓦岗军，参加农民暴动（瓦岗寨处于抗战时期的冀鲁豫边区，即今河南滑县一带），后来还做了领袖。李密对瓦岗寨农民暴动有功也有过，至于功过多少，大家的看法不一样。

这里，要简单说明一点，对隋文帝的评价，过去肯定的方面多一些，否定的方面少一些；而对隋炀帝，大家认为他在主要的方面是应该给以否定评价的，尽管他也有值得肯定的地方，如开运河就是一件大好事。

现在讲一讲唐朝在我国封建社会中的历史地位问题。

唐朝是我国封建社会历史上的黄金时代。它是在隋末全国农民大暴动的烽火中建立起来的全国统一的政权。它当时在土地制度上采取了一项重大措施，即把很多无主的土地分给无地或少地的农民，让他们耕种，并向国家纳租纳税，即所谓均田法；课税采用租（地税）、庸（力役）、调（人头税、户口税）的办法。这和以往的朝代不同，出现了大量的中、小地主和小土地所有者，他们占有的土地面积的比例也比较大，这为唐朝封建经济的发展、繁荣打下了很好的基础。在均田中领到土地的农民，在唐的裕民政策的条件下，比耕种地主的土地负担为轻。当然，唐朝分配了土地的只是一部分地区，大体上在今河北、山西、山东、河南、陕西以至苏北、皖北的一部分地区。在这些地区里面，还存在着原来的地主土地所有制，同时土地买卖还很流行；就是分给农民的土地，公家也并不禁止他们买卖。朝廷给左右的功臣、官吏很多土地，这样就出现了占有大量土地的大地主。另外，自北魏以来，佛教很发达，如云冈石窟、龙门石窟、麦积山石窟等，都表现了统治集团对佛教的大力支持和寺院地主经济的高度发展。当时唐朝给他们很多土地，地主们也捐献了不少土地和财产，寺院占有大量土地，僧侣享有免除赋役特权。光佛教一门还不算，唐朝的皇室和统治集团另外又扶植了一个道教，互相牵制，便于控制。他们说道教始祖老子姓李，唐朝皇帝也姓李，是一家，这样，道观也和寺院一样，占有大量土地，并免除赋役。于是，以上土地占有关系就成为唐朝的社会矛盾的基础。此外，在南方，如江苏、浙江、安徽、湖北、湖南、四川，这些地方土地较多，人口较少，丧失土地或逃租、逃役的人，都大批地跑到南方去。对此，唐朝在沿海沿江一带实行封锁，派兵检查，禁止人民流往南方，以便把劳动力保留在北方。

唐朝初年北方在经济上是先进的。到了一百年之后，北方经济开始衰退，但是南方的生产还在继续发展。当时扬州、益州经济很发达，有"扬一益二"之称。所以，唐的经济力量仍然很雄厚，后来的几百年中还能维持国家的庞大开支。当安禄山造反时，唐朝拼命保住两条路，一条是到四川的道路，一条是到东南的道路，因为这两个地区是唐朝的经济命脉，假如把这两条路切断了，那么它的经济来源就没有了。从唐建国开始至唐玄宗开元时期这一百多年，唐朝的经济在全国范围，包括北方、中原、山西、甘肃在内，发展都是比较迅速的。从"天宝之乱"，安禄山、史思明造反以后，唐廷请吐蕃人（即西藏人）、维吾尔人帮助平定安史之乱，在经济上破坏得很严重；而更重要的是扩大、加剧了阶级矛盾，这里不详细讲了。从那时起，西北、中原的经济就走下坡路了，但是就全国范围来说，并没有走下坡路。到唐德宗、宪宗的时候，又采取了一些改良的办法来缓和阶级矛盾。实行"两税法"就是其中之一。"两税法"是杨炎提出来的，杨炎是当时的政治家，当时有土地的人不纳税，没有土地的人不但要担负地税、徭役和人头税，而且要给地主纳租。实行两税制以后，每年分夏秋两季征税，无论什么人不分贫富，不管你是不是地主，有没有特权，只要你有一口人，够了纳税的年龄，都要按土地多少纳税。这在客观上是适合当时社会形势发展的要求的，表现在负担比较公平等方面，是有进步性的，对当时的社会矛盾，作了适当的调节，使矛盾缓和下来。但是它并没有解决土地占有向两极分化的矛盾。大地主兼并土地，中小地主，农民丧失土地，这个矛盾是他没有办法而且也不可能根本解决的。

在安史之乱以后，当时各地节度使便把军民、财政掌握在自己手里，盐税也掌握在节度使的手里，唐廷收不了税。这时唐宪宗就采取了一个分成的办法，凡是出盐的地方，每年盐税收入，中央、节度使和州县各分三分之一。这样，把中央和地方的经济矛盾暂时缓和了一下。

唐德宗、宪宗时代采取了这些改良主义的措施，经济上又有一个回升，但到宪宗以后，中原地区就走下坡路了。在全国范围内，在长江流域，特别是长江以南，一直到两广、四川一带的经济发展，一般说来，还是比较稳定的。比以后的五代十国搞得好，财政上还是那么富足，经济上还在比较稳定地发展。

另一方面，唐朝全国的少数民族地区的经济，在唐的先进经济的直接推动下，都有比较迅速的发展。内地人民把很多先进的东西，带到少数民族地区去。唐朝内地也接受了少数民族的很多东西。这就是唐代经济发展的大概情况。

同时，与经济发展、社会生产发展相适应，又大兴文教事业，著书、注经、译书、修史、提倡诗文及书法、画道、戏剧（梨园子弟第一次产生）等等，因此，唐朝的文化有高度的发展。在封建时代来说，唐代文化是极其灿烂辉煌的，是全世界的封建文化无与伦比的。唐朝的诗人不下几千人。唐诗，直到今天，仍脍炙人口。很多东西，如医学、艺术、生产技术等的发展，都是空前的。譬如木板印刷，也是从隋唐开始的（那时还不知道活字印刷）。所以，文成公主带那么多东西到西藏去，是合乎情理的。而且，西藏也有很多好的民间传说。旅顺博物馆（以前叫东方博物馆）有十一个唐朝的木乃伊，穿的衣服都是花绸的，今天看起来也很漂亮。山西一个古庙里画的壁画，老乡说是唐朝的，画的颜料很好，这说明了唐朝化学制造已发展到很高的程度。

唐朝的盐、铁、茶这些东西，在国家税收里所占的比重很大，也说明唐朝的商品经济比以往各朝代有很大的发展。商品生产的发展，反映了唐朝农业生产和手工业生产发展的水平和规模。唐朝的经济发展，为以后宋朝的经济发展准备了条件。宋朝的手工业、农业的发展有很显著的几个特点：如活字印刷术、火药的制造等，出现了一些新东西。阶级构成也有了变化，特别是私人手工业主和自由商人集团的形成，这是在唐朝经济发展的基础上形成的。

唐朝当时的经济、文化既有了这样高度的发展，它对世界文化确实做出了重大的贡献。唐朝的经济、文化，站在全世界最先进的地位。日本大化革新前后，不断派很多留学生到中国来。不仅在农业生产技术方面，而且在炼钢术方面，都从中国学了不少东西。日本的刀剑所以著名，就是因为从中国学习了锻冶制造的技术。另外还有造纸、印刷术等等。日本的国家制度、土地制度，都是仿效唐朝的。日本的文字，也和唐朝一样。日本当时是奴隶制度，唐朝是高度发展的封建制度，但它学了这些东西，对它是起了促进作用。

对南方的印度、对西边的伊朗、中亚细亚、黑海、里海等地区，唐朝的先进生产技术、先进文化也都有很大的影响。唐朝的造纸技术、刻版技术这时已开始传到欧洲。唐朝的刀剑有它独到的特点，刀剑都打上制造人的名字，如张三造、李四造等。这些东西，很受外国人欢迎。此外还有瓷器，也很受外国人欢迎。欧洲人叫中国人"赛里斯"、"查也纳"，日本叫中国是"支那"。"赛里斯"就是"丝"的意思，"查也纳"或"支那"是"瓷器"的意思，这是因为当时我国的丝织品和瓷器大量出口而得名的。蒋介石毫无知识，认为称中国为"查也纳"、"支那"是低人一等。其实都是由中国养蚕缫丝和制造瓷器而来的。

唐朝的商业是空前发达的；交通运输也空前发展。采取了一定的部署，不仅发展了国内水、陆交通，同时，扩大了和国外的交通，密切了和国外的联系。陆路一由内地经新疆通中亚、波斯等处到欧洲；一由幽州（今北京一带）经东北到朝鲜、日本；一由川、滇或湘、桂通南洋、印度；海道一由山东、河北分道通朝鲜、日本；一由明州（宁波）、杭州、泉州、广州等处出海通日本、琉球、南洋、印度、中亚、非洲和欧洲。这样一来，缩小了中国和国外往来的距离，促进了彼此的经济和文化的交流。这是唐朝对世界的重大贡献。

当时，唐朝也吸收了一些外来的东西，如制造砂糖的方法就是从外国来的，造白干酒是从外国或少数民族地区学来的，我们过去只会造甜酒。还有音乐、绘画等方面也吸收了一些外来的东西。再如菠菜是从波斯传来的，胡桃、胡萝卜……凡是有"胡"字的东西，都是从兄弟民族或其他外国民族来的（所谓"胡"者，兄弟民族地区和外国民族来者也）。为什么外国人称中国人为"唐人"呢？就是因为唐朝对外联系最发达，给外国的影响、印象也最深刻。南洋和美国都有"唐人街"，他们称中国人为"唐人"，直到现在，我们到那些地方去的中国人，他们还叫"唐人"。

下面讲一讲隋唐之际的农民战争和唐的统一。关于唐的统一，这里要特别讲一讲李世民的政治、军事方针。李世民是地主阶级中一个了不起的政治家，是杰出的军事家。过去有负责同志这么提过：俄国有一个彼得大帝，我们是不是也出现过彼得大帝那样的人呢？并要历史家们考虑一下：到底是李世民，还是朱元璋。

关于隋末的农民起义，小说上面和隋唐演义里面叫作"四十八路烟尘，百零八路霾烟"，这说明当时全国性的农民起义大爆发，派别很多，独树一帜。从苏北、皖北以致苏南一带，以杜伏威、李子通为首；在鲁西、鲁南一带以徐园朗为首；在今天内蒙古自治区一带以郭子和为首；瓦岗军占有河南、山东一带，后来发展到皖北、苏北很大地区，它最初以翟让为首。另外还有单雄信、王伯当、秦琼等；在今天胶济路沿线一带以王薄、孟让为首。以窦建德、刘黑闼为首占有今河北及豫东北一带。这些都是比较大的集团。小集团在苏北、湖南都有。另外，地主阶级武装集团在陕北横山一带有梁师都称帝，后来扩展到山西北部、内蒙一带；在晋东北一带称帝的叫刘武周；在甘肃武威一带的叫李轨；在兰州一带的叫薛举；萧铣占据今湖北、湘北一带。他们都是野心家，想做皇帝。

同时，隋朝的残余势力，也在全国造反。隋炀帝（杨广）在扬州回不去了，要留在江都（即扬州）。他很有学问，人也长得很漂亮，他看到当时的形势心中已经明白，便对着镜子自言自语地说：我这么一个漂亮的脑袋，不知将来被什么人杀掉！后来被他部下一个大将宇文化及杀了。炀帝被杀后，隋的残余势力分为两部分：一部分是王世充，在洛阳拥隋的后裔越王侗做皇帝（王世充是胡人，大概是匈奴人的后裔）；而宇文化及也搞了一个隋朝的后裔秦王浩在扬州建立政权，所以当时随有两个政权。

李渊、李世民父子，出身是隋朝的大官，李渊曾任太原留守，与隋朝有亲戚关系。他们镇守太原时，兵马不多。李渊、李世民，当时结交的有刘文静、李靖等人，这些人年轻有为，懂得政治、军事，他们都围绕在李世民周围，起义时只有十几岁。李世民那样勇敢，他的军事、政治才略，就是在斗争中锻炼出来的。李世民起义时对他父亲李渊说："天下这么乱，到处都是这些穷鬼起来造反，我们也得起来搞一搞才行"。他们起事时总共才三万人，后来加上李渊的姑娘、姑爷以及他们的哥哥弟弟，还拉拢了一些农民军，在打到长安时，也只有二十万人，这比其他集团的力量小得多。当时瓦岗军以瓦岗为中心，力量已发展到百十万人。宇文化及和王世充的力量也不小。窦建德的力量也比他大。这时李渊不但力量较小，而且几面受敌：在潼关外，不仅有各个大集团的农民军，而且出潼关不远的洛阳，就是王世充的大本营，他是地主阶级的武装，农民军是他的敌人；在甘肃、陕西、山西北部那几个集团，大部分和突厥族有联系，都想夺取皇帝的宝座，梁师都、刘武周尤为窥伺于后的凶恶敌人。这就是李世民起事之初的形势。

唐朝是以李世民为首的集团打败其他各个武装集团以后，才把中国统一起来的。

李世民是一个大政治家。当时他得到李靖、刘文静、虞世南、魏征（魏征曾写过一首诗："中原初逐鹿，投笔事戎轩"①）等人的帮助，这些人住在山西、陕西、河南交界的地方。有的人曾受教于隋末的王通（又叫文中子）。中国历史上有这样的人，自己有满腹的政治才略，但是由于年老，已来不及有所作为，就把这一套办法教给他的学生。三国时代的水镜先生（司马徽）教出了诸葛孔明、庞统、徐庶这些人才，而王通也是这样的一个人。

李世民的战略方针，客观上是符合这样的原则的：即集中力量，先吃能够吃掉的部分；尽量利用各个集团的矛盾，削弱敌人，壮大自己，巩固后方。但在我的书上没有这样写。为什么呢？因为写在书上就很容易引起误解，以为李世民实在了不起，好像今天的毛泽东思想他都懂得。不是的，他的战略方针只是在客观上符合这样一些原则，和毛主席自觉地运用马克思列宁主义指导中国革命战争的战略思想是不能相提并论的。他在打到西安以后，就占据了陕西东部和中部，山西太原以西和西南这一块地区，作为自己的根据地。在政治上，他采取了一系列的措施，以安定和巩固根据地。如打进长安后，就宣布了十二条，废除了隋炀帝时违反人民利益的一切苛税，把隋文帝以来符合地主阶级利益、适合当时形势要求的东西肯定下来，从而把全国进步力量团结在他这一方针路线的周围。并在他的根据地里实施了一些稳定社会秩序、收买人心、使老百姓能够安居乐业、发展生产的措施。在军事上则尽可能使各方面的军队，以他为中心，组成一支强大的武装力量。这样，李世民集团的政治、军事方针措施都比较有力量，内部矛盾也比较少。我们说比较少不是没有矛盾，李世民究竟是封建帝王的政治家，他能团结下面的干部，对干部没有残杀，这是和朱元璋不同的。他用的人，基本上属于两个集团：一个是山西集团，一个是山东集团。他利用这两个集团的矛盾，又控制这两个集团的矛盾，始终不让它发展到彼此打起来，也不让它消灭下去。属于山东集团的有程咬金、秦琼以及瓦岗军的一部分人；属于山西集团的则以尉迟恭为首。这两个集团的矛盾表现了它们的封建性。薛仁贵起来以后（薛是山西人）这两个集团都想挤他。所以李世民在军事上力图以自己为中心，形成统一的武装力量。在这两个集团以外，还有一些力量，如李世民的哥哥、弟弟、姐姐等，这也说明他的封建性。他们互相争夺王位，争权夺利，搞得你死我活。建成、元吉想把李世民搞死，结果李

---

① 魏征：《述怀》。

世民反把建成、元吉搞死了。假若建成、元吉杀死了李世民，那么他两个人还得争夺王位，继续残杀。

李世民在军事上的具体方针部署是：对潼关以东的各个集团，他采取观望的态度，坚守潼关，封锁潼关，同时又不断和他们通信往来，以便利用矛盾，钻空子，使他们互相攻打，并策动各集团内部自相残杀。有条件的就拉过来，订立密约，对占领陕西北部和兰州一带，严重威胁西安的薛举，李世民就集中力量来对付他。为了对付薛举，李世民一面坚守潼关；一面派兵牵制梁师都、刘武周这些人；一面对河西走廊的李轨说：我们都姓李，是一家人，搞好了，你做皇帝，我帮助你。同时在李轨内部做工作，使李轨不去救援薛举，这样就集中力量把薛举消灭，占领了兰州。接着又集中力量采取内外夹攻的办法对付李轨，一面在李轨内部作好工作，一面派大兵进攻，这样里应外合，就把原来和他做朋友的李轨打败了，基本上把甘肃、陕西统一起来。然后，李世民又来专门对付陕北、晋中地区的梁师都、刘武周。为了吃掉梁、刘，先派人争取突厥族，因为梁师都、刘武周都和突厥族有联系，李世民对突厥可汗说，我们要搞梁师都、刘武周，你最好帮助我们，不然，你就中立好了。当时出了雁门关就是突厥的地区，他把这方面安顿好了，在派兵进攻梁师都、刘武周之前，又做了两项工作，一项是同河北的罗艺、陕北的郭子和妥协，订立密约，把他们拉到自己方面来（罗艺是罗成的父亲）；一项是分化梁、刘内部，把刘武周大将尉迟恭等人拉到自己方面来。所以大军一交战，一方面有他的盟友在那里牵制着，使敌人不可能经由其他方向逃走；另方面，利用内线关系，里应外合，内外夹攻，刘武周、梁师都就这样被他吃掉了。这样，他的后方根据地甘肃、陕西、山西平定了，因而他的基础也就巩固了。

李世民把后方平定了以后，目标转向当时占据山东、河南、苏北、两湖等地区的武装势力。他的具体步骤是集中力量先搞河南，同时在其他地方进行工作，以便配合。首先派李靖进兵四川，以便从经济上、兵力上得到补充来源。其次，把两湖上游的农民军控制起来。对他们说，你们不要动，否则我就把上游的水放下来，把你们的后方搞掉。同时派兵到河北，同罗艺配合，牵制河北的窦建德、刘黑闼。同时又暗中活动，分化他们内部；另外派人到山东、江淮地区去同那里的起义军杜伏威订密约，将来我得了天下，有你们一份，封官许愿。同时也在他们内部进行分化，使其相互牵制，相互厮杀。

在这时，河南的瓦岗军自从李密入伙以后，再加上李渊、李世民在他们内部做了工作，瓦岗军被分化了。李密是封建贵族地主阶级出身，他是在后期加入瓦岗军的，进去以后，就在内部挑拨离间，拉拢一些人，打击一些人，并窃取了领导权，杀害了最先起义的农民领袖翟让。当然李密对当时隋朝在河南的残余势力给予很大的打击，在瓦岗军里面建立了一些制度，特别在军事建制方面做了一些工作，这些不应该否定。但同时，他又坑害了瓦岗军，使瓦岗军分化、瓦解，他自己和唐朝李渊也有勾结。当时李渊知道李密是个大少爷，有野心，就写信给他，说：某某尊兄大人，你家出身贵族，我很钦佩，将来如果我们胜利了，皇帝你来做，我没有这样的打算，我是看农民起义，天下大乱，只好起兵来压一压，我一定帮助你来做皇帝。他看了这封信，觉得很舒服，心想李渊赞成我做皇帝，那准做成了。但他不晓得他内部已经分化了，秦琼、程咬金、徐茂公，原来都是瓦岗军的首领，后来都依附李渊，最后李密看到自己搞不下去了，也跑到西安李渊那方面去了。

李世民搞河南主要是对付王世充的。王世充占领河南以后，以洛阳为首都，与窦建德勾搭起来。窦在王世充那里被封为太尉（相当现在的国防部长的职位）。李世民进河南以后，一面对山东、江淮一带作了安排，使他们不来支援王世充，一面又把王世充在山东的一部分力量同在河南的大本营分割开来。与此同时，为了防止窦建德的军队支援王世充，就派相当数量的军队把窦建德牵制住，把洛阳周围的河南各州县都占领了。这时王世充拼命要窦建德救驾，窦建德因为做他的官，只好来救。李世民看到这种形势，他部下的参谋人员也说，王世充在洛阳像个死囚一样，是瓮中之鳖，只要用适当兵力，把洛阳围住就行了，现在必须集中力量与窦建德进行决战。于是，李世民派李神通带一部分人到河北一带，牵制窦的后方，另外在山东对王世充、窦建德手下的人做工作。他是外线作战，对窦建德形成包围的形势。窦是两面派人物，他的部队本身就不巩固，这样一来，在汜水一仗就把他打垮了。王世充这个死囚，一看没有出路了，只好投降。接着，李世民顺手牵羊就把王、窦在山东西部一带和山西一带的部队解决了。

这时，情况就变了，只剩下河北、两湖同江淮地区还没有解决，其中只有河北地区义军力量比较大。这时唐室的力量却更强大了。李世民于是让李靖在四川聚集力量，沿江东下，打击萧铣。萧铣原来是南梁贵族的后裔，力量本来就不大，又不得人心，因此很快就被搞掉了。另外，李世民把他的主力向东转向河北的刘黑闼。刘黑闼是农民出身，是唐的大敌。李世民叫罗艺从北面配合进攻，同时收买分化刘的部下。这里附带说一句，中国的地主阶级向来是会玩这一手的，从刘邦、项羽、曹操到李世民，他们都会对农民军进行收买、分化、策动叛变，而且手法一代比一代高明、厉害。这时，李世民两次集中力量进攻刘黑闼，结果在军事上把他打败了，刘黑闼最后被叛徒出卖，交给唐朝军队，这一场斗争使罗艺成为唐朝的功臣。

李世民把西北、河北、河南地区的武装集团一个个吃掉之后，最后形成对江淮地区的包围圈。这时有些人看到天下已定，原来同李世民有关系的，现在都公开打起唐家旗号，跑到他那里去了。李世民最后出兵两湖、江淮、江西、安徽，把以辅公祏为主的这一部也解决了。至此，完成了全国的统一。

我们可以看出，在中国历史上，从周公开始的封建统治阶级的战略思想是比较发达的。这是中国历史一个突出的特点。俗语说："道高一尺，魔高一丈"。正是因为中国农民暴动次数越来越多，规模越来越大，力量越来越强，地主阶级搞的鬼办法也越来越厉害。我们应该认识，地主阶级的战略思想并不都是腐朽的、反动的、消极的东西，在它里面有值得我们批判地吸取和发扬的积极因素。毛泽东思想这么伟大这么丰富，正是在马克思主义的基础上，把我国历史宝库里面值得吸取的积极因素概括起来，加以系统化，运用于中国革命的实际。

唐朝统一以后，李渊，特别是李世民做了很多工作。李世民的儿子是唐高宗李治，戏里说他是个傻子，他老婆武则天很厉害。实际上他并不傻，他身体有病，听信武则天的话，在临死前对他老婆说，必要时可以代替中宗李显执政，当皇帝。从武则天到李隆基，他们在民族、外交、内政等一系列问题上，做了很多工作。

二、唐处理国内民族关系，国际关系的方针政策和它的伟大贡献

唐代国内的民族关系和国际环境，比过去各时代有了重大的变化。当时，

国内许多民族还处在原始社会，但比以往有了进步和发展，即处在原始公社较高的发展阶段。特别不同的是，有几个民族已经进到"文明的入口"，即由原始社会到阶级社会的过渡时期。其中第一个是回纥，又名回鹘，也就是后来的维吾尔族（在汉人去以前，他们自称回纥，后来汉人称他们为维吾尔）；再一个是云南、四川、贵州边上的南诏；还有东北的粟末靺鞨（满族就是从靺鞨来的），这几个民族都已或临到了"文明的入口"，这就表明了各个部族、部落相互掠夺的现象增多了，因之，情况就比过去复杂得多了。

当时，与唐邻近的一些国家，有好几个相继建立了奴隶制政权。国际关系与国内商业资本的发展，与国内民族诸方面的关系交错；唐廷封建大一统主义与商路要求的结合，对几个方面的不同情况，采取了不同的处理方针。首先是阿拉伯，在穆罕默德领导下，于公元622年建立了奴隶制国家。这样一来，就使得"西域"，即今新疆和中亚地区的形势复杂化了。唐朝的欧亚丝道、商道是以波斯（安息即今伊朗）为枢纽的，这时阿拉伯的穆罕默德要来争夺这个地区，不仅如此，他还要侵占新疆地区，掠夺人口作奴隶，因而引起了和唐在商路交通上的矛盾。在我国西南，西藏（原来叫吐蕃，后来改称西藏），从松赞干布开始，进入奴隶制的边缘。这个问题现在还有争论，有人说当时不是奴隶制政权，而是封建制政权。我说，从松赞干布开始，建立了奴隶制的政权，宗喀巴的宗教改革，标志着从奴隶制到封建制的转变。奴隶制政权建立起来以后，就经常派人到云南、四川、青海一直到陕西、河西走廊以及新疆等地，掠夺人口作奴隶，掠夺财产、牧畜；在云南，它又同已经进入"文明入口"的南诏的一些部落相互勾结、拉拢，形势很复杂，影响唐朝对西南的统治，威胁唐朝欧亚丝道的商路交通。在我国东北，有契丹及其他民族，这些民族比较落后，但当时粟末靺鞨已进入"文明的入口"，它的武装集团经常到其他部族进行军事掠夺，俘虏人口和牲畜。

当时的朝鲜分为高丽、百济和新罗三部分。日本当时已经完成了奴隶制改革，经常派兵侵入朝鲜，掳掠人口，新罗成为他掠夺买卖奴隶的市场。高丽同百济的统治集团，也经常向新罗掠夺人口，欺负新罗，新罗就经常和唐朝挂钩。日本和中国的关系从来就很密切，中国历代都不断有人去日本，特别是在南北朝时期，中国混乱，一些地主阶级知识分子逃亡日本，也有一些技术工人到日本去，这就把中国的先进文化、知识以及炼钢、炼铁的技术带到日本去了。日本姓秦的、姓林的是从中国福建去的，姓何的是从江苏、浙江去的。明末的朱舜水（浙江人，中国的大哲学家、大思想家），因为他反对清朝，就跑到日本去，日本有好多大思想家都是他的徒弟。他曾做诗骂清朝："伤心胡虏据中原，……横刀大海夜漫漫！"中国和日本有这些千丝万缕的关系，所以在抗战时期，日本人为了麻痹中国人民的民族意识，就扯谎说："我们是从中国去的，现在又回到老家来了。"这是胡说八道。可是中国和日本两个民族在历史上关系密切，也是不容否认的，那里确实有很多中国人。所谓秦始皇派三千童男童女去日本，虽是神话传说，但当时总也去了一些人。那时从朝鲜去日本很方便。抗战胜利以后，国民党占领了沈阳，我们从朝鲜的罗津出海转到旅大去，中间经过一个地方，离日本很近，还没有长江下游宽，隔海可以望见日本岸上的炊烟。

唐朝当时的方针，是要把朝鲜安定下来，使其成为中国通日本的商道的跳板。在这一方针指导下，唐朝帮助新罗，阻止了高丽、百济对新罗的压迫，使它们和平相处。也阻止了日本对朝鲜的奴隶掠夺和武装侵略。

对朝鲜，从李世民到武则天，作了不少工作。为了迫使朝鲜三部分停止冲突，唐廷便借高丽、百济对新罗压迫，派兵配合新罗打高丽。旧戏上说的太宗"东征"打高丽泉盖苏文，就是指这种事。盖苏文当时是高丽的宰相，徐茂公这些人曾和他打过仗。当时李世民派去两路大军：一路从山东出海，一路入东北，就在今天的辽宁海城、辽阳、安东、凤凰城一带打仗。凤凰城有一个山叫摩天岭，薛仁贵打仗的摩天岭大概在西边，不在这里。薛仁贵在这里打仗的时候，他的官还不大，因为他身穿白绸做的铠甲，所以叫他白袍将军。李世民对高丽一面施以兵威，一面劝高丽人说，你们不要打了，我们这么大的力量摆在这里，打仗对你们没有好处。但每次出兵，结局不是因为没有粮饷，便是因为气候太冷，只好"班师回朝"。撤兵之后，还要做工作，对将官们说，你们没有打下来，是因为高丽守军守得很好。后来，武则天时把高丽打下来了。但日本奴隶主仍然出兵配合高丽作战，唐朝最后一仗，把日本奴隶主的侵略部队也全部消灭了。唐廷在这方面的措施是不是有进步意义呢？基本上是进步的。因为它阻止了日本奴隶主把朝鲜作为掠夺、买卖奴隶的市场，使朝鲜三部分力量统一起来，和平相处，这有利于经济的发展，有利于打通从朝鲜通往日本的交通商道，有利于朝、日两国经济的发展，当然也有利于唐朝经济的发展，这是主要的一面。但是，另一方面，唐朝用武力侵占朝鲜的土地，使它成为自己的藩属，这也带有侵略性，应该批判。

在这样的历史条件下，唐朝的国内、国际形势比以往复杂了。那么唐朝怎么办呢？先从东北讲，它大概采取了这样几条办法：由于东北境内契丹、奚、靺鞨等地区，出产很好的皮毛，都是唐朝统治集团急需的军用品。唐朝就派兵到今天的蒙古人民共和国地区要皮毛，并对这些部落的酋长施以笼络，给他们官做，在经济上给他们好处，后来到武则天时，进一步把粟末靺鞨扶植起来，仿照唐制建立了一个"渤海国"。想以"渤海国"为中心，作为唐朝控制东北的堡垒，以巩固对各部落的统治。这个方针是实现了。"渤海国"建立起来以后，便派很多人到长安学习，制度也是仿效唐制，有很多人把四书、五经等书读得很熟，还会用汉文做诗、写文章，且有很深的造诣。唐朝对契丹、奚、靺鞨等部落，不只密切了他们和汉族人民间的联系，并使他们在先进的经济、文化的影响下，加速了历史的进程。

对北方和西北方面。从李世民到唐玄宗，对东突厥（唐朝北部境内的一个大部落联盟，从北魏、北周以来，常向内地进行掠夺），主要用怀柔政策，使他们臣服。一面用武装打垮他们的反抗势力，把两个不断进扰的可汗颉利、突利打垮了；一面对他们的酋长进行笼络，给他们大官做，在经济上给他们好处，把这个地区按照内地的制度划分州县，设置两个都督府进行统治，并让他们的上层人物连同家属住在长安，约数千家。在长安盖了好多房子，搞很多好吃的东西，把他们供养起来。并把他们一部分人民迁居内地，以此为进一步解决西北问题的据点和阵地。这个办法对不对呢？这对东突厥没有坏处，而有帮助。这个地区从秦汉以来就属于中国版图之内。但从唐朝以后就找不到东突厥了。那么它到哪里去了呢？今天的宁夏回族自治区，有很多地方是原来东突厥住的地方，东突厥有一部分同汉人、蒙人以及其他民族的人民融合了。至于回族里有没有东突厥的血统呢？我相信是会有的，这主要由回族同志来做结论。

对新疆的政策，是唐朝解决西北问题、处理民族关系的重要问题。回纥是维吾尔族的主要来源（属突厥系），在汉朝时叫丁零人，曾散布在贝加尔湖一带，一部分在天山附近。到唐朝时，他们由于自然灾害、内争及其他民族的袭击，部众分散，一部分迁到葱岭西的葛逻禄一带，一部分迁到天山南北，一部分南下到今甘肃河西走廊一带。他们进入新疆时，同新疆原住的部落当时都已接近"文明的入口"，开始使用奴隶，相互间不断发生侵夺和武装冲突，影响唐廷的统治与丝道交通。

唐朝对回纥的政策是怎样的呢？当时散处在漠北的突厥有很多部，其中有一个叫薛延陀，与回纥同样强盛。唐朝首先集中力量把薛延陀打垮了，然后对其他各部进行安抚笼络的工作。回纥等部的酋长来到长安，他们奉李世民为"天可汗"。向李世民讲：薛延陀不自量力，同天国为敌，这是自取灭亡，我们现在来了。李世民封他们做官，给他们许多赏赐。他们说，我们要世世代代做唐朝的百姓，再也不叛变了，再也不走薛延陀的路了，希望大皇帝修建一条道路，通过突厥以北，达到我们的地区①，使我们每年朝贡的人好把我们地区的马匹、皮毛运来。李世民答应了他们的请求，并为他们举行了一次盛大的宴会。据说在一间大房子里修了一个很大的酒池，用管子接到宴会厅，要大家尽量吃酒，能吃多少，就吃多少。菜也很多，山珍海味，什么都有。此后，李世民就把回纥等部的地区按内地行政区划和建制划为府、州，设各级行政官吏，府置都督，州置刺史。任用他们自己部落的贵族或头人去做长官。由都督府的长官统治那个地区，负责维护交通商道，阻止他们内部的相互侵袭和争夺，以维护和平秩序，开发当地的生产和文化。这样，新疆基本上安定下来了，而且在两汉以来的基础上更密切了各部落人民和内地人民之间的经济、文化的联系，形成了不可分割的关系。表现在这些方面：

一、对"参天可汗道"、"碛路"、"丝路"的开辟、维护和畅通的共同要求。这正反映了在生产资料和生活资料供求上的相互依赖性，尤其是西域对内地的依赖。这关系到人民群众的共同利害。

二、产品供求量的巨大，仅就回纥来说，不只经常有成千的贡使、商贩往来，并且有成千人留住长安和行商全国各地。仅在"贡"、"赐"一项，每次运来内地的东西，除香料、药材、玉石、皮毛等外，马匹就常达几千几万匹，每次从内地运回的产品是几千驼载，绸绢即达十万匹。

三、表现在物资交流上，并不限于"贡"、"赐"，交易对手扩至官、商、公、私各个方面，交易场所延及"边州"以至内地各大城市。由内地输往新

---

① 即所谓"参天可汗道"。

疆的物品种类，除铁、铜等金属工具、用具、武器、钱币等外，以绸绢、布帛、粮食、茶、文化品等等为大宗。

四、还表现为内地的先进的生产技术、经验等继续传入。如随着养蚕法的传入，以后的织丝法、造纸术的传入等等。

由此可见，李世民处理民族关系的方针，主要不是武装征讨，而是慑以军威，以便从政治上抚绥和笼络这些部落的上层分子，同时在经济上把这些部落部族和唐朝的经济密切联系起来。这种方针，我看有一些进步性，有利于新疆经济的发展，有利于全国和新疆各民族的发展。天宝年间，为了平定"安史之乱"，为了对付起义的农民军，唐朝都曾经要回纥派兵相助。当时回纥是有相对的独立性，不过回纥的可汗和可敦（可汗的老婆）都要唐朝朝廷册封，死了要向唐廷报丧等等。这种局面的确立，从唐初到唐玄宗，特别是李世民同武则天，做了很多事情。从而，进一步巩固和密切了中央朝廷对新疆的统治，进一步巩固与密切了新疆和祖国的关系。

西南的吐蕃，即西藏，当时是奴隶制政权。唐对它采取了两种措施：一方面在云南、四川一带设重兵防守，阻止它的入侵；一方面在青海扶植吐谷浑，立诺曷本为可汗，封河源郡王，并把公主嫁给他。（《文成公主》一剧中出嫁的路上，不是遇到一个姐姐吗？那是真事，不是假的。）同时派兵驻防。李世民是厉害，文成公主出嫁，为什么把李道宗这样的人派去呢？因为李道宗原来在青海一带打过很多的仗，对西藏地理情况、军事情况，都很熟悉。李世民用人是经过挑选的，而不是盲目的。

对松赞干布这个人，我们应该肯定。他在西藏这么大的地区，开始建立了奴隶制的政权之后，感到需要和唐朝挂钩，以便从经济上、文化上依靠唐朝来发展自己，因此他曾派人带着很多礼物到唐朝首都长安来，声明以后要服从唐朝的统治。同时请求唐朝按照和青海河源郡王通婚的先例，把公主嫁给他，那时松赞干布才二三十岁。李世民就说，好，你要真心依附我，那可以嫁一个公主给你。于是就把文成公主嫁给他了。文成公主这个姑娘也了不得。她懂武术，会打仗。（唐朝很多女子同前朝的妇女不同，一条是她们都会打仗，李世民的妹妹、柴绍的老婆，就是参加起兵的女将军。文成公主也是会武的。此外，过去如果皇帝死了，皇后不能另嫁；驸马死了，公主不能另嫁；而在唐朝却不在乎这些，驸马死了，公主可以再找一个驸马。这是件好事，年轻的寡妇为什么不嫁人！？）文成公主很懂得李世民的政策，在她走的时候，李世民给她带了很多东西，有蚕种、有各种谷物、蔬菜的种子、工艺书等等，还带了会养蚕、缲丝等技术的工匠随行。以后，又应松赞干布的请求，把造酒、制碾磨、制农具、建筑、冶金、制陶、造纸、制墨等技术传入西藏。文成公主是唐朝皇族的一个女儿，但不是唐太宗的亲生女。她在临行前，还有些顾虑。她说，那个地方没有农业，都是牲畜，下雪冷得很，大队人马去了怎么办？李世民说，你怕什么，你到那里，正好有事可做，你带的这些东西到那里去，可以教给当地人作，那个地方很好，你和松赞干布好好地搞，一定能搞好。文成公主说，我懂得了。当然在去的时候是经过一些斗争的。当时西藏事实上已经成为唐的藩属。松赞干布对唐称臣，当唐对朝鲜的战争取得胜利时，他曾以藩臣身份祝贺，唐封他为驸马都尉、宾王等官。对他的左右也都封了官职，并应松赞干布的请求，派有学问的人去给他管理文书、表疏等工作。松赞干布又派很多学生到长安留学，同各个民族、各地区来的贵族一起学习。军事上，松赞干布的部队服从唐朝调遣。当唐朝派王玄策随身带领小部骑队出使印度时，带了很多礼物到中天竺去（天竺即印度，共分东、西、南、北、中五天竺）。当时中天竺的贵族看到这些名贵的礼物，都来抢夺，把人也关起来了。王玄策就从喜马拉雅山跑回，向松赞干布调了一千二百名精兵，和尼婆罗（尼泊尔）的兵联合起来，攻打中天竺。但他又打得有些过火了，把他们的头子捉住送到了长安。在此前后，中国和印度一直保持正常和友好关系。

我们上面讲过，李世民作了许多工作，使西藏开始同祖国建立了密切的关系。当然，藏族和内地发生关系并不是从唐才开始。据《唐书·吐蕃传》说，"吐蕃"即汉朝的藩属西羌，又说"吐蕃"是十六国中南凉"秃发"的音变，由此可见，它在唐代以前，就曾经是中国的藩属。

李世民当时对国内民族关系问题及国际问题就是这样处理的。但他对云南的南诏却没有怎么处理，所以到唐末、五代一直到宋朝出了许多麻烦，这是一个薄弱环节。

应当肯定，李世民以至武则天、李隆基，在处理国内民族关系上作了不少工作，对进一步巩固与奠定祖国疆宇，对促进各民族历史的发展，起了好作用，从而，又促进了唐朝经济、文化的发展与繁荣。当然，他是封建统治阶级，他的基本方针以至某些具体措施上还有民族压迫的一面，应该说那是不好的一面。

对国际上，通日本、南洋、中亚一直到非洲、欧洲的海道的交通联系密切起来了；陆路交通上，不仅恢复了汉代的通路，而且有所发展，使得中国同中亚细亚、到黑海、里海沿岸，经济、文化方面的关系密切起来了。中国先进的经济、文化、技术，如造纸技术等大概是在这个时候普遍地传播出去了。纺织术、冶金术、造刀剑的技术，在这时候也普遍地传播出去了。书籍的印刷、刻版术是隋朝开始发明的，唐朝又发展了。在向外传播先进技术、文化的同时，也把各国的东西吸收进来，这就有利于中国的发展，有利于人类的发展。所以当时长安成为几十种不同民族不同国家的人们往来居住的中心。广东的广州、福建的泉州、浙江的宁波这些地方，都是国际通商的城市，这里住着很多外来的人口。登州（山东蓬莱）是通日本、朝鲜的要地。这样就使得国际关系密切了，是进步的现象。

三、唐末黄巢等农民大暴动的特点

这次暴动的规模非常大，比以往哪一次都大。它的活动区域以河北为中心，一直打到广州。所以中国后来的战争往往作长距离行军，甚至像成吉思汗那样长距离的行军，也是有历史传统的。黄巢打进长安后，按照农民阶级的意思建立起一个政权，黄巢称大齐皇帝，同时建立各级政权、各种机关。对唐朝的官，三品以上者打击，四五品以下者分别对待，下级职员照样供职。在进城的时候，不仅黄巢的军事统帅，而且连他部下所有的士兵，都把自己口袋里的财物分给老百姓。他每到一个地区，就劫富济贫。我说这就是他们的阶级观点。（当然，他们的阶级观点不像也不能像有了马克思主义的无产阶级那样明确。）他手下的大将尚让曾代表他公开告诉群众，我们起兵就是为了老百姓，不像李家的皇帝那样不顾老百姓死活。（这在以往是没有的）还有一个更大的特点，是在他起义时，就向全国发表文告，宣布唐朝的罪状和自己的政治意图，号召群众起义。在攻占广州以后，进攻长安以前，黄巢又分别发表了两个文告：一个是给各地方军队的，说我们主要是摧垮唐政府，你们只要守中立，不反对我，我就不打你们。这在以往的农民起义也是没有过的；另外他还公开宣布了唐朝的罪恶，誓师北伐。唐朝统治集团惊慌失措，用高官厚俸来收买他，给很大一块地方来引诱他，但他毫不理睬。这就是黄巢起义和以往不同的几个重要特点。当然，黄巢起义也有一些不好的方面，如他的流寇行动，不在一个地方立定脚跟，领导人民安居生产，而在几千里的广大地盘里转来转去。流寇式思想有他的社会根源，我们称之为流寇主义。同时，黄巢起义，也吸收和发扬了过去农民起义的一些好东西，如用知识分子为起义军服务。原来陈胜、吴广起义时，有孔子的八世孙孔鲋帮助他们，而黄巢起义有很大一批知识分子帮助他，如进步诗人皮日休就是个例子（唐诗里有很多皮日休作的诗）。

关于隋唐，就讲这些。

第十一讲

专制主义封建制矛盾扩大的
五代两宋辽金时期

（公元907——1279年）（一）

现在我们讲五代、两宋、辽、金时期。分三个问题来讲：

（一）五代、两宋社会经济发展的大势，阶级构成与民族关系；

（二）辽、金社会经济结构的基本特点，也讲讲它的阶级构成与民族关系；

（三）讲一讲这一时期民族斗争（主要是讲宋、金战争）和阶级斗争的主要情况，以及民族关系的发展。

以上三个问题，分作三次讲。今天先讲第一题，即：五代、两宋社会经济发展的大势，阶级构成与民族关系。

首先讲两宋。为什么呢？因为两宋在历史上是占主导地位，起主导作用的。就中国社会的发展来说，假使两宋朝廷对于它当时所面临的很多重要问题处理得当，它对中国社会的发展是可以起决定性作用的，这是主观能动性的问题。

两宋统治的地方很大，是个大国，它的疆域，北至河北燕山即今北京（在北宋时是辽统治的地方，现在颐和园北面青龙桥附近可以看到一层层高起的地方，相传是辽国萧太后即杨四郎老岳母点将的地方。当然她点将的地方并不止这一个，这里是辽的五京之一——南京，还有上京、中京、西京和东京）。再往南一些的地方，当时北宋已一度打到高梁河一带（今北京市西直门外），后来又打到歧沟关（今河北省涿县西南），从河北的雄县、霸县，山西的朔县、应县以南，陕西延安以南，河北的新城以西，都是宋的疆土，地方很大。

宋代的经济文化在当时来说是世界文明的高峰，经济实力很大。中国的长期封建社会中，创造了灿烂的古代文化。这时的文化是整个封建时代最先进的。但到了鸦片战争的前夜，人家已进入资本主义，我们就吃了大亏。中国的历史弯路走得太大了，如果不走这样的大弯路，我们可能走在欧洲的前面。譬如两汉经济发展起来之后，就来了一个"五胡"十六国、南北朝，把原来经济文化最发达的华北、西北地区弄得残破不堪，种地的牲口、农具都没有了，连人都很稀少了，恢复起来很困难。唐朝后期至五代，又陷于长期军阀混战的局面，以后又是辽、金、元，华北、西北又搞得残破不堪。原来中原地区即黄河中、下游是最先进的地区，是中国文化的摇篮，经过长期战乱摧残，反而形成北方落后，南方先进的局面。现在，自从共产党领导革命以来，我看今天的北方也进步了。当然，经过长期的社会主义建设，不管汉族地区，还是其他各兄弟民族的地区，无论南方还是北方，其发展水平会逐渐趋于大致平衡。中国社会发展走的弯路实在太大了。同志们在研究历史时可以注意一下这个问题。如果有外国人问你：既然你们的祖宗经济文化搞得那么好，为什么鸦片战争挨打呢？为什么我们已到了资本主义、帝国主义的"文明时代"，而你们还是那样落后呢？大家就可以理直气壮地举出历史事实，说明中国历史发展走的弯路来回答他。我国近代历史发展道路上的曲折，在很大程度上是受帝国主义的侵略压迫所致，但帝国主义分子却专门罗列中国社会的黑暗面，对我国人民极尽诽谤污蔑之能事。因此，我们学习历史，就要大讲特讲祖国光辉灿烂的历史传统，丰富的文化遗产，让我们的干部和人民正确认识我国的历史面貌，从思想上武装起来，毫不留情地粉碎敌人的恶毒诽谤，立志奋进，建设好我们伟大的社会主义祖国。

的确，按照宋代的发展水平，如果没有辽、金的摧残蹂躏，中国的历史发展要快得多，不会走那么大的弯路。但宋代为什么会出现这样的局面呢？主要的原因有两个：一个是宋朝没有正确处理它内部的阶级矛盾。宋代的阶级结构和以前各代不同，有了新的内容（有什么新的内容下面再讲），阶级矛盾也与以往不同，因而仅仅实行些改良主义的政策已经不能解决问题；另一个主要原因是宋朝也没有正确处理它所面临的民族矛盾（叫部族矛盾也可以）。宋代的民族矛盾一直是紧张、复杂而又比较突出的。辽、金的军队曾打到山西、河北、河南、山东，一直到湖北、安徽、江苏，见人就杀、就抓，见财就抢，看到房子就烧。在民族矛盾这样突出的情况下，宋廷不敢正视民族矛盾，对于阶级矛盾也没有以正确的方针适当地加以调整，以便团结全国各个阶级、各个阶层，共同御侮。宋朝的大地主集团，像写《资治通鉴》的司马光等这些人，最怕老百姓造反，对老百姓不肯作一点让步。所以，对辽也好，对金也好，宋廷虽拥有那么强大的经济力量，却软弱无力，妥协投降，初看起来，这在历史上是一件奇怪的事情。当时抗战派只要一用力，就打得辽、金招架不住啦。其实，岳飞的军队，就是从山西、河北、河南（即太行山区）和湖南收集起来的。一部分是在敌后坚持抗金的人民武装，一部分就是湖南杨幺、曹成的农民起义军，打起仗来，金兀术就抵抗不住。刘锜、韩世忠也是在江西、安徽、浙江、福建打农民军收集了一部分人，把部队的情况改变了。对辽也是这样。公元1004年（宋真宗景德元年）辽军集中全力南下进攻，宋朝宰相寇准坚决主张抵抗，奉真宗亲征，北进到澶州（今河南濮阳）。沿途军民看到皇帝和宰相亲征，战斗情绪高涨，到处踊跃欢呼，声震原野。辽军士气大受打击，被宋军击败，辽大将萧达览也被宋军射死。辽的皇帝、太后以及左右大臣、将军们一看，形势不好，就不敢再打了。所以，人民是有力量的，问题是作为宋代统治集团主体的大地主阶级害怕人民，不敢正视民族矛盾，不去抵抗，也不敢抵抗。这是了解五代、两宋、辽、金时期，特别是两宋、辽金时期的一个中心问题。抓住了这个关键，就掌握了当时历史发展的规律和基本线索。

先讲讲五代、两宋的社会经济形势。

关于当时的经济形势，我们只能讲一些基本特点。首先，我们说，宋代经济是其时世界上最先进的，到底表现在什么地方呢？这个问题要特别讲一下。

北宋和南宋的经济之所以得到发展，是有它的主客观原因的，这里主要讲讲它的主观原因，即宋统治者所采取的促使社会经济发展的一些政策措施。上面已经讲过，两宋时代的社会经济已经出现和形成了新的因素。这新的因素究竟是什么呢？这里附带的谈一下，研究历史不能套公式，尤其是中国历史，特点很多。宋朝就出现了这样的人，他做大官，家里又有很多土地，同时又开设工场、手工业作坊，雇人作工，生产品拿到市场去卖，他自己又不参加行会，这算什么？那时杭州就有这样的情况。在科学技术上，宋代有活字印刷术、火药制造和制炮术、指南针的改造等三大发明，以金属分析为标志的冶金制造与炼钢术的发展等等，这也说明了当时手工业生产的高度发展。

南宋的商业，特别是国际贸易非常发达，比北宋有进一步的发展，它发展的原因与作用又是什么呢？

为了说明这些问题，首先要讲一下两宋辽金时期社会形势的基本特点，即这一时期的总的特点。在唐朝末期，黄巢农民暴动，几乎打遍了全中国，给封建地主阶级和封建政权（封建统治）以沉重的打击，这个打击为社会经济文化的发展开辟了道路。当时唐朝政府为了镇压农民军，召来了一些比较落后民族统治阶级的武装，如西藏奴隶主的武装，回纥（维吾尔族）统治阶级的武装，沙陀的李克用等。据记载，这些武装所到之处，烧、杀、抢、掠，无所不为，特别在打了胜仗之后，恃功骄傲，向唐朝要什么就得给什么，不给的话，他们就在长安街上扰乱市场，在皇宫内外，皇帝"摆驾"经过的路上拴马，弄得屎尿遍地。他们认为：你皇帝的天下，还不是我老子打下来的！我不打，你连皇帝也做不成。因此，就得让我随心所欲，为所欲为。后来又形成军阀相互混战的局面，地主阶级的武装（主要是几个民族统治集团的武装）为了互相争权夺利和镇压屠杀农民起义军，将繁荣的华北搞得残破不堪。当然农民军也杀了人，而且也烧了房子，但黄巢杀的主要是两种人：一种是官僚恶霸地主和高利贷者；一种是贪得无厌，肆意盘剥人民的外来的大商人，他们到唐朝来除了经商外，同时也放高利贷，残酷地剥削中国人民。黄巢把这两种人杀上几个又有什么坏处呢？不仅杀这些人，而且还"劫掠"（没收）了这些人的东西。很明显，起义军也得吃喝，要有给养，不能等着饿死，而这些人的东西都是剥削老百姓的，为什么不可以搞点呢？而上面讲的，唐朝政府所招来的那些武装，破坏性非常严重，可以说，河北、山西、陕西等地的人民在战争中吃的苦头最大。其次，就要算河南、山东的人民了。

因此，到五代的时候，五代朝廷占的是北方，主要在今河南、山东、河北、山西、陕西一带，及皖东北、苏北等一些地方。五代朝廷的经济财政力量十分薄弱、困难。到宋朝初期，华北遍处是荒地，到宋太宗时，创伤还未恢复过来。就如《宋史·食货志》所说："今京畿周环二十三州，幅员数千里，地之垦者十才二三，税之入者又十无五六。"原来土地的主人，死的死，逃的逃，现在大都是无主荒地，北宋朝廷虽奖励逃亡归来，所耕地即为家业，但是由于归来的农民仍然不多，税收又重，所以很多地方仍是一片荒凉。这就是当时北方一幅概略的图画。

因此，五代（后梁、后唐、后晋、后汉、后周）都没有法子稳定他们的统治，所以做皇帝的时间很短，也没有力量对付北方的契丹（即辽），而是卑躬屈膝，尊契丹为伯伯、爸爸，情愿孝敬些东西，请求契丹不要出兵，或者请契丹帮助他做皇帝。由于它没有力量统一全国，所以当时中国无论南方、北方都处于分裂的局面。北方的河北、山西、陕西都有独立的军阀政权，与在河南的中央朝廷对峙；在南方也建立了几个政权，称为"十国"。"十国"中除北汉在山西太原外，其他九国都在长江流域与珠江流域。在陕北与甘肃的部分地区，是少数民族统治的政权，自称大夏，我们称它为西夏，这是对宋朝的中央朝廷而言，在那里统治的民族叫作党项。党项这个民族是个混合部落，主要是藏族（吐蕃族），原来是由一个藏族的将军带来的一部分藏人，和青海吐谷浑王子（即河西郡王，文成公主的一个姐姐嫁给他）带来的一部分吐谷浑人，这两种民族混合而成为党项人。有人说党项人是藏族的一部分，可是它与藏族又不完全相同，它的语言与藏族有相同之处，又有不同之处。今天在有些图书馆里还有西夏文字的材料，看起来它与汉字差不多，但细看起来是不同的，因为它是仿汉字而造的文字。另外，在新疆有一个高昌，在西藏境内还有一个吐蕃，在云南境内有一个大理（郭沫若同志写的《孔雀胆》剧本，就是大理王朝的后裔的故事）。

全国分裂为这么多的政权，这些政权都同五代中央朝廷打交道，有时也向朝廷请封，即要求一个委任状，有时就在自己的地方另立年号，称王称帝。这就是当时全国形势的特点之一。

另一个特点，就是上面我们讲的，宋朝对当时它所面临的两种矛盾没有适当地处理，所以它没能很好地继承唐朝遗留下来的祖国疆土和统一事业。虽然它的经济比唐朝有进一步的发展，经济实力比唐朝还大，而高昌、吐蕃，大理、西夏等等这些政权实力很小，在经济上非依靠宋朝统治地区不可，它们想尽各种办法与汉人地区联系，但宋朝始终没有进一步把这些地区统一起来。

当时各个地区的社会性质及政权性质是不一样的。两宋的政权，是从隋唐以来以汉族地主阶级为主体的封建政权。辽、金的政权比较复杂，原来是奴隶主政权，后来它们又联合汉族地主阶级，以及其他民族的上层统治者，并且一直处在由奴隶主政权向地主政权转化的过程中。西夏政权的性质也要分析，一方面，在党项族的畜牧业里使用奴隶，但是占的比重不大；另一方面，在汉人地区，地主经济的佃耕制也占有一定比重，在政权里面出主意的都是汉人。高昌和大理的政权都是带有农奴制色彩的封建政权。大理原来称南诏（南诏政权是以彝族奴隶主为主体的统治），大理的政权是以白族封建地主为主体。总之，这时期的各个政权的性质是很不一致的。因此，民族间的关系比以往更加复杂，矛盾更大。而民族关系当中突出的又是两宋与辽、金的关系。

两宋所处的国际形势非常好。那时候中亚细亚、欧洲、南洋、日本、朝鲜都需要中国的产品，由于宋朝经济的发展，当时已经能够制造火药、枪炮和手榴弹。这时的手榴弹当然和我们今天的不同，当时叫"飞炮"，是用很多层纸包住火药制成，甩出二百米以外爆炸，能杀死人，这是当时全世界还没有的，是一项重大发明。此外，还发明了活字印刷，造纸技术也有发展。在这里附带谈一下：关于造纸，有些外国人想要争夺发明权。英国人说："你们宋朝知道造纸，我们稍微晚一点，但也晚不了多少时间，大概不到一百年，我们和你们的国家距离这么远，恐怕不是你们传来的，还得算我们自己发明的。"他却不知道我们早在汉朝就发明了造纸技术，之后，传到新疆、中亚细亚、南洋，由波斯湾传到了非洲，此后进入了英国的。当然，英国的人民也是有创造能力的。当时国际上都欢迎宋朝的产品，特别是宋朝出的瓷器、丝、茶叶和漆、铜、金、银、铁器等各种各样的用具。对海外的贸易和经济文化的联系，从唐以来就很密切，到宋朝更加发展了。

下面我们讲一讲两宋经济文化的发展。

两宋的经济文化是当时人类最先进的，它的传布对世界人类历史起了很大的促进作用，这是很大的贡献。我们不讲欧洲中心论，也不讲中国中心论，但是这时候中国处于世界最先进的地位，对世界人类的进步贡献最大，这是不可否认的事实。这个情况，大大促进了对外贸易的发展和经济文化的联系与交流。宋朝对外贸易的船只，不仅有用手摇橹的，而且已经有了半机械化的，船下面有轮盘转动，船上有水手六七十人，船身可容几百人，载重量很大，船形是中间大两头尖，特别是船前头尖，为什么两头尖呢？因为它可以减少阻力，破开水道。所以当时外国人如中亚细亚、非洲、波斯湾等地的人来中国都坐中国船，日本人也坐中国船。当然他们自己也有船，如狮子国就有船，他们也有乘自己国家的船只来往的，不过他们的船比中国的船小得多，载重量也远不如中国船。中国的这种船，从泉州或者从广州出发，一个月就可到印度，做上几个月买卖，从印度用一个月时间又可抵达波斯湾。船里虽然没有发动机，但走得很快。

下面讲讲促进北宋经济发展的客观条件与主观原因。

第一个原因：上面我们讲过，唐末农民暴动，严重地打击了封建统治，迫使宋廷统治者如赵匡胤、赵光义以及其后的好几代皇帝，从巩固他们的统治出发，不得不采取一系列的改良政策以发展经济。特别是北宋开国之初，曾正式下命令：从唐朝以来，农民所开的荒地和现在所种植的无主土地，就作为农民自己的土地。同时又命令：农民可以开垦荒地，开的荒地官家不收租，只纳税，就作为农民自己永久的产业。这对宋朝经济的发展是一个很重要的措施，它使得小自耕农的数量大大增加了。所以宋史上记载：客户占三分之一，主户占三分之二，主户中又有百分之九十以上为三等以下户（有土地的叫主户，佃耕农叫客户），说明小土地所有者、自耕农的数量比较大。这些小自耕农在他自己的土地上拼命种好自己的庄稼，想尽办法提高产量，增加收入，从而使国内市场更加扩大了，这是和以往不同的新形势。同时，宋代中小地主和自耕农的数量也比以往大。那三分之二主户里面大地主人数少，占地多；而绝大多数都是中小地主和自耕农。

由于自耕农的增多，小商品生产的发展，这就和地主阶级的利益产生了矛盾。广大佃农要求摆脱对封建主的"人身依附"关系。所以，宋朝政府特地下了一道命令：长江以南和珠江流域所有的佃农在每年交了租子之后，由租佃双方协商决定来年是否继续租种该地主的土地，契约期满后，愿意留下就留下，不愿意就走，地主不得留难。这是一件大事，过去封建时代的地主要把农民束缚在土地上，而现在就使得农民所受的人身束缚减轻了。这是在仁宗天圣五年下的诏令。与此同时，宋朝颁布并实施了一系列的改良政策。这些是两宋经济发展的基本条件。

第二个原因：下级军官和士兵，经过五代长期的战争，有厌战情绪，赵匡胤为了做皇帝，当他做都检点的时候，玩了一个把戏，就是在开封北面的陈桥，搞了一次军事政变，他的部下把一件黄袍披在他的身上说：只有你是天生的皇帝，我们大家赞成你做皇帝。赵匡胤就说：你们要我做皇帝，目的是不是想发财？那好吧，我做了皇帝咱们再慢慢商量，保证使你们发财。于是他回去以后就废了柴宗训，自己做了皇帝，逐步地将全国基本上统一了。仗也打得差不多了，他就来了一个"杯酒释兵权"，解除了宿将的兵权，使之集中于中央。这里要附带说明一个问题：赵匡胤自己是当兵出身，但他的父亲是做大官的，那么，他自己为什么是当兵出身呢？从这里我们可以学习一个定理：在作阶级分析时必须作具体的分析，不作具体分析就要出错。赵匡胤小的时候曾因打抱不平，打死了人，待不下去了，就跑去当了兵。由于他是当兵出身，所以很了解士兵的心理。五代时候的将军肚子吃得很饱，都有很多财产，下面的士兵口袋里也多少有几个钱，当时打下一个城市，可以连抢三天三夜，那时的统治阶级就靠这种办法鼓励士气，收买兵士给他们送死，就和国民党军队一样，奸淫掳掠，士兵一般混到三四十岁就想娶个老婆成家立业了。赵匡胤熟悉士兵的这种心理，所以他的"杯酒释兵权"这一招就能行得通，这一点过去的人不懂得，所以也不能解释。赵匡胤深知，如果没有广大士兵群众的支持，没有十兄弟大将军的帮助，他是吃不开的。而宋初又有的是荒地，就尽量满足士兵的要求，给点钱、给点地、给点房子，让他们回家过日子，这样也增加了小私有者的比重，包括小土地所有者、自耕农，也包括城市小商小贩，数量都增多了。这是第二个原因。

第三个原因：是后周的统治，为宋代打下了基础。后周的郭威是当兵出身，自幼曾饱历当时民间疾苦；做皇帝后，做过一些好事，比以前四代强。他的养子叫柴荣，即周世宗（《水浒》里有个河北沧州的柴大官人，是周世宗的后代）。柴荣出身小贩，卖过茶叶和雨伞，颇知民间疾苦，也体验过契丹奴主残暴压迫的苦痛，做皇帝后，曾亲率大军北伐，打到了现在河北省的雄县、霸县等地，从契丹手里收回了很多地方。同时他还在改良内政、发展生产上起了很大的促进作用，使淮盐、税收归中央朝廷，临死前还颁布了一个"均田图"，是平均租赋负担的，但还没有实现他就死了。他的这些政策的实施，给宋朝的经济发展打下了基础，同时也为宋廷的统治取得了一些经验。有些人认为宋朝的经济发展与农民暴动没有关系，认为唐末农民战争对宋代经济的发展没有起到作用；我看，这种说法不见得确切，宋的天下得自后周，后周的经验就给宋朝提供了借鉴。加之五代虽然号称五个朝代，但一共只有五十多年。五代第一任皇帝，后梁朱温，就是黄巢农民军里的将领。唐末农民大暴动的情况，宋统治者无疑是很清楚的。所以，宋代生产力的发展，还是与农民暴动有关系的。毛主席所讲的，"在中国封建社会里，只有这种农民的阶级斗争、农民的起义和农民的战争，才是历史发展的真正动力。"这是我国封建社会的客观规律，对于宋朝也是适用的。

第四个原因：由于五代的破坏，我国经济文化的中心移到了南方，南方九国的经济在唐的基础上得到了发展。由于九国遭到的战争破坏较少，他们为了维持自己的小天地，不得不在发展生产方面做一些工作。譬如吴越王钱镠就沿着从嘉兴到宁波的几百里的海岸上修筑堤闸，涝时可以放水入海，旱时又可以车水灌溉田地；他在杭州钱塘江还修了一道堤闸，用南方的竹子编成筐子，筐里装满石子，在石堤前面堆得高高的，既可以保护石堤，又能保证在涨潮时不致冲击过来。除大力兴修堤坝外，他还在发展农业，兴修水利塘圩，在手工业等方面都做出了一些成绩。所以，人们在西湖修了一个钱忠武王庙和保俶塔来纪念他。其他如闽（福建）、南汉（广东）的统治者也做过一些好事，在对外贸易上，继承了唐朝的事业，并且新增了一些部署，虽然主观上是为了增加税收，可是客观上促进了中国的对外贸易，发展了对外联系，总是有好处的。荆南是湖北的一个小地方，它当时的生产力很有限，它靠什么做皇帝呢？靠的是吴越的，即江苏、浙江、安徽、江西与四川的商业交通。因为四川出产的东西，要到东边的江西、安徽、江苏、浙江等地出卖，非经过荆南这里不可，同样从东边运货入川也必须经过它；不仅如此，它又是从湖南等地北上和从北方南下的必经之地。也就是说，荆南成为东西南北的交通枢纽（在我的书上只写它当时是南北商业交通要道，现在看起来，除了南北往来之外，还有东西交通，都必须经过它。）。而它依靠的就是商业交通的税收。

所以，十国在当时有利生产的一些措施，为宋朝经济的发展打下了基础。譬如在贸易方面，当时的福建、浙江、广东与日本就有经济上的联系。这是第四个原因。

第五个原因：人民与统治集团内部的主战派（进步派）阻止了辽的南下，把辽的进攻遏制在山西应县以北。人民的斗争为南方保持了相对安定的环境，这对经济发展有好处。同时，这一斗争又迫使宋王朝不得不向人民作一些让步。以后金军大举南下，占领了两河地区（河北、山西）、山东及河南大部，陕西的大部、皖北、苏北的一部，有时打到苏南、浙江、江西，也到过湖北、湖南。但由于人民起而进行坚定的、不屈不挠的斗争，一次又一次地打退了金军。也迫使妥协了的宋朝朝廷非起来抵抗一下不可。所以人民与主战派（进步派）保卫了民族的利益，也保卫了人民自己的利益，在南方地区保持了相对和平的环境，使两宋的经济能在那样残破的基础上逐步得到发展。特别是在南宋时，有很多北方人南下，使南宋的生产得到迅速的恢复和发展，出现了许多新的创造发明。所以，这个时期中国经济发展的曲线可以描绘如下：南北朝时代特别是北方的生产低潮，经过唐代的以李世民、武则天为首的努力，发展超过了秦汉；唐末、五代的破坏，为生产带来了又一次低潮；但到了宋朝，生产进入了又一个新的高潮，而且比唐朝更高；元朝统治的百十来年当中，生产吃了大亏，以后又进入明代的生产高潮。由此可见，中国历史走的弯路很大。我们说，道路从来不是笔直的、平坦的，波折当然难免，但如果不走那么大的回头路，中国历史的发展可能会出现另外一种情况。

第六个原因：上面谈过，中亚细亚、欧洲、日本、朝鲜、南洋等地对中国先进产品的需要量很大，种类又多，这促进了中国国内小商品生产以及其他手工业生产的发展，也使国内市场逐渐扩大（当然这是中世纪时代末期的情况，不是资本主义时代的情况，这个界限必须划清）。由于这样一个原因，北宋的农业由恢复得到了进一步的发展，从农业生产工具到耕地面积和产量，都比唐朝大大提高了。行会手工业大大发展，全国城市也随之发展。特别是自由商人与独立小生产者得到了比较迅速的发展。像马克思所讲的那样，自由商人很早就出现了。但是在中国，只有到了两宋时，他们才在社会上得到了较快的发展。这种独立小生产者、特别是自由商人的发展，是以前的历史过程所没有的，是一种时代的新因素。

以上所讲的，都是两宋、辽、金时期社会经济形势好的一方面。下面再讲讲坏的、不利的形势和条件。

最主要的就是辽、金军队几次南下，所到之处烧杀抢掠，特别是金朝的金兀术（就是戏台上那个金兀术。他是金朝皇室皇族之一，称为四太子，名宗弼，女真族人，戏上把他的脸画得那么难看，其实女真族人长得并不难看，有的很好看。有些满族、蒙族同志和我谈过，他们不高兴看戏台上金兀术那个样子。这个当然是戏剧界的问题，戏剧界改变脸谱很不容易，郭沫若同志曾提出把曹操改成素脸，可是京剧院说：曹操的扮相全部改过来有困难），他的破坏行为对历史发展起了反动作用。宋朝朝廷每年剥削数十万两的金银，几十万匹的绸绢，向辽、金纳贡，从而大大加重了人民的负担。在封建制度下，这些东西都是劳动人民用双手生产的，把劳动人民成年辛勤劳动的成果无偿的送给掠夺者，这无疑地对发展生产起了反动的、破坏的作用。反过来，又加剧了宋朝地区内部的阶级矛盾，特别是起义农民的领袖方腊对于这件事就公开表示反对，这是代表了广大农民意见的。

下面讲讲两宋经济发展的主要特点。

上面我们讲过，由于小农特别是小自耕农比重的扩大，他们致力于精耕细作，使生产提高了一步。在生产工具上也出现了很多新的东西，农具的种类增多了，农业生产的程序也更加复杂了，如选种、播种、施肥，反复的锄草和灌溉，冬耕之后继之以春耕等等。这些生产程序的增多，表现了农业的精耕细作，比唐朝又有发展，所以，农作物的产量也提高了。

在兴修水利方面，宋朝政府作了若干工作。北宋时，在河北、河南、山东等地搞了不少水利事业，开了很多渠圩，把河流连接起来。还制造了一种水车（唐代在苏北、湖南、湖北、浙江都有），能够由低处抽水灌溉高处的田地。

在积肥、垦田方面也都有进步。由于农业生产的发展，手工业生产发展了，小私有者、小自耕农把他们生产的东西拿到市场上出卖，扩大了市场，扩大了商品交换，促进了城市的发展，也促进了独立手工业的生产与自由商人的出现和发展，而这一切，反过来又促进了小商品经济的发展。

其次，由于小私有者比重的扩大，除了自耕农以外，其他小手工业者的比重也扩大了，又由于减轻了农民对地主的人身依附，促进了手工业、商业的发展。宋代手工业和商业的发展，表现为下列几点：

首先，宋朝遍地都有税卡，这是小商品生产与交换高度发展、封建时代的商品经济高度发展的表现。北宋曾经征收到二千几百万税款，这在封建王朝称得起一笔很大的收入；有时，北宋的工商业税的收入甚至超过农业税的收入。宋朝商品征税的范围也扩大了。另一方面，宋朝的商业带有很大封建性。当时大的商号叫"邸店"或"邸肆"，意思就是贵族、官僚、大地主等大人物家里开的商店（专利商行）。他们经营的商业，享有免税的特权。（这一点，有很多同志误解了，《人民日报》上曾发表了一篇文章，说宋朝的城市商业税收不多，在大城市里面商品不多。他不知道大城市里面的"邸店"享有不纳税的特权，所以产生了这样的误解。）而纳税的则是人民日常生活用品，如布匹等，以及从事农业、手工业所使用的生产工具，像镰刀、锄、耙、铲、镐，以及农民自己生产的土特产品，如麻布、竹筐等等都要抽税；所以，宋朝抽税商品种类增多了，税收范围也扩大了。

其次，宋朝不仅有大城市——如北宋的首都汴梁（开封），发展到二三十万户，如果每户按五人计，就有一百多万人口。在封建时代，像拥有这样多人口的城市，还是很少见的。大城市周围都有小市镇。如杭州四周都是小市镇。小市镇的发展，说明了当时在广大的农村里到处都有小手工业者，小商品生产者，都需要通过买卖交换维持他们的生产和生活。

再次，都市里面的商业、手工业各行各业，形形色色，应有尽有。现在我们在城里见到的大街小巷的名称，在宋朝就有了，都是以不同的生产行业为标志而命名的。譬如：杭州的西湖与主要市区之间有一个吴山，吴山境内有几十个庙，叫什么鲁班庙……每个庙的名字都意味着一个行业或几个行业。手工业、商业的行会组织也发展了。但更重要的是，这时期的自由商人有很大的发展。所谓自由商人，就是人家生产的东西他可以自由买卖，不受行会的限制，赚得的利润除了给国家纳税以外，都是自己的。但是"邸店"就不是这样，它有垄断商业的特权，凡是从农村或从其他市镇等外地运来的商品，首先要经过"邸店"，不能自由买卖，"邸店"要买，就得卖给它，价格由它规定，给多少就是多少。"邸店"不要的东西，才能拿到市面上去卖，但在运到市场去以前，还得孝敬"邸店"一点。自由商人的货源，也得由"邸店"批发给他。这样，自由商人所赚的钱就少了，而"邸店"只在一转手之间，就得利不少。这也是当时阶级矛盾的表现，而且恰恰在这时候由于小商品生产的发达，自由商人的数量很大，所以，自由商人与大地主的商号"邸店"的利益一直发生冲突。在王安石所施行的新法里，就有好几条反映了这个问题。

由于工商业的发达，又促进了其他事业的发展。首先，宋朝就大量地制造货币。从北宋开始就有纸币（南宋以后再讲）。宋代的印刷、造纸技术都比唐朝大大的发展了，很多地方用竹子、麻、破布等各种各样的原料造纸，造了纸就印书，印了书就摆到书店去卖，现在北京图书馆里还保存有很多宋版书，那时候书库也是很多的。

其次是采矿业也有了发展。宋廷准许老百姓自己采矿和出售矿产品，但有一条，除了向官府交纳百分之二十的税外，如官府要收买，就必须卖给官府，这表现了它的封建性。

丝纺织业也得到普遍发展，老百姓差不多家家都能纺织。四川、江苏、浙江、湖南尤为普遍。棉纺织业也很发达。种棉花是由新疆、两广、云南向内地推广的。

造船业也得到了发展。上面讲了海船制造的规模很大，内河来往的船只，很多地方也能制造。当时内河船只的来往航行比较广泛，差不多所有的河流都利用起来了。由于"邸店"在内河航行方面的控制有限，所以有很多买卖是自由商人搞的。

城市扩大和发展了，像开封、洛阳的市面交易是通宵达旦，有早市、有晚市。市场上百货俱全，东西坏了，可以找到各行各业的手工业匠人来修理；酒店、饭摊处处都有；戏剧、杂耍每天上演，还出现了一些以说书为生的人。这说明了城市的发达，也反映了所谓中世纪末期的现象。为什么宋朝的词那么发达？为什么宋朝出现了三大发明呢？这主要是由于城市成为经济、文化荟萃之地。在城市里面，集中了形形色色的人，具备了种种便于研究的条件，从而进一步促进了文化、艺术的繁盛和生产技术的发展。

当时西夏、大理，吐蕃、高昌等在经济上对内地的依赖性很大，很多东西都需要内地供给。如钢铁制造的工具或器皿、金银器、茶叶等等，特别是绸、绢、布匹；辽也需要这些东西。但他们向内地索取的手法不同。辽的办法之一，是派兵抢掠，另一条办法是他抓住宋朝害怕战争的弱点，每年要宋向它进贡，强行勒索大量的金银绢匹。西夏的办法又不同，它最初是在宋、辽对峙之下钻空子，向双方称臣，有了机会就来抢劫。一面称宋为皇爷、爸爸，自称儿子、属下，一面要宋照顾它，每年赏赐多少万匹绸缎，多少万两金银，每逢年节，还要额外赏赐，过生日还得赏赐大量的金银绸缎，不给不行。形式上它好像还是宋朝的臣属，实质上它是在钻空子，变相勒索。高昌又不同，它需要北宋的手工产品，北宋也需要它的东西。除了贵族用的奢侈品如香料、宝石等以外，更重要的是要它的马匹，好用来和辽打仗，一次就要多少万匹。因此，高昌有大量的马匹、皮毛运回内地。它的办法是一面派人到北宋作买卖，一面要求北宋给它委任状，封王，给印，当然这还是一种封建性质的关系。但在宋和高昌的交易往来中必须经过西夏这道关卡，西夏不肯放过这个分肥的良机。它说：你要通过我这里，必须给我多少东西。而高昌与内地的经济联系又不可分割，为了维持它与北宋的经济往来，它还是把西夏打退了。大理，吐蕃的基本情况也是这样，北宋也要它们的马匹。吐蕃对宋朝朝廷的关系，较之其他各族更为密切。它的部落长、头人和所有的官吏都由北宋朝廷给予委任状，赐予官印；在政治上，它从属于北宋，在经济上，它对内地的依赖和运往内地的东西，都和高昌一样。所不同的是，它从西藏把东西运到青海，甘南，在当地出售一部分，再把在青海、甘南买的东西一部分和从西藏带来的东西一起运往内地，一部分运回西藏。

宋朝面临着这样错综复杂的民族关系，特别是辽军不断南进，这对它的统治是严重的威胁。当时的范仲淹、王安石等从维护地主阶级的统治出发，提出了调整内部的阶级矛盾和加强防务的办法。像王安石的政策，如果当时大地主阶级及其统治集团不来反对，是可行的。他当了宰相，搞了几年，宋朝的力量就强大起来了，对辽的态度也就随之强硬起来了，辽也就没有办法了。

下面讲南宋的社会经济形势。

总的讲，南宋统治的地区比北宋缩小了，安徽、江苏只占有一部，一直退到了淮河以南，河南退到南阳一带，陕西退到大散关以西。金占的地方有河北、山东、山西和陕西的大部分，安徽、江苏也占去了一部分。

南宋的经济比北宋又有了进一步的发展。具体表现是什么呢？

首先，从地下出土的东西来看，农业的生产工具种类增多了，除铁器外，特别发现了一些北宋没有的用竹、木制造的工具，还搞出了很多新的农具。这说明了南宋的农业技术和生产效率都比北宋有了提高，例如，南宋的犁比北宋的犁耕地更深，因而它的单位面积产量也比北宋高得多。其次，南宋的地区虽然较小（只相当于北宋领土的三分之二），但是人口增长很快。当然在北方很大部分土地被金军进占的情况下，不少人从北方跑到南方来，这也是南方人口激增的一个原因。但是，南宋人口总起来说仍比北宋少（《简明中国通史》中有数字，这里不讲了），北宋最高曾经达到一亿多人口。而南宋的财政收入最高年度却超过北宋。它的苛捐杂税多，这可能使财政收入有所增加，但经济上若没有一定的发展，要作到这一点也是不可能的。此外，南宋经济的发展，还具体表现在炼钢技术上比北宋进了一步，把横法钢变成了灌钢，就是用钢皮子把铁包起来，在长时间加高温熔化之后再拿出来反复锤炼，百炼成钢。南宋的灌钢又比北宋前进了一大步。南宋的对外贸易比北宋也大大地发展了，譬如我国与日本进行贸易，原来只把烟台作为通商口岸，南宋时就发展成杭州、宁波等几个通商口岸。这是商业和对外贸易发展的具体表现。

从上面的分析可以看出，南宋的社会经济不但比金朝进步得多，而且经济力量大得多，人口多得多，对外贸易不仅在国内经济生活中居于重要地位，在世界上也同样占先进地位，对其他国家社会经济的发展起着促进的作用，这充分说明了南宋经济的发展。但它在政治上非常软弱，一贯妥协投降，甚至自毁长城，把主战派的民族英雄岳飞杀掉。其根本原因，在上面已作过分析，这里不再重述。

南宋的经济为什么能够这样发展？这里有它的客观原因，也有主观原因。

（1）由唐、五代到宋，经济的中心已经逐渐转移到了南方，到北宋末期已经经过了二百年的发展，这就为南宋社会经济的进一步发展打下了良好的基础。

（2）北宋灭亡以后，河北、山东、山西、河南的大量人口向南迁徙，陕西（金占区）的人口移往四川、汉中地区，这不仅使得南方地区增加了大量的劳动力，而且还带来了各地的生产技术和生产经验，从而把当地的生产提到了更高的水平。这种人口的南迁是不断的，因为金不断南进，占领了宋朝的大片土地，人民不堪忍受残暴的统治，便纷纷南下。所以南宋各个时期都有招纳流亡这一条，而金常常向南宋提出要把从中原跑到南方的人口送回去，这实际上是争夺劳动力。南宋的人口增加，也促进了生产和经济的发展，促进了南宋荒地的开发，提高了生产；而生产的发展又加快了人口的发展。

（3）金军多次南下，打到河南、苏北、皖北，有时还过江打到苏南、浙江、江西等地，去了就是杀人、捉人，把财产洗劫一空。这样，在南宋的反金斗争中便形成了两种力量：在前方是岳飞等主战派率领军队和金作战，在金人后方是老百姓组织起来进行斗争。山西、河北、河南的人民打金的背后，扯住它的后腿，迫使它不能前进，只好后退，从而保障了南宋的半壁江山。至于斗争的详细情况，同志们可以去看书。浙江温州有一个大政治家叫叶适（叶水心），著有《水心集》，记载当时在苏北、皖北一带人民自己起来尽忠报国的事实。书上说：他们当时还建筑了工事。叶适曾向南宋朝廷建议把苏北、皖北的人民全部组织起来，合力抗金，这当然是个好主张，可是南宋不用他的主张

（大家要了解详细情况，可以把《水心集》找来看看）。金军每次南下，人民起来一配合，它就非撤退不可。再加上岳飞、韩世忠、刘锜、张浚等抗战派的主战（当然，如果没有人民的支持、帮助，抗战派是不能发挥作用的），打退了金军，保证了相当大的地区免于战争的灾难，保持了相对安定的环境。

（4）南宋朝廷为了维护它的统治，除了继续奉行北宋的一系列的改良政策之外，还作了三件比较突出的事情。

第一，是兴修水利。把南方的堤、堰、塘、陂、坝等等大大地修了一下。在太湖的三角洲以及沿海、沿江地区，湖比田高，田又比江海高，原来北宋修了一些，南宋又进一步地开辟水田，兴修水利。在湖边修了闸门，天旱时，老百姓能用湖水灌溉田亩，雨涝时，打开闸门可以使水流入江海。这个工作是作得不错的，这样的工程在洞庭湖、鄱阳湖也作了不少，不过太湖地区最为突出。当然从这里也产生了新的矛盾，湖边因为搞水利，开辟出来的土地，被一些大官吏、贵族们把它辟为良田，占为己有。这样，老百姓的田旱了无法用湖水灌溉，水多了又不能把水放出去，所以矛盾很大。为此南宋朝廷曾下过命令取消这些围田，把千万顷良田归还老百姓。可是大官吏们一反对，这个命令就没能实行。但总的说，南宋兴修水利事业的功绩还是比较突出的。

第二，招纳北方南下的流亡人口，给予他们以适当的照顾，去了就加以安置，使有谋生之路。当然这是从南宋统治的利益出发的。当时由北方南下的人口中也有不少文人学者。从而促进了江苏、浙江以至福建一带的生产和文化的发展。譬如赵孟頫等等也是从北方去的。这是南宋朝廷做的第二件事。这件事和金朝发生了争夺劳动力的矛盾。金有时用表面上同南宋讲和的办法，向南宋实行要挟，以不再招纳北方人口作为讲和的条件。懦弱的南宋统治者害怕妨碍议和，只好下命令禁止北方人南来，不予主动招纳。

第三，是发展了对外贸易。当然南宋统治者主观上是为了增加税收。南宋曾经下过这样的命令：在内地市场上的东西不准官家强制买卖，这是好的，虽不能贯彻，可是却鼓励了自由商人的积极性。在对外贸易上，给予相当的保护（这当然不是资本主义国家保护关税的政策），譬如出海船只一旦遇到风浪之险，遭受损失，回来后由政府给予补助或免税。对于去外国航海做买卖的商人回国时，海关（市舶司）还准备饭菜招待一番，当时在广州、泉州、明州都设有市舶司。同时，对外国人来做买卖的，在税收上也给予优待，还分给他房子住，等等。这就是南宋朝廷在发展社会经济上的一些重要措施。

同时，南方的天然资源也比较丰富，从封建时代的农业角度来讲，南方的自然条件确比北方优厚。但若从近代工业的角度看，就不同了。我这次去内蒙古参观，感到那里的资源非常丰富，包钢冶炼各种钢铁如特种钢所用的各种原料，三百里内都有，白云鄂博矿石储量非常丰富，含铁成分占百分之六十，是全世界少有的。从古以来就把这些地方看作荒丘，今天是社会主义新中国的钢铁基地，建筑得非常壮丽。就在农业生产上，内蒙也是基地之一，土质肥沃，我看到市郊种的庄稼长得很好。过去古人写的诗，什么"天苍苍，野茫茫，风吹草低见牛羊"，把这里描写得荒凉不堪，认为只有王昭君的塚上长点青草，周围都是黄土一片。现在看，不仅是王昭君的塚上长青草，其他地方的草也长得很青、很绿，一望无际，好得很。所以，我说古人对内蒙的某些看法有很大的主观主义。

以上所讲的都是南宋社会经济发展的一些好的、有利的条件。那么，有没有不利的条件呢？有的，这就是金廷奴隶主、农奴主的武装不断南下，肆行烧杀抢掠，使南宋人民的生命财产遭受严重的危害，社会生产受到摧毁，严重影响了南宋经济的发展。假如没有这个破坏，南方经济还要更繁荣，生产还要更加发展。当然金政权的武装行动不仅影响了汉族地区的发展，同样也影响了契丹族、女真族自己的地区以及其他民族地区的发展。

南宋的经济结构、生产关系、生产力等基本上和北宋一样，但比北宋有所发展。在南宋统治区域内，小生产者和自由商人的比重都有发展，这些在我的《简明中国通史》中都有，所以不多讲了。

但是，南宋政府与北宋政府一样，在行政措施上，在税收政策上，都是从大地主阶级的利益出发，力求适合于大地主阶级狭隘的利益和要求。而且在这方面，南宋比北宋还更为严重。针对这种情况，中小地主要求革新，北宋范仲淹虽没有搞成，王安石还执了政，搞了几年。南宋的学者朱熹想继续王安石的事业，但南宋搞了一个"伪学"朱熹，把他打击下去，所以也没有搞成；叶适亲自带兵死守苏北、安徽等地，还提出了很多好的主张，南宋朝廷根本不予采纳；叶适的好友陈亮也提出了如何收复两湖及如何对付金人的办法，却被南宋朝廷抓住关了起来。不仅如此，南宋还把很多好人，如陈东、欧阳彻等杀掉，比北宋更加反动和无耻。

同时，南宋朝廷与北宋一样，所有大地主的土地，都不向国家交纳税收。北宋时王安石想平均地税，南宋的朱熹也想让大地主来负担一点税，但都行不通。他们把税收全部转嫁在农民和中小地主身上。所以，宋朝的中小地主和大地主之间的利害矛盾也很明显。而自由商人、小生产者，独立手工业者的负担也很重，他们与大地主阶级也有很大的矛盾。此外，还有很多老百姓的良田被大地主霸占，只有户口而无土地，但户口册上有名字就要负担税赋，有些地方人已走了，户口也没有了，但政府还要向邻里要税。政府虽曾打算丈量土地，清查地赋，但遭到大地主反对，只好取消。朱熹主张土地要正经界，也行不通。大地主强占湖边、沿海土地，搞圩田，搞围田、塘田等妨害水利，破坏民田，损害了人民的生产；同时还借公家扩大官田的机会强制购买民田，低价买进，高价卖出。币制腐败不堪，铜钱造得很薄、很小，不耐使用，纸币又不能兑换，以此又加重了对人民的剥削。南宋的苛捐杂税，种类繁多，其剥削的严重程度比北宋有过之而无不及，同时它向金廷的贡纳也超过北宋。

因此，两宋内部的阶级矛盾非常剧烈，其具体表现是：

（1）地主与农民这两个对立阶级的矛盾比过去更为紧张。表现在地主对农民的剥削比以往更残酷，农民的负担很重。另一方面，两宋朝廷给西夏、辽、金每年大量纳贡、赔款，是与人民的利益矛盾的，也增加了代表大地主阶级进行统治的宫廷与农民的阶级矛盾。加之辽、金军队南下大肆破坏，两宋朝廷非但不能制止他们的进攻，反而一味妥协投降，这也与人民的矛盾更大。所以，两宋与农民的关系始终都是紧张的。

（2）自由商人与独立手工业者及其他小商小贩，生产的东西，政府（大地主集团的代表者）普遍抽税，而且税率很高；同时，通过大地主、商人、官僚三位一体的"邸店"对他们进行严格的控制，他们买卖东西，必须经过"邸店"订价，"邸店"有优先购买的特权，"邸店"买卖的东西又不纳税。这样就使自由商人、小商贩等受到很大打击，不能自由买卖。特别是一些小商贩，他们的本钱少，又要遭受"邸店"的高利贷剥削，这就形成了自由商人、独立手工业者、小商小贩、小生产者与高利贷、"邸店"的矛盾。这些问题在陈亮、叶适的著作里面都有反映。当然他们二人并不代表自由商人的利益，只不过是反映了他们的一些要求。他们的这些利害矛盾与要求，是两宋特有的社会矛盾的表现，是以往的历史所没有的，这是两宋时代新的阶级构成和新的阶级关系的体现。在手工业的行会组织起来以后，手工业者有了行会保护自己，但不参加行会的"邸店"却要来指挥它。高利贷者照样剥削他们，矛盾仍然很严重。

此外，辽、金占领区的汉人和南下的汉人与大地主阶级也有矛盾，因为他们不能打退辽、金，不能收复有祖宗坟墓的家乡，反而妥协投降。辽、金军队一来，独立手工业者、小商小贩、独立生产者的商品财产便被一抢而光，人有的被杀死，有的被捉去当奴隶，特别是手工业工人，被送到东北和今天的北京、山西大同、内蒙古一带去作奴隶，生命财产毫无保障。所以，这些人都与辽、金、西夏有很大的矛盾。因之也对妥协投降、不顾人民死活的两宋朝廷产生了深刻的怨恨、不满。这些都是从经济利害上产生的根本性的矛盾。

两宋时期阶级矛盾的这些具体表现，是过去的历史上所没有的。而对待这种阶级矛盾，仅仅使用改良主义的政策是不能根本解决的。但是历史事实说明：两宋朝廷连改良主义的政策也不能实行。

下面再讲讲两宋的民族关系。

在两宋和辽、金、西夏的时代，新疆、西藏、云南等所有的民族，都受到两宋先进的经济文化的影响，因而他们的经济文化都比过去有较大的发展。辽、金、西夏，同样也受到两宋经济义化的推动。特别是金，今天我们从书上的记载和地下出土文物来看，它的很多东西都具有宋朝的特征，这在下面讲到辽、金时还要讲。这种先进的经济、文化，对于汉人、契丹人、女真人以及其他各民族的历史所起的促进作用是很大的，这表明各族人民的利益是一致的，但各族的统治集团与人民的利益是相互敌对的。譬如：辽统治阶级的武装南下，就使宋统治区域内的各民族人民受到莫大的危害与苦难，特别是各民族人民的生命无保障，财产都遭到损失与破坏；金和西夏的统治集团所给予宋统治区域内各族人民的，也同样是这样。所以，当他们武装南下时，总是遭到各族人民，甚至包括本族人民在内的联合反抗。这就表明，民族矛盾的实质就是阶级斗争。当然，辽、金的统治阶级为了他们的利益，不能不制造一些民族隔阂与矛盾。总之，两宋与辽、金的矛盾始终是突出的。

统治阶级之间，两宋与辽、金的大地主阶级也有矛盾。在辽、金占领的地区，在有些地方还保存了两宋大地主的利益，但是耕种他们土地的人民被俘虏去了，劳动力没有了，生产遭到了破坏。同时，他们也有些土地被辽、金圈去作牧场，养牲口去了。因此，大地主阶级的经济利益也受到了损害。所以，他们和辽、金统治者之间的矛盾也是激烈的。在各民族的劳动人民之间，虽有矛盾，但不是敌对性的矛盾，不是根本的利害冲突，只是一些生活上（如吃、穿或者说话不懂）的差异。所以，辽、金与两宋的后期斗争中，差不多所有各族的人民都起来反对共同压迫剥削他们的各族的统治阶级的斗争（关于辽、金区域内各民族的矛盾，在讲到辽、金的民族关系时再讲）。

宋与吐蕃、大理、高昌等民族的关系又怎么样呢？

宋与这些民族的关系，上面已经讲过了，主要是经济关系起决定作用，在经济上，它们彼此有不可分割的联系。宋廷要新疆、西藏、大理等少数民族的牲口作战马，要它们那里出产的药材。而那些地区要宋朝生产的布匹、绸缎、金属工具、用具、茶叶等等生产、生活资料。但由于宋廷对自己内部的阶级关系没有处理好，对民族矛盾也不可能适当处理，软弱无能。所以，他们一方面和宋廷的统治阶级有从属关系，另一方面又保持他们相对的独立性。唐代原来已建立了的统一政权，这时又处于分裂状态，这是不利于发展的，是两宋朝廷的责任。因为问题是两宋朝廷没有适当调整自己内部的阶级矛盾，特别是没有适应新的阶级关系和新的社会形势，来处理这些新的阶级关系和阶级矛盾。而且像范仲淹、王安石、朱熹等人提出来处理这些问题的办法，仅仅是损害了一些大地主阶级眼前的狭隘的阶级利益，遭到大地主反对，就不能实行。而两宋朝廷的妥协投降政策，却一直贯彻到底。因此，使两宋与辽、金之间本来可以解决的矛盾不能得到解决。所以两宋朝廷对历史的发展应当负有严重的罪责，而两宋朝廷，特别是宋高宗和大臣司马光等人更应该负直接的主要的极其严重的罪责。

第十二讲

专制主义封建制矛盾扩大的
五代两宋辽金时期

（公元 907——1279 年）（二）

　　这一讲，主要讲辽、金经济构成的基本特点、阶级和民族关系的基本
情况。

　　五代、两宋、辽金时期，中国社会总的形势是阶级矛盾和民族矛盾比较突
出。但辽、金和宋有一点不同，即在宋朝统治的区域内，主要是以农民为主体
的广大人民同大地主阶级的矛盾；而在辽、金内部，则是阶级矛盾、阶级斗争
同民族矛盾、民族斗争交织在一起。当然，在两宋，阶级矛盾和民族矛盾也有
交织在一起的情形，那就是在宋朝统治区域内，存在着对辽、金、西夏的民族
斗争。关于总的形势方面的问题就谈这一点。

　　下面讲一讲各种生产方式的斗争及其演变的过程。这里所说的各种生产方
式的矛盾，就是落后的奴隶制同先进的末期封建佃耕制的矛盾；奴隶制同农奴
制的矛盾；农奴制同封建末期的佃耕制的矛盾；在原契丹人的地区（即今内
蒙、蒙古人民共和国和东北地区）还存在着奴隶制与原始公社制之间的矛盾。
上述这些矛盾都不断地在变化着。又由于以契丹贵族为主体的辽王朝和以女真
贵族为主体的金王朝实行落后的奴隶制的掠夺和破坏，更增加了各民族之间的
矛盾。认识了这一点，我们才能了解为什么当时人民都纷纷起来反对辽、金的
统治。辽、金是以小制大，以弱制强，以落后征服和统治先进，因此，它们经
常不断地发动对各民族的战争，企图通过战争转移统治者和人民之间的矛盾。

　　辽、金的阶级构成特别复杂，而与两宋不同。宋朝社会内部有新的因素产

生：自由商人出现，小自耕农的数量增多。辽、金不断南下进行掠夺和战争，损害了小自耕农和小生产者的利益，因此加深了民族矛盾。这一点是与过去不同的，所以这一讲就着重讲讲这方面的问题。

首先，讲一下辽、金和西夏的起源及他们同祖国的历史关系。

关于这个问题，在国内外一直都没有弄清楚。过去地主阶级的历史家认为，只有汉族才是中国人，汉族以外的少数民族都是外国人；只有汉语才是中国话，其他民族语言都是外国语言。这种说法不符合我们多民族国家的实际情况。毛主席对这个问题作了结论。他说，我国是一个由多民族结合而成的拥有广大人口的国家。这是我们历史极大的特点。

先来谈谈契丹族。有人问，现在还有没有契丹族？当然有。说法有两种：一种说法是契丹人有一部分在蒙族，一部分在满族，大部分在汉族中，此外就再没有契丹人了。明末清初大学者顾炎武，写过很多书，当清兵入关后，他进行反清活动。一个书生要反清，怎样反呢？他弄了两头毛驴拉着几个柳条筐，两个筐装书，两个筐装破棉被和衣服，走不动了就骑着毛驴走。就这样，他走遍了全国，到了河南、山西、陕西、甘肃等地，组织人民起来反清。同时，也逃避了清朝对他的追捕。他的《日知录》一书中有这样一句话："今代山东氏族，其出于金元之裔者多矣。"说十家中有八、九家是女真族的后裔，这种说法是过火了一些，不过蒙古人是不少，蒲松龄就是蒙古人。另一种说法，今天的达斡尔族就是契丹人的后裔。我在这个民族中调查过，和很多人谈过话，并且问过这个问题，但很多老乡都不知道这个情况，其中只有一个老人说：我们是契丹人的后裔。关于这个问题，陈述著的《金史拾补五种》一书，里面有很多材料是可靠的，你们如果有兴趣，可以看一下。

契丹族是中国人的一部分。在唐朝的时候，他们的酋长由朝廷诰封，并且用唐朝的年号，向唐朝纳贡、纳赋税，唐朝也给他们赏赐。李世民曾亲自带兵攻打朝鲜，他一出关就把契丹的酋长叫去，要契丹族派军队随同出征。而契丹也就派了军队帮唐朝打仗。由此可见，契丹是唐朝的臣属，是唐朝的一个组成部分。到了唐末，契丹族内部出现了私有财产，阶级分化了，大量俘虏外族人口当奴隶，到后梁朱温时，契丹就建立了一个奴隶主政权，企图统治中原。它有相当的实力，五代时有些军阀同它联合，请求它帮助自己爬上皇帝的宝座。后晋的石敬瑭称耶律德光为父亲，又把燕云十六州（燕就是北京、云就是大同），即幽（北京）、蓟（蓟县）、瀛（河间）、莫（任丘）、涿（涿县）、檀（密云）、顺（顺义）、新（涿鹿）、妫（怀来）、儒（延庆）、武（宣化）、云（大同）、蔚（蔚县）、朔（朔县）、应（应县）、寰（朔县东）十六州割给契丹。后汉刘知远称帝时，也称耶律德光为爸爸。石敬瑭的儿子石重贵做皇帝时，称耶律德光为爷爷，而不称臣。耶律德光大发脾气说：你没有征得我的同意，就称我为爷爷，我不要你这个孙子。当时，契丹把中原同自己的统治区域看作一个国家，它把后梁到北宋的政权称为南朝，称它自己的政权为北朝。所谓南朝、北朝，就是南方、北方的意思，而不是平时所说的隋朝以前那个南北朝。

契丹的奴隶主政权，实际是以契丹的奴隶主为主体，统治集团中还包括很多汉族的地主阶级和地主阶级知识分子（这一点，《辽史》讲得很清楚），以及相当一部分维吾尔人（萧太后就是维吾尔人，契丹的皇后差不多都是维吾尔人）。此外，还有女真人（满族的前身）、渤海人（满族的一支）、奚人、蒙古人等各族的上层。契丹的人口，在它南下时，才不过三几十万。

现在讲女真族。女真属于满族系统，它很早（西周以来）就是我国的一个组成部分。在西周时，女真叫肃慎，战国时叫山戎，秦汉时叫"东胡"，南北朝时叫鲜卑，隋、唐时称为"靺鞨"。唐朝在女真所属地区设黑水府，府下有州。府的都督、州的刺史都由唐朝委任其部落长担任，他们向唐朝称臣。同时，唐朝还在东北建立了一个渤海国（渤海人也属满族系统）。到了五代，女真是辽的属领，成为辽的一个组成部分。辽末，女真族建立起奴隶主政权——金朝，当政权建立后，就与辽敌对。在灭辽的过程中，金与宋联盟，说辽是他们共同的敌人，但在灭辽以后，马上又掉转头来灭宋。金王朝也和辽那样，称北宋、南宋为南朝，称自己为北朝。

从《金史》和有关记载看，女真统治集团的主体是女真贵族，此外还包括很多汉族地主阶级及其知识分子。在它的军队里，绝大部分是汉人做将军，还有很多契丹贵族，也有一些蒙古人、渤海人、奚人等各族的上层。女真族的人口不多，反辽时，才有一万多兵士，直到南下攻打开封时，其军队才有五六万人，人口也不过四五十万。但它汉化的速度很快，而且上层分子也已经开始汉化。我到内蒙参观的时候，曾在内蒙自治区博物馆里看到了地下出土的辽、金文物和元朝文物，从这些东西的风格和气魄看，基本上与汉人的东西一样。

金还命令内地使用汉字，因为那里汉人很多，不用汉字行不通，而且在契丹小字、女真小字中吸收了许多汉字。元朝用的腰牌（通行证），就是一面为汉文，一面为蒙文。王昭君嫁给匈奴单于后，匈奴也吸收了汉人的东西，如单于皇宫用的瓦就和汉朝皇宫用的瓦一样，上面都有汉字。汉朝皇宫用的瓦上刻着："天子万年，延年益寿"。匈奴皇宫用的瓦刻着："天降单于"，并且都是用隶书写的。由此可见，女真族很早以来一直都是中国的组成部分，而不是外国人。讲清这个关系是很重要的，因为它关联到女真对宋的战争是不是侵略的问题。如果是一个国家以内的各民族，就谈不到是侵略了。

最后讲讲西夏。据史书记载，西夏是藏族的一部分，这种说法，很多方面可以对上口径，但很多方面又对不上口径。西夏自称党项。党项族主要部分是吐蕃，吐蕃是藏族的一部分。另一部分是吐谷浑，即它是吐蕃和吐谷浑的混合部落。它的文字与汉文不相同，也与藏文不相同，只是形式像汉文。这种文字至今还有。在唐朝的时候，它到了河西走廊、甘肃东部、陕西北部这些地方。它是唐朝的一个组成部分，受唐统率。由于受到吐蕃奴隶主政权的武装压迫，因此一步步往北走，并得到唐朝廷的允许，让它在内地居住下来。到五代、北宋之交，它开始建立奴隶主性质的政权。到了宋仁宗时，西夏的元昊掌握政权，其独立性增慢。但独立的时间不久，后来就在辽、宋的空子中生活，对辽、宋都称臣。因为它东面是辽，南面是宋。辽、宋之间的民族矛盾很激烈。不过在它的政权中，给它办事出主意、管财政的主要人物都是汉人。在它的区域内，从事农业、手工业生产的奴隶，多是从汉族地区抓去的，所以生产水平相当高。

另外，辽、金、西夏与宋没有固定的疆界，正如过去北洋军阀的占领区相互间没有疆界一样。谁的力量大，谁就打过来，力量小的就转移，相互争夺，相互推进。这一点是我的看法。有的同志不同意这种看法，可以提出来共同研究。有些同志问，为什么有些问题郭沫若同志是那样讲，范文澜同志又是这样讲，而我又是另一种讲法？这就叫做百家争鸣，各成一家之言嘛。

当时两宋、辽、金、西夏的形势已如上述。这时辽、金奴隶主集团，因为它们内部有很多民族，矛盾很尖锐，便不断发动南下战争，来转移它们内部斗争的锋芒。

其次，讲一讲辽的各种生产方式的斗争及其变化的过程。

当时，在雁门关以北和辽所占领的地区（今天的东北一部分）是奴隶制，这是没有问题的，因为从地下出土的东西和文字记载都可以得到证明。从地下出土文物来看，奴隶主除占有生产工具以外，还用武器和脚镣手铐这些东西来管制奴隶。当时，这个地区主要从事畜牧业生产，而从事畜牧业生产的奴隶，主要是从蒙古、女真、党项等民族中俘虏来的。现在有一些外国同志认为，在畜牧业生产中不能使用奴隶，因为奴隶容易逃走，所以，以畜牧业生产为主的民族没有奴隶制阶段。我看这个说法值得研究。殷朝的甲骨文就清清楚楚地记载着畜牧业中有奴隶。蒙古的同志都知道，在大草原上，奴隶一个人往哪里逃呢？一跑几百里没有人烟，没有东西吃，即使逃走了也要饿死。尤其在古代，猛兽很多，随时有被猛兽吃掉的危险。而何况奴隶主到处设有岗哨防守，奴隶根本逃不了。甲骨文是殷朝奴隶主记载的，他们都说有奴隶放牧，所以，我们不应该迷信外国人。外国人讲的对，我们要学习，不对的，就要考虑一下。

另外，辽还有农业。据文字记载，在雁门关以北和东北地区，辽有农业。今天，在地下挖出了许多辽的农村遗址，里面有铁犁、铁铲、铁锄，还有剪羊毛用的剪子。如在张家口以西，山西浑源以北的天镇所发现的夏家沟农村遗址，其铁犁，铁锄、铁铲、铡刀、剪子等生产工具，形制与宋朝基本上相同，只是笨一些。这是因为从事农业、手工业生产的奴隶都是被俘虏去的汉人。又如东北吉林的黄龙府（即岳飞所说的"直捣黄龙，与诸君痛饮耳"的那个黄龙府）也挖出了许多农具，并且还发现了冶铁遗址和制瓷器的手工业作坊遗址。这些遗址里的东西与内地差不多，只是较笨一些。譬如瓷器，辽、金的长颈瓶，瓶口小一些，显然是为了适于骑在马上喝酒，而不致把酒洒出来。又如鸡冠壶，壶口是扁的，像鸡冠一样，为的是便于骑马时携带。这些东西我们在大同都看到了。《辽史》上对于黄龙府的生产，记载得很清楚，它说有汉人一千人是从内地俘虏去的，从事农业和手工业生产的奴隶，大体上都是被俘虏去的汉人。

由于奴隶制的统治、剥削，在契丹族里有很多下层人民因贫困欠债，变成了债务奴隶。到了辽末，这种债务奴隶还不少。还有因犯罪成为奴隶的。

从此可以看出，契丹在它自己原来占领的地区，实行奴隶制生产，对契丹本民族来说是起了进步作用，把汉族地区先进的生产技术，如冶金、农业、纺织、造瓷技术带到契丹去，并建立起自己的生产，这也是有进步作用的。所以说，奴隶制在这方面是有进步性的（这一点我在《简明中国通史》上没有写）。当然，把先进地区的人民掳去做奴隶，对他们进行残酷的剥削，这是反动的，我们要加以批判。就是把其他落后部落的人民掳去做奴隶，也同样是反动的。另外，在东北，在雁门关以北，以及今天的蒙古人民共和国地区，有比契丹还要落后的民族，契丹在那里推行奴隶制，使他们受到较先进地区的影响，这也是有进步和反动的两面性的。

但是，在契丹统治的今山西大同南北和河北的北京、燕山以北到冀东的汉族先进地区，契丹奴隶主一方面为与汉族地主阶级联合起来进行统治，承认汉族地主阶级的土地私有制，允许封建佃耕制的生产方式存在下来。另一方面，在不断南下的过程中，他们又大肆烧杀掳掠，使很多土地荒芜了。所以，当时山西、河北的汉族劳动人民都拼命地反对它，进行武装斗争，直到辽灭亡的前夕，冀东地区还有汉人和契丹人举行武装起义。并且，辽还在它所统治的汉族先进地区圈地作牧场，从事畜牧业的奴隶制生产，其中也有农业，即圈地时把汉族或者其他能够从事农业生产的民族（可能是维吾尔族，但没有记载）圈在里面作为奴隶，从事农业生产。当时，有一种组织叫"头下军州"制。这个组织原来是奴隶制的农村公社；其后的发展情况不一样，有些还是农村公社性质，有些就发展成为城市，发展成为奴隶主的政治、经济、军事的堡垒。大的奴隶主可以自己组织"头下军州"。这样一来，在契丹人控制的汉族地区，就有几种生产方式并存：有封建制末期的佃耕制，还有奴隶制；奴隶制里面又有从事畜牧业的奴隶制和从事农业的奴隶制。此外，在这个地区还有汉族人民自己原来发展起来的行会商业、行会手工业，以及自由商人的商业和独立手工业者的手工业。当然，经过战争的打击，这些东西都大大削弱了，但还有残余。同时，也还有奴隶制的手工业和商业，它们使用奴隶来从事各种各样的手工业生产和商业活动。我这次到大同，看到了上华严寺和下华严寺。上华严寺是辽建造的，辽末被火烧掉了，据说，金又按原样建造起来。那个建筑和内地其他地方宋朝的古代建筑一样。下华严寺也是辽建造的，在横梁上写着"重熙七年建"字样。那个建筑很大，像天坛的祈年殿，中间没有柱子，都是横梁，建筑得很好。在殿里，有十几个塑像，艺术水平极高。而这些建筑和塑像大都是被俘虏去的汉族劳动人民的天才创造。

契丹南下建立政权后，就有这样几种生产方式并存。这些生产方式相互间有斗争，矛盾很尖锐。因为汉族地区和契丹原来地区发展不平衡，不平衡就有矛盾。在落后地区有矛盾，在原来先进的汉族地区里，封建制末期的佃耕制和奴隶制矛盾更大。这是一个规律。在中国历史上，自南北朝起就有这种情况。在矛盾斗争的过程中，有些契丹奴隶主由奴隶制转而实行农奴制，有些转变快的，甚至转变得和汉族地主阶级一样了。但是，有一种情况是北朝没有的，就是出现了一种半奴隶。何谓半奴隶呢？半奴隶也叫两税户，他们一半归寺院管，一半归辽朝廷管。所以他们比别的奴隶要自由一些。这就可以看到，辽统治地区不但存在着几种生产方式，而且在它们相互斗争的过程中有了迅速的变化，产生了新的因素。到辽灭亡以前，奴隶制不存在了，农奴制也正在转化为封建佃耕制，有一些封建主已和汉族的地主阶级一样了，所以后来元朝不把他们叫契丹人，也把他们叫汉人。

这里讲一讲原来汉族地区主要对立的阶级是什么。

在雁门关以北和东北地区，有奴隶和奴隶主两个对立的阶级，这是没有问题的。但是，在辽统治下的汉族地区，是奴隶主和奴隶为主要的对立阶级，还是封建主和农民为主要的对立阶级？这就不完全一样了。最初，从构成辽政权的统治与被统治的主体来看，奴隶主与奴隶这两个阶级的对立，比重较大；当然，从全面看，它仍不能超过原来的汉族地主和农民这两个阶级对立的比重。这就是说，原来封建的佃耕制的比重就比较大，而后来封建制的比重越来越大，奴隶制的比重越来越小，到了辽灭亡以前，奴隶主与奴隶的对立就只剩下残余了，基本上变成了封建制，因此，那时主要是封建主与农民这两个阶级的矛盾了。当然，在封建主里面，包括有地主和农奴主，不过，到辽灭亡以前，农奴主和农奴都只是残余了。至于官手工业的奴隶，当然还存在一些。但是，两种地区的情况不同；即使在辽原来的地区内，契丹族地区和其他部落地区的情况也不同。这里说明了发展的不平衡性。

在辽灭亡以前，俘虏来的奴隶数量不多了。契丹的债务奴隶数量却在增多，他们同汉族和其他各族的奴隶一同进行生产，一起进行斗争。当时，辽政府企图用钱将奴隶赎回，但辽末的财政状况根本不允许这样做，所以，在它内部，阶级矛盾变成主要的了。但与辽、宋间的民族矛盾相比较，它还是次要的。

下面讲辽的阶级构成和复杂的民族关系。

在契丹原来的地区里，有奴隶主和奴隶两个阶级的对立。在奴隶主阶级里面，又有贵族和中小奴隶主。下面还有平民。奴隶来源于各个民族，包括契丹族内的奴隶。但在雁门关以北和东北地区，辽统治下的蒙古、女真、奚、渤海、回鹘除被掳、被罚罪为奴者外，回鹘人似已行封建制，其他各族则在原始公社制的不同时期。在它统治的汉族地区，则有封建制末期的地主阶级和农民，有农奴主和农奴，有奴隶主和奴隶，还有受到摧残的行会手工业和行会商业，里面有师傅和徒弟、店东和伙计、自由商人、独立手工业者和其他独立小生产者。阶级构成虽然如此复杂，但是还可以划一根线，一边是统治阶级、剥削阶级，一边是被压迫、被剥削的诸阶级（马克思主义者常说诸阶级、阶层，这里加一个"诸"字，是因为它不是单一的）。不管是奴隶主、农奴主还是封建地主和手工业主，他们都是统治阶级，都是剥削者和压迫者。当然，在他们当中也有矛盾。为什么有矛盾呢？因为既然存在着封建佃耕制，农奴主就不好管制农奴了，农奴要向佃农看齐，他们逃到佃农当中去，农奴主就无法找到。而奴隶和奴隶主的矛盾就更大了，因为奴隶看到农奴比他强，农奴可以讨老婆、生孩子、有自己的小家业。特别是有了封建佃耕制，奴隶主对奴隶就更不好进行统治了。这就促使奴隶制向封建制转化。而奴隶、农奴、农民都是被压迫、被剥削阶级。同时，汉族和其他各族之间还存在着民族压迫、民族矛盾。所以，这一时期，这些地区的阶级构成和阶级斗争是非常复杂的。辽政府为了统治两种不同的地区，曾建立了两套统治机构：在雁门关以北和东北，它统治严密的地区设"北院"，管理契丹人和其他各部；雁门关以南和山西、河北地区设"南院"，管理汉人事务。它主观上想把两种地区分开，但实际上分不开。

辽的民族关系更复杂。在辽统治的雁门关以北和东北地区，有比较先进的契丹族和其他落后的各部落之间的矛盾。它对落后部落实行奴隶制的统治，其具体表现，是要这些部落向它纳税并贡纳人口为奴隶。这种统治与这些部落的原始公社制之间是有矛盾的。另外，它与其他民族，如维吾尔族也有矛盾；它一方面与维吾尔族联合进行统治；另一方面又要维吾尔族向它贡纳奴隶。至于维吾尔族是处在奴隶制阶段还是封建制阶段，目前大家的意见还不一致。但肯定是阶级社会，因为历史上的记载称它为高昌国，既然产生了国家，无疑地已是阶级社会。而契丹与西夏的关系，则是西夏一方面向契丹称臣，一方面又向宋朝称臣，因此，契丹与党项族（西夏）之间也存在着矛盾。这些民族矛盾，最后集中爆发为女真族起来反对契丹，即女真族的王从完颜阿骨打到完颜乌古迺等几代都起来报仇。下面举一个例子，说明一下东北地区其他民族同契丹族的矛盾：契丹派人到女真去，要女真纳税、贡纳人口、捉"海东青"（老鹰）献给契丹。契丹人没有事做就养老鹰捉兔子，他们认为女真那里的"海东青"好，所以，它就要女真族人民放下生产，用很多时间去给它捉"海东青"。而且契丹人到了那里，就是钦差大臣，要吃好的、住好的、要女真美女陪宿，看到女真漂亮的妇女就任意侮辱，谁也不能干涉，所以女真族恨之入骨。至于契丹族与汉族的民族矛盾也有两方面：一方面，它占领汉族地区，实行奴隶制的统治和压迫；另一方面，又推行奴隶制的生产，在宋统治的地区大量掳掠汉人为奴隶或农奴，在辽不断南下的过程中，在宋的地区大肆烧杀抢掠，使汉族人民的生命财产遭受到严重的摧残和破坏，并且还要宋廷向它贡纳绢匹、金、银。而这些东西，宋朝朝廷并不生产，都是劳动人民生产的，所以，它与汉族人民的矛盾更深刻，更复杂、更严重。特别是它用落后的制度强加于先进的汉族地区，用强力打击、摧毁先进的汉族的经济制度，对历史的发展是起了促退作用的。因此，这种矛盾就更突出些。

辽末，由于阶级矛盾和民族矛盾复杂尖锐，因此，在辽的统治集团内部矛盾也很尖锐。他们无法解决当时存在着的各种矛盾，只有相互埋怨。

最后，讲一下金的社会经济，即金统治地区的各种生产方式的斗争及其变化。

金的情况比辽更复杂。因为金占领了辽原来占领的地区，要统治经济、文化比它先进、人口比它多的契丹族；同时，它还占领了北宋一大块地方，即把自北京以南的河北地区，雁门关以南的山西地区，大散关以东、以北的陕西地区，河南、山东、苏北、皖北到淮河流域的广大地区都占领了，而这些地区都是北宋经济很发达、文化很先进、人口很多的地区。因此，其情况比辽更要复杂。但是，它也有一些比辽有利的条件，即它可以接受辽统治汉族地区的经验。

女真族有两种社会制度：一种是奴隶制。金起来反辽就是因为生产发展了，阶级和私有财产出现了，因此大量使用奴隶生产，并且奴隶制生产已达到成熟的地步。而绝不是像某些资产阶级学者说的那样，金反辽只是单纯出于民族仇恨，进行民族报复。另外，原来在黑龙江，后来南下到吉林长白山一带的那一部分女真人，当时还处在原始公社制时代。这部分女真族就是后来建立清朝的满族。

女真在同辽斗争的过程中，最初俘虏了很多人口作奴隶，在这些俘虏中，有内蒙和东北地区其他民族、部落的人民，也有契丹人；有奴隶，也有平民，甚至还有奴隶主，不管什么人，只要俘虏了就要做奴隶。连宋徽宗、宋钦宗被俘以后，都要他们从事生产劳动。为了便于管理，它把奴隶运到"内地"（东北）①，要他们在当地从事畜牧业。与契丹不同，金还搞了很多农业、手工业。在这些奴隶中，有相当数量的官府奴隶，也有私家奴隶，还有女真族里面的穷人因欠债、犯罪而沦为奴隶的，即债务奴隶和犯罪奴隶。由于女真族占领的地区很大，所以那里的奴隶不少，但女真本族人做奴隶的较契丹族奴隶少，因为金朝廷用钱赎回了一些奴隶。为了管理奴隶，建立了"猛安"、"谋克"制。"猛安"、"谋克"原是氏族组织（"谋克"是氏族，"猛安"是部落），但在当时变成了两重性的组织：一重是军事性的，要其成员当兵；另一重则是社会基层组织。"谋克"后来又变成农村公社，里面有奴隶主、自由民、奴隶；有些"猛安"则发展成带有初期城市的性质。对东北地区，包括契丹人在内的其他落后部落居住的地区，也建立了这种组织，并利用这种组织去管理他们。起初，金建军很困难，费了很大的力气才组织了一万多人的军队。后来有了"猛安"、"谋克"组织以后，据《金史》记载，仅"猛安"、"谋克"户就有四百多万人（其中包括女真人入关以后的"猛安"、"谋克"户）。不仅如此，它还将"猛安"、"谋克"组织移到关内，甚至要忠实于它的汉人也组织"猛安"、"谋克"，并企图用这种组织来监视汉人和契丹人。因此，后来在山东、河北、河南等地区都有了"猛安"、"谋克"的组织。

历史上有些记载是不可靠的。如说战国时燕的东北境在冀东，赵的西北境到了山西大同。实际不然，我们在原热河（今一部分归河北，一部分归内蒙）的兴隆发掘出战国的东西，特别是发现了铁范。这次我到内蒙去，曾看到了很多地方发掘的战国时燕的东西，足见燕的东北境已到热河。还看到了在旧包头城东十五里的大青山下发现的赵国的长城，据说在那里发现了许多赵国的古

---

① 当时，金把东北地区叫"内地"，因为东北是它的老家。

物，如箭头之类。这些发现，证明过去的历史记载有些是不确实的、是保守的。又如历史上没有记载金在东北地区有农业。但是从地下发掘的文物看，金在这里是有过农业的。在辽宁（过去叫辽西）的绥中县，发现了金代的农村公社遗址，也就是"猛安"、"谋克"组织的遗址。在这个遗址中，挖出了很多铁制的农具，如犁、锄等，其形制与宋朝洛阳出土的东西相近，只是稍落后一些，但比辽的东西进步一些。在东北吉林、黑龙江交界的肇东八里屯（金叫肇州城）发现了大批农具和手工业工具，如锛、凿、锯、斧等，还发现了铁锅、熨斗、剪子、锁等日常生活用具。还发现一个规模相当大的冶铁场遗址，其中有刀、剑、枪、矛、箭镞等军器和脚镣、手铐等刑具。另有一个规模相当大的砖瓦窑遗址，产大批陶器及大批建筑用品。由此证明，这个地区原是金的一个军事、政治、手工业生产的中心地区。这些器具不仅供当地使用，可能其他地方所使用的农具也由这里生产，然后进行分配。这一切说明，金已从事农具制造、陶器制造。这些东西的制作比宋朝稍落后一些，但其形制与宋朝洛阳制品相同。这说明从事手工业生产的奴隶，是被俘虏去的汉人，以及契丹人，因为契丹也有这些先进的东西。在这个遗址里，还发现几十具未经埋葬的人骨，但当地非墓场。这些是死去了的奴隶，戴着脚镣、手铐，旁边还放着脚镣、手铐，这些刑具无疑是过去管制奴隶用的。在那里还发现烧的砖瓦上有女人的指纹印，由此证明当时有女奴隶。此外，在东北其他地方如抚顺，也发现了这样的铁场、农具，抚顺大官屯的大规模的瓷窑，制黑釉瓷，与宋一样，以煤为燃料。说明这些东西在当时使用的数量是相当多的。宋朝用煤冶铁，金也用煤冶铁。但一般奴隶制社会没有达到用煤冶铁的水平。黑龙江阿城县南金上京会宁府遗址北部阿什河支流两岸差不多都有冶铁、制陶、造瓷的遗址，其中有农具、军器，还有铜镜，有的铜镜和宋代的一样，甚至宋朝发明的黄、绿琉璃瓦等在东北也都有制造。因为金把内地俘虏去的大量人口用作奴隶，要他们在那里从事手工业生产。这说明金的奴隶制生产对东北地区起了进步作用，把中原先进地区的东西带到了东北地区，并在东北建立基地，使东北的生产发展起来，因此对东北的女真族和其他落后民族发生了影响，起了推动作用。但它把先进地区的汉人和契丹人大批抓去做奴隶，使中原汉族地区的生产遭到破坏，当然是起了反动、倒退的作用。我看这样分析恰当一些。我们应该肯定它起了进步的作用，不仅对女真本民族，而且对其他民族，特别对蒙古族有进步影响。所以早在成吉思汗的祖父、父亲时代，蒙古就开始出现了奴隶制，到成吉思汗时便建立了奴隶主政权，由原始公社制过渡到了阶级社会，也就是恩格斯说的，进入了文明时代。但是，另一方面，金对原来辽占领的汉族地区，特别是在它新占领的宋朝地区，几次南下时破坏很严重，把河北、晋中、晋北（晋南好一些，是由于群众纷纷组织起武装，反抗金军南侵）、河南的大块地区都圈起来作牧场，把当地人口掠走，走不动的、没有劳动力的人就统统杀掉，把房子也烧掉。金在那里比辽做的坏事还多，对原来已发展到封建末期这样高度的地区如此摧残破坏，并强制实行奴隶制畜牧业生产，这对历史发展起了很大的促退作用。同时，金在南下占领了那些地区以后，把"猛安"、"谋克"及其奴隶主、自由民都迁到那里，监视汉人和契丹人；并且把汉族地区的土地圈起来，分给他们的奴隶主、自由民；因此，他们的奴隶主除有牧场外，还占有大量的土地，自由民也有很多土地。直到金灭亡以前，在河南还这样搞，他们下命令说，我们女真族从几千里以外跑来，你们应该把好田拿出来给我们。各"猛安"、"谋克"不仅占有土地，组织生产，而且也是军事组织，用来监视汉人和契丹人。在生产上，它利用奴隶进行生产，"猛安"、"谋克"的奴隶主、自由民则大都不从事生产，把土地佃给汉人耕种，即实行佃耕制，他们就变成了地主，这对它来讲是一个飞跃。所以，"猛安"、"谋克"本身有奴隶制、佃耕制，也有从奴隶制发展为农奴制的。这里面情形很复杂。在"猛安"、"谋克"里，有农业、畜牧业、手工业和商业。但是，在中原地区，在原来的汉人地区，特别是在南方，封建末期的佃耕制的比重比较大，因此，在生产方式上，在汉人地区，就有原来辽占领地区的佃耕制、农奴制、残余的奴隶制和女真人自己搞起来的奴隶制。金对新占领地区虽然允许封建佃耕制存在，但限制很多，并实行严重的摧残，尤其对开封、郑州、洛阳、济南这些大中城市里原来发展起来的官手工业、官商业，特别是自由商人的经济和独立手工业，更是拼命摧残，使它们受到很大的打击，以至只剩下一些残余。所以，在那里形成各种生产方式的斗争，这一方面是由于那里的各种生产方式比辽复杂，另一方面，各民族之间的斗争也增加了矛盾的复杂性。

当时，在北京、太原、洛阳、开封等地，都有规模相当大的从事冶铁、造瓷、纺织等官手工业。尤其晋南地区，因受害较少，经济破坏不大，生产发展较显著。过去我们讲过南宋的印刷业、造纸业在四川、浙江、福建、江西较发达，在广东也有一些印刷业，但北方的印刷业就很少；而晋南地区的造纸业和印刷业也相当发达。晋南的生产破坏较少，其原因是在金南下时，虽然宋朝皇帝下命令要各地官吏弃城撤退，但有些守城的官吏、士兵和老百姓不听这一套，主战派和老百姓合作，把城守住了；当时以牛皋为首的八字军在太行山进行反金斗争，把晋南、豫北一带保住了。八字军对金斗争很坚决，凡是与金有关系的人，他们都一律杀掉。并且在从潞安府、上党一带到抗日战争时期陈赓同志所在的太岳区一带又组织了"忠义社"，所以金在这里很难圈地作牧场，推行落后的奴隶制，因而这里的生产就能继宋朝的水平向前发展。

当时的民族矛盾也很尖锐，各民族之间展开了斗争。在此情况下，金统治阶级一方面接受了辽的好经验，即积极推行汉族地区的生产方式，使奴隶制向封建制转化，并作些工作来铲除落后生产方式的残余，因而女真族封建化、汉化的过程较快。当然，在封建化、汉化的过程中也有强制的情况。如在女真族的"猛安"、"谋克"里，有些人不从事生产，光依靠收租过活，后来租子不够用了，金的财政困难了，他们就把土地卖给汉人。当时，政府虽下命令不让出卖土地，要他们自己生产，并且把他们卖给汉人、契丹人的土地没收过来，再分给他们。但是，他们分到土地后，又将土地卖掉。这种办法是倒行逆施；但女真人封建化了，由奴隶制进到了封建制，这是一大进步。另一方面，金又接受了辽的一些坏办法。如契丹人曾尽量用战争来转移内部阶级斗争的锋芒（结果，造成了人民的大量死亡），金也采取这个办法，因此它不断南下进行战争，而每一次战争都要全体军队出动，并且把战线拉得很长，一路在陕西，一路在河南，一路在江西，一路在江苏、浙江，因而使生产破坏很大，人口死亡很多，其内部矛盾也更加剧烈了，特别是与汉族的矛盾更加突出起来。同时，还大量把人口俘虏到东北去。这样一来，东北虽然是发展起来了，但是原来的汉族、契丹族地区，也就是宋朝和辽的统治地区就残破不堪了。由于在关内积极推行封建化，因而使得关内地区和东北地区生产的不平衡性更加扩大。并且在关内女真族封建化和汉化的过程中，有些女真族的奴隶变成了农民，他们和汉人、契丹人一起劳动，相互接近，因此，同汉人、契丹人讲话就非用汉语不行，写东西也非用汉文不可。结果，这部分女真人就与汉人、契丹人融合在一起了。同时，在金的军队里，从军官到士兵汉人占大部分，另外还有蒙古人、渤海人、回纥人，因此，他们也不得不使用汉语和汉字。虽然金曾多次下命令不许女真人讲汉语，用汉字，要他们使用女真的语言和文字，但当时已有很多人不会讲女真话了。金废帝完颜亮时，由于阶级矛盾尖锐，统治集团内部也普遍展开了斗争，于是，他便组织四十万大军，企图南下打一仗，以缓和内部矛盾。当时，他写了一首诗："万里车书盍混同，江南岂有别疆封；提兵百万西湖上，立马吴山第一峰。"这首诗说明当时女真人和汉人已基本上同化了。他企图带着号称百万的大军打到杭州，把南宋朝廷推翻，然后再登上吴山顶峰去远眺天下。气魄倒是很大，但没有打到西湖，刚到苏北淮河流域，就被抗战派和老百姓打败了。他的军队也在后方发动了政变，把他废掉，另立了一个皇帝，因此称他为金废帝。

女真的南下，主要是起了促退作用，但也有进步作用。由于金占领的地区广大，又大量掠夺汉族、契丹族地区的财物，大量俘虏汉人、契丹人为奴，所以，为了防止他们反抗，就强迫女真的劳动人民脱离生产劳动，去监视汉人和契丹人。这个措施是反动的。金军南下初期，采取"联宋灭辽"的政策，及至把辽消灭以后，又两次攻打宋朝的开封。当时，在金占领的原辽朝占领地区和金新占领的山西、河北地区，阶级矛盾很复杂，民族矛盾也很突出。因为它每到一个地方（如到开封），就强迫宋廷向它贡纳若干金银、绸缎，于是宋廷就向人民百般搜刮。当时的达官贵人纷纷隐匿财物，而开封有一个擅长歌唱、又能绘画、书写的名妓李师师，却把自己的首饰拿出来支援国家。宋徽宗很喜欢李师师，但李师师并不喜欢宋徽宗，而喜欢一个坚决主张抗金的人。她有爱国主义思想，能维护民族利益。我看李师师这个人不错，将来可以为她写出戏。当时，各地人民都纷纷起来抗金，尤其在两河一带（两河是指河北、山西，即黄河以东和以北的地区叫两河，而不是指河南、河北），人民的反金斗争很激烈，河南、山东地区常常组织上百万人的反金队伍。当时，阶级矛盾仍很尖锐，民族矛盾和阶级矛盾交织在一起，尤其是女真人同汉族、契丹人的矛盾更严重。成吉思汗南下时，就利用这个矛盾，积极联合辽的王室，如耶律楚材那些曾被金压迫过的人，要他们起来报仇。虽然宋高宗，秦桧向金妥协、投降，但由于主战派和人民始终坚持抗战，最后终于把金打败了。

金对蒙古人、渤海人、契丹人、维吾尔人的剥削和压迫也很残酷。如对蒙古族成吉思汗以前三辈的人，有谁稍不服从，就被他们抓起来，在木架子上活活钉死。对其他民族也是如此，尤其是在政治上压迫他们，强迫人民替它打仗。特别到金的后期，到处打仗，人口死亡很多。正因如此，金兵到后来就没有力量了。因为女真人只是少数，他们自己既不生产，又不打仗，还要其他民族做奴隶、当佃户，他们已完全沦为不劳而食的腐朽的集团，所以与各民族的关系都很紧张。

第十三讲

专制主义封建制矛盾扩大的
五代两宋辽金时期

（公元907——1279年）（三）

今天主要讲两宋时期的民族斗争、阶级斗争和民族关系的发展。

关于民族关系、阶级关系、阶级构成，在上面两讲中基本上已经讲过了。今天想着重围绕着两种主要矛盾——阶级矛盾和民族矛盾，来分析两宋朝廷对辽、金、西夏的妥协投降政策的根源。

前面讲过，两宋社会的阶级关系与过去不同，它在新的形势下面有新的发展，在社会的新形势面前，大地主集团只看到狭隘的阶级利益，并且一意维护和扩大这种利益。他们害怕人民，把全副力量都用来对付人民。即使在契丹军以及后来金军南下的那种严重关头，他们仍然用最大的兵力去镇压农民起义，甚至在农民武装起来抵抗辽军、金军时也是这样。这里当然包含有宋高宗个人的权位思想，因为他很害怕他的爸爸（徽宗）和他的哥哥（钦宗）回来，如果徽宗、钦宗回来的话，他自己就做不成皇帝了；更主要的是他们的阶级特性所决定的。

尽管两宋国土那么大，人口那么多，经济发展那么先进，经济实力那么强大，但却对付不了辽、金，在民族斗争中表现得那么软弱无力，直至妥协投降。他们在生活上也是荒淫无耻的。

第二个重点是：两宋地区民族斗争和阶级斗争的错综复杂。当时的斗争十分复杂，群众不断起来反对宋朝的暴政，但当辽军、金军南下的时候，他们又马上扭转锋芒，去抵抗辽军和金军的进攻。可以看出农民群众是深明大义的，是顾全大局的，这样就形成了两种斗争的错综、交织、此起彼伏的局面。

在两宋，除去大地主集团以外，所有其他各个阶级、各个阶层在这种斗争中都面临着生死的利害关系，因而都无例外地卷进了这场斗争。他们一方面反对宋朝的暴政，另一方面又反对宋朝朝廷的妥协投降政策。因为辽军、金军南下，对他们的生命财产都有着很大的危害性。

在每次严重关头，人民的武装都给宋朝朝廷"救驾"。当然他们的目的是抵抗辽、金，但在客观上也附带地起了"救驾"作用。人民群众的斗争与统治集团内部抗战派的斗争是配合的，如寇准、李纲、宗泽、岳飞、韩世忠、刘锜、张浚、陈东、欧阳彻、吴璘等抗战派，他们的军事力量有不少是从人民起义武装中来的。岳飞的军队，从干部到士兵，主要是吸收了冀南、晋东南、豫北等地的农民武装，加上洞庭湖的农民武装，才有那么强的战斗力。李纲在宋朝南渡以后，采取了一系列"雪耻御侮"的政策，其中有一条就是整顿旧军，建立新军，把人民起义队伍编为正规军，加以训练。这个政策关系很大。另外，辽、金占领区的人民也起来斗争，同南方人民的斗争相配合，牵制了辽、金军的南下。

在辽、金和两宋斗争的过程中，辽、金内部的民族矛盾、阶级矛盾不断扩大，削弱了自己，使自己变得很空虚了。辽、金在同两宋斗争的过程中，它的后方到处是火山，当它们南下的时候，后方的人民就起来斗争。辽朝以契丹贵族为主体的统治集团，金朝以女真贵族为主体的统治集团，后来都骄奢淫逸，迫使下层劳动人民投入战争，这就加剧了内部矛盾，削弱了自己的统治力量。

最后，谈一谈对岳飞的评价问题。

先讲两宋的主要矛盾，它对辽、金、西夏妥协投降的根源。

前面提到，两种主要矛盾——民族矛盾、阶级矛盾——在两宋统治的几百年间都是交错发展着的，并且民族矛盾一直比较突出。阶级矛盾也和过去的情况不同了，尤其是宋朝大地主集团荒淫无耻，肆无忌惮的压迫和剥削人民，不顾人民的死活。代表大地主利益的宋朝朝廷始终只看到阶级矛盾，只怕人民起来造反，推翻自己的统治。宋朝的农民暴动确实很多，从宋政权开始建立就不断发生。宋朝对内部矛盾采取了倒行逆施的方针，对辽、金则一味妥协投降。在宋史上有个著名的"澶渊之盟"（澶州即今天河南的濮阳），当时辽军南下，寇准奉真宗亲征，人民敲锣打鼓，夹道欢迎，抗敌斗志异常高涨，说这次一定要把契丹打跑了。辽军也确实打了败仗，而真宗和他左右的投降派还是要讲和。契丹皇帝马上派人向真宗说：我们还是讲和好了，你把地方给我一点，每年再给我多少东西。寇准很生气地说：我们在胜利的形势下，正好收复失地，把契丹打出去，怎能这么搞呢？真宗却说：割地不行，可以给点钱，给点绸缎布匹。打了胜仗，却仍然订立这样屈辱的和约，使得人民大失所望。这就可以看出，宋朝廷并不是真正打不过辽军，它怕的是后方人民起来推翻自己的统治，宁愿采取对外妥协投降的政策。但这样一来使阶级矛盾、阶级斗争更加剧烈了。对外订立屈辱和约的结果，每年要向辽、金统治者进贡几十万两金银，几十万匹绸缎，这些负担当然还是加在劳动人民的头上。辽、金占领区的人民所受到的压迫更严重。这样，阶级矛盾不但没有按宋廷统治者的愿望得到解决，反而更加剧烈。昏庸的宋廷统治者慑于人民的威力，其倒行逆施、妥协投降也更加公开、无耻。由此可见，忽视人民的力量，不相信人民，害怕人民起来斗争，是宋朝统治者对辽、金妥协投降的根本原因。

怎样才能比较妥善地处理这两种矛盾，当时并不是没有人提出过积极性的政策措施，但大地主集团不干。如果没有人提出过办法，还可以原谅于万一，有人提出办法而不做，那就罪恶极大。北宋时，范仲淹提出了一系列的改良政策，想来调整阶级关系，以便组织力量、积蓄力量去对付辽、金、西夏。王安石的一套政策，在当时来讲，也是为了调整阶级关系，要大地主集团稍微让点步，适当地满足各阶级、阶层的一些要求，以便组织力量对付辽、金。宋朝不生产军用马匹，完全靠维吾尔族和大理等地进贡。王安石的保马法，就规定让老百姓为国家养马，平时给老百姓使用，作战时可以抽回来供军用。南宋的理学家朱熹，曾想重新执行王安石的政策，在他做官的地方，如江西、福建也试行了一些，收到一些效果。南宋时还有叶适（叶水心）、陈亮（陈同甫）也提出过一些办法。叶适是宋朝的一个唯物主义哲学家，他是浙江温州人，出身很穷苦，带兵打过仗。他提出了一套比朱熹更进步的政策。陈亮也有一套计划。在两宋有这么多人提出调整内部阶级矛盾，以便团结力量解决民族矛盾的方案，但大地主集团囿于他们狭隘的阶级利益，对于这些办法概不采纳。例如编《资治通鉴》的司马光，在史学上有一定成就，他的《资治通鉴》收集了很多的资料，写得很简练，对我们今天来研究祖国的历史很有好处，但他在政治上却是个保守头子，他的书立场很反动。他也"厚今薄古"，但"厚"的是当时的大地主阶级之"今"，是为大地主阶级提供"资治"的工具。

其次，讲一讲两宋时代，除大地主阶级以外，其他各阶级、阶层的要求。

当时人民的口号是"报仇雪耻，收复失地"。过去历史上对"雪耻"的解释，就是宋徽宗、钦宗被金军俘虏了，送到北京，后来送到东北，最后到了黑龙江；徽宗的老婆吃不得苦，在路上死掉了，认为这是奇耻大辱。这种说法，是从大地主阶级的立场出发的。而广大的人民却认为，在辽、金进攻之下，很多人被杀了，财产被抢掠一空，搞得妻离子散，群众仇恨很大。因此要报仇雪耻，收回失地，收复自己的家乡。这是除大地主阶级以外，其他各阶级一致的要求。

在两宋时代，苛捐杂税很多，人民到街上卖炭、卖柴都有税，甚至死了人也有税。大地主集团是不负担任何赋税的，赋税都加在农民身上。另外，河北、山西等地的农民，在辽、金军队来了以后，有被杀死的，有被俘虏的，有被当作奴隶的，也有跑到山沟里去的，也有跑到南方的。跑到南方的农民，仍然要受地主阶级的残酷压迫剥削。很多自耕农失去了土地。独立手工业者在辽、金占区大都不能生存下去，洛阳、开封、太原等地的手工业者离乡背井，跑到遥远的南方，重建家园。这些人迫于生死利害，反辽、反金是坚决的。所以，当时在宋统治区内，除大地主阶级以外，都有抗辽、抗金的要求，连妓女李师师也有爱国的思想。自由商人同辽、金也有矛盾，辽、金南下，他们不能作买卖，"邸店"不让他们自由作买卖。中小地主阶级离开了家乡，失去了土地，也要求抗辽、抗金。同时因为大地主集团把国家赋税转嫁在他们的身上，他们同大地主之间也是有矛盾的。

辽军、金军南下，也损害了大地主阶级的利益。当时不管是大地主还是小地主，或者是农民的土地，都被圈作牧场。同时搞得地方残破不堪，劳动力急剧减少——被杀死、被俘虏作奴隶，以及逃亡在外的人都很多，因而大地主阶级的利益也受到损害。但大地主阶级和劳动人民不同，他们有两条出路：一条是同契丹贵族或女真贵族合作，恢复已经丧失的利益；一条是跑到南方，重建他们的统治。他们害怕人民，始终不愿意从根本上解决问题。

下面谈一谈两宋同辽、金战争的性质问题。

两宋与辽、金的战争到底是什么性质呢？过去，特别是在全国解放以前，为了反侵略，都叫这个战争为侵略与被侵略的战争。到底是不是这样呢？曾和一些兄弟民族的同志谈过这问题，过去在延安也开会谈过。侵略与被侵略，适用于不同国家之间的战争。那么，辽、金与两宋是敌对的国家呢，还是在一个时期分裂出去的对立的政权呢？这个问题大家可以争鸣。我是这样看的：辽在建立政权以前和以后的长时期中，都是中国的组成部分。金从西周直到建立政权止，都是中国的组成部分；被元灭亡以后，还是中国的组成部分；明末，努尔哈赤所统治的区域，也是中国的组成部分。作为国家，必须有相当的独立性，要有相当长时期的独立，但辽、金都不是这样。作为国家，必须有一定的政治区域疆界，而辽、金同两宋之间却没有一定的政治区域疆界，你打过来，我打过去，像"三国"或北洋政府时代各军阀之间的混战一样。还有组成被统治阶级的各阶层，不是一个民族的，辽的被统治阶级中汉人的比例很大，金则汉人的比例更大，比女真人不知大多少倍。在统治集团中，除掌握大权的是契丹或女真贵族奴隶主外，同样是各民族都有。辽统治集团中，维吾尔人相当多；金则汉人和契丹人都相当多，可以说是各民族统治阶级上层联合的统治。所以，我看这是一个国家内部政权分裂后的国内战争，不是这一个和那一个国家之间的战争。基于上述理由，我认为辽、金和两宋的战争不是侵略与被侵略的战争。

这个战争既不是侵略与被侵略的，那么，有没有正义与非正义之分呢？那还是有的。但这也不能绝对来看，要看对历史所起的作用，是促进的，还是促退的。起促进作用的是正义的，起促退作用的是非正义的。当然在古代的战争中，不能说哪方面是完全促进的，哪方面是完全促退的，要看什么是主要的。根据两宋与辽、金战争的情况，我们说：辽、金方面是促退的，是非正义的，反辽、金的人民方面是正义的。他们是保卫民族利益的干城，历史前进的真正动力。两宋主战派的主张和行动基本上符合人民的利益和要求的，也是对历史起促进作用——维护历史发展，因而也是正义的。宋朝朝廷客观上符合人民的利益和要求的那些行动，也是正义的。

为什么这样说呢？

辽在建立政权以前还是原始公社制，它自己从原始公社进到奴隶制是进步的，但把奴隶制强加到先进的汉人住区，则是反动的、倒退的。金原来也是原始公社制，它从契丹奴隶主政权的束缚下求得解放，并使自己进到奴隶制，这也是进步的。但金军南下，把落后的制度强加到先进的汉人和契丹人的地区，则是反动的，倒退的。辽军南下，打到山西、河南、河北中部、南部和山东等地，到处烧杀，大量俘虏人民，摧残生灵，使沃野变成荒原，严重地破坏了生产力，还有什么进步性呢？金更为严重，几次南下，一路从山西打到河南，一路从河北打到山东，到苏北、皖北，有几次还打到长江，有几次从山西打到陕西，经过的地方千里无人烟，满目荒凉。北方原来是经济最发达的地方，文化最高的地方，经过"五胡"十六国到辽、金、元的破坏，"白骨蔽野，十室九空"，北方相对的比南方落后了。这还能算是促进作用吗？当然是起的反动的、促退的作用。所以，这种战争是非正义的。

正因为这样，人民纷纷起来反抗。辽统治时期，在辽占区，以及辽、宋交界地区，人民不断武装起来，进行反抗斗争，直到辽灭亡时，冀东一带还有农民起义，契丹人也有参加的。在金统治时期，金兵一南下，冀南、山西、晋东南、晋南、河南、山东的人民普遍武装起来反抗；冀南、豫北、晋东南的人民集中在太行山区和潞安府一带，牛皋就是这样起来的。太行山的义军当时称"八字军"，他们面上刻"赤心报国，誓杀金贼"。岳飞背上的"精忠报国"，可能就是受了他们的影响。潞安府一带的农民军叫"红巾军"，他们有共同的组织叫做"忠义社"。他们的旗帜非常鲜明，凡是从北方往南逃的，不仅不杀，还帮助路费，保护过境。对打着金廷旗号的军队就拼命攻击。他们收复了很多城市，给金军以严重的打击。南方洞庭湖农民军的首领是钟相、杨幺。钟相组织忠义军，叫他的儿子北上勤王。湖南还有个农民军的领袖曹成，他请求接受宋朝旗号去抗金。岳飞手下有个将军叫杨再兴，原是曹成部下，是个猛将，他在战斗中牺牲后，从他的遗体上取出的箭头竟达二升之多。他是湖南武冈人，我看可能是瑶族，或者是苗族，不是汉族（因武冈汉人主要是明朝初年从江西前去的）。江西、福建等地远道北上勤王的人也不少。

为什么人民纷纷起来反对辽、金的统治呢？是不是只因为它不是汉人？我看，这样看法是不对的。人民反对辽、金统治，就是因为它是非正义的，严重地危害人民的生命财产。

由于战争有正义与非正义之分，有促进与促退之分，所以说两宋的投降派、主和派是不对的，主战派是对的。岳飞还是民族英雄，岳墓前秦桧和他的妻子王氏的铁像，还是应当跪下去，而不应当把他们扶起来。

下面谈一谈对岳飞的评价问题。

首先，应当肯定岳飞是民族英雄。什么叫民族英雄？有些人说，民族英雄的行动，符合本民族的利益，一定要损害别个民族的利益。这个说法可以研究。我看只要他的行为符合历史发展的规律，真正维护了人民的利益，也就必然合乎人类发展的利益。恐怕不能说，本民族里的英雄，一定要掠夺其他民族，损害其他民族的利益。譬如岳飞，他保卫本民族的利益，要把女真族打回它原来的地方去，让他们按照自己的社会秩序去生活，我看这符合女真人的利益。相反的，不把他们打回去，女真的奴隶主贵族不断南下打仗，让女真劳动人民不断送死，迫使他们脱离劳动生产，这也不符合女真族的利益。

岳飞是个全面的人才。我国历史上的名将，没有一个只会打仗而不懂得政治的。岳飞也是这样。宋朝最会写诗的有苏东坡、陆游、辛弃疾，我看这些人的诗不见得就比岳飞的好。辛弃疾的词就不如岳飞的《满江红》。岳飞的字也写得很好，他写的《前出师表》、《后出师表》、"还我河山"都很好，我看比苏东坡的字还好。他的文章也不错，《岳鄂王文集》中有几篇奏章写得很好。

岳飞是河南汤阴人，据《宋史·岳飞传》说，他家世代种田，说他父亲很老实，人家占了他的地，他也听之任之。这说明他家原来有地；人家借了钱还不起，也就不要了，这说明他有钱借给人家。《岳鄂王文集》中则谈他家很穷，说岳飞是佃农出身，种韩琦的地。说岳飞从小种地的时候，向周侗学武术，后来学得比师父还强，那时附近有些土匪打家劫舍，他一个人就把土匪打散了。他很有正义感，路见不平，拔刀相助。据说他小的时候，家乡发了大水，妈妈抱着他坐在缸里，漂流到内黄，在王贵家中长大。岳飞是穷人出身，吃过苦头，他母亲姓姚，是穷人家的姑娘，他老婆出身也很穷苦。岳飞是当兵出身，金军南下时，刘韐招敢死的战士，他就去应募当兵了。

岳飞参军以后，不仅作战英勇，而且很有见识，打仗很有计划。上级曾夸奖他的勇敢，他却回答说：勇敢不能解决问题，只有有计划才能战胜。岳飞的思想方法是唯物论的，他每到一个地方都要了解情况：一方面了解敌人的情况，包括敌军每一个将领的情况和部队的全面情况；另方面了解地方的情况，人民的情况。这在《岳鄂王文集》、《岳飞传》等书中讲得很清楚，但没有提到世界观的问题。我想，这些就是他的唯物论的思想方法。岳飞是穷苦人出身，他能够随时随地关心人民的疾苦，关心人民的生产和生活。打仗的时候，他总是照顾人民的利益，尽可能保护人民安全撤退，不使受到损害，所以人民都支持他、帮助他。岳飞还会搞经济，他尽量设法不增加人民的负担，又妥善地解决军队的给养问题。同时岳飞的军队纪律非常严明，对军队的训练抓得非常紧，一有空就练兵，不让军队闲着而纪律松懈。他的军队主要来自太行山的"忠义军"、晋南的"红巾军"以及洞庭湖杨幺的农民军，素质很好，再加上他的训练，所以战斗力很强。岳飞不是讲空话的人，对兵法很有研究，很会打仗，可以说是智勇双全，武艺精通；他又是经过了多次战争的严格锻炼的，有一次在身受重伤之后，还奋力把敌人打败了，从而以自己的实际行动教育了部下。岳飞打仗，胸有成竹，在他没有决策以前，无论敌人怎样引诱，他都不动；但一经决策，部署好了，就不顾一切贯彻到底。所以金兵说"撼山易，撼岳家军难"，就反映了这种情况。

岳飞之所以成为历史上的名将，更重要的一条，是他的奋战抗金，保护已前进到封建制高度的宋统治区生产和文化不受金的破坏，使宋统治区广大人民免于遭受金廷奴隶制度的残暴统治。这个行动符合人民的利益和要求，有利于历史的发展。这里再附带说一句，辽、金统治的残暴不是他们的天性，而是奴隶制度决定了他们必然对战败者杀掠、奴役。如果说是天性，那就变成人性论了。岳飞站在抗战派的最前列，最有力，最坚决，他的行动符合于人类社会历史发展的趋势，符合于广大人民的利益和要求。因此，对岳飞这样一个历史人物，我们应当肯定他是个民族英雄，是个伟大的英雄人物。

岳飞有没有值得批评的地方？有没有不好的地方呢？有。我们不能要求古人那样完美。岳飞打过洞庭湖杨幺的农民军，看到硬拼的办法不能取胜，就采取了很不光明的手段，派人假投降，混入杨幺内部，里应外合，分别收买农民军里某些不坚定的领袖，还杀了不少人，最后把农民军消灭了。杨幺在农民军中抗金御侮，保卫家乡的旗帜很鲜明，宋朝抗金，他就同宋朝联合；宋朝不抗金，他就反对。金与刘豫几次派人给他们送礼，收买他们联合灭宋，他们把礼物收了，把人杀了，还派人告诉宋朝朝廷：刘豫派人来收买我们一起灭宋，打下县的做县官，打下州的做州官，我们不干，把他的人杀了，希望你们守卫边界的人注意，不要再放金和刘豫的人过来。并且再三要求宋朝一起抗金。当时的中国，特别是华北，满目荒凉，而洞庭湖周围的生产却搞得很好，农业搞得更好，农民每人都分点地，人人劳动；在市镇上有鸡、鸭、鱼、肉等各种东西买卖。岳飞把这样一个坚强的抗金堡垒打下去了，这是他历史上很大的污点，我们不能因为他是个民族英雄，就把污点给他抹掉。

过去有些历史家说岳飞是"愚忠"，认为他当时如果对宋高宗的十二道金牌置之不理，就可以直捣黄龙府（今吉林农安县），把金兵驱回老家，使汉人地区恢复到原来历史发展的轨道上。可是岳飞不敢违抗朝廷命令，是拘小节而忘大义，结果一回去就被解除兵权，并任凭秦桧杀害了。对于这个问题，我们不要用今天的眼光去要求古人。岳飞是封建时代的将军，要服从封建朝廷的纪律、制度，假使将军不受皇帝的命令，可以自由行动，封建秩序就无法维持了。所以让岳飞不接受朝廷命令，也不符合当时的历史实际。我们不能在这个问题上超越具体的历史条件，对岳飞过分地求全责备。但岳飞是不是有更好的办法，既执行了命令，又不陷入秦桧的圈套呢？这问题也很难讲。

我们今天演岳飞的戏，只是表达他是一个有才干的将军，还没有表达出他是封建地主阶级的政治家。

岳飞在作风上还有一些缺点。他在上级面前表现个人突出，使人家以为他了不起。这可能是年轻的关系——他被害时只有三十八岁。作风上的这一缺点，容易影响他和别人的关系。但按照当时的情况，即使岳飞作风上毫无缺点，秦桧还是要害死他的，这是阶级矛盾和民族矛盾所决定的。

下面，简单讲一下五代、两宋、辽、金时期民族关系的发展。这与我们祖国各民族大家庭基础的奠定是有关系的。

现在讲女真族、契丹族同汉族的关系。契丹奴隶主贵族统治集团与汉族人民之间，女真奴隶主贵族统治集团与汉族人民之间，矛盾是突出的。但契丹、女真人民与汉族下层的劳动人民，相互之间，并没有根本性的利害冲突，特别在后来的起义斗争中，大家联合起来一块儿干，他们一天天接近，差别性一天天减少，共同性一天天增多，所以到元时就统统称汉人了。在这个过程中，有没有民族之间的相互融合呢？我看是有的，是民族融合的过程。内蒙有大昭、小昭，"大"、"小"是汉语，"昭"是蒙语。乌兰夫同志的家乡，是个小村，叫塔布屯，就是"五家村"的意思。"塔布"是蒙语，"屯"是汉语，从大青山以南黄河以北，就是天津到包头、河套止的一个大平原，叫吐默川，吐默是蒙语（万人的意思），川是汉语。还有一个托里公社，托是蒙语塔布托拉哈的简称，里是汉语。这些，都是汉族和其他少数民族的语言上相互融合的例子，在我们日常生活中，这种事例不胜枚举。我和公社社员谈话，三四十人中有十六七个是汉人，他们都懂得这个意思。他们说：蒙、汉都是一家人了，没有分别了。我看各族的劳动人民还是在不断融合的。列宁、斯大林的话，我们不要机械地理解。列宁、斯大林说，世界各民族的融合要到共产主义时代。那是讲的全世界各民族融合为一体，但在共产主义到来以前，某些国家之内的某些民族相互之间不可能完全没有融合，就是上层也比过去大大接近了。我在内蒙看到一些历史文物，其中有一些命令，是用汉文写的，不用汉文就行不通嘛。完颜亮南下时写诗，不是也说"万里车书尽混同"吗！

另外，当时在东北的女真人和内地的经济、文化联系，也比以往密切了，这刺激了它的发展。他们把很多汉人和其他民族的人民捉到他们的"内地"当奴隶，这些人给他们带去了不少好处。清太祖努尔哈赤在没有做皇帝以前看了几本书，最主要的就是《三国演义》，他是懂汉文的。由于接受了汉族先进经济、文化的影响，清朝进关以后，很快就同封建制度接上了头。其他少数民族如党项、维吾尔、高昌，与宋、辽、金都有不可分割的联系，相互关系比以往有进一步的发展。元朝成吉思汗兴起以后，高昌亦都护自己请求说：你不要打我，我欢迎你，愿做你的第五个儿子。成吉思汗接受了他的请求，就在那里按照内地的建制系统，建立起自己的统治。有人硬说什么新疆从来就是个独立国家，这是不顾历史事实的。大理的情况也是如此。

在北方，东北的其他民族，如蒙古，在这时期，由于辽、金的发展，蒙族也很快发展起来，到金末，成吉思汗把各部落统一起来，建立了奴隶制政权。

在宋的统治地区，农业，特别是手工业、小商品经济的发展，把各民族联系得更加密切了。所以，两湖、两广、云南等地区与其他地区，汉族与少数民族的关系，比过去更进了一步。

总起来说，在五代、两宋、辽、金时期，国内各族人民有了进一步的接近，特别是在共同进行的生死斗争中，结成了战斗的友谊，促进民族关系的发展，又进一步确定了祖国的疆域。

第十四讲

蒙古贵族为主体统治的元朝

（公元 1279——1368 年）

今天主要围绕下面几个问题来讲：

（一）元朝统治的社会性质。目前在这个问题上，大家的看法还不一致，写蒙古史和中国历史都存在这个问题，所以需要谈一谈。

（二）以蒙古贵族为主体的元朝，人口那么少，生产力那么低，为什么能征服亚洲、欧洲的绝大部分地区？

（三）元朝的统治对中国历史发展的促退作用和促进作用。

（四）对成吉思汗的评价。

元朝是中国历史上的黑暗时期，但又是中国版图最广大的时期，也是中国和西方交通往来最密切的时期。在元朝统治的一百年间，汉人、契丹人、女真人以及其他一些民族的人民，都过着水深火热的痛苦生活。但是，由于很多外国人来到中国，中国各民族的人民也有许多被征调到亚洲、甚至到欧洲去，从而扩大了眼界，使他们接触了过去从未接触过的地理环境、经济文化生活、语言和生活习惯。这些，大大加强了中国同西方的经济文化联系。

元朝起讫的年代有几种算法：第一种算法是从成吉思汗称帝、建立奴主贵族政权起（公元 1206 年），到脱古思帖木儿被杀止（公元 1387 年），一共有一百八十二年；第二种算法是从奴主贵族政权建立起（公元 1206 年），到元顺帝妥懽帖睦尔死于应昌止（公元 1370 年），一共有一百六十五年；第三种算法是从元世祖忽必烈打下临安起（公元 1276 年），到朱元璋派徐达为元帅攻下大都（北京），元顺帝北走止（公元 1368 年），一共有九十三年；第四种算法是从元世祖即位起（公元 1260 年），到元顺帝北走止（公元 1368 年），一共有一百零九年；第五种算法是从张世杰自杀、陆秀夫负帝昺投海、南宋灭亡起（公元 1279 年），到元顺帝北走止（公元 1368 年），一共有八十九年。过去讲元朝存在了八十九年就是这样算的。"三字经"上就是这么算法。至于正式建国号，称元朝，则是从元世祖（忽必烈）至元八年开始的。

现在先讲第一个问题：元朝统治的社会性质。

有些同志问，成吉思汗建立的制度是奴隶制还是封建制？根据可靠的文献看，成吉思汗那次变革的内容最主要的有两条：一条是保护私有财产。这说明变革以前蒙古族是原始公社制，变革以后进到文明时代，也就是进入阶级社会。另一条是建立了国家的强制权力机关。这说明他建立的国家是一个阶级统治另一阶级的工具，而不是原始公社的部落联盟。我说它是奴隶制，是因为成吉思汗在战争中俘虏了大量人口，分给亲属左右做奴隶。有人说，既然是奴隶制，为什么以成吉思汗为首的蒙古贵族几次南下，在山西、河北、河南、山东等地俘虏了几万乃至几十万汉人、契丹人、女真人之后，在回去的途中，到了边界又把他们杀掉了？我说，这是历史记载不完全。既然要杀掉他们，为什么要带到边界去杀？可见蒙古贵族原来是想俘虏他们到蒙族地区去的，大概这些人在快要出界的时候进行反抗，所以才被他们杀掉了。《元朝秘史》是可靠的文献，它对成吉思汗将俘虏的人分给亲属左右为奴的记载很清楚，即所谓"妻子每（们）可以做妻的做了妻，做奴婢的做了奴婢。""教永远做奴婢者，若离了你们户呵，便将脚筋挑了，心肝割了。"就是说，奴隶主对奴隶有生杀予夺之权，这是全世界很多国家奴隶制的共同特征。成吉思汗建立政权以后，统治阶级主要是奴主贵族，蒙语叫"那颜"，在贵族之下是一般自由民，蒙语叫"伴当"，被统治的是奴隶，蒙语叫"孛斡勒"，此外还有一般平民，蒙语叫"阿拉特"。当时蒙族的社会阶级构成情况就是这样。这种情况和一般奴隶制国家相同，这说明蒙古是奴隶制。同时，它在军事行动中的残暴性、落后性，也只有奴隶制才能说明其阶级根源和社会根源。否则，就只有用"人性论"来解释了，而"人性论"乃是一种错误的理论。

我们还可以看到，蒙古在南下占领金、宋地区以后，其手工业作坊用奴隶做工，其中的技术工人大体都是汉人，当然也有其他民族的人，如造回回炮的手工业技术工人，就是从阿拉伯一带俘虏来的。

很多书上记载，蒙古除通过战争俘虏人口为奴以外，在平时，还可以随便下命令拘留当地的青年男女去当奴隶。如《辍耕录》记载，元世祖至元丁丑年（公元 1277 年），民间谣传说，元朝朝廷要把各地的童男童女拉去给蒙古奴主做奴婢。因此，不但老百姓，就连做官的，也都赶快让十二三岁以上的男女结婚。

据日本高桑驹在《东洋史讲座》里对元朝人口的统计：元朝全部劳动力中，奴隶占一千万人以上，将近总人口的三分之一左右。

此外，还有一些重要的史实说明它是奴隶制。元朝时，在广州、泉州、宁波、杭州，以至于山东高密的海关关税里，都有输入奴隶纳多少税这一项。在蒙族和色目人中，也有不少下层人民或自由民因负债或犯罪沦为奴隶的。汉人、契丹人、女真人由于负债或犯罪当奴隶的更多。所以到元末农民大起义时，回族普遍参加了。这在许多书上有记载，但在《元史》上差不多没有记载。如常遇春，很多书都说他是回人，《元史》上却说他是安徽怀远人。又如朱元璋养子沐英，也可能是回人，但《元史》上查不出来。再如郭子兴的养女，朱元璋的老婆马皇后，很可能也是回人。因为当时汉族女人都裹脚，而她却不裹脚，她的脚很大，并且她姓马，这在回族里面也是比较普遍的。根据这些情况来看，马皇后可能是回人。有几个回族同志也赞同这个意见，并认为朱元璋是不是回族也值得怀疑。不过我说，那就是另一个问题了。有人还说，朱元璋、马皇后两人脸部有麻子，有人对朱元璋是不是有麻子甚至还作了考据。我看这倒不必要。我们有多少有意义的、重大的问题还没有研究，反倒浪费时间来研究这些烦琐的、没有意义的问题。由于当时有这么多人因负债或犯罪沦为奴隶，元朝政府不得不设法用钱把蒙族的奴隶赎买过来，在元英宗至治二年，特别成立了"宗仁卫"，专管赎回蒙古子女被卖为奴的事务，仅一处便收容有三千户之多。

元朝官府奴隶的数量很大，叫官奴。还有属于军队的奴隶，叫军奴。属于蒙古贵族私家的奴隶，叫"怯铃口"；其他私家的奴隶叫私奴。色目人私奴很多。此外，寺院（喇嘛寺院、道教寺院）的奴隶叫寺奴。

奴隶的来源，主要是从战争中俘虏来的，这种奴隶叫生口或牲口。其次，奴隶不够用时，就在民间拘留人口为奴。再次，就是犯罪奴隶、债务奴隶。元朝法律明文规定可以抵押人口，折价还债。同时规定，奴隶的子孙永远为奴隶，没有经过赎身，或经政府特许释放为良民者，不得改变身份。还规定，奴隶是主人的私有财产，同牛马一样，由主人任意打、杀、买卖、转送。从大都（北京）到其他大中城市都有买卖奴隶的市场，并且同牛马市场摆在一起。这种情况在长江以北严重一些，长江以南好一些。因此，在明初，朱元璋曾几次下令释放奴隶为良民，并严格禁止官宦人家买卖奴隶。这也说明元朝的奴隶是很多的。

奴隶被用来做什么呢？一小部分是用来在私人家内服役；绝大部分是用于元朝的官手工业作坊以及农业、畜牧业的生产中，私家奴隶和寺院奴隶也多用于这些方面。同时，还有把奴隶大量用于商业的。

《元典章·刑法志》部分的条文，都表现了奴隶制、半奴隶制统治的特点。元朝的法律把奴婢、娼妓，佃户划为一类。元朝各帝王本纪和蒙族王公、贵族、将军的列传中，都有俘虏人口为奴和他们拥有大量奴隶的记载。这都说明了元朝社会中存在着奴隶制和半奴隶制。特别在蒙古族地区，多是奴隶制生产。当然，它也在变，但比辽、金变得慢，一直到元末农民起义把元朝推翻以后，还存在大量拥有奴隶、使用奴隶和买卖奴隶的现象。使用奴隶的主要是蒙古贵族；其次是色目人和寺院（喇嘛寺院、道教寺院）。汉人、契丹人也有用奴隶的，但主要是家内奴隶。

在元朝，河北、陕西、山西、山东、河南地区还有农奴制的生产。元朝的记载，叫作"部民"、"驱户"；所谓"军屯"、"民屯"也是农奴制生产。忽必烈进入中原以后，蒙古贵族和寺院在华北、中原地区，到处占夺民田，把一块块的土地，连同土地上的人民、财产划归自己所有。在这样被圈占的土地上就出现了农奴制的庄园，其土地的"部民"、"驱户"就是农奴。后来还不断把汉人、契丹人、女真人及其他各族人民抓去充当"部民"。这种庄园有些属于贵族私有，但大部分属于元朝政府；"驱户"、"军屯户"、"民屯户"实质上都是元朝政府直接支配下的庄园的农奴。这种"部民"、"驱户"、"军屯户"、"民屯户"的财产，均由其主人任意支配。私家主人可以把自己的土地连同土地上的"部民"出卖或转送，还可以私设刑堂，任意审讯、拷打"部民"，直至处死。斯大林曾经说过，在农奴制度之下，农奴主不能任意杀死农奴。可是中国的情况不同，我们就不能生搬硬套。如西藏的农奴主就可以任意杀死农奴，元朝的农奴主也可以任意杀死农奴。"部民"的男孩子要受主人的奴役，女孩子可由主人弄去作丫头或小老婆。

但是，在汉人、契丹人、女真人居住的广大地区中，封建后期的佃耕制的地位，同它在整个生产中所占的比重又怎样呢？

元太宗南下的时候，他认为汉人没用，主张把汉人、包括契丹人、女真人统统杀掉，并圈占他们的土地为牧场。耶律楚材不同意这种做法。他说，这么搞不合算，不如把他们留下来种地，要他们交赋税、服徭役，这种办法更为合算。元太宗接受了这个意见。经过几年的试验后，太宗对耶律楚材的建议颇为赞许。后来，耶律楚材又把这个主意告诉了忽必烈，要他用汉族地主阶级的办法来治理汉人、契丹人、女真人。忽必烈也接受了他的意见。中央有个同志说：耶律楚材值得纪念，应该重修耶律楚材的墓，这是有道理的。现在颐和园内还有耶律楚材的碑，他是契丹族辽朝帝王的后裔，是个较有远见的政治家。但历史界对他的功绩还有不同意见，如专门研究蒙古史的南京大学历史系主任就认为，那种建议主要是汉族地主阶级和知识分子提出来的，耶律楚材在当时并没有地位，他儿子作了宰相之后，朋友们为了拍他的马屁，才给耶律楚材立了一个碑。我看这种说法不能成立。耶律楚材这个人物还是应该肯定的，因为他对中国人民、中国历史作出过贡献。元太宗曾对耶律楚材说过，女真人打倒了你们，我现在替你们报仇，你就应多出主意才是。当时只有二十七岁的耶律楚材就替元朝出了那个主意，这也是难能可贵的。但是，元太宗之所以改变杀光汉族、变耕地为牧场的打算，采取了耶律楚材和其他汉族知识分子的建议，更重要的是因为他要南下，统治那么广大的汉族地区，非联络汉族地主阶级、契丹和女真贵族的上层分子不可。因此，在这些地区，一面存在着奴隶制、农奴制；另一面，元朝又承认佃耕制的存在。特别是在南方地区，即从长江流域、珠江流域到西南一带，封建后期佃耕制的比重更大。那里除了蒙古、色目贵族所办的手工业工场使用奴隶生产、家内使用奴隶服役以外，基本上是佃耕制。从全国看来，佃耕制也是占主要地位。但在西南地区，云南的情况有些不同，因为有蒙古贵族梁王在那里统治。

总起来说，对于元朝的社会性质，我认为尽管元政府在全国实行了带有严重的奴隶制、农奴制色彩的落后生产方式的统治，但就其社会性质来讲，还是封建制社会。在蒙古人、汉人、契丹人、女真人杂居的地区，佃耕制、农奴制、奴隶制相互交错，同时并存，情况很复杂。在南方地区，汉人和其他少数民族是佃耕制，这是一方面。另一方面，在原来的华北和中原地区，在金朝末期恢复起来的行会手工业、行会商业、独立手工业和商业，到元朝又遭到了严重的打击而衰退下来，有很多手工业工人被拘留作了奴隶。南方的独立手工业和自由商业保存得多一些，但也受到了严重的打击。因为当时对内、对外的商业，都由奴主贵族、色目权贵和商人所垄断。汉族、契丹族、女真族的广大农民为了争取生存，就更加发展同小农业相结合的家庭副业和手工业。这种情况在棉纺织业、丝纺织业中尤为显著。另外，也有很多山东人、河北人跑到朝鲜、日本去，有很多广东人、福建人、浙江人跑到南洋去。中国的劳动人民从很早就有到南洋去的，不过这时去得更多。像印度尼西亚原来生产力很低，华侨同当地人民一起开发土地，发展生产，同他们一起反对荷兰帝国主义的侵略，作出了很多贡献。

元朝经济情况这样复杂，在这一基础上，形成了以蒙古贵族为主体，色目商人占重要地位，又有汉人、契丹人、女真人的大地主阶级参加的联合统治。如果把元朝的统治只看作是蒙古贵族一家的统治，那是不符合历史事实的，而且也无法说明历史上的一些问题。我的看法对不对，希望大家考虑一下。关于元代社会性质，要具体分析，仅仅笼统地给它戴上封建制的帽子是不够的。

下面再讲第二个问题：以蒙占贵族为主体的元朝凭什么能征服欧亚两洲的绝大部分地区？

当时蒙古几乎征服了全部亚洲和包括今苏联、波兰、罗马尼亚在内的半个欧洲的广大地区。只有日本没有被它占领。元廷曾两次出兵日本，但都遭到了大台风，没有成功，并且损失很大，有一次四十几万士兵都淹没到大海里了。有些研究蒙古史的同志对此有个推测，他们说，忽必烈南下以后，大量使用汉族地主阶级的武装，但又感到蒙古族人口少，军队少，汉族武装对它威胁很大，很怕自己的统治维持不下去，所以利用向外扩张的办法，来削弱汉族地主阶级的武装。打日本也是这个目的。他们想，如果打胜了，就可以统治日本；如果打败了，让这几十万以汉人为主的军队淹死在海里，以消除这个对它有巨大威胁的隐患。这种意见可以研究。但现在还没有找到材料可以说明这一点，只能说它要打日本，但失败了，至于忽必烈是否还有其他主观意图，则有待有力的材料来证明。

在以成吉思汗为首进行变革前后，蒙古族住区很大，除包括今蒙古人民共和国的地区而外，还有内蒙古到西伯利亚、贝加尔湖一带的广大区域。这一带地区是畜牧业生产。生产方式在变革以前处在原始公社制末期，变革以后，进入了奴隶制。在成吉思汗起兵攻打金廷的时候，人口很少。后来，搞了很久，才发展到一万多武装。经过长期的斗争，蒙古摆脱金的统治而独立，又把周围的部落统一起来，把这些地区的人力、物力都利用起来。但是，在建立奴主政权的初期，亲卫军只有一万人，当然还有其他的军队。对于当时的人口，没有统计，有些统计也不可靠。我估计当时的蒙族人口不过五、六十万。南下灭金的军队，主要由蒙古人组成，但数量也不多，只不过五、六万人。南宋的军队比它多，攻下金最后一个堡垒的是南宋军队。后来打临安（杭州）时，元军也不到十万人，而且绝大部分是汉族地主阶级的武装。打福建、广东、江西、湖南、广西等地，蒙军根本没有去。在福建海面最后灭宋的一仗，也主要是汉族地主阶级武装去打的。打广东的统帅是汉人张宏范。

但是，为什么生产力低下，人口很少的蒙古族能够统治那样广大的地区呢？这与它当时所处的国内、国际环境有关。下面就谈谈当时的国内环境和国际环境。

在以成吉思汗为首的蒙古统治集团进行变革以前，蒙古周围比较小的部落，包括生女真（后来建立清朝的满族）在内，都还处在原始公社时期，所以蒙古能够把它们统一起来。另外，金、宋虽然生产力比较高，力量比较大，但阶级矛盾、民族矛盾都很复杂、剧烈，统治集团都已腐朽不堪，人民遭到严重的压迫、摧残，不能发挥他们的力量。当时金、宋已如同纸虎，一推即倒。同样，高昌、西夏、吐蕃、大理也都到了日落西山的境况，阶级矛盾、民族矛盾也都比较复杂。高昌维吾尔族的领袖亦都护，经成吉思汗一招安，便归顺了，愿作成吉思汗第五子。西夏也是一击就败。

国内情况大致就是这样。

在国外方面，俄国（当时叫斡罗斯）的罗斯王朝已经到了衰落时期。关于罗斯王朝的社会性质问题，依据苏联历史学家的意见，有两种说法：以前的说法是罗斯王朝开始建立奴隶制，后来反元的莫斯科公国建立了封建制；现在的说法是罗斯王朝和莫斯科公园部是封建制。后一种说法是根据斯大林的意见。他说斯拉夫人是由原始公社制飞跃到封建制，当中没有经过奴隶制阶段。斯大林就说过这么几句话，但没来得及解释。我问过苏联一些历史家，为什么斯拉夫人没有经过奴隶制？他们也没有正式答覆。此外，中亚细亚有个叫花剌子模的国家，因为蒙古商队在那里被抢劫，人也被杀了，蒙军就去攻打花剌子模，并把它灭掉了。在欧洲，除俄国以外，像德国、波兰、匈牙利诸国，当时封建诸侯割据战争正打得火热，农民同教皇、诸侯统治集团之间的矛盾也很严重，不可能团结一致抵御外侮。

正因为蒙古当时是处在这样的历史条件下，所以成吉思汗才能把亚洲、欧洲搞得天昏地暗。

以成吉思汗和他的子孙为首的蒙古奴主贵族统治集团，在实际行动中，尽量利用各国家、各民族、各集团的内部矛盾和空子，常常以敌攻敌、联甲打乙、以乙制丙的方式，对敌人实行各个击破。如灭金的时候，它联宋攻金，不仅利用了金、宋之间的矛盾，而且利用了金统治区域内的汉人、契丹人和女真贵族之间的矛盾，以及女真贵族的内部矛盾，来攻打金廷。再如打南宋的时候，中亚细亚已被它征服。它尽力联合原金军中的契丹人和汉族的大地主，再用这些势力去打南宋。它从青海南下，把云南、西藏、缅甸占领了；又由缅甸北上。其进军规模非常之大。在这个过程中，它利用宋朝统治阶级与人民之间的矛盾、主战派和主和派的矛盾，尽量把主和派拉到自己方面来。还尽量利用汉人、契丹人、女真人起义军中的动摇分子、流氓分子，譬如山东的李全就被它收买过去，充当进攻金、宋的工具。李全的老婆杨妙真还不错，她反对丈夫投降，起义军都称她为姑姑。所以，蒙古攻打宋朝，主要是利用投降的金军和汉族地主武装，自己的力量并不大。元廷善于收买汉族地主阶级的武装，它应许北方汉族地主武装的头子，为他们占领的区、县，世世代代归其所有，因之，北方地主武装纷纷向它投靠。同时，它还利用汉人、契丹人里面的政治投机分子、知识分子和道士、教徒、巫师等宗教首脑及其信徒为它服务，特别是利用他们去统治中亚细亚地区；而在中国，又大量利用中亚细亚人、欧洲人进行统治。当时在中国最当权的是中亚细亚的色目人，他们执掌财政（所谓色目人，照我看就是马克思、恩格斯所说的塞姆人）。其次，就是新疆的维吾尔人。再就是用藏族人掌管有关宗教的活动。而在中亚细亚，则尽量用汉人去统治。如原来在山东青岛崂山修行的道士邱处机到了中亚细亚，还有许多内地的汉人、契丹人到新疆、中亚细亚去，其中很多是唱戏的、跳舞的。总之，元廷为了建立并统治这个庞大的帝国，调动了各种可能调动的力量，利用了一切可以利用的矛盾。如维吾尔的亦都护投降之后，维吾尔人在元朝位居元帅、部长以上官职的有几十人。元廷正是利用了这些条件，南下占领了云南、西藏，对南宋形成大包围，最后灭掉南宋，随之又征服了缅甸、越南。

高昌的亦都护投降以后，新疆就变成了元西进的兵站基地和桥梁，它在那里建立了各种手工业、军事工业、冶金业、钱币局，设立了和内地相同的政治机构。然后再从新疆往西北到斡罗斯，从伊朗、阿拉伯到印度、欧洲。并且对中亚细亚地区，先占领那些容易占领的地方，再用它作为基地，向前进攻。打下这些地方之后，便用汉族军队、契丹军队、女真军队为它驻防。而对中国则用"探马赤军"驻防。即从阿拉伯、伊朗（波斯）到新疆，再到河州、宁夏，然后到北京，再沿运河南下到杭州这一路，都用"探马赤军"驻防。"探马赤军"是由各个民族，特别以中亚细亚民族为主组成的（所以，回族人常说他们是那个时候到中国来的，是"探马赤军"的子孙。关于"探马赤军"驻防的这种说法可以考虑。不过"探马赤军"驻防不只这一路，长江以南很多地方都有"探马赤军"驻防。至于回族的来源问题，我们要尊重回族同志的意见。祖宗是谁，这需要各民族自己来定）。元廷用中亚细亚的军队、新疆的军队防守内地，用汉人、契丹人、女真人的军队驻防中亚细亚和欧洲的孛烈儿（波兰）、马扎儿（匈牙利）、保加利亚和德国一部分地方。它从军力到干部的配备都是这种办法。

蒙古贵族能够统治这个广大帝国的另一原因是：他们善于运用自己的有利条件。蒙族以畜牧业为主，行军的时候，他们把牲口、帐篷都带着，以便把作战和生产结合起来，作到两不耽误。汉人作战的一条有名的原则是"兵马未发，粮草先行"。如诸葛亮出祁山攻魏，都是由于粮草接济不上，徒劳无功。这说明粮草供应非常重要。蒙古人带着牲口打仗，牲口可以繁殖幼畜，当地没有吃的也不要紧，可以把牲口吃掉，所以它从青海到云南那样长途的行军都没有发生问题。

成吉思汗、忽必烈确实很有军事、政治才能，他们都是出色的军事家、政治家。这也是蒙古贵族能够迅速征服欧、亚诸国，开拓疆土的一个原因。尤其是以成吉思汗为首完成了蒙古族的社会变革，把它从原始公社制推进到奴隶制时代，这是了不起的丰功伟绩。成吉思汗在蒙族中享有很高的威信，他的动员、号召，对蒙族人民具有强烈的影响。蒙族人民体魄强壮，善于骑射，长期处于辽、金残酷的压迫和统治下，锻炼出顽强的斗争意志，富有斗争传统，是一个生气勃勃、骁勇善战的优秀民族。他们又接受了汉人以及其他东西洋各国的进步文化、技术，特别是汉人先进的军事技术（如可以用于攻坚的炮术、火枪等等），俘虏和吸收了各地的技术工人、技术人员（如宋、金的制枪炮、制火药手、中亚细亚制造回回炮的技术工人等等），从事枪炮制造，以改进和丰富自己的军事装备，便形成相当坚强和便于远征的武装部队。

再者，蒙族当时处于奴隶制社会，而奴隶的主要来源是从战争中俘虏人口。这样，就驱使它们不断进行战争，这是所有奴隶制国家民族的共同特点，蒙古族当然也不例外。同时，蒙古族主要从事畜牧业，而畜牧业的特点，正如马克思所说的，就是"大块无人居住的空地对于畜牧业是主要的条件"。所以他们也同样到处寻找好的牧场。更重要的是，游牧民族的生产和生活，具有军事组织同部落组织残余相结合的特色；加之，成吉思汗的军事天才，他创造了一套适合其自身条件和客观环境的战略战术，并为其后继者所继承，这不仅有利于长途行军，而且行踪飘忽，不易捉摸；他们常常出其不意，突然反击追逐之敌，能取胜的就打，打不下的根本不打，善于避实击虚，迂回诱歼敌人，在敌人败退时，拼命追击。这些，都是蒙古族本身所具备的有利条件，也是它赖以取胜的重要手段。又由于他们侵略或攻占的地方，不是尚在原始公社制时期的部落，就是其统治阶级已腐朽无能（金、宋、波斯）。正因为这样，他们的力量一经发动，便如疾雷闪电，形成所向无敌，震骇欧、亚的武功。

毛主席说："一代天骄，成吉思汗，只识弯弓射大雕。"这里有褒有贬，正好说明了他的历史局限性。成吉思汗之所以成为"一代天骄"，首先，由于他是领导人民完成蒙族社会制度变革的伟大领袖，在他的领导下，蒙族第一次建立起奴隶制的政权，并取得了一套统治经验，因而，他在蒙族人民当中享有很高的威信。成吉思汗经过了非常复杂的、长期的、艰苦的斗争，受到了政治上、军事上很好的锻炼，他富有政治、军事天才，因而能够成为震惊世界的、比较成熟的、出色的政治家和军事家。上面我们讲的蒙古奴主集团在政治上、军事上所采取的方针、步骤和措施，基本上都是基于他所取得的经验而制订的。当然，元世祖忽必烈也有一些创造和发展。

成吉思汗的子孙，尤其是忽必烈，在长期斗争中，特别是在各地和各民族进行战争，在各种社会情况下进行军事、政治上的部署，面对着各种各样的新问题，制定了一系列的措施，取得了丰富的经验，锻炼了坚强的斗争意志，培养了政治上、军事上的才能。

蒙古贵族为主体的元朝所以能够占领几乎全部亚洲和大半个欧洲，其原因就是这些。

再讲第三个问题：元朝的统治，对历史的促进作用和促退作用。

关于这个问题，《简明中国通史》中也讲了，大家可以去看。今天不按书讲。首先谈一谈元朝的统治对历史的促退作用。

元军在南下的过程中，对金、宋地区的烧、杀、抢掠，空地、屠城等残暴野蛮的行为是促退的、反动的。在那些参加南下作战的元朝将军列传里面，几乎都有"杀戮殆尽"，"骸骨遍野"的记载。甚至连效忠元廷的道士邱处机都这样慨叹："十年兵火万民愁，千万中无一二留"，"无限苍生临白刃，几多华屋变青灰。"元世祖至元十一年，连山东、陕西、河南以及四川的一部分在内的元朝户口，总数只有一百九十六万七千多户，人口不过三百万左右，比宋、金地区人口少得多。当然，有些人是跑到南方去了，跑到山沟里去了，没有户籍。但更主要的是元廷实行反动方针的结果。他们认为汉人"无补于国"，不如把他们杀掉，把地空出来作为牧场，即所谓"悉空其人以为牧地"。在这一反动方针指导下，元军遇到抵抗的城市，进城后就屠杀、血洗。古代历史家记载，黄河南北地区的人民几乎杀戮殆尽。金银财帛席卷而去，牛马猪羊抢劫一空，年轻的姑娘强行掠走，整个城市变成了废墟。这是多大的浩劫啊！对人民生命财产的蹂躏、摧残，其残酷野蛮是史无先例的。正因为它的残酷凶暴，所以很多地方的人民死守城池，宁死不降，元廷攻占一城一地耗时很长。这样，就更增加了战争的破坏性。

其次，它在已经发展到封建后期的汉族地区和契丹人、女真人的住区推行奴隶制和农奴制，使大量的汉人、契丹人、女真人沦为奴隶，对发展到相当高度的商业和独立手工业种种的破坏、摧残和压制，也是反动的、促退的。它在这方面的反动作用超过了辽，金的初期。并且，对非奴隶制、农奴制的地区，强制推行那种落后的生产方式，"杀鸡取蛋"的办法，施以压迫、剥削和统治，强行扭转历史车轮，开倒车。

除此以外，还有许多严厉的禁令和压迫。如编五十家为一社，五家共用一把菜刀。特别在南方，每社还派蒙军或"探马赤军"去监视，夜间不准关门，并多次下令，不许汉人男子占有兵器、马匹。这种政治压迫直接阻碍了生产的恢复和发展，扩大了民族矛盾和阶级矛盾。还规定除在大城市唱戏外，多少人不许集会。这样，就严重地阻碍与破坏了从宋朝以来经济、文化的发展，对历史起了很大的反动作用，对人民的生命财产造成严重的损害，历史上称为"浩劫"。正因为如此，在它统治的百余年间，各族人民从来没有停止过反抗。这在人类历史上是没有先例的。

元军对中亚细亚和欧洲地区，同样也是烧杀、俘虏人口为奴。譬如报达（巴格达）、花剌子模投降以后，元军反把当地的人杀了。

在过去的俄国，小孩子一哭，就吓唬孩子说，成吉思汗来了。当时在我们民间普遍流传的谣谚是："月光亮亮，齐齐排排，排到明朝（明早）好世界"；"杀鞑子，灭元朝，八月十五，家家户户齐动手"。欧洲有些人把成吉思汗的对外扩张称为"黄祸"。把灾难归之于种族歧异，借端煽动种族仇恨，这不是阶级分析法。不是从奴隶制度的本质来分析，也违反了历史事实。现在帝国主义看到我国发展这样快，他们也说是"黄祸"，这是别有用心的胡说。

以上说明蒙古贵族对历史的促退作用，对人民生命财产的摧残和危害，其程度是严重的。

为什么会产生这样的情况呢？首先，这是由奴隶制度的特性决定的。人类历史上，从来没有哪一个国家或民族的奴隶制是不残酷的。凉山彝族的奴隶制不残酷吗？殷朝在奴隶制度统治下把成百的奴隶杀掉殉葬，这残酷不残酷？我们应该从社会制度本身及其固有的特性去看，这才叫做历史唯物主义。其次，是由于它的摊子铺得很大，很多民族、国家的人民被迫为它打仗、服役，其情况很复杂，所以这些人到处烧杀、抢掠，表现出极不正常的状态。但也反映出他们同奴主贵族的统治与被统治、压迫与被压迫之间的矛盾。当然，在元廷统治者的主观上也有错误。如奴主贵族集团不仅没有采取正确的方针，没有建立适当的制度和纪律来约束军队的行动，为了笼络他们，反而纵任他们那样胡作非为（北洋军阀对待他们的军队也是这样，在打下一个地方以后，宣布放假几天，随便让自己的军队烧杀抢掠）。最后，还有宗教的统治，更加助长了这种落后性和反动性。

再讲一下元朝统治对历史的促进作用。

促进作用也有主观方面和客观方面。首先，蒙族地区由原始公社制度推进到奴隶制，即进到文明时代，这是一个伟大的进步。既有利于蒙古族的发展，也有利于人类的发展。但把从各地掠夺的财物运到蒙族地区去，致使蒙族的大量人口脱离生产，过寄生生活，这对蒙族本身的发展是起了促退作用的，而且危害了蒙古民族。

其次，它把五代、两宋、辽、金以来全国范围内长期分裂混战的局面统一起来了，并且进一步正式奠定和巩固了祖国的疆土。西藏就是在这时正式归入祖国的版图的，这不是说，在此以前西藏不是祖国的疆土，而是说它正式成为祖国疆土的一部分，是从元代开始。以前，唐太宗、武则天也曾统治过西藏，但元朝对西藏的统治，则完全和内地一样了。

第三，它密切了国内外各民族的往来，促进了亚、欧经济文化的联系和发展，因而有利于祖国的发展，有利于人类的发展，为以后明朝的发展准备了条件。它把中国许多先进的东西，如印刷、罗盘、火药技术等介绍到世界各地，同时又把世界各地如制回回炮的技术工人俘虏到中国来，和中国各族手工业工人一起生产，并且学习了中国过去没有的东西，如学会了造烧酒等。因而使祖国的生产技术和内容更加丰富了，为以后的发展准备了条件，并且扩大了中国人的世界眼界与地理知识，等等。

元朝的统治对历史的促进作用，我看主要表现就是这些，其他就不一一列举了。

根据以上的分析，我们可以得出结论：元朝统治对于中国历史的发展，主要是起了促退作用。它所起的促进作用是次要的，但也是不能否认或抹杀的。

最后讲第四个问题，对成吉思汗的评价。

关于成吉思汗的评价问题，上面已谈过一些，谈过的就不再重复。

对于成吉思汗的看法，有些国家和我们有些不同。蒙族内部的看法也有不同。我在这里谈一些意见，仅供大家研究问题的参考。我认为对于成吉思汗这样震动世界的人物，不能简单地处理，而应该具体地、深入地进行分析。

首先，应该肯定成吉思汗是一个革命的领导者，新制度的创造者，是一个伟大人物。因为蒙古族在他以前是原始公社制，后来，以他为首完成了奴隶制的变革，因而说他起了革命作用。说以他为首，就是说他是革命的领袖人物。当然，我们不能按无产阶级的领袖的标准去要求他。我曾建议，中国历史博物馆把蒙族的成吉思汗、满族的完颜阿骨打、努尔哈赤、契丹族的耶律阿保机、藏族的松赞干布等人的像都摆出来，因为他们都是领导革命的人物。只有这样才能丰富我们祖国的历史。毛主席在《中国革命和中国共产党》一文中说："在中华民族的开化史上，有素称发达的农业和手工业，有许多伟人的思想家、科学家、发明家、政治家、军事家、文学家和艺术家，有丰富的文化典籍"①。从成吉思汗的全部活动来看，他称得上是一位古代大政治家、军事家。这不详细讲了。在军事史方面他也作出了贡献，有若干积极的因素，直到今天还值得批判地加以继承。这是成吉思汗值得肯定的主要两点。

　　另一方面，由于成吉思汗是奴隶制的革命人物，是奴主贵族的领袖，所以他不仅受阶级性的局限，而且还有一定的历史局限性。他亲自带兵侵略中亚细亚，把自己的制度强加于人，摧毁人家原有的制度、文物、生命财产，应该认为是侵略；并且，他还领兵南进到河南、山西、河北、山东等地，在那里进行落后的、反动的、残暴的统治活动。这对历史的发展起了促退作用，使人民的生命财产遭到严重的损害。这是他应该担当的历史责任。我认为这是他应该受到批判的一面。但是，我们不应该把成吉思汗死后，以他的子孙为首的蒙古贵族奴主集团联合其他一些统治阶级，对外扩张和南下进行掠夺战争的暴行统统算在他的账上，这些应该由他的子孙负责。我们对待历史人物应该进行全面的、具体的分析，肯定他好的一面，批判他坏的一面。即便是历史上公认的坏人，如果有一点好的，也应该肯定；公认的好人，有一点坏的也要批判。目的是为了教育群众，而不是专门替他作鉴定。我们说成吉思汗有应该肯定的一面，也有应该抨击的一面，但肯定的一面是主要的。元朝统治对社会历史的若干促进方面都与他有关，所以不能笼统地说他是侵略者，更不能说他是懦夫。关于成吉思汗的评价，就简单说这些。总之，对于这个伟大的历史人物是不能一笔抹杀的。关于这个问题，大家还需要进一步研究。

---

① 《毛泽东选集》第 2 卷第 622 页。

第十五讲

封建社会的发展和衰落
时期——明朝

（公元 1368——1661 年）（一）

明朝分作两次讲，关于资本主义萌芽的问题，以后另外再讲一次。

这一次讲明朝的社会经济发展的大势。

明朝在我们中国历史上是一个很重要的朝代，内容比较丰富，在我的《简明中国通史》里，明、清的分量也比较重，但这还只是写了它的基本情况，难免挂一漏万。明太祖朱元璋，由于他所处的时代不同，在历史上所起的作用，比唐太宗李世民要大一些。我们在后面要谈一淡对朱元璋的评价问题，这个人是穷棒子出身，没读过书，写的字歪歪扭扭，很难看（我看过他亲笔写给老朋友的信的拓本），但内容却很好。

明朝的社会，不仅处在封建制度衰落的时期，而且处于封建制度即将崩溃的前夜。特别是明朝后期封建制度统治下的农村，业已处在崩溃的状态中；但在另一方面，城市手工业、商业，明朝后期仍在发展中。至于资本主义生产方式的萌芽，在明朝前期就有个别因素出现，但总的讲来，是在中期以后出现的。这也正和世界其他各国历史上由封建制转入资本主义变革前夜的情况一样。清朝进关之后，采取了一系列强制性的政策，把封建制度稳定下来，并且用强力把资本主义生产方式的萌芽绞杀了。在明朝后期，与封建制度向下衰落的同时，城市手工业、商业向上发展。那时资本主义生产还处于萌芽状态，占主要地位的是行会手工业。日益成长的市民阶级是个特殊阶层，它是资产阶级的前身。有些人把市民阶级误认为资产阶级，所以，当他们讲到资产阶级时，往往把它说成市民阶级。我们说两者是有区别的，市民阶级仅是资产阶级的前身，并不就是资产阶级。

今天我们讲四个问题：

（一）明朝前期的经济形势，讲它的经济迅速恢复和巨大发展的基本形势。

（二）明朝后期濒于崩溃的封建农村经济的一些基本情况和基本特点。

（三）明朝后期继续发展的城市商业和手工业经济的一些基本情况。

要抓牢明朝社会经济发展形势这一条基本线索，才能把明朝那样交错复杂的社会矛盾、阶级斗争、党派斗争大体上弄清头绪。

（四）对朱元璋的评价。

明朝是在元末社会残破不堪的基础上建立起来的。处于水深火热中的人民群众，迫切要求明朝政府采取措施，恢复生产，缓和社会矛盾，让人民得以休养生息，安居乐业。这是一方面。朱元璋曾说：我们明朝的制度是恢复宋朝的。这句话说得很对。当时社会经济发展的趋势与人民群众的要求，就是要恢复到两宋的发展轨道上来，并在这一轨道上继续前进。我们过去讲过，在两宋时代，封建社会的经济已经发展到那样高度，内容也相当丰富，但是经过元朝的反动制度和统治以及元朝末期镇压农民起义的战争，而遭到了摧毁。史书记载：元朝镇压农民起义的军队，每到一个地方都进行破坏。因为人民拥护农民军（当时的农民军也叫"红军"，也有叫"青军"的），到处都帮助农民军。元军到处屠杀、血洗，以示报复，因此，元朝的反动统治，就严重地破坏了生产力的发展，把中国社会历史发展的进程歪曲了。这么一来，社会就更加残破不堪，全国普遍贫困破产。华北和中原、西北这些地方更为贫困，土地荒芜，劳动力异常缺乏。正如书上所记载的："兵后田荒，居民鲜少"①，"民物凋丧，千里丘墟"，道路上看不到人，原来人走的道路也荒芜了。像这样的情况，在《明史》和其他的书里记载的很多，就是侥幸生存的人，也没有饭吃，没有田耕，因为他自己没有土地，没有耕具和粮食。在南方，虽然破坏得少一些，但在元代大地主、权贵巧取豪夺、横征暴敛之下，很多人也无地可耕。而在东南的江苏、安徽、浙江等地窄人稠的地方，失掉土地的人就更多。在北方有些破

---

① 《续文献通考》卷2，第2786页。

坏较少的地方，如山西等地，农民也大都没有土地或土地很少。

另一方面，在元朝时代，社会上大量的财富都集中在享受特权的蒙古贵族、汉人大地主、外来的大商人、色目人以及寺院僧侣的手里。这些人慑于元代农民大起义的声势，纷纷逃亡，把财产席卷一空，外来的享受特权的那些大商人，当时航海业很发达，他们就坐船逃走。有些下层色目人，参加了反元的斗争。譬如：常遇春、胡大海，据传都是回族，其上层人物则和元朝一起反对农民军，或者是偷偷摸摸化装潜逃，如果被群众抓住，就要处死。当时在南京，有个回回诗人叫丁鹤年，他在元朝不得志，地位不高，群众反元起义爆发后，他也很害怕，东家躲几天，西家藏几天。除去蒙古、色目上层分子潜逃携走大量财产外，战乱中，人民的财产也遭到散失。

这样，就造成了全国人民普遍的贫困破产。全国各族人民在长期反元斗争胜利后，迫切要求重整家园，恢复生产。也非常强烈地要求从元朝所建立的奴隶制、农奴制的压迫和剥削中解放出来，解除人身束缚，给予人身自由。所以，明朝初年，就消除元朝留下的奴隶制残余。到神宗万历年间，更进而实行"一条鞭法"，削弱了广大农民对封建主的人身依附关系，这是一个初步的解放。而且在元朝统治时，由于贵族的圈地和寺院僧侣强占土地，很多农民失去了土地，反元斗争胜利后，农民迫切要求得到土地。反元斗争是以农民为主体，广泛地联合了各个阶级和阶层共同进行的，参加斗争的还有两宋时期已经发展起来的自由商人和独立手工业者。他们除了要求自由外，更迫切地要求恢复生产，恢复买卖，要求恢复到两宋那样的经济轨道上并向前发展。在两宋已经发展到那样高度，而在元朝遭受压迫摧残，奄奄一息的行会商业和行会手工业者，也要求恢复和发展生产与业务。自由商人、独立手工业者、行会商业还要求解除寺院和外来商人的专利。

这时，还有大量的华侨，居住在南洋、日本等地。华侨到南洋，大概最早是从汉朝开始的，在唐、宋时有发展。在南北朝时有很多人到日本去。日本有一个秦村，据说那里姓林的都是从福建去的。朝鲜的华侨差不多都是从山东去的。在明朝，华侨到国外去的很多，这固然是由于华侨与当地人民建立了亲密的关系，但更重要的是明朝经济发展的需要，特别是明朝对外贸易发展的需要。有些华侨改了姓，入了外国籍（如很多福建人，原来姓林，出国后，改姓昂等等）。更多的华侨念念不忘故土，他们的家庭、祖坟都在国内，要求和国内亲人畅通消息，密切来往，要求和祖国加强经济、文化的联系。

参加反元斗争的，还有很多知识分子和中小地主。他们在两宋和元朝时，吃了大地主、贵族、豪强的亏，要求取缔贵族、大地主阶级等的特权和对土地的兼并，要求参加政权，并从这些要求出发，支持和参加了反元斗争，有些人参加了以朱元璋为首的农民军。后来，在声势浩大、席卷全国的反元斗争革命形势下，大地主阶级里面的个别分子也有卷进来的，如参加朱元璋农民军的李善长、刘基就是。有名的《烧饼歌》据说是刘基写的，实际上是不是他写的还得研究。这个歌当时非常流行，连新疆和西藏的汉人里面也纷纷传诵，甚至在回族人民中也流行。歌里面说："手持钢刀九十九，杀尽胡人方罢手"。一方面有斗争性，另一方面也有狭隘性。如果只杀罪大恶极的反动统治者就对了，如果要把"胡人"全都杀光，那就是狭隘的民族报复主义。

反元斗争，既然具有这样广泛的社会基础，因此，在反元起义胜利之后，以朱元璋为首的明朝政府，就必须解决它所面临的各个阶级、阶层的各种不同的要求。加之朱元璋在打到滁州、江淮一带以后，以李善长为首，引进了这一带的大地主分子，甚至于把在元朝作过官的大知识分子都引进来了。他们向朱元璋献策，把地主阶级的统治权术教给他，告诉他汉高祖刘邦取得天下的一套方针办法。朱元璋听了很高兴。这么一来，在朱元璋为首的明朝统治集团内部，就出现了文武两派：军人这一派，以徐达、常遇春为首，这些人都是穷棒子出身，大都是农民、手工业者、当兵的，其中主要是农民。这一部分人究竟是穷苦人出身，他们在胜利之后，在一定程度上仍然怀着原来阶级的要求，保持着阶级本色。这一派是朱元璋的老本钱，是他的依靠。同时，朱元璋本人也是穷苦人出身，在皇觉寺里当过小和尚，以后长期进行反元斗争，在农民军里成长，他深知群众的痛苦和各方面的要求，同时，害怕人民造反，为了维护和巩固他的统治，他不能不采取措施恢复和发展生产，适当地满足广大群众和部下的要求。另一派是李善长、刘基、宋濂这些大地主阶级出身的知识分子、旧官吏，他们不仅看到了人民反元斗争的厉害，而且后期也参加了反元斗争。当然，这一派和上面所说的出身下层的那一派是有距离的，两派经常发生摩擦。朱元璋的政权，就是和地主阶级妥协之后建立的地主阶级的政权。当他取得南京之后，深知要壮大自己的力量，巩固自己的统治，必须搞好生产，而要搞好生产，就必须有一系列改良主义的政策措施，以适当地处理摆在眼前的这些矛盾。在这方面，朱元璋和他的左右作了不少事情，取得了一些经验。

从朱元璋即位到宣宗宣德年间，即整个明朝的前期（公元 1368——1435 年，约七十年左右），明朝政府不断地采取了一系列的改良政策和措施，我在《简明中国通史》中，着重写的是朱元璋时代的情况，其实，在朱元璋以后几十年内，还是继续这样做的。

在朱元璋的改良的政策措施里面，最重要的是：

1. 把大量无主的土地和可耕的荒地交给人民，满足了不少人民的土地要求。为了让劳动力和土地结合起来，他向地多人少的地区大量移民。很多人从京西迁往河南，由江浙移居皖北、淮南等地。现在很多湖南人是当时从江西搬去的，还有少部分是从河南搬去的。他还号召人民大量开荒，宣布生荒任人开垦，能开多少就开多少，开出之后"插标为号"，这块土地就归己有。就这样，明朝基本上满足了不少农民的要求，不少人得到了土地，这是超过了以往时代的。这样也就出现了数量相当大的自耕农，为明朝恢复和发展生产打下了基础，这是研究明朝社会经济形势中一个最基本最重要的问题。

2. 朱元璋基于自由商人、独立手工业者的要求，实行了带有重商主义倾向的政策，或者说有重商主义因素的政策。这些政策还不能叫做重商主义的，因为它不是真正的有系统的重商政策。从朱元璋上台时起，一直到宣德年间，取消了从元朝以来，甚至从两宋以来的某些捐税，实行自由买卖。军民日用杂物、民间嫁娶丧祭用物、常用器物、日用食物等等，概不抽税，农民自产自销的小商品，像鸡蛋、杂鱼等也不抽税。布匹，规定了一定的免税限额，购买超过限额的才抽税。在两宋和元朝时，做买卖很困难，关卡重重，捐税繁杂，朱元璋想了一些办法便利商业。他在江边为商人设立了仓库，以便储存商品。还修了很多招待商人的"接房"或宾馆，外国商人也可以住。并经常派官吏到市场上去检查，防止投机倒把、操纵物价等违犯政府政策和法令的现象。以上这些措施，都带有重商主义的倾向或因素。

在对外贸易方面，明朝也采取了一系列的政策。譬如朱元璋的儿子朱棣，即明成祖（明成祖的坟就是十三陵的长陵），不断派人到国外去，并在对外贸易方面建立了一套制度。

这些政策都促进了商业、手工业和对外贸易的发展，特别有利于自由商人、农民、手工业者的发展，对明朝资本主义因素的产生、市民阶级的形成和成长，是起了促进作用的，这是有相当大的历史意义的。我认为朱元璋比李世民伟大之处，就在这里。

3. 解放了被束缚在元朝奴隶制度下的大量奴隶，严禁买卖和蓄养奴婢。被处死的大将蓝玉的罪状之一，就是"多蓄庄奴"。他的错误共有几条：第一条，恃功骄恣，目无国法，他北征回来进古北口时，关吏开门慢了一点，立即被他杀了。第二条，参加了胡惟庸等反朱元璋的集团，集体谋叛。这是最主要的罪状。第三条就是他身为大臣，家养奴隶数百。可见朱元璋是重视奴隶解放的。这样一来，就解放了大量的劳动力，投入生产。被解放的奴隶不仅得到土地，还能娶到老婆，生产积极性特别高涨，从而对生产的发展起了很重要的作用。

4. 严惩贪官污吏。从两宋以来，贪污盛行，人民受到很大的痛苦，朱元璋对此坚决反对。他说，我当老百姓的时候，就痛恨贪官污吏，这些东西不除掉，人民就没有好日子过。他惩治贪污非常严厉。正因为这样，当时作官的那些地主阶级知识分子，在后来写书的时候就把朱元璋描写成暴君，说他乱杀人。在这一点上，我要替朱元璋说句话：他并不乱杀人，他杀的人都是该杀的，杀得对。譬如，他杀了李善长（李善长是个大地主，他家的坟地就有一千亩），因为李善长组织派别活动，要推翻朱元璋，那还不该杀？像蓝玉这样的人，勾结元朝残余势力，私通倭寇，背叛国家，那还不该杀吗？还有，丞相胡惟庸被杀，是因为有一次他的儿子在南京街上乘马车不老实摔死了，胡惟庸竟迁怨车夫，把车夫杀死。朱元璋知道了，非常生气，要胡惟庸偿马车夫之命，以后胡又勾结外敌，卖国谋叛，那还不该杀吗？有些地方官吏胡作非为，滥用非刑，老百姓交不起钱粮，他们竟用烧红了的烙铁残害老百姓。朱元璋说：中国的老百姓这样苦，还受到这样残酷的压制，这还得了?! 他就把这些官吏杀了。大臣陆仲亨从陕西回来，沿路随便向老百姓要吃、要喝、要伕、要马，受到朱元璋的严厉责斥。被朱元璋处死或惩处的大体上是这一类人物。你看朱元璋杀的这些人对不对呢？我看杀的对。但因为地主阶级知识分子做官多是贪官污吏，被杀掉不少，他们痛恨朱元璋，所以写书时把他描写得很坏。对于这些观点，我们必须有所批判，不能一概接受。朱元璋杀了贪官污吏，要官吏们知所警惕，以收惩前毖后之效，因为在封建时代，要这些剥削阶级自觉地不干坏事是不可能的。

5. 畅达民情。号召全国所有的老百姓都可以直接向皇帝写信控告、申诉，各级地方官吏必须马上呈递，一概不得扣压，否则就是犯罪，发现之后就要处分。朱元璋还经常派人到各地检查政策执行的情况，派出去的主要是监生等青年知识分子。大概朱元璋认为：年纪大的人一般顾虑较多，碍于情面，或从私人利害关系考虑，往往不能反映真实情况；青年娃娃什么都不怕，看到什么讲什么。所以他派下去的主要是这些人。他自己也经常穿便衣出外巡查，他的部下多次劝他说：你这样出去很危险。他说：这有什么危险？如果老百姓要杀我，那就说明我这个皇帝不应该再做了。我看这话说得很对。朱元璋这些办法收到了一定的效果。他在很多地方兴修的水利，是因群众来信要求后才举办的。还有，从群众来信中，还揭发了不少贪污分子。

朱元璋原来是穷苦人出身，他做了皇帝之后，还常和原来在一块劳动、生活过的老朋友通信联系，这些老朋友给他来信，他就亲自回信，不摆皇帝架子。他不仅和老朋友通信联系，而且还邀请他们到皇宫里来，住在自己的房子里，他穿着普通的便衣和老朋友在一起吃饭、谈天。老朋友问他：你成了万岁爷，坐了江山，怎么还和我们混在一起，也不穿你那龙衣龙袍了呢？朱元璋说：和那些官儿们在一起，要是不穿龙袍，他们就不怕我，不相信我，我就没有威信；在你们这些老朋友面前，用不着那一套了，再说穿上那种衣服也并不舒服。应该说，在这些地方，朱元璋这个人，还保存着一些劳动人民的本色。

6. 在民族政策上，对各族人民宣布一视同仁的方针。当然，朱元璋所说的"一视同仁"是要打折扣的，其中包含着民族歧视，有些措施属于强制同化的性质。譬如，命令留在内地的色目人、蒙古人不准同自己族里的妇女结婚，要他们同汉人结婚，只有在遭到汉人拒绝的情况下，他们才能在本族内择配。这就是强制同化，而不是"一视同仁"了。但朱元璋以封建皇帝的身份，能在这时向全国宣布对各民族"一视同仁"，这是不简单的。他还号召留在内地的色目人、蒙古人，只要有能力的，能够做事情而且不反对他的，都安插工作，给予生路。一个封建帝王能够做到这一点也是不容易的。当时留在内地的蒙古人很多，元朝末期虽曾命令他们回到北方去，并可一起撤退到蒙古去，但是大批的蒙古人都留了下来，不肯回去，从内地一直到广西都有蒙古人的踪迹。今人梁漱溟就是元朝时留在广西的蒙古人的子孙。翦伯赞是维吾尔人，他的祖先在元代做过镇南将军，以后留在湖南桃源不回去了。另外，留在山东的蒙古人和色目人也很多。朱元璋在云南等地也宣布过这种政策。后来他的儿子明成祖几次带兵到蒙古，也宣布过这种政策。

朱元璋宣布的政策很多，这几条是主要的。这些政策对明朝前期的经济恢复和发展起了推动作用，对后期都市经济的继续发展也有一定的作用。

下面讲一讲明朝前期经济迅速恢复和巨大发展的情况：

首先，从元朝奴隶制、农奴制下解放出来的劳动人民，在明朝政府比较进步的、有积极作用的社会经济政策配合下，比较迅速地使经济恢复到两宋经济发展的轨道上，并继续前进。明代生产力高度发展的具体表现，是在洪武二十六年，全国人口约达九千多万，比元朝人口最多的元世祖时还增加了一倍。当然，这个数字不光是由于人口的增长，而且由于奴隶在元朝时没有户口，不予登记造册，这时都以平民的身份进行登记。所以，在这短短的时间里，明朝全国的人口差不多赶上了北宋最高的人口数量。开垦的荒地也很多，在洪武末年，农业生产迅速地发展，全国几乎没有荒地了，凡是可耕的土地，统统都耕种了。不仅如此，农作物的种类增多了，农具的种类比宋朝也增多了，制作上也更精巧了，特别是经济作物增多了，民间植桑、养蚕、种麻、种甘蔗、制糖等都比宋朝的产量大大增加，而且单位面积产量也提高了。总之，都比宋朝有所发展。到了洪武末年，纺织业（纺棉、纺丝，纺麻）成为当时普遍的农民家庭副业。

和这种农业生产发展相适应的商业、手工业也都有较快、较高的发展。当时全国的城市比两宋时有了进一步的发展。国内交通很发达，陆路、海道，所有的河道，包括运河，都可以通行船只。明朝的造船业也比宋朝有进一步的发展。它总结了历史上的和福建等几个地方的造船技术和经验。譬如，郑和下西洋时，坐的船很大，很好。当时中国的船比外国的大得多。日本人来中国学习造船技术，明朝很大方，就让他们学去了。税收增加也很快，虽然明初取消了许多杂税，但因为对外贸易发展了，税收额还是增加了。

明成祖，年号永乐。明太祖死后，本来是他的长孙，即成祖的侄子做了皇帝（即建文帝）。成祖却不客气，把侄子搞掉了，自己做了皇帝。从永乐到宣德，明朝的生产，不管是农业、商业、手工业，以及对外贸易，都是上升的。在农业方面：一遇有灾害，就对灾区减免赋税，灾害重一些的地方，则由国家拨款、拨粮，进行救济。到宣德时期，从中央到各州、各府、各县的粮库都是满满的，有的地方粮食都陈腐得不能吃了。那时老百姓的生活，除了个别情况之外，基本上是过得去的。

随着商业的发展，都市发展了，特别是沿长江、运河一带，一些传统的、有名的都市都比较繁盛。在这些"商业所集之处"，商业和手工业者有较大的发展，尤其是自由商人和独立手工业者较快地成长起来。所以，他们能够成为市民阶级，而且到了明朝后期，他们就能提出政治上的要求，向封建势力进行斗争。明朝生产事业的繁荣发展，还集中地表现为民办的金、银、铜、铁、锡等采矿冶炼事业的大发展与产量的增长，不仅产铁量超过两宋，而且在炼钢技术上也达到了比两宋时更高的水平。

明代的纺织业也发展得很快。表现在：一方面是民间纺织业的发展，另一方面是出现了纺织业比较集中的市镇，特别是在东南，如太湖三角洲地带，江苏、浙江以至皖南纺织业都相当发达。在山东也很发达。明朝末年，在山东地区出现过一人能纺两个、三个、四个乃至五个锭子的情况，这比英国在产业革命以前一人只能纺两个锭子的情况要进步得多。苏州、杭州更不用说，这是当时手工业的中心，纺织品织得非常精细，今天看起来还很漂亮。据记载，杭州的织锦，也是从明朝开始的，现在织的领袖像、风景画都那么精美。明朝的瓷器也比两宋时大大地发展了，今天在博物馆里看到的那些非常精美的瓷器很多都是明朝的。在造船技术上，明朝也有一套。船造得特别大，和今天轮船的构造差不多，有两层，上层坐人，下层载货。当时造船不用铁皮，而是把船体的表面钉上一层竹片子，这样的船非常结实，能把来船撞毁。其他如造纸业、印刷业，都比两宋时期有进一步的发展。我们今天看到的明朝前期明版书的纸张和印刷都很好，执卷在手，便有一股香气，所谓"书香"，确不虚传。晚期的差一些。在印刷技术上发明了活字铅印，有人硬说铅印不是明朝发明的，是外国人发明的。这种说法不对。中国那么早就发明了铜锡合金，为什么就不能知道用铅呢？中国的印刷、造纸业都很发达，为什么就不能发明铅印技术呢？我们把宋、元、明三种版本拿来比较，从考古的角度来看，宋版最贵，元版次之，明版不如宋、元两代值钱；但从印刷技术上，我看明朝前期印的书比宋朝好，特别是明代印刷业发展较为普遍，大中城市差不多都能造纸、印书。明代对外贸易的发展，集中表现为明成祖先派马彬、后派郑和下西洋。其所以多次派人下西洋，就反映了当时经济的迅速发展，都市的兴盛，是符合正在成长起来的市民阶级的利益与要求的。著名的三宝太监郑和，是云南人，原姓马，小名三保，回族。他七次下西洋，规模很大，每一次都率领两三万人，带去很多东西。他在人类历史上第一次开辟了亚非航线，到过东非。外国人常常鼓吹哥伦布、麦哲伦发现新大陆等等功绩，我们有这样伟大的航海家，为什么不讲呢？

这些都体现了国内外贸易的空前发展，也表现了资本主义生产方式萌芽的出现和发展。

上面只就一些主要方面概括地讲了明朝前期经济迅速恢复和发展的大概形势，下面讲一讲濒于崩溃的明朝后期封建农村经济的一些基本情况和基本特点。

明朝前期的政策、措施，有其积极的一面，但是，还有另一面。譬如，朱元璋把土地给予无地少地的农民的同时，也把大量的土地赐给了他的左右和功臣，明朝每一代皇帝又都把自己的子孙封为藩王，这些人在明朝形成很大的封建皇族集团，他们占有的土地动辄达到几百几千几万顷之多，这对明朝后期的经济发展有很大的影响。当然，封建制度本身的必然趋势是土地兼并与集中，大地主阶级享有特权，对农民进行越来越残酷的剥削压榨，这是封建制度发展的规律。但明代分封藩王的反动措施无疑地助长了这一趋势。除赐予大量土地外，明朝的功臣、勋戚、藩王更享有种种特权，譬如，规定让商人交粮领盐，任其在一定地区贩卖，但实际完全为官僚、权贵所垄断。茶叶也是这样。上面我们讲到朱元璋畅达民情，但是，他依靠豪绅地主统治农村，为豪绅地主在农村横行霸道、鱼肉乡民制造了条件。当然，封建政权只能依靠豪绅地主来统治人民，否则就不成其为封建政权了。对贵族给予特权，任其对人民生活和外贸必需品的盐、茶实行垄断、包办，这与明初带有重商主义倾向的政策是相违反的，起了促退的作用。所以，明朝前期的政策有好的一面，也有坏的一面。但到了后期，政策中好的一面没有了，坏的一面却发挥了作用，并且得到了发展。也就是说明朝后期政策和前期比较，后期把原来政策中保守、倒退、反动的一面发展了，进步性的一面却慢慢地丢掉了，使明末的政治、经济走上了下坡路。

英宗以后，特别在英宗复辟之后，土地占有两极化日益严重。英宗先后作了两次皇帝，第一次做皇帝，年号叫正统，那时蒙古贵族（或称也先，其根据地在今新疆和蒙古人民共和国之间）起兵反明，大宦官王振奉英宗亲征，到了大同，感到自己的军队不能打仗，又转回到宣化附近的土木堡，也先把周围的水道切断，使五十万明朝军队饥渴交加，再趁势进行围困，这样搞了几天，把明军打败了，英宗被俘。之后，英宗的兄弟代宗（也叫景宗）做了皇帝，对内实行了一些改良的措施，对也先进行经济封锁，断绝来往。当时蒙古的经济生活对内地有很大的依赖性，这样一来，也先没有办法了，就派人求和，情愿送回英宗，称臣纳贡，要求明朝恢复贡赐往来的关系。英宗回朝不久，就依靠坏人把代宗搞下台，自己又做了皇帝。这一出夺位的丑剧，就是在现在的故宫里面搞的。当时英宗住在西面的一个宫里，他和代宗手下的一些宦官勾结起来，组织了军队，事先派人潜伏，里应外合，打开宫门，军队进去把代宗提起来搞死了。英宗自己重新登基，所以说是英宗复辟。那时明朝的土地占有两极化已很严重，一大部分自耕农甚至中小地主，在大地主、官吏、地方土豪劣绅的重重盘剥之下，破产下降，失去了土地。大地主的土地兼并越来越厉害。贵族、大商人、乡村豪绅都拥有大量的土地。所以，在明朝后期（从英宗上台直到崇祯亡国），其中除代宗、孝宗，曾用了一些封建阶级中比较进步的分子执政，采取了一些缓和阶级矛盾的措施，使封建制度一时比较稳定。穆宗、神宗时期，张居正执政，他巴结太监是不好的，但在政治方面还是作了些好事。除上述三个时期稍见稳定外，明朝的农村日益处在动荡不安之中。尤其在英宗复辟后，据当时史书记载，豪绅对农民的剥削简直没有止境。他们不择手段，反正能刮多少就拿多少，这样一来，使自耕农、甚至中小地主不断丧失土地，这些阶层和藩王、权贵、大商人为中心的大地主阶级的矛盾日见扩大，情况一天天地严重起来。农民迫切地要求土地，提出了"均田便民"的口号，特别是发展为群众性的行动。应该说，这时农民已提出了自己的阶级要求，对地主阶级进行了斗争。占有大量土地的大地主，包括一部分中等地主，他们采取种种手法，把自己应纳的粮赋转嫁在穷人头上。明朝有纳赋用的"黄册"，还有记载土地的"鱼鳞册"，往往农民的土地已被夺走，但在"鱼鳞册"上还记载有土地，地主、豪绅、权贵买通粮长或地方官，不予更改，农民就还得照样纳税。这么一来，地主阶级强占了别人的土地，却把应当交纳给国家的赋税，仍然加在已经失去土地的农民身上。明朝还规定：如果这一家人逃跑了，他们应纳的赋税，就由他的邻里负担。这样一搞，阶级关系更加紧张了。

明朝政府所收田赋，基本上是收货币而不收实物；向官吏发薪俸也是发给货币，这反映了商品经济的发展已经到了一定高度。人民为租税所逼，就尽力从事小商品生产，甚至变卖粮食、家产，以完赋税。到了明朝末期，无论官府怎样严刑逼迫，也收不到税了。大量失去土地的贫苦农民，流入城市，以谋生计。苏、杭等地有不少手工业者被征到政府里去作工，他们的亲戚、朋友等很多都跟着进了城。这种情况说明，把人民再束缚在土地上已经不可能了，要按照原来的户口收税也不可能了。所以，明神宗万历年间，张居正在全国施行了"一条鞭法"，就是把一个州县所有土地的赋税、人头税、徭役贡纳等，归纳为一条鞭，统统归到土地上，按照土地收税，"计亩征银"。这在客观上是很大的进步。当然，这是人民群众斗争的结果，也是在社会经济形势发展到一定程度上产生的办法。这比对农民实行人身的束缚的办法前进了一大步。这样，农民就可以自由行动了，可以自由地搬到城市去，以出卖自己的劳动力维持生活，这就为资本主义生产方式萌芽的发展创造了条件。所以，到了明朝后期，特别是明末，农村人口大量涌入城市，城市人口急剧增加，城市里的生活资料、生产资料的买卖范围和商品的品种数量都扩大了，国内市场扩大了。与此同时，以自由商人和独立手工业者为主体的市民阶级成长起来了，他们的兴起，乃是资本主义生产方式正在萌芽的重要表现。这个萌芽的产生和发展，必然不断地摧毁封建农村经济的基础，使封建经济走向崩溃。所以，明朝后期的土地两极化的过程，如果从社会发展的角度来看，是带有进步性的。明朝后期，市民阶级及其经济不断发展，对封建统治有摧毁作用。

上面讲了明朝后期农村经济的基本特点。下面讲明朝后期继续发展的都市商业和手工业经济的一些基本情况。

首先，是以自由商人、独立手工业者为主体形成了市民阶级。关于这一点，我在《简明中国通史》中谈了不少，这里不详细讲了。明朝城市商业和手工业的发展，导致了新技术的出现。在炼钢技术上，发明了"苏钢冶炼法"，是采取办法把铁里含的杂质分离出来。在印刷技术方面，铅字印刷是在明朝发明的。更重要的还有起重机原理的运用。在佛山发现的炼铁炉很大，比较接近于近代化。云南锡的开采与冶炼规模也很大，也比较接近近代化。当时作为资产阶级前身的市民阶级，固然是资本主义生产方式产生的重要条件，因为他们有经营管理企业的能力，促进了资本主义因素的发展。但资本主义生产方式的出现，更根本的原因还在于生产技术的发展。

虽然有市民阶级的形成，有资本主义的萌芽，也有了一些进步的技术，但是在都市里占支配地位的还是行会商业和行会手工业。自由商人和独立手工业者成长为市民阶级之后，特别是在他们的经济得到发展之后，它和封建制度的束缚便不能不发生严重的矛盾。资本主义生产方式，虽只处在萌芽状态，但也不能不影响明朝经济的发展。明朝后期，在统治阶级方面，集中表现为以藩王、宦官、勋戚等权贵集团为中心的封建统治阶级对市民阶级进行了严重的压迫和剥削。他们遍地设立税卡，派出税监。仅北京一地，就有很多小太监在各门收税，这对市民阶级的发展是很大的打击，同时，官府规定买卖东西要"分成"，即首先要卖多少给官府，剩下来的才允许自由买卖等等，益发束缚了市民阶级经济的发展，束缚了资本主义萌芽或因素的滋长（在这里我只讲滋长，不是讲增长），加深了社会发展中的矛盾，形成了明朝后期错综复杂的阶级矛盾和冲突①。

其次，发展了对外贸易。明朝和朝鲜、日本、琉球（今天的冲绳岛）、南洋、中亚细亚、非洲、欧洲等地，都有贸易往来。这些地方非常需要中国的产品，中国的商人和这些地方建立了密切的联系。当我们的商人乍到南洋各地的时候，当地人民都要求他们留几个人住下，惟恐他们回来之后不再去了。当时南洋各地犁、锄等生产工具都是使用中国的产品，与中国的经济关系非常密切。

在明朝后期，对外贸易便和前期不同了。表现在：一面在税收上采取了一些讹诈的办法，有些宦官、权贵把从外国运进来的东西都抢走了，出口的东西也要被他们拿去一些；另方面权贵豪绅企图对出入口贸易进行垄断。特别是从英宗以后，情况更加严重起来。到了穆宗时，对外贸易就只留下广州一口，其他地方如福建、浙江等地的海口，全部封锁起来。这就使明朝政府与经营对外贸易的商人发生矛盾，也与城市商人、手工业者以至和整个市民阶级的利益都有了矛盾，同沿海的官吏也产生了矛盾，因为搞对外贸易，官吏们也可以从中得利，连驻防沿海的军官们也可以得到一些好处。这些矛盾，主要是明朝封建

---

① 关于这方面的问题，请参考《简明中国通史》下册，1982 年版第 661—664 页。

统治阶级集团与市民阶级之间的矛盾。具体表现为明朝后期所谓"海寇"集团反对明朝政府的武装冲突上。所谓"海寇"是什么呢？就是武装的商队，如同欧洲资本主义初期出现的海盗。当时欧洲各国政府实行海盗政策，实质上是原始的资本积累的一种手段。这种人在光天化日之下是冠冕堂皇的、衣冠楚楚的商人，到了没有武装抵抗或自卫能力薄弱的地方，就一变而为强盗，把人家的财产抢走。欧洲的海盗是得到政府支持的，但中国政府不但不支持，反而认为是违法的。当时明朝政府实行"海禁"，只留下广州一口，其他地方一律封锁，不准出入。这种武装商人不听命令，随便走私，所以明朝政府要用武力制止它。但是他们与沿海的商人有密切的联系，与南洋、越南、泰国、印尼、缅甸、菲律宾等地，特别是与当地的华侨都有密切联系。

如上所述，明朝后期的经济，封建农村经济一天天地衰落下去，濒于崩溃。只在代宗、孝宗、张居正执政的穆宗、神宗时期稍有稳定，但也无补大局。这是一方面。另一方面，由自由商人、独立手工业者和萌芽状态中的资本主义生产形成的市民经济，在明朝后期却是不断发展的，并开始在起着摧毁前者基础的作用。这就是明代后期社会的总形势和这个社会的基本矛盾。

这个总的形势，向我们说明了封建社会末期到了总崩溃前夜的情况。这个时期，明朝政府所实行的政策的积极方面太少了。当时明朝政府任用宦党、邪派、藩王集团执政，政治昏庸腐败，令人发指；经济上虽然有了某些改良措施，如实行"一条鞭法"，用货币征税，用钱币发薪俸，这些都有利于市民经济的发展。但只是这样还远远不够。明末的经济形势，从封建的农村经济来看，是不断地在衰落崩溃，但从城市的生产来看，还是前进的。我们可以这样设想：如果清兵不入关，或者在清兵入关之后，不是那样扼杀沿海、沿江资本主义的嫩芽，对市民阶级不采取那样打击摧残的政策，而是容许资本主义因素尽量发展，则情况可能会有所不同。当然，清廷采取的政策有两面性：我们要适当肯定它有好的一面，但另一方面，这个政策又有很大的反动性，它对巩固封建制度起了很大的作用，在摧毁新生事物上，它也下了很大的力量。这是汉族地主阶级政治家范文程、洪承畴等人出的主意。

下面讲讲对朱元璋的评价问题。

首先，讲朱元璋应当肯定的方面。上面我们谈过朱元璋的一些情况。朱元璋是劳动人民出身，在庙里作小和尚，有一些反抗性，大和尚压迫他，他就跑出来了，生活没有着落，就去要饭吃。他长得皮肤粗黑，这也是生活磨炼的表现（有些喜欢烦琐考据的人，在研究朱元璋长得漂亮不漂亮；有的医学家们在研究朱元璋的下巴长得很长，是不是有瘤子。这样的烦琐考据没有必要，即使朱元璋有什么瘤子，他早入了棺材，也没有办法给他治了）。他的姐姐也很穷困，嫁给李某，他的外甥以后作了明朝的大臣。朱元璋本来不识字，他仅有的一点文化，是在斗争的过程中学习得来的。他参加起义军，开始只是一个普通战士，以后作了郭子兴卫队的班长。郭子兴的义女——一个穷人家的女儿，姓马，她和朱元璋感情很好，郭子兴就把她许配给朱元璋了。朱元璋完全是从下面锻炼出来的，这个人踏踏实实，生产经验和阶级斗争经验都有。在斗争的过程里，他积累了较多的经济、政治、军事的经验，而且善于把这些经验和人民的要求，与实际情况结合起来。他善于学习，他的学习是多方面的。他非常重视向农民学习，常找农民谈话，找他的老朋友谈话。他带着自己的长子朱标到农村去，要他了解农民生活疾苦，并教育他说，你万万不能得罪农民，得罪了农民，就什么都没有了。由于他是在长期的斗争过程里锻炼出来的，能够关心群众，给群众办了一些好事，所以我看首先应当肯定他是中国历史上一个比较杰出的封建皇帝。同时，以他为首，组织了农民军，推翻了元朝的黑暗统治，这也是一件大事情。元朝的黑暗统治如果继续下去，中国社会的发展就更要慢一些。在推翻元朝的统治之后，顺应人民的要求，当然，是为了维护和巩固他的统治，他把中国的历史恢复到两宋的发展轨道上，而且向前推进了一步，实施了两宋时代所没有的一些比较进步的政策，特别是带有重商主义倾向的政策。当然，他也实行了带有重农主义倾向的政策。这些政策至少在客观上是符合人民要求的，对历史发展是起着促进作用的。他当皇帝的三十多年间，肃清了元朝黑暗统治的影响，打下了明朝经济发展的基础。这样，他在客观上把中国的封建制度向前推进，使它走上了临近崩溃的阶段。使封建主义走向崩溃这是好事，正像今天把帝国主义推向死亡一样，这不是好事吗？所以明朝经济比两宋经济有更高的发展。当然这主要是人民的力量，是各族劳动人民的创造，但这也与以朱元璋为首的明朝统治集团这些活动分不开。朱元璋所实行的政策措施，对明代的社会发展是关系很大、影响很深的。

其次，朱元璋非常勤奋，他对政事非常注意，事必躬亲。例如：某一个地方的水利修得怎么样，他要检查。凡是重大的事情，他都亲自过问。马皇后也是劳动人民出身，她很赞成朱元璋的作法。

朱元璋非常注意下情，常找老朋友、找穷人了解情况，并且告诫他的儿子说："取之有制，用之有节"，意思是对老百姓的剥削要有限度，不要杀鸡取卵。他非常重视农业的灾害，一旦发生灾害，马上就救济。他命令所有的地方官吏，看到有灾，要马上救济，然后向上级报告。并强调灾情不同一般事务，别的事必须严格请示报告制度，灾情如果也层层审批，拖延时间，老百姓就会饿死了。

朱元璋的个人生活是比较简朴的，他作了皇帝之后，仍然喜欢吃马皇后亲手做的饭菜。朱元璋在历代帝王当中，在生活作风简单朴素这一点上，是比较好的。

再有一点，他严惩贪官污吏不讲情面。像朱元璋对违法的功臣、将相、高级官吏那样严格惩办，这也是历史上所没有的。封建阶级的法律本来只是对付人民的，在对封建统治阶级内部执行起来起码是要打折扣的。朱元璋则把法律的约束切实贯彻到特权阶层的身上。

朱元璋的字虽然写得不好，但是他在这方面也作了努力，他也有欣赏艺术的能力。做了皇帝之后，听到北方老百姓唱的民歌《打枣竿》和南方的《竹枝词》，他便大加称赞，认为非常好，情感很丰富，有生命力。本来，历史上的封建统治阶级到一定的时候，总要接受民间文艺形式来丰富自己的文化宝库，否则，它的文化就会空虚枯萎，丧失生命力。民间的东西有丰富的内容和旺盛的生命力，不过封建统治阶级常常把最好的内容抛弃了，只留下了形式。像京戏，就是清朝搞的，它也是由民间来的，是吸收了安徽、湖北等地方戏的特点，把它们融合起来产生的。朱元璋当时感到《打枣竿》、《竹枝词》这些民歌比元曲还好，就告诉他的儿子和左右臣子们说：你们都要学习，这是富贵人家不可少的精神食粮。当然他是从统治阶级的立场出发的。他说：唐朝有诗，宋朝有词，元朝有曲，我们大明大概要依靠《打枣竿》和《竹枝词》了。另外，他还提倡写字。写字算不算艺术，前几年还有争论。有人请教我们党中央的领袖，毛主席说：艺术里多一样也不坏嘛！中国字就是好看，为什么不算艺术？外国有人嘲笑我们不该把方块字也当作艺术。其实，这是他自己不懂。试把历史上著名的碑帖拿来看一看，特别是晋帖、唐碑，像晋朝的"二王"：王羲之、王献之；唐代的欧阳询、褚遂良、颜真卿、柳公权等都是大书法家，李世民的字也写得很好。他们的字都很有功夫，有气魄，一勾一画，都值得反复揣摩，为什么不能算艺术呢？现在我们看到的很多明代的字是藩王府里刻的。著名的《淳化阁帖》就有肃藩刻本。总之，朱元璋在提倡文化艺术方面，也是下了一番功夫的。正因为这样，明朝藩王的子弟当中，前后还出了两个大画家，一个叫八大山人朱耷，是江西藩王子孙；另一个叫石涛，是广西藩王子孙，直到今天这两个人在艺术界的影响还很大。

上面这些，就是对朱元璋应当肯定的、主要的方面。朱元璋的功绩并不止此，这里只是讲主要的。

另一方面，他也有应当批判的地方。第一条是：他大封子弟做藩王，给他们很多土地，这是不符合社会经济发展趋势和群众的要求的，是开倒车的措施，虽然没有给他们以地方政权（在这个问题上，他大概接受了刘邦的教训，刘邦已经错了一步），但这一作法，与他所实行的其他政策是严重矛盾的。其次，他严禁宦官干预政治，宣布一条：宦官干政，就要杀头，并且在皇宫里立碑刻字，告诫后世；但对功臣、官吏等犯了错误，只有惩办，没有教育或教育不够，这不能不说是缺点。李世民得到天下之后，就教育臣下好好过日子，多读书，不要做坏事。赵匡胤也做过教育工作。而朱元璋就没有这样做。他用法太严，惩罚过重，牵连过广，缺乏思想教育，只凭严刑苛罚，这样，反而不能真正阻止下面的贪污行为。明朝在朱元璋死了之后，贪污之风就变本加厉，这不能不说是与朱元璋这一缺点有关。同时，这样也使下面的官吏谨小慎微，人人自危，他们的积极性和才能不能得到充分的发挥，动辄得咎，想做好事也不敢做。另外，李善长参加起义军之后，朱元璋逐渐走上地主阶级的道路，终于做了封建统治阶级的皇帝。有些同志对他这一点很不满意，批判他不该出卖自己的阶级。我看这样批判也大可不必。为什么呢？因为农民战争只能改朝换代，迫使封建统治阶级让步，使生产在一定限度内有所发展，不能创造新的生产方式。这是农民的阶级地位和阶级性决定的。创造新的生产方式和新的政权形式的任务，只有资产阶级和无产阶级才能完成。如果朱元璋不做皇帝，就只有垮台，由别人来做皇帝。那样可能情况会变得更坏。我看他做皇帝还是可以的，他做了皇帝也为人民作了些好事，基本上是符合农民的皇权主义的要求的，农民就是要一个好皇帝嘛！我们过去说的真命天子，就是斯大林说的皇权主义。但是，朱元璋当时还可以更多地作些好事，可以把更多的土地给予人民，少给子弟与功臣、豪贵，这样对明朝的统治有好处，对社会历史的发展也有好处。再次，在当时的条件下，在元朝破产的基础上，朱元璋还可以更多地实行重商主义的政策措施。我说他的重商主义只是一个倾向或因素，还没有成为系统，也没有持久地贯彻下去。他处在中国封建社会的末期，如果更进一步实行重商主义政策，那对中国市民阶级经济的发展，对中国资本主义的出现，可以起更多的推动作用，但是他没有这样做，而且有些措施是开倒车的，我看这一点应当批判。

　　总的说来，我认为朱元璋是中国历史上较杰出的封建皇帝，对中国历史的前进起了一定的作用，这是主要的、应该肯定的方面。但是他还有消极的应该批判的方面。这些虽是次要的方面，但也是应该给以批判的。

第十六讲

封建社会的发展和衰落
时期——明朝

（公元 1368——1661 年）（二）

同志们：今天讲第十六讲，封建社会的发展和衰落时期的明朝。上次讲了明朝的社会经济形势，今天讲一讲明朝国内阶级关系、民族关系和国际关系方面的重大事件。主要围绕下面几个问题来讲：

（一）明朝农民战争的基本特点和城市人民的暴动；

（二）倭寇的构成、起源和它的性质；

（三）郑和七下西洋的伟大历史意义；

（四）"海贼"的性质及其对南洋各国的贡献；

（五）简单地谈一下明朝国内民族关系与国际关系的发展。

第一个问题着重分析明代农民与地主阶级的矛盾，同时也讲讲市民阶级同封建统治阶级的矛盾和斗争。在第二、三、四问题当中，也涉及城市的各个阶级、阶层与封建地主阶级之间的关系和斗争。在当时的社会经济上、生产关系上、剥削关系上存在着两种矛盾：一种是长时期处于衰落状态的封建经济本身的内部矛盾；一种是处于上升时期的城市经济与封建制度的矛盾。这是研究分析明朝社会历史的重要关键，掌握了这两种矛盾，对明朝的阶级矛盾、政派斗争以及"倭寇"、"海贼"等重大事件，就容易理解了。第五个问题是讲与明朝的政治、经济情况相适应的国内民族关系与国际关系的总的大概的情况。今天讲课的结构大体如此。

一、明朝农民战争的基本特点和城市人民的暴动

前面说过，这个问题主要是讲地主阶级与农民之间的矛盾，同时提一下城市人民暴动。

我们上次谈到了明朝的社会与过去有所不同，它有了一些新的经济成分，以及与这些新的经济成分相适应的阶级关系。明朝社会的敌对阶级，主要是地主与农民两大阶级；这个时期的市民阶级还不是资产阶级，而只是资产阶级的前身，但它是一个新兴的阶级，明朝以前的历史上是没有这个阶级的（这在后面还要专门地讲，这里只提一下）。同时明朝已经出现了资本主义生产方式的萌芽，（如果要像马克思讲的伊壁鸠鲁的神那样生存在古代世界隙缝中的东西，那么中国很早便有这种东西了。我们这里所讲的资本主义萌芽不是个别孤立的偶然现象，而是作为对社会生活能够产生相当影响的资本主义生产方式的萌芽的正式出现。）与资本主义萌芽同时出现的，还有以自由出卖自己劳动力为生的手工业雇佣工人，这也是新兴的社会阶层。马克思说过：自由出卖劳动力需要有两个条件：一个是政治条件，一个是经济条件。马克思讲的政治条件是什么呢？就是劳动者人身依附的解除，即地主不能再把农民束缚在土地上，农民要到哪里便到哪里，而不受封建主的干涉，这是政治上的条件；经济上的条件是劳动者一无所有。假使他还有一小块地、一小幢房子和一些小的生产工具，那他还不会去出卖劳动力。这就是马克思讲的两个方面。（这当然不是马克思的原话，我只是把他的意思讲讲，不知讲得是否正确。这个问题以后还要谈。）同时，明朝的农村里，也出现了带有资本主义性质的富农和经营地主，以及被富农、经营地主所雇佣的雇农。这种富农带有资本主义的性质，同时也带有浓厚的封建性。经营地主的封建性更多了，它基本上还是地主，只不过和完全的旧式地主不同，多少有一些新的东西。而这时的雇农则与过去完全依附于地主的农民不同了，但也不能说他们对于地主已完全自由，已享有完全的人身平等了；尽管在法律上对他们已经取消了人身束缚，在事实上仍然还有一定的依附性。虽然明朝社会出现了上述新的因素，但是农民与地主仍然是明代社

会的主要敌对阶级。在城市里，从唐朝便已发展起来的行会商业、手工业里面的老板与伙计、师傅和徒弟仍然是主要的对立阶级。这些情况规定了明朝社会的经济性质。我们不同意尚钺同志要把中国近代史的上限提早到明、清之际甚至于提早到明朝的理由就在这里。此外，明朝的城市中已出现了自由职业者群，有了一些不担任公职、不做官、自由选择职业的知识分子。这种知识分子在唐朝的城市里已经个别出现。譬如杜甫便是这种人，他因为没有考取功名，想在朝廷找个官做，在城市里住了好多年的旅馆，在那里吟诗作赋。宋朝时城市里这种知识分子较前多了一些，明朝便更多了。

我们说明朝社会的主要矛盾依然是地主与农民两个阶级之间的矛盾，这个主要矛盾并表现为被统治的各个阶级、阶层同封建统治阶级之间的矛盾，特别是同封建地主阶级（以大地主统治集团为中心）的矛盾。明朝的大地主统治集团，主要是由阉党、邪派和藩王、权贵所组成，他们本身既是大地主，又是大地主阶级在政治上的代理人。因此，人民群众与他们之间的矛盾斗争便形成为当时斗争的中心。所有在朝在野的反对派，全国的各个城市和农村的人民群众，都一致反对在朝的阉党和邪派。这种矛盾越发展到后来越剧烈、越尖锐，所有的阶级矛盾都围绕着这一中心。市民阶级（有的书叫作士民阶级，当时城市里的士人是代表市民阶级讲话的）与封建统治阶级间的矛盾，也是越来越剧烈、越尖锐，以至达到暴动或者武装起义的程度。特别在明朝后期，城市人民暴动与农民起义、农民战争此起彼伏，接连不断，这些矛盾反映到明朝政府统治集团内部，便形成了起伏不断的政潮和党争。

那么，除此以外的其他各阶级、阶层相互之间有没有矛盾呢？矛盾是有的，彼此之间都有些矛盾。在当时的市民阶级中，自由商人与独立手工业者之间存在着矛盾，在萌芽状态的资本主义生产方式内部就存在着矛盾；但是，这些矛盾只是处于从属地位，而不占主导地位。

以上所讲的便是明朝阶级关系的大概情况。

下面我们谈谈农民起义与农民战争的基本特点。

现在有些同志费了很多时间来争论什么叫农民起义，什么叫农民战争，我在这里顺便谈谈自己的意见。依我看，这个争论没有多大意义，不必为它花费过多的时间，当前学术界还有很多更重要的问题需要争论。毛主席讲的农民战争，是指经过起义，群众拿起了武器，而发展、形成为反对地主的武装斗争，不经过起义是不可能从天上掉下农民战争来的，这是一方面；另一方面，历史上很多起义，是群众拿起了武器，或群众已经聚集起来，但没有发展下去，没有形成战争。因此历史上哪一次叫起义，哪一次叫战争，这需要根据具体情况，进行具体分析，看它是否形成了两个对立阶级的战争。

经过元朝的大破坏之后，明朝前期（从明太祖洪武年间到宣宗宣德年间）全国有很多奴隶得到了解放，人民得到了土地，加之明朝朝廷实行了一系列的改良政策，使人民得到能够安居乐业的比较安定的环境。当时明朝政府同人民两方面都需要休养生息，因而阶级矛盾比较缓和。但是这并不等于说当时矛盾已经不存在了，不会再爆发战争了。矛盾和战争还是有的，因为这时的封建制度已经发展到衰落时期了。当时在个别地方，比如山东蒲台县便有林三之妻唐赛儿为首的起义。唐赛儿很能干，她领导的起义不仅有组织，而且用了很多方法进行斗争，最后失败了。这个人也不知道到哪里去了，明朝官府用了很多方法也没捉住她。为什么捉不住她呢？因为她与群众有密切的联系，群众掩护了她。群众不拥护的人，哪怕你有三头六臂也是跑不掉的。解放后，反革命分子任凭在农村里躲藏得多么巧妙，归根结底还是跑不掉。南方有些反革命分子拼命地想逃往缅甸，但是跑不出去，他们同群众的仇恨太深了，在很多地方都被群众逮住了。为什么在明朝前期山东蒲台县会爆发起义呢？具体分析起来大概是由于山东胶东半岛一带受倭寇的烧、杀、掠比较严重，加之又遇到严重的灾荒而造成的。据记载，在起义失败后，明成祖曾责备官吏们说：人民受了灾，你们坐视不理，既不救济，又不报灾。从这个材料看来，这次起义大约是由于上述原因造成的。

这是明朝前期的情况。

明朝后期（明英宗正统年间以后），情况便不同了，农民起义的次数多起来，规模也一次比一次大，不光在汉族地区、在内地，而且在兄弟民族地区、在边疆也都爆发了起义。譬如，明英宗第一次做皇帝的时候，广西有和尚杨行祥的起义；有浙江人叶宗留为首的起义。叶宗留不理明朝政府的禁令，到福建的宝丰、福安去开银矿，受到明朝政府的压迫，便带领矿工起义。这一起义还形成为相当长时期的战争，并与福建沙县贫农邓茂七为首的农民起义联合起来，共同反对明朝封建朝廷，反对封建统治。在这以后，也还不断地发生起义。明宪宗时，湖北荆州、襄阳一带有刘通、石龙为首的流民起义；四川有赵铎为首的起义。明孝宗为了稳定封建秩序而实行了一些改良政策，但即使在他统治期间也同样有起义发生，有苗族、壮族、黎族人民的起义，较著名的有贵州普安苗族妇女米鲁为首的苗族人民起义。这里要稍带提一句：在中国历史上的农民起义领袖里面，妇女并不罕见，可以说中国妇女在历史上是很出色的，反映在小说、戏曲里面，也经常出现一些女将军。

现在接着讲农民起义。到了明武宗时，起义的次数更多了，规模也更大了。最大的有河北刘六、刘七、齐彦名，赵镢等人为首的起义，他们在河北、山西、河南、山东、湖北、江苏、安徽打来打去，规模很大。此外，两湖有杨清为首的起义；四川有鄢本恕为首的起义；江西有王钰五为首的起义，规模都相当大。明世宗时，南京发生过兵变，浙江、江西、湖南有矿民（矿工）起义。这些起义最后汇合为以李自成、张献忠为首的全国范围的农民大起义。在此以前，还有山西以毕矿为首的矿工起义。虽然明朝的社会矛盾主要是地主阶级与农民的矛盾，农民起义是主要的斗争形式，但这种矿工起义也与农民暴动有关，因而在这里谈一下。

明朝的农民起义与农民战争有一个基本特点，这就是为首倡议的和参加起义的群众包括了比较广泛的阶级成分，包括了被统治、被压迫的各个阶级、阶层的人民，这是与以往的起义不同的。譬如上面讲到的河北刘六、刘七兄弟和赵镢的起义，赵镢是个秀才，过去说秀才造反，那时秀才真的造了反。李自成起义军中的李岩、牛金星、宋献策等人都是知识分子，而且是大知识分子。牛金星是被革掉官职的举人，据说李岩也是举人，他的父亲当时还在明朝朝廷做官。参加起义的还有商人、手工业工人等各方面的人，李自成的大将军刘宗敏原来就是个铁匠。甚至有矿工（即所谓的矿夫，开矿的手工业者）为主体的起义和战争，也是前代所没有的。

再一个特点是，明朝的农民起义继承了历史上农民起义与农民战争的传统，举起了较鲜明的旗帜，提出了更加明确的口号和要求。当然这种鲜明性还不到自觉的程度，还是自发性的，和近代的自觉的无产阶级革命不能相提并论。譬如福建的农民领袖邓茂七，号称"铲平王"，他要把世界上的贫富铲平，反对地主阶级占有土地，占有生产资料。这虽带有平均主义的色彩，但却表现了农民阶级的要求。四川鄢本恕称"刮地王"，也是从农民对土地的要求出发的，要把地主的土地刮平。四川廖惠称"扫地王"，也同刮地的意思一样，要求扫平。虽然宋朝的农民起义已经提出了"均田"、"均贫富"的口号，但在明朝却更为普遍，特别是李自成提出了"均田"、免税、平买、平卖的新口号。平买、平卖的口号，反映了市民阶级、自由商人与小商品生产者的要求，也反映了农民的要求。这些口号集中了农民几千年来的斗争目标，也表现了他们在新的社会形势、新的阶级产生的情况下，有了进一步的阶级要求。河南老百姓在欢迎李自成时，提出了"不当差，不纳粮"更为鲜明的口号和要求。"不当差"是反对封建赋役，"不纳粮"是农民要求自种自收、不交地租；在农民战争中提出了这样的口号，是具有较高水平的。同时他们还提出："近来贫汉难存活，早早开门迎闯王"的口号，表现了农民切盼起义的心情和阶级觉悟。

当时农民最主要的打击对象是阉党、邪派和藩王等大地主集团，因为明朝政权全部掌握在他们手里，以他们为中心的统治集团占有大量的土地财产，他们每一个人连同他们的家人兄弟、叔侄都占有大量的土地财产，他们横行霸道，任意强占贫民的土地、财产，因而农民暴动主要是反对他们。清朝入关以后，实行改良政策，把这些土地给予原来的佃户，归他们所有，从而缓和了阶级矛盾，对封建制度起了很大的稳定作用。

总的说来，明朝的农民起义是反对封建地主阶级的压迫、剥削，但是他们集中地打击了大地主统治集团。上面所讲农民起义的要求、口号，都清楚地说明了这一点。又如李自成在西安时，把很多明朝的大官僚、大地主捉来拷打，要他们把财产交出来，之后又把他们杀了，把死尸成堆地埋掉。李自成进北京后，用同样的办法对付藩王。很多地方群众也把他们痛恨的藩王杀掉了。河南有个藩王叫福王，李自成把他处死后，群众把他的血搀在酒里喝，叫作吃"福禄酒"，可见人民对他仇恨到了什么程度！当时，明朝政府看到与刘六、刘七一起起义的赵鐩（赵疯子）是个秀才，便派人去收买他，答应给他官做，叫他不参加起义。赵鐩却说：问题不在这里，现在朝政都是坏人把持，政治搞得黑暗不堪，如果皇帝能把这些人杀了，那么我也不要做官，情愿砍掉我的脑袋，以谢天下。可见这些统治阶级里面当权的宦官阉党、藩王贵族是农民起义的主要打击对象。

以往的农民起义也建立了政权，但是没有像李自成、张献忠所建立的政权组织这样完备。这是明代农民起义的又一特点。李自成称"大顺国"，张献忠的国号称"大西"，他们有个相同的地方，是张献忠的年号也叫"大顺"。虽然他们建立的是两个政权，但是起义农民军的各部能够彼此联合，相互呼应。我们曾讲过，前汉末期的赤眉、绿林、平林、新市等起义军自相残杀，而明朝的农民起义军各部却能联合作战，不仅农民军能联合作战，而且矿民起义的武装也能够同农民起义的武装联合作战。这也是明朝农民起义的特点。

　　同时，明朝的农民起义有了一些比较朴素的民主政治形式的萌芽。过去的农民起义，在这方面已经有所表现，但没有像明朝那样真正形成了民主的政治形式。譬如李自成决定大计的时候，总是要召集干部开会讨论。他们在湖北襄阳决定战略方针时，就是召集大家开会讨论的。当时有些人主张先进南京，切断明朝的后方接济；有些人主张直取明朝政府所在地的北京，认为明朝政府已经摇摇欲坠，趁此直取北京，便于摧枯拉朽，不愁它不灭亡。另外有些人说，这些主张都不对，取下南京，我们自己仍在东南地区，恰好使明朝政府有可能重新组织力量进攻我们，这是错误的；直接打北京又太冒险，假若战争一旦失败，便没有退路了。最好的办法是先取陕西，建立根据地，然后攻取山西，再打北京，这样进可以战，退可以守，万无一失。陕西是李自成的故乡，又是农民战争的发源地，李自成赞成这种意见，便采取了这一方针。另外，他们从陕西起义后，从山西过黄河到了河南，各部首领集合在河南荥阳开了会，大家研究如何分工负责，如何相互配合等等，这都是以往的农民战争所没有的民主政治的形式，是在明代农民战争里面产生的新东西。

　　这次农民战争的规模空前巨大。黄巢起义打来打去，转战南北，黄巾也打了很多地方，但他们的武装力量与活动地区都赶不上明朝的农民战争。同时，过去的农民战争虽然也有组织纪律，但也不像李自成的军队那样，把组织纪律条文化了。这些，都标志着明末的全国范围的农民起义，达到了以往农民战争所未有的水平。

　　明朝农民起义打击的锋芒主要是地主阶级，尤其是代表大地主阶级的明廷统治集团。但他们坚决不同意和明争天下的清军合作，这是继承和发扬了过去农民斗争的优良传统。当时清军不断派人劝说他们合作反明，说推翻明朝以后谁做皇帝再商量，但李自成坚持不同清军合作，而且当他们看到民族矛盾一天天严重时，还不断地向明朝政府提出合作反清。这说明他们不仅是被统治、被压迫阶级的阶级利益的维护者，而且也是民族利益的保卫者。我们从他们这些行动及其全部斗争历史，可以清楚地看出他们所进行的阶级斗争与民族斗争的内在联系。

明朝政府对他们所采取的战略方针，也比前代统治者更为厉害。首先是杨嗣昌提出的所谓"四正六隅"的方针，即在河南周围四个地方驻防重兵，除这四个重点外，再从六个方面进行围剿。企图用四面包围的办法，把他们消灭在河南境内。这个计划被打破后，明朝政府又采用了孙传庭提出的"防、护、遏、塞"的方针。"防"就是不让农民起义军通过，"护"就是保护自己的要害地方，坚决不让起义军进来，"遏"、"塞"就是阻止、围困农民军，然后逐步把它消灭。

上面我们讲的是明代农民起义的一些基本特点。当然它们的特点还有，这里谈的只是主要特点。

下面讲讲都市民变与它的性质。

都市民变，是以往历史上所没有的新东西。金朝末期，在湖南曾经发生过人民罢市，但像明朝这样的城市人民暴动，是历史上从来没有的。都市民变与矿工起义的性质类似或者相同。矿工为主体的起义，对封建主阶级进行的斗争，上次我们已经讲过，这里不再重复。

明朝后期，特别是末期，都市民变几乎遍及全国，从运河流域一直到长江流域，湖南宝庆等地，以至江西、福建、广东等较大的或中等城市，都发生了民变。当时的政论家曾说：明末"矿、税两监遍天下（即太监做税监、矿监的遍于天下），所至肆虐（到处为非作歹），民不聊生，随地激变（各地都激起人民暴动）。"譬如陈奉在两湖时，武汉成千上万的人民起来反对他，要打死他，他躲起来了，群众便将他手下的人投到长江里去，他逃到巡抚衙门，巡抚保护他，老百姓便把巡抚衙门烧掉了。马堂在河北、运河流域、天津、东北、辽东，高淮在辽东，杨荣在云南，李凤在广东，潘相在江西，孙隆在江苏、浙江，高寀在福建等地都激起了民变。江西煤矿也发生了请愿运动。当时的政论家认为，是由于太监征税无法无天而激起民变的。其实，基本问题是新兴的市民阶级的兴起，同明朝封建朝廷对新兴市民阶级经济的严重的压迫与束缚这一基本矛盾造成的；太监的无法无天，则是火上加油，助长了这一矛盾。明朝穆宗到神宗时代，都市民变与矿山矿民的起义或战争，主要是反对苛捐杂税。当时桥梁、道路，处处都设有关卡，样样东西都要抽税，北京各个城门都有太监把守，不问男女老幼出来进去都要搜身。成宗时市民阶级的力量更增大了，他们更感到政府的规定不合理，而政府仍然是倒行逆施，太监遍地横行。所谓"层关叠征"，即在同一地方都要反复收税。从芜湖到南京，相距仅几百里，要征几次税，从临清到扬州的运河一段航路上，也设了好多关卡，每个关卡都要抽税，短短的一段路，要走好多天，这里抽了税，那里还要抽税；当然大地主、大商人、官僚是三位一体的，他们享有特权而不受约束。所谓"拦江把截"，"中官（太监）遍天下"，就是说所有的税关都把持在太监手里。他们或者征收关税，征收对外贸易、内河船舶来往等方面的税；或者管市里的营业税、盐业税；或者经管矿税。对小商品生产者，特别是对没有势力的小商人、市民任意掠夺，甚至把老百姓所带的东西全都没收，把行李也当作商品抽税。他们挖空心思，巧立名目，列出各种各样的税目，甚至在穷乡僻壤卖米、卖盐、卖鸡、卖猪、卖柴也无不抽税（这些东西，在朱元璋时代都是免税的）。所以，老百姓，特别是市民阶级生活非常困苦。

由于明朝政府对市民阶级、自由商人、小商品生产者的剥削这样严重和倒行逆施，而特别是市民阶级这个新兴阶级有它自己特殊的要求，是历史上未曾有过的新问题，他们的发展跟封建统治的矛盾很突出，所以在全国范围内的大、中城市以至一些小的城市、矿山，都激起了民变。根据资料记载，参加这些都市民变的，包括了当时都市里面被统治的各阶级、阶层的人民。譬如，有手工业工人、城市贫民、中小自由商人、手工业主、矿工、矿商，并有进步的知识分子和下级职员等等，而其中以市民（士民）阶级为主体和起主导作用。

明末，东南的反清斗争也和过去不同了。过去只有朝廷的官吏和军队守城，农民主要是在农村里进行带游击性的反抗活动。明末却不同，当时在东南沿江、沿海生产较先进的城市，如扬州、江阴、嘉定、无锡等地，斗争的主力都是城市市民，还包括了手工业者、商人，以及反映他们的要求与利益的知识分子。当时并不是这些城市人民跑到农村去参加斗争，而是农村里的农民武装起来，跑到城市里来参加市民的组织，和他们一同守城。差不多每一个城市都是如此。

下面再讲讲明末的党争。东林党（东林党是从苏南无锡的东林书院而得名，后来改称复社。东林党有在朝的，也有在野的，主要由知识分子组成）与阉党、邪派进行了斗争。他们在朝廷内的斗争与都市里的民变是有直接关系的，而且很多都市民变的组织者是东林党分子。同时，很多东林党人是市民阶级的知识分子出身。如东林党的首领顾宪成便是市民子弟，其他的东林党分子有的出身于市民阶级家庭，有的本人与城市工商业有利害关系，如李三才便是这样的人。但能不能从这里推断说东林党是个资产阶级民主主义的政党呢？不能。东林党带有新的进步的因素，但基本上还是封建制度末期带有很多封建性的组织。有些同志在报纸上发表的文章中，把东林党估计成资产阶级的政党，这是把它估计得过高了。

上面我们所讲的明朝的阶级斗争，在农民起义和城市市民暴动这两个方面，都表现得很复杂、剧烈，声势之大为前代所未有。但除叶宗留为首的以矿工（矿民）为主体的斗争与农民战争有直接关系外，其他的都市民变与农民战争并没有联系，相互之间也没有有组织的配合，这也正表现了他们的落后性和分散性。

当时的矛盾和斗争很复杂、很严重，反映到统治集团内部，便形成了明朝政府里面阉党、邪派同反对派的相互斗争，此起彼伏；同是阉党、邪派，也有斗争，这部分人上台，那部分人垮台，"取而代之"，换汤不换药，表现了他们对当前严重的阶级矛盾束手无策，这是一方面；另一方面，那些为阉党、太监服务的专走阉党、太监门路的官僚们争权夺利，趋炎附势，彼此之间形成很多小派别（我在《简明中国通史》中写了一点）。譬如沈一贯为首的浙党，亓诗教、韩浚等的齐党，官应震、吴亮嗣等的楚党，汤宾尹等为首的宣党（安徽宣城），顾天竣为首的昆党（江苏昆山）等等。他们虽然分党相争，互相排挤，但在攻击与反对东林党这一点上，则又是彼此一致的。这些派别都是反动的，它基本上是同一地方的官僚在同乡基础上组织起来的，本身便是地方性、封建性的组织。

二、倭寇的构成、起源和它的性质

首先谈谈倭寇的起源，谈谈它是怎么来的，怎样扩大的，及其构成成分。有的人常常把这个问题看得简单化了，把倭寇一概看作是日本人对明朝的侵略。其实，这里还有很多可以分析的问题。

倭寇在明朝前期，从朱元璋在位的时候便有了，不过当时的危害性不大，它的构成成分与后来的也不同。当时主要是由日本的浪人与一部分封建诸侯的武士，加上一部分走私商人组织起来的。当时，一方面由于中国内部比较安定，沿海都设立了卫所，有民兵防守，防务比较严密，倭寇不可能窜入中国内地。但到明朝后期，朝政败坏，防务空虚，形势便有了很大的改变；另一方面，由于明朝前期朝廷对外采取了友好通商的政策，日本与中国有长期通商的历史，关系比较密切，他们对中国的东西非常需要，特别是需要中国的绸缎、丝、棉等。明朝前期，他们能够通过和平方式达到要求，所以，倭寇虽然有时也来抢掠，但只是在海边上突然袭击一下便走了，规模也比较小，对中国沿海人民所造成的灾难不是很大，为害还不甚烈。

但是，与明朝经济、政治发展情况相适应的是，正统以后，特别是英宗复辟以后，明朝对于倭寇的防范松弛了，卫所、民兵有名无实，有些卫所为了自己的私利，私通倭寇。特别重要的是，明朝后期在对外贸易上采取了保守政策。本来按照明朝经济发展与市民阶级成长的客观形势，更要求对外贸易进一步发展，而且这时海外对中国产品的需要也更为增强了。但明朝后期反而实行了更加保守的政策。譬如，规定日本十年一贡，每次只能来二百人，这是不能满足日本人的要求的。明朝前期，日本人除规定的贡赐之外，实际上经常往来，特别是经常到中国沿海进行贸易。而明朝后期，日本的经济形势也与前期不同了，町人阶级已经开始形成（日本的町人阶级与我国自由商人类似），他们对中国通商的要求更为迫切。日本的藩阀（封建诸侯）肠胃的消化力也提高了，他们对中国产品的要求也更为强烈。因而倭寇便形成为由浪人、武士加上中古商人、町人组成的有海盗行为的集团。日本的藩阀对倭寇表面上不管不问，实际上予以支持，给他们作后台。明朝有见识的人对这问题的本质说得很清楚："寇与商同是人，市通则寇转为商，市禁则商转为寇。……禁愈严而寇愈盛。"这是问题的一方面。如果只有这一方面，倭寇的问题还不会发展得那么严重。另一方面，更重要的，由于明朝对国内市民阶级的压迫，特别是对国内市民阶级在对外贸易方面的压榨和限制。当倭寇向沿海扩大侵掠以后，明朝政府下令把沿海海口全部封锁起来，只留下广东一个口子，这样，明廷的政策便与市民阶级的利益发生了严重的矛盾，迫使国内从事对外贸易的商人实行武装走私（船上有武装），在海上遇到明朝军队，便实行武力反抗。更促起靠对外贸易过活的沿海的流氓（明朝的流氓很多，他们从城市、农村里被排挤出来，没有职业，到处流浪，为数相当大。）以及沿海的文武官僚、大商人等为倭寇作掩护，同倭寇通买卖；特别是当流氓与商人合流而产生的沿海岛屿上依靠走私过活的"海贼"，如海中巨盗陈东、汪直、毛海蜂、徐海、麻叶等，与倭寇联合起来之后，问题就严重、复杂了。因为这些人是中国人，他们对中国沿海的民情、风俗、地理情况、山川形势非常熟悉，倭寇和他们勾结起来，在我国沿海便可任意纵横，出入自如，使明廷无法应付。明朝书上说："真倭不过十之三"，十之七是"海贼"。可见沿海的这种商人、流氓的数量很大。因此，对倭寇的问题不仅与对外走私集团的问题有关，而且还与国内的阶级矛盾复杂交错，华商暗自与倭寇交通。明朝后期对倭寇之所以无法处置，问题就在这里。所以说，倭寇的成分在明朝前期与后期是有变化的，前期只是或者主要是由日本浪人、武士、中古式商人为主体构成的海盗集团；而在明英宗复辟以后，由于日本的藩阀与町人阶级的参加，所以从日本方面来讲，倭寇对中国的行动便带有侵略性，它对于中国沿海的人民危害很大，造成很大灾难。但是，这种倭寇集团又是漂泊不定的，表面上不为日本的藩阀所承认，带有海盗性武装商队的性质，像欧洲资本主义前夜封建制度末期的海盗性的武装商队一样。另外，从中国方面来说，以流氓集团"海贼"为主体，也有对外贸易商人参加，与倭寇勾结合伙武装走私，这又带有反对明朝朝廷封锁政策的性质。但他们与倭寇合伙对沿海沿江肆行烧、杀、抄、掠，却是反动的。

　　总的讲来，倭寇是反动的。他们对沿海、沿江肆无忌惮地烧、杀、抢、掠，使沿海、沿江人民受到很大的损失，激起了人民普遍的反对。当时反对倭寇的不仅是沿海、沿江的汉族人民，而且还有其他各族人民，广西的壮族、瑶族，湖南的土家族都曾出过兵，叫作"狼土兵"，在打倭寇中立过功。所以说，从总的情况及其所造成的后果来看，倭寇是反动的，并且，在日本方面是带有一定成分的侵略性的；后期的明朝朝廷对于国内的剥削、压迫，和对外贸易的保守政策，对倭寇为祸的扩大也起了助长作用。如果我们把倭寇问题简单地说成是日本侵略中国的问题，便不符合事实了。难道日本那么几个浪人，便把中国搞得没有办法了吗？那样解释日本也不会服气的，具体情况还必须具体分析。

　　那么，对以后的日本宰相丰臣秀吉（明朝的历史记载上称他为平秀吉）侵略朝鲜应该怎样看待呢？当时明朝的主和派主张招抚他，封他为王。明朝册封他的一个铜牌文现在还存放在日本博物馆，大意是："尔平秀吉崛起海邦，知尊中国，北叩万里之城恳求内附，西驰一介之使仰慕来同，兹封尔为日本国王，赐之诰命。"但他并没有接受这次册封。丰臣秀吉的行动是基于日本对外开发商路的要求，其基本性质是町人阶级要求的日本封建朝廷对中国和朝鲜两国的侵略，目的是先侵略朝鲜，而后由朝鲜直抵北京，占领中国。因此，中国与朝鲜联合起来反对丰臣秀吉为首的日本侵略战争并彻底把它打垮，是正义的，进步的。当时明朝朝廷内部对待这一问题的态度，分为主战、主和两派。主战派的首领，是山东益都人邢玠（关于这一问题，光从《明史》的材料上很难看出，山东益都县志《邢玠传》却有记载），他领兵到了朝鲜，把日本的主要武装——水军、陆军都彻底打垮了。现在在山东文物管理委员会，还保存着朝鲜文武官员送他回国时写在绸子上的许多诗句。这是宝贵的原始资料。它表明了朝鲜朝廷和人民群众感谢明军、拥护邢玠的心情，对邢玠回国是那样热烈的欢送，说明这次明廷在朝鲜的人民支持下进行的反对日本侵略的战争很得人心，是正义的战争。而日本进攻朝鲜，是对朝鲜的侵略，是非正义的战争。同时也表明了中朝的联合。假若当时中国不去支援朝鲜，朝鲜人民就要吃苦头；中国出兵，保证了朝鲜人民的生命财产和安居乐业的和平生活。这次战争的正义性也就在这里。

三、郑和七下西洋的伟大历史意义

　　郑和是历史上的伟大人物。他之所以下西洋，正如我们上次讲过的，明初政策上有重商主义的倾向，明成祖派人组织了那么庞大的舰队下西洋，便是这一政策的继续，或者说是这一政策继续的一个方面。此外还有其他方面。在郑和下西洋以前，明成祖曾派过马彬下西洋。

　　郑和下西洋，正使是郑和，回人，副使是汉人王景弘，一起去的还有许多有技术知识、有学问的人，他们在航行中作了许多对人类的发展很有意义的工作。他们每到一个地方，对航行的情况都有精密切实的记录，把航行中遇到的每一处暗礁、浅滩，每一处港湾、停泊处等记载得清清楚楚，还画了一个有名的"郑和航海地图"。郑和为了传授在航海中使用罗盘的技术，还著有《铖位编》（因为我国很早就发明了罗盘，而欧洲直到那时还不会使用它）。同时他们对海上的风向、气候、潮汐涨落的时间等种种海上自然现象的变化都有记载。虽然不能说他们已自觉地掌握了航海方面的自然规律，但是事实说明，他们正在逐步积累并运用有关的材料，在实践中去摸索这些规律。此外，与郑和同去的马欢著有《瀛涯胜览》、费信著有《星槎胜览》、巩珍著有《西洋番国志》，这几本书现在都还保存着。应该承认：他们作了史无前例的贡献，在历史上留下了不可磨灭的功绩。

郑和下西洋，在人类历史上第一次开辟了从中国到非洲的航道，也为由中国到欧洲航道的开辟打下了基础。为什么这样说呢？因为以郑和为首的中国探险队，把由中国到非洲的一段艰险历程走过去了，而由红海再到地中海的航道，已是风平浪静，没什么大问题了，因此我们说，郑和下西洋，为开辟由中国到欧洲的航道打下了基础。他的航行比哥伦布还要早八十多年。他所到的地方有中亚细亚的麦加、非洲的东海岸等地，所到的国家共达三十多个。以郑和为首的海上探险队，和所到的地方的人民都建立了友好的关系；所到的国家都同中国建立了经济、文化的密切联系，纷纷遣使来中国，建立邦交，进行贸易。郑和每到一地都尊重当地的风俗习惯，他到处受到群众的欢迎。至今很多地方还保留了他的纪念物，如在锡兰（今斯里兰卡）还有他留下的碑；印度尼西亚的三宝垄，有郑和三保公庙，泰国也有三保庙和三宝塔，这都是当地老百姓为纪念他而建立的。

郑和下西洋以后，由中国巨大的海船所组成的商队，长期支配了西太平洋、印度洋航线。当时往返西太平洋、印度洋航线的商人主要用中国船，这是郑和等人打下的基础。同时郑和把我国当时深受各国欢迎的最先进的产品，如瓷器、丝绸、布匹、钢、铁、铜等等金属工具、用品和铜钱，大量输送到他所到达的国家，又从各国带回中国所需要的东西（主要是适合宫廷需要的物品）。郑和下西洋的意义是伟大的。远在此后的葡萄牙、西班牙等国商人的东来和东西洋交通的建立，是在明朝的远洋探险队所开辟的道路上进行的，而明朝的远洋探险队又是在许多世纪以来的中国前人的足迹上前进的。通过郑和下西洋，也可以看出：当时中国的航海技术和造船技术的水平都是很高的，在世界上是最先进的。

从郑和下西洋以后，明朝开辟了对外贸易的通路，促进了对外贸易的发展。但到了明朝后期，朝廷却把海口封锁起来，因而出现了海上的武装商船队。像林凤（即李马奔）这样的武装商队是具有进步性的，它是作为明朝后期对外贸易封锁政策的反对物而产生的，也是在中国市民阶级成长与对外贸易发展的基础上产生出来的。所以尽管当时明朝政府一再派兵去打他们，而他们却得到沿海商人的支持；他们从越南、泰国、马来亚运回来的东西，马上便被沿海商人买去，并得到沿海商人的合作，把国内的产品运出去，这是一方面。另一方面，当荷兰侵略者到了印度尼西亚，西班牙侵略者到了菲律宾时，这些武装商队又与侵略军进行了严重的斗争。原来在吕宋市场上作买卖的主要是华侨，以林凤为首的武装商队，帮助当地人民进行的反侵略斗争，不仅符合于当时在菲律宾的华侨、华商的利益，也符合于菲律宾民族的利益；这个武装商队充当了当时中国与南洋各国经济、文化交流的媒介，对南洋各国有很大的贡献。明以前和明朝，到南洋去的华侨很多，这些华侨主要是劳动人民，他们与当地人民一起发展了生产，创造了文化。而当欧洲资本主义海盗侵略南洋时，他们又站在反对欧洲海盗的最前线，即站在反对欧洲资本主义侵略的最前线，与当地人民一起，保卫了人民的利益和民族的利益。关于这一问题，以后在讲清朝时还要详细讲的。

以上是把第三第四两个问题合在一起讲了。

四、明朝国内的民族关系与国际关系的发展

首先讲国内民族关系的发展。

明朝由于内地的经济空前发展，尤其是都市手工业与商业的发展、市民阶级的形成与发展，更密切了边疆各民族与内地不可分割的联系。譬如，当时明朝封了一个蒙古贵族脱脱为忠顺王驻在哈密，朝廷把政权交给了他，并在哈密周围建立了卫所，驻扎军队，还派了几个人帮他管理政治，要他做两件事：代

表明朝统领全疆和掌管通中亚和欧洲的丝道的枢纽。而高昌的大封建主速檀阿力却再三请求明朝政府把这个任务交给他，对明朝政府讲脱脱家族的坏话，并为争取这个任务与脱脱家族进行了长期的争夺。这说明，新疆与内地的经济联系很密切，也说明商道的利益很大，所以才引起了各部大贵族或大封建主集团的争夺。蒙、藏地区还要求增多来贡的次数，譬如明朝只准许西藏一年进贡一次，一次不要超过四百多人，可是后来他们各地、各个庙宇都来进贡，一次就来四千多人。他们每次从西藏来时，还以拉卜楞寺作为转运站，进贡的东西从那里运往北京，再把从内地运回的东西放在那里慢慢往回运。他们还要求增设"互市"，多开一些彼此交往的商场，这表现了彼此的关系比以往更密切了。蒙族也是如此，他们有时能够通过和平贡赐或"互市"满足要求，有时明朝把边地封锁起来，他们就派兵来抢。明朝政府里面的一些保守派，常常用封锁手段去制裁和控制少数民族，要他们服从明朝的约束。这种保守政策有时也见效。如对高昌的速檀阿力家族便发生了一些效果。速檀阿力由于明朝的封锁，遭到了新疆各部族、部落一致的批评和责难，说他不该得罪中央朝廷，以致搞得大家这样困难；从中亚细亚经过新疆到中国内地作生意的商人也埋怨他。他自己也由于商道被切断而丧失了收入，财政开支发生了困难，老百姓的生产资料、生活资料没有办法解决，因此只好派人到明朝朝廷请罪，情愿把原来抢劫脱脱家族的金银送给明廷，并从哈密退回原来驻地，今后永为明廷的藩属，请求恢复贡赐"互市"的来往。这正是边疆少数民族和内地经济联系具有广大群众性基础和不可分割的具体反映。但应该说明，明朝政府的这种封锁政策是反动的。

在反元斗争的八十九年中，内地各族人民不断地到边疆去，和当地各族人民共同生产、共同斗争，促进了各民族之间的相互接近，也增进了边疆地区民族杂居的程度。现在云南边境很多从内地去的人，都是明朝或元末迁去的。湖南原来除了长沙、衡州、永州、岳州等县外，其他都是少数民族地区，那里绝大部分人也是元末明初从江西迁去的。明朝前期对各少数民族虽然号称"一视同仁"，但其政策内容仍有民族歧视和强制同化的成分。不过，即使如此，当时标榜"一视同仁"的"抚绥"方针，也还是有其积极意义的，这对民族关系的发展也起了促进的作用。但是到了明朝后期，内政腐败，加之又严格地限制边疆少数民族的进贡人数、次数，限制"互市"，如对蒙古、西藏、新疆等地便是这样。并且动辄用封锁、限制、停止互市等手段去挟制他们。这些政策之所以是反动的，因为，少数民族与内地在经济上有不可分割的联系，是长期历史发展过程中形成的，特别是在明朝经济发展的基础上，更要求加强这种联系，以促使双方关系更加密切。明廷用强制办法割断这种联系，则是违反历史发展趋势的倒行逆施。各民族之间的接近，也是在历史发展过程中形成的。在明廷经济发展的基础上，民族之间更加接近是对的，阻止这种接近是违反历史发展趋势的。因此说，明朝后期所实行的政策是反动的，它使边疆民族与明朝朝廷的关系更加紧张。如也先打到北京时，英宗亲征到了河北宣化，在土木堡被俘虏了，这就是民族关系紧张的一个例子。又如新疆的速檀阿力不断地派人来明朝朝廷讲好话，但明廷还是要实行这一反动政策，也使关系搞得比较紧张。明朝所实行的这种反动政策，违反了各民族的利益，是明朝后期阉党、邪派的又一重大罪责。

下面讲一讲明朝国际关系的发展。

明朝国际关系的发展，有它一定的条件，最主要的条件是：

1. 它继承了唐、两宋、元长期以来国际关系的传统，在这个问题上，远一点可以上溯到秦、汉。

2. 明朝当时与各国的往来，是以先进的生产和先进的文化技术为基础的，表现在对外贸易上，是产品的品种丰富、式样多、技术比较先进，特别是绸、缎、绢、帛、棉布、瓷器、铁（包括钢的总称，主要是钢）等金属工具和用具，都是当时南洋各国所必需的。同时，南洋各国也需要把他们的土特产品卖给中国，如象牙、琥珀、珊瑚、玛瑙、香料、胡椒等等，也有些金属品。另外，当时中国还把先进的文化技术传授给各国。

3. 长期以来，陆续不断地有华侨到南洋各地。华侨去南洋，从隋、唐之际开始，宋朝时也去了不少，而元朝时则去得更多。这些华侨与当地人民建立了亲密的关系。

4. 在历史上，特别是在明朝前期，中国的商人、华侨与南洋各地人民的贸易往来很频繁。这就是说，在历史上中国与外国已经建立了频繁不断的联系。

5. 特别重要的是，在郑和七下西洋所开辟的亚、非航线的基础上，中国的远航商队逐步成长起来了。明朝后期实行封锁政策以后，出现了被统治阶级称为"海贼"的海上武装商队。

明朝时，在爪哇、古里、斯鲁马益、加里曼丹、苏门答腊、旧港、菲律宾、马来亚、竹步等等地方，都住有成千成万户的华侨，由于他们是远去外国，因而大都是聚居。

上面我们已经讲过，在南洋很多地方，郑和都立了碑。在印度的古里、柯枝等地也立了碑，碑上写着"去中国十万余里（即印度离中国有十万余里），民物咸若（当地的人民与物产也与中国差不了多少），熙皞同风（当地的风俗也与中国差不了多少），刻石于兹，永乐万世"（郑和是永乐年间去到当地的，所以写永乐万世）。明朝时中外贸易频繁，中国的大海船经常停泊和出入中外通商的海口，并常常有外来船舶停泊在我国各个海口上。即使到武宗（正德皇帝）时代，倭寇已经活动得很厉害，中国沿海已封锁起来时，仍旧是"番舶不绝于海澨（即是说，经常有外国船停泊在中国海口上），蛮人杂遝于州城（即内地各城市都住有外国商人）。"当时中国的生产是世界最先进的，到外国去作买卖的商人也很多。南洋各地都需要中国的东西，他们甚至怕华商归国后不去了，因而常常要华商留一个人在那里。当时南洋各国在生产与生活资料上对中国产品的需求很强烈，尤其是铁制工具和用具，几乎全靠中国的输出，当地大多数居民使用的，是中国的铁器和铜器、瓷器、丝织品、棉织品。譬如柬埔寨便是这样，他们如果用中国的瓷盘或铜盘装饮食，便觉得很美；一直到十九世纪加里曼丹、菲律宾等地用的犁，仍然以中国的样式为主，还有其他的一些农具也是如此，这说明这些农具最初是由中国输出的。

同时，华侨、华商把中国的先进经验、先进技术，如明朝时期发明的铅字印刷术等传播到中亚细亚、非洲、欧洲去。到南洋去的华侨，大多数是劳动人民，他们同当地人民一起斩荆披棘开发土地，发展了生产，对当地作出了巨大贡献。原来印度尼西亚的爪哇等很多地方，多是杳无人烟的荒凉的沙滩，但由于华侨与当地人民一起，在那里辛苦经营、艰苦斗争，才建立起成千成万的村庄以及许多商业都市。譬如巴达维亚城的建设，便与华侨分不开。城市建立起来之后，华侨又在城市四郊的荒凉地方斩荆披棘，开辟出种植甘蔗、稻米的良田。华侨还在那里传播了各种各样的生产技术和经验，如爪哇原来不知道制糖，华侨便把当时最先进的制糖法传授给他们，教他们如何用水磨榨甘蔗，使糖的产量、质量大大提高。又如印度尼西亚加里曼丹地方原有胡椒树，但产量很低，华侨去到当地后研究如何增加生产，结果使胡椒的产量大大提高了。这些都是华侨所作出的贡献。

更重要的是华侨对马来亚锡的生产的贡献。今天全世界的锡一半是马来亚的，它是世界上最重要的产锡的地方。英国占领马来亚后，连英国的总督都说：开始作锡矿工作的是华侨。由于华侨不断努力的结果，使世界所用的锡的一半都是由马来亚供应的，这是华侨的贡献。并且还说，中国人不仅很会开矿，而且为了自己熔冶，还必须自己烧木炭，还会砍伐木材，当木工、作砖瓦（也就是说中国人是多面手，很能干）。另外他还说，南洋一带几乎所有的桥梁、道路、铁路、给水工程等等建筑的包工工人，都是中国人。他们营建了几乎所有政府的建筑物。这是二十世纪初一位英国的马来亚总督所讲的话，他举的仅仅只是一些例子。

华侨到南洋以后也逐渐发生了分化，出现了资产阶级。资产阶级中又有了大资产阶级、买办资产阶级，还出现了地主，但是绝大部分华侨是中小商人、劳动人民，抗战时期回国的华侨中，有很多是原来在新加坡、马来亚做工的工人。

另外，南洋等地也输出很多物品给中国。我们输出印度的是盘、碗等瓷器及丝织品、绢匹、麝香、大黄、铜钱等。印度输入我国的有胡椒、宝石、珍珠、椰子等。柬埔寨（古书称真腊）输入我国的有珍珠制成品、宝石制成品、象牙、犀角、香料、生丝、犭毛等。中国输出柬埔寨的有金器、银器、丝织品、棉布、水银、锡制品、麝香、桐油、漆盘、细纸、青瓷、麻布、铁锅、铜盘、雨伞、针、苏木等。当时还有不少南洋各地的人民到中国来工作，甚至到中国来落户。譬如，东林党里与宦官、邪派作斗争的正派人物杨涟，祖籍便是越南，他定居在湖北应山，所以说应山的杨家是从越南来的。过去很多越南人到中国来时，常常要到应山去看一看。我们的占城稻也是从越南输入的。此外，还有其他一些品种也有从南洋等地输入的。明成祖建筑北京的工程，主要是以汉人为主，也有其他各族人民参加共同设计的，也有南洋等地来的人参加。北京的土木工程建筑是很先进的，到现在还有很高的科学价值，它的地下水道修得很好，下雨时积水很快便从两旁流下去了。

从以上分析的情况说明，明朝的国际关系一方面是继承了唐、两宋、元的传统，另一方面它又比唐、两宋、元朝有了很大的发展。

第十七讲

封建社会的稳定和衰退
时期——清朝

（公元 1644——1840 年）（一）

今天讲清朝经济政策的两面性和清代社会经济发展的大势。

主要讲这几个问题：

（一）清朝稳定封建农村经济、摧残都市经济的政策和措施；

（二）清朝封建农村经济的稳定和衰落；

（三）城市市民经济的恢复、发展及其与清廷之间的矛盾和斗争；

（四）清廷的闭关政策和欧洲资本主义势力的东侵。

清朝是以少数民族入主关内的，但清朝与以往少数民族为主体建立的朝代不同，它一来就肯定了封建统治秩序，没有把落后的奴隶制度搬到内地来。因此，清朝的寿命，也比其他少数民族为主体的王朝长一些，共统治了二百六十八年之久。

清朝所以与以往入主中国的少数民族不同，其原因主要是由于范文程、王宏祚、努尔哈赤（清太祖）、皇太极（清太宗）、多尔衮等人的作用。多尔衮是很能干的人（是皇太极的弟弟）。皇太极死了，顺治只有几岁，他妈妈抱着他进关做皇帝；后来顺治的妈妈嫁给了多尔衮，据说顺治看不惯，一气跑到五台山做和尚去了。我看少数民族恐怕不像汉人封建思想那么深吧。汉人知识分子很容易用传统的封建思想来看少数民族，总觉得寡妇嫁人不体面，这是传统封建思想的支配。顺治所以要去做和尚，我看恐怕是由于统治阶级内部的矛盾，不见得是反对母亲的再嫁。关于范文程，有两种说法：一种说法，他原籍是浙江绍兴人，后来曾祖父到了沈阳，便成为东北沈阳人。再一个说法，他是苏州的秀才，是范仲淹的后裔。当时苏州是全国文化水平最高的城市之一，在这个地方考个秀才很不容易。他很懂得中国社会的情况，特别熟悉东南的情况，明末的东林党反对阉党的斗争与城市人民暴动的情况他都看到过。他爸爸被充军到沈阳，他也随着到沈阳去了。王宏祚很有能力，清朝进关以后的赋役制度全是他一手订立的。努尔哈赤在满族领袖中是有革命性的人物。据说他只看过几本书，其中《三国演义》对他影响很大，他的很多本领、见识是从《三国演义》里面学来的。

皇太极、多尔衮这些人都是在斗争中锻炼出来的，都比较能够了解明末社会的经济、政治情况，知道农民要求土地，知道如果不适当地缓和农民的土地要求，减轻繁重的税饷负担，清朝的统治就很难稳定。特别是范文程，他经过民变。当时苏州是市民经济很发达的地方，也是市民斗争很激烈的地方。明朝的封建统治阶级都住在城市里，都市市民阶级起来这样一搞，它的统治就会根本动摇。因此，他知道非把市民阶级绞死，江山是坐不稳的。正因为这样，在努尔哈赤脱离明朝独立以后，虽然在东北满族地区已经开始发展奴隶制，但清朝进关以后，不仅不像辽、金、元那样把它搬到内地，反而采取相反的政策，用尽全力来稳定明朝的封建秩序，唯恐动摇了封建统治基础。

清朝进关以后，除在河北境内圈占了一部分土地（166838 顷）以安置满洲贵族和八旗户之外，宣布维护明朝的一切封建秩序，概不改变。不仅如此，又针对明末情况，一面还采取了很多具体的政策措施，来缓和农民同地主之间的阶级矛盾，稳定封建秩序；但在另一方面，对于沿海、沿江的市民经济发达的城市，主要从安徽到江苏、浙江，每到一处都给予致命的打击、摧残、血洗，人都杀了，房子烧了，财产搞光了。这样搞过以后，并继续采取一系列的反动政策来压制、束缚市民经济的恢复和发展，扶植、培养中古时代的垄断性的城市经济。这是它的政策。但人类的主观能动性，不管起正面作用，还是起反面作用，它只能在一定限度之内起作用，对历史的前进可以起阻滞作用或是促进作用，但终究不能改变历史的发展规律。中国社会历史发展到了这一步，市民阶级就是要兴起，清朝统治者虽然把资本主义萌芽的东西绞死了，但一有条件，还是可以复生的。

所以，清朝的经济政策的基本方针，就是：一方面恢复和稳定了农村经济；一方面打击和摧残了城市经济。但到康熙时代，城市经济又恢复、发展了，特别是到乾隆、嘉庆时代，而且比明朝更高一点，有了较多的发展。虽然清朝压制政策仍是在不断加深的。毛主席说，中国即使没有欧洲的资本主义的影响，也要缓慢地发展到资本主义社会。这是历史发展的规律。清廷虽然费了很大气力，下了那样的毒手，资本主义萌芽终究重新滋长起来，而且比以前长得更茁壮。这就证明新生的东西是扼不死的。但是使我们的历史走了那么大的弯路，这是很可惜的。当我们的萌芽状态的资本主义还没有成长起来，没有成长到能够推翻封建制度，为自己开辟历史前途的时候，原来落在我们后面的欧美资本主义，因为中国走的弯路太大，它们先走了一步，就来侵略我们，中国社会便沦入半殖民地、半封建的进程。这并不是一个独立的社会阶段，而是一个过渡期，是在外国资本帝国主义侵略下被歪曲了的。如果不是明朝后期和清朝的那些反动政策，如果它们采取一些开明的政策，中国的资本主义还可能不落后于欧洲，就可以不吃解放以前一百多年的苦头。

清朝对农村、对城市两方面的政策是不能截然分开的，是相互联系、相辅相依的。以上讲的是清朝历史发展的大势。

下面讲第一个问题：清朝稳定封建农村经济和摧残城市市民经济的政策和措施。

我只讲从清军进关到北京做皇帝，到鸦片战争以前的时期。鸦片战争以后划到近代史的范围，这里不讲。

当清军进关的时候，满族大约只有六十多万人，今天满族登记的有二百多万，实际可能达到四百多万人以上。清朝要统治这样大的国家，这样多的人口，这样多的民族，在进关以前就同汉族地主、蒙族封建王公等等建立了密切关系，并且通过一些汉族地主阶级政治家的指点，进关前就在某种程度上接受了明朝封建统治的教训和经验。

在明朝末年，农村矛盾当中最严重、最突出的，就是土地占有两极化的问题。土地问题中最突出的是大地主集团的土地占有与广大农民丧失土地和没有土地。构成大地主集团的主要是两种：一种是藩王们占有成千成万顷土地，有人统计，藩王占地总数约二、三十万顷，我看不止，这个统计不可靠，明朝藩王人数以万计，各地都有，他们占有的土地远不止此。另一种是宦官、阉党，他们也有子孙后代，他们的兄弟、侄子等，都在乡下横行霸道，对农民强抢强夺，占有大量土地。这就使得广大农民丧失土地，甚至有些中小地主也丧失了土地，矛盾非常尖锐。经过明朝末年的农民战争，闯王进京，明朝政府一垮台，树倒猢狲散，大地主集团完蛋了，有很多藩王被人民杀死了，有些藩王虽然活着，也不敢要他的土地了，宦官也垮台了。因此，农民原来佃种藩王、宦官的土地，现在没有主人，就自己耕种了。清朝为了稳定农村经济，就顺水推舟，向农民宣布凡是没有主的土地，谁种就归谁。在农民战争过程中，有些农民向地主夺取的土地，清朝也承认其合法，这些土地都归农民所有，叫"更名田"，只要他们向清政府负担赋役。除此以外，还宣布将一部分官地归佃农所有。譬如江苏、浙江、太湖三角洲等地的很多官地，都宣布归佃户所有。而且准许人民开辟荒地，官府给他一个凭证，就是说，给他一张地契，这块地就永久成为他的产业。还下命令，州县官招募人民开荒地多的都有奖，凡是开垦土地到一定数量的可以给官做。沿海、沿湖的土地让老百姓尽力开垦。同时允许人多地少地区的人民到边疆去开垦。除官府招募山东、河北等地的农民到辽东去之外，早在战争过程中，河北、山西、山东、河南人便移到绥、辽（今内蒙古自治区）、甘肃等地；广东、湖南、湖北人移到了四川、贵州、云南一带。清廷还允许内地的汉族和其他各族人民去边疆和少数民族地区。这样，基本上稳定了正在衰落的明末封建农村经济。明末那样尖锐的土地关系上的基本矛盾缓和了。

另一方面，清朝减轻了农村人民的赋税负担，废除了三饷（剿饷、辽饷、助饷）以及一些附加的加征、加派。整顿了赋役制度，编了《赋役全书》，规定一律按地亩负担赋税，这是比明朝进步的。但另一方面它又征收人头税，这却比明朝的一条鞭法退步了。康熙时下令，以后新出生的人丁永远不加赋税，这是为了缓和矛盾，稳定农村经济，也因为每年人口增加多少没法统计。市民经济重新恢复、发展起来以后，到雍正年间，又实行"摊丁入亩"，把人头税归到地亩税里，这是进步的措施。这种办法就比明朝的"一条鞭法"更进步，有利于市民经济的发展，至少在客观上起了进步作用。在这以后，全国的田赋就稳定下来了。当时征收田赋叫科银、科粮。土地登记分为上、中、下三等，按照等级定税收税。科粮往往折合银两，但折银数比实物价格高得多（对比较落后的少数民族地区则采取改良政策，同内地汉族不同，科粮一斗，就纳一斗粮）。还减轻或免除了一些苛捐杂税。

同时，还大修水利，专门派人修濬黄河，使黄河重归故道，使原来很多淹没的陆地、城市复现出来，并使南北水运畅通。这些措施对稳定、发展农村生产，起了一定的进步作用。

下面讲清朝统治者摧残、绞杀市民经济的反动政策和措施。这主要表现在三方面：

第一方面，强力摧残；

第二方面，强力压制；

第三方面，扶植封建性垄断商业、高利贷等，来抵制新兴的市民经济。

此外还严禁对外贸易。

清朝对沿海、沿江经济比较发达比较先进的城市，实行强力摧毁的政策。不光是屠城，东南地方连农村都成了废墟，四川也是这样，弄得民无遗类。江西很多地方看不到人迹。当然它的主要锋芒是对城市。历史上著名的城市遭到血洗，如"扬州十日"。当时扬州不仅是盐商聚集的地方，而且是商业、手工业发达的地方，是南北交通的中心。还有"嘉定三屠"，江阴杀了二十多万人，只剩下八十三个人等等。皖南也是这样。凡是有资本主义萌芽的城市，差不多都遭到了彻底的血洗和毁灭。这样，就把资本主义胎儿绞杀在母胎之内。譬如康熙、雍正、乾隆时代严格禁止和限制人民开矿。因为开矿能把四面八方没有职业的失业人民聚集在一起，"聚众藏奸"，这非闹事不可，所以"断不可行"。嘉庆时请求开矿的商人、官员，无不受到斥责。即使让他们开矿，税也是很重的。或全部官买，或官买很多，只留下很少一部分让开矿的人自己去卖。为的是压制市民阶级，约束商品经济的发展，在全国各地设立"常关"、"厘局"，用各种各样的苛捐杂税束缚自由商人的资本活功，束缚独立手工业生产的发展。你要搞起来，他就控制，还要强派"好汉股"，就是衙门要占股，有势力的人要占股，如皇帝的亲戚在西山煤矿占股，不仅要分红利，政治上还要控制。

另一方面，它尽力扶植钱庄、票号、当铺高利贷的发展，予以种种特权。山西人开的钱庄遍天下，就是从清朝发展起来的。当铺很多。譬如乾隆时代的大臣和坤，就有当铺七十五座，资金白银三千万两，每年利息达到本钱的三、四倍。扶植米、盐、珠宝、绸缎等方面的大垄断商，北京这样的大买卖更多；在内蒙古的呼和浩特，康熙在三征噶尔丹的时候，扶植了一个最大的商号叫

"大盛魁"。当时,"大盛魁"支配了当地汉人、蒙人的全部经济生活。他们的税收负担很轻,很多重利高价的商品比普通的小商品的税还低,甚至不收税,保护他们的高利贷等等。出现了很多贱买贵卖、岁入巨万的豪商大贾,他们的资财动辄几十万、几百万,生活非常豪奢。譬如当时怀柔有个姓郝的,皇帝到他家去,他做了一百多样山珍海味给皇帝吃,吃一天饭,费十几万。扬州盐商的钱多得很。乾隆七次下江南,大盐商都请他吃饭,向皇帝进贡,动不动就是几百万两银子。当时,大官僚、大贵族差不多都有当铺、绸缎铺、珠宝铺。形成这种商业、高利贷畸形发展和转向土地兼并。满族贵族也参加放"印子钱",借出以后,一个月借一元还两元,再过一个月,这两元都算本钱,过一个月零一天,就得还四元,再过一个月就是八元。

清朝统治者一面尽力扶植封建性的大垄断商、钱庄、当铺等等,一面拼命压制、打击自由商人、手工业者。如严格禁止华商出海贸易,不准人货出口;有时准许出口,但也严格限制人数,要用小船,哪天去,哪天回来,护船武器带多少都有规定。同时限制大船的制造;华商出口货物要加重征税,外商进口货物征税却低得多,甚至不征税等等。

通过以上几个方面,清廷把从明朝已经开始成长起来的市民阶级经济加以摧残,特别是把成长中的资本主义萌芽绞死了。因而,它是对历史前进起了促退作用的。清朝对农村经济方面采取稳定、恢复、发展的政策,有些促进作用,而在对待都市经济这方面却完全是反动的,所以说它的政策方针的两面性就在这里。

上面我们讲了,清廷这种反动政策,只能阻碍历史进程,但不能根本改变历史发展趋势。已经发展到了封建末期的社会经济,各方面条件具备了,新的因素早就存在了。所以,市民阶级的经济在重重压制之下仍然重新成长起来,资本主义萌芽在康熙年间,尤其到乾、嘉年间又重新出现,这是无可避免的。但这加深了社会内部的矛盾,新生的东西同清廷反动政策间的矛盾更加深刻。而清廷稳定与发展封建农村经济的政策也是同它这方面的反动政策相矛盾,因为,农村经济的发展本身,也必然要产生新的东西。所以到康熙年间以后,特别是乾隆、嘉庆年间,富农经济、经营地主经济也发展了,但它们仍然带有浓厚的封建性。就是城市资本主义萌芽的东西也带有若干封建性。

现在讲第二个问题:封建农村经济的稳定和衰落。

清朝封建农村经济的稳定、恢复，主要表现在三个方面。当然我们首先要肯定，其所以能稳定、恢复，不管政府的政策怎样，最主要是由于广大农民群众"汗一点，血一块，一寸禾，一寸血"（清歌谣《农民叹》）辛勤劳动的结果。

第一方面，清朝封建农村的稳定和恢复，粮食产量逐渐增多，到乾隆、嘉庆年间，每年仓库都有大量粮食储存，而且每年用于酿酒的粮食数量很大。虽然它的恢复很慢，但经过顺治、康熙、雍正、乾隆到嘉庆年间，耕地面积比明末扩大了，当然这也由于全国的疆土范围大了。

第二方面，人口增长很快、很大。一方面是由于康熙下令，以后新增人口不纳人丁税，雍正年间就根本取消了人丁税，所以隐蔽户口、逃亡户口都报了；一方面由于国内各少数民族人口的加入；另一方面则是长期处于比较和平的时期，农村生产得到了恢复和发展。康熙时代的户口登记不可靠，因为要纳税，记载只有二千四百多万人，乾隆二十九年人口有二万万多；嘉庆十四年有三万万多；道光二十九年就达到了四万万一千万以上。可见人口有很大的增长，主要还是农村的人口增长得多。

第三方面，内地的汉族、回族和其他各族人民，在清朝时不断地、大量地迁移到没开发的省份和边疆去。贵州的汉人大部分是清朝时从四川、湖南去的；广西的汉人，大部分也是这时候从湖南、广东去的；云南也是这样。我们家乡（湖南武冈）的人，没办法生活的时候就到云南、贵州去。山东人到东北，山西人到绥远。我在内蒙古看了个戏，叫《走西口》，"西口"就是绥远，演的是山西一家老乡没有办法生活了，就到绥远去了。今天东北汉人很多，不少就是这时去的。起初，清朝在南满开口子，后来不开口子了，但人去了，住下来，它还是开了。

由于内地的大量人口到边疆去，把全国耕地面积扩大了。从清朝初期到嘉庆年间，把很多没有开发的地方开发了。内地去的汉人，同当地人民一块儿劳动，一块儿生产，共同开发边疆，使很多没有开发的省份开发了，都成了所谓"鸡鸣犬吠相闻"的农村。同时，形成了各民族人民小聚居大杂居的局面，劳动人民间的关系是好的。内地的劳动人民把先进的生产技术和经验都带去了。现在查查云南和内蒙古边疆的木匠、铁匠等种种手工业工匠的家谱，那些老师傅原来都是内地去的汉人。但是，有些地方也发现了另一方面的问题，譬如湖南、贵州、四川苗族地区，包括一部分土家族、瑶族地区在内，汉族地主阶级、大商人也跟着去了，他们对当地少数民族进行各种残酷的压迫、剥削，掠夺他们的土地，使他们辛勤开垦的熟地不断丧失，以致到乾、嘉年间，在湖南、贵州、四川发生了苗民为首的大暴动。浙江、福建的畲族，辛苦劳动生产得来的粮食，被汉族地主、大商人剥削去了。他们有句话说："公会作，婆会作，作到年底没有裤"。

清朝农村经济的恢复和发展虽然是比较缓慢的，特别是比较明朝前期缓慢，也是相对衰落的；但是它有了恢复和一定程度的发展。所以清朝嘉庆以前的国库是比较丰足的，经常储存有几千万两银子、几千万石粮食。

清朝封建农村经济，从稳定、恢复、发展又转入到衰落，以至于崩溃。崩溃的情况在鸦片战争前后，特别到太平天国革命前夜，情况是很严重的。

大概从顺治、康熙、雍正到乾隆、嘉庆年间，生产逐步恢复，逐步上升，耕地面积也逐步增加，人民的生活逐渐上升，国库的收入逐渐充盈。总的说来，这时的经济情况正处在逐步稳定、恢复和发展的过程中。虽然，这个过程是比较缓慢的。从道光年代起，耕地面积又减少了，比嘉庆年代减少五十多万顷，这不是小事情。人民丧失土地更多，国库逐渐空虚起来，农村开始呈现衰落的景象。道光年间的这种情况，反映了清朝的农业经济转入衰落。封建社会发展到了末期，农村经济转入到衰落是不可避免的。同这种衰落的情况相适应的是，道光年间全国农村动荡不安，陷入比较普遍的穷困。

与清朝前期封建农村经济的稳定、恢复和发展过程相适应，都市经济也在逐步恢复和发展。随着这两方面的恢复发展，出现了农村土地占有的两极化。康熙年间，一个姓徐的大官，在无锡地区买田一百万亩。福建有一个县的土地，为农民占有的不过十分之一，其余十分之九都归少数地主所有。所以《清史稿》说："海内素封之家比户相望"。

另一方面，清朝统治集团内部也有矛盾。清朝为了制造各民族内部的矛盾，拉拢蒙族王公，首先是和蒙族王公结亲，清朝的皇后不少是蒙族王公的姑娘。清朝有很多郡主、公主嫁给了蒙族王公。给蒙族王公种种特权，让他们为所欲为地压迫蒙族人民。同时，为了收买汉族官僚地主，对汉人官僚贪污的，他也睁一只眼、闭一只眼，就让他们贪污，来扩大同人民之间的矛盾。当然必要的时候，也杀一两个人，来欺骗人民，缓和矛盾。

随着经济的恢复，地主阶级对农民的剥削越来越严重。地主派来催租的人穷凶极恶，动不动就用鞭子抽打佃农。交不起的，地主如豺狼虎豹一样，不但人得不到安宁，就连鸡犬也不能安生。农民只好卖儿卖女，交租还债。

清朝的地主阶级，对农民除了地租剥削以外，还有许多额外的剥削：农民种地主的土地要押金，有的地方收得很高；有的地方还要送礼，地主家里过年、过节、办喜事、过生日，农民要"孝敬"；地主家里盖房子要出人；少爷上学、小姐回门、少奶奶回娘家等，农民要去抬轿子。还有一桩很严重的额外剥削：清廷收了租税，要供给北京吃粮，供给军队吃粮，需要运输，特别是要从东南把粮食经运河运到北京，农民要去挽船，这是一种很重的徭役负担。清廷越来越多越重的苛捐杂税和贿赂公行，又助长了土地的两极分化和农村生产的衰落。以至在太平天国革命前夕，广西、江西、浙江等地很多农村破产，农民失去土地，吃糠、吃野菜，有时野菜也吃不上，就吃"观音土"。

在太平天国革命以前，鸦片战争前后，农村人民的生活就是这样极其悲惨。衣服补了又破，破了又补。少数民族牧区人民没有布作衣服，穿的兽皮也是破烂不堪，夏天把毛翻在外面，冬天再翻在里面。有些地方，有些人没有裤子穿，冬天只好坐在炕上不敢出门；住的房子有一个炕，这头有灶做饭，那头就揽猪、揽羊。再加上帝国主义的摧残，情况就更严重了。因此，农民不得不更加顽强地用小农业和家庭手工业结合的办法，维持他们最低限度的生活。这样，就阻碍了市民经济的发展，阻碍资本主义萌芽的成长，因为它缩小了市场，顽强地抵抗商品经济。这样，就形成大量的失业者，许多农村人民失去生活依据，一无所有，以至于卖掉老婆、孩子，沦为乞丐、流氓。

下面讲第三个问题：城市市民经济的恢复、发展，以及恢复、发展以后同清廷在经济上的矛盾和斗争。

商品生产的恢复与发展，包括行会商业、行会手工业、自由商人资本同在萌芽状态的资本主义生产，如前所述，在康熙年间，特别到乾隆、嘉庆年间，又得到了恢复与发展。关于资本主义萌芽问题，下次还要作为专题来讲，这里只是顺便说说。

商品生产的恢复与发展，首先突出地表现在纺织业的恢复和发展，主要是在苏州、松江、杭州一带，西北、广东、四川、河北、山西等地也有发展。随着纺织业发展起来的还有染布业等。苏州、松江的布，名闻天下，畅销全国。

仅苏州的纺织匠就有几万人，广东佛山也有一万多人，都是来自农村一无所有的破产农民，即可以自由出卖劳动力的人。

采矿业在福建、江西、广东、云南是比较突出的。采矿也是商人出资，开矿的工人也是各处去的一无所有的农民。全国有几个冶铁铸造业特别发达的地方，西北有几丈高、几尺厚的大冶铁炉；佛山镇的熔铁炉，铁从上面倒下去，有点机械化的味道，出产的铁锅、铁钉、铁线，不仅在国内畅销，而且远销国外。造纸业也在各地普遍发展起来。景德镇的瓷器畅销国内外。还有云南的锡、铜。造船业也有发展，苏州每年能造船一千多只。福建、广东、台湾的蔗糖大量生产，运销日本、菲律宾。盐商在淮河流域，自己有些生产工具，雇工进行生产。

与手工业生产相适应的是，农村种植经济作物的面积增多，产量扩大。表现在福建、广东、台湾大量种甘蔗。有诗说："蔗田万顷碧萋萋，一望葱茏路欲迷"。当时广东种甘蔗，动不动就是千顷相连。福建以种烟草著称，十分土地里有六分种烟草。还有柞蚕，最初是在山东的胶东，后来传到了东北辽宁，西南的贵州，都学会了养柞蚕。

第三，表现在新生的东西重新出现和成长。首先就是城市里面的资本主义萌芽的重现和成长。这不多讲了。其次表现在农村富农经济同经营地主经济的增长。富农专门种植经济作物，广东、福建有专门种甘蔗的，河北有专门种棉花的。

市民经济的恢复、发展，表现为城镇的发展。康熙以后到嘉庆年间，出现许多新的商业同手工业城镇。其中有些是遭到破坏的城市重新恢复起来的，像扬州，比以往更加繁荣了。不光是盐业，学术也发展了，如绘画方面有"扬州八怪"等。北京、天津、济南、开封、太原、宣化等城市都发展起来了。东南的城市特别繁华，所谓"上有天堂，下有苏杭"。武昌当时是商贾财富的集中地，有各种各样的行业。大城市附近的城镇的发展更为显著，最著名的一些镇子，简直变成了城市，像河南的朱仙镇，江西的景德镇，广东的佛山镇等。

清朝在对外贸易方面，采取封闭海口的政策，乾隆时规定只有广州是唯一的对外通商口岸。随着市民阶级经济的恢复、发展，对外贸易也有一些恢复和发展。当时大量出口铁器、瓷器、茶、棉纱、纺织品等等。在英国产业革命以前，我们对英国的贸易是出超的。不仅出超，而且比起英国的商品来，中国商品是高级的、进步的。当时英国最需要的是中国的棉布、绢、茶叶、瓷器等，英国输入中国的是珍珠、宝石、香料、鸦片烟，一比就很清楚。

但是，当时由于清朝闭关政策的限制，商品不能自由出口，很多内地商人，如江苏、浙江、华北等地的商人，要把货物运到广东才能出口。中国的船只很大，一只船的造价，动不动就是几千两甚至万把两银子。江苏、福建、浙江沿海有很多老百姓靠对外贸易生活，有些人靠对外贸易发财。但清廷却违反经济发展的趋势和人民生活的要求，坚持闭关政策，禁止造大船，也不准大船出口。有很多地方的老百姓不听这一套，还是造船。到嘉庆年间，有人向皇帝上奏折说：造船禁不得，禁了沿海多少万人就没饭吃了。造一只船要几千两银子，禁了老百姓还是造。这表现矛盾的深刻性和斗争的复杂性。你禁，我还要造；你不准出，我还要出。最后逼得老百姓只有采取武装走私的办法进行反抗。

民营采矿、冶铁、造纸等等手工工场，从东南到西北，从南方到北方，都有发展，特别在东南、西北更为发达。工人都是各地去的。规模相当大，技术比过去高。

城市市民经济的恢复和发展，它和清朝统治集团反动政策的矛盾也越来越大。这时候的斗争和过去不同了。在苏州等城市里，纺织业、造纸业的工人群众开始组织起来，这是新东西；这种组织当然带有行帮性和封建性，但也包含着积极的进步的内容。他们开始采取罢工的斗争方式，要求增加工资，减少东家同清政府对他们的束缚、压迫。在矿工里面是不是也有这样的组织，现在还没有找到材料。

这种矛盾还表现在反闭关政策的斗争上。在清初康熙年间，为了孤立南明反清势力，对城市曾宣布过一些进步的政策，但很快就取消了。闭关政策也是在康熙时开放了一下，紧接着又闭起来，因而形成了武装走私的商人，主要在广东、福建。他们与内地、沿海商人有密切联系，同南洋各地也有密切联系，所以清政府对他们没有办法。城镇手工业工人有时"叫歇"（罢工），有的地方，如苏州、松江等地"叫歇"的规模相当大。

当时农村人民的结社很多，比较普遍，其中包括的阶层很广泛，农民和市民常常通过这些组织结合在一起，如哥老会、三合会等。后来的青帮，就是从哥老会分化出来的，被清政府所收买，为清朝官吏保驾，为清政府保镖、押运钱粮，像小说中的黄天霸就反映出他们是清政府的鹰犬，这是个反面人物。正面人物是河北窦尔墩。这时秘密结社在全国各地农村都有，不光农民参加，有些地主阶级也混进去，以致有些组织为地主阶级所利用。

第十八讲

封建社会的稳定和衰退
时期——清朝

（公元 1644——1840 年）（二）

这一次主要讲清朝的阶级斗争、民族关系发展的新形势和国际关系的新形势三个方面。这三方面的情况是同清朝的经济情况相适应的，我们可以从这里去探讨它的规律性。

我把它分成下面几个问题来讲：

一、清朝的国内外形势和清朝初期所面临的根本问题。

二、清朝维护封建统治的阶级政策及其矛盾性，阶级斗争新形势的发展。

三、清廷在国内民族政策上的矛盾性，清朝对加强祖国统一事业所作出的贡献，以及民族关系的发展。

四、清朝的闭关政策，华侨、华商反闭关政策的斗争；欧洲资本主义的侵略（关于资本主义侵略的问题，我只把鸦片战争以前的情况大体上谈一下，鸦片战争及以后的情况由刘大年同志来讲）。

现在讲清朝国内、国外的形势和清朝初期所面临的根本问题。

首先，清朝的社会形势，基本上是明朝社会形势的继续和发展。清朝的社会经济政策的基本内容，可以归纳为两个方面：一方面稳定和恢复了正在迅速衰落的明末封建农村经济；另一方面又打击、摧残以至于摧毁了开始形成和发展起来的资本主义萌芽和市民阶层，使中国社会的发展再一次发生曲折和逆转。这些政策并不是仅仅和清朝的统治相联系的，假使清朝不进关，明朝可能也这样作。明末朝廷对东南城市同矿山人民的斗争所采取的措施，再进一步发展，就可能变成和清廷类似的社会经济政策。

现在讲一讲清朝的国际环境。

在欧洲，作为资产阶级前身的市民阶级，在明末已开始形成和成长，并不断地到世界各地寻找市场。意大利人利玛窦东来，比郑和下西洋晚一些。当时西班牙、荷兰、葡萄牙、英吉利等欧洲各国的市民阶级分别组成海盗集团，他们把海上掠夺作为原始资本积累的一种手段，他们得到本国政府的支持，各国政府并把这种海盗掠夺作为自己的政策。

欧洲的市民阶级进一步成长为资产阶级。尤其在英国产业革命以后，更加不断地到欧洲以外的地方，到东方、美洲、非洲等地寻找市场，逐步发展为对落后国家或地区的侵略。在他们本国，这种海盗集团组成合法的对外贸易公司，到他国沿海，遇到海防严密、戒备森严时，他们就冠冕堂皇地做生意；到了防御比较薄弱的地方，他们就明火执仗，烧杀抢掠，进行侵略。如荷兰的侵略印尼、英国的侵略印度，后来又想侵占我们的西藏、新疆，还侵略缅甸、泰国、马来亚、中亚细亚等地，葡萄牙侵占印度的果阿，西班牙侵略菲律宾。在西班牙入侵以前，菲律宾的华侨很多；后来，美国又从西班牙手里夺走了菲律宾，这是从自由资本主义进入帝国主义阶段的一个标志。这就说明，欧美的市民阶级，以至后来的资产阶级各个国家、各个集团在非洲、特别是在亚洲南洋一带进行侵略，像狗抢骨头一样地互相争夺，从明末便已开始，到了清朝就更加发展。

因此，欧美的市民阶级同中国，尤其是同华侨、华商在南洋等地展开了剧烈的斗争。原来在郑和下西洋以后，西太平洋和印度洋为中国的航业所支配，南洋各地同中国的关系很好，那里的华侨、华商很多。欧美势力侵入东方后，便和中国发生了直接的冲突。

其次是改变了中国新疆、西藏及其他边疆地方的形势。原来和新疆、西藏接壤的，都是比较落后的、弱小的国家，有的还没有进入国家时代。这时，却大大不同了。其他地方，如当时和云南接壤的缅甸、印度也有这样的情况。欧美资本主义国家一个接一个地要闯进中国的大门，登堂入室，甚至要一直闯进寝室里面去。这个形势是一个很大的变化。

中国的东邻日本，町人阶级（即市民阶级）在明末也已开始形成。日本在町人阶级形成后，就要求进一步加强同中国的贸易和文化往来。后来，这个町人阶级参加了后期的倭寇集团。但是，在欧美资产阶级来到东方以后，日本的政治处境也不美妙，它也同样受到欧美资本主义的侵略，也订立了不平等条约，像我国的《南京条约》一样。随着日本町人阶级的发展并转变为资产阶级，日本出现了明治维新。所谓明治维新，指的不是某一项个别的改革，而是日本在十九世纪后半期所进行的一系列的、连续的资产阶级改革。它是一次由上而下的资本主义改革。但日本从封建制度过渡到资本主义，绝不是只有自上而下的改革这一方面，还有自下而上的群众斗争，两方面结合起来，才把这个改革完成了。

中国西北的邻居——沙皇俄国，在康熙时代把它的触角向东方伸展，侵入黑龙江流域。那时，它还是封建国家，后来才变成资本主义国家，以后又由资本主义进入了帝国主义阶段。

因此，中国的国际环境在清朝有了很大的变化。几千年来中国的邻邦都是落后的，到清朝却发生了很大变化：有的处在欧美资本主义势力支配之下；有的变成资本主义各国角逐的场所；而日本则开始出现了町人阶级，以后成长为资本主义；沙皇俄国也成长为强大的封建帝国，后来更变为资本主义国家。

了解了这些情况，我们才能知道康熙、乾隆对新疆、西藏、蒙古准噶尔、噶尔丹的统一行动是对的（清末时，左宗棠从帝俄、英国的侵占下收复新疆也是对的，尽管他镇压过农民起义，但在新疆问题上却做对了），才知道怎样肯定康熙和乾隆的功绩。假若当时在这些边疆地方搞得不好，我国的国土就会被外国侵略者任意并吞，这里抢去一大块，那里抢去一大块，我们今天的祖国大家庭从哪里来？那样就会造成不堪设想的局面。由于国际环境的变化，清朝在国防上、并在与之相适应的内政上，都提出了和前代不同的要求，制定了不同的措施。

上面讲的是清朝的国际环境。下面讲一讲清朝的国内形势。

清朝时，内地是以汉族为主体的。所谓以汉族为主体，就是说这时在内地不只是汉族，还有许多其他兄弟民族，如回族，浙江的畲族，湖南、湖北、贵州、广西的苗族、壮族、土家族，还有四川的其他许多兄弟民族。不能说内地只有汉族，旁若无人，这就不符合事实。清朝统治时期，内地的封建制度已进入衰落过程，市民阶级已经形成。虽然从明朝开始已经有了资本主义萌芽，但市民阶级直到鸦片战争以前还没有发展为近代资产阶级，而只是近代资产阶级的前身。在这种形势下，摆在清廷面前的是两条道路：或是稳定封建生产和封建秩序；或是像俄国的彼得大帝那样，采取措施，促进市民阶级的发展。对朱元璋不能这样要求，因为他那时的条件还不具备；而康熙、雍正、乾隆和嘉庆都有条件这样做的，他们却没有做。所以，我们不能对康熙、乾隆评价过高。

清朝朝廷之所以没有这样作，主要是由于清代阶级矛盾和民族矛盾的发展。明末社会的阶级矛盾本已十分复杂、尖锐，清朝在这样的基础上，又多了一个满族同汉族、同其他民族的矛盾。首先摆在它面前的有那样强大的反清农民军的武装力量——李自成、张献忠以及其他的农民起义军。还有东南地区的城市人民，联合农民以及爱国的士大夫等，形成了一股强大的反清势力。其次，国内各民族在长期历史过程中交错杂居的情况，到清朝更加发展了，而他们彼此之间的关系也更加密切了，情况也更为复杂了。特别是清朝在全国大刀阔斧地实行了明朝所开始实施的"改土归流"政策，就更加促进了矛盾的复杂化。本来，国内各民族由本部落酋长按原来形式进行统治，"改土归流"政策实施后，必须统统按照内地的行政区划，划分府、州、县，由中央派官；就是原来的部落长做官也由中央委任，几年一换，称为"流官"。"改土归流"的意思，就是改土司为流官。中央朝廷派了汉人、满人、蒙人去各民族地区做官，汉、回族的大商人也跟着去放高利贷，用中世纪经商的办法做生意。所谓中世纪商业的特点，就是不等价交换，靠狡诈欺骗勒索等形形色色的手段牟取暴利。同时，他们还霸占少数民族开辟的土地，把少数民族的人民变成他们的佃户。这么一来，浙江、福建的畲族，湖南、贵州的瑶族，广西的壮族等少数民族的人民在他们的剥削压迫下，生活很苦，民族矛盾、阶级矛盾更加复杂和尖锐。边疆地区的各族人民，如蒙、藏、维吾尔族，特别是他们的上层，不只由于和东侵的欧美资本主义势力及沙俄等有了接触，使他们与清廷的关系，也更加复杂了；而又由于这些民族内部封建关系的发展，增长了他们相互间的争夺，也发展了这些民族内部的阶级矛盾等等。

这是清朝的国内形势。但在清朝前期，中国的经济、文化比起欧美来还是强大和先进的，直到欧洲资产阶级成长起来以后，特别是产业革命以后，情况才改变了。这从当时货物出入口统计便可以看出，我们一直是出超的国家。我国当时出口的物品也是先进的，都是手工业和农业产品，特别是手工业的高级产品：如茶、丝、瓷、金属、纺织品等。而英国、葡萄牙、西班牙、荷兰等国运到中国来出售的只是一些天然物产，像珠宝、香料、胡椒、玉石之类，后来增加了银元。而且，这些东西也还是从南洋人民那里掠夺来的。当时中国的生产技术较高，生产规模也比较大，这是他们所不能比的。遗憾的是，在清朝前期这样很有可为的时代里，它没有作为。

第二个问题：清朝维护封建统治的阶级政策的矛盾性和阶级斗争的新形势。

在经济上，清朝一方面稳定、恢复和发展了封建农村的经济；另一方面摧残、绞杀了市民阶级的经济。这一系列的政策，前面已经讲过，这里不再讲了。

在当时的形势下，清廷没有像彼得大帝那样促进资本主义的发展，相反，清廷的基本方针是维护封建统治。在这个方针指导下，一方面，为了控制汉族地主阶级和人民，就采取了加强同蒙族封建王公联合的政策。他们的办法有两条：一条是同蒙族封建王公建立裙带关系；另一条是给蒙族王公以种种特权，让他们为所欲为地压迫、剥削蒙族人民，所以清朝前期委任了很多蒙人当将军、元帅。在满人较少的情况下，这是加强它自己统治力量的一条办法。另一方面，清廷又坚决地联合汉族地主阶级，并组织他们的武装去反对和镇压当时强大的农民军——李自成、张献忠等，以便统治汉族人民。

清廷给汉族地主阶级及蒙族封建王公种种特权，纵容他们为非作恶，对汉、蒙人民肆行压榨和贪污。他们睁一只眼、闭一只眼，只在必要的时候才杀一两个人以欺骗人民。这样，就扩大了汉族地主阶级和汉族人民之间的矛盾，扩大了蒙族封建王公和蒙族人民之间的矛盾，使他们不能联合起来反对清廷。

在军事上，清廷除了依靠它的满军八旗以外，还组织蒙八旗和汉八旗。（今天的东北很多人原来都有旗籍，但他们并不属于满族，就是蒙、汉八旗的后裔。）清廷以满八旗为核心，以蒙、汉八旗为基础，组织了统治全国的武装部队；由于八旗兵力不够，而汉人里面兵源很多，另组织了绿营。绿营的待遇比八旗低，同级军官，薪俸比八旗要低几倍；地位也低，往往同驻一个城市，绿营要服从八旗的指挥、控制，八旗当中，蒙八旗、汉八旗又要服从满八旗的指挥。

清廷的民族政策有很多自相矛盾的地方。为了缓和蒙、汉人民的反清斗争，它一面在口头上经常宣称："满、蒙、汉"一体，亲如一家，密不可分；

另一方面却又在背后时常训诫满族贵族要警惕汉人。清廷尽量把权力集中到满人贵族手里。政府里有内阁、六部，各部均设满、汉双职，但实权并不在这里。雍正以前，实权在满洲贵族组成的议政王大臣会议（这个会议带有原始公社民主制的残余）；雍正以后，实权在满员充任大臣的军机处。军机处的权力很大，一切都要通过它，就是内阁、总督的情报也要由它再转交给皇帝。这种情况，正是民族矛盾的反映，也正是满族贵族拥有特权的表现。

清廷既要联合各民族的统治阶级或上层（不仅是蒙族、汉族，而且是各民族统治阶级或上层）来统治各民族的人民，给各族统治阶级或上层以种种特权；而在加强中央集权、特别是集中实权于满族贵族的情况下，又不能不引起彼此间的矛盾。譬如："改土归流"政策本来是对的，是进步的，在新疆、西藏派了大臣，设立衙门，一切事情要通过办事大臣，这是好事。但这样又不利于联合各民族的上层分子。因此，曾与新疆的维吾尔族、西藏的藏族封建贵族发生过利害冲突，甚至最后发展到动武。中央集权是进步的，加强中央集权同清朝的经济发展情况也是相适应的。但它把实权集中到满族贵族手里，这是满族贵族特权的表现，因而又扩大了同其他各民族统治者的矛盾，增长了民族压迫同民族矛盾。

为了巩固它对汉族和其他各族人民的统治，清廷采取了坚决地联合汉族地主阶级的政策，否则，它的江山是保不住的；但它摧残、绞杀和抑制市民阶级的反动方针、政策，又扩大了同一部分汉族士大夫阶层的矛盾。特别是进关之初，实行所谓"留头不留发，留发不留头"等民族压迫和强制同化政策，加上其他民族矛盾，就不能不激起同市民阶级有联系的、有爱国思想、有民族情操的汉族士大夫们的反对，他们或者同人民反清势力一起，企图恢复明王朝，或者同市民、农民一起在沿海、沿江一带死守城池，掀起抵抗清军的斗争。

为了镇压各种反清势力，特别是汉族、回族及其他民族的反清势力，为了抑制、摧残市民阶级，清军刚进关的时候，特别是在沿海、沿江各地到处血洗、屠城，大肆抢掠。这种政策是倒行逆施的，是起促退作用的。正因为这样，才激起了以汉族人民为主体的各族人民普遍的反清烽火。人民是正义的，清军的行为是反动的。这种反动政策也使当时帮助清军的汉族地主阶级人物，如洪承畴、吴三桂等，在汉族人民中陷于孤立，这对清朝统治并不利。有些野史、笔记中说：洪承畴原来镇守辽西，是镇压农民暴动的刽子手，杀人很多，后来被俘了，起初不肯投降，自称"忠臣"，清太宗皇太极看中了他，认为平定中原一定要用这个人，就让自己漂亮的老婆拿人参汤给他喝，他就投降了。这种解释好像是说：如果清朝的皇后当时不去给他人参汤喝，他就不投降似的，这是非阶级的观点。我们应该用阶级观点去看问题，应该看到洪承畴是个大地主阶级分子，被俘之初，可能要作样子，讲讲价钱，就是不给他人参汤，他饿得不行了，也是会投降的。有的记载又说吴三桂原想和李自成合作，只是由于他的小老婆陈圆圆被刘宗敏搞去了，他很愤恨，便投降了清朝。吴伟业《圆圆曲》为他解释，说吴三桂"冲冠一怒为红颜"，这也是非阶级的观点。我们应该看到，诸如此类的事情并不起决定作用，就是没有这件事，吴三桂也是要投降清朝的。

在清廷刚进关的时候，为了孤立明朝，曾实行了一些比较进步的政策，如，免除一些捐税，让人民自由开矿，康熙时代实行"滋生人丁，永不加赋"，即以后生出人口，不再追加赋税；雍正时实行"摊丁入地"，把人丁税归到地税里，这都是进步的政策（这种政策和摧残、打击市民阶级，消灭萌芽状态的资本主义是互相矛盾的）。这些政策促使市民阶级经济恢复和发展，促使资本主义萌芽重新出现和成长。所以，资本主义萌芽到康熙时代不仅再度出现，而且康熙、乾隆、嘉庆时代的资本主义萌芽比明朝更为茁壮。

清廷这一系列的方针、政策和措施，在今天看来，有些对历史的发展起了促进作用，有的则在更多的方面起了促退作用。这些政策本身包含着矛盾性、两重性，这在当时的形势下，在清朝发展的历史道路上是不可避免的，也是清廷当局所无法意识到，也不可能加以控制的。

下面讲一讲清朝阶级斗争的新形势和它的发展。

清朝阶级斗争的形势是同清朝社会发展的形势相适应的，是同当时的阶级构成相适应的。那么，清朝的阶级斗争到底有些什么特点呢？

第一个特点，就是在城市手工业工人当中出现了新的阶级性的组织，叫作"结帮"、"拜香火"、"拜兄弟"等。它不叫工会，但已有了一些工会的内容和因素。虽然这种组织形式带有一定程度的封建性，但在中国历史上却是第一次出现的新形式，是手工业工人团结起来反对封建政府、行东和雇主的组织形式，因此，也是带有革命性的进步的东西。

第二个特点，同上面讲的特点相联系，在城市手工业工人、矿山的矿工当中不断出现同盟罢工，这是新的东西。城市手工业工人的同盟罢工是"结帮"、"拜香火"之类的组织领导的。当时不叫罢工，称"叫歇"，要求增加工资，不允许东家随便辞退工人，有克扣工人工资的，工人可以"跳厂"。在这种斗争面前，行东、手工业作坊主、矿山主同封建官府联合起来，要求封建官府加以镇压，西山煤矿矿主甚至暗地把工人名册送交官府。这种罢工斗争是中国历史上第一次出现的大事情，是带有重大革命性意义的事件，是以往所没有的。以往的斗争，手工业工人只是夹杂在农民、市民中间，各阶级一起搞，也不是罢工，旗帜不鲜明；而这时的罢工则完全是手工业工人的斗争。在清朝若干次命令中都曾提到如何对付工人罢工的问题，可见手工业工人的斗争，就在它刚一出现时，已经引起了统治阶级的注视。

第三个特点，在清军南下的时候，东南各城市从山东的临清起，到苏北、扬州、镇江、江阴、无锡、苏州、嘉定一带，都出现了市民、农民、爱国士大夫联合组织的反清斗争。很多城市的市民、商人把资财贡献出来供给反清武装。这种商人的表现是带有革命性的。

反清斗争失败以后，便发展成为各种秘密结社，以"反清复明"为口号。其实，"反清复明"只是个旗帜，真正的内容只是"反清"而并不要"复明"，反清不光是反满，而且是反对封建统治。（后来，洪秀全也是以反清为旗帜，实际上是反封建，直到孙中山还提出"驱除鞑虏"的口号。）在这些组织里面，著名的有长江流域的哥老会，广东、福建、台湾一带的天地会，北方有传统的白莲教及其支系等。这种秘密结社和过去的农民的结社不同，过去主要是农民参加，多在农村；现在有了变化，如哥老会是从乡村发展到城市，而且以城镇、码头为基地，据点多在沿海、沿江水陆交通要道，所以哥老会的机关叫"码头"。这个组织有朴素的民主内容，参加的人互称兄弟姐妹，还有女领袖，这些都是它的新内容；也有封建形式，如砍鸡头、喝鸡血酒、斩香、发誓愿同生共死等等。他们的组织在水、陆交通要道，钱粮运输要道，专门同清廷的官吏作斗争。有个小说这样讲：哥老会在南京有个头子叫尤之金，很厉害，能飞檐走壁。当时两江总督陶澍带了手下一伙人去南京，化装私访，尤之金手下有个燕之棠，和陶澍的人两下斗起法来。这个故事，反映了当时的斗争很复杂。南京的下关、夫子庙以及茶楼酒馆，都在燕之棠支配之下，他们路遇不平，就挺身而出，仗义疏财，拔刀相助，抑强扶弱。哥老会虽然带有浓厚的封建迷信色彩，而且后来，特别到民国时代，被封建军阀混进去利用了，但它在历史上确实起过不少的革命作用。辛亥革命的时候，孙中山在很多地方都利用哥老会、天地会进行活动，湖南起义的只有十八岁、二十岁就作正副都督的陈作新、焦达峰，就是哥老会的人。这种秘密结社的群众斗争，弄得清廷手忙脚乱，甚至不能保证钱粮运输的安全，所以清廷尽量采用收买、分化的阴谋手段来对付他们。所谓"青帮"，就是从哥老会里面被收买、分化出来的。

第四个特点，清朝以前，农民大暴动的主体差不多都是汉人，其他民族人民所进行的武装斗争，也常常是各民族的上层人物出面组织的。在清朝就不同了，除去以汉族为主体的暴动之外，在贵州、湖南、四川爆发了以苗族为主体的起义。在乾隆、嘉庆年间，爆发了以回族人民为主体的起义。这次起义旗帜很鲜明，以马明心、苏四十三为首的新教徒反对旧教的特权，反对门宦制度（即封建特权制度）；而清朝是扶持旧教的。在云南，有杜文秀为首的起义。对杜文秀这个人物现在大家有争论，争论的焦点是：杜文秀到底该不该被肯定？有人认为英国派人见过他，他又买过英国人的枪，起义失败后，他的干儿子还和英国人接过头，后来跑到英国去了。因此说这个人应该否定。现在看来，这个人还是应该肯定的。英国人见见他有什么不可以？主要是看他是否接受了英国人的要求，有没有卖国的行为。现在看来，他并没有卖国；他的干儿子后来跑到英国去，这不能怪他；至于买枪那不算什么问题，孙中山也买过外国人的枪，为什么杜文秀买英国人的枪就不可以？应该肯定，这支力量是以杜文秀为首的回族人民的反清起义。此外还有湖南、广东的瑶族人民起义。这些斗争，都是过去所没有的。这都同清朝的经济发展、社会矛盾的尖锐有内在的联系。

第五个特点，明朝的封锁政策是对付倭寇，清朝的闭关政策，一面是对付海外华侨，不许他们回国，一面是不许国内华商出海，到外国作买卖。因而清朝时期形成了比明朝更大的武装商队，如广东的朱渍、朱渥，福建的蔡牵。他们同国内沿海城市的人民和市民的出口商有密切的联系，同国外华侨有密切的联系，同南洋各地建立了良好的通商关系，因此他们能得到这些方面的支持而坚持和清朝作斗争。欧美资本主义东侵以后，他们又是同欧美资本主义侵略势力作斗争的一支力量。

清朝的阶级斗争主要有这五大特点。这些斗争带有反封建的新内容、新形式。当然，我们不能、也不应该把这些斗争形式、组织形式说得好像是无产阶级革命那么高明，但也不能否认它较之过去的斗争具有新的内容、新的形式。同时，这种斗争已经开始和逐步起着摧毁封建统治基础的作用。

但是，中国的市民阶级还没有来得及发展成近代资产阶级，就是说萌芽状态的资本主义生产方式还没有成长起来，它们还没有来得及履行自己的历史任务，就受到欧美资本主义的侵略，特别是在美国协助下的英国资本主义对中国的侵略——鸦片战争。此后，中国在外国资本——帝国主义疯狂侵略下，一步步地沦为半殖民地，不可能发展为独立的资本主义国家。这么一来，就把中国历史的发展过程扭曲了，使得中国社会的前进受到阻挠，走了弯路。

第三个问题，清廷对待国内各民族的政策及其固有的矛盾性；清朝加强了祖国的统一，促进了民族关系的发展。

清朝对待国内各民族的政策及其固有的矛盾性，前面已经讲过的不再重述。下面主要讲讲清朝对祖国统一的贡献。

首先，我们应该肯定地说：清朝对祖国统一事业的贡献，不是脱离明朝的基础，而是在明朝的基础上进一步实现的，它使祖国的版图进一步确定和巩固起来。中国的版图，基本上就是那个时期的版图。清朝对这方面作出主要贡献的是康熙皇帝和乾隆皇帝。故宫博物院有个乾隆皇帝的"十全老人"图章。所谓"十全老人"有两重意义：一个是富、贵、寿、考等方面十全十美；另一个是"十大武功"。"十大武功"主要是对国内方面，也有与国外有关的。基本上是应该肯定的。

先说东北。东北原来也是明朝的属领。清军入关以后，不断有汉人出关，东北基本上完全被开发，和内地一样了。

对蒙古，刚才讲过，清朝对蒙古的政策，虽然有其反动的一面，如：修了很多、很大的喇嘛庙。像燕山北面的王爷庙，承德的八大庙，还有罕庙、黑庙、百灵庙等，很多人当了喇嘛，一不能生孩子，妨碍人口的增殖；二不劳动，妨碍生产的发展。宣传喇嘛政策，腐蚀了人民的思想，使优秀的、斗争性很强的蒙古民族逐渐衰落。同时，清廷采取"分而治之"的政策，制造蒙、汉矛盾和隔阂等等。这些都是其政策的反动一面。但它使蒙古对中央的关系基本稳定了，改变了蒙古在明朝有时服从中央朝廷、有时又与中央朝廷敌对的状况。同时，清廷又基本上阻止了蒙族各部在明朝时的相互侵夺、自相残杀，特别是康熙皇帝的三次亲征噶尔丹。噶尔丹是准噶尔部的酋长、封建头目，他不断地向东进攻，侵掠蒙族其他部分和其他民族，危害蒙族其他部分及其他民族人民的和平生活和发展，危害清朝国家的统一和发展。康熙下令制止，他不听，康熙便出兵打他，他服了又叛，康熙一连亲征三次，才把问题解决了。现在有的人写《蒙古简史》，把噶尔丹写成民族英雄，这是写错了，不能写成英雄，自己人打自己人，破坏祖国统一怎么能叫英雄？呼和浩特的一个庙里面有两块石碑，是康熙自己写的，只用了三四百字，就把三次亲征的过程写得清清楚楚；有人说那不是康熙自己写的，是他的秘书代笔，我想就算是他秘书写的，那个秘书也就很不错了。总之，清廷制止了蒙古族内部和它与其他民族的相互侵夺，密切了他们与内地的关系，加强了朝廷对蒙族地区的统治，这有利于祖国的统一，有利于蒙族，有利于各民族的发展。

出于英、俄的窥伺和东侵，他们的势力伸展到了西藏、新疆的边境，所以清朝对新疆、西藏叛乱的平定是应该肯定的。上面讲过的康熙平定噶尔丹，也加强了朝廷对新疆的统治。噶尔丹把新疆两个统治者俘房去监禁起来，一个叫布罗尼特（大和卓木），一个叫霍集占（小和卓木）。霍集占被噶尔丹关了起来，被清廷释放之后，又举兵叛乱，失败以后，跑到中亚细亚，被巴达克酋长杀了。嘉庆时，布罗尼特的孙子张格尔，充当了英国的走狗，干卖国勾当，进行分裂祖国的叛乱，被平定。后来，适应形势的要求改新疆为行省。新疆之所以能成为行省，是因为它和清廷的关系比明朝前进了一步。当然我们看问题不能割断历史，这是几千年历史发展的结果，而清朝完成了这个事业。

对西藏，当时西藏的封建贵族互相争权夺利，并勾结青海及其他地方的蒙族封建贵族，形成达赖六世的继位之争，后来发展为珠尔墨特纳木札勒郡王为首与准噶尔相勾结的叛乱。被乾隆平定之后，清廷为加强中央朝廷的统治，规定驻藏办事大臣代表清廷行使实际权力，建立噶厦政府，噶厦政府处理一切事务都要通过驻藏办事大臣，即一切权力归中央朝廷。同时在西藏、新疆派驻军队，这些措施，在帝俄、特别是英国等欧洲资本主义势力逐渐东侵时是很必要的，没有军队驻防不行，这对保卫祖国领土的完整，维护祖国的统一有极大的意义。

清廷继续并且扩大了明朝的"改土归流"政策，除几个很小的民族外，几乎在所有的少数民族地区都实行了这一政策。"改土归流"政策的实行，是各民族同汉族及内地通过经济联系、文化交流相互间关系日益发展的结果。只有在这个基础上，才可能在这些地区按照内地汉族和其他民族地区那样，实行府、州、县的行政区划、行政建制。在"改土归流"以前，各土司、各族酋长等统治阶级或上层，对本族人民剥削非常残酷。"改土归流"以后，减轻了各族人民的负担，也促进了民族关系的发展，这是好事，这一政策为各族人民所欢迎和赞成。康熙平定大、小金川的叛乱，虽然在作战过程中有错误和消极的一面，但从全局来看，也是有利于祖国、有利于当地民族发展的。

下面讲一讲清代民族关系的发展。

在清朝统一事业的基础上，内地的汉族同其他各族人民，大量地不断地迁到边疆其他少数民族地区去，这就奠下了民族关系发展的基础，大大发展了我国各民族大杂居、小聚居的情况。大大加强了各民族之间经济上的不可分割性和文化上的密切联系。这是主要的。我们看云南、贵州、广西、新疆、内蒙古、东北等地很多汉族人民的家谱，大都是在清朝迁去的。

清代民族政策有反动的一面。如，给予各民族的统治集团的上层以种种特权，让他们进一步加强对人民的剥削，进一步宰割各民族的人民；在各民族之间制造隔阂，使其相互仇杀，特别是在西北地区制造汉、回民族间的相互仇视与仇杀。在西北采取"扬蒙抑汉"的政策（抗日战争时期日本帝国主义在东北、河北北部以及在内蒙也都采用这个办法进行统治）；在蒙、汉、回三族之间扬蒙、汉抑制回族，扶植喇嘛教，抑制伊斯兰教，并利用宗教削弱蒙族和藏族。

清廷在刚进关的时候，曾实行强制同化政策。强制各民族、特别是汉族同化于满族。这是不可能实现的，因为它不符合群众的要求，不符合社会发展的客观趋势；乾隆以后，满汉两族在很多方面相互接近，有了共同性，很多东西差不多一样了，清廷又反过来阻止满人汉化，对这个自然趋势加以阻止，这都是反动的。同时，清廷还大兴文字狱，借此残酷镇压同市民阶级有联系、不愿同满族贵族合作的人，甚至"掘墓戮尸"，连死人也要从棺材里拉出来，砍上几刀。雍正时，汉官徐骏有首诗里写："清风不识字，何故乱翻书"，被认为诽谤朝廷；江西正考官查嗣庭出试题"维民所止"（这是《大学》里的一句话），被认为是砍了雍正的头，为此便大兴文字之狱，这是反动的。因此，加剧了民族矛盾的发展，特别促使各民族人民同清朝廷之间矛盾的加深。

　　清廷实行的民族政策有应该肯定的一面，也有反动的一面。但即使它反动的一面也并不能阻止社会向前发展、各民族人民互相接近以至于相互融化的客观趋势（融化是指不同民族的劳动人民之间谁也不压迫谁，在共同生产、共同斗争的过程中逐渐接近，这是民族融合的性质，边疆很多地区的汉人同当地民族融合了，或者是汉人变成其他兄弟民族的人民，或者是其他兄弟民族变成汉人，这是客观发展的趋势。当然，"融化"一词是否妥当还可考虑）。在清朝，这种各族人民间相互接近、共同合作的关系突出地表现为：不论是汉族人民为主体的起义，或回、苗、瑶及其他民族人民为主体的起义和斗争，都得到汉族同其他民族人民的参加或同情、支持。因此到清朝鸦片战争以前，满族、回族、蒙族，许多人在语言、文字、生活、风俗习惯等方面都同汉族基本一样，或者相接近了，这是好事，对人类的发展有好处，对于我们今天建设社会主义、将来建设共产主义有好处。

　　其他民族也有这种情况。苗族、瑶族大多数人都同汉人接近了。广西壮族是最大的少数民族，大部分人能讲壮汉两种语言，只能讲壮语的人则很少。还有不少人只能讲汉语，连壮族语言都不会讲了。正因为这样，加上其他方面的关系，鸦片战争以后的一百零九年中，大家能够在共同的命运下组织起来，共同进行反对帝国主义压迫的民族解放斗争，这基础主要是在清朝打下的。当然，这也是几千年发展的结果，但到清代就有了更进一步的发展。

　　下面简单地讲讲对康熙和乾隆的评价问题。

　　对康熙和乾隆这两个清代著名的皇帝，我认为主要应该肯定。他们最大的功劳是进一步完成了祖国的统一，奠定了祖国的疆土，打退了英国和俄国的进攻、侵略，扑灭了某些内奸分裂祖国的活动。不是康熙坚决打退帝俄封建帝国对黑龙江流域的侵犯，它就可能过江来侵占东北广大地区。康熙在这些方面的作法是对的。

　　在经济上、政治上，他们的政策是两面性的，有保守、反动的一面，也有促进和有利于经济发展的一面。

　　在文化上，他们作了重要的工作：编纂了大型图书。康熙时编的《康熙字典》，到现在还使用着，我们现在编字典还以它作基础；还编了《渊鉴》。《渊鉴》的词汇很丰富，《古今图书集成》也是康熙时编的。乾隆时编了《四库全书》。他们编《古今图书集成》和《四库全书》时虽然把有些革命的、进步的东西毁掉了，这是错误的，但总的讲是作的好事，有利于文化的发展。

康熙勤于政事，并能够深入下层了解情况。内蒙古博物馆里有一张《康熙私访图》，描写康熙独自一人到大游艺场了解情况，到酒楼喝酒，酒楼主人是个恶霸，向他要七两银子，康熙没有带钱，打手们就说："你是什么东西，吃了喝了不给钱？"说着就要动手。有个叫刘三的打抱不平，说"谁敢欺负客人？要银子问我！"这样就保护了康熙。康熙回到北京，还封刘三为四品官。他年纪很轻的时候，就在激烈的宫廷内部斗争中把权臣鳌拜铲除了。正因为他经历过斗争，后来处事才那样英明果断。

康熙很好学，具有数学、物理学等科学知识，他的知识很丰富，字写得很不错，并懂得军事，能亲自指挥作战。

乾隆也很勤学，是个有文才武略的人，字写得很好，诗也作得很多，很有学问。康熙、乾隆常常把六十岁以上的大小官员请到皇宫里来，摆设"千叟宴"。这是接近干部、了解情况的一种方式；当然，这都是从维护他们的统治出发的。

康熙、乾隆除了作过许多好事，基本上应该肯定外，也还有他们不好的一面。他们对市民阶级经济的摧残、打击，他们的闭关政策，以及民族政策，有反动的一面，还有大兴文字狱等等，这些都是消极的、反动的。尤其是前面讲过的，在他们当时，已经与朱元璋的时代不同，已经有条件去实行像彼得大帝所行于俄国的一系列政策，而他们没有作。原因是他们只看到本阶级统治的狭隘的眼前利益，眼光被民族矛盾的圈子局限住了，违背了历史发展的规律，走了抑制资本主义萌芽发展的道路。

总起来说，我们对这两个皇帝主要应该肯定，但不能完全肯定。如果把他们不好的一面也肯定了，那是错误的。

清朝的政策有进步的一面，也有保守、反动的一面。但清朝刚进关的时候，促退方面的政策较多，如军事上的烧、杀，特别对东南地区，如果这些方面也加以肯定，就等于否定了当时汉族和其他民族人民的反清斗争。我们不能否定人民的反清斗争，人民的斗争是对的。正因为有这样的斗争，才迫使清廷后来的政策中的反动性逐渐减少了，进步性逐渐增多。

现在讲第四个问题，清朝的闭关政策，欧洲资本主义的侵略。

首先谈一谈清朝闭关政策的性质。闭关政策是封建统治阶级保守的政策，目的是抑制市民阶级经济的成长和发展，割断商人、市民阶级同海外华侨的联系，因之，对社会经济的发展起了反动作用。但对外来说，这是属于一国的内政问题。当时英、美等列强借口反对闭关政策而进攻中国，干涉中国的内政，这是侵略行为。资产阶级历史学家硬说英国发动鸦片战争是由于清朝政府不开明的闭关政策所引起的，这是极其荒谬的说法。

至于华商、华侨、沿海居民反对闭关政策的斗争则是进步的。当时华商、华侨以及沿海很多居民，特别是广东、福建、浙江地区很多人，靠对外贸易生活，也有些人靠对外贸易发财，因此要求开放对外贸易。华商要求同华侨自由联系、自由往来这是符合于当时中国社会经济发展的要求的，也有利于东南亚其他国家、其他地区的发展。所以说，他们反对清朝朝廷的闭关政策所作的种种斗争，如蔡牵、朱濆等武装商队的反清斗争都是进步的，说他们是"海贼"、"群盗"不对，盗贼的帽子应该去掉。

华侨、华商对西方资本主义的侵略，对西方的海盗政策进行了斗争。我们讲过，长期以来，特别是郑和下西洋以来，西太平洋、印度洋主要靠中国商队的航运，华侨在南洋各地同当地人民有深厚的关系，他们对当地作出了巨大的贡献，在那里建立起世代相传的家园。华商对南洋、中亚细亚、非洲的贸易是同当地人民的利益相符合的，并不是什么侵略。所以欧美资本主义开始向东方侵略时，华侨、华商同南洋当地人民一起，展开了激烈、复杂的反侵略斗争，这个斗争是正义的、进步的。

前面谈过，华侨对马来亚、新加坡、印度尼西亚等地方的贡献很大，他们同当地人民一起，把那里的荒地、沙滩变成了良田；在改进生产技术、增加生产、建立大城市等方面作了很多好事。华商在广东佛山等地制造的铁器，如铁锅、铁刀、铁犁等，都是当地人民所必需的，是符合群众利益的。但是，当资本主义侵略势力伸展到这些地方时，清政府不但不支持华侨，反而继续采取闭关政策，使华侨成了海外孤儿。康有为的诗："海外孤儿一片心"，正是反映了这种情况。华侨得不到国内的支持和帮助，单靠自己的力量与资本主义侵略者进行斗争。罗芳伯等人在印度尼西亚的坤甸，组织了兰芳共和国。有人把它译成"兰芳总公司"，总公司是个经济机构，还是叫共和国比较合适。因它不光管经济，还有武装，行使政治权力，得到印度尼西亚土王的许可，首领罗芳伯称为"大唐总长"，等于大总统，这种政治制度，是华侨当中资本主义生产方式的反映，当然也受到了西方资本主义国家的影响。这是亚洲第一次出现的近代民主共和国形式的政权，虽然带有很多落后性，体制也不完整，但它基本上具备了民主共和国的雏形。

从明末以至清朝，中国人民先同欧美的市民阶级海盗集团，后来同荷、葡、西班牙、英、法、美（美国很狡猾，愿意协助英国，让英国出兵而自己从中分肥。）等资本主义列强的侵略所进行的斗争是很复杂的，在中国近代史课程中会详细讲，这里就不更多地叙述了。

整理者的话

本书是根据吕振羽同志在中共中央高级党校 1959 年班讲授中国历史时的速记稿整理而成的。1959 年班是中共中央高级党校理论班（即当时所说的"秀才"班）中的第一班，学员多是省市委党校及大专院校教研室主任、省市委宣传教育、新闻出版、理论研究机关的领导干部，多是政治、文化水平较高的中年干部，也有少数比较年轻但有培养前途的理论工作者。理论班的任务是，帮助学员系统地学习马克思列宁主义、毛泽东思想的基本原理，提高思想理论战线中层领导干部的思想理论水平和业务工作能力。为了达到这个目的，理论班学员系统地学习了中国历史和世界历史。中国历史课中国古代史部分，是由吕振羽同志讲授的。

吕振羽同志是我国杰出的马克思主义历史学家，他终生研究中国历史，写作和出版了大量的史学论著，在许多重大的史学理论问题上，提出了独到的见解，对我国历史科学的发展，作出了重大贡献。1956 年到 1962 年，吕振羽同志兼任中共中央高级党校历史教授和历史教研室顾问。除 1959 年班外，他还为其他班次作过若干次中国古代史专题报告和解答学员们所提出的问题，并指导历史教研室的教学和研究工作。《中国历史讲稿》是他给我们留下的一份宝贵的史学理论遗产。简明扼要、理论性强、深入浅出，是吕振羽同志讲课的主要特点。这些特点，正适合高中级党校、高中级干部政治学校和广大在职干部学习中国历史的需要，为此，我们特将吕振羽同志讲课速记稿整理成书。

参加讲稿整理工作的有叶华、刘仲亭、陈作梁、张锦城、胡盛芳、王树云、范士华、李纯仁、刘爱文同志。马鸿模同志协助进行检查。魏晨旭同志主持整理工作并校阅定稿。吕振羽同志的夫人江明同志根据吕老生前意见和他的讲授提纲草稿，对全书作了必要的修订。人民出版社吕一方同志、湘潭大学王启慧同志热情帮助，并提过一些可贵的意见，即此志谢。

吕振羽同志的课是二十多年前讲的，对一些政治、理论问题的阐述，反映了当时的一些看法。为了尊重历史的真实和吕振羽同志的原意，整理时均尽量保持原貌。

由于教学时间有限，讲课时便只能重点地讲一些主要问题，对于有些重要的历史事件和历史问题，或省略，或仅简略提及。读者在读本书时，可参考吕振羽同志的《简明中国通史》，或其他历史书籍。

我们水平不高，整理中定会有不少缺点错误，敬希同志们批评、指正。

1982 年 7 月 17 日

附 一

中国历史讲授大纲①

（1961 年 5 月）

引 言

一、学习和研究中国历史的重要意义

二、必须在毛泽东思想指导下学习和研究中国历史

    1. 毛泽东思想是学习和研究中国历史的指导思想

    2. 运用历史唯物主义的原理揭示社会历史发展中的规律

    3. 正确地掌握生产力与生产关系对立统一的规律

    4. 正确地运用基础与上层建筑对立统一的规律

    5. 应用阶级斗争的理论是我们学习中国历史的基本线索

    6. 正确地阐明人民群众和个人在历史上的作用

三、历史科学战线上的两条道路的斗争

    1. 马克思主义的历史科学是在同反马克思主义思想的斗争中发展起来的

    2. 认真地批判资产阶级唯心史观

    3. 认真地批判资产阶极唯史料论和烦琐的考证

    4. "厚今薄古"与"厚古薄今"的斗争，是历史科学战线上两条道路的斗争

---

① 编者注：《中国历史讲授大纲》，是著者指导中共中央高级党校历史教研室，按照他制定的通史纲目编写的，目的是使学员能掌握各历史阶段的"完整轮廓"，解决因时间关系无法讲到的一些问题。

5. 认真地批判历史科学中的修正主义观点

四、关于几个重大历史问题的争论

　　1. 关于中国奴隶制和封建制的分期问题

　　2. 关于中国封建社会分期问题

　　3. 关于中国封建社会的土地所有制问题

　　4. 关于中国封建社会的农民战争的问题

　　5. 关于中国资本主义萌芽的问题

　　6. 关于中国近代史分期问题

　　7. 关于太平天国革命性质问题

第一章　伟大的中华民族

第一节　中国是一个地大物博人口众多的国家

　　一、中国的地理疆域

　　二、中国的耕地和资源

　　三、中国是人口众多的国家

第二节　中国是一个统一的多民族的国家

　　一、中国人种的起源

　　二、中华民族的构成

　　三、巩固我国的统一和各民族的大团结

第三节　中国是世界文明发达最早的国家之一

　　一、中华民族有着悠久的历史

　　二、中华民族有着优秀的文化遗产

第四节　中华民族是刻苦耐劳和富于革命传统的民族

第二章　中国原始公社制

第一节　中国境内的原始人

　　一、周口店"中国猿人"

　　二、由"中国猿人"到"丁村人"、"河套人"

　　三、周口店"山顶洞人"

　　四、"马坝人""麒麟山人"和"资阳人"的发现

第二节　原始公社制前期

　　一、传说中的"有巢氏"和"燧人氏"

　　二、传说中的"伏羲氏"

第三节　原始公社制后期

　　一、传说中的"神农氏"

　　二、关于尧、舜、禹的传说

第四节　原始公社制度的解体

　　一、私有制和阶级的产生

　　二、夏朝的"家天下"和夏朝的发展

　　三、夏桀的暴虐和夏朝的衰亡

第五节　原始公社的宗教和文化

　　一、宗教信仰

　　二、文化艺术

第三章　中国奴隶制社会——商朝（公元前 1766—公元前 1122 年）

第一节　"成汤革命"和商朝奴隶主国家的建立

　　一、商族的发展和"成汤革命"

　　二、商朝奴隶主国家的建立

第二节　商朝的奴隶制生产方式和阶级关系

　　一、商朝的生产工具和奴隶劳动

　　二、私有制的确立和奴隶主对奴隶残酷的剥削压迫

　　三、商朝的社会经济状况

第三节　商朝奴隶制的发展和衰落

　　一、"伊尹放太甲"

　　二、"盘庚迁殷"和奴隶制的发展

　　三、商末对各部落的征伐和各部落人民与商族矛盾的加剧

　　四、商末阶级矛盾的发展和"殷纣亡国"

第四节　商朝的宗教和文化

　　一、宗教

　　二、哲学

三、科学

四、文艺

第七章 专制主义中央集权封建国家的再建和发展——隋唐时期

（公元589—907年）

第一节 专制主义中央集权封建国家的再建

一、隋初的国内外形势

二、隋初的政治措施

三、隋初社会经济的恢复和初步发展

四、隋初的对外关系

第二节 农民大起义和唐王朝的建立

一、隋炀帝的重要措施及其恶政

二、隋末农民大起义和隋王朝的崩溃

三、李渊、李世民集团的兴起和唐王朝的建立

四、农民大起义失败和唐统一中国

第三节 唐初的国内外形势和唐太宗的对内对外政策

一、唐初的国内外形势和"贞观之治"的主要内容

二、均田制和租庸调法的实行

三、专制主义中央集权制度的发展

四、唐初的对内对外战争

五、唐初社会经济的迅速恢复和发展

第四节 永徽至天宝年间经济的发展和繁荣

一、高宗和武后的政治措施

二、武则天称帝及其政治措施

三、"开元之治"

四、唐朝前期社会经济的空前繁荣

五、唐朝前期的对外战争，中外的经济文化交流

六、均田制、府兵制的逐渐破坏，天宝年间唐王朝由兴盛转向衰落

第五节 唐朝后期社会矛盾日益尖锐

一、"安史之乱"是唐王朝衰落的开始

四、北宋初期社会矛盾的暴露——王小波、李顺起义

五、北宋与辽夏的关系及其对外政策

六、王安石变法及其失败

七、南北各地的农民起义

第四节 宋金对峙，南北各地的社会经济状况

一、女真族的兴起和金王朝的建立

二、金兵南征和北宋王朝的灭亡，两河人民英勇抗金，南宋和战两派的斗争

三、金兵的进攻和诱降两手并用，南宋王朝的怯外压内和各地军民的英勇抗击金兵

四、"岳家军"恢复中原和全国抗金高潮的形成，以高宗、秦桧为首的主和派破坏抗战屈辱投降

五、南宋和金国后期的几次和战

六、金王朝统治下北方经济的停滞

七、南宋的社会经济状况

第五节 蒙古贵族集团南征，金、宋相继灭亡

一、南宋和金同趋衰落

二、蒙军的灭金征宋

三、文天祥等抗战失败和南宋灭亡

第六节 五代、两宋、辽金时期的宗教和文化

一、宗教

二、哲学

三、科学

四、文艺

第九章 蒙古贵族为主体统治的元朝（公元 1279—1368 年）

第一节 元王朝建立前的蒙古族

一、从原始公社到奴隶社会

二、蒙古贵族集团的南下和对外侵略

第二节 元朝的民族矛盾和阶级矛盾

四、汉、回、苗、瑶、维等族人民反清斗争的发展

第五节　清朝的宗教和文化

一、宗教

二、哲学

三、科学

四、文艺

附 二

中国通史问题解答

（1961 年 9—10 月）

中国通史问题解答（一）

（1961 年 9 月 16 日）

"五九班"① 一、二、三、四支部在学习这门课时，提出了很多问题。问题提得很好，说明同志们是真正钻研这门课的，是按照毛主席所讲的精神，一个共产党员应该很好的学习历史。我看了很高兴。

同志们提出的问题，一部分是书上的一些问题，有些是数字、年代错了，那马上要改。有很多问题提得很好，将来改这本书②的时候，一定把同志们提的意见认真考虑进去。这样，可以说达到了我们的一个要求。我在第一次讲《引言》时，提出过这样一个意见：我们又教又学，教的也学；又学又教，学的也教。从大家提出来的问题看，是达到目的了。

党校历史教研室的同志，把大家所提的问题归纳了一下，其中一部分问题由教研室的同志分别到各支部解答，一部分问题由我到这里来讲，大家听一听，可自由参加。

---

① 编者注："五九班"是中共中央高级党校理论班一九五九年班的简称，即当时所说的"秀才班"。1961 年 6 月至 9 月，著者为该班学员系统讲授了中国通史，并对学员在听课过程中所提出的各种疑难问题，作了三次解答。

② 编者注：此指吕著《简明中国通史》，是当时学员使用的教材。

现在讲一下要我解答的问题。我只能简单讲一下，如果详细讲，恐怕比正课还多。

一、关于"引言"部分的一些问题

问：是否每一次政治运动或重大历史事变都受生产力与生产关系的影响？这种影响的具体情况怎样？如果不完全是这方面的影响，那么是什么原因在推动政治运动和历史事变的发生和发展？

答：在一个国家内部产生的政治运动或重大历史事件，都是直接或间接地同生产关系有关，都是社会经济基础的反映。直接的就是阶级斗争、阶级关系、阶级间的利害矛盾，这是一面。还有一面，历史上只有无产阶级才能把整个阶级团结起来，没有个人的利害冲突，因为它一无所有。剥削阶级或其他阶级都有个人利害。剥削阶级总是大吃小，强吃弱，各个阶层形成集团派别，有集团之间、派别之间的冲突。比如三国的曹操、刘备、孙权，他们代表的阶级很难找出有什么不同，可是这个集团的利益同那个集团的利益却发生冲突。有人说曹操代表中小地主，我不同意这种看法。曹操的爷爷是封了侯的，他爸爸是管军队的，并充当了汉朝的太尉。曹操是把家产疏散了组织起军队的，他还是很有钱的。孙权也是这样。刘备是中山靖王的后裔，人家说他小时候卖过草鞋，而他是贵族皇室之一。所以一个国家内部的这种政治运动和重大历史事件，都直接或间接是经济利益的反映。

不同国家之间发生的历史事变，因产生的原因不同而不同。不管中国内部的生产关系怎样，凡是从外国反映进来的，比如鸦片战争、八国联军侵华战争等，都是由外来侵略和中国反侵略产生的。因为中国内部生产关系虽到封建制末期，但并不需要这样一些侵略战争来反映。

国与国之间的利害冲突，当然根基是阶级基础。日本帝国主义不侵略我们，就没有中日战争；日本来侵略我们，我们才有抗战。当然这种侵略从整个世界历史来看有个发展过程。日本帝国主义一开始出现之后，便是军事的、封建的帝国主义。中国假如是强国，它就不敢侵犯。它有空子可钻。这次中日战争是鸦片战争以后很多条件构成的，毛主席和刘少奇同志都分析过这个问题。

所以这个问题要具体看那个历史事变、政治运动，根据它的内在的、外在的、国内的、国际的全部具体情况，加以具体分析。毛主席在《论持久战》中对中日战争的分析是很典范的，对中国国内的经济、政治、军事、文化作了全面的深入的科学分析，对日本也作了分析。国际上同世界联系起来，也作了种种分析，指出中国有什么条件，日本有什么条件，中国的优点何在，弱点何在？日本的优点何在，弱点何在？这就揭示了这个战争的规律性和它必经的三个阶段，结论是中国必胜，日本必败。

同志们写文章要看一些东西。马克思、恩格斯、列宁、斯大林、毛主席写东西，首先把任务提出来，要达到什么目的，达到什么要求，然后作总的历史的概括，再作全面分析，一下一下深入。

问：中国封建社会发展得这样缓慢，怎样理解毛主席在《中国革命与中国共产党》中说明的原则。毛主席说："地主阶级这样残酷的剥削和压迫所造成的农民的极端的穷苦和落后，就是中国社会几千年在经济上和社会生活上停滞不前的基本原因。"①

答：社会发展的或迟或缓，这是相对讲的，不是绝对的。比如西欧的希腊、罗马的奴隶制度时期特别长，中国的封建制度时期特别长，中国同其他国家的奴隶制度时期比较短。

在全部人类历史中，几千年、几万年不算什么。中国社会从周口店中国猿人到现在有五十多万年。从山西晋南挖出来的东西，比周口店中国猿人的时间还早。阶级社会还不到四千年。原始公社制那么长，将来共产主义社会恐怕也是很长的。将来到了共产主义，还变不变了？不变不符合马克思主义，恐怕要变。怎样变，今天想不到。

斯大林讲过，人口的多少和地理环境能够影响社会发展的快慢，但不能影响社会发展的规律②。是不是毛主席和斯大林讲的不一致呢？是一致的。毛主席是从中国角度上讲的。

首先，因为剥削和压迫残酷，农民很穷困，拼命把小农业、家庭副业结合起来维持生活，没有力量改进生产，没有力量扩大再生产。同时，因为经济上

---

① 《毛泽东选集》第2卷，人民出版社1991年6月第二版，第624页。
② 见《斯大林选集》下卷《论辩证唯物主义和历史唯物主义》，人民出版社1979年12月版，第440页。

这样穷困，农民不识字（所以解放以后用那么大的力量扫盲），这就使发展生产、扩大再生产受到影响。

另一方面，因为中国在太平洋以西，帕米尔高原以东，地域辽阔。以汉族为主体的民众，居住在黄河中游、下游，人民很穷困没有出路的时候，一面起来斗争，发动农民战争；一面就往别的地方跑。看全国的地方志，就知道了。到今天，全国没有一个少数民族住区没有汉人，最少也有几千人。绝大部分地区，是汉人比少数民族人口多。五胡十六国时期很多人往南方去，到福建等地。秦始皇也派人到过广东、广西。后来从各地到南方去的，都同当地民族融合在一起，在广东就变成了客家汉人等。湖南在元末明初的时候，主要是陈友谅农民军同朱元璋打仗，打败了，跑到湖南等地。岳州、长沙、永州一带，原来去的汉人较多，像韶关、湘阴、湘南等地的汉人，差不多是这个时候去的。广西的汉人，主要是从湖南、广东去的劳动人民，还到云南、贵州。我们小的时候，家乡的人也是这样。没有办法了就往云南、贵州。北方是到东北、西北。尽管阻止不让去，他们也要去。山西、河北人到内蒙、陕西、甘肃、新疆。生活受到压迫，没有办法，就到这些地方。这有个好处，这些人去了，形成各民族不可分割的关系。一方面把祖国的疆域开辟了，把生产经验、政治经验带去了；但另一方面，到当地重建家园，也影响了中国社会的发展。因为生产设备、生产技术的建设，不是短时期的事，都是要慢慢才能开辟出来的。农民有一个特点，就是安土重迁。生活有一点办法，就不会离乡背井，生活没有办法，才离乡背井。我们的地理环境、气候条件、物产资源等种种条件，便利了我们的发展。

由于压迫很残酷，农民长期把小农业同家庭副业顽强地结合起来，这样就阻碍了商业的发展，使市场不能扩大。

再一点，地主阶级各个集团为了争权夺利的战争，反过来更加重了剥削。另一方面，争权夺利的战争对社会的破坏非常严重。地主阶级加重剥削，又促进了农民战争。地主阶级镇压农民起义，每到一个地区，常常杀人几十万、几百万。如三国时曹操与袁绍的战争，弄得参加的军队都没有东西吃，造成这样大的破坏。

此外，各个民族统治集团也有争权夺利的战争，特别是某些社会制度比较落后的民族统治集团，比如十六国时北魏前期的奴隶制度，又如辽、金、元等。由于这种残酷的民族压迫，阻碍了历史前进。所以，西汉经过三国两晋南北朝的混战，到唐朝时才慢慢恢复起来。从生产力状况可以看出来，从农业单位面积产量可以看出来。经过两宋、元，这个波折很大，是波浪式前进。

对中国封建社会长期延续性的问题，过去有很多争论，今天还有很多争论，我只是说一下自己的看法，同志们可以考虑。

二、关于原始公社制的几个问题

问：《简明中国通史》中关于原始公社后期的阶级分工同社会分工交代的不清楚，恩格斯讲有三次大的社会分工，而书中没有提。在第47—48页中引了两个不同的例子，然后就说中国的畜牧业在先还是农业在先，还难以正确知道，叫大家分析。对这一问题应进一步论述。

答：你们提的很对，就是我没有交代清楚，也没有按照三次分工来讲。原因有两个：一个可能由于我急于把书写出来，收集材料不够全面；另一方面，是由于我接触的材料不足。在第二次国内革命战争时期，开始用马克思主义研究中国历史的是郭沫若同志，他认为殷开始是原始公社制，西周是奴隶制。当时胡适、罗振玉、钱玄同等疑古学派说，殷以前的历史全部是儒家的乌托邦。当时地下出土的东西不多，只有书本材料，那都是后人写的。所以当时要按照恩格斯讲的三次大分工来讲，没有这样具体可靠的材料。

同时有这样的材料：恩格斯说过，在原始公社制后期，新石器时代，即野蛮时代或未开化时代初期，在东半球是首先知道畜牧业，最后知道农业；西半球先知道种植苞米，后知道畜牧。我们看到这样的材料，豫西北渑池县仰韶村地下出土的东西没有铜器。一方面地下发现很多家畜骨头，说明有畜牧，同时陶器罐子里有小麦，是知道种植。因此，我说中国一开始就知道种植，也知道畜牧，就是根据这个具体情况说的，同志们还可以研究。

解放十一年来，由于生产大建设，全国新石器时代出土的东西不少，山西、河南、陕西、甘肃地区挖出的东西更多，广东也不少。看了黄河流域仰韶文化、龙山文化，似乎未开化初期就有农业，而且占相当比重，因此有相当位置，同时有畜牧业。那个比重大还很难说。

我写了一篇东西①，教研室要印出来，同志们可以参考。我把新发现关于

---

① 编者注：此指吕振羽《地下出土的远古遗存和我国原始公社制时代的历史过程》（1960年8月中央党校铅印本）。

考古的资料、地下出土的资料都看了，写了这篇东西。

同志们提得对，没有交代清楚，原因就是材料不够。第二是要具体分析。

问：郭老、范老同吕老都说商朝畜牧业高度发展了，但农业是基础。商朝以前是否有一个以畜牧业为主的时代，可否看作是夏代？因为龙山文化中兽骨特别多。

答：这个问题首先谈清楚，商朝畜牧业相当发展。商朝使用奴隶，用奴隶去放牧，甲骨文记载很多。用奴隶种地，甲骨文记载也很多。商朝的畜牧业虽然发展很高，但是在走下坡路，农业已经取得支配地位，是上升的。当时人民生活资料的主要来源，照甲骨文看是依靠农业。甲骨文中，殷朝王室向天祈祷占卜，总是占农业是否丰收，这非常多，而占卜畜牧的非常少。甲骨文记载，只说叫某些奴隶放牧。再一个，殷朝在祭祀时，几百头牲口祭祀以后就不要了，证明他们不是靠这个为主食。可见，一个是向下的，一个是向上的，说明畜牧业退出支配地位，农业取得支配地位。

第二方面，在商朝以前是不是有过以畜牧业为主的时代。从地下出土的东西看，还不能说明到底畜牧业比重大，还是农业比重大。我们说仰韶文化、龙山文化、吴越文化（在长江流域，主要是江苏、浙江、福建、广东，安徽一部分，江西一部分，一直到湖北、湖南），现在都很难分辨。地下出土的东西，有关农业的特别多，特别是吴越文化遗址。因此，商朝以前是不是有过畜牧业为主的时代很难说。龙山文化是不是夏的遗址，今天大家的意见不一致，同志们参看一下资料。

书上的记载以及地下出土的东西看，好像殷朝的东西同龙山文化不一致。龙山文化散布的地区主要在山东、河南，晋东南是少数，越到西部越少，皖北、苏北有一些，辽东半岛有一些（就是旅大一带）。仰韶文化散布的地区，主要在晋南、豫西、陕西、甘肃一部分，同时也到了南面，到了湖北、河南东部，济南也有一点，内蒙古自治区也有一点。这样看来，仰韶文化、龙山文化有很多基本的东西是共同的。龙山文化以后有些发展成周的文化。这是复杂的问题，考古学家的意见也不一致。《人民日报》发表了我的文章的摘要①，考

---

① 编者注：见吕振羽《地下出土的远古遗存和我国原始公社制时代的历史过程》（《人民日报》1961 年 4 月 23 日）。

古研究所开会讨论时，听说年纪大的不同意的居多，年纪轻的同意的居多。这个问题现在意见不一致。

问：《简明中国通史》中 50 页上讲氏族内部家族住户的分工产生了手工业与农业的分工（第二次社会大分工）。应该说农业与手工业分工是在公社内产生的，不是在家族内产生的。

答：我们的意见没有矛盾，或是我的书没有写清楚。我说家族住户的分工产生了手工业与农业的分工，地下出土的东西有这样的情况。比如制陶，在氏族公社内有成列的陶窑，或者是氏族公社的，或者是家内公社的，这里面是集体劳动，很难分清楚。农业和制陶也是合在一起的。另外，在有些遗址里，发现家内公社或氏族公社里有单独的陶窑。根据种种情况研究起来，恐怕是个别家庭搞的。黎族自治州五指山这里是原始公社制，制陶是个别家庭妇女作的，并没有完全从农业生产脱离出来，是农闲制陶，平常还是集体的农业劳动。应该说农业与手工业分工是在公社内产生的，我也是说在公社里产生的。家族是在氏族里面，下次把书写清楚些。

问：第三次社会大分工是商业独立出来，郭老和范老都讲春秋战国商人大量出现，可否看作三次大分工是这时产生的？

答：这个问题要从两方面讲，郭老、范老的意见，最好将来由他们自己解答。我理解范老的意见，不是说商人在春秋战国时代第一次分工时才出现。如果我讲错了由我负责。

中国商人的出现在殷朝，殷朝有很多现象表明了商人的出现。殷朝有商队，地下挖出商队的车子，里面有装货的箱子，同时还使用奴隶帮助经营商业，以买卖奴隶作为业务。

封建制度初期是封建庄园的封锁性。封建庄园自给自足，所以奴隶制度时代的商业，在封建初期反而缩小了。因此，不能从商业看社会发展的程度如何。一般国家主要是农业，要从农业的发展来看。

西周、春秋时期的工商业都是封建领主掌握，没有独立的商人。独立商人在春秋战国时期，在个别地方先后出现。郑国的弦高要到陕西做生意，在路上碰到秦国的军队，他马上去见秦国的将军，说我们国君知道你们要来了，特别要我来劳军，我没有别的，拿这些牲口，请你们吃一吃。秦国的将军听了说，郑国有准备了，算了，回去吧。子贡是商人，他是孔子的徒弟，做生意到过浙江。

问：《简明中国通史》中对农业与畜牧业的分工说的不够清楚。没有不同氏族在农业、畜牧业方面的分工，则货币的产生是否可能？书中51页上只把玉、贝当作货币，这同马克思在《资本论》中所说的最初的牧畜（羊）或布匹作货币似乎也不完全一致。

答：畜牧业与农业的分工上面已经讲了。

当时用什么货币，是不是有不同的分工（有些氏族从事畜牧，有些氏族从事农业）才能产生交换和货币，这个问题可以灵活一些。从全部历史来看，还是多样的。就是以农业为主，也还有多种多样的生产。我在内蒙古博物馆看到鄂伦春、鄂温克族的一些东西。他们以畜牧业为主，用兽皮做的东西非常漂亮，做的衣服也非常漂亮，手袋做的很好，据说他们以这样的东西作为交换的物品。

从地下出土的东西看，是不是某个氏族从事农业，某些氏族专门从事畜牧业。中国新石器时期的文化遗址，大概从黑龙江到吉林、内蒙古自治区，经过宁夏回族自治区、甘肃，到青海、新疆，南下到西藏阿里，同时到阿拉伯，到非洲北部，有所谓沙漠草原地带，他们主要是畜牧。龙山、仰韶文化地区还没有发现专门从事畜牧业的。

一方面是交代不清楚，另一方面也有这个原因。至于用什么东西交换，我看不必一定。马克思讲那个地方用羊，别的地方可能用别的东西。最初的交换是物物交换，中国的物物交换也可能把牛当作交换的媒介物。有的大概是用农业工具，而同时也用玉、贝，这是事实。

贝原来是原始贝，在殷朝有海贝，后又发现铜贝，即铜制造的贝。在殷朝以前，我们发现玉同贝，没有发现用布作货币，所以中国的"财"、"宝"都从贝，很多珍贵的东西都从"玉"。后来是不是用布作交换品？大概有，或者说肯定有。

在春秋战国时期，诸侯国用几种货币：有一种叫刀币，有一种像铲子，齐、赵、燕都用这个东西，里面有字，写个"布"，有的写"货"，这证明这些诸侯国曾经用"布"交换。同志们的问题提得对，应讲清楚一些。

问：商族的生产力发展水平比夏族高，那为什么由母系本位到父系本位的转变，不是发生在商族而是发生在生产力水平较低的夏族？

答：我们写这一段的历史，大多是根据中国传统的说法，用夏禹传子来说明从母系本位到父系本位的转变，但这并不是说明夏比商更早地进到父系本位。

照书上的记载，叙述男子祖先的，大概是夏这个系统，商这个系统，周这个系统。人民出版社要印我们在第二次国内革命战争时期写的东西，我的一本东西也要出，叫《史前期中国社会研究》，这本书里谈到了这个问题，同志们可以参考一下。

夏的系统由禹到启，商的男系祖先到舜，舜比禹早一点。周人男系祖先到后稷，大概是和舜差不多同时期的人物。按照历史的发展来看，可能商人由母系本位转到父系本位比较早，这是相适合的。后来的传说把尧舜合在一起了，把舜变成尧的姑爷。尧在山西，舜在山东。孟夫子讲，大舜东夷之人也，就是说他是商这个系统。传说常常把很多东西并在一起，我们不能按照传说那样安排。我们可以利用传说说明社会的某些特征，说明社会历史的发展过程。

问：由母系本位制到父系本位的转变，按理说，在平等的社会中完成这个转变是不需要经过族内流血斗争的，而是和平的转变，但中国历史上"启杀益"的传说又如何理解呢？

答：在平等的社会里，社会转变不需要经过流血斗争，这个原则是确切的。根据世界史研究，也找不出经过流血斗争的例子。但我们历史上关于启杀益的记载很多，伟大诗人屈原也说启杀了益。但这些还只是个传说，并不是第一手的材料。这个事情只能说大概有。从母系转到父系的力量是进步的力量，保存母系制度是保守的力量。说没有经过斗争是不可能的，但斗争的形式很多。启杀益这类记载，只是说明进步派取得胜利克服保守派的历史内容的反映。到底是不是真的杀了益，没法子知道，因为当时没有文字记载，也没有挖出东西来证明。

问：吕老认为夏朝不是阶级社会，请把理由详细讲一下。

答：范老主张阶级社会从夏代开始。郭老开始主张西周是阶级社会，后来改为从夏代开始。我还没有转过弯来。我有个看法，关于"夏后氏五十而贡"的记载，是后人写的。这种情况存在殷末的时期，还是殷以前的时期，都很难证明。夏朝没有发现文字，西欧是拼音文字。中国汉族的字是形声字，大概相当于拼音文字，如"河"字，水是象形，作氵，"可"是形声，像流水的声音，合起来是"河"。夏朝没有文字。只是在一些陶器上有人头的像，牲口的像，虫子的像，鸟的像，这些东西也可以叫作原始的文字，但很原始，不能作为记录之用。在阶级社会里，历史记载要有文字。夏代没有文字，这是第一条。

第二条，殷以前，地下出土的东西长期是石器，另外出现了一些紫铜器，以后才开始出现少量的青铜器。

第三，由于第二条，当时的生产工具，还不能使一部分人脱离生产完全靠另一部分人过活，因而这时看不出鲜明的阶级对立的存在，从地下出土的东西和书上的记载，都看不出来。

我没有转过弯来，就是因为这几条。范老只是讲国家的萌芽，他措辞是比较慎重的，我是连萌芽都没有讲。

问：夏商两族怎样汇合在一起的？夏商属两个分支发展而成，为什么文化没有什么差异？

答：他们的汇合大概在河北南部、山西东南部，是在河南地区汇合的。一个大概是从甘肃、陕西往河南、晋南走，一个是从山东往西走。在我看来，龙山文化是商族在进到阶级社会以前的文化。那么问题很好解释，同书上记载商族活动的地区基本上一致。同时，龙山文化也是在进到河南、晋南、晋东南地区以后发展比较高，原来在山东比较低一些，在大汶口比济南一带较高一些。

如果说仰韶文化到齐家文化属于夏族文化，那么好像是这样一种情况，是从甘肃到陕西、到晋南、到河南这样发展的。同商族碰头以后，又有一支绕回去。所以从文化遗存看来，有发展较低的，有发展较高的。同时文化遗存有很多特点，有共同性。我的意见在那篇文章上讲了，就不详细说了。

这两部分本来属于蒙古人种，在人种学上已经解决了，同周口店北京猿人都是一个系统。

夏族从这个地区回来以后，经过相当时期，在河南、山西南部，特别是山西南部是仰韶文化遗址。山西中部、北部也遍地是仰韶文化遗址。夏、商两族碰头以后，商族水平比较高。商朝没建立国家以前，按传统的记载，两个彼此有联系和摩擦。今天看来，文化上彼此有影响，文化遗址有交叉（在河南山西南部有交叉，在山西南部有个别的龙山文化遗址）。

周是夏的系统，周人骂商是东夷，骂纣王是纣夷，说夏是"我有夏"、

"时夏"。但周在殷商国家时期，是在商的国家统治之内的，甲骨文讲的很清楚：一方面殷王曾到甘肃的甘州同凉州巡游过；另一方面，他们不是两个敌对的国家，是一个国家内部的，周是殷朝奴隶国家统治下的一个部落，所以有文化上的差异。恩格斯说，同一部落彼此分开五六百年之后，彼此不接触，就可以有很多不同。他们之间有差异，这个差异可以这样看，一直到周朝时期，到战国时期，各国文字基本相同，但在写法上有很多不同，连车轮子尺度都不一样，所以秦始皇才统一文字，把六国的文字统一起来。所谓"车同轨、书同文、行同伦"。"车同轨"是工具方面，"书同文"是语言文字方面，"行同伦"是心理状态方面。所以在殷朝国家五六百年之间，周人就是用殷的文字，这并不等于说没有他自己地方性的文字。所以到周初，金石文字的写法同甲骨文差不多，有差异，也有共同性。经过殷朝五六百年，殷人统治各个民族，其中夏族是主要的。人民就是共同生产，共同斗争。武王革命的时候，"前徒倒戈"，"前徒"就是奴隶，有七十万奴隶武装。人民在长期的共同生产、共同斗争中把差异性减少了，形成了共同性，特别是在两个革命过程——成汤革命和武王革命中是这样。

问：毛主席讲战争是阶级社会中的产物，吕老认为原始公社有部落战争，这种说法是否同经典作家的理论有出入？又，原始公社制时期，部落间的战争发生的原因何在？为什么说部落间的战争不带有侵略性和被侵略性？既然没有侵略和被侵略的性质，又为什么说带有正义和非正义的性质？正义和非正义的具体内容是什么？正义与非正义、侵略与被侵略的区别何在？

答：这是一个很重要的问题，也是带原则性的问题。毛主席讲的战争，是讲阶级社会里的战争。在阶级社会以前，原始社会部落间有没有战争？有战争。毛主席并没有讲部落间的战争不叫战争。恩格斯在《家庭、私有制和国家的起源》中讲到，原始社会部落间的战争也叫战争。我想毛主席和恩格斯的结论不矛盾，是一致的。

原始社会的战争是否带有侵略被侵略性质的问题，我记得经典著作上讲不是侵略被侵略，但有正义和非正义之分。为什么呢？在原始公社制度末期，这个部落以军事集团为首，它征服其他部落，或把人家赶走，或奴役人家，这就有正义非正义的性质。《家庭、私有制和国家的起源》一书中讲，美洲易洛魁人就有这样的情况，用战争占领其他部落的地区，或把人家赶走，或奴役人家，这是非正义的。

同志们的意见对我有很大启发，说正义与非正义的萌芽，恐怕更确切一些，因为有奴役被奴役的状况存在。在原始公社制灭亡的前夜，产生了剥削被剥削，奴役被奴役的情况，同志们可以去查一下，在《家庭、私有制和国家的起源》一书中《易洛魁人的氏族》部分谈到了这样的问题。

三、关于殷朝奴隶所有者国家的几个问题

问：由原始公社制度到奴隶制度的转变，为什么以"成汤革命"为标志？为什么没有阶级的原始公社社会向奴隶制转变时也必须经过暴力革命？用暴力革谁的命？为什么殷朝经过"成汤革命"就成了奴隶制国家？

答：所以这样讲，是因为：

第一，根据书上的记载，成汤革命在过去传统文献中非常普遍，深入人心。

第二，斯大林讲过，历史上经过四种社会革命：第一种是奴隶制度的革命；第二种是封建制度的革命；第三种是资本主义革命；第四种是社会主义革命。

第三，由原始公社制到奴隶制度，由平等社会转入阶级社会，转入一个阶级使用它的强制权力去支配另一个阶级，不经过暴力是不可能实现的。难道奴隶阶级愿意作奴隶吗？所以必须经过暴力。

问题的第二点，在殷朝，奴隶制度的革命是不是就只有一个成汤革命？我们今天的材料不够。年代这么久，秦始皇烧过书，今天地下的甲骨文只是一部分。成汤革命以后，盘庚迁殷带有进步性，是不是带有奴隶革命的性质，今天还没有材料说明。

有这样的材料，在成汤革命后，殷朝社会里曾经不断有政治斗争，这是不是在继续完成奴隶革命，完成成汤革命没有完成的东西，这方面的材料也不够，不过估计是有可能的。

问：为什么说"伊尹放太甲"是表现世俗贵族和僧侣贵族之间权力冲突的事例？

答：首先，殷朝奴隶主存在这样两个阶层，甲骨文表现得很清楚，以阿衡为首的僧侣贵族同以殷朝皇帝为首的世俗贵族，这在周初文献中也有记载。伊

尹放太甲，周初文献说是由于太甲不敬天，所以说是这两个阶层的斗争。

另一方面，阿衡是巫教徒，同时是商族的宰相。

第三方面，从甲骨文看出，两种贵族不断有权利冲突。这时，在经济上、政治上，两个阶层都有利害冲突。

什么是天意，上帝的意志谁知道呢？就是靠占卜，由僧侣讲出上帝的意志。上帝不过是僧侣的工具。在殷朝甲骨文中，"天"同"帝"是一个字，正因为这样，殷朝皇帝不断要把教权夺到手里。

问：中国奴隶制为什么时间短？

答：时间短是相对的。中国殷朝的奴隶制度，有的书记载五百多年，另一种记载七八百年。欧洲希腊、罗马有一千多年，这是相对的，不要绝对化。其他各个国家民族的历史，要进行具体研究、具体分析，不要有个框框，不然很容易受公式主义的影响。

第二次国内革命战争时期，我们同国民党陶希圣之流进行斗争的时候，毛主席曾批评一些人言必称希腊、罗马。一讲奴隶制度就是希腊、罗马，希腊、罗马的奴隶制度有些是共同性的东西，有些也是独特的东西。共同规律是一致的，特点是各国都有的。

过去是欧洲中心论，世界奴隶制度是从希腊、罗马划起，封建制度是从日耳曼划起。这个统一划期问题，我的思想没有通。欧洲一些国家奴隶制度前夜的历史，是从公元五、六世纪开始，而中国在五、六世纪以前，就已经到了封建时期。我看，讲奴隶制度，应该讲这个国家的奴隶制度从什么时候到什么时候；封建制度，也应该讲从什么时候到什么时候，这是第一点。第二点，要讲这个国家的奴隶制度、封建制度对人类有什么贡献。

我们讲我们是中心，这是大国主义。说不是中心，可是中国封建的经济、文化一直站在世界最前面，对世界作出伟大的贡献，似乎对爱国主义和历史事实又不符合。现在讲世界革命，人家说革命中心转到我们这里了。中国革命对世界起的影响和作用，要具体分析。我们不讲什么中心不中心，这样不刺激人，人家都来我们中国取经。

世界上的奴隶制度，希腊、罗马比较成熟，发展得比较高。世界其他国家的奴隶制度，一般在时间上比较短，不短的发展程度也不那么高，都像中国的殷朝一样。巴比伦、叙利亚、埃及是这样，日本也是这样。过去俄国史说没有奴隶制度，十月革命以后写的俄国发展史说有奴隶制度，有罗斯王朝。

中国的青铜器、冶铁、炼钢，都是自己发明的，后来传到了外国。世界其他很多国家的青铜器、铁、钢，很多都受到外来的影响，希腊、罗马也接收外来的，日本是接受中国的。世界最早发现铁器，是在亚非国家发现的。

四、关于初期封建制——西周、春秋、战国的一些问题

问：从殷朝开始到春秋战国，生产力和生产关系的矛盾、基础和上层建筑的矛盾，如何推动了社会的发展？

答：这个问题这里不讲，建议同志们把范老的书看一下，把郭老写的关于奴隶制度的书也仔细看一下，将来有空再议。

问："武王革命"最基本的社会原因是什么？为什么说"武王革命"是奴隶制革命或封建主义革命？为什么说武王是奴隶革命的领袖？为什么说"武王革命"是"解放战争"？为什么说解放战争就是社会性质的革命？

答：首先，我认为"武王革命"是革命，毛主席在《评白皮书》中讲"武王领导的当时的人民解放战争[①]"，所以我用"解放战争"这个词。主要原因是由于殷末社会的两大矛盾：一个是奴隶主与奴隶的矛盾；一个是殷朝奴隶主统治者与被统治、被压迫的各民族之间的矛盾，革命就是被压迫的各族人民同奴隶联合在一起。当矛盾发展到人民不能照样生活下去，统治者也不能照旧统治下去时，就产生了革命。

武王革命，书上记载很清楚。一个是武王的势力，还有八百诸侯，还有楚、戎、羌等，包括从四川到湖北境内的部落。武王革命以后所封的诸侯，就有这些部落的酋长。同时有很多殷朝的人跑到武王那里去了，奴隶也跑去了，特别是有奴隶起义，"前徒倒戈"，司马迁记载得很清楚。武王打下安阳以后，把仓库打开，救济贫弱、萌奴，"萌"就是奴隶，"弱"就是无法生活的人。所以毛主席说他领导的战争是人民解放战争，把这些人从殷朝的压迫下解放出来。这样的革命代表当时的人民。毛主席对人民的定义讲的很清楚，不同的历史时代，内容不同，各个历史时期属于被统治的各个阶级，就是人民。武王革命使奴隶得到解放，革命以周人为中心，代表被压迫的各族人民的利益，也代

---

① 见《别了，司徒雷登》，《毛泽东选集》第 4 卷，人民出版社 1991 年版，第 1495 页。

表奴隶的利益，所以是个解放战争。我的看法，这次战争它起到了社会由奴隶制到封建制的过渡，这当然是个革命。周朝进行的这个改变很缓慢，过渡期很长。

问：为什么武王革命能以落后的原始公社制战胜比它先进的奴隶制的殷商？为什么以后又能建立更为先进的封建制度？请给予具体解答。

答：首先，不要把殷同周作为彼此敌对的两个国家，而应作为一个国家的内部来看。第二，周推翻殷以后，封建制度是在殷朝废墟上建立起来的，是以殷朝的国家为基础，不是以它自己社会发展所达到的水平为基础。当然建立这样的制度比较费劲。恩格斯说：日耳曼的革命不是外来的，是在罗马国家内部，是在罗马国家的废墟上建立了新制度。周建立的封建制度时间比较长，过渡了二百多年才完成。斯大林根据欧洲的情况，说由奴隶制到封建制的过渡，大概要二百年，又说不会多于二百年。在我们中国，周在殷的废墟上建立封建制度，西周用了二百五十二年才完成了这个过程。当然，这和二百年也差不了多少。不要把殷和周这两个国家的社会形态孤立起来，要作为一个国家内部斗争来看。

问：周在殷统治下五百多年，为什么还是原始公社？

答：这是由于发展不平衡。不平衡的规律表现在两方面：一是表现在同一民族的不同地区。解放以前，汉族各地区之间发展不平衡，大概沿海、沿江比较进步。鸦片战争以前，也是沿海、沿江比较进步。当时在江苏、浙江、安徽地区以及广州地区就出现了资本主义萌芽，其他地区就比较少。解放以前各地区发展不平衡，湖北比湖南进步，湖南比广西、贵州进步。从山西看，好像晋南比晋中、晋北发展得高一些，陕西是汉中、关中比陕北进步一些。二是各民族之间发展也不平衡。比如西南、西北、东北很多民族，过去几百年、几千年在中央朝廷统治下，有的还处于原始公社时期，所以解放以后是直接过渡到社会主义；有些是奴隶制，像凉山彝族；有些是农奴制，像藏族、维吾尔族一部分，傣族也是农奴制。

为什么发展不那么快？这有很多原因。人类在原始公社制时代，经过了几十万年，几百年、几千年不算什么。原始公社后期（未开化时期）也是四五千年。大概以往原始公社制时期，人类社会发展比较慢，但在先进东西的推动下，可以加快发展，而先进民族统治阶级对他的压迫剥削却要起副作用，这要具体分析，看哪方面起的作用多。我说周当时还是原始公社制，是根据《诗经》，根据地下出土的东西。这个说法不一定对，是一家之言。范老说是封建制。

问：周从原始公社制进入封建制，好像没有经过奴隶制，这应如何理解？

答：要把殷、周统一起来看这个问题。周朝的封建制不光是包括周族，还包括很多民族，有殷人，也有其他民族，是他们共同建立起来的，是在殷朝奴隶制的基础上建成的，并不是撇开殷朝单独作为一根线来发展的。因此要统一起来理解，是一根线，不要看作两根线，孔夫子就是这样看的。他说："殷因于夏礼，所损益可知也；周因于殷礼，所损益可知也。"①

问：关于西周从原始公社末期进入封建时期的问题，希望有较系统的分析和说明，尤其是在生产关系的演变上。

答：这个问题和上面的问题是相关联的。我们说不要把西周孤立起来看，要从它继承殷朝奴隶制度来看。当时武王革命以后，在他统治范围内有几种制度并存，有奴隶制度，有原始公社制度。而革命以后，武王宣布的社会秩序是封建秩序，出现了封建制度。这三种制度并存，互相斗争。代表政权的是封建秩序，占支配地位，封建制度的比重一天天增大，克服了奴隶制度，克服了原始公社制度。《诗经》和金文的材料都说明了这样一个问题。郭老、范老的看法，对材料的解释也有分歧，所以，它的演变是个曲折复杂的过程。

问："启以商政，疆以周索②"。周族原来比商族落后，为什么会在"武王革命"后实行比商朝进步的政策？在没有先进经济制度存在的条件下，"武王革命"的社会历史条件是什么？没有一定的社会经济条件，反映先进封建制度的八卦哲学和上层建筑是怎样产生的？

答："商政"就是承认商人奴隶制度的存在，"周索"就是武王宣布的封建秩序。所以不要把"周索"看作是原始公社制的东西，是革命以后的新东西，这时离武王革命已经好几年了。

所谓"周索"，在经济方面指的是贡赋制，在政治方面指的是尊卑等级制。在奴隶制生产中，贡赋是怎样产生的？殷末，原来属于夏人的地区，包括

---

① 《论语·为政》。
② 《左传》定公四年。

周人在内，出现了"五十而贡"这样的隶奴性的制度，相当于罗马的隶奴制。殷人地区出现了"七十而助"，同样属于隶奴范围的东西，也就是奴隶末期出现封建性的新因素。世界历史上都是这样。至于周朝后来的农奴制度和劳役地租，不是"贡"，也不是"助"，而是"彻"，即所谓"周人百亩而彻"①。

八卦哲学怎样产生？八卦哲学从它本身说，是属于革命阶级的哲学，本身具有革命性，有朴素的辩证法因素，朴素的唯物论，它是在两种社会主要矛盾的基础上产生的。文王作八卦，一般都承认是殷末的东西。有人说，文王当时被纣王关在羑里而作八卦，是反映奴隶主的哲学。八卦作者到底是文王还是别人，我看他们不争版权，我们也不去考证它。八卦是站在被统治、被压迫的民族和人民的立场上的。这个哲学和殷朝奴隶主的巫教哲学恰好相对立，它关于八种物质元素的解释与奴隶主的解释是针锋对相对的。

问：吕老说周比殷落后，承袭了殷，伐纣前又没有建立起新的封建经济，故它承袭的只能是奴隶制。因此，周在革命后建立封建制度是没有根据的。武王伐纣时列举纣的四大罪状，中心是第四条，这说明伐纣的目的是为了保护奴隶制。这样，周怎能在革命后建立封建制，在奴隶制的基础上怎么会建立封建政权？吕老强调了革命政权的作用，但革命政权能否和无产阶级专政一样地创造出新的经济制度？

答：因为是原始公社制，革命后怎能建立起封建制，这个问题前面谈了，是相互继承的，不要孤立起来。

革命的封建政权能不能和无产阶级政权一样，建立新的经济制度？我们说，凡是以往的政权，它的作用都不能同无产阶级专政的政权相比。但另一方面，过去任何一个革命政权，斯大林讲的很清楚，都要为它的基础服务，都要发挥作用。

问：范老的《中国通史简编》认为商朝奴隶制的崩溃正是封建制度的周国与要求封建的商朝人民合力冲击的结果。那么商朝的变革是内因为主呢？还是封建的周国入侵这个外因为主呢？

答：关于范老说周革命以前是封建制度，我提出了自己的意见。下面只谈内因和外因的问题，这牵涉历史唯物主义的根本问题，这将来要问范老。我看

---

① "五十而贡"、"七十而助"、"百亩而彻"见《孟子·滕文公上》。

范老不是看作为外因，而是看作一个国家内部的革命。因为范老说周是殷的属领，并没有说周是殷的敌国。因此这个革命还是一个国家内部的革命，不是外因，不是这个国家征服那个国家。必要时请范老谈一谈，如果我解释错了由我负责。

问：根据马列主义原理，区分奴隶制和封建制社会的标志是什么？领主制与奴隶制的关系二者有何区别？

答：这个问题不详细解释，同志们看一下斯大林的《论辩证唯物主义和历史唯物主义》①，里面讲的很清楚。对奴隶制度的基本特征、封建制度的基本特征解释得很好。

领主制与奴隶制的区别：领主制是封建制初期的农奴主，奴隶制时代占支配地位的是奴隶主，二者的基本区别是这样。

问：马克思认为古代东方土地归国王所有，这样是否在贡赋之外还有地租？封建地租是否一定从劳役地租开始？

答：这个问题很重要，而且很大。要解答这个问题，要对今天世界历史所掌握的资料以及对世界历史认识所达到的水平作具体分析，才能领会马克思这个说法的精神实质，不要书呆子式地去理解马克思所讲的东方土地国有。我看恩格斯所讲的是奴隶制时代，是指奴隶制时代的土地国有。由于奴隶制度继承原来氏族制度的土地公有，这种土地的所谓国有，实质上是分给各个公社使用。封建制度时代初期，领主的土地不是国有，因为有权分给子孙左右，其子孙也有权分给自己的子孙左右，这不能叫国有。但这和封建制后期不同，土地不能买卖。现在有个错误观念，认为土地可以自由买卖。封建时代土地不能自由买卖，是受到限制的。只有到了资本主义时代，土地成为商品，才能自由买卖。

封建地租是不是一定要经过劳役地租？这有分歧。郭老主编的历史，认为中国一开始有新兴地主，就用实物地租，但世界各国历史上一开始都是劳役地租。马克思主义经典著作中说地租有三种形态：劳役地租、实物地租、货币地租，必须经过劳役地租。今天有些同志的看法可能有教条主义，这可以进一步研究。

---

① 见《斯大林选集》下卷，人民出版社 1979 年 12 月版，第 424—454 页。

中国通史问题解答（二）

（1961 年 10 月 5 日）

上次解答的"关于初期封建制——西周、春秋、战国的一些问题"还没有讲完，今天继续讲这一问题。

问：什么是井田制？殷朝的井田制和周朝的井田制有何异同？

答：关于井田制的问题，有各种各样的说法。非马克思主义者对此问题是有研究的，如在孙中山领导的旧民主主义革命时期便有人谈到这一问题。国民党的胡汉民、廖仲恺等人谈过，资产阶级学者如胡适也谈过。他们对井田制的看法有两种意见：一种意见认为井田制是中国的社会主义。说社会主义并不是什么新东西，中国很早就有了。说井田制就是社会主义，就是土地国有。另一种意见认为，井田制是乌托邦，是不曾有过的事情。

用马克思主义观点研究中国历史以后，马克思主义者提出过井田制的问题，一些假马克思主义者也接触到这个问题。

我个人认为井田制包含两种意义：一种是具有水利灌溉的意义，因为殷、周是以汉族为主体的、位居于黄河中下游地带的中国早期国家，其耕地大多是依靠打井来进行灌溉的。灌溉要挖水沟，形成"井"字，水便沿着水沟流入耕地进行灌溉；另一种是指它的社会意义。当时井和村相连叫井邑，邑在殷朝是农村公社，在周朝变成了封建庄园。

胡适说，土地不可能按豆腐块划分，所以不存在井田制。我们说土地当然不可能一律按豆腐块划分，但有些地方是可以这样划的，即使不能这样划分的地方也都挖有沟进行灌溉，这样"井"的本身就赋有社会意义了。殷朝农村公社时期，每一个公社的土地就是按沟道一块一块来划分的。殷朝甲骨文中有"井"字，《易经》中有"改邑不改井"的说法。这就是说，人们可以从这个村庄迁到另一个村庄去，但所属的耕地不能改变。因此说，"井田"在殷朝奴隶制时代具有农村公社的社会性质。

到两周时期，关于井田制问题孟子讲的对，但他没有说井田具有灌溉的意义，而只讲了井田的社会性质。孟子认为所谓井田制，就是将土地分成"井"字形九块，封建主分给八家耕户每家一小块，中间一块土地则由八家共耕，收获物交给领主，即所谓"同养公田"。这是劳役地租，是封建庄园制。孟子的这种讲法在原则上是对的，但讲的太绝对化了，不如《周礼》的解释完整和详尽。《周礼》上讲，当时各家的土地分配规定有上等的地给多少，中等的地给多少，下等的地给多少，各家出多少工在领主的土地上劳动，等等。这种讲法比孟子讲的实际些，因为不是所有的田都能按豆腐块来划分，农户也不一定都是以八家组成一个庄园，或许有九家、十家的。孔子说："十室之邑，必有忠信"①，就是说的十家人组成一个封建庄园。

目前学术界讨论井田制问题的中心是关于井田制的社会性质。我认为井田制的社会性质在殷朝属于奴隶制度下的农村公社性质，在西周属于封建庄园的性质。

问：吕老认为西周从奴隶制向封建制过渡的不平衡，是一民族内部各地区间的不平衡，是一重性的，但 1961 年第 3 期《历史研究》上，有三、四人的文章却认为这种不平衡不是一个民族内部的，因为这时汉民族还未形成，而是不同部落、部族间的不平衡，这种看法对不对？希望对这种不平衡及其原因能具体讲一下。另外，吕著《简明中国通史》说殷族本部地区在过渡时期中，曾有几种生产方式并存的情况，这如何理解？什么时候发生了从量到质的变化，也希望能明确交代一下。此外，说过渡时期长达八九百年，这好像失去了过渡期的意义了。

答：我的看法同《历史研究》上发表的文章的看法一样，认为奴隶制向封建制过渡的不平衡并不是一重性的，不是一个民族内部的问题，而是表现为各个民族、各个地区间的不平衡的发展。我们前面所讲的过渡，只是涉及从春秋、战国奴隶制转变到封建制度的几个地区，而未涉及当时周朝国家内还没有转变到封建制度的地区和民族。事实上，当时是存在着更为落后的地区和民族的。

关于民族间发展不平衡问题，我们认为只有社会主义时代才能使落后民族逐渐赶上先进民族的发展水平，但这并不是说，落后民族与先进民族之间的发

---

① 见《论语·公冶长》。

展水平就此平衡了，事实上两者的差异还是存在的。不平衡发展是个规律。马克思在《资本论》中指出：资本主义社会在社会生产和私人占有之间矛盾的基础上，必然产生周期性的经济危机。到帝国主义时代，列宁根据这一理论进一步揭示了资本主义发展不平衡的规律，指出原来先进的资本主义国家，后来变成为落后的国家，而像日本、德国等原来落后的资本主义国家，经过跳跃式的发展，反而跑到其他国家前面去了。毛泽东同志发展了列宁关于不平衡规律的理论，指出在半殖民地半封建的中国社会里，由于各地区发展的不平衡性，我们可以在各地区发展不平衡的空隙里，在四周白色政权的包围中保存一小块红色政权，再图发展之，星星之火，可以燎原。

前资本主义时代也存在不平衡的发展规律。社会主义社会的不平衡发展规律在《关于正确处理人民内部矛盾的问题》一文中有所阐述。不平衡发展是客观规律，它在社会主义社会和非社会主义社会形态中都存在着，所不同的只是在社会主义制度下，人们能正视客观规律，能掌握客观规律，使之用来为人民服务，不断地调整生产关系，使之适应于生产力发展的要求。掌握规律的问题也就是恩格斯所说的由必然王国进入自由王国的问题。

毛泽东同志发展了马克思主义关于不平衡规律的理论，我们必须用它来研究前资本主义时代的历史。历史本身也证明了不平衡发展是一种客观规律，人类以往的历史说明存在这一规律，社会主义社会也说明存在这一规律。

在同一社会性质基础上，在同一国家内，各地区之间的发展也是不平衡的。全国解放以来的几年中，我们国家对经济建设进行了合理的布局，但也不能因此说各地区的经济发展已经平衡了。绝对平衡是不可能的。比如：包钢只能放在包头，因包头有铁矿，其三、四百里以内的地方有各种资源；武钢只能在武汉，鞍钢只能在鞍山，不是每一个地方都能有大钢铁公司，随心所欲。各地区之间总是存在有比较先进和比较落后的差别，不能把地区之间的平衡绝对化。当然，社会主义和共产主义社会的各地区之间也是有分工的，这个地区这个东西先进，那个地区那个东西先进，使各地区的生产在可能的条件下尽快地发展起来，使各地区之间的不平衡不断缩小；当不平衡出现后，通过我们的努力，逐渐达到平衡；当不平衡又出现时，我们再进行调整，以达新的平衡。现在我们贯彻的"八字方针"——调整、巩固、充实、提高，其中的调整，是长期必须贯彻执行的方针，是我们发挥主观能动性，使客观不平衡的东西归于平衡的方针。

现在谈谈西周是民族还是部族的问题。

斯大林以前的一般说法，是把所有资本主义以前的民族，叫做古代民族。资本主义的民族叫做民族，但分为两部分：十月革命以前的称之为近代民族；十月革命以后的称之为现代民族。氏族、部落、部落联盟，则是原始公社制时代的社会组织。斯大林以往的著作中的提法与马克思、恩格斯、列宁的提法一样，以后斯大林便把民族与古代民族区别开来，将资本主义时代的民族称为民族，资本主义以前的则叫部落、部族。

什么是斯大林所称的部落、部族？我的体会是：部落存在于原始公社制时代，而奴隶制时代以及进入国家时代以后便称部族，同恩格斯所讲的原始公社制时代的氏族、胞族、部族与部落联盟的含义不一样。苏联采取斯大林的说法，我们原本也是这一说法，但近几年的文件上都没有采用这一说法，而是把古代的、近代的民族，一概都称之为民族。资本主义以前的叫古代民族，资本主义时代的则称民族。也许这样称呼更好一些，因我国的少数民族处于不同的社会形态，有的处于原始公社制时代，有的处于奴隶制、封建制时代。

关于社会主义民族问题，始终没有人下一个定义，只是在苏共十九次代表大会上曾由贝利亚提出过。贝利亚后来出了问题，他的话不好引用。可是在他讲话的时候，斯大林曾坐在大会上听取，而苏共十九次代表大会又是在斯大林的领导下召开的，因此这一问题有待研究。关于社会主义民族的概念，我们可以根据我们党的文件和毛主席关于社会主义时代民族问题的一些基本思想来理解，目前我们还不能为社会主义民族下一定义。

两周是不是有民族？殷朝时就有了部族，也可以叫民族，西周有华族或是范老书上所说的华夏族。为什么叫华族、华夏族呢？这可能是古代的人住在以华山为中心的山西、河南、陕西一带的缘故。华山的取名即"花"之意，"华"即"花"也。叫华夏可能与甘肃、陕西的夏水有关。两周国家包括不同民族，其差异性、不平衡性的规律表现在各民族、各部落、各地区之间。

关于殷本部地区过渡期中，曾有几种生产方式并存的问题，我认为可分为两个时期来讲：殷朝末期以前，有殷朝的奴隶制以及在殷朝国家统治下的其他部落的原始公社制。当时在殷朝国家统治下的其他部落的原始公社制的发展也是不平衡的。周的发展水平高一些，其他部落的发展水平就落后一些。殷末期，武王革命以前出现了"夏后氏五十而贡，殷人七十而助"的情况，就是封建农奴制的萌芽。

奴隶制向封建制的过渡在什么时候才发生由量到质的变化呢？我认为殷朝自成汤革命以后，奴隶制便占了支配地位。至于奴隶制向封建制过渡由量到质的变化问题，要具体分析。西周大约经过了两百多年的时间，即从武王革命到宣王中兴，完成了这一过渡。晋（山西）、卫（河南淇县）大约相当于这一时期。山东的齐、鲁或稍晚一点。南方的湖北、江苏较山东晚一点，浙江则更晚。这一过渡的完成只是说封建制取得了支配地位，并不是说社会形态已是单一的封建制了。列宁说，任何社会形态里总是保留有前一社会形态的残余的。

除了地区发展的不平衡外，还有民族之间发展的不平衡。毛主席在《中国革命和中国共产党》一文中指出：我国很早以来就是一个多民族的国家。从殷周以后一直到每一个朝代，各民族都存在有各种不同的社会制度。所以说社会形态由量变到质变的问题，主要是指其起支配作用的社会形态而言。

同志们问到过渡期长达八九百年，好像失去过渡期意义的问题。其实，过渡期并没有长达八九百年。我们所说的自武王革命以后，在全国起主导作用的西周，它的过渡期只有二百五十二年的时间，山东大约也只有三百年的时间。欧洲由罗马的奴隶制到日耳曼人的封建制的过渡期，有二百多年。所以说我国的这一过渡期并不算长。当然，若就越（浙江）而言，过渡的时期就相当长了。武王革命即纪元前1122年后，新的社会秩序逐渐向南推移，一直到春秋末年，即纪元前四百多年，前后共八九百年的时间，越才完成了这一过渡。但是，我们不能以越作为过渡的标准来看问题。因为，一个国家的发展是不平衡的，尤其是在中国，它包括了很多民族和广大地区，而古代过渡期的完成又要进行得慢一些。

问：在阶级社会里，剥削阶级革命成功后，上了台，总要逐渐腐化的。吕老书上写武王革命后对反对派那么坚决，好像与我们无产阶级一样了，这如何理解？

答：武王革命的坚定性不能理解为同无产阶级政权一样。阶级社会里的革命，是一个剥削阶级代替另一个剥削阶级而居统治地位，这是与无产阶级革命根本不相同的，它发展到一定程度必然会走向反动。但是，每一个阶级在它还处于革命的时代以及处于革命胜利的初期，总是有一个跃进的时期的。斯大林在《苏联社会主义经济问题》一书中，也曾谈及这一问题。斯大林在谈到革命政权的作用时，有时是指无产阶级政权的伟大作用而言，有时则是指一般的革命政权而言的。我们不能把其他阶级的革命政权同无产阶级政权相比，但其他革命阶级的政权也具有革命性，对基础起一定的进步作用。我们虽不能说武王革命对反动派的坚决性和无产阶级一样了，我所讲的也并没有这个意思。但是，武王、周公等人要建立封建制度、排除奴隶制度，却是可以说的。

问：战国的分割状态其作用如何？有什么好的影响？又有什么坏的影响？战国时期的战争和三国时期的战争，在性质上有何区别？对这两次战争应如何评价？是否前者要比后者进步些？

答：我们不应将不同时代的战争相比较，而应对各个时代的战争作具体分析，因为时代不同，条件不同，不可以类比。

战国时代的战争是封建农奴制时代的封建领主之间的战争，三国时代的战争是封建地主制时代的封建地主各武装集团之间的战争。三国时期，曹操、刘备、孙权三家及其以前的袁绍、袁术、吕布、公孙瓒、董卓等人之间的战争，对社会发展起了促退作用、破坏作用。只是后来曹操在北方采取了一些恢复生产的措施，使北方的经济得以恢复，打下了全国统一的基础，才具有一定的进步性。但此时的统一基础仍很薄弱。

战国时期封建领主之间的战争，对社会生产同样起了破坏作用，所以当时墨子很反对这种战争。但战国末期战争的性质起了变化，当时以秦为中心，代表了新兴的封建地主，其他六国，仍代表保守的封建领主。封建领主要保持农奴制度，保持割据局面，而封建地主则要求由农奴制转变为佃耕制，由劳役地租转变为实物地租。这可使农民比在封建领主制度下多得一点自由，因而具有进步性。同时，秦要统一全国，统一度量衡，统一文字，所谓"车同轨、书同文、行同伦"，是有利于社会生产发展的。它之所以能统一中国，原因在这里。当时各国新兴的封建地主都赞成秦国，因为秦的措施符合他们的要求。

问：春秋、战国时期的"百家争鸣"情况及其在历史上的地位如何？产生百家争鸣的经济原因和政治原因是什么？诸子百家的历史背景、阶级基础是什么？百家是怎样争鸣的？当前中国学术界各学派对诸子百家的看法存在哪些分歧？希望把几家学派作一介绍。

答：我只想讲两点：

第一点，百家争鸣是思想斗争，是意识形态的斗争，是属于上层建筑范围之内的。它是各阶级、各阶层经济利益矛盾的反映，政治冲突与斗争的反映。要研究百家争鸣的问题，就需要把春秋、战国时代的社会构成、阶级构成、生产关系，包括当时存在的阶级、阶层以及这些阶级、阶层之间的关系、利害冲突等，作具体分析。同志们有兴趣的话，可以看看侯外庐同志的《中国思想通史》和我的《中国政治思想史》。目前史学界各学派由于对春秋、战国时代的社会性质的看法不同，所以对当时各家的阶级性的看法也有区别。

第二点，春秋、战国时代的百家争鸣是中国历史上的第二次争鸣。我认为中国历史上有一个特点是和西欧不同的。西欧在以往的历史上只有两次争鸣：一次在希腊时期，一次在资本主义前夜的文艺复兴时期。中国历史上的争鸣不止两次，而是有很多次。这是不是中国历史的一个特点，可以研究。

中国历史上的争鸣情况简述如下：

殷末周初，有以周人为中心的代表革命方面的八卦哲学同殷人的巫教神学的争鸣。这是两个敌对阶级的意识形态的斗争，甲骨文中反映了两派在天、地、山、川、风、云、雷、电的看法上的完全对立。这是中国历史上的第一次争鸣。

春秋、战国时代的百家争鸣，是中国历史上的第二次争鸣。它有统治阶级内部的争鸣，也有统治阶级与被统治阶级之间的争鸣。我认为墨子是反映了一些劳动人民的利益和要求的，所以说当时存在统治阶级与被统治阶级之间的争鸣。

两汉时期也有争鸣。统治阶级中有经今文学派和经古文学派的争鸣，另外有唯心论与唯物论的争鸣。唯物论者对经今文学派和经古文学派一概反对。唯物论者王充写有《论衡》，"论衡"之意就是批判。"论衡"者批判也，批判者"论衡"也，这还不算争鸣吗？

魏晋六朝时，统治阶级内部有儒、释、道三家的争鸣，另外有反映一些人民利益要求的唯物论与唯心论之间的争鸣。

唐朝有统治阶级内部的儒、释、道的争鸣。这一争鸣和斗争很激烈，当时有人将佛骨迎至京师时，就遭到韩愈的反对①。此外，还有中间阶层和他们的

---

① 见韩愈：《谏迎佛骨表》。

争论，如政治上代表改良派的柳宗元和他们进行了争论。柳宗元由于所谓"八司马"事件而被贬到南方，他曾在广西柳州作过诗。我认为柳宗元是二元论者，因为他还信佛，但有人认为他是唯物论者。吕才虽是信道的，但他反对迷信，是唯物论者，曾和儒、释、道争鸣。

两宋时期也有争鸣。当时统治阶级内部的理学派争论得不可开交，朱熹、陆九渊争鸣得很激烈。另外有以叶适为首的永嘉学派，是和理学派根本对立的反理学派，陈亮也是属于这一派的。陈亮曾写信给朱熹，公开声明不同意朱熹的学说。反理学派与理学派的争鸣是唯物论与唯心论的争鸣。

明朝时期有统治阶级内部的争鸣，也有统治阶级与被统治阶级之间的争鸣。当时左派与右派的争鸣反映了敌我矛盾，左派代表了、反映了一些人民的利益与要求，如王艮、李卓吾（据说他是回族人），明末有王船山、黄宗羲、顾炎武同右派进行了斗争。

清朝、民国时期都有百家争鸣。

有人说，其所以认为春秋、战国是奴隶制时期，是由于此时有百家争鸣，如同希腊奴隶制时期有争鸣一样。这种看法叫做只知其一，不知其二，或叫做只见树木，不见森林。其实，中国历史上的每一个时期都是有百家争鸣的，并因此使中国的哲学思想有较大的发展，这和中国历史上阶级关系的特点有关系，和历史上的阶级斗争、各阶级间的武装斗争、农民战争特别多有关系。如果我们从奴隶制找百家争鸣，便是一种形式主义了，两宋时期也有百家争鸣，我们如何从两宋时期找奴隶制度？这是一种"言必称希腊"的表现，以为希腊的百家争鸣是在奴隶制时代，便认为我们有百家争鸣的春秋、战国时代也是奴隶制度。那么欧洲有个文艺复兴时期，我们也得在历史上找个文艺复兴时期么？这种解释历史的方法是形式主义，而不是历史唯物主义。

当前史学界各学派对春秋、战国的诸子百家的看法是有分歧的。我现在主要讲对三家的三个代表人物——老子、孔子、墨子的阶级性和世界观的看法。

对老子的阶级性的看法，我和范老的意见相同，认为老子是没落的封建小领主，他是代表这一阶层、集团的利益讲话的。侯外庐同志对老子的阶级性的分析和我们有点分歧，但对老子的世界观的看法则是一致的，认为老子是唯心主义世界观，有朴素的辩证法。北大冯友兰先生、任继愈同志认为老子代表小农，具有唯物主义世界观，具有辩证法。关锋同志近几年作了很多工作，他对老子的世界观的看法和我们是一致的，但对老子的阶级性的看法则声明对西周社会性质的分析暂时采取郭老的意见，尚未提出自己的看法。河南师范学院院长赵纪彬同志写了一篇文章，对老子的阶级性的看法与侯外庐同志意见一致，对老子的世界观的看法则认为是唯心主义的。

关于孔子，郭老在《十批判书》中所谈的对孔子的看法，和我、和范老的看法不一致。郭老认为孔子具有革命性，代表前进的、具有革命性的阶级。范老和我则认为孔子代表当时的封建统治阶级，在政治上他要求恢复周公的西周制度，有复古倾向。但他把西周、春秋时期在实际生活中所形成的封建制度加以系统化，建立了系统的社会、政治、伦理的封建制度，且提出很多有积极意义的东西。其所以能这样，是因为当时的封建制度正处于上升时期的缘故。孔子代表了上升时期的封建统治阶级，正由于此，他才能在三千年的历史上居于思想上的支配地位。孔子的世界观不够明确，从各方面看，比如从他提出的"学而不思则罔，思而不学则殆"等看来，是客观唯心主义世界观。孔子年纪小的时候有过一些曲折的经历。自己曾说："吾少也贱"。他的妈妈是农奴家的姑娘，不是爸爸的正式老婆，爸爸是大农奴主。当初他的爸爸不认他为儿子，直到他变为圣人做了司寇后才认他为儿子。孔子出生在一个石洞里，石洞前有一水池，现今池上长有一些红色的东西，当地人说这是由于孔子的妈妈在池子里洗了圣人，其血水流到如今的缘故。这当然是迷信。孔子曾管过账，管过庄园，这种经历对他的思想是有影响的。目前史学界对孔子的看法尚在争鸣之中，赞成郭老的意见的人不在少数，也有不少人同意我和范老的意见，对孔子的阶级性以及世界观的看法都有分歧。

关于墨子，郭老认为墨子代表奴隶主，具有唯心主义世界观。赞成郭老之说的有任继愈、冯友兰等人，他们认为墨子专门宣传宗教迷信，是宗教唯心论。

陈伯达同志在延安写有一小册子《古代伟大的辩证法家——墨子》。认为墨子代表被压迫阶级的劳动人民的一些要求，他的辩证法是古代朴素的辩证法。又认为墨子具有唯物主义世界观。

我认为墨子代表当时农民的一些利益同要求，具有上升到了唯物论的经验主义的世界观。在中国历史上，他第一个系统地提出了逻辑，建立了逻辑体系。

对墨子的看法，各家意见尚不一致。我写信给郭老说：大革命时期我是你的部下，在学习历史科学方面，我等于你的私淑弟子，今天我和你的意见不相同，你一定很高兴，因为这种意见分歧是接近真理、达到认识一致的必经过程。但是至今我们的意见还没有达到一致。这是我们内部的争鸣。在第二次国内革命战争时期，托派的叶青、王宜昌、李季，还有陶希圣以及胡适等人，也都谈到关于墨子的问题。我对他们的反驳、批判意见，都写在《中国政治思想史》之中。当前史学界对这一问题的意见分歧很多，我和教研室的同志商量了一下，决定以后向同志们介绍各家的意见时，首先介绍最有代表性的、最有影响的观点，对那些不起太大影响的、没有代表性的观点，便不作介绍了。不成熟的观点也放在第二步再作介绍，教研室可以将其作为资料，进行收集和整理。

问：为什么说墨子代表劳动人民的利益？

答：可以从墨子的宇宙观、政治主张及其活动，从墨子这一派别的具体行动中看出。

问：老子的政治主张是复古的，当然是反动的，为什么他的世界观又是辩证法的唯物论？

答：目前史学界大多数人，认为老子的政治主张是复古的、反动的，其世界观有朴素的辩证法，这一问题的意见分歧不大，但对其世界观是唯物主义还是唯心主义，则有意见分歧。我不同意老子具有唯物主义世界观的说法，我认为老子是唯心论者。至于辩证法观点的问题，历史上很多统治阶级的人物、甚至保守派人物，当他处于统治地位动荡不安、阶级矛盾最复杂、尖锐、社会变化最剧烈的时代，常常会产生辩证法的观点的。周敦颐是代表地主阶级的，是唯心论者，但他具有辩证法的观点。张载在政治上是复古主义者，但他的思想也有朴素辩证法的因素。黑格尔也有朴素的辩证法。我认为老子是唯心论者，侯外庐同志则认为他是唯物论者，这一问题存在意见分歧。

五、关于专制主义封建制的秦汉时期的一些问题

问：从西周起是封建社会，又说西汉从事农业生产的不是奴隶，而是佃农，这方面的材料，吕老《简明中国通史》写的少，范著《中国通史简编》

较详。西汉手工业也有奴隶，如说西汉时奴婢多（见227页注4）①，这也不一定，难道奴婢能这样多吗？我看还是有限的。

答：关于西汉社会性质的问题，目前国内史学界有意见分歧，我们同苏联史学界的同志的看法有意见分歧，苏联史学界内部也有意见分歧。苏联史学界有很多人都认为中国的秦汉时期是奴隶制，三国以后才开始转入封建制。杜曼同志曾告诉我，他自己主张战国以前是奴隶制、秦汉是封建制之说，在苏联史学界算少数派。国内史学界中，侯外庐同志认为战国以前是奴隶制，秦汉时期是封建制。尚钺同志认为秦汉时期是奴隶制，魏晋时期才是封建制。范老、郭老和我的意见大家都已知道了，不必再作介绍。

汉朝时期是否有很多奴婢？秦汉时期是有很多奴婢的，主要来源于犯罪的人，也有从四川等西南少数民族地区俘虏者。秦汉时期的奴婢绝大部分是家内奴隶，不是生产奴隶，是为贵族、地主家内服役，为国家机关如皇帝的陵寝、皇宫服杂役的，真正用于生产的奴隶很少。用于生产上的奴婢也主要集中在官办手工业中，用于农业方面的则只是个别的。从奴婢使用的分配情况看来，汉朝不是奴隶制度。人类历史上，封建时期的生产主要是农业，除去阿拉伯和我国的蒙族地区是以畜牧业为主外，手工业不能成为封建时代的主要生产部门，所以不能从手工业方面来决定其社会性质。

使用奴婢多是历史上长期存在的现象，不光是秦汉时期使用很多奴婢，南北朝时期也是如此。以后在某些兄弟民族统治阶级为主体统治内地的时候，其带来的奴隶制度的情况则更为严重。即使在鸦片战争以后的半殖民地、半封建社会的情况下，也还有很多地方存在变相的奴隶，特别是家内奴婢、养子、丫头，如山东临沂一家姓王的家里，就有百几十个奴隶。外国也是如此，如资本主义的美国，就大量使用黑奴，从非洲俘虏人去美洲当奴隶，不仅使用奴隶于工业，而且也使用于农业。我国西藏的农奴制除使用农奴外，也使相当多的奴隶参加生产，但它的社会性质是农奴制。我们确定一个社会性质是要看占主要地位、起主导作用、支配作用的是什么。因为社会性质是错综复杂的，只有抓住了主要的东西，才能确定一个社会的性质。

秦汉奴婢多的另一个原因是，由于秦国完成向封建制过渡的时期较晚，秦

---

① 见《简明中国通史》，人民出版社1959年第二版，第227页。

国虽然在进入封建制度以后，新兴的地主很快兴起，但同时也保存了较多的奴隶制残余。这一情况对秦汉时期的社会是有影响的。

问：希望能把秦汉到南北朝时期的奴隶制残余讲一下，为什么在这一长时期内，奴隶制因素那么多而社会性质却不是奴隶制？

答：我的意见已在前面谈过了，这里不必重复。但北朝的情况有点特殊，因为拓跋族原来在雁门关以北的地区建立了奴隶制度，在其统治下的其他落后民族则是原始公社制。以汉族为主体的内地也因拓跋族的统治有时带来奴隶制，但自始至终是封建制，特别是封建地主制占统治地位，所以从全国来看还是封建制度。虽然拓跋族的本地区是奴隶制，但在全国起主导作用的则是封建制。同时，拓跋族统治阶级虽是奴隶主贵族，但当它进入雁门关以南的地区以后，便与汉族及其他各族的统治者，特别是与汉族地主阶级结合，自己也急速地封建化了。

南北朝时期有几种生产方式的斗争，但起主导作用的是汉族地区的封建制度。我们通过具体分析，便可了解这一情况。历史是要通过具体分析来作出结论的，而不应该先用一个概念，然后再去解释历史。

问：封建土地的自由买卖与资本主义的土地自由买卖本质的区别何在？

答：封建制度时代的土地性质与资本主义时代的土地性质有根本区别。资本主义时代的土地已商品化。商品买卖是自由的，关于这一问题，马克思在《资本论》中已讲得很清楚。因此说资本主义的土地买卖是完全自由的。封建时代的土地没有商品化，买卖也不是自由的，而要受封建约束。目前有很多文章说中国封建时代的土地可以自由买卖，这一术语不恰当。

关于中国封建时代土地的分配问题，我与范老认为，战国以前是封建领主制。武王革命后所谓的分封诸侯，就是以天子的名义分给各封建领主以土地。这种分封的土地不是国有的，因为天子将土地分封给封建领主以后就不再收回去了，而只要求他们遵守盟誓。历史上也从没有天子将分封给诸侯的土地再行收回的事实。封建诸侯受封土地之后，可以把土地转给嫡系长子孙，可以分封给次子孙以及左右。分得土地的人也同样可以把土地转给子孙。所以说不应将这种土地分封理解为土地国有。当时除封建领主土地所有制占居主导地位外，还存在个体小生产者的土地所有制，有前代遗留下来的自由民，不过它不在社会中占居主导地位。在两周国家中，还有其他落后民族是原始公社制的土地制度形态。

秦汉以后，有所谓"名田"制，清入关后叫"更名田"，即是把藩王的土地变为佃户所有。这种制度的特点，主要是通过买卖来实现土地的分配。当时皇帝虽也可以把公有以及其他的土地分赐给皇子、皇帝亲属、功臣、官吏等，但主要取得土地的方式是买卖。但这种买卖是要受到封建约束的，买卖土地要禀明亲邻，要先问伯、叔、兄、弟甚至同姓、近邻等。这些人买土地的价格很便宜。当这些人不买土地时，土地才可以出卖给外人。如果土地卖给了外人之后亲邻要来捣乱，则由卖主来承担。这些都是封建的约束，从保存的历史上的地契来看，秦汉到明清都是这一情况。资本主义萌芽产生以后，全国范围内的土地制度虽仍是封建性的，但比较先进的地区的土地买卖，出现了一些商品性萌芽的情况，带有若干程度的自由买卖性质，这主要出现于沿海、沿江的个别地区。

总之，秦汉以后在全国范围内，特别是在各兄弟民族地区，有各种形态的土地所有制，汉族地区也还存在有国家的公地，但是大量的、占主要地位的、起支配作用的，则是受到封建约束的、不自由的土地买卖制度。

六、关于专制主义封建国家的分裂时期——三国、两晋、南北朝时期的一些问题

问：南北朝时代"五胡十六国"的局面是如何形成的？其直接原因是什么？为什么两晋南北朝延续了二百七十多年而未能迅速统一？它对民族的融合和对生产力的影响应作怎样的分析？

答：首先讲一讲十六国的形成问题。十六国是在西晋末期社会矛盾的基础上，统治阶级腐化堕落，争权夺利，使人民无法生活下去，以致使西晋统治者也无法统治下去的情况下形成的。当时山西的汉人逃亡南方，书上记载留在山西的汉人仅有二万五千人左右。人民到处流浪，形成几十万、几百万的流民集团，在这种情况下，统治阶级还能统治下去吗？当然不能统治下去了。汉族地主阶级长期以来要北方少数民族当兵打仗，作为自己争权夺利的工具，同时又对他们进行残酷的剥削（比如石勒被绑卖于山东），因而激起农民暴动，促使少数民族和汉族人民一道反对统治阶级，并把西晋政权打乱了。但是各少数民族上层集团、统治阶级，乘机掌握了武装，为自己争权夺利。他们占领一块地

区，建立一个政权，和汉族及其他民族的统治阶级，尤其是与汉族地主结合起来，在汉族地主阶级的帮助下进行统治，如苻坚有王猛，石勒有张宾等地主阶级分子的帮助。在这样残破的情况下，便建立了所谓的十六国。十六国的政权都很小，都不稳定。这一政权建立了几年垮下去了，那一政权又兴起，只有拓跋族的奴隶制政权较有基础，它在雁门关以北建立了较为稳定的政权，到了华北后，又统一了华北地区。我们说奴隶制度是不好的，但它建立了稳定的局面不能算是坏事。

当时的分裂局面为什么会延续这样长？因为北朝地区由于拓跋族是奴隶制，它同汉族地区封建制进行斗争之后，不但自身封建化了，而且还发展了当时汉族水平的封建制，这是一件不简单的事情，这不能不经过相当长的时间。

南方的情况怎样呢？秦汉以前，中国生产的中心在黄河中、下游一带，南方还相当落后，三国时期孙权统治的南方地区的生产，还是实行刀耕火耨。当时北方一部分地主阶级跑到南方，和南方地主阶级结合。北方人民大量逃往南方，把先进的生产技术带入南方，使南方的生产水平提高了，赶上了秦汉时期北方的生产水平，甚至有更高的发展。这也是需要相当长的时间的。加之南方的宋、齐、梁、陈几个朝廷比较腐败，政治上没有采取比较积极的、进步的措施，因而要使南方的生产水平提高到秦汉时期北方的生产水平，也不能不经过相当长的时间。

关于民族融合的问题，要从两方面来讲：劳动人民之间本质上是没有压迫和被压迫的关系，虽然存在着民族之间的差异；统治阶级之间存在着民族同化。北魏孝文帝强制自己的民族同化于汉族是有进步作用的，它符合社会发展的客观趋势。

问：历史上落后民族能战胜先进民族，但不能长期统治，五胡十六国拓跋贵族统治中国北方一百多年，为什么能统治？能统治的条件、原因是什么？历史上落后民族能够统治先进民族的原因何在？

答：落后民族上层集团所以能战胜先进民族，其一是由于先进民族方面的原因。先进民族的统治阶级已很腐朽，内部很虚弱，矛盾重重，有力量也不能组织起来，不能发挥，自己把自己的手脚束缚住了，如两宋的情况便是如此。其二是落后民族上层集团，能同汉族先进民族统治阶级中的一部分人联合起来，在政治上、军事上、经济上得到他们的合作帮助，因而能建立统治。

关于能否统治得长久的问题，不在于是落后民族还是先进民族的统治。清朝这一落后民族的统治时间就相当长，辽在黄河流域的统治时间也相当长。中国历史上各朝代能不能统治得长久，在于当时统治者如何处理社会生产力与生产关系的矛盾、阶级矛盾以及阶级剥削关系。比如刘邦、刘秀、李世民、赵匡胤、朱元璋、多尔衮、康熙等人，能看到前代所以不能统治下去的原因，看到人民的要求，因而不得不采取了向人民让步的改良政策，甚至能给予人民一些土地，减轻人民的负担，放宽刑法。封建时代的所谓圣君、明相，他们懂得这一点道理，能够使阶级矛盾得到缓和，使生产力得到发展和提高。但是他们的子孙长年居于深宫，连宫门也不出一步，对社会上的事情一概不知。其他贵族的子弟也莫不如此。即使到了抗日战争时期，一些上海小姐到苏北去时，看到麦子说成韭菜，认识大米而不认识稻子，这是由于她们从未离开过上海的缘故，因而缺乏生产斗争的知识。解放前，北京的满洲贵族，有一辈子没出过北京城门者，他们什么东西都不懂。但是历史是向前发展的，一代比一代进步，尽管这种前进是波浪式的、曲折的。

问：五胡十六国以及南北朝在历史上起了民族融合的作用，这是好的，但社会生产力破坏很严重，对这一段历史应如何评价？是黑暗时代，还是有点进步作用？

答：对这一时代的每个时期、每个方面、每个人物、每个历史事件，都应该具体分析、具体评价，而不能一概而论。

这一时期是不是黑暗时期？北方的十六国，在北魏孝文帝改制以前，总的说来是比较黑暗的时期。但个别时候、个别地区，仍存在有积极的因素，比如苻坚曾作过一些好事，所以说这段历史要具体分析。总的说来这一时期是比较黑暗的，社会矛盾比较复杂。

十六国是小政权，打来打去。北魏统一了黄河流域，建立了稳定的局面，是有进步作用的。魏孝文帝以后，民族矛盾逐渐减少以至于到北齐、北周时基本上消灭。

南方是比较进步的。当时北方大量的人民逃到南方，带去先进的生产技术和生产经验。统治阶级也带去了一些好的如文化之类的东西，王羲之就曾到过绍兴等地，这样便使南方的社会有了发展。但东晋、宋、齐、梁、陈统治集团很腐朽，假使他们能多做一些好事的话，南方社会的发展会更加迅速，可能会形成南方统一北方的局面。事实并非如此，最后仍是隋文帝由北方统一了南方。所以，具体情况要具体分析。

经过南北朝，到隋唐的时候，中国经济中心逐渐移到南方。南方特别是太湖三角洲地区的经济发展很迅速。

问：两晋南北朝时几种生产方式并存，但决定社会性质的还是封建生产方式。北魏当时是大奴隶主专政，从上层建筑看是奴隶制，从整个中国当时生产看是封建制。如果说北魏当时统治下的社会是封建社会，那就有它的特殊性，这种理解对否？

答：这样理解基本上是对的，但不能概括地去理解，必须经过具体分析、具体说明之后再作结论，要在详细占有材料的基础上去概括。北魏拓跋族居住区（雁门关以北）是奴隶制，但在全国尤其是汉族地区，占主导地位的则是封建制，而且封建制占的比重大，所以就全国而言是封建制。同时，北魏前期和后期的情况也不一样，应区别看待。

七、关于专制主义封建国家的再建和发展——隋唐时期的一些问题

问：吕老说窦建德是恶霸地主，似乎还得考虑。还是应当将他当作农民起义的领袖看待。

答：从窦建德在农民起义中所起的作用和地位来看，他是农民起义的领袖。说他是恶霸地主，是从他的出身及其在农民战争中的表现来说的。我们并不只是看他的出身，那样看就是唯成分论了。应该看到他在农民战争中的表现和行动方面，是带有一些恶霸地主的东西。

问：关于整个封建时期土地制度的演变最好能作一系统的讲解。历代的土地制度有何共性和个性？是如何发展演变的？如均田制和名田制有何异同？二者是如何产生的？关系如何？

答：这一问题在前面已讲过了，现在只补充一点意见。由于我国是个多民族的国家，所以在历史过程中的各个历史时期、各地区的土地形态也比较复杂，是有多样性。我们既要看到多样性的一面，也要看到起主导作用的一面。封建时代土地制度的演变过程，有封建领主制时期的，有封建地主制时期的。封建地主制后期又有资本主义萌芽的出现，而资本主义萌芽的出现，又是一个曲折的过程。资本主义萌芽出现后被绞杀，后又出现，又被绞杀，又再度出

现，这些变化都与中国土地制度有关系。

关于历代土地制度有何共性和个性的问题，总的讲来，封建制度的特点是由领主制转变为地主制，在地主制的末期，有资本主义萌芽的产生。

关于均田制的问题。中国历史上均田制之类的土地制度形态，是具体历史条件下的具体产物。均田制的实行，是由于当时人口少，有大量荒地存在，地主阶级的朝廷为要重新组织、恢复社会生产而采取的一种措施，是在这一特殊情况下实行的一种制度。它在历史上曾起过一定的作用，但并没有形成为长期占支配地位的制度，它没有代替、取消地主土地所有制的正常形态，而只是地主土地制的补充。名田制，清朝入关后叫"更名田"，即把藩王、宦官的土地改归佃户所有，它起到了稳定封建秩序的作用，符合后期封建制发展的要求。

均田制与名田制有什么关系呢？均田制的内容是土地由国家分给农民，其中有一部分作为"永业田"，等于国家赐予，带有名田制的内容。农民所得的另一部分土地（口分田），则需要向国家纳地租，带有农奴制的内容。这种制度在当时历史条件下曾起过一定的作用，但不占支配地位，所以均田制实行了一次之后再也没有实行了，土地再也没有收回重新分配。均田制实际上被名田制所取代。这说明后期封建制度适宜于名田制的形态。

问：怎样具体地理解农民战争是推动封建社会发展的原动力？每次农民战争各有什么跟以前的不同特点？它们对历史发展的具体作用是什么？

答：农民战争是推动封建社会发展的原动力，是毛主席的思想。应如何理解？首先，每次农民战争都打击了封建势力，为社会前进开辟了道路。历史上好多次农民战争都把当地的地主打垮了，解除了部分农民的封建束缚。其次，农民战争以后，迫使新兴的朝代对农民作一些让步，经济上减轻了剥削，政治上减轻了压迫，以致到鸦片战争前，农民已有了较多的人身自由，能自由地跑到城市出卖劳动力。有的新兴朝代，甚至于给农民一部分土地，创造了小农生产，而封建时代的小农生产，对封建经济的发展是有利的。第三，农民生活直接、间接地得到了提高。农民参加军队和战斗，受到了组织和斗争的锻炼，提高了文化、能力和才干，提高了智慧和觉悟，在斗争中成长了很多能干的农民领袖，积累了丰富的斗争经验，在斗争中有了卓越的创造。如杨幺农民军的造船技术比宋朝官军的造船技术就提高了一步。又如在抗日战争时期，日本帝国主义者企图封锁我们，但我们依靠了农民群众，打碎了敌人的封锁。在土地革命、抗日战争和解放战争时期，我们都深刻地体会到，只要依靠农民群众，便什么问题都能解决得好。第四，不仅是各族人民共同参加了斗争，而且当斗争失败以后，都会有这一民族的人逃往另一民族的地区去，与当地民族的人民融合，继续进行反抗斗争。如反抗元朝的统治时，湖北、江西人民跑到湖南兄弟民族地区，和当地人民一起进行反元的斗争，陈友谅也是在元末农民战争失败后跑到那里去的。这样一来，便促进了各族人民的接近，促进了民族的杂居，增加了民族间的共同性，减少了差异性，有利于社会和国家的发展。第五，农民战争打破了封建的封锁性。每一次农民战争，比如黄巢起义，从河北、河南、山东到湖北、湖南、江西、安徽、浙江、福建、广东、广西，再转回，打来打去，每到一地便和当地人民取得联系，打破了封建封锁性，也打破了民族之间的界限，奠定了祖国的疆域。

此外，农民战争还有很多其他的作用，而主要的是上述五点。

问：农民有没有皇权主义，为什么？所谓皇权主义的概念应如何理解？

答：首先应该肯定，斯大林关于农民是皇权主义者的讲法带有普遍真理性。

其次，我们不能把农民的皇权主义片面地理解为拥护封建的皇权，这种理解有错误。但也不应该认为农民和封建皇权是完全对立。农民在没有起义之前，往往希望有"真命天子"、"火德真君"下凡，给自己很少剥削、很少压迫，以至于没有剥削、没有压迫。所以在农民起义的过程中，往往仿照地主阶级的统治形式称王称帝。但农民政权的作用，不是拥护封建地主阶级，而是打击封建地主阶级，处死恶霸地主，没收、分配他们的财产等等。由于农民不是新的生产方式的代表，它本身是一个没有前途的阶级，所以它的政权也是暂时性的。政权的前途只有两个：一是被地主阶级消灭，至多只能存在一二十年；二是地主阶级钻进来，使农民政权向地主阶级政权转化。刘邦如此，朱元璋也是如此。这种农民政权转为地主阶级政权后，虽然不能不对农民作些让步，以缓和阶级矛盾，因而为农民所赞同，但它并不是农民所幻想的"真命天子"。农民幻想的"真命天子"在封建时代是不能实现的，马克思、恩格斯、列宁都已讲过这一问题。农民只有在无产阶级领导下才能解放自己，才能实现自己的全部梦想。

问：历史是劳动人民创造的，古代思想家们的成就是在总结劳动人民创造之后形成的，但他们是站在统治阶级立场上的，因此，怎样正确地评价古代思想家的贡献，又能肯定劳动人民创造历史的作用，希望能讲讲。

答：这一问题提得很深刻。《实践论》已明确地解决了这一问题，较马克思、恩格斯、列宁对此问题的阐述有了进一步的发展。

我的看法是：第一，在阶级社会里，对立阶级间的关系是对立统一，是相互渗透、相互依赖而又相互排斥的，对立统一是能转化的。劳动人民千百次的实践经验能提高生产，这也是有利于统治阶级的，所以他们要总结这方面的经验，而这种经验的总结也符合人民的利益，符合历史发展的要求。

第二，历史上先进的思想家、科学家、文艺家，不论出身于什么阶级，他们有的是代表统治阶级的利益，但也有些人是反映了劳动人民、被统治阶级的利益和要求，他们是在这一立场上总结人民群众的经验的。如《吕氏春秋》就总结了西周、春秋、战国的农业生产经验，它的作者代表了新兴的地主阶级，这相对于封建领主而言则具有进步性。以后几位写农书的人也大体上是这种情况。历史上的唯物论者，多少反映了被统治阶级、先进阶级的利益和要求，所以他们的总结具有进步性。

有些总结出来的东西是反动的、保守的，对人民、对社会的发展不起促进作用，虽然其中也许会有个别因素可以吸取，应另当别论。比如蒋介石的"唯生论"，陶希圣的《中国社会形式发展的新估定》，都不是总结劳动人民的经验的，都是反动的。有些问题在历史上比较复杂，比如文艺，常常是劳动人民创造的艺术，但封建统治阶级要从人民群众那里吸收东西来营养自己，但常吸取民间的形式，而去掉其内容。过一时期枯燥了，又到民间去吸收，如京剧便是吸取全国各地的地方戏而形成的。其中有湖北的汉调，安徽以及北方的一些腔等。

中国通史问题解答（三）

（1961 年 10 月 7 日）

问：讲历史如何正确地讲述同现在友邻国家的关系？

答：讲历史上中国同现在友邻国家的关系，应该以历史上的具体情况为标准，不应该以今天的现实情况为标准。例如朝鲜、越南在历史上曾几度是中国的一部分。如果根据目前的情况，就把历史上的情况说成是中国的侵略，是否合适？如果这样，那将来到了共产主义时代，消灭了国家和民族的界限后，讲历史时是否要换一种说法呢？这样在判断历史事件时，似乎是就没有了一致的标准了。

我是同意这样的提法的，就是讲同邻国在历史上的关系问题时，应该从历史的具体情况出发。但是从历史的具体情况出发，我们也不能完全是纯客观的，而是要从为无产阶级政治服务的角度出发。本来这两个东西是统一的。因为无产阶级是讲真理的，是讲历史唯物主义的，并不是要歪曲历史事实使之符合于今天无产阶级的政治要求。恰恰相反，它是深入地、全面地、正确地来揭发历史事实、阐明历史规律，从而使之真正地符合今天的无产阶级的政治要求的。所以，我看应该从这些方面来看、来讲。

我们同友邻国家在历史上的问题应该怎样处理呢？这是一个很重要的问题。对这个问题，今天我们同周围一些兄弟国家的历史家的看法还不一致。你说你这里是马克思主义的，他说他那里也是马克思主义的。不过这个问题将来总会处理好，会搞清楚。我们要有信心地按照毛泽东思想来处理它。今天我这样的看法，我认为是正确的。将来如果证明是错了，那么首先我来作检讨。同志们提出这个问题很重要，因为我们现在处理边界问题往往同历史上的关系问题显得不一致，对不上口径。按道理都是马克思主义，而马克思主义只有一个，所以应该对得上口径，对不上口径那就不对了，那就可能是一方面对了，一方面错了；或者两方面都错了，或者一方面错的多些，另一方面错得少些。

让我们具体地讲一下朝鲜、越南吧。他们在历史上同我国的关系同国内的其他民族还不一样。从整个历史发展的情况来看，朝鲜、越南在某一个历史时期，曾经几度成为中国的领土的一部分。譬如，秦汉时期，把朝鲜北部划成了郡。同时今天我们发现了秦的长城是从赤峰以东经过吉林到达朝鲜的北部（我们今天看到的长城不是秦始皇时代的长城，而是明朝的长城。这一次我到内蒙古去，在包头市的东北角上看到了赵国的长城）。同时，在那个时候也把越南划为交趾郡。从那时起，长期以来虽有所谓朝贡的关系。但有时也有不朝不贡的。在军事上也并不完全服从调遣，有时服从，有时不服从。从全部的历史过程来看，是同中国的关系很密切，政治上也接受过中国的分封，经济上也有过朝贡的关系。但中国的各中央朝廷在那里行使国家政权，并不是像对国内各民族一样一贯下来的，而是断断续续的。在某一时期行使过的，某时期又没有行使了。新疆就不同了。新疆从秦汉开始，中央朝廷国家的政权一直是在那里行使，从没有间断过。而西藏地区，是从唐代文成公主去了之后，才开始有一些藩属关系，以后又是长期打仗，而服从了军事调遣，应该承认它开始和祖国发生了关系。国务院文件说：西藏是从元朝开始正式成为祖国版图的组成部分。从这以后就再没有间断过和祖国的关系。唐太宗（李世民）那么厉害，他搞到中亚，划为中国的州县，可是对西藏、越南、朝鲜却一直没有划过。李世民第一次打朝鲜把平壤包围了，但是因为天气寒冷，兵士穿的衣服少，就班师回来了。而当时李世民还奖励了朝鲜守城的士兵。他说：你们忠实于自己的祖国，还拿出很多绸缎赐赏他们。所以，他们一方面是和中国朝廷有些藩属关系，但另一方面他们又有其相对的独立政权。这一直到明、清时代都是如此。越南也是这样的情况。人家国家内部有他相对的独立政权，尽管中间有些断续，不像我们一直贯串下来，但还是有政权。

问：什么叫侵略？

答：我记得斯大林讲过这个问题，现在一时找不到了。查了一下《新知识辞典》，上面讲到关于侵略的定义。其定义里面有基本的一条，是指国与国之间的问题，不是一国之内的问题。在《新知识辞典》上说："凡首先采取下列行动之一者为侵略者：对他国宣战，未经宣战而以军队进犯他国领土。以海、陆、空军轰击他国领土，或有意袭击他国船只和飞机。未得他国许可，把海陆空军开进他国领土，或违犯许可的条件，用海军封锁他国海岸或港口（美帝侵略我们的台湾，就符合这一条）。支持在本国领土上组成侵入他国的武装匪徒，或不顾被侵略国的要求，拒不停止对匪徒的援助或保护"（譬如美国对古巴）。这里都是讲对其他国家的问题。所以，侵略是指国与国之间的问题，而不是讲一国之内的问题。因此，我们对朝鲜、越南，在某一个历史时期是有侵略的。但这也要从某一时期中央朝廷对他们的军事的、政治的实际行动的性质和后果来看。如明朝邢玠出兵朝鲜。也和朝鲜打过仗，但当时日本要把朝鲜当作奴隶买卖的市场。明兵就把日本打退了，把日本军队彻底消灭了。这个我们就不能说是侵略，而肯定它是进步的。因为它有利于朝鲜人民的历史发展，也巩固了明朝。所以，对于具体的历史事实要进行具体的分析。不能认为凡是外国军队进入本国就毫无分析地都一概认为是侵略。李世民（唐太宗）把伊朗的王子搞到长安养起来，人家内部争吵起来了，后来他又派军队把王子送回去了。并说：现在派这个王子来统治伊朗，为你们伊朗最高的统治者。但是，李世民对中亚细亚和伊朗周围国家之间的战争起了阻止作用。他告诉这些国家，不要打仗，你们要和好，你们如果要打仗我就派军队来。当时人家都很害怕唐朝，因为唐代的军事经济的力量都很强大。李世民说：你们要友好相处，把东西送到我们中国这里来，我们赐赏你们一些东西，也可以互相做生意，可以与唐朝建立经济上、文化上的关系。当时那些人都同意这些要求。因此，这样一来，中亚细亚当时的人民就都可以过和平生活了。所以，我们从这一点上来讲，它又带有进步性。这就是具体的分析。绝对不能笼统和绝对化。不知是马克思还是列宁说过：要是坏的就都是坏的，要是好的就都是好的，这样的绝对观是不对的。

问：亚细亚的生产方式到底是怎么一回事？

答：这个问题先讲几句话：

第一句话，同志们目前不要去死啃这个问题。"亚细亚生产方式"，在目前的学术界不大谈这个问题了。在第二次国内革命战争时期，是讨论得十分激烈的。那时之所以要谈这个问题，是因为托洛茨基派、陶希圣派拿亚细亚生产方式来曲解马克思主义，来宣传历史多元论，用以说明中国共产党的纲领及其领导的革命是不符合规律的，用这样的东西来反对我们，反对我们党所领导的革命。所以，那时我们和他们就亚细亚生产方式展开了激烈的斗争。今天你们就不必急于啃它了。

第二句话，同志们将来可以去查一查马列有关亚细亚生产方式论述。马克思在《政治经济学批判》里讲到的所谓"亚细亚"是从那里来的。他在《资本论》里和其他地方，也谈到这个问题。"东方的或亚细亚生产方式"，日本译成"东洋的"，而我们叫做"东方的"。过去我写过几篇文章，谈过这个问题。托派、国民党陶希圣派，日本军阀收买了一些叛徒，利用"亚细亚生产方式"，说什么日本的军阀应当到中国来推行生产的发展，认为没有外力的推动，中国的社会就停滞不前等反动的谬论。

第三句话，同志们如果对这个问题有兴趣，作为学术问题我们可以研究。马克思指出了这个问题，列宁就不大提它了。他只是偶尔在一个地方用过这个术语，但没有细谈。毛主席根本就没有讲过这个问题。但是马克思、恩格斯讲过了，作为学术问题大家可以研究，必要时教研室可以组织专题报告。这个问题不是一两句话可以讲清楚的。

所谓"亚细亚的"是什么呢？

1. 亚细亚的土地是国有的。

2. 亚细亚统治下的都是农村公社。

3. 亚细亚国家没有阶级，国家是一个办理公共事务的工具，而不是在阶级矛盾不可调和的基础上产生的东西。

这样，托派、陶希圣派等说中国革命的主要力量不是农民，中国没有阶级。从而就根本上歪曲了马克思列宁主义关于国家、阶级学说的基本原则，把阶级斗争这一马克思主义学说的灵魂取消了。从中国来讲，中国的革命，是在无产阶级领导下的农村包围城市、武装夺取政权，农民是在工人阶级领导下的革命主力，绝不能抹杀农民在革命的主力地位，也不是没有工人阶级领导下的单纯的农民革命。同时，他们说：中国根本没有农民和地主阶级的对立，根本没有封建主义存在，你这个共产党领导的革命，是没有根据的胡说。他们的基本理论就是这些，当然还有其他的东西，不过我们只讲主要的。

八、有关两宋、辽、金的一些问题

问：两宋和辽金的战争，是否侵略与非侵略的战争？辽金是否为独立国家？辽金在完成奴隶制变革之后，是不是有一定的国家疆域？因为所谓国家都有疆域或领土范围的。

答：同志们又说：辽金是那么小的国家，来统治汉族地区的大国，那么他作为侵略者、统治者，为了便于其侵略和统治，必然要收买在汉族里面的一些民族败类。这些民族汉奸、败类也必然成为统治阶级里面的一个人物，这也是说统治阶级的联盟问题。

首先，同志们完全可以提出这个问题，并且完全可以按照你们的想法去进行研究，为什么呢？因为这个问题今天在我们内部还是一个百家争鸣的问题，大家的意见并不一致。我这里讲的是我的一家之言。不能说同志们的讲法就不对，只有我的讲法才对。这是首先要说明之点。

其次，按照我的讲法，作为一个独立的国家，它有一定的历史发展过程，不只是某一段历史时期的问题。在辽金政权成立以前，它们是中国的一部分，在这以后也是中国的一部分，仅仅是在这一段时期里存在着这样一个独立性的政权，而不是在很长的一个历史过程中形成一个独立的国家。在此以前和以后都是属于中国这个多民族的国家之内。过去常常是以汉族为主体地去统治他们，那是不是也叫侵略呢？如果说这也叫侵略，那么我们国家全部的历史、各兄弟民族间的历史就都是互相侵略的历史了。如果是这样的看法，那既不符合历史事实，也不符合无产阶级的政治要求。过去有一个蒙族老人说：汉族统治我们几千年不叫侵略，我们元朝（蒙古人）只搞几百年就叫侵略，这太不公平了。你这个历史家怎么看法？我说：我同意你的意见，是不公平。一个国家之内不是侵略与被侵略的问题。但战争有正义与非正义之分，有革命与反革命的战争之分。这在《毛泽东选集》里讲得很清楚了，同志们都很熟悉的。我们应当从这方面来看。这么来看，那么，岳飞还是应该肯定的。秦桧还是应该否定。这里就是有正义与非正义的问题。

作为奴隶制过程中形成的一个独立国家，那么无论如何应有它一个相对独立国家的疆域。那么辽金有没有这样一个相对独立的疆域呢？看来它是没有的。他们自己的居住区是不固定的。是杂居的，里面汉人不少，其他民族的人也很多，所以，他们自己彼此称为南朝、北朝。不像我们今天这样，把世界上其他民族的国家叫做什么日本、英国、法国，而是南方政权与北方政权的问题。

那么政权与国家又有什么区别呢？按照马克思主义的定义来讲，政权与国家其本质是一样的，但也不完全是一样的概念。如果完全是一样的话。那就没有这样两个概念了。在一个国家内分裂为几个政权，这是不是就是国与国之间的对立呢？我以为不能这么讲。三国也是汉人分裂出来的，它叫做国家，五代十国也叫做国家，十国大都分布在汉人地区，也都在以汉人为主体的地区。我们曾经讲过，马克思把封建初期领主制下的诸侯国叫做半国家。"半"英文是semi。这种国家，我们说它叫政权，也叫国家。我们所以不常把它叫做国家而叫政权，是用来以资区别在一个历史发展过程里作为一个独立而存在的国家，而它只是在某一个历史时期内分裂出去的各个地区的独立政权。虽不能把它和国家对立起来。但也不能把它与国家的含义、内容混同起来，如果那样的话是不够妥当的。譬如"五胡十六国"，大都是在中国历史之内，是我们中国通史要写的东西，不是在中国通史之外，还有什么十六国史。同样在我们的"二十五史"里，有《辽史》、《金史》、《宋史》等。我们写十六国春秋、五代十国，这只是一个国家内的几个国家。历史上的古人编书也就造就了这样一个体系，并不是把它们除外的。但是，我们的中国历史从来没有把朝鲜的历史编在里面，从来也没有把朝鲜和越南的历史作为中国通史的一部分编写过。

统治阶级作为一个阶级的联合来统治，而作为奸臣、汉奸那是个别的。这种联合不仅在政治上表现为斗争的力量，而就在政治制度上也要彼此照顾的。如辽金统治时是照顾到汉族地主阶级的政治势力的。所以，从这些来看，都应当把他们看作是中国历史上的一个组成部分才合理。那么，是不是将来到了共产主义社会时其看法就会不同了呢？那时人类的认识提高了，对今天的这些看法可能有错误的，将来要改正。但是马克思有很多的东西，都为今天的实践证明了，是真理的东西，它具有时代相对真理的意义。

关于正义战争与非正义战争的问题。人民进行的革命战争，反侵略的战争，都是进步的正义的战争，都是一种抗毒素，这是毛主席作了结论的，我们就可以根据这个原则大大的去发展。

问：如说两宋、辽金是一个国家，那么，又说岳飞是爱国主义者。是民族英雄。陆游是爱国诗人……这应如何理解？

答：这个问题看起来是矛盾的，但实质上并不是不可理解。岳飞、陆游他们的行动和主张是从汉族的立场出发的，是符合当时汉族人民的利益和要求的，同时，也是符合于其他族人民的利益和要求的，也就是符合于历史的发展的。如果当时没有岳飞这样的人，那辽金的倒行逆施可能更严重，其范围可能要更加扩大，这对中国历史的发展，对人类历史的发展起的坏作用就会更大。而岳飞他们制止了辽金的这些做法，阻挡了他们的南进，制止了大地主、大奴主阶级集团更加无耻的倒行逆施。他们的行动起了这些作用，起了这些好作用。所以我们说：他们是民族英雄，是爱国诗人。但是这里还有一个问题，就是今天大家争论的，就是民族英雄的行为，既符合了本民族的利益就势必要损害他民族的利益；或者是民族英雄的行为既符合本民族的利益也符合于其他民族的利益的问题。对此问题目前学术界认识还不一致。我看这两方面是并不矛盾的。马克思说过，总之，要有利于人类的发展。那么本民族也是人类的一部分。是不是只要有利于你本民族利益的发展，就要损害其他民族的利益呢？马克思说：压迫其他民族的人民是不能够自己自由的。就是说，你要解放自己，就要符合于对方那个民族的利益，岳飞如果当时不受奸臣所害，把金国从汉人地区驱逐出去，打回到他们自己原来的地区去，然后和平了，彼此建立正常的和平生活，或者和以往一样。那就不难设想在一个多民族的国家里建立和平的生活情景，对所有境内的各民族就不无裨益了。如果那样，不仅对汉族人民有利，就是对契丹、女真等族人民的发展都是有利的。在金和宋打仗的时候，其直接损失和遭灾的还是金和宋等方面的人民。所以能够制止战争，恢复和平，其有利必在双方民族的人民，有利于各族人民的发展。这也就是马克思所说的符合于人类的发展。

以上就是我的看法，但同志们的看法也有道理，因为现在大家的意见不一致，在争论，既然在争论，必然是公说公有理，婆说婆有理。

问：宋朝为什么这样软弱无能呢？辽金那么小的一个民族也挡不住（主要地是指地主阶级）。宋的经济很发达而政治上这样软弱无能，那么经济基础与上层建筑为什么不相适应呢？它软弱无能的根源是否应从经济结构中去找？是否因为封建经济在走下坡路？

答：这个问题的提法是对的，这是一个很重要的问题。当时中国的封建经济是开始在走向下坡路，中国的封建制度从宋朝开始走向衰退。也就是我们上次所说的出现了一些新东西、新因素，使社会阶级比以往更复杂。阶级构成变化了，阶级间的关系也起了变化。基本上是封建经济，不过有一部分起了变化。譬如，小私有者增多了，像自由商人，手工工人，个体农民等的数目扩大了。这是很大的变化。这些自由商人后来到明清时代都变成了市民阶级。所以，是应当从经济的结构来看。当时基本上还是封建经济，只不过是在走下坡路就是。我们说的那些新因素是和封建经济发生矛盾的，但同时它本身带有很严重的封建性，这是一个基础。而阶级矛盾、阶级关系与以往不同了，封建经济开始在衰退，地主阶级与农民阶级的矛盾更加尖锐化。新因素的出现，产生了新的阶级矛盾和阶级关系。在这样的情况下，宋的统治者对农民作了某些让步。但这些改良的政策，不能根本解决问题。在它已走向灭亡的时候，每一个国家的历史都是这样。封建地主阶级和农民之间，一方面让一点、给一点，另一方面农民多得一点。而代表那些新因素的各阶级之间，和其他各阶级不是孤立的，而是互相联系互相影响的。统治阶级是想依靠那些改良政策去处理问题，但对小商品生产者和自由商人，以往的那些政策都不能解决问题了。宋朝一开始就实行了些恢复封建生产的政策，在这些方面有作用。在宋太宗赵匡义（后改为赵光义）的时代就开始有了农民暴动。在唐朝时有很长一段时间内没有农民暴动，宋朝定天下不久就有农民暴动，阶级矛盾很快又表现出来了。宋的统治阶段想维护它的统治，怕人民起来推翻它。所以当金兵南下的时候，两河（河北、山西）的人民起来对付它，而宋廷却不敢去抗金。结果金兵南下把它的首都都包围了。南方的起义军从湖南、江西、浙江等那么远的地方跑到北方来勤王，希望一道把女真人打回去，但是它不敢去做。甚至以后金兀术带兵打到长江以南江苏、安徽、浙江等地时，宋廷还派很多兵到福建、江西、安徽、湖南等地去打农民军，就像日本占领中国时，蒋介石还要打共产党一样。所以历史上所有的剥削统治阶级都是这样。这样一来就把自己的力量抵消了。不仅不能有计划地调整内部的阶级关系和阶级矛盾，从而组织好力量去对付辽金奴隶主贵族，相反的是自己对付自己。当时是不是有一些办法呢？王安石就想了一些办法。他的变法是改良政策，但他与以往的改良政策不同。他基本上是从维护封建地主阶级的利益出发的，但也多多少少照顾到各阶级的利益和要求，并且更多地反映了中小地主的利益和要求，所以他的改良政策和以往的不同。今天我们按照马克思主义的历史唯物主义的观点去分析，它基本上是符合北宋当时的情况的。这样的政策如果当时真正地执行下去了的话，是可以使宋朝内部的矛盾得到适当的调整，内部的力量可以适当的组织起来。事实上在他执政的那几年，内部情况比较好，财政上也比较有办法。所以，王安石是政治家，王安石的思想是唯物论观点，是能够起作用。但是司马光、吕公著这些人不允许王安石搞下去，把他搞下台了。以后的所谓新党，就不是真正的新党了，所实行的政策也不是王安石原来的政策了，而是变质了的，变成了经济上的剥削者了。以后蔡京这些人成了"六贼"。这些人本来都是大地主阶级（《金瓶梅》这部书写西门庆和蔡京勾勾搭搭，这是符合情况的。这书里有很多的材料可以看，但它有副作用。年轻人看了不太好）。当时宋朝对辽金只是让步、妥协、投降。在辽金统治的地区，宋朝的大地主阶级完全和辽金奴隶主合作，使宋朝的力量分散了。这样就形成了不是辽金奴隶主贵族来打汉族的地主阶级，而是辽金奴隶主和一部分汉族地主阶级，再加上契丹贵族及其他民族的统治阶级的力量联合起来进攻宋朝地区。过去有人说：南宋朝廷为了要把金兵的威风使本国人民天天看到，有利于它的统治。这不是没有道理的。不过我们今天没有用这个材料。为什么说它有道理呢？秦桧他们的行动就完全证明了这一点。我们写书时没有写这一点，因为这个材料的证据不足，人家说的太笼统。光根据这一点做历史的结论，这和历史唯物主义的观点不完全相符合。

所以，从整个宋朝的历史来看，是两个主要的矛盾，对内的矛盾不解决，对辽金只有软弱无能，只有妥协、投降。如果采取了王安石的办法，把内部矛盾适当调整一下，就立即能组织力量，对付辽金。对西夏也是一样。西夏就在陕北很小的一个地方，生产很落后，人口很少，力量是不大的。名义上人家把宋朝皇帝叫爸爸，自己称儿、称臣，每年都来进贡。但实际上这个爸爸每年要给儿子很多钱，这样一来就更把宋朝内部矛盾扩大了。方腊在浙江一带起义。这一部分农民军宣布宋朝的罪状里有一条，就是每年把剥削人民的东西向辽、向西夏进贡，不管我们的死活。

问：岳飞服从金牌调回送死，是否愚忠，应否批判？如果说他组织性强（这是打比喻说的），那么，他平杨幺也是奉令而行，也不该批判。

答：岳飞是不是应该服从十二道金牌，回去送死，这个问题可以研究。过去很多人主张岳飞不该回去，当时牛皋就主张不要回去的，主张打的。不过以后戏剧上又把牛的这一主张夸大化了，认为岳飞死后他又回山西去组织军队继续抗金，其实这个不可靠。杭州的牛皋坟我去过。当岳飞失败后，牛皋就躲起来了。后来是秦桧用毒酒把他害死的。这个比较可靠些。

关于这个问题可以从两方面来讲。我看岳飞当时并没有想到回去就是要死的，而且他可能认为回去之后和皇帝讲通了再来抗金，继续出兵北上直捣黄龙府的。但是岳飞究竟是岳飞，究竟不是马克思主义者，对情况掌握不够。而宋高宗呢？对岳飞是使用两面派的手法：一方面不高兴岳飞这样积极的对金抗击，另一方面又要依靠岳飞等这些人的武装，好为他撑腰，不然就做不成皇帝。所以，他给岳飞写的信都是很亲切的，都是甜蜜蜜的，使人看了很高兴，而岳飞在这些方面就是有些糊涂。现在有人研究岳飞是不是宋高宗的宠人，其实这问题的提法就不够妥当。

另外，我们研究历史时要有历史唯物主义的观点，每一个历史问题都有它自己的时代准则。如果按照今天的准则去要求古人，分析历史事件，去批判历史人物，那就不容易得出正确的结论，不然孔子也就一无是处了。不能把历史上的东西毫无分析的一概抹杀。如果岳飞当时不管什么命令，韩世忠撤走了，岳飞在河南孤立了，粮草也没有了，这样可能使宋朝搞得更乱，更利于金兵南下，把宋朝的残余抗金力量歼灭。就当时的情况来说，宋朝的政治还是在封建地主阶级的轨道上发展的。如果岳飞不回去，其孤军也难以抗敌，可能把宋朝搞得更乱，可能有金兵奴隶主来统治的危险。同时，岳飞作为封建政权的将军有他自己的时代准则，必须按照他的原则办事，而不是按照无产阶级的马克思主义的原则办事。当然，对他们的原则和出发点，我们可以批判地去看，不是一概否定这些原则，更不是全部肯定。在岳飞所处的时代和历史条件下，作为封建政权将军的岳飞，是不是要维护封建的法律和秩序呢？问题的争论就在此，同志们可以进一步的研究。

至于对杨幺那是另一回事，平杨幺情况就不同了。宋廷要他打杨幺，他是不是可以不去？是不是应该奉命去？问题是看他怎么样执行命令，怎么样对待农民军？杨幺在那个地方搞得顶好，而且敌我界线很分明。如果那时候联合杨幺一道抗金是完全可能的。岳飞当时可以采取很多方法，但岳飞没有这么做，他对杨幺这支农民军采取了十分阴险和恶毒的手法，使用收买、分化和派人进去伪装农民军把人家歼灭掉的，对人民不应该这么残酷无情。所以这是他的污点，是不能原谅的。

问：宋朝奸臣之多，为历史上所罕见，其根源是什么？

答：我看这个问题的根源，基本上在上面谈过了。最根本的原因是上面讲的两大主要矛盾所产生的。在那样的基础上，大地主阶级集团对待现实没有力量，无法来采取一些既能维护其统治又能处理好内部矛盾的办法，因为他们已经完全腐化了，没有能力来解决这些问题了。譬如宋神宗与文彦博的对话就说得十分清楚了。他们这些大地主阶级的代表人物，连给中、小地主和小生产者一点点好处都不愿意，就是牺牲他们一点点小的利益都不干。如宋神宗说：对你们士大夫都没有什么利益，对老百姓还有什么利益呢？所以，他们既然无法维持自己的统治和保护自己的利益，故在此情况下出现了两方面的情况：对内方面便是无情的镇压人民；对外方面，当辽金奴隶主贵族来时，看到自己的统治地位维持不住了，大地主阶级集团里面便不断地产生一些与辽金打交道的败类，屈辱投降，称臣纳贡，甚至叫人家做爸爸妈妈来维持自己小朝廷的统治。这不就是奸臣多的原因所在吗？所以要分析其根源，我看还是从上面谈的宋朝的阶级结构、阶级关系上面去看。当然这又是两宋的社会经济构成与基础的反映。因为是那么一个基础，所以那些奸臣败类才那样无耻，正像国民党里产生了汪精卫之流一样，公开投降日本，给日本当汉奸。

抗日战争时期，大家算了一笔账。何应钦为何不断地主张投降呢？原来是他在日本银行的存款很多。还有国民党的一些中央委员，他们在常州、苏州、无锡一带买了几十以致二三百多顷土地，所以，他们都去做了汉奸。还有叛徒国民党的中央委员周佛海的老婆，当日本占领了上海、南京后她到了长沙（那时我也在长沙工作）。她在长沙住了一两个星期就走了，因为她在长沙住不下去，那里潮湿，没有上海舒适。她说：长沙这个鬼地方我不想住了，电影也不好，咖啡也不好，我不抗战了，我要回去了。你看她无耻到何种程度。当时这样的事是很多的，蒋介石就是采取两面派的做法，一方面反共反人民；但又拿着抗日的旗帜不放。目的是为了更好的反共反人民；另一方面又与日本搞投降活动。

同志们还提出自由商人早就存在了。但那是个别的，但作为集团存在是两宋才有的。为什么知道他们是作为集团存在的呢？这是因为在当时的政治上反映了他们的要求。如王安石的变法就反映了他们的要求。这与以后的所谓市民阶级又有什么区别呢？市民阶级类似欧洲资产阶级的前身——第三等级。

九、关于元代的一些问题

问：1. 元代对中国历史的促退作用这是主要的，但对成吉思汗的评价，又说肯定的一面是主要的。这两个互相矛盾的结论，应如何统一理解？

2. 对成吉思汗的评价是否肯定的多了一些？他统一全国是否算是进步呢？毛主席说，成吉思汗是"一代天骄"，是不是就是肯定的意思？

3. 成吉思汗向欧洲发展除了掠夺奴隶之外，是否还有个人野心？

4. 元代在经济上以佃耕制为主，而在政治上以奴隶主或农奴主的统治为主，这是否矛盾？

5. 生产关系一定要适合生产力的性质，元代和清代生产力发展了，生产关系却为何开倒车呢？

答：以上的五个问题总起来谈一下。

首先，关于成吉思汗，毛主席在《沁园春·雪》里讲成吉思汗为"一代天骄"，我理解是肯定的意思。因为《沁园春·雪》全部都是从肯定方面讲的，当然他是批判性的肯定。因为主席说的秦皇、汉武、唐宗、宋祖，这些人都是历史上有名的、起过作用的人。当然他们有些地方还做得不够。但我看其根本方面还是应该肯定的，这点同志们还可以进一步的研究。对成吉思汗从积极方面去看还是符合实事的。从他的全部活动来看，有对外和对内的两方面。但他绝大部分的实践都在对内方面，对蒙古族本身的发展起的积极作用是主要的，我们不能说让蒙古族人民不进入文明时代永久停留在原始氏族社会，才对人民有利。以成吉思汗为首的蒙古族，特别是成吉思汗个人，实行了一些重大的改革，使蒙古族人民进入了文明社会，建立起了国家政权，并且实行了一系列的改革。所以从这方面来看，是应该肯定的，所以他是革命性的人物。

他对外，对欧洲的某些政策和行动也不能否认他是有侵略性的。所以有人说成吉思汗已经早死了，如果不早死，他可能还会搞出很多的坏事来。不过我们不能这样的用设想来代替历史。事实上他已过早因病而死。我们只能就他个人的作为来进行评论，决不能把他儿子、孙子所做的事都写到他的账上。

同志们问，元朝统一全国是不是就算起进步作用呢？回答是肯定的，那是起了进步作用。元朝把当时中国内地很多小政权统一起来，中国的版图、疆域原来发展起来的时候没有这样的巩固和统一，都是局部的巩固。西藏到此时才正式成为祖国的一部分。在这一点上，今天帝国主义分子怎么样钻空子也是搞不倒的。西藏的农奴主也是没有什么话可讲的，所以这方面是应该肯定的。新疆自唐朝开始就把它划为州县了，并派了几个督府到那里，但所有州县的都督、刺史等这些地方官，都是由当地委任的。到元朝时，在新疆设立了财政、军事、行政等机关，完全和内地的一样，所以这些方面也是应当肯定的。

至于对外方面、对欧洲的行动，是有些不好的方面。但他把欧亚两洲联结起来，对文化、交通和经济的交流是起了一定的作用，在此以前欧亚就没有这么密切。所以，这也是应当肯定的。至于成吉思汗向欧洲进军侵略是不是有个人野心？我看这个问题还是应当从阶级基础上去进行分析，在阶级基础上去综合考察当时蒙古族社会的全部情况，不要离开阶级基础。不要离开那个社会，而只谈他一个人有野心与否？或者野心如何？尽管马克思、恩格斯说：历史上所有的人，都是根据个人的目的、打算、意愿去进行活动的。但总的来讲，都不能不受生产关系、经济关系所支配，不能不表现在阶级基础上。所以，要从基础上去分析个人的活动、个性、意愿、目的、思想，因为这是阶级的历史。毛主席说：在阶级社会里，什么东西都要打上阶级的烙印。所以，在这方面马克思、恩格斯、列宁、斯大林、毛主席，他们在这方面都分析得很多。对阶级社会历史的研究，基本上应该是阶级分析的方法。所以我们的阶级观点和历史的观点都是一致的。

同志们还讲到元朝的生产力和生产关系，经济基础和上层建筑方面的问题。在无产阶级领导革命取得政权胜利以前，一切阶级社会的生产方式都是以对抗为基础的。这是马克思讲的。马克思又说：封建主义有好的方面和坏的方面。好的方面，就是农业生产、城市手工业、农村家庭副业发展；坏的方面，是封建主的占有特权和对农民进行剥削、压迫、奴役。那么，我们在研究封建社会的历史时，是不是只要好的方面，坏的方面都不要了呢？当然那是不可能的。当时的社会条件还没有达到那一步。本来社会就是对立的统一。我们对过去的奴隶社会、封建社会以及资本主义社会，都要从这样一个基本观点出发，就是从以对抗为基础的生产方式这样一个基本的观点去进行考察。因此，在这种阶级社会里，生产力的发展和阶级对抗的发展是一致的。阶级对抗发展了，生产也发展了。在奴隶制社会初期还看不出这一点，在封建社会初期有这种对抗的存在也是看不见的。在资本主义革命胜利之后，在上升时期也是看不出来的。但是，随着生产力的向前发展，这种阶级对抗同时也随之发展了。我们可以通过具体的事实去分析它，看到底生产力的发展经过阶级对抗是怎样发展起来的。而在元朝，因为构成统治阶级主体的是蒙古奴隶主贵族，所以表现在政治上就体现出若干这方面的特点。经济上，从元朝统治的全国范围来看，以汉人为主体的佃耕制占有极大的比重、绝对的优势，在全国经济中起决定性的作用。元朝的具体的客观历史事实就是这样，这在中国的历史上有很多时期差不多都曾出现过像这样的具体情况。那么这是不是一个矛盾呢？确实是一个矛盾，也正因为是矛盾的，所以有斗争，表现在经济上就是生产方式的斗争，表现在政治上就是阶级斗争，并且也强烈的反映在民族斗争上。正因为如此，也表现了元朝的奴隶主和农奴主统治的特点，而他们的统治就不能不一步一步的加速封建化，向汉人封建地主阶级方面转化，所以他们统治的特点就不能稳定下来，只能引起不断的变化，并具体表现为强烈的阶级斗争和民族斗争。过去我们讲过，在元朝统治时期，国内各民族人民的斗争自始至终没有放下过武器，这种斗争迫使他的统治起了变化，从这方面来说当然是进步的。

至于说元朝是不是生产力是发展的而生产关系是倒退的呢？

这个问题，就不能一概而论了。我们说在蒙族地区，他们奴隶制的生产比原来的原始公社制的生产先进是无疑的。它的生产力与生产关系本来是相适应的。但就全国范围来说，特别就汉族地区来说（即原来金宋统治的地区），其生产力就不是发展的，相反的是受到打击和摧残的，处于停滞状态之中，并且还表现了某些倒退的现象。那些生产关系也是落后的，那样的生产关系可以适应于蒙古贵族、色目贵族所实行的奴隶制和半奴隶制的剥削。至于汉族地区和女真以及其他民族的地区，仍然实行的原有的佃耕制的生产关系，没有什么变动。关于这个问题，可以从这几方面去分析一下。

至于清朝，在封建经济生产方面是比较稳定的，甚至在某些方面是发展的。比明末的生产是有些发展。这是因为它入关后采取了一系列地具体发展生产的措施，调整了封建制的生产关系，使生产力和生产关系的矛盾缓和下来了。另一方面当时城市行会手工业和商业发展了。至于对市民阶级，特别是对一些处于萌芽状态的资本主义生产被绞杀了，这是因为当时的清朝实行稳定封建统治的政策，故打击和绞杀了它，是不让这些新的因素和新的生产关系生存和发展的。特别是到了康熙，尤其是乾隆、嘉庆时代，本来有条件使市民阶级特别是资本主义萌芽得到进一步发展，但在封建制的末期，这些新的生产方式还是未取得地位。

关于元朝的问题就谈这么多，这里也附带的谈到了清代的问题。

十、关于中国封建社会发展规律的一些问题及其他

问：中国的封建社会为什么"分久必合，合久必分"？封建的统一和封建的割据到底哪一个对人民有利？能不能说凡是统一的朝代都是进步的？

答：首先我们把历史作一个发展过程来看。中国的历史从形式上来看，尽管是一个个的朝代，而这个朝代被农民起义推翻了，新起的某一个朝代实行了一系列比较带有积极的进步政策和改良政策，使生产多少得到了发展。从表面上来看都似乎是这样的。但实质上其内容是不一样的，它是一步步的在向前发展的，也是一步高一步的，它是波浪式的。而且中国历史上的发展波浪是相当大的，我们不要为这些形式和表面现象所约束，况且每一个时代的内容是不一

样的。

同志们希望把中国历史每一时代的特点讲一讲，等将来把近代史学完了，如果有时间的话，这个问题由我准备一下再讲。

"分久必合，合久必分"；"治久必乱，乱久必治"。这个说法是唯心论的历史家传下来的，不是唯物主义的。我们唯物主义者要批判。分了就合，合了就分；乱一下就治，治一下就乱。这不是历史发展的规律性的东西，是宿命论和历史循环论的东西。从历史的表面上来看，是分了又合，合了又分。春秋战国时分了，秦汉时又合了；三国时又分了，西晋时又合了；东晋十六国、南北朝又分了，隋唐又合了；五代十国又分了，宋代又合了；（两宋、辽金，特别是两宋，你说是分了也可以，你说是合了也可以）以后元又合了。从形式上看的确是这样。但是就是在某一个朝代之内，有时也有统一，有时也有分裂。这是在一定的历史时代和一定的历史条件下出现的，我们要从那个历史时代和历史条件去进行具体分析。譬如：三国时代，它是在东汉末期的那种情况下，大地主统治阶级没有办法来对付农民起义军了，东汉朝廷要地主阶级纷纷组织地主武装来对付农民军。在这样的情况下，就形成了大地主武装集团。这样就出现了三国之势。南北朝的情况，这里不能详细讲了。十六国的情况我们昨天讲了。我们说在唐末，唐朝一方面在阶级矛盾、阶级斗争的基础上，已无法继续统治下去。另一方面，各地藩镇割据势力，利用反农民战争之机，增加了他们的经济的、军事的力量，出现了有可能独立的基础。当时南方经过了南北朝，到唐朝时也发展起来了，这样他们的发展就有了地方性和分散性，于是他们在这个历史条件下发展起来了。加之，北方力量衰弱，没有那么大的力量来统一全国。况且在北方也有唐末新起的地主武装的对抗，如朱温和李克用的对抗。所以，这样的历史事件，都要从历史的具体情况和具体的时代上去理解，用历史唯物主义的观点和方法去分析和理解历史的发展过程和发展的规律。所以对所谓的"分久必合，合久必分"、"治久必乱，乱久必治"的观点要批判。

至于说，是不是所有统一了的朝代都是对人民有利呢？这也不能笼统的说，凡是统一了的朝代都是对人民有利的，都是进步的，也是要具体的分析的。

这个问题，可以分成两方面来讲，统一比分裂好，比分裂进步。这是经典作家讲过了的，是应当肯定的。因为分裂之后就要打仗，打仗人民就要遭殃。

所以，统一比分裂好。

但是不是统一的朝代就都是进步的呢？也不能这样说，要作具体的分析。某些朝代是统一的，同时也采取了一些步骤、政策，而这些是符合于历史的发展，或者对历史的发展起了些进步作用。或者是说客观上符合了历史的发展、客观上对历史的发展起了些促进作用。特别是在革命胜利之后，譬如奴隶制革命后的昌盛时代，封建制革命胜利后的昌盛时代，这都是进步的时代。以前我们讲过，就要看每个朝代的历史事实，有些是为了维护他自己的统治，对人民多作了些让步，多少符合了人民的利益和要求，这样的统一的朝代就比较带有进步性，客观上对历史的发展起了促进作用，像汉朝前期、唐朝前期、北宋前期、南宋前期、明朝相当长的一个时期、清朝对封建经济方面，都起了一些促进作用，在客观上带有一些进步性。当然，他们在主观上是从维护封建统治出发的，不过我们在写文章写书时不一定要一句一句地说这里是为了巩固其封建统治，那里也是为了巩固其封建统治。问题是在于有些人，还是有开明思想，有进步思想。对每个时代的各个具体人物要进行具体分析，具体的评价。

至于分裂，总的来讲是不好的，但也不能一笔抹杀，一棍子打死。某些分裂也表现了一定的进步作用。譬如：两宋、辽金分裂了是不好，但是不是当时的中国由辽金来统一好呢？当然也不是。当时两宋政权的存在，他们也还有一些武装反抗，特别是人民起来和他作斗争，在客观上是有进步作用的。在这样的情况下如果说统一都是好的，那就不对了。日本打中国时，我们当然说统一是好的。我们是指的内部的统一。可是，当时如果让日本来统一好不好呢？当然不好，所以我们要联合蒋介石抗日。我们要讲团结，要争取进步，讲统一，反对分裂。那么以后蒋介石说我们是分裂，说我们是封建割据，他要来统一，那时我们说还是分裂的好，分裂是为了最高的统一，是为了达到最高的发展阶段。总之要具体分析，要看情况，要看是什么势力与什么势力分裂。革命与反革命的分裂是必要的，进步与倒退的分裂，正义与非正义的分裂，都是必要的。

问：我国历史上封建时代的民族、国家等概念，和马克思、恩格斯经典作家所讲的资产阶级民族和国家等概念有何异同？如何从理论上加以说明？

答：关于民族我们已经说了，这里不再重复了。关于国家谈一下。

我们中国是世界历史的一部分，马克思主义经典作家的关于国家的概念是包括人类全部历史的，是普遍真理，同时也没有否认各个民族的国家有它的特殊性，而且肯定有它的特殊性。当然马克思主义所讲的国家，是对资产阶级、资本主义的国家讲得多一些。历史上有奴隶主的国家，有封建主义的国家，有资本主义的国家，今天还有社会主义的国家。

这个问题也要从具体的历史来看，譬如从鸦片战争之后到中华人民共和国成立之前的 109 年中间，由于帝国主义侵略中国，中国沦为半殖民地、半封建社会的国家。在这样的国家里，某一个时期曾出现过一些革命的政权。在第二次国内革命战争时期，出现了红色政权，但就全国范围来看，还是大地主和大资产阶级专政的国家。这是由过渡形态里产生出来的东西。马恩列斯和主席都多次的谈过：国家是在社会分裂为阶级的基础上产生的，国家是阶级矛盾不可调和时才产生的东西。国家的存在，表现其阶级矛盾不可调和，国家就是要用强制的权力去维护这个阶级的利益、统治、剥削和压迫另一个阶级。譬如：奴隶主国家是奴隶主用来压迫、剥削奴隶的工具；封建主国家是封建地主用来统治、压迫、剥削农民的工具；资本主义国家，是资产阶级用来剥削无产阶级和农民的工具。这里主要还是资产阶级和无产阶级的对立，但也有农民在内。这个提法有战略意义。为什么呢？因为无产阶级一定要联合农民阶级才能取得胜利。斯大林说：为什么法国、意大利、英国无产阶级的革命没有胜利？就是没有联合农民。

在《列宁选集》第 4 卷 10 页上，关于阶级的定义讲得很清楚。列宁说："所谓阶级就是这样一些大的集团，这些集团在历史上一定的社会生产体系中所处的地位不同，对生产资料的关系（这种关系大部分是在法律上明文规定了的）不同，在社会劳动组织中所起的作用不同，因而领得自己所支配的那份社会财富的方式和多寡也不同。所谓阶级，就是这样一些集团，由于它们在一定的社会结构中所处的地位不同。其中一个集团能够占有另一个集团的劳动"。上面我们讲国家时说过：奴隶主国家是奴隶主统治奴隶的工具，这是从两个主要对立阶级来说的。封建主义国家、资本主义国家也都是从两个主要对立的阶级来讲的。但这并不是说当时的社会，就只有两大阶级存在，恰恰相反，还有中间阶级存在，还有前一社会遗留下来的阶级残余。像奴隶制时代除奴隶主和奴隶外，就有其他阶级。同时在奴隶制国家统治时代有其他部族、部落被其统治的存在。封建制时代，其阶级就更加复杂了，除了地主和农民阶级之外，中间还有很多阶级，而且其中各时间又不相同，早期不同，中期也不同，发展到后期又更不相同。各时期的阶级构成也不相同。特别像中国从鸦片战争之后到中华人民共和国成立之前的一个过渡时期中，其阶级构成更加复杂。所以，在每一个国家里要分析这一阶级和那一阶级的对立这是对的，但还要进一步去分析其他阶级的关系，其他阶级的利益特点和要求。马克思主义的战略方针，就是在这个基础上规定的。这是属于敌我界限和找同盟军问题，是属于战略方针的问题。

以上这些，就是我对同志们提出的关于元代以前的一些问题的解答。是否妥当，供同志们参考。关于明清时期的问题，在学完近代史之后，有时间再讲。

史 学 评 论

编 印 说 明

　　《史学评论》（副题为《读报随笔》）是著者最后一部自编文稿。撰于 1964 年 2 月至 1965 年 9 月，共分四辑，论文计 33篇，涉及中国哲学史研究方法、思想家评价、史学理论、近代史及经济研究等方面。这些文稿是在极其艰难的条件下撰写的。当时著者被幽禁审查，与世隔绝，身边仅有两份报纸《人民日报》、《光明日报》，而无任何参考资料。他从两报上发表的学术论文受到启发，结合不同意见的基本观点，阐发了自己的看法和评论，"以备他日查考"。表现了著者对党对马克思主义的无比忠诚和作为史学家对我国社会科学发展的高度关注和历史责任感。

　　1981 年以后，一些文稿经整理曾在《吉林大学学报》、《中国哲学》、《求索》等刊物发表。2000 年，全部文稿以《史学散论》为名出版。

　　全集编辑，以社会科学文献出版社 2000 年版为底本进行整理排校，更正了出版时的个别错字，恢复了著者《史学评论》集名，除内容和观点均保持原貌外，并把著者所写的"开首语"一文辑入，另外还把该期间著者所撰"自编集目"作为附录辑入。

张锦城

目　录

开　头　语

近来读报，感到不少青年同志的文章资料丰富，析论深刻，并提出不少正确意见，很觉高兴。但也有些文章，关于辩证唯物主义与历史唯物主义的若干原则问题的某些观点，则是错误的、片面的，甚至是带有倾向性的。这主要表现在：（一）"合二而一"的问题上；（二）矛盾的对立统一及其转化的"同一性"问题上；（三）所谓唯物主义与唯心主义"互为师承"和互相转化的问题上，借口古代唯物主义都夹有唯心主义因素成分，唯心主义包含有唯物主义因素，便认为两者不能确然区分的问题上；（四）孔子等人的古代思想不属于特定阶级的问题，并有其"普遍继承性"的问题上；（五）中世农民战争是否反对地主阶级和封建制度的问题上、农民战争是否成功与失败的问题上、刘邦或朱元璋为首的政权是否即"农民政权"的问题上；（六）历史主义与阶级观点问题上；（七）道德继承问题上；（八）"时代精神"问题、"正统思想"问题上；（九）"清官"、"好官"问题上；（十）《李秀成自述》的估价问题上；（十一）历史上的民族关系是否只是侵略被侵略关系等问题上；（十二）中国哲学史研究方法问题上，等等。在讨论中，许多同志提出了正确的意见和论析，或在不同程度表达和拥护了正确观点。讨论的开展，表现了对问题的步步深入，认识的步步提高，尤令人高兴。随笔将包括不同意见方面的基本观点，并参以自己的看法和议论，以备他日查考。随笔的目的，为欲给将来有机会探讨这些问题时准备条件，也为着加深阅读印象，以补极度衰颓的脑力，尤在于不使自己与当前斗争脱节。

1964 年 7 月 30 日

读报随笔之一

关于中国哲学史研究
方法的一些问题

关于中国哲学史的发展
规律和研究方法问题

（读任继愈同志《中国哲学史发展规律的探索》，
《人民日报》1964 年 6 月 27、28 日连载）

在中国历史、中国哲学史在内的研究问题上，几十年来，除那些公开以资产阶级面目出现的学者外，似乎不同程度地出现过下述两种倾向：首先，正如毛泽东主席所指出过的"言必称希腊"的"洋八股"，把西洋哲学史发展的过程作公式，到中国史上硬套，这是主要的。其次，与上述方法相关联，脱离或多多少少地把毋视中国社会历史发展的具体过程，或人云亦云、隔鞋搔痒地去摸索；与此相反，则借口特殊和具体历史，抹煞或不同程度地毋视人类社会发展的共同规律。任继愈同志对"中国哲学史发展规律"发表这样系统"探索"的长文，是很有意义的。

任文开首，即对以往中国哲学史的成果，给了一个概括性评价，说："中国哲学史这一门科学还很不成熟"，"距离取得结论尚远"。这是略为有点轻率，或分寸不当。对以往几十年中，中国马克思主义思想史工作者在党领导下所作的辛苦努力，是应该采取严肃态度去看待的。经过了马克思主义在中国四十余年的发展和胜利，特别值得自豪的，又产生了马克思列宁主义和中国实际相结合的伟大毛泽东思想、当代马克思主义。中国马克思主义历史、哲学工作者，在毛泽东思想指导下，围绕党在每个时期的政治任务，在极端艰苦的条件下，与形形色色的马克思主义流派进行了胜利的斗争，在"中国哲学史这门科学"领域中，粉碎了胡适流派、张东荪流派、梁漱溟流派、陶希圣流派、托洛斯基流派等等反动流派，开辟、坚持、壮大了自己的阵地，为中国哲学史

"探索"出一个初步的系统，虽还存在不少问题，但也作出了不少基本正确的或接近正确的结论，为继起的研究者的论证所证实或肯定；这是自李大钊同志以来的多年的集体的劳绩。因此，继愈同志的估计是需要斟酌的。

关于中国哲学发展的规律问题

任文承认哲学发展的基本规律是唯物主义与唯心主义的斗争，这是正确的。它又引了列宁下面的话：

> 逻辑不是关于思维的外在形式的学说，而是关于"一切物质的、自然和精神的事物"发展规律的学说，即关于世界全部具体内容及对它的认识的发展规律的学说。换句话说，逻辑是对世界的认识的历史的总计、总和、结论。①

> 逻辑的认识应当从"全部自然生活和精神生活的发展"中引伸出来。②

> 哲学史，因此，简略地说，就是整个认识的历史。③

列宁的话，对我们研究中国哲学史具有极重要的指导作用，应严肃、认真地去掌握其精神实质，丝毫也轻率看待不得。任文从列宁的话中，引伸说："中国唯物主义与唯心主义在斗争发展的道路，是通过以下几个具体规律表现的。"那就是："（一）逻辑与历史的统一"；"（二）发展道路的波浪起伏"；"（三）唯物主义者与唯心主义者在一定条件下互相转变"；"（四）发展道路的螺旋式上升"。这就是任文所论证的"中国哲学史发展"的四条规律。这其中是有值得商榷的问题的，在其具体论证上，更有不少值得商榷的大问题。根据列宁的话提出"逻辑与历史的统一"，是重要的，也无疑是正确的。但任文对列宁话的理解，似乎有些片面，它不是认真把历史看作中国社会历史的具体

---

① 《列宁全集》第38卷，人民出版社版，第89～90页。
② 同上，第84页。
③ 同上，第399页。

发展形势和过程，各个历史时期的生产力与生产关系之对立统一的具体的发展形势和过程、生产关系的具体发展形势和过程、阶级构成阶级关系的具体情况和发展过程，上层建筑的具体发展情况和过程，进行具体研究和把握，从而对与之相适应的唯物主义及其和唯心主义的斗争，进行全面、系统、具体研究……它们之间必然是相适应的构成矛盾的对立统一的关系。

"中国哲学史上唯物主义发展的道路"问题

任文说："中国哲学史中唯物主义发展的道路，也表明是按照逻辑与历史的统一之规律进行的。"具体论证是：

（1）"最早的唯物主义形态是元素论的朴素唯物主义……它解释的范围以及解释的方式都比较简单。《易经》用阴阳说明万物的起源……后来《易传》以天地比作父母，水、火、山、泽、风、雷比作六个子女，皆是较原始的朴素的思想。这些思想，只能出现于较原始的人类认识史的初期，它和春秋以前的生产水平、科学知识发展水平相适应。用五行说、阴阳二气说以说明世界万物的起源的元素论只能出现在商周。"

这虽不能认为是全面的，但应承认，包含着基本上是正确的论述。而在对"逻辑与历史的统一"，不悉作者是怎样理解的。任文在这段论述中，曾说：

"但是有人却宣称文王懂得马克思主义的实践，这是违反逻辑与历史的统一的规律所造成的错误。"

这不悉指谁？但我未知有人这样说过。如果是暗射我关于"八卦"哲学的"泰"、"否"的观点而说，却不能不认为任文这一指摘是武断的，至少是误解的。继愈与冯友兰先生一样，不承认"八卦"哲学是朴素的辩证观与唯物主义，从不屑于一提，那是属于不同的认识问题，可以辩论。难道我们不容许古代的革命家、古代的唯物主义者，在实践中达到这种朴素的认识和要求吗？难道"世界变过来，天下才能太平"，不能是古代革命人民的观念吗？继愈如果那样去了解"逻辑与历史的统一"，是根本值得考虑的。

（2）任文说："唯物主义有了进一步的发展，进入了精气论的朴素唯物主义阶段……并提到了'道'、'精气'、'气'等范畴。后期墨家提出'久'、'宇'。《易·系辞传》提出了'乾坤'，韩非提出了'理'作为'道'的范畴的补充。""在形式逻辑方面，提出了'名'、'实'、'类'、'故'、'譬'、'侔'、'援'、'推'等思辨方式。这一时期还展开了'坚白'、'同异'的辩论。"

任文在这里，是以"老子"作为"唯物主义"、"墨子"作为"唯心主义"……立论的。对此，大多论家都有根本不同的看法、达到根本不同的结论。如果是那样，任文的论证岂不成了空谈。从春秋至战国这一时期的思想史情况，亦不似那样简单。"百家争鸣"的中心问题和围绕的范畴，不是在世界观上还反复辩论着："性"、"道"、"天"、"命"……政治论上为"仁义"、"礼乐"、"德"与"刑"、"贤"与"亲"，以及所谓"王道"与"霸道"么？《管子》不是还提出过"水"么……当时为什么产生那样学派、观点、论旨、主张、范畴及其交错复杂的相互斗争的具体情况呢？那都是与社会构成、经济基础、阶级关系相适应的，有其必然性的。又如《易·系辞传》在究极上是否唯物主义，也还是有争论的。"阴阳"、"五行"等论旨和范畴，不都是从西周出现，经这时到其后的两汉，都较流行么？不过在所谓阴阳谶纬家们那里，却被阉割了它原来的灵魂。这都应引起进一步的周密考察。

（3）任文说："两汉到唐末，阶级斗争的经验又丰富了，科学水平又提高了，也就是说，人类认识的水平比先秦有所提高，于是出现了元素自然论的朴素唯物主义，提出了形神关系的'质'、'用'范畴。魏晋时期的唯心主义者被迫放弃了目的论，提出'本末'、'有无'等唯心主义本体论的范畴……这种唯心主义本体论只有在魏晋时期，神学目的论被打垮之后才有可能提出。老子也讲到'有'、'无'，但老子的'有'不就是王弼的'末'。老子的'无'是物质性的'道'或'气'，并不是王弼的本体……'本末'、'有无'这些范畴的提出，是魏晋时期唯物主义与唯心主义在新的斗争形势下的必然产物，也说明逻辑与历史的统一。"这样的概括和论断，是多少有些牵强，甚至有随心所欲的臆断，如对于"老子"与王弼的"本末"、"有无"之别。

任文所概述的这个时期，实际包括有下面这样三个阶段：

（A）两汉时期。唯物主义者和进步思想家司马迁、扬雄、桓谭、王充、王符、仲长统以及《淮南子》的某些作者等人，与宗教神学者、唯心主义者、保守思想者董仲舒、刘向、刘歆、郑玄、贾逵、孔融等两大流派的持续斗争；在唯心主义、宗教神学方面，又有经今学与经古文学以及儒家与黄老方士间的冲突。在论争中，除去沿袭以往的范畴外，又围绕着"气"、"天"、"自然"、谶纬与反谶纬、迷信与反迷信，经今文与经古文、"道"与"异端"或"妖道"以及政治观点主张上的"安刘"与"易姓"等等，进行论争。唯心主义各流派在政治上所维护的主要东西，就是从西周产生，经春秋、战国发展完备起来的"三纲五常"及其教条，这是贯穿整个中国封建社会时期的东西。

（B）魏晋南北朝时期。这时期，是以唯物主义者与进步思想家裴颜、鲍敬言、杨泉、范晔、范缜等人为代表的各流派，与宗教神学者、唯心主义者、保守思想者何晏、王弼、葛洪、寇谦之、萧子良、道安、慧远、支遁等为代表的各流派间的斗争。在保守、反动各流派中，又有其相互间的冲突，较突出的则为儒佛道间，儒道与佛的论争。同样，除沿袭前代的范畴外，并突出为"崇有"与"虚无"、"形与神"、"神灭"与"神不灭"等的论争。政治上，与阶级矛盾的紧张形势相适应，与民族矛盾的尖锐情况相适应，突出为"崇君"与"无君"、"夷"与"夏"……的论争，等等。

（C）隋唐时期。这一时期，是以唯物主义者吕才、柳宗元、刘禹锡为代表的各流派，对唯心主义者韩愈、李翱以及玄奘、僧一行等大和尚、大道士为代表的各流派间的斗争；并表现或夹杂为儒道佛间的论争，其中有属于唯心主义、宗教神学各派相互的争辩。同样，除沿袭前代的范畴外，又突出地围绕"天"、"道"、"性"、"情"以及神道迷信与反神道迷信的斗争。这时期，不像上两期所展开了的那样诸子争鸣的场面，但依然是各家争鸣，也还是相当激烈的。

（4）任文谓"北宋以后，中国朴素唯物主义进入最后阶段，即元气本体论的阶段。于是提出了'体'和'用'、'道'和'气'、'太极'、'理'和'气'、'心'、'性'、'情'等范畴。"

这里，也包括了下列两个时期。

（A）两宋时期。以唯物主义者和进步思想家李觏、王安石、张载、叶适、陈亮等为代表的各流派（张载是否为唯物主义者，在我还须进一步研究），与唯心主义者、保守主义者周敦颐、程颐、程颢、朱熹、吕祖谦、陆九渊、陈献章、司马光、吕公著等各流派的斗争；后者各派的相互间，尤其是朱、陆两派间，洛社、蜀社间的争辩，是交错地进行的。这又形成了一个"百家争鸣"的局面。他们除沿袭前代的范畴外，并提出了一些新范畴，在世界观上，围绕"理"与"气"、"太极"与"无极"、"心"、"性"、"天理"、"人欲"，等等进行的。政治上并突出表现为"守旧"与"新政"、"和"与"战"的论争。

（B）明清时期。以唯物主义者、进步思想家王艮、李卓吾、王夫之、黄宗羲、顾炎武、朱舜水、颜元、李塨、傅山、屈大均、方以智、戴震、焦循等为代表各流派（李二曲和罗钦顺，在我还须作进一步研究），与以王守仁及其王学右派，以至毛奇龄、陆桴亭等唯心主义、保守思想各流派间的斗争。他们除去沿袭"理"与"气"等作为争论中心外，王派又提出了"良知"、"良能"、"知"、"行"等范畴，王夫之等又突出地阐发了"道"与"器"、"理"与"势"……并强调了"致用"和实践。在政治上，还突出反清与降清，等等。在唯物主义流派中，在性质上已出现了不同于两宋的新流派，特别表现为王夫之的进化论、黄宗羲的朴素民主论。夫之剧作《龙舟会》从意识形态上看，是值得重视的，它表现了一个新倾向。这时期，唯物主义达到我国思想史上以往未有过的盛况。原因何在呢？从王、黄到魏源、龚自珍间，能否找出一些共同点呢？虽然，从两宋到明清，唯心主义各流派，主要都是属于所谓"理学"，自然，也还有汉学及其面貌出现的，尤其是乾嘉考据派的某些人。因此，唯物主义各流派，一般说来，主要也都以反理学的面貌出现，虽然，其中也有些人曾被认作理学家，有些人则是以汉学尤其是公羊学的面貌出现的。

（5）任文说："到了近代中国资产阶级兴起，虽然由于它的软弱，没有来得及形成自己的完备的唯物主义哲学体系，但是他们受到了西洋近代资产阶级哲学和科学的影响，鸦片战争以后，资产阶级的唯物主义开始脱离朴素唯物主义阶段，进入机械唯物主义的阶段。当时的唯物主义者，已不再用什么'元气'作为万物的本体，而是采取了西方近代自然科学的假说，认为'以太'、'电气'为万物构成的基础。孙中山讲到'太极'，但他对'太极'也给予近代科学的新解释。像谭嗣同、孙中山提出的这些新范畴，决不是封建学者在近代科学以前所能设想的。"

鸦片战争以后到人民大革命胜利以前，在中华民族与帝国主义、人民大众与封建主义这两大主要矛盾的基础上，在人民与三敌的生死敌对的基础上，根据阶级构成、阶级关系的变化和发展，产生了各阶级阶层在意识形态上相互矛盾的各流派。代表进步的、革命的各流派，在以伟大毛泽东思想为代表的马克思列宁主义的存在、发展和胜利以前，在旧民主主义革命时期，出现了由启蒙思想家魏源、龚自珍、洪仁玕等，中经谭嗣同、戊戌以前的康有为、严复到旧民主主义革命家孙中山、邹容、陈天华、章炳麟等人。他们是不是唯物主义者，还可以进一步"探索"。表现为中间流派的，相继出现了黄遵宪、包世臣、薛福成、容闳，戊戌以后的康有为、严复、邓绎以及张謇等为代表的各流派。唯心主义、宗教神学和思想保守、反动的，前后出现以曾国藩、张之洞、郑观应、陈炽（？）、梁启超（戊戌以后）、辜鸿铭、林纾、夏志学、陈焕章、梁漱溟、王国维、郑孝胥、太虚、唐大圆、欧阳竟无、熊十力以及胡适、戴季陶等为代表的各流派。除马列主义与中国实际相结合的伟大毛泽东思想为代表的中国马克思主义思想外，连民族资产阶级或资产阶级革命派在内，他们都一面采取了西洋资产阶级思想的一些范畴和形式，一面又承袭了中国传统思想的东西。这正是半殖民地半封建社会情况的特殊反映。虽然，他们有的承袭传统的范畴和形式多一些，如康有为的《孔子改制考》、《新学伪经考》，邓绎的反汉学宋学论的《云山读书记》等。有的则完全搬运欧美资产阶级的腐朽东西，如胡适、张东荪等。像梁漱溟以儒佛杂凑的面貌出现，也吸取了西洋资产阶级的柏格森主义；从买办和洋务派立场出现的郑观应的《易言》、《盛世危言》等，也杂有传统的东西；以佛家法师面貌出现的唐大圆、太虚等人，也常用西洋资产阶级的东西来解释其所谓佛学。所以曾经有人批判地主阶级、官僚、买办资产阶级的思想形态是耶稣、孔子、释迦的混血儿。这也正是半殖民地半封建文化思想形态的一个特点。

（6）任文于是对前面所划分的五个阶段进而总结说：

"以上仅从中国哲学史若干重要范畴发展的次序来说明中国哲学史历史与逻辑的统一。"照我在前面的一些论证看来，继愈所罗列的，似没能与"中国哲学的关系重要范畴发展"完全符合，更没能达到"逻辑与历史的统一"的论证。在这里，继愈又引用了列宁的话：范畴是"认识世界的进程中的一些小阶段，是帮助我们认识与掌握自然规律的网上纽结。"[1] 列宁的话是千真万确的，但并不能引来确证继愈的说法。

---

[1]《列宁全集》第 38 卷，第 90 页。

任文在这里又说到："尊重历史事实，才不会陷于唯心主义的虚构，掌握思想发展的规律，才可以使我们通过大量的、偶然的现象，进一步掌握哲学史发展的本质，从浩如烟海的材料中掌握哲学史的规律。"

这种说法，细看起来，也是有问题的。如"陷于唯心主义"的人，根本上并非由于不"尊重历史事实"之所致，而是由于其阶级立场；只能说"尊重历史事实"即"调查研究"是辩证唯物主义方法论的重要内容。而"思想发展规律"是要我们通过严肃认真的、不避艰苦的科学研究去揭示；而不是先摆出了这种规律，让我们依以进行哲学史研究。我们所依以作为武器的只是马克思列宁主义、毛泽东思想的理论。如果已有了现成的规律摆在那里，那么，研究的中心任务、目的何在呢？任文在这里是因果倒置的，或者它所谓"规律"并非规律，而是公式。

任文在这里，又引用了恩格斯的话："现代唯物主义把历史看作人类的发展过程，而它的任务就在于发现这个过程的运动规律。"[①] 这不只不能帮助任文的上述论说，而且正与之相反，明明指示说："它的任务就在于发现这个过程的运动规律"。

在这一段文章中，任文为证明所引"重要范畴发展的次序"是合乎"思想发展的规律"的，又往复地说：

"只从形式上看，最早提出'形而上'、'形而下'、'道'和'器'的名词，是《易·系辞传》。但是直接把'道'和'器'用来说明本体（道）、现象（器）的范畴，只能在宋以后，而不能在先秦"。并引用了恩格斯来为自己作证。恩格斯说："如果狮心王理查和菲力普·奥古斯特实行了自由贸易，而不是卷入了十字军东征，那么，就会避免那五百年的饥饿和愚昧了。"[②] 接着，就指摘了前面提到的所谓把文王看作懂得马克思主义实践的话。

恩格斯这段话，是贯彻着马克思主义历史主义光辉的，不悉任文引用的目的何在？如果以之来证明凡不同意自己关于"道""器"等范畴的说法的，便是违反历史主义的。那么，这种态度在学术战线是成问题的。试问，所谓"本体"意味着什么呢？《易·系辞传》及先秦儒道两家的"道"与所谓"本

---

① 《马克思恩格斯全集》第 19 卷，第 224 页。
② 《马克思恩格斯文选》两卷集，第 2 卷，莫斯科外文局中文版，第 99 页。

体"的涵义区别何在呢？何以见得在古代不是意味着"本体"，到宋以后就成了"本体"的涵义呢？所谓"道"是"本体"、"器"是"现象"的佐释，不悉是否指王夫之等人的论旨。如果是，就歪曲了王学；如不是，只是根据唯心主义者的说法，那也不大妥当。

关于中国哲学史发展的第二条规律
——"发展道路的波浪起伏"

所谓"发展道路的波浪起伏"，无疑是对的，这在我们，是螺旋式地上升的同义语。任文于此，还引用了马克思、列宁和刘少奇同志的下列一些话。

> 历史常以跳跃和曲折前进。[①]

> 历史的发展是曲折的、迂回的。[②]

> 无产阶级和资产阶级之间的政治斗争和思想斗争，在整个过渡时期都是不可避免的，不过这种斗争，像波浪的起伏一样，有时候高，有时候低，有时候表现尖锐，有时候表现缓和。[③]

这都引用得正确、恰当。问题在于如何正确地掌握其精神实质，来指导我们的研究。任文接着说："中国哲学史的发展的道路，又一次证明了一条规律。中国哲学史唯物主义的发展也是有高潮有低潮……我国唯物主义三千年来，有四个高潮。"并具体地概括为下列的图式：

"三千年来，大致发展道路是：商周时期，唯物主义还在萌芽，唯心主义还比较粗糙。唯物主义到老子、荀子、韩非是一个高潮，汉代董仲舒谶纬思想是唯物主义低潮。到了王充又是一个唯物主义高潮，到魏晋王弼、道安等时代，唯物主义处于低潮。范缜的无神论是个唯物主义的小高潮。隋唐佛教大量流行，唯物主义又处于低潮。张载、王安石促进了唯物主义抬头，南宋朱

---

① 马克思：《政治经济学批判》，人民出版社版，第 169 页。
② 《列宁全集》第 27 卷，第 149 页。
③ 刘少奇：《马克思列宁主义在中国的胜利》。

熹、陆象山、明代王守仁又是唯物主义的低潮时期。到了王夫之、戴震，又是唯物主义的高潮时期。清代官方统治思想的泛滥，又使唯物主义趋于低潮。到了近代，机械唯物主义出现，又是一个高潮。"从中国历史的具体情况说来，这又是一个颇费研究的问题。再先看看任文所谓形成高潮的三个条件：

（1）"出现了新兴的阶级，新兴势力相当强大，旧势力开始崩溃。"

（2）"阶级斗争、生产斗争的经验总结已取得一定的成绩。"

（3）"旧的统治势力大大削弱，腐朽的阶级不能继续维持，面临农民起义和民族严重危机，进步的爱国思想家在惨痛的经验教训中，被迫面对现实的矛盾，开始重新考虑古今历史的经验教训，比较客观地评价历史事件的得失。"

形成低潮，亦即所谓"唯心主义、宗教思想容易孳生，唯物主义不容易发展的条件"，是：

（1）"农民起义失败后，短期内不具备重新武装斗争的条件，社会极度混乱。"

（2）"当统治阶级力量强大，统一的中央封建专制政权巩固时，政府会有意识地适用国家机器，大力推行唯心主义哲学和宗教思想，以维护他们的统治。"

为论证（1）项的确切而非臆说，又引用了斯大林的话："他们……不得不退却，又不得不把委屈和耻辱、愤怒和绝望埋在心里，仰望茫茫的苍天，希望在那里找到救星。"[①]

中国历史的具体过程，中国哲学思想发展的具体过程，是否符合这种概括？很值得继愈和大家作进一步的切实"探索"。毫无问题，哲学战线上的斗争，无不直接是阶级斗争的一个组成部分或方面，是斗争中各阶级阶层相互关系的反映；哲学思想的形成、发展，又不能不以其时人类对自然斗争的创造性成果即科学技术的发明成就为重大条件，而又不能不以哲学思想的传统为条件。与中国中世纪阶级斗争的形势及其发展过程相适应，便产生了哲学思想及其斗争的过程，并表现其传统的丰富性，而又多次形成了"百家争鸣"的形势。任文所描绘的"高潮"，不过都是某些时期唯物主义与唯心主义斗争为基

---

① 《斯大林全集》第 6 卷，第 43 页。

础的各流派的持续大争论。各自阵营内，尤其是唯心主义阵营内各派相互间的争论，或对其前行流派的批判。在后者的阵营内的争辩，无不直接为着如何战胜唯物主义而形成的分歧，也就是为着如何制服人民和维系其统治而形成的统治及其分歧。但又不要否认，在一定条件下，唯物主义也每每产生于统治阶级内的一定阶层；先进的革命的阶级、阶层，有时在世界观上也陷在唯心主义的圈子中。这在世界思想史上都有例证可寻的。

以阶级斗争为基础而又为其组成部分的思想战线的斗争，是与阶级斗争的波浪起伏相适应而波浪起伏的；阶级斗争的波浪起伏，是阶级间的矛盾形势决定的，有压迫必有斗争，压迫越严重、越惨毒，反压迫的斗争也会越激烈、越深刻。统治阶级的暴力和其对唯心主义宗教思想……的提倡，是不可能压制唯物主义、进步革命思想的。全部阶级斗争史，包括思想斗争史在内，说明了这个问题。下面就几点对任文检察一下。

（A）任文论断中国近代资产阶级的机械唯物主义也形成了一个高潮，并认为这种机械唯物主义来自西洋资产阶级那里，还以毛泽东同志在《论人民民主专政》中指出的近代多少仁人志士都到西方去取经作为依据。毛泽东同志是从对近代中国社会的马克思主义分析的基础上而说的，深刻地揭示了西洋资产阶级的东西对于半殖民地半封建的中国资产阶级的影响。我们应深入地掌握它的精神实质，恰当地去认识这种影响作用，绝不容片面强调。近代中国资产阶级及其与其流派间的斗争，大都是以政派或政团的面貌出现，其所争论的问题，政治问题常多于或高于世界观问题。因此，即使有其机械唯物主义，似亦很难，事实上也没有形成所谓高潮。近代中国资产阶级，由于其软弱性、两面性，在文化思想上，正如毛泽东同志所指出，更是有气无力。还由于其对封建的妥协性，并在文化思想上表现为对传统的承袭。它们在世界观上，究竟是主要表现为二元论还是机械唯物主义？这也值得研究。

（B）隋唐时期，以唯物主义者、进步思想家柳宗元、刘禹锡、吕才以及傅奕等人为一侧，与以韩愈、李翱、玄奘、僧一行等的唯心主义、宗教思想为一侧的各派间的论争，唯物主义、进步思想的力量和气势，不是比任文所论证的"小高潮"还较澎湃些么？以王叔文为首的所谓"八司马"还在政治上搞起那样大的一个波浪么？

同样，北宋李觏、王安石，如果还加上张载，到南宋叶适为首的永嘉学派、陈亮为首的龙川学派等唯物主义、进步思想流派，在对于理学、对于保守思想斗争中所表现的力量，小于范缜、甚至王充为重要的唯物主义在其当时思想斗争领域中所占的比重么？在两条阵线斗争基础上的两宋各流派间的论争，规模是超过两汉以至于春秋战国的，论争是具有持续性的，论争的问题是更加复杂、深刻的。为什么只给以促进王夫之等唯物主义抬头的地位呢？

两汉唯物主义与唯心主义各派间的论争，任文正确地肯定是具有持续性与交织性的。而魏晋南北朝，两条阵线间各派的论争，我以为也是具有持续性的。三国到南北朝，三国是一个短暂的分裂局面，统一后的西晋为时亦颇短。西晋末、东晋、南北朝的政治形势，南北社会情况，北方除北魏以后较稳定、在各种生产方式的斗争中落后的生产方式急速走向封建化等特点外，有不少基本相同的情况，尤其是较突出的民族矛盾。这应如何去估计哲学阵线上的斗争呢？

（C）不承认"武王革命"为由奴隶制到封建制的革命过渡的界碑；在春秋、战国之际，能从哪些方面论证革命形势和革命转变呢？

（D）谓黄巾农民起义"失败"，便出现了所谓唯物主义的"低潮"时期。前汉末的赤眉、平林、绿林等"农民起义"不也可以说是所谓"失败"了么？没有自己的前途和方向的中世纪农民起义，恰当地说，农民革命战争，有所"成功"么？毛泽东同志是怎样教导的呢？封建政权并非农民战争的成果，只是某些农民战争领袖蜕化变质的产物，也就是为地主阶级所利用了去的产物。否则，如何能说农民战争是推动我国中世纪社会前进的真正动力呢？那岂不反而成了封建制的再造者了么？

任文所引斯大林的话，在我看来，是指农民战争失败后的暂时情况，并不是说长期地使斗争消沉，尤其是日常斗争于思想上的反映。历史的事实也是这样。

两宋不仅有轰轰烈烈的农民战争，还有以农民为主力的轰轰烈烈的民族战争；也已有了较丰富的哲学传统，自然科学和技术上的伟大创造性成果，等等。为什么又不是所谓唯物主义的"高潮"时期呢？

东晋、南北朝，也前后出现了大规模的农民战争，也有民族战争，民族矛盾是较突出的；自然科学和技术方面，也有祖冲之等为代表所体现的创造性成果；由春秋、战国、两汉以来的哲学传统也是较丰富的。这又当如何去估计呢？相同的条件，为何在这里不起相同作用呢？

（E）任文又认为："如汉代政权巩固时期，董仲舒的唯心主义占绝对优势；隋唐时期，统治阶级大力提倡佛教、道教；宋以后，很长时期统治阶级以程朱思想教育人民，甚至改朝换代，程朱的唯心主义仍能保持统治地位。"从而就使唯物主义陷于所谓"低潮"。那一切，不是更加剧了阶级矛盾了么？后汉不也是政权较稳固么？经今文学的统治地位、白虎观会议及其表演，难道不更甚于前汉么？为什么又有了唯物主义的高潮呢？"十全老人"一年一度的乾清门耆英会是干什么的呢？以往封建地主的哪一个政权、哪一个朝代，不是极力维护与宣扬唯心主义、宗教思想呢？北洋政府，尤其是蒋介石朝廷，对进步的、革命的文化思想的压制、"围剿"难道还不够严重？它们对封建买办思想、对尊孔读经和宗教的保护、提倡，难道还不够顽固、嚣张？为什么又出现了中国历史上从来没有过的唯物主义"高潮"呢？如果反动统治阶级的那种种勾当，就能把唯心主义、宗教思想抬高、兴盛，就能把唯物主义压倒，或者说陷于"低潮"。那么，法西斯和一切反动政权的倒行逆施，为什么都只能加速其死亡呢？

（F）任文把董仲舒规定为所谓"神学目的论"，它与春秋战国以来的儒教正统唯心主义流派的实质区别何在呢？把言"本末"的王弼的唯心主义规定为所谓"唯心主义本体论"，当时不是以"有"、"无"为中心进行论争么？"有"、"无"不是老子等反复论说过么？最先提出"本"、"末"不是孔孟等人么？他们说："物有本末，事有终始"，"君子务'本'，本立而'道'生。"凡此，都应给予较有说服力的论证。

（G）为要论证其阶级斗争不是出现唯物主义"高潮"的决定作用的论点，而大大强调前代的思想资料等的作用，任文费了不少议论，并引用了恩格斯的下面两段话：

> 历史思想家（历史一词在这里是政治、法律、哲学、神学等概念的——总之，不只是有关自然界，而且是有关社会的一切领域的集合术语）在每一科学部门中都握有一定的材料，这些材料是由以前的各代人的思维中独立形成的，并且在这些世代相继的人们的头脑中经过了自己独立的发展道路。

> 每一个时代的哲学作为一个特殊的分工部门，都具有由它那些先驱者

传授给它，而它便由以出发的一定思想资料作为前提。①

恩格斯的话是千真万确的。问题也在如何去掌握其精神实质。任文是这样训释的，它说："历史证明，没有科学知识，没有前一个时期的思想资料作为前提，只有阶级斗争形势，是不会出现唯物主义高潮的。遭受亡国之痛的并不只是北宋和明末；东晋之初、南宋之末，并没有出现像王夫之那样的大唯物主义哲学家。可见，科学知识、思想资料的积累，阶级斗争的形势，配合得好，才可以出现唯物主义高潮。这些条件，并不是任何时代都具备的，所以唯物主义的前一个高潮与第二个高潮之间，有时要经过几百年甚至上千年的时间。比如唯物主义萌芽《洪范》、《易经》出现在公元前十二世纪。从《洪范》、《易经》到老子约六百年，到荀子约八百年。从荀子、韩非到汉代王充约二百年。从王充到范缜（只能算是一个小高潮）约四百年，从王充到张载约一千年，到王夫之，也就是说，从元气自然论的朴素唯物主义到元气本体论的完成，中间经过一千六百年之久的长期准备，可见唯物主义的成长是艰巨的。"

任文的这一图式样的论断，显然没有贯彻马克思主义的阶级斗争学说的精神，不符合恩格斯那两段话的精神实质，与中国历史的具体情况存在不小距离。不容否认科学知识、前代的思想资料对唯物主义的发展、兴盛的作用是一回事；把它们摆到"阶级斗争形势"以上，或者说把"阶级斗争形势"只看作起"配合"作用的条件，就不能不涉及马克思主义的重大理论原则问题。

仿佛记得孟轲说过："五百年必有王者兴，其间必有名世者。"好像韩愈及戴季陶又承袭孟轲的说法，并把他们自己也扯了进去。任文在这里，除过分强调了"科学知识"、"思想资料"的作用外，是否还受了孟轲的一些影响呢？

在关于断定的"有二条规律"的问题上，任文最后说："看到历史上有一个时期唯心主义占优势，又有一个时期唯物主义占优势，本来是符合哲学史发展规律的……比如魏晋玄学唯心主义势力较大，佛教也很猖狂。那时的唯物主义只有少数人，如杨泉、裴颜等，苦力支撑，力量确实单薄了些。南北朝范缜曾有过一度的振作，但佛教的唯心主义的广大影响并未因此销声匿迹，退出阵地。隋唐时期佛教也很强大，当时的唯物主义还没有条件形成旗鼓相当的反佛教的中心势力。""如果事实上唯物主义与唯心主义的分量，在某一历史时期

---

① 《马克思恩格斯文选》两卷本，第2卷，前段第498页，后段第496页。

的天平上不平衡……"

这种论证，在史实上似是夹有不少臆断成分，理论上也夹有非唯物主义的成分。通观人类历史，在阶级社会的奴隶制、封建制、资本主义各时代，唯物主义除那各个时代的革命时期或某些特定时期的情况外，都没有占过统治地位。虽然，唯物主义的真理锐锋，每每是不可当的、强有力的，有时还是很旺盛的。唯心主义在那各个时代，除在革命时期外，什么时候也没退出过统治地位；因为奴隶主阶级、封建主阶级、资产阶级在其统治被推翻前，始终是占着统治地位的阶级。所谓"两者的平衡"是完全不能设想的，也是非辩证法的臆想。依照任文，好像只有某些时候，唯心主义和宗教势力不盛不大，唯物主义才能抬起头来……这种设想，我以为是与辩证唯物主义和历史唯物主义的理论原则，存在一定距离的；否则，就只能说是我偏激。

关于"唯物主义与唯心主义在一定条件下互相转化"问题

（1）这是任文所论断的中国哲学史发展的又一条"规律"。这条"规律"，包括"有从唯心主义转化为唯物主义的，也有从唯物主义转化为唯心主义的"。并谓两大流派也"互相转化"，说："中国哲学史上具体一些哲学流派，从唯物主义转化为唯心主义的例子是很多的。"为证明这个论断，还大量引了马克思、恩格斯、列宁和毛泽东同志的话，又提出中国和外国哲学史上一些哲学家和学派作例证。首先它引用毛泽东同志的下面一段话：

> 矛盾的主要和非主要的方面互相转化着，事物的性质也就随着起变化。在矛盾发展的一定程度或一定阶段上，主要方面属于甲方，非主要方面属于乙方；到了另一发展阶段或发展过程时，就互易其位置，这是依靠事物发展中矛盾双方斗争的力量的增减程度来决定的。①

这是毛泽东同志对唯物主义辩证法的一个巨大的创造性的发展。我们依据

①《毛泽东选集》第一卷，人民出版社 1991 年第二版，第 322～323 页。

这一伟大的原则作指导，来论证哲学史上唯物主义与唯心主义及其流派的地位的相互转化，是确当不移的。如果以之理解为唯物主义或其流派转化为唯心主义或其流派，就一定要紧紧记住毛泽东同志的指示"事物的性质也就随着起变化"一句话的精神实质。任文又引用了毛泽东同志下面的一段话：

> 事物发展过程中的每一种矛盾的两个方面，各以和它对立着的方面为自己存在的前提，双方共处于一个统一体中；第二，矛盾着的双方，依据一定的条件，各向着其相反的方向转化。①

这一极其重大的辩证法精髓的阐发，对我们认识和改造自然、社会、人类思维，尤其对指导革命转变，具有极重大的意义。任文以之来论证唯物主义和唯心主义及其流派的相互转化，是未能严肃认真地去领会其精神实质。依照任文，难道无产阶级和资产阶级的地位在一定程度或一定阶段上相互转化，意味资产阶级转化为无产阶级、无产阶级转化为资产阶级，岂不荒谬！历史上各个哲学家及其流派，无不具有一定的阶级性，为一定的阶级以至阶层服务的。唯心主义者转变为唯物主义者，无不是由于其阶级立场的变化，而不是什么唯心主义转化为唯物主义；反之，亦然。作为一个流派的转化，如果有这类确切例子的话，首先就必须由于那个流派的成员都改变了阶级立场。就我所知，还不知有这类确切事例。任文虽然也说到，唯心主义向唯物主义转化，要由革命阶级的改造。难道思想改造，不是"兴无灭资"，而是就资本家的资产阶级思想体系加以改造么？从而任文似谓唯物主义与唯心主义及其流派的相互转化论，便不能不是阉割了他们或它们的阶级性，阉割了所引经典的灵魂。古代某些唯物主义者，或者说所有古代唯物主义者的思想，由于其所处时代和阶级的局限性，都具有不同程度的唯心主义成分和形而上学或形而上学成分，不只王充、范缜如此，较伟大的中世纪唯物主义者王夫之也如此。不可以也不容许把他们的唯心主义成分夸大为唯心主义体系，或以之与其思想主流的唯物主义等量齐观，自然，更不可以只看作由唯物主义到唯心主义的转化。否则，就必然引向模糊唯物主义与唯心主义的阵营、不同的党派性、不可调和的敌对性。

（2）现在进而看看任文从哲学史上所罗列的例证。

（A）所谓唯心主义者转化为唯物主义者的例证：

---

① 《毛泽东选集》第一卷，人民出版社1991年第二版，第327页。

（甲）"张载，幼年曾入于佛老，后来摆脱了唯心主义的影响，形成了自己的唯物主义体系。"（乙）"戴震，早年曾服膺程朱之学，后来与程朱的体系完全对立。"（丙）"如天台宗的'无情有性'的泛神论思想，也包含着向唯物主义转化的契机。"（丁）"谭嗣同从新兴阶级立场出发，对佛教的唯心主义进行了批判改造，从而把唯心主义转化为唯物主义。"（戊）"德国农民革命领导者闵采尔提出了泛神的宗教教义，这种泛神论，'个别地方甚至着了无神论的边际。'① 闵采尔的泛神论思想体系，如果进一步发展，必然成为完全的无神论体系，走向唯物主义。"

依我看，这些例证都是缺乏力量的，不能成立的。张载、戴震"幼年"或"早年"读过传统唯心主义的著书，或者说学过唯心主义的东西，后来成为唯物主义者，能说是从唯心主义转化为唯物主义么？能说是唯物主义以唯心主义为"师承"么？谭嗣同也近似这样。如果他是唯物主义者的话，所谓"批判改造"，是从"佛教的唯心主义"的立场上去"批判改造"？还是仅从佛书中吸取一些"思想资料"呢？而所谓"批判改造"与"转化"能在一人的身上并存么？农民出身的"德国农民战争"的领袖闵采尔，在火热的农民战争中，在血的斗争中，与马丁路德派根本分裂，逐渐克服、改变了自然力支配下的中世纪农民的迷信或消极面，步步接近于无神论、唯物主义，更不容认为是由唯心主义"走向唯物主义"。这只能说，在斗争的过程中，闵采尔与马丁路德的分歧，日益明显地表现为世界观上的对立。对天台宗，我缺乏研究，不能置词。

（B）所谓唯物主义者转化为唯心主义者的例证。（甲）"如章炳麟《訄书》中有唯物主义思想，后来转化为唯心主义者。"（乙）"老子的天道自然无为的观点，其可取之处是力图按照自然本来面貌去认识自然，'以身观身，以乡观乡……'。但老子却由此抹煞了人在认识过程中的感性和实践的地位，因而陷于唯心主义。"（丙）王充"在自然观方面，王充的唯物主义学说是比较完整的。但是当时唯心主义目的论者还宣传人的富贵贫贱是上帝对人的赏罚……为了回答社会上为什么有人受苦、有人享福的问题，王充便把他的元气自然论的观点搬来解释社会现象……（范缜）和王充一样……。不论王充或

---

① 《马克思恩格斯全集》第7卷，第413页。

范缜……一旦进入社会现象的领域……他们尽管主观上'坚持'了唯物主义元气自然论……结果却不得不走向它的反面。"

同样，这也都是没有力量的、不能成立的牵强之词。我在前面已提到过，不可以也不容许把古代唯物主义者思想中的唯心主义成分夸大为唯心主义，反之，也是这样。吴晗同志的类此观点，包括我在内的一些同志曾经批评过。任文以之来帮衬所谓"转化"论就更为牵强和违反理论逻辑。章炳麟在《訄书》中曾表述了唯物主义世界观观点，但究极上是二元论的；辛亥革命以后，他堕落为主观唯心主义者，是他由旧民主主义革命者堕落为旧民主主义革命的反对者的立场的变化不可分的。老子是否唯物主义，至今还在争论中，但不论如何，也不能因其思想体系中有相反成分就可以说他是由这一面转化到另一面。

（C）所谓唯物主义流派与唯心主义流派相互转化的例证。（甲）"王守仁的弟子黄绾，原是王门信徒，后来背弃师说，转向了唯物主义。"（乙）"老子的哲学……由于这种学说包含有宿命论的消极因素。所以发展到后期庄学，没落奴隶主阶级便利用了老子的唯物主义的某些片面性，逐渐使它转化为唯心主义的宿命论。"（老子）提出'道'（或者称为'无'、'无名'、'朴'、'精气'）为万物之源……把'道'强调得过分了，给人以印象：'道'好像超越万物之上的什么东西……所以反动的王弼等人便夸大了'道'的超越于万物之上这一意义，从而把唯物主义篡改为客观唯心主义，建立了唯心主义本体论。"（丙）"从唯心主义转化为唯物主义……比如后期墨家改造了墨子的唯心主义宗教世界观，以墨子的唯物主义的认识论作为基础，从而形成了符合新兴地主阶级科益的唯物主义哲学体系。"（丁）"黑格尔的辩证法如果贯彻到底，必然要突破它的绝对精神的唯心主义体系……这种带有根本性的矛盾，如果让它发展下去，必然要求一种解决……如果按照辩证法的正常发展下去，必然迫使它放弃其唯心主义体系，所以列宁说，黑格尔的哲学是'客观唯心主义转变为唯物主义的前夜'。[①]……就是说，像黑格尔这样一种唯心主义并不是不可转变为唯物主义的，不然，'前夜'二字就落空了。只是一种转化，并不定由这一哲学家亲手完成……""比如黑格尔的辩证法思想，经过革命的马克思主义的批判改造，才把它转化为唯物主义辩证法。"很显然，任文在这里的

---

① 《列宁全集》第58卷，第179页。

未尽意是说，由黑格尔到曾是青年黑格尔派的马克思，到马克思的辩证唯物主义，也正是唯心主义到唯物主义转化的例证之一。

伟大的无产阶级革命和建设共产主义社会的经典马克思主义，正如伟大导师列宁所说过的一样，伟大导师马克思、恩格斯检查、检验了包括德国的哲学、法国的空想社会主义、英国的古典经济学在内的人类一切创造性的优秀成果，经过批判地改造，吸收其积极因素，作为素材、养分；但马克思主义的任一组成部分，都不由任何古代或以往的东西"转化"而来，而是无产阶级伟大导师马克思、恩格斯的伟大创造，后来又相继由列宁、斯大林、毛泽东同志不断给以伟大创造性的发展。

任文列举的黄绾，我研究不够。如果他们是一个唯物主义流派，那末，不论其原先如何相信过阴阳学；而人的阶级性是可变的，随着阶级立场的变化，相应地，必然引起思想观点、政治主张和要求等一系列的根本变化，黄绾和由他首创的学派，便是也只能从这个基础上产生出来，绝不能说是王阳明唯心主义学派"转化"为黄绾的唯物主义学派——自然，后者可以，或者还必须吸收前者的一些素材。

说到老子、庄周、王弼，任文既然认为"唯物主义者"的老子是"农民阶级"的代表，庄周学属于"没落奴隶主阶级"、王弼等人是"反动的"阶级的代表；那么他们与老子的世界观不同，不是很自然的么，还要什么"转化"呢？其实，在我看来，老子与庄周都是代表没落小领主层的，也都是唯心主义者；只是由于其阶级地位的变化，庄周把老子的唯心主义降低到怀疑主义以至接近于宗教神学的地步，把老子的朴素辩证观降低为相对论以至诡辩论。王弼、何晏等人的玄学，他们的著作标志得很清楚，乃是儒道学的杂凑或混血，更不好说是什么唯物主义到唯心主义的转化。关于墨子学，几十年来，甚至可以说几千年来，是有过不少研究的。我对墨子的初步研究意见是大家都知道的，这里不说了。任文把墨子的世界观和认识论、把墨子与后期墨派尹文等那样对立起来，却没有提出任何令人信服的论据，是值得作者考虑的。

我看，中国哲学史上，倒还有这样一些例子，近代的李石岑，由于步步脱离其原来的阶级立场，靠近人民；他在世界观上也便步步否定其原来的唯心主义，接近辩证唯物主义，——可惜他没完成这种转变就死去了。如所周知，老牌修正主义与现代修正主义流派，也正由于他们堕落为帝国主义仆从的资产阶级代理人，在哲学上也便堕落为唯心主义与形而上学流派。但此，都不是由于什么唯物主义、唯心主义的相互转化。上面谈到，任文虽偶而提到阶级，但既然断言两者的"相互转化"是"规律"，是"基础"，则所谓"阶级"也便不过是不一定必要，也不甚重要的条件而已、遁词而已。

任文虽没明白写出"唯物主义与唯心主义互为师承"几个字，字里行间的涵义仍是很明显的。对于偶然凑合成为师生的社会关系，它与唯物主义和唯心主义的关系本来是两回事，是不能任意加以牵扯的。

关于中国哲学史"发展道路的
螺旋式上升"问题

这是任文所论证的中国哲学史发展的又一条规律。这在原则上，是没有问题的，问题在于具体论证。在这里，任文一开首，就引用了恩格斯和列宁的下列教导：

> 在自然界中和历史上所显示出来的辩证的发展，亦即通过一切迂回曲折和通过一切暂时退步而由低级到高级的前进运动的因果联系。①

> 哲学上的"圆圈"，〔是否一定要以人物的年代先后为次序呢？不！〕古代，从德谟克利特到柏拉图以及赫拉克利特的辩证法。文艺复兴时代，笛卡尔对伽桑狄（斯宾诺莎？），近代，霍尔巴赫—黑格尔（经过贝克莱、休谟、康德），黑格尔—费尔巴哈—马克思。②

恩格斯和列宁的这些话，对论证历史、哲学史的发展过程，是具有普遍的指导意义的。哲学史即人类认识的发展过程，是螺旋式地上升的。任文所说的波浪起伏，我看，实际也是一个问题。任文在这个问题上，极力说明，随着唯物主义认识过程的提高，唯心主义也逐步改换花样，一步比一步"精致"，这从总的过程说，我看也是对的。——虽然，在其具体论证上，仍与具体历史存

---

① 《费尔巴哈与德国古典哲学的终结》，第33页。
② 《列宁全集》第38卷，第411页。

在或多或少的距离，也还存在其问题。

任文对中国哲学发展过程，也像西洋哲学史一样，画了四个大"圆圈"：（一）"从老子的唯物主义的理性主义，经过孟子的唯心主义的理性主义，到荀卿的唯物主义理性主义，是一个圆圈，是一个否定之否定的过程。从唯物主义萌芽状态（五行说）的没有摆脱经验的状态，经过老子、墨子、孟子、荀子，到韩非子的唯物主义经验主义，又是一个圆圈，也是一个否定之否定的过程……再从关于主观作用的认识来看，老子为了反对天道有知，提出天道自然无为。墨子、孟子都主张人要有为，并主张充分发挥人的作用……到了荀子，既尊重自然规律，也提出了'人定胜天'的能动作用……这又是一个否定之否定。"（二）"从老子、荀子，到王充，这是第二个圆圈。"（三）"如果从王充算起，到王夫之，则是朴素唯物主义发展的最后一个圆圈。元气本体论从根本上驳倒了唯心主义的本体化。"（四）"由于近代自然科学的影响，中国的资产阶级唯物主义不得不改变了它的形态，进入机械唯物主义的新阶段。这是中国哲学发展的第四个圆圈。"

这些论证是颇费了力气的，也有符合中国哲学的客观过程的方面，也有与具体历史存在距离的方面，是西洋哲学发展的模拟。

从中国哲学发展的具体面貌、具体过程考察，应怎样去掌握列宁关于哲学发展圆圈问题的精神实质呢？下面谈谈我的粗浅而又初步的看法。

（A）《易》的"八卦"哲学原始型的（朴素唯物主义）否定了殷代奴隶主阶级的"巫"教神学。"八卦"哲学的从八种自然现象（天、地、山、泽、风、雷、水、火）着眼的八元素论的世界观与八卦的朴素辩证观，都是最原始、最朴素的。

"五行"或"五材"（《洪范》）说的五元素论，与金、木、水、火、土五种物性相生相克说的辩证观，比"八卦"哲学有了一步前进、发展或深化。

《易传》的"混沌初开，乾坤始奠，气之轻清上浮者为天，气之重浊下凝者为地"的"气"一元化，及它关于"两仪"、"一阴一阳"的朴素辩证观，都较"五行"哲学有了一大步发展和深化；但它把彻始彻终地为斗争所贯穿的朴素辩证观，引入"通"、"久"、"中"、"和"的调和论（并由此而降低为其后儒家的"执其两端而用其中"论）。这是符合西周封建制革命基本胜利与初步稳固后的意识形态的。在殷周间的革命与反革命生死决斗之际，是不可能有这种调和论的支配地位的；在西周社会的革命过渡基本完成后，新兴的封建统治阶级又不可能再保持那种朴素的世界观与辩证观。

老子把《易经》的朴素辩证观又给了一些发展、深化。但他把第一性的东西归结为唯心主义的道，把"气"看作第二性的东西，即否定了"气"一元论而沉溺为"道"一元论。儒家又把老子的"道"降低为"天"、"道"，所谓"本立而道生"，即认为"天道"以上还有一个最高主宰的"本"，即宇宙精神样的东西。所谓"孝弟也者，其为'仁'之'本'欤?"也说明了儒者的范畴"本"是超越一切的精神。他们并以"惟精惟一，允执厥中"、"执两用中"的"中庸"观点，"形而上"的观点否定老子的朴素辩证观，肯定《易传》的"恒"、"通"、"久"、"中"、"和"的"形而上"观点。

墨子肯定客观世界是独自存在的，不以人们的感觉为转移的唯物主义，墨翟的门徒宋尹称客观世界第一性的东西为"精气"，肯定并深化、发展了《易传》的"气"一元论。这是对道、儒两家"道"或"本末"的"本"论与"仁"或"性善"的先验主义人性论的否定之否定。但由于对思维逻辑的创发，即树立了"譬"、"久"、"推"、"援"等七者的形式伦理学的基础，却毋视或解消了朴素辩证观。由于他们重视实践，适应于自然力支配生产力水平低下的农民情况，又提出"天志"说，以墨派的观点、主张说成是"天志"的体化物提到农民面前去，却为唯心主义以至宗教思想上开了后门。但由此也可以理解，为什么后来张角等人都利用宗教的形式去宣传、发动和组织农民群众。

庄周学一面把老子唯心主义的"道"阐述得比较"精致"；一面又以之极化为"真人"、"至人"，近似于宗教神；一面把老子的"无为"即取消斗争降低为遁世主义；一面又把老子的朴素辩证观降低为怀疑主义、相对论以至诡辩论。这是对其道家学的肯定而又进一步堕落。它并否定了墨派的唯物主义或"精气"一元论，"自苦"力行的实践观。

荀卿肯定并发展了墨学的唯物主义、经验论和"伪"或"人定胜天"说。这又是对老庄的唯心主义、"无为"或遁世主义的否定之否定。他也否定了孔孟的唯心主义；但为反对孟轲的先验主义的"性善"论，由于是从新兴地主阶层代替旧领主各等级的要求出发，却又提出先验主义的性恶论。为大力反对老庄学，却连老子的朴素辩证观也抛弃了。

我以为这就是中国哲学发展的第一个大圆圈。

（B）适应于大一统的专制主义的地主阶级国家的要求，经过荀卿、韩非、《吕氏春秋》、《淮南子》、陆贾、贾谊，董仲舒否定了荀卿的唯物主义与"人定胜天"说，给孔孟的天道论以新的形态，并吸收"黄老"的宗教思想，演变为宗教神学的唯心主义，把传统的"阴阳"、"五行"观，篡改为"阴阳五行"的谶纬说，阉割原来的"阴阳"、"五行"说的灵魂。在政治论上，则肯定商鞅、吕不韦的大一统说，演变为"大一统"的专制主义。它又演变为经古文学与经今文学两大流派，贯穿着两汉到三国。

扬雄、桓谭等人，尤其是王充，又肯定和深化了发展了《易传》的"气"或墨学的"精气"一元论，是对董仲舒及经今、古文等学派的宗教神学和"阴阳五行"的谶纬说，或者说对孔孟以来的儒家学的否定之否定。但由于反对那作为神学和迷信说教的"阴阳五行"说，便连原来以"阴阳"、"五行"等形式表现的朴素辩证观也抛弃了。虽然，王充关于四时运行，生物生灭等朴素观点，也包含有朴素辩证观的因素，其中并有更深刻更积极的发展观点。

桓谭等人也是以春秋学的形式出现的，但也否定了经今文学（实际也包括经古文学）的宗教神学思想；同样，为反对"阴阳五行"的谶纬说，也连原来以"阴阳"、"五行"等形式表达的辩证观也抛弃了。

张仲景等人，在医疗等实践经验中，在传统的"阴阳"、"五行"观的古典医道的基础上，保存或者说肯定了朴素唯物主义观点，肯定并发展了朴素辩证观，并以之贯彻到医道理论和临床上。

这就是中国哲学发展的第二个圆圈。

（C）与魏晋南北朝的社会形势（前进面与逆转面的深刻矛盾斗争等形势）相适应，适合走投无路的腐朽的大地主阶级的要求，王弼、何晏等人（经葛洪、寇谦之、道安、慧远等），肯定儒家早期的"本末"论，道家早期的"有"、"无"论等唯心主义世界观、庄周的"真人"论、董仲舒的神学论，演变为较精致也更庸俗的儒道混合的唯心主义，长生方士的神仙术，以至道教神学和接受宣扬外来的佛学，公开提倡有神论。并以之否定王充等人的唯物主义、裴頠等人的反清谈的致用思想。

为否定王弼等人的儒道学、"虚无""本末"论的唯心主义，裴頠等人肯定唯物主义传统，针锋相对地提出"崇有"论，尤其到范缜，为反对猖狂的有神论和日益嚣张的宗教，并与民族矛盾相适应，与"神不灭"论针锋相对提出"神灭"论。但他们为反对道教神学的"阴阳五行"的占星术、炼丹术、房中术等谬说，也便没有去阐发传统的"阴阳"、"五行"等形式表述的朴素辩证观。只有在残留的鲍敬言"无君论"中，表述了从朴素的阶级观点出发的、具有较多的深刻性的辩证观。他们是对王充等人的唯物主义与反迷信思想的肯定和作了发展，也是对王弼等人的唯心主义、神道说教的否定，这是一个否定之否定。

这就是我国哲学发展的第三个圆圈。

（D）适应隋唐时代地主阶级统一国家的再建和发展，适应其时阶级关系的情况和地主阶级的要求，由以恢复孔子学自任的王通及其门徒，到以继孔孟自居的韩愈，在孔、孟、董的"道"、"性"等范畴下，深化了唯心主义"道""性"论，韩愈的门徒李翱又以之演为"道"、"性"、"情"、"意"论。——这又充任了宋代理学的前驱。韩愈的《祭鳄鱼文》、《祭十二郎文》等，又正是其佛道神鬼迷信的肯定——《谏迎佛骨表》是不能消去其这种观点的。而这同时又正是他们对传统唯物主义、反迷信思想、"神灭"论的否定。

唐朝的佛、道神学，比魏晋南北朝有更大的势力兴盛。

针对韩、李等的唯心主义和佛道神学，与韩、李等针锋相对，柳宗元、刘禹锡等人提出唯物主义的"天"论，对唯物主义作了肯定和发展。与宗教神学、迷信思想针锋相对，吕才以"道家"的形式提出了反"阴阳五行"等神道说教的唯物主义论纲。但他也同样由于反对"阴阳五行"等神道、迷信，便连"阴阳"、"五行"等形式表述的辩证观也抛弃了。

唐朝的医道继承了两汉传统，在理论临床及医疗教育、设备等规模上都有了一步发展，并发展了"阴阳"、"五行"的朴素辩证观。

隋唐的王通、韩愈、李翱的唯心主义与佛道神学，是对唯物主义的否定，柳宗元、刘禹锡、吕才等的唯物主义，则是否定之否定。

这就是中国哲学发展的第四个圆圈。

（E）总结了地主阶级各派唯心主义哲学传统的两宋"理学"，也叫作"道学"。首创了这一学派的周敦颐的唯心主义否定了唯物主义，并以其朴素的辩证观否定了形而上学；他从"理"、"气"这一对范畴出发，曲论"理"即宇宙精神是第一性的，又创为"太极图"说以阐述它的究极性。在对"理"、"气"的论辩中，尤其由于其时交错复杂而紧张的阶级矛盾、民族矛盾，他却发展了传统的朴素的辩证观，并摆脱了古典的"八卦"、"阴阳"、"五行"的形式，更新和丰富了老子以来的形式。

如果张载是唯物主义者，他便是从朴素唯物主义立场上，也以理学的形式否定了周敦颐的唯心主义，但肯定了周敦颐的朴素辩证观。

程颐、程颢、朱熹、张栻、陆九渊、陈献章等人，一面把周敦颐的"理"的世界观步步深入和细致加工，一面却在不同程度上抛弃了周敦颐和唯物主义者张载的朴素辩证观。虽然，在他们之间，尤其是朱陆两派，连同想调和朱陆的吕祖谦在内，都有不同程度的分歧和争辩。

经北宋李觏、王安石到南宋叶适、陈亮，是针锋相对地树起反理学的旗帜，否定它的唯心主义"理"、"气"论，反对其空疏和脱离实际的玄谈等，便提出了唯物主义，尤其是叶适、陈亮的经验主义的唯物主义，给了传统的唯物主义一步深化和发展；又大力提倡"致用"和实践。这便是理学派对唯物主义的否定之否定。但叶、陈为反对"理"、"气"论，却连周的（以至张的）围绕"理"、"气"论辩的朴素辩证观也抛弃了。

这便是我国哲学发展的第五个圆圈。

（F）到明清，继承陆九渊、陈献章等主观唯心主义的阳明学及其嫡系"王学右派"，否定了两宋唯物主义，把两宋理学，尤其是陆学搞得更深、更"精致"，把"理"、"气"论经过陆、陈的"心"论演为"良知良能"说。适应明代阶级斗争形势的发展和地主阶级自救的要求，他们又袭叶适、陈亮的"致用"实践的论旨，创为"知行合一"论，但也抛弃了濂溪的朴素辩证观。

明清理学派其他唯心主义者（以调和朱陆形式出现，而又主张致用实践、讲求时事的李二曲学，我还要进一步研究），不少人也讲致用和"知行合一"，但也都是首尾颠倒的。

经所过"王学左派"的泰州学派等唯物主义者，到王夫之（包括颜元、方以智到戴震等）的唯物主义，产生在资本主义有萌芽的明清之际，对宋明各派唯心主义作了总的批判而把它否定，利用了此前的思想素材，深刻地全面地阐发了"道依于器"、"气先理后"等论旨，并以发展的、进化的观点，试图从"理"（规律）、"势"（社会形势）的论究，否定保守的、复古的、今不如古等反动观点。他确实把我国中世纪的唯物主义提到了高峰，并表露了新的启蒙思想的萌芽。在他的进化观中，还包含较前此深刻、丰富的朴素辩证观的成分。这是对否定两宋唯物主义的阳明学为主的唯心主义的否定之否定。

鸦片战争前的魏源、龚自珍等的思想，实际继承了船山学；但他们为反对"宋学"即"理学"而以公羊学的面貌出现。他们只继承乃至发展了王夫之、黄宗羲等的启蒙思想，却没有继承王夫之的唯物主义，在世界观上只突破了"理""气"论的框框。他们大力提倡"致用"实践。但也同王夫之一样，没有批判地吸取"知行合一"论内包的积极因素。他们继承和发展了王夫之的"变"和发展观，但没有对朴素辩证观作出何种发展乃至肯定。魏、龚的思想是出现在鸦片战争后和以后的跨时代的。

这就是近代以前的中国哲学发展的第六个圆圈。

读完任文以后

（1）任文所论中国哲学史发展的四条规律，其中所谓唯物主义与唯心主义及其流派的相互转化（互为师承）论，我认为是根本错误的，也是对经典著作的曲解。所揭（一）（二）（四）条，原则是无可非议的，具有普遍意义的；但不可以之看成中国哲学发展的特殊性的东西，中国哲学发展的特殊性究竟何在呢？但任文在具体论证上都存在不少问题；更重要的，没有把阶级观点和阶级斗争摆到一定的地位。

（2）任文论中国唯物主义发展有五大阶段：即朴素唯物主义元素论、精气自然论、元气自然论、元气本体论、近代机械唯物主义；与之相敌对的唯心主义，则为所谓：上帝创世说的宗教唯心主义、神学目的论（董仲舒）、王弼等的唯心主义本体论、二程等的唯心主义本体论、近代唯心主义。这与中国史的具体情况，都有不同程度的距离；以之拿去考察西欧哲学史，我看，基本上倒有几分相似，即以"元素论"比拟元素论（包括印度的四大说）、"精气论"比拟原子论（包括印度的极微说）、"唯物主义本体论"比拟经院哲学的唯名论（唯名论与实在论论争的思维与存在问题，与其说和宋学的"心""物"之争相似，不如说和荀卿、尤其墨翟的感觉、思维和存在的论证更相近）。恩格斯说："思维对存在的关系问题，即何者——精神或自然——是第一性的，这在中世纪经院哲学中曾起过很大作用的问题，在向教会以更尖锐的形式提出来：世界是神创造的呢？还是本来就有的。"列宁也说过："……中世纪唯名论者同实在论者的斗争，和唯物主义者同唯心主义者的斗争具有相似之处，但是，这种斗争，不仅同中世纪的许多理论而且也同古代的许多理论有相似之处，有历史继承的联系。"① 近代"机械唯物主义"比拟机械唯物主义，更恰当些；而与中国哲学发展的具体过程是有距离的。哲学发展过程的朴素唯物主义、机械唯物主义、辩证唯物主义三大阶段，总的来说，是确定不移的。作为半殖民地、半封建的过渡形态的中国近代资产阶级的世界，有机械唯物主义思想，朴素唯物主义思想（如康有为的唯物主义思想）、唯心主义，而其主要的东西并不是机械唯物主义，而是二元论的唯心主义。如果按任文的五阶段公式，去论证俄罗斯、日本、朝鲜、越南、印度、阿联等国唯物主义的发展过程，在古代和中世纪，便会格格不入，是难以硬套上去的。任文所画四大圆圈，也存在与此相似的问题。毛泽东同志早就告诫过，不要"言必称希腊"，其精神实质，就是教我们在史学研究上不要犯公式主义的错误。

（3）我国中世纪哲学的发展过程，确实实现了"百家争鸣"的丰富传统。自然，有些同志不同意这样看，任文的"高潮"、"低潮"论是与之接近的，而且无异给予了侧面的论证。但以之叫作"高潮"、"低潮"以及弧线的描画，对各别哲学家的估计或论证，是有不少违反具体情况的地方，至少须再进一步去深入"探索"。

（4）任文涉及的方面很广，用力颇大，问题也不少。正因为如此，也不免粗糙或挂一漏万。

我阅读任文，得到不小启发。阅读中，随笔写出上面一些感想和看法。但不是此外就不存在问题了。我绝不敢说，自己的感想和看法都是对的，没有问题；相反可能有不少错误和问题。

1964 年 8 月 4 日

---

① 《列宁全集》第 20 卷，第 185 页。

关于哲学史研究方法的一些问题

读李民《从"重提哲学史方法论的一个重要问题"谈起》，
载 1963 年 10 月 18 日《光明日报》；《谈评论哲学史
研究是否贯彻党性原则的标准》，载 1964 年
4 月 17 日《光明日报》]

（1）李民同志关于这个问题的其他几篇文章，我都没有看到，目前也无法搜集。

司马文同志《再谈哲学史研究中贯彻党性原则问题》（载 1963 年 11 月 15 日《光明日报》），对哲学史研究的党性原则问题，针对李民同志的一些论点，提出了基本正确的意见。林杰同志《关于董仲舒的认识论问题》，也针对李民同志的一些论点，作了很有益的论证。可惜我没能看司马文同志的其他文章。

（2）从李民同志的两篇文章，及司马文、林杰两同志的揭露看来，李民同志的论点，我以为主要有下面三个问题值得深入讨论。

（甲）"我国古代哲学家中间，有不少人的思想体系中，既有朴素唯物主义的因素，也有唯心主义或神秘主义的因素，要想为这样哲学家的思想体系简单地作一个结论，往往是比较困难的。在董仲舒的自然观中，正如上面可涉及到的，既有非神的部分，也有'有神'的部分，因此对于董仲舒自然观的评价，似乎应该在既承认前者又承认后者的基础上，然后指出它的主要倾向。"

记得首先是这样提出问题的是吴晗同志。我的不明确的印象，恍惚南方某大学一位教授，也对董仲舒思想这样提过；而他们连"然后指出它的主要倾向"也没说。李民同志这样说了，也就是承认董仲舒（或类此的"古代哲学家"）终归不属于唯物主义阵营就属于唯心主义阵营。如果李民同志能这样贯

彻下去，基本上就没有问题。但李民同志的真意并不在这里。例如他在引用经典作家评论亚理士多德①、经院哲学②、笛卡尔③、培根④、康德⑤、费尔巴哈⑥等等的话后，除却一些较正确的解释外，却说："……也承认有既不是彻底的唯心主义者也不是彻底的唯物主义者（康德就是这样。列宁曾经明确指出康德的'这种不彻底性'）。""同时也承认哲学史中有少数动摇于唯心主义与唯物主义之间的哲学家。"因而，"主要倾向"也没有了。那么，他，即某些"古代哲学家"，究竟属于哲学阵营的那一边呢？李民同志只能说："动摇于……之间"。历史上所有的哲学家，不属于唯物主义阵营，就属于唯心主义阵营，经典作家评论康德，也是这样。宋朝的朱熹也是这样。古代有的唯物主义者思想体系中包含的唯心主义杂质多一些，有的唯心主义者思想体系中接触到唯物主义的成分多一些，马克思主义者对此都不肯放松，去加以分析，但绝不容也从没有把那些"古代哲学家"看作"动摇于……之间——只有其对个别问题的论旨有这种情况。归根结底，因为他们每个人都不能不属于一定的阶级而为其服务。除去一定条件下的个别例外，唯物主义总是属于进步的、革命的阶级、阶层，唯心主义总是属于保守的、反动的阶级、阶层。这对马克思主义者说来，不是须要讨论的问题，而是根本性的、党派性的原则问题。

李民同志为着维护自己的观点，又大量引用了经典作家下面一些话：

> 凡是断定精神先于自然界而存在的，从而归根结底，这样或那样地承认创世说的人……便组成唯心主义阵营。凡是认为自然界是本源的，则属于唯物主义的各种学派。（恩格斯）

> 在经验批判主义认识论的烦琐语句后面，不能不看到哲学上的党派斗争，这种斗争归根结底，表现着现代社会中敌对阶级的倾向和思想体系。最新的哲学像在两千年前一样，也是有党性的。唯物主义和唯心主义按实质来说，是两个斗争着的党派，而这种实质被冒牌学者的新名词或愚蠢的

---

① 列宁：《哲学笔记》第288、289、293页。
②《马克思恩格斯全集》第2卷，第163页；《列宁全集》第20卷，第185页。
③《马克思恩格斯全集》第2卷，第159～176页。
④ 同上。
⑤《列宁全集》第14卷，第203页；《哲学笔记》第338页。
⑥《费尔巴哈与德国古典哲学的终结》第31页；《斯大林全集》第1卷，第294页。

无党性所掩盖着。唯心主义不过是信仰主义一种精巧圆滑的形态，信仰主义全副武装着，它拥有庞大的组织，它继续不断地影响群众，并利用哲学思想上的最微小的动摇来为自己服务。①

我们总是毫无例外地看到，在解决哲学问题上有两条基本路线、两个基本派别。②

经典作家的这些话，好像都是针对李民同志的观点而说似的，值得李民同志严肃地看待，体会其精神实质。同时，还可去温习一下日丹诺夫同志对什么是哲学史的系统表述。应该知道，在马克思主义的辩证唯物主义产生以前，哲学史上是没有彻底的唯物主义者的。由于他们所处的历史时代和阶级地位的限制，其思想体系总在不同程度、不同方面夹入唯心主义成分；尤其在历史观或社会观上，最高的也只能触及唯物主义的樊篱，所以恩格斯总结他当时所能接触到的全部哲学情况，而得出以往的唯物主义者在历史观上都是唯心主义的结论。你能从这些地方说"古代哲学家"的世界观既是唯物主义又是唯心主义么？不能这样。

（乙）李民同志提的董仲舒的阶级性和世界观问题。这是完全可以争鸣的问题——虽然，就已有的研究成果表现，我以为问题也是比较明白的——尽管大家的论究还不够全面、细致。但这类性质的问题，什么时候都可以重新提出研究，作出不同论断。

李民同志认为："董仲舒的认识论也和他的全部哲学思想那样，包含着错误和不健康的部分，但是那不是董仲舒认识的全部，而是他的局部。他的更重要更宝贵方面"，"是他的朴素的唯物主义和自发的辩证法思想"，"在当时是进步的，而且在今天仍然保持着它的光彩"。对此，林杰同志的批评，我以为是对李民同志有益的。

董仲舒在"自然观"方面所表现的世界观，是否是"朴素的唯物主义"，这首先要看，他认为什么是第一性的东西。李民同志说：董仲舒认为"自然界的本源"是"气"。但论据未免薄弱。对此，司马文、林杰两同志所引用的以下资料，我以为是比较有说服力的。例如，董仲舒说：

---

① 《列宁全集》第14卷，第379页。
② 同上书，第354页。

凡气从心，心，气之君也。

养生之大者，乃在爱气；气从神而生，神从意而出，心之所至谓之意。

天者，万物之祖，万物非天不生。（《顺命》）

为人者，天也；人之父本于天，天亦人之曾祖父也，此人之所以乃类上天也。（《为人者天》）

天者，百神之君也。（《郊义》）

天亦有喜怒哀乐之心，与人相副，以类合之，天人一也。

天乃有喜怒哀乐之行，人亦有春夏秋冬之气者，合类之谓也。

阳，天之德；阴，天之刑；阳气暖而阴气寒，阳气予而阴气夺，阳气仁而阴气戾，阳气竞而阴气急，阳气爱则阴气恶，阳气生而阴气杀，是故阳常实位而行于盛，阴常居少位而行于末。

天执其道为万物主。

这一系列的引证，足以说明，董仲舒宇宙观的第一性的东西是"天"，即上帝，体现到人则为"心"，即精神；"气"乃是"天"或"心"所派生的，第二性的。他把孔丘、孟轲的"天"、"气"更神秘化了，把他们的唯心主义降低为宗教性的神学。在孔、孟所谓"天生德于予"、"天命之谓性，率性之谓道，修道之谓教"、"天何言哉？四时行焉，百物生焉"。是说"天"是有意志的，是万物的主宰；但还没堕落到宗教神学的地步，虽然，同样在宣扬信仰主义。他们的"天"，是《尚书》"天命有德"那里来的。他们也说"气"，是把《易·系辞传》唯物主义"气"一元论的"气"（谓"天"、"地"都是"气"派生的），神秘地化为唯心主义的"气"。孟轲所谓"吾善养吾浩然之气"的"气"，显然是指精神，因而所谓"充塞于天地之间"的等等说法的气，便只能是宇宙精神。但董仲舒从这些地方滑落得更远了。

阴阳五行，在董仲舒那里，已完全堕落为诡辩论，用以表达其神学的"阴阳五行"谶纬说的欺骗、吓唬人民的工具。古典的"阴阳"、"五行"这类放过光彩的术语或范畴，便被玷污而蒙上了一层厚厚的黑雾——主要只在医道上保存了与谶纬说相对抗的传统。

最初出现在《洪范》的金、木、水、土、火的"五材"亦即"五行"，《易·系辞传》的"阴阳"，到战国，邹衍以之去阐释其"五德终始"说的历史观（历史循环论），虽还保留一些朴素的唯物主义成分和辩证观，但已给蒙上一层迷信的烟雾，成了"阴阳五行"谶纬说的跳板。我在《中国政治思想史》中对邹衍思想的论析，是不全面的，包含有错误的看法。

（丙）对待批评的态度问题。我们的学术研究全是为无产阶级政治、为社会主义服务的，相互讨论即批评与自我批评，则使我们对问题的把握步步深入提高，更加正确，接近和掌握真理。所以，同志式的批评是最好的帮助，是无产阶级集体主义精神的表现，自我批评同样是从无产阶级政治的利益出发的。明乎此，就不应把个人的成分夹进去。因此，在学术讨论或"百家争鸣"中，对待他人给自己的批评，便应放在怎样才能最有利于讨论的深入、怎样才最能使自己和同志得到提高的问题上，放在既能坚持自己认为正确的意见又能虚心考虑他人意见的问题上。归根结底，是一个为谁研究的问题，为什么要进行学术讨论的问题。如果能认识到而又能贯彻完全为无产阶级、为社会主义共产主义，也就是为真理，就没有把自己提供出的有关创造性的成果或一些成绩，据为己有而竞竞自得的根据和动机，也没有为自己的错误或缺点辩解的必要和意义，更不容去加以掩饰，也不会不虚心对待他人的意见。自然，这是就同志间的学术讨论或批评和自我批评而说的。与其他阶级，尤其与敌对阶级间在思想战线上的斗争，则是另一个问题，这里不说了。

李民同志的两篇文章，对司马文、林杰两同志所提出的批判和意见，是否采取了足够妥当、马克思列宁主义、毛泽东思想的态度，是应该引起认真地考虑的。

1964 年 8 月 7 日

历史唯物主义还是历史唯心主义？

(读冯友兰先生《从〈周易〉研究谈到一些哲学史
方法论问题》，载《哲学研究》1963 年第 3 期；
《对于陈义成同志的问题的一些答复)，
载同刊 1963 年第 5 期)

（1）冯友兰先生的"历史个体论"，随笔之三已约略谈过。感到冯先生对历史，包括哲学史研究的对象、方法、任务和根本态度等方面的一系列论点，表现了一个系统的唯心主义歪论。在我看来，他而且是以之来与历史唯物主义对抗，来反对历史唯物主义的核心阶级分析法。因又就同志们在批判他的《从〈周易〉研究谈到一些哲学史方法论问题》、《对于陈义成同志的问题的一些答复》等文中，所揭露的若干基本论点，再随笔谈谈。

冯友兰先生在这两篇文章中，实际也不只谈"哲学史方法论"问题，而是包括全部历史科学甚至更宽的范围。

（2）冯友兰先生在《从〈周易〉研究谈到一些哲学史方法论问题》中说："科学的任务就是扩大知识领域，历史科学的任务，就是扩大对过去人类社会的知识。"在这里，冯先生的意图或落笔之点何在呢？

（甲）在于精心地抹煞社会科学（包括历史科学在内）的阶级性，自然科学的哲学基础和为谁服务的阶级性，一律看作是超阶级的东西。具体的人类社会的历史，列宁和毛泽东同志都恳切地指出过："……没有一个活着的人能够不站到这个或那个阶级方面来。"[1] "唯物主义本身包含有所谓党性，要求在对

---

[1]《列宁全集》第 2 卷，第 471 页。

事变作任何估计时，必须直率而公开地站到一定社会集团的立场上。"① 年来在大家和冯先生的论争中，对经典作家的这类话，不知引用过多少次；冯先生在实际中，也会是很熟悉了的。而他，总是挖空心思，以这样那样的手法来否认或阉割历史唯物主义的核心，阶级观点、阶级斗争的学说；但又披上马克思主义的外衣。这的确是令人难以容忍的。归根结底，冯先生是反对历史科学为无产阶级政治、为社会主义服务。

（乙）冯友兰先生似是不承认科学的科学性，尤其是马克思主义历史科学，断言是没有客观规律可寻，历史只是个别事物叠成的"个体事物"的堆积。易言之，"历史科学的任务"，譬如说马克思主义历史科学，不是去阐明人类社会发展的客观规律，不是为无产阶级的政治服务，而"是扩大对过去人类社会的知识"，大概也就是掌故之类的东西吧。经典作家不是说得很明白么？"马克思主义给我们指出一条基本线索，使我们能在这种看来迷离混沌的状态中找出规律来。这条线索就是阶级斗争的理论。"② 类此的话，大家也不知引过多少次，冯先生也接触过多少次。伟大十月社会主义革命的胜利，中国人民大革命的胜利和社会主义革命、建设的胜利，以及其国家无产阶级领导的革命的胜利……都是依据和适合社会历史发展的客观规律进行和取得胜利的。对此，你能熟视无睹么？中国共产党领导下的马克思主义历史科学，几十年来为无产阶级政治服务，人民大革命胜利后又为社会主义革命和社会主义建设服务的光荣斗争的史实，你能抹煞得了么？几十年来，打破地主阶级资产阶级历史研究的旧框框，对中国社会几千年乃至几万年发展的历史过程，理出了一条基本线索，提到了现代科学的水平，你能够否认吗？冯先生所谓"历史科学的任务，就是扩大对过去人类社会的知识"，也并不新鲜，而是资产阶级"为历史而历史"的陈词滥调的冯记版。

其实，冯友兰先生的"历史科学"是有阶级性的。近代资产阶级在其革命时期，他们的历史家、哲学家等不只不讳言阶级，并且承认阶级斗争。但到了它成为反对革命的阶级的时期，尤其是到了其腐朽、垂死时期，无产阶级和其领导的阶级斗争的锋芒正是指向资本，指向资产阶级的，是把资本主义送入

---

① 《列宁全集》第1卷，第379页。
② 《列宁全集》第21卷，第39页。

坟墓的；因此他们就讳言阶级、害怕阶级斗争。因此他们的反科学假科学的"历史科学"，便以否认阶级和阶级斗争的各种各样的方式去表现其阶级性，去履行其为资产阶级政治服务的任务。

腐朽的垂死的资产阶级为什么反对社会发展的客观规律性呢？或者以其反客观规律的所谓"规律"希图来蒙混视听呢？马克思、恩格斯、列宁、斯大林、毛泽东同志相继揭发和阐明社会发展的客观规律，并依以领导革命，正使我们的革命在全世界十亿人口中取得胜利，还揭发了当前的历史时代，正是无产阶级在全世界取得胜利，资产阶级在全世界灭亡的时代。历史本身，正是证明这是它的客观规律。由此可知，资产阶级，最突出的则为全世界人民的敌人美帝国主义，为什么拼命反对历史的客观规律性，千方百计地来歪曲、反对历史的客观规律，或伪造所谓"规律"，妄图以之来麻痹人民、安慰自己。美国的反动历史家以及为垄断资产阶级服务的反动历史家，便以各种方式各种流派的面貌出现，围绕这种不现实的妄想叫嚣为其任务。冯友兰先生也不自觉地误入了这个套子而未能自拔。而反科学的文章，是不容易作的，尤其在今天的中国。为垄断资本服务的欧美资产阶级史学的当前各流派，无不采取诡辩手法，原因便在这里。现代修正主义不能离开诡辩论的原因也在这里。

冯友兰先生在《对于陈义成同志的问题的一些答复》中说："……'义非一端，言各有当'。每一句话如果孤立的看起来，都可能有些片面。但是我们不需要，也不可能，在任何情况下，把一件事情的全面都要列举出来。正如我们说，一个人必须吃饭才能生活。在一般情况下，不必再补充说，他也必须睡觉，必须大便。如果任何情况下都需要这样补充的话，未免太啰嗦了吧。"所谓"义非一端，言各有当"这句中国"老话"是什么意思呢？据我了解，它正是一种包含诡辩术的相对主义的论点，把是与非、真理与非真理混同起来，并以之作为对待论敌的挡箭牌。冯友兰先生在这里，又以其极度轻藐的态度，把"吃饭"曲说成"一个人"的"一般""生活"，加上"睡觉"、"大便"便成一个人"生活"的"全面"。这是什么意思呢？这是什么阶级的"人"的"生活"呢？总不能说，以这种"生活"为"全面""生活"的人没有其一定的阶级性吧。难道，冯先生不又正以一种轻藐的手法，来抹煞社会不同阶级和不同生活的具体内容及其相互间的斗争，乘机拍卖超阶级论吗？

马克思早就说过：

使死人复生，是为了赞美新斗争……是为了再度找到革命的精神，而不是为了让革命的亡灵重新游荡起来。①

让"革命的亡灵""复生"，尚且是为了"赞美新斗争"，也就是为无产阶级政治服务。冯友兰先生的为了"扩大对于过去人类社会的知识"的"历史科学的任务"不也正与之相反么？不就是"使死人"、使死去的社会"重新游荡起来"么？这样的"历史科学的任务"是为什么阶级服务的呢？

（3）"随笔"之三已约略谈过冯友兰先生关于"历史科学"的"对象"问题。依照冯先生："历史科学跟别的科学有一个主要的不同，他们要研究的对象，并不是事物的类，而是事物的个体。""它所研究的具体的个体事物，都是已经过去的东西。""死无对证"，"无论历史学家怎样说，它只能默默无言，不会提出不同意见。""过去存在的历史事实，都是一去不复返了。我们怎么知道他们呢？这就是靠史料。"因此，又认为离开"考据"，研究就无法进行。

冯先生所谓"个体事物"是什么呢？近代资产阶级历史学，是把各别历史事件、社会问题、历史人物，等等，曲说为没有内部联系的、混杂一团的，吴稚晖叫作"黑漆一团"，胡适叫作"层叠堆积"；于是作为各不相关的，如人物、战争、城市、航海、贸易、发现、宗教、劳工问题、妇女问题、币制问题……，加以枯燥无味的叙述，颠倒是非混淆是非的剪裁；用一些所谓"远古史"、"古代史"、"中世纪史"、"近世史"、"现代史"一类时代推移的概念去连贯。我国封建地主阶级的史学，从司马迁起，或者从左丘明和《国语》的编者起，无论是所谓纪传体、编年体、纪事本末体，或其他什么体，等等，基本上也都是以所谓"历史"的"个体事物"为对象的。其中如纪传体，是按各别帝王将相等人物作本纪、"世家"、"传"，各别历史事件或历史现象的各别侧面，如"食货"、"货殖"、"刑法"、"军事"、"艺文"、"民族"、"四夷"、"天文"、"地理"……作为"志"、"传"，如此等等。冯先生的历史"研究的对象"的"事物个体"论，打开窗子说亮话，也就是要把我们的史学研究，引入资产阶级史学或封建地主阶级史学的死胡同里去。这样，历史的客观规律，自然就在"个体事物"中消失、淹没了，作为阶级社会，历史发展

---

① 《马克思恩格斯文选》第 1 卷，第 224、225 页。

的基本动力和阶级斗争及其规律，也自然被抹煞、掩盖了，历史研究的基本线索的阶级观点也就无形地被否定了。所以说："具体的个体事物都是过去的东西"，"死无对证"，"无论历史家怎么说，它只能默默无言……"。这不仅一笔否定了历史的客观规律，而且连"历史"、"事物"的是非真伪也给否定了。不只如此，他还认为历史研究不过是"历史家"的主观臆断，也就是说任意"怎样说"的东西，并诬之为"公式"和"私见"。而所谓历史"只能默默无言，不会提出不同意见"的论旨则不过是胡适的历史是"百依百顺的女孩子"的胡说的化妆。这样说来，"历史科学"岂不成了乌云笼罩的一片诡辩场所。冯先生的这类观点，能说是历史唯物主义的吗？

作为所谓"哲学方法论"的"研究的对象"——"事物的个体"，就是要我们把历史上各别哲学家和其哲学思想孤立起来去研究，这就是否认贯穿哲学史的唯物主义与唯心主义两条路线斗争的基本线索，否认哲学的党派性。在这里，所谓"无论历史学家怎么说"、"死无对证"、"……不会提出不同意见"云云，就是说，论析历史上各个哲学家的世界观是唯物主义或唯心主义，是属于这一阶级或那一阶级，便都是研究者的主观任意"怎么说"的，难怪冯友兰先生在所著《中国哲学史》中，就有仅凭自己主观的这种任意安排，如对同一个哲学家，时而这样论断，时而又那样论断，却并非由于认识的深入、提高而有所改变。

（4）关于历史研究的方法，冯先生说："历史也是一门科学，是说研究历史必须用科学的方法。"在马克思主义哲学社会科学领域中，历史学是很重要的、党性很强的"一门科学"，冯先生把它提得那么轻忽，且不必说，而乃认为"是说研究历史必须用科学的方法"，它才"也是一门科学"，这不也明明在说，历史本身没有客观规律可寻么？而所认研究历史的"科学的方法"是怎样一种科学方法呢？据我眼前接触到的资料，冯先生没有更多的解说，只提出"考据"。胡适不也提倡过研究历史的"科学方法"么！他所谓"科学方法"的具体内容，就是实用主义和烦琐考据。梁启超还为他的历史方法写过一部书。冯先生的"研究历史"的"科学方法"的具体又是什么呢？

（5）马克思主义历史科学，并不否认知识性的工作，并不是单为扩大这种知识而重视它，不是以之作为自己的"任务"，而是为着从共产主义事业的要求出发，为着究明历史的客观规律、阐扬真理、吸取和丰富斗争的经验教训，来为无产阶级政治服务出发的。列宁说过："只有用人类创造的全部知识财富来丰富自己的头脑，才能成为共产主义者。"① 这与冯友兰先生所说的"任务"，完全是两回事。

马克思主义历史科学极重视对历史的"事物的个体"的具体掌握，进行历史唯物主义的分析，进行阶级观点的分析；不具体掌握历史的"事物的个体"，这种科学的分析是不可能达成科学结论的。但我们绝不止于对历史的"事物的个体"的具体掌握和分析，更重要的，在于揭发历史的内部联系，即历史的客观规律，复现历史的本来面貌，以之为无产阶级政治服务。这与冯先生的"事物的个体"论，难道有半点相同的地方吗？

马克思主义历史科学，是极重视史料的搜集和"考证"即"调查研究"工作的。不掌握全面而又真实可靠的史料，是不可能对历史研究达成正确结论的。对乾嘉学派和资产阶级学者的烦琐考据的工作和成果，我们也不是采取完全否认的态度；而是在马克思主义理论基础上，批判地继承，即反对它的烦琐考据，批判地接受其积极成果。马克思主义历史科学重视史料工作，并非为史料而史料；重视史料真伪的考证，乃是以之为历史科学服务，绝不是"为考据而考据"，这与地主、资产阶级学者的所谓"考据"，是根本异趣的。

1964 年 11 月 6 日

① 《列宁全集》第 31 卷，第 254 页。

关于中国史学史的一些问题

（读白寿彝同志《中国史学史研究任务的商榷》，
载 1964 年 2 月 29 日《人民日报》）

（1）中国史学史的编辑，即一部为无产阶级政治服务的中国史学史的编辑，是一项很重大的而又是开创性的工作。白寿彝、吴泽等同志初步接受了这个任务，并已着手进行，是一件大好事。

我国历史时间很长，资料很丰富。从旧、新石器时代，即原始公社制时代开始，已有几十万年的历史；从最近发现的蓝田猿人化石（经周口店猿人以及资阳人、柳江人，马坝人、丁村人），已有六七十万年的历史；从甲骨文开始的有文字记载的历史，近四千年；从历史著作的《国语》、《左传》等书算起，也有近三千年的历史。从这样那样观点论述和体例编撰的正史、稗史等史书，真可谓"汗牛充栋"、"浩如烟海"；而不是历史编著，在诸子书或文集中表现历史观点的也很不少，对此，史学史研究都不能置之不顾。自然，我们的史学史应该而且必须是厚今薄古的；应该而且必须贯彻阶级观点的线索去揭发其发展规律。

因此，中国史学史研究编辑工作，确实是很艰巨的。以往地主、资产阶级的史家，除去一些所谓"书目"、"提要"之类，却没有留下什么更多更有用的成品，他们没有也不可能进行史学史的科学研究和编辑。这一艰巨的工作任务，也只有在新中国的马克思主义历史科学的基础上，才可能进行和作出好的成绩来。

寿彝同志的文章提出不少重要问题和意见，而且其中有些意见我认为是正确的。但这不是说，文章已解决了中国史学史研究及其编辑任务的全部问题。

（2）寿彝同志的文章明白地肯定：中国史学史的研究，首先是要阐明我国史学发展的规律。我认为这是没有争论余地的。又继续说：

在"五四"以后，由于马克思主义的传入，中国无产阶级和中国共产党登上了中国的政治舞台，中国革命的浪潮不断地高涨，中国史学领域里表现为空前尖锐的斗争。在这里，理论上唯物主义对唯心主义的斗争、辩证法对形而上学的斗争，跟政治上无产阶级领导的革命对反革命的斗争密切地联系在一起，像一根红线一样鲜明地贯串着整个史学的发展。这就是"五四"以来我国史学发展的基本规律。

在"五四"以前，我们没有历史唯物主义理论体系，但并不是史学领域内根本没有唯物主义观点。

"五四"以前，我们也没有马克思主义辩证法，没有无产阶级领导的革命。但史学史上有按照一定历史条件考察问题的，具有朴素辩证法观点的历史观点，以与武断的历史观点相对立。在史学史上，当在社会历史大变动时期有反映新兴阶级政治要求的政治观点，当同一性质社会内部出现阶段性变化时期也有反映统治阶级内部进步力量政治要求的政治观点，这在当时都是跟反动的、落后的观点相对立的、革命的、进步的观点。

在阐明中国史学史发展规律的同时，中国史学史的研究还要批判地总结我国史学成果。阐明规律和总结成果，是我国史学研究的两大经常任务。

这样的设想和提法，其若干基本论旨，我以为是对的。问题在于，解决中国史学史的具体研究的具体问题，似是还应更明确地、强调地抓最基本的线索。

历史上的所有历史著作，都是一定阶级的意识形态在史学上的表现，为其所属阶级服务的；是各别阶级、阶层相互关系和斗争，即他们所进行的阶级斗争在历史战线上的反映。

史学史是历史科学领域中专史研究的一种，因此，研究史学史的基本线索是阶级分析法。某些历史著作所包含的唯物主义观点和朴素辩证法思想，是在这个基础上与哲学史的一个圆圈一个圆圈相适应的。这种观点和思想，反多出现在稗史、子书或文集中，而很少包含在所谓"正史"中。

我国史学史中，在马克思主义历史科学以前的历史编著的历史观中，系统的唯物主义是没有的，完整的辩证观是没有的。在欧洲，即使在黑格尔，也是在"绝对精神"或普鲁士王国就停止发展了。从以往的历史著作中，指出其所包含唯物主义观点、朴素辩证法观点及其圆圈式的发展过程，察知其如何为历史唯物主义准备条件，或以之来丰富历史唯物主义，是有重要意义的。

在古代中世纪和马克思主义以前的近代的一切历史编著中，阶级性的表现，往往是较直接、较明显的，不像在马克思主义产生以后，反动资产阶级的历史编著那样转弯抹角，甚至以假马克思主义、修正主义的形式出现。所以他们对某些关涉到不同阶级利益较严重、较突出的问题上，往往较直接地表现其一定的阶级立场和论断——适应于一阶级、阶层的利益和要求。例如：废井田、开阡陌问题，前汉限田问题，汉武"征西域"问题，王莽"变法"问题，十六国南北朝时期华北沦陷问题，唐代租庸调法与两税制问题，王安石变法和对辽金和战问题，对待元朝统治的态度问题，清军入关与迎清反清问题，戊戌"变法"、"维新"问题，等等。总之，不同史家对待那些历史问题的不同观点、论断，是起进步作用还是起保守反动作用？对人民、对民族生死、存亡、利害等关系问题的态度和观点如何？是站在爱国主义一边还是站在卖国的一边——或出之以暧昧、模糊？……凡此，都应结合当时的阶级构成、阶级关系和各自的不同要求进行分析。

（3）历史过程，是在生产力与生产关系、社会经济基础和上层建筑等基本矛盾的基础上，在阶级社会时代则以阶级斗争为主要矛盾的基础上，围绕着错综复杂的次要矛盾，形成其不断发展变化或变革的过程以及新旧过程的交替。历史和一切事象的发展、变化，表现在人类社会的各个方面和瞬间。以往时代的历史家，不论其立场、观点、方法如何，都不能不接触、叙述那日新月异、瞬息万变的历史事变和事象，只是有的在其时代的阶级的局限基础上，构成其朴素的、零片的历史主义观点，有的则费尽心机地加以形而上学的歪曲。那种较原始或朴素的历史主义观点，在我国中世纪的史学传统上是较丰富的，并有其多多少少的发展。

儒家的孔丘和其学派，也不能不看到所谓"夏礼"、"殷礼"、"周礼"即夏、殷、周社会制度的不同及其相"因"的关系和所谓"朴"、"质"、"文"的变化。所谓继承孔丘《春秋》心传的左丘明，在其较原始的历史观点上，确实不同于孔丘，虽然他并没有超出孔丘的立场。白文谓：

《左传》在全书范围内展开了春秋时期社会矛盾的记述，视旧社会秩序的破坏是历史发展的必然趋势。

这种估计是否过高了呢？白文揭出的论据是："它传述'社稷无常奉，君臣无常位'，'高岸为谷，深谷为陵'，'三后之姓，于今为庶'的论点。"这确实反映了春秋时期历史变化的情况，也表现了左丘明的一些论点。在当时各国诸侯互相侵夺，强吞弱，大并小，各级领主相翦灭篡夺的社会情势面前，各国领主中也有不少人兴过类似的感慨。据记忆，如晋、鲁的卿、大夫中，就都有人说过这类话。因此论据似是还不够一些。寿彝又引左氏"同情齐国的权门陈氏，记述齐国人民'爱之如父母，而归之如流水'；同情鲁国的权门季氏，说'鲁君世从其失，季氏世修其勤'①。《左传》凑巧了，它在这里同时表现了一种历史观点和一种进步的政治观点"。这是从春秋战国之际作为奴隶制与封建制界线的同志们共同常加引用的例证。为着说明春秋战国之际经过革命转变的阶级斗争的形势，便通过类此的史实来说明。不过，我总觉得，这类论据似乎不够有力。与其他两家共三分了鲁"公室"的季氏、田氏和以后的陈氏的齐国（为"七雄"之一），我看他们与鲁"公室"或姜氏的齐国，同是封建领主，看不出他们有适合"新兴地主阶级"的政策、举措。以著名的孟尝君来说，他和领地"薛"的关系，表现他是封建领主而不是"新兴地主"。自然，我在这里，也可能是偏执自己的旧看法。但我并不否认《左传》包含有进步观点。它的系年叙事，体现了一种随年月演进的历史线索（尽管它只是一些历史事象的敷陈），就是一大贡献。

春秋战国秦汉间，有不少个人论著，多多少少地涉及了所谓"变"的朴素的历史观，尤其在所谓"法家"的论著中；特别是《商君书》和《吕氏春秋》，还盖然性地把历史看作"上古"、"古代"、"当今"……等演进过程。他们中有些人还描绘了关于原始社会，即所谓"太古之世"、"上古"、"邃古"……的零片情况——我在《史前期中国社会研究》中，曾极力搜集过，以之来论证我国原始公社制时代的历史。

司马迁在中国史学史上的地位，年来有些同志把他估价得过高了，忘记了他只是地主阶级的一个进步史家。但不容否认，他对我国中世纪史学的发展是

---

① 见《左传》昭公三年和三十二年。

起了不小作用，贡献相当大。他继承已往的各种编史体裁而加以创造发展，较全面地搜罗，较严肃地抉剔、处理了史料，编著成包括"本纪"、"世家"、"表"、"列传"、"书"等一百三十篇、五十万言的《史记》（其中《三皇五帝本纪》则系司马贞补入的）。最可贵的，他能朴素地或模糊地触到了人民对历史的作用，能注意并叙录了下层人民的活动及表现，如为陈涉立"世家"，叙述其对"亡秦"的作用，为"日者"、"游侠"立"列传"，抨击了项羽所至烧杀的暴行，汉代"外攘"、"内兴"加于人民的繁重负担；而又朴素地盖然性地叙述了社会经济、物质生活对社会历史和社会生活的重大作用。在论断中，他注入了无神论思想与朴素的唯物主义观点，尤其是他提出了"究天人之际，通古今之变"的观点，"原始察终，见盛观衰"，"稽其成败兴坏之理"的方法；对由所谓"封建"到"郡县"，对社会经济等方面，贯注了朴素的"变"的观点。他的朴素的"厚今薄古"，反对"今不如古"观点，与其他有关观点、论旨统一起来考察，表现他已有了一种朴素模糊的进化观点。从班固的《汉书》到赵尔巽的《清史稿》，基本上都是沿袭《史记》的体裁，虽然大都有所损益，尤其是多篡改其积极的观点而代之以消极的观点。但他并没有接触到历史的规律性；对他以前的某些人已提出的"上古"、"古代"、"当今"及对原始社会的一些描绘，没有从理论上加以吸取，也没有应用到他的"表"、"书"等编述中去。

由其妹班昭等续完的八十万言的班固的《汉书》，基本上沿袭了《史记》的体例，只是不立"世家"，改《平准书》、《货殖列传》为《食货志》……史料上也大部取自《史记》——他们自己重新搜集的史料，工程是不小的，但后人对《汉书》史实丰富的赞扬也有太过的。最重要的，由于以大地主即豪贵地主阶级的立场代替了中小地主的立场，班固等人便割弃了《史记》的积极的进步的观点，而易之以在谶纬符瑞说基础上的五德相生的图谶说的神学史观，以"天不变，道亦不变"的反动观点替换《史记》的"变"的朴素的进化观点。这是极大的倒退。在《食货志》、《艺文志》等篇中，虽不能不叙述社会经济、学术思想的一些变化情况，却全归根于人的主观作用，为统治者抹粉，抹煞或毋视劳动人民的创造作用。所以《汉书》对中国史学的发展，至少是没有做出什么积极贡献。

全书共百多篇的范晔《后汉书》的大功绩，在于否定了班固《汉书》的神学史观，肯定无鬼、无佛，抨击"阴阳五行"的谶纬说等迷信说教，认为历史是变的，等等，恢复了司马迁的某些积极的进步的观点。王鸣盛《十七史商榷》："范蔚宗以谋反诛"条说："今读其书，贵德义，抑势利，进处士，黜奸邪。论儒学则深美康成，褒党锢则推崇李（膺）杜（密）。宰相无多述，而特表逸民；公卿不见采，而惟尊独行。"（卷六十一）。王鸣盛是从他自己的立场、观点来看的。但此，也有助于我们对范晔和《后汉书》的阶级面貌的理解。

司马光为首编纂的《资治通鉴》，对史料的搜集、整理（取舍上可能存在不小问题），进行了巨大、艰苦、认真的工作；编纂工作方面的严肃认真态度，也是可取的。它为我们保存了相当丰富的史料——虽然不能无条件地不加考辨地采用，同时也必然被他们割弃、淹没了不少史实。《通鉴》这种通史性的体裁，对历史人物、事件、事变等等的叙述，那些史实本身不能不表现出一些发展、变化的迹象以至脉络；而贯穿于其中的司马光等人的观点，都是反对变的、保守的、没有发展的。这又是一大反动。

郑樵的《通志》、马端临的《通考》，分门分类的通史性的编纂体裁，而又可以从中看出各门各类相互关联的一些迹象以至脉络，这是一大贡献。他们又相继地继承了"变"的观点，并在某些方面作了一定的充实或发展，等等。这也是不可磨灭的功绩。

出生在资本主义已萌芽的时代的王夫之，继承并发扬了传统的"变"的历史观，而又第一次在中国史学史上提出了社会历史的进步论；尤其可贵的，他模糊地认为历史是有其自身的规律，即所谓"理"、"势"；虽然，他没有也不可能揭发历史规律，只能触着其边际。

这里所说的，仅就寿彝同志文章的引证和自己过去阅读的印象，作为例子来说的，远非全部过程。我手边没有书籍作参考，记忆和印象可能与史实有出入。

（4）对于历史上每个人每个流派的史书编著，首先必须考察它对其时存在的反动的历史观点、论旨，采取什么态度，赞成、反对，还是调和。

同时，必须考察它，对于走向历史成为科学的进程中，做了些什么创造性的贡献，比前人多解决了些什么问题，新增添了些什么积极的科学的东西或因素。

还必须考察它对已往的遗产，前人的创造性成果，抱什么态度和作了什么，批判地继承、整理和加以发扬，还是加以歪曲、否认而走向落后、倒退。

对以往历史家和史书的编纂体裁，史料上的创造性经验、成就等等，凡有助于我们的历史科学的发展的技术性的贡献，也须予以适当考察，批判地继承。

对一切以往的历史著作，绝不为虚声和权威所惑，实事求是地一一予以考察，剔除其糟粕性的东西，阐发其积极性的科学的因素，来为马克思主义历史科学服务，亦即为无产阶级政治服务，为社会主义服务。

我对史学史致力少，功力薄，寿彝同志的文章，对我有不少启发和帮助。阅读中，随笔写了一些想法。手边没有参考书籍，仅凭寿彝同志文章所引证及平日读书一些记忆和印象，可能讹误不少。

1964 年 11 月 9 日

（载 1982 年 2 月《文献》总 11 期）

关于佛学在中国的传播和发展

（读任继愈同志《汉唐时期佛教哲学思想在
中国的传播和发展》，载 1963 年
2 月 15 日《光明日报》）

（1）我对佛教哲学思想在中国的传播和发展，无多研究；任继愈同志此文，使我得到不少有关知识。

从文章可以看出，继愈对佛教哲学思想研究的致力，阅读了不少原始资料。

文章论证了魏晋隋唐时期，佛教神学思想与中国土生的唯心主义玄学、宗教神学、佛教与中国土生的道教的结合又逐渐分离的过程。照我对这方面很少的一些知识看来，任文这种论断是合乎实际情况的。

由于我对佛教和佛学的研究很少，纯是抱着求知的态度来读此文；读后，只能提提下面一个非关佛教佛学本身的问题。

（2）佛教佛学在中国的传播和发展，无疑是与阶级斗争、民族斗争及其发展形势相关的。对此，任文说：

（魏晋）当时正当农民革命失败以后，正如斯大林所指出的，当劳动者起义反抗失败以后，"劳动者数十次数百次地企图推翻压迫者，使自己成为自己生活的主宰，但是他们每次都遭到失败，受到侮辱，不得不退却，不得不把委曲和耻辱、愤怒和绝望埋在心里，仰望茫茫的苍天，希望在那里找到救星"。[①]

[①]《斯大林全集》第 6 卷，1956 年版，第 43 页。

列宁对于宗教得以滋长的原因，也作了全面的指示。他说：

> 被剥削阶级由于没有力量同剥削者进行斗争，必然会产生对死后的幸福生活的憧憬，正如野蛮人由于没有力量同大自然搏斗而产生对上帝、魔鬼、奇迹等信仰一样。对于工作一生而贫困一生的人，宗教教导他们在人间要顺从和忍耐，劝他们把希望寄托在天国的恩赐上。对于依靠他人劳动而过活的人，宗教教导他们要在人间行善，廉价地为他们整个剥削生活辩护，廉价地售给他们享受天国幸福的门票。①

列宁和斯大林指出了宗教滋生、传播的根本原因。佛教在中国的进一步传播也是这样的。它是在农民起义失败以后，才得到广大的信徒的。

> 唐代农民革命，就推翻旧王朝（隋）来说是成功的……农民起义的成功或失败，直接影响了起义以后下一个封建王朝的政策和政治思想，也间接影响了下一个封建王朝的哲学思想和精神面貌。比如刘邦参加了农民起义，推翻了秦王朝，他们总结了经验，对人民的利益作了让步，与民休息。在哲学思想上才出现了汉初黄老无为的哲学思想，它反映了小农经济发展的要求。魏晋王朝是在镇压黄巾起义，在农民的骸骨堆上建立的。在哲学上表现为不管人民死活、专作抽象思维的清谈，有为大臣专政找理论的王弼，有为当权派门阀士族的腐化享乐思想进行辩护的郭象，有在政治上斗争中悲观厌世的颓废派——《列子·杨朱篇》。……

从这个论断看来，我觉得继愈对"佛教哲学思想在中国的传播和发展"从阶级斗争的关系即"农民起义"去了解，似应再进一步去体会阶级斗争学说、阶级分析法这一基本线索的精神实质。对列宁和斯大林那两段话，是不应引起误解或分歧。我以为经典作家决不是说中世纪农民起义、农民革命战争，结果有所谓"成功"或"失败"之分。农民是没自己方向和不能开辟社会发展的前进道路的。也就是说，他们不能打开继旧制度而起的新的社会制度的前途，没有不归结为"失败"的。尽管这样，农民战争，乃是推动中世纪社会前进的真正动力。毛泽东同志对此是讲得极清楚的。曾经参加农民起义的刘邦、朱元璋，后来建立汉或明王朝，这决不是农民战争的什么成功，而是他们叛卖了起义农民"为地主阶级利用了去"的结果。

---

① 《列宁全集》第10卷，第62页。

斯大林的话，我以为也决不意味着"农民革命失败"以后，会使哲学思想的发展消沉。他是说"不得不退却，不得不把委曲和耻辱、愤怒和绝望埋在心里"，阶级矛盾并没有解决或缓和，而是更深化了。决不是说就没有了斗争，就不再起义了，连反抗的思想也没有了。如果在所谓"农民革命失败以后"，会引起哲学思想的反动潮流的嚣张、进步思想的消沉，即引来黑暗倒退的局面。那怎么能说农民战争是推动中世纪社会前进的真正动力呢？我国封建社会时代的具体历史，却说明农民战争是这种真正动力。所谓"农民起义的成功或失败，直接影响了起义以后下一个封建王朝的政策和政治思想，也间接影响下一个封建王朝的哲学思想和精神面貌"。这似是把"封建王朝的政策和政治思想"，对其时代的"哲学思想和精神"的"影响"作用看成决定性的东西了。这在理论上是说不过去的，与历史的具体内容也是有距离的。在农民大暴动推翻旧王朝，继起的新王朝如前汉、后汉、唐、宋、明、清等朝代，没有不对农民让步的。其所以让步，归根到底，无非为维护其统治。

（3）魏晋时代的政治情况和统治阶级的思想状态及其因果，都是较复杂的。当时摆在地主阶级面前的错综复杂而又比较尖锐、深刻的社会矛盾，主要是阶级矛盾和民族矛盾，完全无力处理和对现实、对其统治前途感到悲观失望，等等。这并非由于所谓"农民起义的失败"。魏政权的正式建立，已在黄巾军战争以后不短的时间。曹操、司马懿等，也不是没对农民作过让步。晋政权更不是在"农民起义失败以后"就建立的，它是和"灭蜀"相联的。在黄巾军战争的年代和以后曹操、曹丕父子的诗，并没有半点清谈、颓废的气氛。而且，一面有玄学清谈，另一面却有裴頠等"崇有"论，鲍敬言"无君论"具有战斗精神的思想。

东晋、南北朝的农民战争的次数都不少，规模也都不小。最著者如孙恩、卢循、田流、葛荣等人为首的农民战争。他们并没有消沉下去。

孙恩、田流等所利用的宗教形式太平道，是正统道教称之为所谓"异端"或妖道，把它混同于正统道教，是不能容许的，是非阶级观点的。

上面几点不成熟的意见，我以为值得继愈参考。

1964 年 8 月 5 日

道家学、道教和其阶级性的一些问题

（读喻松青《中国的封建统治阶级同道教的关系》，
载 1964 年 5 月 10 日《人民日报》）

（1）这是一个与中国哲学史研究密切相关的问题，不只由于道家学是一个哲学流派，道教的宗教神学也是在中国哲学史研究范围内的问题，从阶级斗争及其过程说，道教的研究也是相当重要的。喻文提出了一些问题，可惜没有进一步展开、深入下去。

（2）喻文着重谈了汉至南北朝间道教和封建统治阶级的关系——正确地说，作为教权封建主与俗权封建主间的关系，无论道教或佛教的统治层都是属于封建统治的教权阶层，从精神统治方面为其阶级服务。

不少同志在说到道教及其形成时，都以之与张道陵所倡"五斗米道"、黄巾军的"太平道"混同起来，把经过封建统治者篡改得不成体统的《太平清领书》与原来的、即已被毁的《太平清领书》混同起来。这却是一个有关阶级观点的原则性问题。在说到南北朝（及前此的十六国）间儒、佛、道的关系及其斗争，与其时阶级矛盾、民族矛盾和交错复杂的斗争的内在关系，也每每被一些论家所忽视。这也是一个颇关重要的问题，也是与阶级观点相关的。喻文在这两个问题上的说法，也存在这类问题。例如，喻文说：

> 道教……自从东汉张道陵创教以来，它已有一千八百多年的历史。

> 道教创立后，在民间广泛流行，成为汉末苦难贫困人民的枷锁上的幻花，并且起过掀动和组织农民起义的巨大作用。但是，这一宗教在初创的阶段，无论在理论上和实际上，都表现出同封建统治阶级的密切联系。例如，封建统治阶级的上层人物——楚王英、王宠、魏愔以至于桓帝，都热

忧地信奉着道教的前身——黄老道。道教的早期经典《老子想尔注》和《太平经》，大量地宣传着儒家的纲常伦理，为私有财产的不可侵犯和等级制度说教……

从北魏寇谦之所谓"清整道教，除去三张伪法"受到太武帝崇奉开始，道教正式登上了封建统治阶级的政治舞台。

这样说来，维护"纲常伦理"、"私有财产"、"等级制度"的"道教"，却成了"苦难人民枷锁上的幻花，并且起过掀动和组织起义的巨大作用"，那末，农民起义、农民战争的革命性何在呢？它是反封建地主阶级的还是在维护封建统治的呢？农民和地主的阶级性，其在意识形态上的区别何在呢？有没有斗争呢？寇谦之"清整道教"受到北魏"太武帝崇奉"，不是"除去三张伪法"的么？所谓"三张伪法"是什么呢？那不正是"太平道"、"五斗米道"的积极革命的东西么？统治阶级阉割"异端"或"妖"教的革命灵魂使之混同于自己的反动宗教，是完全可以设想的。寇谦之等的"道教前身"不明明是"黄老道"么？

至于喻文说："道教继承了中国古代的鬼神（正确地说，巫教——吕）、神仙信仰和巫觋［xí 席］方术，吸收了老庄的清静无为和人生哲学，抄袭了儒家的伦理纲常和佛教的因果报应作为它的理论，并夹杂着阴阳五行、谶纬等内容。"这虽不够透彻、全面，基本上是对的。但以之论证张道陵祖、父、孙三辈相承的"五斗米道"，或张角、张梁、张宝兄弟以至其后来孙恩等的"太平道"，便是违反阶级分析的基本线索的，也是不符合史实的。

道教的神学"理论"，在老子那里已有了萌芽，如所谓"玄之又玄，众妙之门"，等等，不正是道观的呪语、道教的宗旨吗？庄周的"至人"、"真人"，已初步扮演了宗教神的形象，也正是其后道教崇拜的偶像和修炼的最高目标。秦汉以后的"黄老道"与"神仙方士术"，便是在这些基础上，吸取了巫教的鬼神迷信等因素及董仲舒等的"阴阳五行"谶纬说等宗教神学思想及纲常伦理等，便形成道教及其"理论"的雏形。王弼、何晏等杂合儒道的玄学，尤其将炼丹术、长生术、房中术……等等杂凑起来而予以系统化、"理论"化的葛洪《抱朴子》，便基本上奠立了作为宗教的道教的修炼和"理论"或教旨的体系。寇谦之正是在这一脉相承的基础上整理道教的。他的"清整道教"，不是在张道陵的"五斗米道"，张角、孙恩、田流的"太平道"的基础上进行

"清整"，相反，正是为反对"妖道"或"伪法"。他们为反对和愚弄人民，可能吸取"太平道"、"五斗米道"的消极的东西，保持最起码的宗教迷信，就是对统治阶级有利的。所以封建统治阶级才付出大的力量去篡改《太平清领书》。他们并反而诬蔑说农民的宗教是走了岔路的道教。正由于"太平道"、"五斗米道"长期在农民里面保留影响，引起了封建统治者的恐惧，才那样看作"洪水猛兽"。这在他们，阶级性是很明显的。

如果"五斗米道"或"太平道"的"前身"是"黄老道"，后身是"道教"，那么，"道教"岂不成了超阶级的宗教？它既为封建统治阶级服务，也为农民、并且为"起义"农民服务？历史上有这样的宗教么？有的同志说张鲁等在汉中一带建立的政权是"军阀割据"。他们的政治行动和具体措施所表现的阶级性究竟怎样呢？这是可以具体地进行分析的。如果是"军阀割据"，那么，同是信奉《太平经》的"太平道"所进行的农民战争又如何解释呢？有的同志，硬根据被篡改的现存《太平经》伪书，断言他们所信奉的《太平经》是为地主阶级服务的，封建主义的。那么，难道张角、孙恩、田流等为首的农民起义、农民战争，也都是为地主阶级服务，为维护（或"更新"）封建主义的么？谁也不可能这样说。

张鲁为首的汉中政权，不容否认，后来投降了曹操，即张鲁叛卖了农民群众，它便变质了，由短暂的农民政权变质为封建地主阶级的地方政权——也不是什么"军阀割据"。

"五斗米道"和"太平道"形成为所谓"异端"或"妖道"，无疑是假借了"黄老道"、"神仙方士术"等的一些宗教形式和成分，如"符咒"、"服药"等东西；作为农民的不同于统治阶级宗教的"异端"、"妖道"，不论其曾充任和担当发动、组织农民的角色，却仍是一种宗教的、迷信的东西，从这方面说它也是鸦片烟。因此，作为"太平道"、"五斗米道"的教旨、教条等，体现农民政治要求的原来的《太平经》亦即《太平清领书》，也不能不如此，即不能不包含若干迷信、落后的消极成分；但它必然与后来流行的、即被篡改的《太平清领书》有着基本内容的不同，所以孙策才要销毁《太平经》，把信奉它的于吉杀头。

（3）关于道教在其时民族矛盾、阶级矛盾中所扮演的角色、所起的作用，松青同志搜集了不少资料，并提出自己的看法。他说，从寇谦之等的道教受到太武帝崇奉开始，"道教首次扮演了维护以崔浩为首的汉族士族集团利益而积极参与了反佛斗争的角色"。"太武帝……利用汉族士人来统治汉族人民，汉族士人也利用鲜卑统治者来保持压迫汉族人民的权利。崔浩就是汉族士人的代表。他出身山东的名门望族……政治主张是实行五等封建制，恢复西周的领主割据局面……极力排斥佛教，推崇道教。他同寇谦之……两人在政治上相互勾结，力劝太武帝灭佛信道。太武帝本信佛法，自寇谦之平城献道经，崔浩竭力推荐后，改信道教。他屡次下诏灭佛，并于平城设立天师道场，亲往道场接受符箓，作为统治中国是受命于天的证据和仪式。"关于太武灭佛的原因，喻文说：

> ……听信崔浩、寇谦之的意见，并在长安发现寺中藏有兵器，一些沙门酿酒聚财，又有淫秽的行为……。在积极方面，灭佛信道是企图减少鲜卑族统治汉人的阻力，因为灭佛信道可以表示自己亲汉不亲胡……"朕承天绪，欲除伪定真，获羲农之治"……鲜卑拓跋部本来就自称是黄帝的子孙……。

> 反佛斗争是南北朝时代政治上的重大问题。它集中地表现出当时各个阶层、集团、民族在经济、政治、文化各方面的矛盾冲突。佛、道的力量，代表着封建统治阶级内部不同集团的利益。

> 佛教有所谓无父无君的教义，同中国固有的封建伦理纲纪发生了尖锐的抵触。因此，士大夫们屡论沙门不致敬王者之妄，指斥沙门蔑弃忠孝，伤治害政。

> 反佛斗争，在一定程度上表现为所谓"夷夏"文化的斗争。佛被视为外族的神，反佛的奏疏和言论，有所谓"夷夏之辨"。如后赵王度奏谓："佛出西域，外国之神。功不施民，非天子诸华所应祠奉。"石虎下书反称："佛是戎神，正所信奉。"又蔡谟谏敕为佛像作颂，有"佛者夷狄之俗，非经典之制"……。此外如《夷夏论》、《三破论》、《正诬论》等，均引中国固有文化斥责佛为胡狄而设。所以出现了这样一种倾向，一些崇尚汉族文化的外族统治者，他们崇信汉族的本土宗教——道教，假借道教来提高在中国的权威和影响。

从这些叙述看来，一可以肯定，作者阅读了不少有关资料，对若干史实作了清楚的叙述；二作者提到当时反佛斗争与民族矛盾的联系，并引用了恩格斯下面的话：

> 本民族神可以容异民族神与己并立，——在古代这是常规，——但决
> 不能容他们驾在自己上面。(《论布鲁诺·鲍威尔与原始基督教》)

恩格斯的话是具有普遍指导意义的。在我国，以往在史学论争中，国民党
陶希圣与托派王宜昌及日人秋泽修二等，在论十六国、南北朝社会性质和发展
形势时，都故意歪曲、掩盖、冲淡民族矛盾，很清楚，他们是别有用意的。我
们有些历史包括哲学史研究的同志不察，对此也每每有不同程度的忽视。

十六国、南北朝的阶级矛盾及其延长（还较突出）的民族矛盾，是极其
复杂、尖锐的。这贯穿到斗争的各个方面，并常起着决定性的作用。自拓跋奴
主集团南下后，在华北地区，形成和发展了奴隶制生产方式与封建制生产方
式；封建制生产方式中又有农奴制与后期的即专制主义封建制间的复杂、深刻
而剧烈的斗争。拓跋奴主集团对华北地区实行奴隶制及随后又发生的农奴制的
野蛮、落后的残酷统治，加于早已进到了封建制后期的汉族人民头上，在阶级
关系民族关系上，便构成了汉族农民等劳动人民与拓跋贵族间生死敌对的矛
盾。中小地主阶层也遭到生死存亡的胁迫，以崔、郑、李、王等家族为代表的
贵族大地主的利益也每每受到排挤和压迫，集中地具体地表现为汉族与鲜卑族
间的民族矛盾。汉族农民与地主间的固有矛盾，反每每呈现相对的缓和。这种
民族矛盾，又表现为南北的分裂和对立。

这种交错复杂的矛盾斗争，表现到宗教上，便是反佛与扬佛，还常表现为
儒、道联合反佛的斗争。崔浩与寇谦之的联合反佛，是有一定代表性的。他们
的反佛，主要并非由于佛的"无父无君"，那不过在影射十六国和北朝那些
"异族"统治集团的野蛮、落后。其实产生在印度，为奴隶主阶级、封建主阶
级服务的佛教，实质上怎能以"无父无君"为教旨呢？佛教绝不致不利十六
国和北朝的统治，他们都是很清楚的。华北沦陷后而没有南渡的大地主阶层，
在本身与拓跋奴主集团……利害矛盾的基础上，为着骗取农民为主的广大人民
的同情，又为着适合和照顾一下中下地主阶层，乃提出反佛的口号。作为教权
地主的一个宗派的道教，还与佛教有着教派上的利害冲突，所以反佛又常形成
为儒、道的联合。"五胡"各统治集团以信奉佛为工具，也正反映了民族间的
矛盾，石虎的话就说得够清楚的。北魏始终是以佛教作为统治的精神工具，在
太武"灭佛"以前以后都是如此，后来由昙曜主持，役使数万人，死亡成万，

经过三十年才凿雕成的大同云岗二十一窟，便是见证；北朝佛教寺院在政治、经济、文化上日益增长的势力和嚣张气势，又是见证。那么，太武帝为什么又反佛信道呢？在其时，他如果不设法和缓面对着紧张的民族矛盾，奴隶制政权就会被淹没。这时任其一贯崇奉的佛教嚣张横行下去，只会给民族矛盾火上加油。所以太武帝的那一手，正企图以之来和缓汉族人民的反感和取得同情；也正因为他为首的奴主集团有这种要求，寇谦之与崔浩才得以抬头和在短时期内活跃起来。这不正是民族矛盾的深刻表现么？这也正是太武比石虎等人厉害的地方。由此可以理解，拓跋奴主集团为何要捏造自己也是"黄帝的子孙"，原来是从中国北去的；居于统治地位的孝文为何要"改制"，强力消去自己民族的特点，同化于汉族。由此也可以理解，为什么道教终于未能在北朝得势，崔浩并未真正受到北魏朝廷的信任，终于以关于国史的罪名被杀头。

正因为反佛是民族矛盾的表现，反映了汉族中不同阶级阶层的要求，所以又公开以"夷夏"关系等形式提出。而在世界观上表现为"神灭"、"神不灭"（"神灭论"或"难神灭论"）的斗争，在不同程度上反映了其时在民族斗争中的不同阶级的世界观。那么，像萧衍等那些南朝统治者，为什么又那样溺佛呢？腐朽的、对现实感到束手无策的南朝统治集团，事实上，早已忘却"八州父老"，放弃了"恢复故疆"和"雪耻"的想头，为维持其丑恶的偏安统治，正挖空心思地在模糊民族矛盾，麻痹人民的民族斗争意志和要求。因此，他们不只需要像佛教那样的精神鸦片，来毒害人民，也需要它来麻痹自己，以安度其苟且偷安、醉生梦死的生活。所以萧衍还居然在所建的佛寺上大写一个"萧"字而不以为耻。这难道还不够明白吗？

（4）唐朝儒、佛、道间的斗争性质，是与南北朝不同的。在唐朝，统治过华北或局部地方、其统治集团又实行过民族压迫政策的所谓"五胡"诸族，大都已同化于汉族。唐朝的民族压迫政策，乃是汉族统治集团为主体的唐廷对其他民族的压迫。

唐朝儒、佛、道间的斗争，乃是地主阶级内部各阶层、各集团间利害冲突的表现，主要为俗权和教权地主、教权地主中的寺院地主和道观地主间的斗争。

唐朝政府曾用了不少力量扶植道教，正如喻文所说，并非由于什么姓李的关系。入到唐朝，由于佛教的势力，尤其是寺院经济的力量，与俗权地主、与唐廷存在着严重的冲突，并已形成为一种威胁。像玄奘、一行等那许多大和尚，都具有渊博的佛学知识，较高的文化水平，又大都出身于权门、望族。唐廷一面需要抑制它，一面又需要它来维护统治，而况彼此都是地主阶级的组成部分。因此，又不能不给予特权和适当扶植，不能不为玄奘作《圣教序》，建"慈恩寺"，等等。如果说，太武帝的"灭佛"有争夺赋役和劳动人口的内容在内，唐武宗的"灭佛"，这却是问题的关键所在。为什么韩愈反佛，而以儒家学面貌出现的柳宗元等，又抱有不同态度？柳宗元等，作为代表中小地主的要求来说，中小地主和寺院地主的利害冲突，却并非那样直接、明显，尤有着广度和深度的不同。因此，喻文认为唐廷的排佛扶植，"实质上就是魏太武帝崇尚汉族文化和凭借汉族宗教统治中国的行为的扩大和发展"，是值得考虑的，似是无视了发生在不同时代的排佛的彼此不同的政治目的和内容，发生在不同的社会矛盾的基础上。我们是要从马克思主义历史主义出发来研究这类问题。

道观地主本来也是地主阶级的组成部分。喻文说："唐代，由于道教地位的显赫，大道士们的生活是穷极奢侈的。"这是确切的。说："道观的壮丽，大量财物的施舍，土地的赏赐，使道士们分享了封建统治阶级从劳动人民那里搜括得来的血汗果实。"便不够全面、恰当。道观本来就拥有大量土地和财物，对劳动人民直接进行剥削、役使。唐廷的赐予，世俗地主"善男善女"的"施舍"，也正是扶植他们，使道观的经济力量更加壮大。但它的力量是始终未能与寺院相比。唐廷扶植道观，在于以之去牵制寺院，抑制寺院。"朕本系出自柱史"一类的话，不过借口而已。张果、戚法善、赵归真等政治地位的突出，给一般道士女冠以特权享受，正是这样来的。

1964 年 8 月 8 日

（载《吉林大学社会科学学报》1982 年第 2 期）

读报随笔之二

关于我国近代及中世纪各别思想家
思想研究的一些问题

胡滨《包世臣的思想》读后

（胡文载 1963 年 12 月 18 日《光明日报》）

（1）从文章看，作者似阅读过包世臣全部著作，系统地考察过它的思想和经历。可以说，对思想史研究进行了有益的而又较踏实的工作。虽然不能说，胡滨同志在这篇文章中所作分析和论断都是妥当的；希望他能进一步掌握马列主义、毛泽东思想，更全面、系统、深入地进行研究。包世臣的著作我看过的不多，手边也没有其他材料，仅凭胡文引述随笔摘录感想，无法对包世臣思想作全面、系统、深入研究，得出恰当结论。

根据胡文引述和论证，从当时社会构成，各阶级阶层的相互关系，及各自特点和在此基础上，对包世臣的对内对外主张和学术态度、论点等，作粗略考察，它究竟符合那一阶级的特性和要求呢？其思想特点符合于何种流派的特点和面貌呢？

（2）胡文叙述："包世臣，字慎伯，安徽泾县人，出身于封建知识分子家庭，早年家境贫寒，曾参加过农业生产，具有较丰富的农业知识。后来，他长期作幕僚，鸦片战争后一度充任江西新喻县令，不久即被劾去官。"仅此，似还不易确定包世臣家庭出身成分；而他曾充任为地主阶级服务的县令，则是明确的。

（3）包世臣对清朝政治的黑暗、腐化、搜刮、贪污，以及人民苦况，社会危机，作了如下揭发："世臣生乾隆中，比及成童，见百为废弛，贿赂公行，吏治污而民气郁，殆将有变……又见民生日蹙，一被水旱，则道瑾相望，思所以劝本厚生"。[①] "近者，农民之苦剧矣！为民上者莫不以渔夺牟侵为务，

---

① 《安吴四种》卷八，第十八页。

则以不知稼穑之艰难，而务急子孙之计故也"。① "一二言利之臣，方与搜括锱铢，事邻剽窃，驯致膏屯于上，泽竭于下"。② 这表明他对"农民"有一定程度的同情。但所说的"民"或"农民"决非贫、雇农或佣耕、佃耕者，是相当清楚的。从明朝以来，在农村，也随同城市资本主义生产萌芽，而又有了封建性更浓厚的富农生产的萌芽，也就是说，这种富农生产，较之鸦片战争以后、即近代富农，还只是其雏形，有特多的封建性；它依附封建统治，又与其政治压迫经济剥削有一定矛盾。其时中小地主也每每苦于封建朝廷的苛求、贪官污吏的侵夺。

胡文论述说：包世臣较深入地研究了中国历代积累下的农业生产知识，并且根据自己的亲身考察和实际经验，写成《郡县农政》一书，就发展当时的农业生产提出了许多建议和主张。他叙述自己撰写该书的目的说："窃谓治平之枢之郡县，而郡县之治首农桑。裒集农说，断以今宜，条凸旨趣，务在易晓，其有验而不切日用者，则从芟除，言必切实，非文献之无征，法可举行，无辽阔而远事，别为《郡县农政》……士君子或有所采择焉。"③ 他详尽地介绍了各种粮食、蔬菜、瓜果等农作物的种植经验，并着重指出选择良种、深耕土地、多施肥料及兴修水利对发展农业生产的重要作用。他强调农业生产必须掌握地理气候、土壤等自然条件，按照季节的不同及时完成生产任务。他根据每年二十四节气的特点，制订一个农业及副业的生产计划，如"立春"以后，应"修农具、浴蚕、锄麦、织草帽、织箔、芟削诸木枝烧树植地"；"雨水"以后，应"移芟松竹、修篱、移桑、出牛粪、掐菜苔"等等。④

封建地主阶级，从新兴地主阶级的《吕氏春秋》、《商君书》以及李悝等人，为提高剩余劳动所得，就讲求农业生产技术，提倡深耕细作等。这在后来的中农、富农等则有更精心的讲究。在以"家庭副业与农业相结合"的"小农经济"也是极力讲求精耕细作的。但由于他们世代在"物质最低限"下面挣扎，又是无力照包世臣所设想的计划去安排和进行生产的。包世臣的"计划"最适合其时富农性或经营地主性的生产的人们的实际生活和要求。

---

① 《安吴四种》卷四二十五上《齐民四术》目录叙。
② 《安吴四种》卷七，第三十三页。
③ 《安吴四种》卷二十五上，第二页。
④ 《安吴四种》卷二十五，第二十九页。

包世臣指责"士",即知识分子不从事农业生产,说"士不兴学,鄙弃田事,高者谈性命,卑者矜词章;泊乎通籍,兼并农民"。① 这是不适一般地主的特性、要求的,他们都是鄙弃劳动的。经营地主虽也不"鄙弃农事"却并不直接参加农业生产劳动。自然,包世臣这里所说的"田事",不一定包括生产劳动。

(4) 包世臣对其时漕运盐务、河工、银荒和货币等问题,也都有所主张。对漕运,他说:"南粮三四百万石,连樯五千余艘,截黄达卫,以行一线运河之间,层层倒闸,节节挽纤,合计修堤防、设官吏、造船只,每漕一石抵都,常二三倍于东南之市价"。② 他认为长此下去,必酿成"东南大患"。因而提两个方策,胡文叙述说:方策之一,就是采取海运漕粮的办法。他在《海运南漕议》、《海运十宜》等文中指出:海运漕粮不但没有什么风险,而且较河运更为迅速与安全;当时麇集在上海一带的沙船达数千艘,这批船只每年由东北载运豆麦南下,回运往往不能满载,甚至有放空的现象,如果利用这些船只载运漕粮北上,是切实可行的。方策之二,即在北方"置官屯"。他建议在京畿地区寻觅一片靠近水源的地方,……从东南各省召募一批有水稻生产经验的佃农从事垦殖。"开沟渠,治畔岸,先以方十里之地,画罫而耕,既效而徐广之,要以十年至方百里而止",收获的谷物,除付给佃农一半外,官府每年可得五百万石,较北运的漕粮绰然有余,"如是则举事而不惊众,益上而不剥下,百世之勋可集,而东南之困可苏也"。③

包世臣对关于河工问题的意见,胡文叙述:他在揭露清朝统治利用河患大肆搜括的同时,还批判了封建官僚们在治河所采取的"头痛治头,脚痛治脚"的敷衍了事政策。他说:"河,治水事也,水有利有害,能去水害者,在能收水利。"④ "河之治乱,以河底之高下为定。近时专论河面之涨落,何异梦呓。治河,犹御寇也,强则备之,弱则攻之。河流激悍,伏秋暴发,其强难以驯制,唯有加意防闲,不令横突;至冬冷力緜,可以为我所为,以坝导溜,或东或西,任人驱牵,久之而工减底深,汛至则水归漕中,更借其力猛,以刷旧

① 《安吴四种》卷二十五,第一页。
② 《安吴四种》卷三,第三页。
③ 《安吴四种》卷三,第四页。
④ 《安吴四种》总目叙,第三页。

淤，是以盗治盗之方也。"① 这都是有一定的进步性的，在一定程度上也针砭了清廷的弊政，但那都还不足确证其阶级倾向性。

关于银荒和货币问题，包世臣一面指摘了鸦片输入、白银流出与清政府腐败相表里的情况，一面又针对清廷政策提出自己的主张。胡文说：他针对清廷严禁纹银出口的措施说："漏卮之塞，必在厉禁烟土"②。"夷舶通市，止粤海一关，而厦门、兰台、宁波、乍浦、上海各关皆有闽广岛船抵关，转输洋货……以分散烟土于各省，而交结其匪民。是英夷虽未至江浙，其党羽实已钩盘牢固"。他建议及时采取对策，严禁鸦片入口，否则"十数年后，虽求如目前之苟安而不能"③。为什么鸦片愈禁愈炽呢？他说："习禁之人，无不早中其毒，而复得到肥规，即再加严法，终成具文"④。这是基本符合其时情况的。

其时清文武官僚纷纷主张采货币膨胀政策，以挽救"银荒"等所呈现的财政危机。如王鎏的《钞币刍言》就极力主张废止用银，无限制地发行纸币。包世臣在《再答王亮生书》中，指出："尊意云造百万即百万，造千万即千万，是操不涸之源云云。从来钞法难行而易败，正坐此耳"。他说：钞贱银贵，钞虚银实，"行钞而废银，是为造虚而废实，其可行乎哉？""鄙意不惟不废钱。一切以钱起算，与钞为二币，亦不废银，而以银为币，涨落听之市人。"并认为发钞要适应流通需要，"循环出入，足利民用，即止。"⑤ 这是不能适合地主阶级的要求和主张。宋、金、元、明的地主阶级政府，常只从财政用度出发，滥发钞币；一般地主的家庭经济，则要求适合储藏的金属硬币，而不是从"循环出入，足利民用"出发。包世臣的这种货币理论，似包含有资产阶级货币思想的一点萌芽倾向。

包世臣对清廷盐政的揭露和对盐务的主张，胡文有以下叙述。包世臣对于盐务问题的主张。清朝盐务制度是由封建官府和特权商人联合的垄断制度。享有特权的商人每年向清政府缴纳额定的盐课、报效和贿赂，从而取得了食盐的专卖权，利用盐斤加价加耗等手段，残酷地剥削盐的生产者和消费者。当时出

---

① 《安吴四种》总目叙，卷二，第十九页。
② 《安吴四种》卷二十五，第四页。
③ 一八二八年《致广东按察姚中丞书》。
④ 《安吴四种》卷二十六，第六页。
⑤ 《安吴四种》卷二十六，第七页。

现一批私盐贩（"私枭"），他们从灶户手中私购食盐，偷运至各地销售。清朝统治者采取了"严禁私枭"的政策。包世臣揭露了盐政弊害，他认为解决盐政的最根本的办法，是取消封建垄断制度，采用自由运销制度，使私枭变为合法盐商。他说：治盐之"上策"为"裁撤大小管盐官役，唯留运司主钱粮，场大使管灶户，不立商垣，不分畛域，通核现行盐课，每斤完数若干……听商贩领本地州县印照，赴场挂号缴课盐……民间盐价必减于今十之五六，而私盐十一种皆输官课，课人必数倍于今"①。这更是有进步性的。早在明中叶以后，就出现了自由商人私向灶户购盐偷运到各地贩卖，并有事先向灶户投资定购的。包世臣这种主张，应包括这种自由商人的资本在内。

（5）包世臣对英国侵华的鸦片战争，始终是主战的。在鸦片战争前，如前所述，他对英国"不名誉"的鸦片贸易，及其对中国的危害，是力予抨击的。在《庚辰杂著二》一文中写道："数十年前，吃烟者十人而二三，今则山陬海澨，男女大小莫不吃烟，牵算每人每日所费不下七八文，数口之家，终岁吃烟之费不下数十金，以致各处膏腴皆种烟叶，占生谷之土已不为少"。（我手边没有原书，这里所谓"烟叶"恐不是鸦片。）又说："（英国）三十年来，造作鸦片以害中华，每岁取中华银不下四五千万……今鸦片禁绝，则该夷岁入，什去五六，且邻国以畏其富强为之役属者，亦有以窥测浅深。此英夷之不得不以全力争此局者，固情势所必至"②。这虽然表现其对资本主义英国侵略的帝国主义性，没有也不可能认识，但表现了他的抗英意志。他极力颂扬三元里人民的抗英，说："三元里义民示谕两通，愤发如云，义形于色。虽当事苦为逆酋乞命，不无扼腕；然逆夷之掘冢淫掠，义民立歼其贵人颠地、伯麦，交恶已成，鼓其气而用之，犹当有济。"③ 包世臣并主张：通知各国，对各国分别对待，以孤立英国。说"英夷制做毒烟，贻害我内民至此，又复恃强怙恶，坚不具结，是以绝其贸易；而各国恭顺无过者，自仍其惯。"④ 胡文又叙述：他主张选用三元里义民充任水师弁兵，并赶紧修复珠江沿岸炮台，巩固海防，乘胜"直取香港"，把英国侵略者驱逐出境。1842 年 8 月，英军迫南京

---

① 《安吴四种》卷三，第八页。
② 《安吴四种》卷三十五，第八页。
③ 《安吴四种》卷三十五，第十一页。
④ 《安吴四种》卷三十五，第六页。

时，包世臣正寄居南京，他连夜草成《奸寇议》，建议发动南京城内清军，对侵略者进行突击，并封锁长江，以防英舰逃走，说："必使万逆同奸，片帆不返"。

因此，可以肯定，包世臣在鸦片战争中，不只是一般的主战派，而且是爱国主义者，并提出了积极有益的主张。但他在"南京修约"后不久，又曾说："今者城下之事已成既往，追溯前此失守各城，皆以空城待贼；踩营盘，掠盐台，拆毁衙署，抢夺行道，皆非夷匪所为。民情不附如此。"① 这是对群众的极大的诬蔑。因此，他决不是从劳动人民立场出发的爱国主义者，也是肯定的。

（6）包世臣对桐城派的文学，也有批评。胡文叙述说：当时，桐城派古文很盛行……提倡以文学宣扬最反动、最腐朽的封建伦理纲常。包世臣对这种学术风气作了严正的批判，大力倡导"文以纪实"的文风。他在《与杨季子论文书》中写道："近世治古文者，一若非言道，则无以自尊其文……夫妻无大小，苟能明其始卒，究其义类，皆足以成至义，故不必悉本忠孝，攸关国家也"。在这里，他对所谓"道"及"忠孝"的态度，似有溢出地主阶级传统纲常的倾向——虽然其论说是软弱的，作为反封建倾向的论点看，论据也还不足。

在对待考据学的问题上，据胡文，包世臣反对烦琐考据，而对顾炎武一派学者却力加称赞。这是有着倾向性的。对顾炎武，他说："百余年言学者必首推亭林，亭林书必首推《日知录》。读《日知录》三十卷叹为经国硕猷，足以起江河日下之人心风俗"。又说：《日知录》一书"摘章句以说经及畸零证据，犹未免经生射策之习"。② 是他所赞许顾炎武学的，亦不是考据而是推重其"经世致用"的论点。这乃自叶水心、陈同甫以来，反空谈性命的宋明理学，而主经世致用的学者共同的议论。

1964 年 8 月 11 日

（载《中国哲学》1981 年第 6 辑）

---

① 《安吴四种》卷三十五，第二十六页。
② 《安吴四种》卷八，第二十二页。

邵循正《论郑观应》读后

（邵文载 1964 年 4 月 22 日、5 月 6 日《光明日报》）

（1）邵循正先生这篇约两万字的长文，资料相当丰富，对郑观应的经历（尤其是他与英国怡和、太古等洋行，及与洋务运动派的关系）、思想等方面，进行了叙述和探讨，是对近代思想史研究的有益工作。虽然，文中有些论断，我以为还值得进一步研究，尤其是郑观应及其思想的阶级性问题。

早年曾浏览过《时务丛书》和《盛世危言》，由于当时的水平，只有极粗浅的理解，加之为时已久，印象较模糊，近年也只在病中阅过郑著的个别篇章，极不系统；现手边又没有其他资料可查，只能就邵文笔录些初步感想。

经过鸦片战争、太平天国革命运动后，清朝政府已一步步堕落为"列强"殖民主义的工具，封建官僚的"洋务运动"派，也不断地增长了买办性，为英、美等外国资本服务的买办都相率插手政治，尤其插手"洋务运动"派所搞的官营、官商合营企业。因此，不少大买办和大官僚都是一身而二任焉。但这不是说，清朝政府和"列强"殖民主义之间就没有了矛盾，"洋务运动"派和直接为外国资本服务的买办之间就没有了矛盾，买办资本和外国资本之间就没有了矛盾，"洋务运动"派各派系、各个官僚、买办之间……就没有了矛盾；相反，不仅存在着错综复杂的矛盾，而且有时还比较尖锐、紧张。买办资本也不是绝对不向生产投资；它不只常利用殖民主义者在华特权的掩护，投资产业以获取厚利，而且有以民族资本投资面貌出现的。在近代史上，这类例子颇不少。而此，是论证郑观应及其思想的阶级性都不能不涉及到的问题。

（2）根据邵文叙述，郑观应大约在 1890 年代以前，是完全为外国资本服务的大买办；以后，则是"洋务运动"派经营企业的官僚，并深得大官僚买办李鸿章、彭玉麟、盛宣怀等的信任。

郑观应的全部经历，邵文叙述说：

> 郑观应从 1860—1881 年（17 岁至 38 岁）在上海业商，曾两度充任洋行买办，中间自己经营商业前后约 20 年。据他自己所记经历，年 17 应考不售，赴上海习商……。后来他入宝顺洋行，管丝楼，兼管轮船揽载。年 26（1869 年）宝顺停业。其后 6 年中，他先后改充茶栈通事，继而接办和生祥茶栈，又投资外商兴办的"公正长江轮船公司"，被外国商人士多达等推为董事之一。同时，他还兼营荣泰驳船公司。……当时英国怡和洋行轮运被美国旗昌洋行摒出长江，这个公司正是怡和吸收华资开办，使英国侵略利益在这些商人帮助下进入长江，所谓华股的买办性是十分明显的。郑年 29（1872 年）因和生祥茶栈停业，改当扬州宝记盐务经理。这时他成为旧式商人兼买办商人。其后七年，从 1875 年（他年 32）到 1881 年，他一直任英国太古洋行在上海开办的轮船公司总理，兼管栈房。这时期他在长江各埠开设为太古服务的揽载行，并在牛庄、汕头等处开设"代客办货"的北永泰商号。也就是采办东北豆饼运往汕头转向香港出口的贸易行。同时，他还开设恒泰钱庄。所以他既是洋行买办兼出口商，……而主要身份，则仍是洋行买办，和唐廷枢、徐润一样。

这里的所谓"代客办货"，恐不只采办豆饼等土产出口，还会把洋货输入内地。也就是说，它为外国资本起推销商品、搜括土产原料的直接买办和撒布买办网的作用。这是一。其次，旧式钱庄在鸦片战争后，便逐渐变为外国银行和洋行的代理店，不只在银钱往来的银两差价计算等方面牟取利润过活，而且为外国银行、洋行发行庄票代其散发钞票、推销洋货。再次，外国资本随在都利用中国原来的旧式商业组织和剥削方式，来残酷地剥削农民等劳动人民。这也正是它与封建势力结合的基石之一。郑观应所经营的"盐务"、钱庄等很可能都是属于这类性质的东西。可以清楚，在上述的简略经历中，郑观应一直是出卖灵魂直接为英资效劳的买办，他所举办的一切事业，也都是为外资服务的。再看他的下半截，邵文继续叙述说：

> 在离开洋行之前，郑观应与北洋系主要官员已有不少联系。先后任津海关道的黎兆棠和郑藻如，都对他很器重。李鸿章也久耳其名。1878 年，商人彭汝琮谋承办上海织布局就以他为招牌向李鸿章兜揽。……1880 年，

镇江绅士戴恒重新筹办织布局，又邀郑和经元善同任局务，不久他就代戴任总办。1881年李鸿章又札委他兼上海电报分局总办，这次是由郑藻如、盛宣怀等人联名推荐的。接着李鸿章又派李金镛（秋亭）、唐廷枢等劝他辞太古而就招商局务。1882年他到招商局任帮办，负责揽载事宜。当时招商局有总办二人，唐廷枢、徐润……织布局迟迟不能开办，但筹办大权归郑掌握。1883年，……李又札委他总办，但不久离职赴粤。

盛宣怀从1885年起任招商局督办……。1892年他任津海关道，仍兼招商局督办。当时郑观应已由唐廷枢保委开平粤局总办，来到天津。盛向李鸿章力保委他帮办招商局，而令他辞去开平职务。于是郑再度入局，任职时间逾十年，这是他和盛系集团关系最密切时期。甲午战争后，盛宣怀积极发展私人集团，局中主要负责人都是盛系人物。郑观应和这些人合作，深得盛的信任。任内他替盛和太古、怡和商订第三次齐价合同，而且经手1895年前后商订的汇丰银行对招商局第二次借款草约，约内附有银行派英人"总管"到局和产业抵押的条件。自1896年开始，他还兼任盛系各种企业，如汉阳铁厂（注：郑任总办）、通商银行以及电报局中的主要职务。1902年，郑应桂抚王之春调赴广西，排脱招商局务。辛亥革命前一年（1910年），他又奉盛札委会办招商局。他和盛宣怀的关系的确如吴广霈所记，是十分密切的。

依此，郑观应在"商途"和"仕途"中的全部活动，都是买办官僚的活动，在前期，他身任买办兼"洋务"派官僚，后期他专任"洋务"派官僚，却仍在为外资，主要是为英资服务，出卖民族利益。他虽然也吃过太古洋务和殖民当局的苦头，如邵文所述："1884年他因公在香港，被太古向香港英国法院呈控，追索他离太古时所保继任买办杨桂轩亏空巨款被拘留，缠讼经年。他才深恨太古'乘机无情要挟'，致他名利两失。"但他进入"洋务运动"派而完全辞去买办职务后，如前所述，仍在为英资的利益服务；即在他充任了大买办大官僚盛宣怀的亲信、副手时，也还不断把民族利益往太古、怡和手中送，正确地说，太古、怡和、汇丰等英资，经过他的手捞取对"洋务"派企业的直接支配权，如他经手与太古、怡和、汇丰等洋行、银行商订的合同或"草约"，不过是一二显例。因此，邵文说：郑观应是"从七八十年代的民族资产阶级中层提高到十九世纪末的上层地位，而且在二十世纪初年资产阶级民主革命潮流上涨时期，他正愈来愈向大资产阶级靠拢"。这是不确切的，邵文所述的郑观应的经历本身也否认了这种估计。郑观应不属于民族资产阶级，而是买办阶级。

（3）郑观应的思想，主要就所著《易言》和《盛世危言》看，究竟是代表买办阶级还是代表民族资产阶级的呢？邵文说："他的若干观点比较鲜明地代表早期民族资产阶级的要求"，就所引证的资料看来，这种估计是不够恰当的。邵文并说："考察和探讨它作为一个半封建半殖民地社会的知识分子的发展道路，从而吸取其中的一些经验教训，在今天是有积极意义的。"这种提法对郑观应说来，也需要考虑。现在从以下几个方面来看。

（A）关于所谓"自强"问题。《易言·序》说："往者，予于同治庚午、辛未间（1870—71），端居多暇，涉猎简编，偶有所见，随笔别记，内之积感于寸心，外之聘怀于大局，目击时艰，无可下手，而一言以蔽之曰，莫若自强为先，自强之道不外乎此数大端而已，因是宏纲巨目，次第敷陈。"所谓"此数大端"的基本内容，据邵文说：《易言》虽然还是他的早期作品，但爱国的思想是突出的。其中如《论边防》、《论传教》等篇指出侵略形势的严重。《论吏治》、《论练兵》、《论水师》等篇揭露封建积弊的黑暗。《论商务》、《论机器》等篇主张打破禁例，允许人民用机器制造。《论税务》要求关税自主。《论交涉》篇反对治外法权。至于"开矿"、"火车"、"电报"皆有专篇论述，主张采用。特别在《论船政》一篇中主张中国应自制轮船，官局商局应同时并举。文中批评了洋务派"官不为（商）提倡"，"归官创办，〔又〕不能昭大信而服商人，赢则借事勒捐，亏则多生枝节"[1]。彭玉麟在 1884 年写的《盛世危言序》说郑"由于庚申之变，目击归艰，遂弃举业，学西人语言、文字，隐于商"。果如邵文的叙述和论断，郑观应似是确有一定程度的爱国思想，具有其时民族资产阶级要求的一些倾向。但也还可提出这样的问题。（一）他的"此数大端"，较之前此数十年提出的洪仁玕《资政新篇》，谁有更多的积极内容，或具有革命性？（二）他是从中国民族和人民利益的立场出发，还是从维护清朝统治的立场出发；他虽然对洋务派作了某些批评，其荦荦"大端"和基本精神与洋务派有何根本性的区别？与"变法维新"派有何根本性的共同？他的书《盛世危言》，我以为包含了一个立场问题。彭玉麟是什么人？为什么

---

[1]《易言》上卷，第二十九页。

肯称许这本书？（三）他条陈举办的企业事业，主要是指洋务派手中的官办企业，或那种买办性的企业，这从他的全部活动看，也能得到说明。所谓"允许人民用机器制造"，邵引《易言》上卷下面的话，可作为注解看。他说："往往有华商集资附入西人公司股份，不愿居华商之名者"，这不是为虎添翼的买办资本又是什么呢？

关于创办新式企业，此外，他还有过下述一系列的主张。"溯查中国购买机器仿制各项，除轮船、枪炮官局本非计划外，若香港之制糖、广州之纺纱、牛庄之榨油、甘肃之羽呢、上海之缫丝，创始者苦心经营，力求成效。今纺纱早已工费停歇，缫丝亦无利可图，牛庄榨油亦多损折，羽呢闻已织成，未见远行，惟香港之糖近年颇有东洋销路，而前此亏已不赀。""职道熟筹已久，所以终不敢辞者，以此事利源外夺，久烦苦筹，频年筑室道某，徒为中外传笑，若不力底于成，则后来再举愈难措手。""机器制造，借法外洋，开衣被之利源，即有关纺织之生计。非禀承宪示，请拨官款，不足以昭郑重。然历来官局易招物议，若承领官款，则属目犹难。沪上水陆交通，风尚嚣薄，寓公游士未悉局中之翔实，好为事外之瑕疵，一经指摘便减声价。且事属公司，动关众口，果否获利，无券可操。商本容有折耗之时，官款从无准销之例。今众议且缓请领，亦深虑获利之难，而股本之集皆为利来，顾虑太多又非招徕之道。"① "我国创一厂、设一局，动称官办；既有督，又有总，更有会办、提调诸名目。"② 在这里，邵文确认："郑观应的政治经济观点，清楚地反映新形势和新兴阶级的要求。"值得进一步研究的是：郑观应笔下的企业的性质究竟何似呢？他所提及的都是洋务派手中"官办"或官商合办企业。他所主张的"官督商办"，亦即张謇等的"民办官助"企业，或者像盛宣怀等私家企业。抗日战争前我还调查过：靳云鹏、王占元、朱桂山等的山东鲁丰纱厂及博山煤矿、冀鲁豫三省大官绅边守靖等合资所办包头面粉公司等，这种由官僚、买办资本转化的民族资本，都具有极强烈的官僚资本、买办资本的性质，它虽与外资有一定矛盾，然常常是为外资服务的。郑观应的主张实际是主张"官办"和官私"合办"企业都应停办；但没有提出其他积极的主张。这里便应提出这样

---

① 《盛世危言》后编《一八八一年禀北洋通商大臣李傅相订立织布机器合同》卷上，第十一页。
② 《盛世危言增订新编》卷七，第二十三页，《纺织编附记》。

一个问题：在当时，究竟有这种企业比没有好，还是没有比有更好呢？问题的本身就是辩证的。这种新式企业的"机器生产"，尤其是产生了使用"机器"进行生产的工人，是社会前进的动力，这是应予以适当估计和重视的。自然，由于这种企业是掌握在封建官僚、买办手中的，它的封建性和买办性，对民族资本的私资私股有极大的阻挠作用。从这一点上说，民族资本反对它有一定的进步作用。殖民主义和买办不利于中国有新式的企业。尤其对民族资本的存在和发展，却是极端反动的。这与民族资本反对洋务派企业的阻挠作用，是根本不同的。

郑观应拒绝"官股"、提倡"商股"的想法何在呢？是否为民族资本开辟道路呢？这须要从其时的具体情况作具体考察。当时洋务派所办和拟办企业中，主要不外是官僚、大地主、买办等类人的投资，像张謇、盛宣怀以及唐廷枢、徐润等都是"商股"的主要持有人。真正属于民族资本性质的"商股"占有多少是须要深入、具体考察的。郑观应在甲午战争后，就正式请求李鸿章将招商局归"商办"，并极力帮助盛宣怀以之转化为盛派的私资企业。这是很能说明问题的。

但是，犹之不能否认买办资本有转化为民族资本的事实一样，我们从郑观应的著作中也不能否认其有反映民族资本的利益和要求的一些倾向，只是不应把它估计过高。正如邵文所叙述，如他认为中国已经和外国"讲信修睦，使命往来，历有年所"了，中国也曾"开同文馆，习西学，译公法，博考而切究之，如此详且备矣"，何以西方国家对待中国并不照公法办事？他问："如一国有利，各国均霑之语何例也？""烟台之约强减中国税，则英外部从而助之，何所仿也？""华船至外国，纳钞之重，数倍于它国，何据而区别也？"他说："种种不合情理，公于何有？法于何有？""嘻！甚矣欺也。……若是积弱不振，虽有公法何补哉？"[①] 这触及了资本—帝国主义侵略和中国民族矛盾的一些问题的。矛盾如何解决呢？在他是把棋子放在清朝政府的"自强"上，说"待力量即足，权操必胜，有机可乘时，即将平日所立和约，凡于国计民生有碍者均可删改"。又说："欲借公法以维大局，必先设议院以固民心"。在帝国主义和中国民族间的矛盾发展到其时的形势，洋务派官僚也在说换回利权，说

---

① 引文皆《盛世危言》五卷本《论公法》。

要爱国即爱清朝。尤其在不只有了"变法维新"派及其主张，而又产生了资产阶级革命派的历史情况下，郑观应这类主张能产生何种作用呢？它不只还在起缓冲革命的作用，而又正在为拒绝"变法维新"的保守派撑腰。

（B）现在再特别考察一个郑观应的"设议院"的主张——这在他是始终一致的。绝不要误认这是他主张实行西洋资产阶级议会制。他只是为着"维大局"、"固民心"。所谓"维大局"，就是维护半殖民地半封建的清朝统治。这是没有怀疑余地的。所谓"固民心"，就是要借"议院"这块假立宪的招牌，来欺骗、麻痹日益革命化的人民，来阻止他们革命。所谓"设议院"，不是排除君权，而是"集思广益，君民一心"，也正是其同义语。他在甲午战争以前，主张开"议院"的具体意见在维护清朝统治。这也就是《盛世危言》1893年本《论议院》的根本主张。这正是帝国主义，尤其日、俄帝国主义武装侵略的胁迫严重，清朝统治摇摇欲坠的时际。甲午战争以后，一方面，清朝的半殖民地统治危机加深了。表面上却呈现暂时的稳定；一方面资产阶级改良派和革命派都已经形成和抬头，并都提出实行资产阶级议会制的要求主张。郑观应在这种时际，又转而反对"议院"，如邵文所叙述："……在1895年出版的《盛世危言增订新编》却添上了一篇续作的《议院下》……将跋文最后一句'而犹谓议院不可行哉！而犹谓中国尚可不急行哉！噫值矣！'等语，改为'而犹谓议院不可行哉，惟必须行于广开学校、人才辈出之后，而非可即日图功也'。接着，他又解释说：'何则，泰西各国近代学校盛行，无人不学，且中外利弊登诸日报，妇孺皆知。'为什么这样主张呢？他于1894年致文廷式等人的书中说：'识时之士，金谓非上下一心，开国会，立宪法，不足以救艰危。然闻日人有非而笑之，谓学校不开，人才难得，徒致扰攘，自速其亡……余思日人之言，可为我药石。'"①

这是公开反对革新、"立宪"、建立资产阶级"国会"，说那是"徒致扰攘，自速其亡"，也就是说，那会更有利于革命运动的发展，加速清朝半殖民地半封建统治的灭亡。

在戊戌维新失败后、辛亥革命前，郑观应又转而主张开议院，如他在1900年改编出版的《盛世危言增订新编·议院下》附录其1893年《议院论》

---

① 《后编》卷三，第一页。

中说："夫强邻之畏我者民心固结，若此时不建，迟至各省海疆尽被西人占据，恐欲设而不能。"仍是从维护清朝统治出发。所以又说："且借以收拾民心，筹捐款"。所谓"强邻"之说只是陪衬，真实的目的在对抗资产阶级革命。他同年致盛宣怀《论变法宜设上下议院书》说得更明白："既设议院，开国会，兴学校，维新之治，可仿日本变法时参用客卿相助为理。"① 致姚伯怀太守书《论立宪》说：只要实行假立宪，"保皇、革命诸党亦无所借口，或者消灭，不然专制苛刻反动力大。当此民心皆欲立宪，恐流血千里而后成，决无中止之理。"② 邵文又叙述：1910 年 11 月 4 日（阴历十月初三）清廷颁布谕旨，于 1913 年召集议院，湖广总督瑞澂上奏请组责任内阁，"代君主受议院之责"。郑观应竟致函《中国商务日报》把……奏章称为"救时良药"③，很明白，他是以"议院"、假"立宪"作为维护清朝统治的工具，并居然提出"参用客卿相助为理"，即请帝国主义派人来直接参加统治；不只以之反对资产阶级革命，并且还要排斥康梁等的"保皇党"。因此，郑观应的"议院"制国家，绝不是资产阶级性的，而是地主买办阶级的，且系帝国主义直接控制的。所以他始终反对资产阶级革命，而且反对资产阶级性的由上而下的改良。所以他虽然"参加维新派"，"却反对康有为的速变主张"（邵文）。"这是从内部破坏变法维新"，至少在客观上是与慈禧、荣禄等旧党的活动起了配合作用。因此，如果他属于其时民族资产阶级的代言人，那为什么不赞助或同情资产阶级革命派的主张和活动，反而一贯与之正相敌对呢？甚至对所谓"保皇党"的"变法维新"也那样害怕呢？因此，邵文对郑观应《议院论》的性质、作用的估计论断，是不恰当的，站不住脚的。

（C）关于郑观应向西方学习的观点，邵文给了如次的叙述和估计："假如我们说《易言》可以代表郑观应在六七十年代向西方学习的初步见解，《盛世危言》则是他在八九十年代抱着发愤图强的宗旨进一步学习的结果。……书中所收的文字主要是作者脱离了洋务派之后和参加盛宣怀集团之前七八年中的作品，因此有些见解比较强烈的反映了民族资产阶级在当时的要求。"是否如

① 《后编》卷三，第四至五页。
② 《后编》卷三，第十页。
③ 《后编》卷三，第二十页，《致中国商务日报总编辑潘兰史（飞声）征君书》。

此，再看看邵文下面的叙述和论断：《盛世危言》毕竟和《易言》不同，它首列《道器》一篇，继以《学校》、《西学》、《考试》诸论，而《公法》则退到以后的较不重要的位置。《道器》篇实际是这部书的总论。作者从改良派立场出发，讨论以旧学和新学相对而言的"形上"、"形下"、"虚实"、"本末"关系并以《论语》"由博返约"的主张作为向西方学习的理论根据。他要把西学列入学校讲授的课程和科举取士的科目。《盛世危言》把"西学"分为"天学"、"地学"、"人学"三部。所谓"人学"，是"以方言文字（外国语）为纲"，"包括一切政教、刑法、食货、制造、商贾、工技诸艺。"① ……但他所以主张应学习和列入考试科目的具体内容，除了各国史地、政事、律例之外，并没有多少社会科学的内容，至于西方哲学，更是完全没有提到。书中讨论考试出题时说："须有裨时务如铁路、轮船、矿务、邮政，以及机器、商务、纺织、银行、格致、政事、农学、医学……与夫各国风土人情、文学、武备"等。② 可以看出他特别重视的是兴办企业和对外贸易（商务）。"在文化上他虽然抨击八股取士，但对于封建旧学还是远不可能提出批判性的见解。……在政治和经济上都还不能不依附封建上层势力，在文化思想上不可能向旧学的体系提出挑战。"

依据邵文，当时是否"不可能向旧学的体系提出挑战"？这应该是其时新兴阶级和保守阶级的基本分歧点。有无"可能"呢？其时资产阶级革命派不是已开始"向旧学提出挑战"了吗？郑观应同时代，而且虽参加在同一政派的谭嗣同等人，像《仁学》之类的著作，不是抨击了"三纲五常"等传统了吗？如此等等。

新兴阶级和保守阶级在其时的又一基本分歧点，在于对"中学为体，西学为用"论的根本态度。郑观应"向西方学习"的基本精神，突出了洋务派"中学为体，西学为用"的圈子没有呢？我看没有。至少相差不远。他所谓"道器"、"形上形下"、"虚实"、"本末"等等，与宋明理学有何根本异同呢？超过洋务派江南制造局翻译出版的178种西学书籍的内容多少呢？他不是还想印行李提摩太译的极反动的《太西新史览要》么？凡此，都有系统地深入地

---

① 新编卷一，第二十八页。
② 同上，第四十二页。

探究的必要，析论其积极面和消极面。

（4）郑观应思想的阶级性，应该可以肯定不是民族资产阶级的。虽然，它在客观上也反映了其时民族资产阶级要求的一些倾向；而其主要的系统的东西，我以为反映了其时买办地主阶级要求。尤其适应买办官僚资产阶级的要求，是一块反面镜子，是和他本人的阶级成分一致的。

那么，他的思想，为何又有一些反映了其时民族资产阶级利益的成分或倾向呢？我的初步而又粗浅的看法，认为这可从以下几个方面去理解。

首先，郑观应早年，曾受到鸦片战争——主要是第二次鸦片战争中，广东人民反殖民主义侵略的爱国主义斗争的一些影响。

其次，当帝国主义殖民主义侵略，威胁危害到封建阶级、官僚资产阶级、买办资产阶级的根本利益，即有关生死存亡的问题时，两者间的矛盾也会趋于尖锐，反映为各种冲突。四大家族为首的蒋介石政府，能在一定的限度内，与中国共产党及其领导的全中国人民联合抗日——虽然它任何时候也没有停止过反共反人民——就是一个显例。他们有时所作的某些爱国呼声，完全是为着欺骗人民的。再次，帝国主义是不利于殖民地半殖民地任何产业资本的存在与发展的。因此，当帝国主义危害到他们的产业投资或产业资本的根本利益时，他们为着其生存权利的斗争，与帝国主义间的矛盾也会紧张、尖锐起来，他们就会发出些"维护国权"、"发愤图强"、"发展工业"……一类呼声，这往往在客观上能适合民族资产阶级的一些要求。

又次，在民族资本稍稍成长以前和以后，在资产阶级革命派出生以前和以后，尤其在无产阶级登上历史舞台以前和以后，资产阶级各阶层政治态度要求和主张是有所不同的，买办官僚资产阶级在以后是更加反动和顽固。近代中国的新式企业，从鸦片战争后到人民大革命胜利前在国民经济中所占比重始终是较小的——虽不断有着变化和发展——其各阶层所占的比重是不断变化的；民族资产阶级的资本占其中的比重又是较小的，却也有不小的变化。大致在甲午战争前，官僚买办资本的企业占其中压倒的地位，以后则相对的降低了，民族资本的比重则相对的提高了。这正是资产阶级革命派的形成、抬头和辛亥革命的社会基础与物质基础。第一次世界大战时期，民族资本又有一度有限的增长，民族资产阶级相应地有些成长，尤其壮大了无产阶级，因而引起社会阶级构成和力量对比的变化。这又正是四阶级联盟和北伐革命战争的物质基础与社会基础，革命必须由无产阶级来领导的物质条件和阶级基础。

（5）为究明郑观应思想的阶级性质，适当地谈谈与他后半生密切相关的洋务派和由洋务派分化出的盛宣怀买办集团是有一定意义的。

先就我对洋务派曾作过的粗浅研究的印象，谈些问题。洋务派的总方针是"中学为体，西学为用"。所谓"中学为体"，就是继承和维护"三纲五常"的封建统治传统、孔孟的儒家道统为基础的清朝统治。所谓"西学为用"，就是采用西洋资本主义的一些技术和组织形式，如轮船、铁道、舰砲、开矿、通商、邮电以及开办些纺织之类的企业等等，来为摇摇欲坠的清朝封建统治输血，也就是李鸿章、张之洞等人的所谓"自强"和"求富"，并以之去适应"列强"殖民主义的要求和为它服务。因此，所谓"中学为体，西学为用"，就无异是半殖民地半封建主义的纲领。

洋务派的主要人物曾国藩、李鸿章、左宗棠、彭玉麟、张之洞等，都是屠杀人民，满手是血的刽子手，毫无顾忌的出卖人民利益的卖国贼。曾国藩《讨发匪檄》所叫嚣的，就是洋务派"中学为体"的基本内容，也不是他之所以为"桐城余孽"。李鸿章在上海勾结配合美英法等殖民主义者反对太平天国，不断把民族利益往殖民主义者手心推，就日益增长更多的买办性，他一生经手铸成许多不能饶恕的卖国罪行。

洋务派所办企业和事业，主要包含官僚资本的性质，也包含有买办资本的性质。其中一部分主要是为清朝封建统治的军事、政治服务的，如汉阳、巩县、金陵各兵工厂，汉阳铁厂，上海高昌庙、福建马尾造船厂，清河织呢厂，甘肃羽呢厂……以及邮政、电报、造币厂等；一部分主要是为外国殖民主义服务的，如铁道、招商轮船等，主要都是为运进洋货、输送土产原料等，它甚至就是殖民主义者所控制、兴建的，开矿大都为外资提供矿砂、半成品等原料、燃料等，如湖南常宁水口山锌矿（所谓黑铅）、新化锑矿、江西三南钨矿等。开平煤矿是为天津租界服务的——英国强盗还不满足，终于以之并人其所掠夺的滦州煤矿而易名为"开滦煤矿"，如此等等。军事方面的兵工、造船企业，使用的零件、配件以致原料，大皆是输入品，实质上只是起了加工作用。铁道路轨、车辆以至枕木等，也大都是输入品。邮电局的机器以至电线、灯泡等等，无一不是输入品。纺织等厂局，如上海纺织局、武昌纺织丝麻四局等，不只装备全属外货，还受到外国资本家和买办的诟视。如此等等。这说明洋务派企业的官僚资本性和买办资本性，并且是二者融为一体的。有的这一企业中这种性质多，那一企业中又是那种性质多。

洋务派企业中的"商股"是否都属于民族资本的性质呢？前已提及，官僚、买办如张謇、盛宣怀、唐廷枢、徐润等类人占有不少"商股"。要确定这种"商股"的民族性或买办性何者为主，应看他主要是为民族利益服务，还是为外国殖民主义服务。

除洋务派企业以外的其时"商办"企业，是否都属民族资本呢？譬如1872～1894年间的全部74个工矿企业中的54个"商办"企业①，是否都属民族资本呢？有些同志似乎认为只要华商企业就是民族资本性质的。我认为这是不妥当的。它是否属于民族资本性质的企业，应看它主要是符合民族的利益，还是符合外国殖民主义的利益。所以其中不仅有民族资本的企业，也有买办资本的企业和官僚资本性质的私营企业；后者都是和外资关系颇深而为它起服务作用——这类东西，直到人民大革命胜利前还不少。这种企业主，不只敌视无产阶级领导的革命，也敌视资产阶级为首的革命甚至其改良运动。

洋务派的企业与外国殖民主义之间是存在矛盾或利害冲突的。如果否认这种矛盾的存在，不只在方法论上陷入形而上学的泥沼，而且是违反历史事实的。李鸿章可算是外国殖民主义的一个忠实奴才，近来英国剑桥大学所藏怡和洋行档案中，发现了1895年怡和令以传教士面目出现的李提摩太刺探李鸿章对铁路建设意见的材料。这反映了资本—帝国主义相互间矛盾的深刻，也反映了主子与奴才间的矛盾有时也比较深刻。英资太古怡和轮船公司日商戴生昌轮船公司排挤、压迫怡商公司，常也构成彼此间的深刻、尖锐的利害冲突。左宗棠在新疆，虽极力抵制了帝俄侵略，保护了一些民族利益。上述几类例子多得很。但我们不应把这种矛盾估计过高。

那么洋务派兴办的企业，是否毫无积极或进步作用呢？这需根据具体情况作具体分析。可惜手边没有其他材料。前已提及，它造成了在这种企业中作工的工人队伍，工人和资本主义机器技术矛盾的结合，就构成了近代的生产力，这是最革命的东西。洋务派自身的封建性和买办性的根本性质的规定，不只对工人实行剩余价值的剥削，而且实行超经济的政治强制性的封建剥削和压迫；

---

① 严中平等：《中国近代经济史统计资料选辑)，第94页。

加之其对企业管理的官僚主义机器和作风，贪污、浪费，不负责任等等，使工矿企业常陷于"作辍无常"的情况①，工人又随时有受到失业的威胁和痛苦，等等。因此工人和洋务派及其企业直接管理者间的矛盾，自始便很尖锐。这又炼成工人阶级特别强烈的革命性。在这种企业，也造成了一批技术人员，也是有一定的进步作用的。

毛泽东同志说："为了侵略的必要，帝国主义给中国造成了买办制度，造成了官僚资本。帝国主义的侵略刺激了中国的社会经济，使他发生了变化，造成了帝国主义的对立物——造成了中国的民族工业，造成了中国的民族资产阶级，而特别是造成了在帝国主义直接经营的企业中、在官僚资本主义的企业中、在民族资产阶级的企业中做工的中国无产阶级。"②

这是高度的马克思主义的分析和概括，对我们研究近代历史，包括洋务运动派的历史具有极大的原则指导作用，需要我们深入去体会、掌握其精神实质。

关于盛宣怀集团，我手边虽没有具体材料，根据以往粗略研究的印象，它决不是民族资产阶级集团，而是官僚买办资本集团，也决不是与洋务派有何根本性的区别，而是从洋务派胎育分化出来的。郑观应也决不是只为盛宣怀集团服务而有别于他们，如果说有些区别的话，那就是他系科班买办起家。他与盛宣怀集团的关系和他在集团中所起的主要作用，前面引论到的邵文叙述的一些材料，基本已能说明问题。

我上面对郑观应思想的估价，由于手边没有其他资料，仅依邵文引述，可能有主观片面，以后还可进一步探究。

1964 年 8 月 17 日

（载《中国哲学》1981 年第 6 辑）

---

① 《中国近代工业史资料》第 1 辑下册，第 1065 页。
② 《毛泽东选集》第 4 卷，人民出版社 1991 年第二版，第 1484、1485 页。

邓桦《严复的庸俗进化论和不可知论》

（邓文载 1964 年 3 月 13 日《光明日报》）

（1）严复是我国近代史上需要研究的思想家之一。作者对严复思想的若干重要方面作了有益的工作，并作出了一些较正确的论证；虽然，似还不够全面、深刻，并有欠妥之处，须进行不断探究。

严复不只是所谓"哈佛三杰"之一，而且是其较突出的高材生。他是我国近代第一个研究和介绍达尔文进化论，斯宾塞、赫胥黎、达尔文主义社会学、穆勒名学著称的学者。他是我国近代早期的资产阶级知识分子之一。当时，中国资本主义性的生产还很微弱；在其中，又主要是官僚资本。严复所参与的康、谭、梁等为首的"维新"运动，便是在这样的时代背景下产生的。随着民族资本的缓慢的有限的成长，孙中山、黄克强等为首的革命民主派的抬头，官僚资本买办性的加多，"维新"便步步堕落为保皇党——名义上，即只剩行尸走肉的"君主立宪"。幾道先生墓表也随着而蒙了一层黑影，这是我记忆不太清楚的一点印象。

（2）关于严复的世界观和认识论。作者对此也画了一个粗略轮廓。这与严复所代表的阶级特性相适应，在世界观上，似是属于二元论性质的唯心主义。

邓文认为严复在认识论上是不可知论者。就所引证来看，基本上是正确的。例如严复说：

> 自然律令者，不同地而皆然，不同时而皆合，此吾生学问之所以大可恃，而学明者。术立，理得者功成也。无他，亦尽于对待之域而已。是域

而外，固无从学，即学之，亦于人事殆无涉也。①

窃尝谓万物本体，虽不可知，而可知者止于感觉。但物德有本末之殊，而心知有先后之异。此如占位历时二事，物舍此无以为有，吾心舍此无以为知。②

我而外无物也；非无物也，虽有而无异于无也。然知其备于我矣，乃从此而黜即物穷理之说，又不可也。盖我虽意主，而物为意因；不即因而言果，则其意必不诚。③

在这里，他一方面，认为客观世界，即所谓"自然"是存在的，或所谓不可认识以外的世界，"非无物也"，"盖我虽意主，而物为意因"。并认为所谓"对待之域"以内，或所谓"止于感觉"的"万物本体"有其"自然律令（意即自然规律），而且是"可知"的。从这些论点看，他基本上是唯物主义者。但在另一方面，他认为"是域而外，固无从学"，"形气之物，无非对待，非对待则不可思议，故对待为心知止境。"④"我而外无物也，……虽有而无异乎无也。"这正是他的不可知论的实质，也是其唯心主义观点。正如邓文引列宁所说：

不可知论者路线的本质是什么呢？就是他不超出感觉，他停留在现象的此岸，不承认在感觉的界限之外有任何"确实可靠"的东西。关于这些物本身（如果用贝克莱所反驳的那些唯物主义者的话来说，就是自在之物、"自在客体"），我们是根本不能确实知道的，这就是不可知论者的十分肯定的声明。⑤

列宁这段话，对不可知论者说来是具有普遍意义的，不只适用于穆勒、马赫、赫胥黎、斯宾塞，也适用于康德或严复，等等。

世界观的二元论，究极上总不可能是二元论，而不能不归结到唯心主义。严复在究论所谓"本体"，即存在和思维谁是第一性的问题时，却说：

老谓之道，《周易》谓之太极，佛谓之自在，西哲谓之第一因，佛又

---

① 《穆勒名学甲篇三》按语。
② 同上。
③ 同上。
④ 《老子评点二章》。
⑤ 《列宁全集》第 14 卷，第 104 页。

谓之不二法门，万化所由起讫，而学问之归墟也。

　　不生灭，无增减，万物皆对待，而此独立；万物皆迁流，而此不改。其物本不可思议，人谓之道，非自名也。①

　　所谓"太极"，在宋明理学派，是超一切的精神；佛家的"自在"或"不二法门"，也都是超越物质世界的精神；所谓西哲——他大概主要是指赫胥黎等人——的"第一因"，大概不是指唯物主义者的"第一因"，即物质或存在而言。老子的道，我们有的同志论证为客观存在或物质。严复所阐究的"不生灭，无增减"的"道"，即其自身没有任何矛盾和运动的"道"，理解为不是精神而是物质的东西，是困难的。因为那样的物质的"本体"如何能派生"万物"呢？因此，邓桦同志认为严复的"本体论"是唯物主义，是需要进一步研究的。肯定他在"本体论"上是唯物主义，又认为"他的基本观点……是唯心主义"的论析，也是值得商榷的。

　　（3）关于严复的政治思想、主张。邓文引《严几道年谱·与严璩书》说：

　　　　时事岌岌不堪设想……。中国今日之事，正坐平日学问之非，与士大夫心术之坏。由今之道，无变今之俗，虽管葛复生，亦无能为力也。

　　这表明他深感民族危机，数千年传统的封建社会已临于非改不可的时际，即"无变今之俗"，便"无能为力"拯救"不堪设想"的"时事岌岌"。这是积极的，表现前进倾向的东西。而他以之归因于"平日学问之非。士大夫心术之坏"云云，不只没触着问题的本质，只看到一些片面的坏现象，而又正是其唯心主义观点的表现——虽然，社会论上的唯心主义，在马克思主义以前的唯物论者也都没能避免。

　　严复从达尔文主义社会学即社会达尔文主义观点，宣扬所谓"优胜劣败"、"物竞天择"说。这在他的主观上，是想以之刺激国民发愤图强，力求变革来救国保种，例如他说：

　　　　物竞者，物争自存也。天择者，存其宜种也。意谓民物于世，樊然并生，同食天地自然之利矣；然与接为构，民民物物，各争有以自存。其始也，种与种争，群与群争。弱者常为强肉，愚者常为智役。及其有以自存而遗种也，则必强忍魁桀趫捷巧慧，而与其一时之天时地利人事最其相宜

---

① 《老子评点》二十五章。

者也。此其为争也，不必爪牙用而杀伐行也。①

是故天演之秘，可一言而尽也。天惟赋物以孳乳而贪生，则其种自以日上，万物莫不如是，人其一耳。进者存而传焉，不进者病而亡焉。②

欧洲达尔文主义社会学，是适应帝国主义侵略的殖民主义的反动邪说；而此在严复，则蔽于其时亚洲、非洲、拉丁美洲许多国家、民族被灭亡、被奴役，欧美日本帝国主义横行霸道的社会历史现象，而未能从本质上认识，便把它接收过来，妄想以之作为策励国人、变法维新的武器。而上述严复的达尔文主义社会学理论，却同样陷入了种族或民族优劣论的泥坑；实践上，掩盖和减卸帝国主义侵略的罪责，客观上又反而会对人民的反帝斗争起缓和、麻痹作用。

他的"变法维新"的基本主张，就是所谓"变今之俗"。这是有其一定的积极意义的。早在春秋战国时代的所谓"法家"，即代表其时新兴地主阶级的流派，就已提出了变法的主张。老子也主张"变"，王莽也主张"变"，如此等等。但它都是复古主义的变。严复的"变今之俗"是主张变到哪里去呢？他是反对洋务运动派的"中学为体，西学为用"的方针的。洋务运动派，是妄图在所谓"中学为体"，即维护封建主义的传统统治的基础上来"用"点"西学"，如学习西洋资本主义的练兵、制船炮、开矿山、办邮电等等技术，来挽救和维护封建秩序。严复批评说：

故中学有中学之体用，西学有西学之体用，分之则两立，合之则两亡。议者必欲合之而以为一物，且一体而一用之，斯其文义违舛，固已名之不可言矣，乌望言之而可行乎？③

且客谓西学为迂涂，则所谓速化之术者，又安在耶？得毋非练军实之谓耶？裕财赋之谓耶？制船炮开矿产之谓耶？讲通商务树畜之谓耶？开民智正人心之谓耶？而之数事者，一涉其流，则又非西学格致皆不可。④

据邓文所述，严复还从西方国家所以富强的历史等方面作了论析，认为西方一切政治、经济等建设事业，都由于"自然"（？）科学的发达，"正确思想

①《严几道诗文抄·原强》。
②《天演论》导言十五按语。
③《与外交报主人论教育书》。
④《救亡决论》。

方法"(?)的指导，才达到当日富强的境地，说："是以制器之备，可求其本于奈端。舟车之神，可推其原于瓦德。用灵之利，则法拉第之功也。民生之寿，则哈尔斐之业也。而二百年学运昌明，则又不得不以柏庚氏之摧陷廓清之功为称首。学问之士，倡其新理，事功之士，窃之为术，而有大功焉。"(《原强》)所以他提出"富强之基，本诸格致"，并一再强调如不提倡自然科学而求国家富强，便等于"蒸沙千载，成饭无期"。把欧洲资本主义前期的所谓"富强"和"文明"，不归根于资本主义革命的胜利及其经济的发展，而归根于所谓"格致"或自然科学，是本末颠倒的、唯心主义的。但他所谓"西学"、"格致"决不只自然科学，而是包括自然、社会（连同西洋资本主义的政治制度）在内的。他说：

> 然而西学格致，则其道与是（按指"中学为体，西学为用"——吕）适相反，一理之明，一法之立，必验之物物事事而皆然，而后定之为不易。其所验也贵多，故博大。其收效也必恒，故悠久。其究极也必道通为一，左右逢源，故高明。①

> 以千百年前之章程，范围百世下之世变；以一二人之意见，强齐亿兆辈之性情。……②

所谓"一法之立"、"世变"、"性情"、"必验之物物事事"的"事事"……，都涉及社会科学范畴的问题，也是属于他所申论的"变法维新"问题的范围。在这里，他与洋务派官僚不同，吞吞吐吐地提出：要学西洋，在于按西洋资产阶级早期的蓝图，来"变"中国之"俗"。这正是严复政治思想的积极面。但由于他所代表的阶级的主客观条件的局限，庸俗进化论的框框，却不是走革命的道路，而是滑入了改良主义的道路，妄想依靠封建朝廷，经由上而下的改良或所谓"变法维新"，来实现中国资本主义的前途。所以他在"变法维新"运动中，还提出下述渐进主义的主张：

> 鼓民力，开民智，新民德。

> ……一种之所以强，一群之所以立，本斯而谈，断可识矣。盖生民之大要三，而强弱存亡，莫不视此：一曰血气体力之强，二曰聪明智虑之

---

① 《救亡决论》。
② 《论中国教化之退》。

强，三曰德行仁义之强。是以西洋观化言治之家，莫不以民力、民智、民德三者断民种之高下。未有三者备而民生不优，亦未有三者备，而国威不奋者也。"①

　　……此三者，自强之本也。不如是，则虽有伊尹、吕尚为之谋，吴起、李牧为之战，亦将寝衰寝灭，必无有强之一日，决也。②

他没能从现实生活上，接触和深入到反帝反封建问题。而乃把"中国之弱"归因于"此三者"，客观上又无异掩盖了帝国主义和封建制度的穷凶极恶，把近代中国社会的基本矛盾或问题隐蔽起来了。这又正是严复政治思想的消极面。

这种两面性的政治论，是和严复所代表的阶级的时代的特征相适应的，也正是和他的世界观、认识论相适应的。

（4）严复对学术和文化教育的主张，是和他的科学知识对社会作用的观点关联的。他为着提倡科学研究、科学精神的学风和教育制度，对脱离实用的、以儒学为中心的传统学术、以"八股取士"为中心的传统教育制度，进行了较猛烈的批评。例如他说：

　　盖吾国所谓学，自晚周秦汉以来，大经不离言词文字而已……。夫言词文字者，古人之言词文字也；乃专以是为学，故极其弊，为支离，为逐末，既拘于虚而束于教矣。而课其所得，或求诸吾心而不必安，或放诸四海而不必准。③

邓文并叙述说："他批评当时追求词章考据的文人沉溺在故纸堆中，'此追秦汉，彼尚八家'，'秦权汉日，穰八满家'，完全是'无用的学术'。他也批评崇拜宋明理学的学者迷醉在迂腐的空谈中：'侈陈礼乐，广陈性理'，'衮衣大袖，尧行舜趋'，完全是'无实'的学术。"他认为这种"'好古而忽今'的学风，恰恰与'西学''力今以胜古'的精神相反，'其为祸也，始于学术，终于国家'"。应该说，他这种抨击，是切中传统的学术、教育的弊病的，具有反封建传统的积极倾向的；其所主张、所提倡的科学精神或实学，以及今胜

---

① 《原强》。
② 同上。
③ 《阳明先生集要三种序》。

于古的观点，也都具有和起过一定的积极作用的。

严复所谓科学，就是西洋资产阶级的科学，科学方法也就是形式逻辑。他把形式逻辑对科学发展的作用估价得很高。邓文叙述说："他认为西方自然科学进步迅速；新的发明层出不穷，就是他们在科学研究中运用了形式逻辑的归纳法（内籀）和演绎法（外籀）。他说："若问西人，后出新理何以如此之多，亦即此而是也。而于格物穷理之用，其涂不过二端，一曰内导（籀），一曰外导（籀）。'（《西学通门径功用说》）归纳法……能'察其曲而知其全'，'执其微以全其通'。演绎法……能'据公理以断众事'，'设定数以逆未然'。……一切公理，归根到底，都以客观事实为根据：'独至公论，无所设事。然无所设事矣，而遂谓其理之根于良知，不必外求于事物，则又不可也。公例无往不由内籀。不必形数公例而独不然也，如此见内外籀之相为表理，绝非二涂，又以见智慧之生一本，……无所谓良知者矣。'（《穆勒名学部乙篇六按语》）"对欧美形式逻辑的介绍在当时有着传播知识的重要作用；而对于王阳明及其流派的主观唯心主义认识论的批判，并给了极力提倡阳明学的谬说的抨击，有着更现实更积极的意义。

他又抨击了传统教育制度的重要环节的"八股考试制度"。邓文叙述说："他特别攻击'锢智慧'、'坏心术'，'滋游手'的八股考试制度，使人'强诵死记、剽窃成章'，结果就必然'谬种流传，差无一是'。……'使天下消磨岁月于无用之地，坠坏志节于冥昧之中，长人虚骄，昏人神智，上不足以辅国家，下不足以资事畜'。"（《救亡决论》）这也是切中"八股考试制度"的弊病，在当时，应有着振聋发聩的作用。

1964 年 8 月 13 日

（载吉林大学《社会科学学报》1983 年第 5 期）

邓艾民《试论康有为的哲学思想》读后

（邓文载 1965 年 5 月 28 日《光明日报》）

（1）以康有为、谭嗣同、严复、梁启超等为首的保国会派，作为一个哲学流派的世界观，作为一个政治流派的百日维新的主导者的阶级性，等等，几年来，不少人作过论究，迄未获得一致结论。这在马克思主义理论工作者里面，也是可以继续争鸣的问题。

保国会派的阶级性，在戊戌变法时期及其以后各个时期，我以为应进行具体分析，不应笼统地概括。康、谭等人的出身都系封建知识分子，是没有争论的。作为戊戌变法的纲领，其基本精神，究竟是为维护封建制度和清朝的封建统治，还是试图通过一种由上而下的改良打开资本主义的前途？如果是前者，它基本上可说与曾、李等的"洋务运动"派是一路货。如果是后者，就不宜简单地以之看作代表封建地主阶级的一个派别。作为地主阶级的政治代表，我认为它便不可能提出发展资本主义的政治纲领；因为，这在逻辑上，便不能不归结到资本主义取代封建制的支配地位，取消或否认封建统治。在近代历史上，尤其一些国家当资本主义势力还比较微弱的时际，代表资本主义要求的政治派别，常常错误地想通过改良主义的道路，并依靠和联合帝王等人物，因而他们又不能不同时维护原来的君统，并对封建阶级抱一定程度的幻想和妥协，在一定程度上保留其特权。但是，改良主义的，即和平转变的道路，也是不可能胜利的，走不通的。像在资本主义变革最不彻底的英国，尤其像日本明治维新，都终于不能不通过暴力手段，通过自上而下的变革与由下而上的群众的暴力斗争相结合，才取得其极不彻底的胜利。明治维新派的主要人物，大多出身于藩阀系统，但他们已不是从封建阶级的旧立场出现，而是町人阶级即新兴资

451

产阶级的政治代表。谭嗣同在戊戌维新失败和在骡马市大街被杀头前，已开始认识到：近代革命绝没有不流血而取得胜利的，我国今日要流血，请自嗣同始（大意）。

戊戌变法维新时期，中国社会经济和阶级构成，远不能与"明治维新"时期的日本相比。民族资本虽开始出现，但民族资产阶级还没有形成和成长为一个有适当觉悟的阶级，即还没像日本那样的町人阶级。在应用资本主义生产技术的企业中，占比重最大的，还是掌握在封建官僚手中的、即洋务派的企业，其次是官僚、买办投资兴办的封建性买办性都很强烈的"商办"企业。民族资本所占比重最小，还较微弱。戊戌维新派就是在这样的社会背景和基础上形成起来的，它是一个封建性较强烈的自由资产阶级性的政治派别；在资产阶级革命派兴起后，它便步步靠近买办地主阶级，成为反对革命的挡箭牌。这是我极初步而又粗浅的看法。

艾民此文，对康有为思想作了较系统的论证，其中有些分析还是较正确的；但是对康有为及其政派的阶级性等方面的论点，似是还须进一步研究。

（2）在半殖民地半封建的中国近代历史条件下，康有为也同其他进步政派（包括资产阶级革命派）的一般代表人物一样，在世界观上，虽接触到了唯物主义的若干重要论点，但终究没有形成像欧洲十八世纪及其前后那样的唯物主义，而且究极上都归结到唯心主义。只有在接受马克思主义后，中国无产阶级才有了并大大发展了辩证唯物主义和历史唯物主义。

康有为关于世界观的论旨，散见于所著各书中，不只前后不一致，而在同一时期的著作中也常构成自相矛盾的论点，不能自圆其说和逻辑不强。他对某些现实问题，常表现不能得到解释的苦况。下面就邓文所引略加分析。

首先，关于世界的起源问题，康有为说：

> 夫浩浩元气，造起天地，天者一物之魂质也，人者亦一物之魂质也。虽形有大小，而其分浩气于太元，挹涓滴于大海，无以异也。①

这是他接受中国古代唯物主义论旨，确认客观世界最本源的东西是"气"即物质，世界是客观存在的。如果能贯彻下去，他便能成为唯物主义者。但当他进一步论究到精神和物质的关系时，却说：

---

① 《大同书·甲部》。

按易曰，天地之大德曰生，言生即兼理气而言，无所不包。夫谓之大德，何尝不为理，何尝专就气言之。且孔子言，知气在上，若视气则无不知。又曰精气为物……元气、知气、精气，皆理之至，盖盈天下皆气而已。由气之中，自生条理，物受生气，何尝不受生理。①

在这里，他一面肯定"盖盈天下皆气而已，由气之中，自生条理……。"仍极力在坚持唯物主义论旨。但在论究生命起源时，又同时把"气"和"理"并列起来，放弃了"气"是第一性、"理"是第二性的论旨，而说："言生即兼理气而言，无所不包。夫谓之大德，何尝不为理，何尝专就气言之。"这就陷入了近似朱熹的二元论。二元论者从来都是属于唯心主义范畴的。在这里，他进而论及精神现象时，又说：

无物无电，无物无神。夫神者，知气也，魂知也，精爽也，灵明也，明德也，数者异名而同实，有觉知则有吸摄，磁石犹然，何况于人？②

不忍人之心，仁也，电也，以太也，人人皆有之。③

所谓"电也"、所谓"磁石犹然"，还倾向于从物理属性上去求得解释，表述唯物主义的论旨。然而却袭取传统唯心主义的陈词滥调，把人的精神状态和肉体对立起来，仍归结为二元论，并由此而滑向主观唯心主义的泥坑，如《中庸注》说：

盖仁与知皆灵性之德，则己与物皆性之体，物我一体无彼此之界，天人同气无内外之分……物即己而己即物，天即人而人即天，凡我知之所及即我仁之所及……山河大地，皆吾遍观，翠竹黄花，皆我英华。

很明显，他认为第一性的东西是"性"，而不是"气"了，所谓"仁"、"知"等等，都是由"性"所派生的。在这里，他不只坠入了宋明理学的性命论的圈套，并大步接近于、倾向于陆象山的唯心主义。在戊戌变法失败后，亦即在资产阶级革命派兴起以后，康有为和其在政治上的堕落相适应，便一步步堕落为一个主观唯心主义者。如他在《戊戌轮舟中绝笔书及戊午跋后》中说："故天地我立，万化我生，宇宙在我。"这与所谓"天地万物皆备于我"之类

① 《孟子微》卷二。
② 《大同书·甲部》。
③ 《孟子微》卷一。

的论旨，是完全一致的。

（3）康有为前期的世界观与庸俗进化论的历史观，都是为其改良主义的变法维新服务的，而又是相互关联的。

由于他和其保国会所代表的阶级性及历史条件的局限、影响，作为自由资产阶级性的改良主义的学说乃至纲领，自始就基于同封建主义妥协而乞取改良，都糅杂着不少强烈的封建主义的东西。他的托古改制的孔子学，三世说的进化论，等等，都糅杂着中和西、今和古、资本主义和封建主义。易言之，就是以他所认识、理解的欧美资本主义的一些政治学说和制度，来解释所谓孔子学，以他对中国学的一些传统知识，去解释斯宾塞等人的达尔文主义社会学——即把达尔文生物进化论套用于社会历史方面。其中心精神，则在于以之来阐释和宣扬其"变"的论点和主张，即归结到"变法维新"的不可避免。故说：

> 盖变者天道也。天不能有昼而无夜，有寒而无暑，天以善变而能久。火山流金，沧海成田，历阳成湖，地以善变而能久。人自童幼而壮老，形体颜色气貌，无一不变，无刻不变。①

从认识论上说，应该肯定，他的这类论点，是接触和继承了传统的辩证法观点。

在政治上，他不是在为孔子或"孔教"服务，而是想调动孔子来为其"变法维新"服务。正如马克思所指出的一样："在这些革命中，使死人复生是为了赞美新的斗争，而不是为了勉强模仿旧的斗争。"②。康有为说："孔子道主进化，不主泥古。道主维新，不主守旧。时时进化，故时时维新。《大学》第一义在新民，皆孔子之要义也。"③ 这无异把孔子扮演为一个进化论者和"变法维新"派登场。所以他的孔子学，当时即受到封建卫道者、儒学正统派的攻击。翁同龢也说他"居心叵测"。他为要清朝皇帝接受"变法""维新"的主张，乃倡"君统、师统"说，归结为"君统"的延续。更重要的，归结为创立"孔教"和以孔子为教主、为素王，实际则在抬高他自己。所以

---

① 《进呈俄罗斯大彼得变政记序》。
② 《马克思恩格斯全集》第 8 卷，第 123 页。
③ 《孟子微》卷四。

又自称"长素",正如艾民所引：

> 自刘歆以左氏破公羊，以古文伪传记，攻今学之口说，以周公易孔
> 子，以述易作，于是孔子遂仅为后世博学高行之人，而非复为改制立法之
> 教主，圣王，只为师统而不为君统。诋素王为怪谬，或且以为僭窃，尽以
> 其权归之人主，于是天下议事者，引传而不引经，尊势而不尊道，其道不
> 尊，其威不重，而教主微。教主既微，生民不严不化，益顽益愚，皆去孔
> 子素王之故。①

因此他的"孔子改制"论及其"师统"说的政治目的，是显而易见的。

再看看他所谓据乱世、升平世、太平世的三世观。其所谓三世，又有分为
九世，即所谓内其国而外诸夏的据乱世，内诸夏而外夷狄的升平世，远近大小
若一，国与国平等相处而不相侵犯的太平世。或者说：家天下的君主社会的据
乱世→升平世，进到公天下的民主社会的太平世，以至于"不得立国界以至
强弱相争"，"不作业，不出力之人，公众所弃"，"人人皆教养于公产，而不
恃私产，人人即多私产，亦当分之于公产焉。"② 这是欧美资产阶级庸俗进化
论的历史观，与《商君书》、《吕氏春秋》等等上世、中世、当世说历史观的
合流，又糅入了《礼运》"大同"说中的空想主义说教。这对于今不如古的儒
家道统观来说，是有一定积极的进步的作用的。"不得……强弱相争"的论
旨，是包含着反侵略的思想倾向的。这正是其时中国民族遭受帝国主义步步深
入的侵略处境的反映。他强调历史的"变"，亦可说发展的历史观，在中国还
没有马克思主义的当时，是有进步意义的。而其反对革命的庸俗进化观，则是
反动的。他的"大同"论，正如毛泽东同志所指出："康有为写了《大同书》，
他没有也不可能找到一条到达大同的路。"③

康有为大概以为：他们的"变法""维新"穿着一件孔子的衣裳，走着温
和的改良主义步伐，就可能通行无阻了。故说：

> 若谓圣人行事，不可依托，则是以硁硁之小人，律神化之孔子矣。布
> 衣改制，事太骇人，不如与之先王，既不惊人，又可避祸。④

---

① 《孔子改制考》卷八。
② 《礼运注》。
③ 《论人民民主专政》。
④ 《孔子改制考》卷十一。

然而绝不肯放弃统治地位，以慈禧、荣禄等为代表的封建统治集团，亦即所谓"后党"，并不满足于"君统"的维持，对"维新"派由上而下的温和的改良运动也实行血腥的镇压，调动袁世凯手中的反动武装，"六君子"横尸骡马市街，并六亲不认地把"少帝"光绪禁锢瀛台。这在谭嗣同，似乎已隐约认识到改良主义的道路走不通。

（4）康有为所提倡的孔子学，是与传统的汉学、宋学唱对台。这是有着立场的区别的。虽然，它仍与后者保有共同的东西。他说：

> 后世汉宋互争，门户水火，自此视之，凡后一世所指目为汉学者，皆贾、马、许、郑之学，乃新学非汉学也。即宋人尊述之经，乃多伪经，非孔子之经也。[①]

这实际就是对封建传统的儒学正统的否认，借口所依托的孔子去反对孔门正统，这是包含着相当的反封建内容和倾向的。他又说：

> 圣制萌芽，新歆遽出，伪左盛行，古文纂乱，于是削移孔子之经而为周公，降孔子之圣王而为先师。公羊之学废，改制之义湮，三世之说微，太平之治，大同之乐，闇而不明，郁而不发……，而中国之民，遂二千年被暴主夷狄之酷政，耗矣哀哉！[②]

他把"中国之民，遂二千年被暴主夷狄之酷政"，归结于儒学正统的支配；而又把出路归结到他的"公羊之学"、"改制之义"、"三世之说"……。而他所谓"公羊之学"，也并非自董仲舒以来的经今文学，而是近于魏源、龚自珍而又为其所依托的"公羊之学"。

康有为和戊戌变法时期的保国会派，在若干较根本性的问题上，与封建官僚集团的洋务派，是有原则区别的，所以他批评洋务派的中心精神在于"弥补"，"弥补"是不能解决问题的。例如他说：

> 他日不知其弥补之非，或归咎于变政之谬。近者设立海军、使馆、招商局、同文馆、制造局、水师堂、洋操、船政，而根本不净，百事皆非。[③]

---

① 《新学伪经考叙录》。
② 《孔子改制考叙》。
③ 《上清帝第四书》。

能变则全，不变则亡；全变则强，小变仍亡。①

并提出"本末并具，首尾无缺"的变法计划，如艾民所引述。他们和洋务派的根本区别，主张要"净""根本"，要"全变"，要"本末"、"首尾"都"变"。自然，这也不容过高估计，他并非主张彻底推翻封建制度，只是主张从"根本"上由资本主义去代替封建主义的支配地位。他在《请告天祖誓群臣以变法定国是折》中说：

> 若当变不变，必有代变之者矣。与其人为变之，何如己自变之之为安适。

这一方面鼓吹改良主义道路去达到其所憧憬的资本主义前途；虽然，此路不通，却不应否认其在当时的进步意义。另一方面，他不只用"必有代变之者"的革命去恐吓清廷，也在其害怕和反对革命，这是完全反动的。

（5）我手边没有其他材料进行深入论析，上面仅就艾民文章所引及自己过去阅读康有为著作的印象，随录一些感想，可能片面、错误。

依我看，戊戌变法时期的康有为和保国会派，不是代表地主阶级的一个流派，而是属于中国近代资产阶级的一个流派——虽然，它只表现了有限的进步性而又特别软弱和保守。至于戊戌变法失败以后的康有为、梁启超及其一派，则一步步堕落为从属于地主阶级、官僚、买办资产阶级的一个流派、一个反革命的政客集团，是没有怀疑余地的。

1965 年 6 月 3 日

（载《求索》1982 年第 1 期）

---

① 《上清帝第六书》。

李侃《从梁启超看资产阶级
改良派的堕落》

（李文载 1963 年 5 月 13 日《光明日报》）

（1）李侃同志这篇文章，对梁启超的政治堕落，作了有益的较系统探究。

梁启超在早年，从我早岁阅读过他的《饮冰室文集》等著作的模糊印象回忆，似是精华与糟粕并糅的，好像宣传了西欧英、法、意各国的资产阶级革命，资本主义的科学技术等方面的东西；又大大宣传了改良和罗兰夫人一类人物。我在大学读书时，又几次听自唐璆①，谓梁启超在湖南时务学堂任教席时，常在课外向他们谈西欧资产阶级革命的一些故事，如鼓励大家学意大利烧炭党的三杰之类。唐本人与蔡锷（松坡）、范源濂等都受到一些影响。唐和蔡去日本找到梁启超后，蔡入水师学堂，唐入士官学堂，都得到梁启超帮助。唐烧火药库后，曾遭受谭延闿、赵恒惕等猛烈攻击；自后终生未在谭、赵的湖南省政府、蒋介石朝廷做过官，所说应有一定可信程度。

梁启超在戊戌变法运动中，就是比较不好的分子，不只远落在六君子之后，且不及乃师南海"急进"；他与洋务派反而有不少共同之处。如在资产阶级民主制或君主立宪制的议会问题上，他在 1896 年即戊戌变法前两年所著《古议院考》中居然说："凡国必风气已开，文学已盛，民智已成，乃可设议院；今日而设议院，取乱之道也。"这与洋务派官僚、买办郑观应之流的论点

---

① 字炼心，湖南洞口人，蔡松坡好友，辛亥革命后曾任岳阳镇守使，火烧岳阳火药库拒袁世凯部傅良佐北军者。

是完全一致的。他同样也大肆'育人才'、"变官制"等空谈。这在实际上，都是转弯抹角地反对资产阶级"三权制"、"国会"的要求。

梁启超对资产阶级史学研究，似是较胡适有较多一点成就；但同是以实验主义作为理论基础，在世界观上是个彻头彻尾的唯心主义者，根本不承认客观世界的规律性，远落在严复的后面。戊戌变法失败后，他是反对旧民主主义革命的政客，保皇党分子；"五四"运动以后，又是个顽固的反共分子。

（2）关于梁启超与袁世凯的勾搭，李文看作是"大地主大买办阶级的当权派首领袁世凯和资产阶级改良派首领梁启超"间的勾搭。关于自戊戌变法失败到这时的梁启超的阶级性，我以为还可以作进一步考察，从而更深入地了解其政治上的堕落。

"变法"、"维新"时期的康、梁等资产阶级改良派，或者也可称作自由资产阶级政派，是以其时存在的"官办"、"官商合办"、"商办"等新式企业为其社会历史背景或物质基础和条件的，在"商办"中的真正民族资本还很微弱。随着民族资本逐渐地，又是有限地成长，资产阶级革命派的抬头，原来的资产阶级改良派，便疾速堕落为官僚、买办资产阶级保守派（"保国会"变成了"保皇党"）。因此，到辛亥革命前后，梁启超的政治立场，已和"大地主、官僚买办阶级当权派首领袁世凯"根本一致。

梁启超出身封建家庭，是近代中国第一批资产阶级知识分子之一，跟随其师康有为走入资产阶级改良派的运动，戊戌后的堕落、蜕变，到辛亥革命前后表现得分外明显，以后随着革命形势的发展、变化，他的政治面目也日益显现。

如果到辛亥革命前后他依旧是资产阶级改良派，那末，他可以对革命人民，尤其是劳动群众的兴起害怕，为什么对旧民主主义的辛亥革命也那样害怕呢？旧民主主义革命和其成功——如果能成功的话——资产阶级各阶层、各集团、各政派都不会遭受什么损失，只会受到好处，除去为外国服务的官僚买办阶级。那么，梁启超那样害怕和反对辛亥革命，其立场难道还不显明吗？

（3）李文对梁启超在辛亥革命时和其后的丑恶行径的叙述，是较深刻、具体的，有些论证也较深刻。正由于梁启超这时已从官僚买办阶级立场出发，所以其政治行径，全从如何能保持大地主、官僚、买办阶级的统治为依归，其一切寡廉鲜耻、卑鄙污浊的勾当，都是从这里来的。

梁启超对辛亥革命的极端害怕、极端仇恨。李文叙述说:"梁启超在日本听到武昌起义的消息,懊丧惊恐,焦急万状。……但他还野心勃勃,企图趁当时国内的混乱局面,回国收拾残局。可是一到沈阳,情况已经大变,只得又回到日本等待时机。"

"等到南北议和成功,袁世凯的江山坐定……就决定变保皇为保袁了。"

由于他和袁世凯的政治立场已根本一致,所以在他看来,只要能保持这样一个半殖民地半封建的统治去抵制革命,就不论是皇清朝廷、洪宪朝廷或北洋政府,不论是专制或"立宪",总统制或君主制形式,也不论是溥仪、袁世凯、段祺瑞以至蒋介石,他和其党徒杨永泰、吴鼎昌、张群、张家璈之流认为都是一样。"保皇"、"保袁"或"保×"也都是一样。从而便不难明白,戊戌"政变时期的政敌"袁世凯,便成了他颂扬"功德"的伟人以至新"万岁",毫不足怪;对袁世凯篡夺辛亥革命果实,他来不及丝毫掩饰,而惊喜若狂。正如李文所叙述:

"1912 年 2 月 23 日,梁启超给袁世凯写了一封长信,他在这封信里,除了极力颂扬袁世凯的'功德'而外,还为袁世凯献出了'安天下'的妙计。——袁世凯要……解决财政困难……他就抛出了过去他为清皇朝设计的'中国财政改革私案',即所谓'合租税政策、银行政策、公债政策冶为一炉'。……加强对财政金融的垄断和对人民的搜括、压榨。信中最重要的一点,是告诉袁世凯要'居服从舆论之名,举开明专制之实',要'暗中为舆论之主,而表面自居舆论之仆'。为此,就要'访集国中有政治常识之人,而好为政治上之活动者,礼罗之,以为己党',而这样的'健全之大党,则必求之旧立宪派和旧革命党中之有政治思想者'……还说:'欲固植党基,则必以热诚之士为中坚,若能使此辈心悦诚服,则尽瘁御侮,其势莫之与抗;若失其心而使之立于敌位,则不能以其无拳无勇也而易视之,虽匹夫可以使政府旰食矣。'""袁世凯给梁启超的回信说:'所策皆至确不易,中心藏之,何日忘之'。"

这样一拍即合,并非偶然的政治买卖。正由于梁启超对袁世凯的忠忱,"'举其积年所怀改革政治之希望,掬诚以奉诸袁氏'……"袁世凯也确实采纳了梁启超的献策和对他重视,所以他一从日本回到北京,就受到"如众星之拱北辰"般的欢迎,"'每日谈话总在一万句以上',竭力为自己和袁世凯吹嘘。"袁世凯除"月馈三千元之外，还表示要拿出二十万元请他办党。——梁启超就秉承袁世凯的意旨，纠合改良派的政客和民主党，几经分化与化合，合并为进步党。"

梁启超不只挖空心思地为袁世凯出主意，又千方百计地迎合袁世凯，摇旗呐喊。如李文所述："拼命为袁世凯抬轿子，充打手。""袁世凯指使特务刺杀宋教仁向国民党示威，梁启超说'宋案纯属法律问题'；袁世凯……进行'善后'大借款，梁启超表示支持；袁世凯发动'赣宁之役'，……梁启超赶紧发表《革命相续之原理及其恶果》，说革命是如何的可怕而又如何的要不得；袁世凯强迫'国会'选举他为正式大总统，梁启超马上改变'先定宪法，后选总统'的主张，顺应袁世凯'先选总统，后定宪法'的意旨。""不久，筹安会就代替了进步党，'中央政治会议'和'约法会议'代替了'国会'，'政事堂'代替了'国务院'。一句话，恢复帝制的新工具代替了谋取总统的旧工具。……梁启超……在袁世凯下令解散国会的前夕，还劝袁世凯要'挟国会以号召天下'……袁世凯的帝制阴谋已经变成阳谋，他还在为袁世凯的切身利益着想而泣血苦谏……劝袁世凯不要在时机未到以前冒天下之大不韪，等到'大总统内治修明之后，百废俱兴，家给人足，整军经武，遇有机缘'，再'受兹大宝，传诸无穷'。……他觉到袁世凯在'强邻胁迫，吞声定盟，水旱疠蝗，灾凶遍国，嗷鸿在泽，伏莽在林'"的情况下称帝，是会根本动摇袁政权的。所以他对袁世凯满腹忠忱，又不愿为之殉葬。

当蔡锷犯难脱险、间关去到云南，提携旧部，联合贵州都督刘显世、四川总司令戴戡揭起讨袁义旗时：为图去加以控制，梁启超便利用与蔡的师生关系及旧日渊源，急忙去到西南。他到西南后，仍是联合岑春煊、陆荣廷、唐继尧等，组织所谓"护国军政府"，自充军师，把反袁护国军"控制起来。这是一个反"反袁"的大阴谋勾当。这在蔡锷故乡湖南邵阳、武冈一带，当时是人言啧啧的。蔡的旧部、后任云南炮兵司令的莫玉临[①]也说："松坡被梁老师卖了。"所以梁启超并非"按着与蔡锷等预定的密谋、抢先打起'护国'的旗帜，公开与袁世凯决裂"（李文）。所以袁世凯一死，北洋政府首领改由段祺瑞接班，所谓"护国军政府"便自行解体，"总裁"们都或明或暗地投靠段

---

① 今湖南邵阳白仓人。

记，梁启超辗转回到北京，把供袁世凯御用的进步党改组为供段祺瑞奔走的研究系，大唱其欺骗人民、抵制革命的"宪法"调儿，"起草宪法"。这其中的蛛丝马迹，其实也是清楚的。这时，蔡锷却仍留在云南，试行资产阶级民主，直至他去日本医病身死为止。朱德同志在延安的一次报告会上曾正确指出：在旧民主主义革命时期，只有蔡锷在云南真正试行了一下资产阶级民主。（记忆如有错误由我负责）

北洋政府内所谓府、院或黎、段之争，都是美英帝国主义与日本帝国主义之间利益矛盾的表现。梁启超在"参战"等一系列问题上，都是站在日、段一边。段祺瑞策动督军团压迫国会的勾当失败，被免职，乃又暗中策动复辟；他出卖了辫子大帅张勋，摇身而成为"再造民国"的"讨逆"主帅。这种种勾当，梁启超都是参与或与闻的，所以说他是"讨逆"军师。段祺瑞重新登台，研究系和新交通系群丑都被揽入段系（安福系）的军阀内阁，梁启超受命为财政部长。他和他的研究系，无保留拥护段政府的种种卖国勾当，如：签订各种卖国条约；达三亿两的卖国借款中，经梁启超亲手签订的三项即达一千四百五十万两，等等。梁启超本人的政治生命也是与北洋政府同始终的。

（4）梁启超在文化思想战线上，有些人曾作了虚伪的评价，尤其对他的史学研究。这里暂不说及他在历史研究方面的问题。他的思想主流，是不能与康有为、严复，更不能与谭嗣同比拟。他从戊戌变法到"五四"以前，顽固地反对资产阶级革命派的理论和主张；"五四"以后，是拼命反共反马克思主义的顽固分子。在戊戌以后，他和他的党徒在政治上的一切勾当、活动，都是紧紧地与此相适应的。其余孽新政学系杨永泰、张群、吴鼎昌、张家璈等一群小丑，都是帮助蒋介石反共反人民，对日本帝国主义妥协、投降的卖国贼。

1964 年 8 月 19 日

作为旧民主主义革命者
章太炎的唯物主义观点

（1965 年 7 月 23 日《光明日报》载孔繁
《章太炎〈訄书〉中的认识论》读后）

（1）昔年在所著《中国政治思想史》近代部分稿中，对谭嗣同、康有为、孙中山、邹容、章太炎等人的世界观的论析，恍惚都归结为二元论的唯心主义。由于当时的认识水平和客观条件，还可能由于混同各人在不同时期的思想资料，结论容有不确。可惜这部分拙稿当时未能出版；"七七"抗战，北平沦陷后，此稿连同书籍及历年所辑资料，为友人瘗之古井。

孔繁同志此文，以简短的篇幅，从《訄书》论析章太炎的认识论，肯定"是唯物主义的"，并以之与辛亥革命以后章太炎的"主现唯心主义"区别开。这是对中国思想史研究的有益工作。

我手边没有其他资料，只能随录孔文论证，参以己见。

（2）依据孔文论证，表现在《訄书》中的章太炎的唯物主义观点，虽是"较为粗浅的"，但他一面继承了中国古代唯物主义的一些论旨和素材，一面又吸收了欧美近代资产阶级唯物主义的一些东西和科学常识。因此，它与中国前此的（就我所知来说）朴素唯物主义不同，而具有一定程度的近代特点。而对于中国传统的较原始的辩证观，他似乎没有去加以研究和继承。

在《訄书》中，关于物质和感觉的关系问题，章太炎从"人类"的视觉、味觉、嗅觉、触觉等，即所谓"缘天官"出发，肯定说：

> 黄、赤、碧、涅、修，广以目异，征、角、清、商、叫、啸、喎，于以耳异，酢、辛、甘、咸、苦、涩、隽、永，百旨以口异，芳、苾、腐、

殠、腥、螻、膻、朽以鼻异，温、寒、熙、湿、平、棘、坚、疏、枯、泽以肌骨异，是以人类为公者也。①

虽然以黄、赤、碧、涅之异，缘于人之眸子，可也。以目之眚者，视火而有青炎，因是以为火之色不恒，其悖矣。取歧光之璧流离，蔽遮之于白日，而白者为七色，非璧流离之成之，日色固有七，不歧光则不见也。火之有青炎，火者实射之，不眚目则亦不可见也。

大鱼始生卵割于海水，久渍而不知其咸。苟以是论咸味之无成极，而坐知咸者以舌嚛之妄缘，夫缘非妄也，虽化合亦有其受化者也。②

人日茹饮于酸素之内而不知其酸，及其食醋梅，则酢者觉矣。苟日寝处于醋梅而嘬之，虽醋梅亦不知其酢也，乃于醋梅者则知之。③

是故分剂有细大，而淡咸无乱味，以忘微咸者而设咸之达性，固不厌也。④

目之察色，不过墨丈寻常之间；耳之察清浊，不过一人之所胜。故制钟大不出钧，重不过石，过是则听乐而震，观美而眩。声一秒之动，下至于十六，高至于三万八千，而听不逮。日赤之余秥，电赤之余秥，光力万然蒸，而视不逮。⑤

余尝西登黄鹤山，瞻星汉阳，闪尸乍见，屑屑如有声。以是知河汉以外，有华藏焉，有钧天广乐之九奏万舞焉，体巨而吾耳目勿能以闻见也。以不闻见，毅言其灭没，其厌人乎！⑥

这些话，对章太炎思想主要说明了下面几个问题：一、章太炎肯定物质是第一性的，感觉是第二性的，客观世界及其属性，是不以人们的感觉如何为转移而独自存在的。在这个根本上，他站住了唯物主义脚跟。自然，在他还没有也不可能达到"认识世界"和"改造世界"的辩证关系的认识。二、章太炎认为，"人类"的感觉器官，即所谓"天官"的作用，是有限的，对客观世界

---

① 《公言》。
② 同上。
③ 同上。
④ 同上。
⑤ 同上。
⑥ 同上。

的感觉是比较狭小的、表层的，甚至是有错觉的。但人类能借助科学仪器，扩大和深入对客观世界的觉察，如人的肉眼所看日光是白的，透过三棱镜便可察觉其固有的七种颜色。但在这里，他没有也不可能达到实践对认识的决定性作用。三、他根据一些觉察，肯定客观世界是无限的，宇宙是没有穷极的，人类觉察到的星河体系以外，还有星河体系存在，地球以外还有地球——甚至是"钧天广乐之九奏万舞"的灿烂世界。这是一种大胆而可贵的推想。人类总有一天会解决这个问题。虽然，在章太炎还没有也不可能明确提出：人类对客观世界的认识，也是无限的。

如果这样深入下去，他就有可能成为一个系统的唯物主义者。

（3）章太炎《訄书》对我国古代进步思想家如荀卿、扬雄、桓谭、王充等人的若干论旨，是肯定的，并有所继承。

他对古代唯物主义者的某些观点也有批评。如孔文所引，他对管子和古代希腊某些唯物主义者批评说：

> 昔管子明水地，以为集于天地，藏于万物，产于金石，集于诸生，故曰水神。惟佗流士（希腊人）亦谓宙合皆生于水。海克德斯（希腊人）明神火，播于百昌，则为转化，藏于胸中，乾暵者为贤人，润湿者为愚人。此皆嵬琐于百物之秒枝，又举其秒枝以为大素，则道术自此裂矣。故曰滞于有形，而概念抽象之用少也。[①]

过细考察起来，还不能说，章太炎批评他们"举其秒枝以为大素"，"滞于有形，而概念抽象之用少也"，就可能滑向唯心主义。他批评他们认为客观世界的本源是"水"或"火"，是"嵬琐于百物之秒枝，又举其秒枝以为大素"，是"滞于有形"，未能运用科学理论以达于更高级的认识，但他在这里，并没有否认或反对客观世界最本源的东西是独自存在的物质。虽然，他在这里，并没有回答究竟是什么东西的问题。

章太炎也批评了颜元的经验主义。这在他的主观，似是在肯定通过感官从客观世界摄取的感性经验的基础上，强调理论研究和科学方法的重要性。这是有积极意义的。他说：

[①]《颜学》。

独恨其学在物，物物习之，而概念抽象之用少。①

夫不见其物器而习符号，符号不可用。然算术之横从者数也，数具矣，而物器未形，物器之差率亦无以跳匿，何者？物器丛繁而数抽象也。今夫舍谱以学琴，乃冀其中协音律，亦离于抽象，欲纤息简而数之也。算者，谱者，书者，皆符号也。②

这是他针对颜元下面的话而说的。颜元、李塨的颜学，很强调身体力行和实践，对那种完全脱离实际的宋明理学，尤其是程朱学派的抨击，是猛烈的、犀利的。颜元说：

诗书犹琴谱也，烂熟琴谱，讲解分明，可谓学琴乎？故曰以讲读为求道之功，相隔千里也。更有一妄人指琴谱曰，是即琴也，讲音律，协声韵，理性情，道神明，此物此事也，谱果琴乎？故曰以书求道，相隔万里也。③

今乎不弹，心不会，但以讲读琴谱为学琴，是渡河而望江也，故曰千里也。今目不睹，耳不闻，但以谱为琴，是指蓟北而谈云南也，故曰万里也。④

很强调实践正是颜学的一大特点，但颜元、李塨师生也并非否认书本知识。章太炎"舍谱以学琴"的评语，对一般经验主义者是恰切的，对颜学却是失当的。虽然，他基本上并非否认颜学，并同样肯定："夫不见其物而习符号，符号不可用。"因而，也不能认为他由此便可以滑入唯心主义。他强调理论研究和科学方法（近代资产阶级的科学方法），虽有着一定进步意义，但他没有也不可能对感性认识和理性认识的辩证关系、实践对认识的决定作用有真正的认识。

（4）章太炎的二元论观点或者说倾向，在《訄书》中也是存在的。孔文所引他以下的话，就表现了这种倾向。他为批评王充"圣人不前知，借于物而知"的唯物主义观点，虽然也承认"借于物而知，谓知圣人"⑤，但又不同

---

① 《颜学》。
② 同上。
③ 《四存篇》，第84页，古籍出版社。
④ 同上书，第85页。
⑤ 《订实知》。

意王充不承认圣人能"前知千世"、"后知千世"的论旨，却又说：

> 夫三统之复，文质之变，圣人以上知千世，下知千世，则不借于物矣。尧知稷契后皆王，周公知齐鲁强弱，孰与高祖之测吴濞犁五十年，故挈万祀之风教，而射之崇朝者，非圣哲莫能也。既知政教，又以暇游艺，借物以饲其姓名人地，则绿图幡薄自此作。①

> 夫孔子吹律而知其姓，占鼎折足而知鲁人之胜越也，亦若此矣。②

在这里，章太炎虽强把"吹律"、"占鼎"牵入推理范畴，又以所谓"知政教"、"暇游艺"、"借物"，作为"圣人""上知"、"下知"的超人的论据，但都无助于解脱他的神秘主义。在这里，他完全堕入了儒家伪造的圈套，也误信了孔子"夏礼"、"殷礼"、"周礼"、"百世"相因的自我夸大的说教。他这种神秘主义并表现为承认谶纬"知来"的作用，说什么"始遂假设，卒应于后"，"不悟理想虽空，其实力所掀动者，终至实见其事状，而获遂其欲求。"③正如孔繁同志所说，作为宗教神学迷信的谶纬，是绝不能与科学的假设相比拟的。特别重要的，章太炎既承认"圣人""借物而知"，又同时宣称"则不借于物矣"。这却不只是唯心主义倾向，而正是其二元论论旨的重要表现。他在《颜学》中又说：

> 观今西方之哲学，不斋万物，为当年效用，和以天倪，上酬其言，而民亦沐浴膏泽，虽玄言理学，至于浮屠，未其无云补也。

这不只混淆唯物主义与唯心主义的党派性，抹杀了两条路线的斗争，并认为佛道理学也"未见其无云补也"。这是离开唯物主义观点的论旨。

（5）章太炎在肯定物质第一性、感觉第二性的前提下，随在都强调判断、推理、概念等思维逻辑、或理论研究工作的重要性，例如他说：

> 夫物各缘天官所合以为言，则又譬称之以期至于不合，然后为大共名也。虽然，其已可譬称者，其必非无成极，而可恣膺腹以为拟议者也。④

在这里，他似是朴素地触到感性认识与理性认识的区别；但没有也不可能

---

① 《订实知》。
② 同上。
③ 《通谶》。
④ 《公言》。

提出和解决两者的辩证关系问题，更不能接触到实践对认识的决定作用问题。而他却从这里滑入了神秘主义和二元论。

1965 年 8 月 1 日

（载《中国哲学》1988 年第 14 辑）

陈天华《国民必读》所提出的
旧民主主义革命的若干论旨

（1963 年 12 月 18 日《光明日报》载李松年
《陈天华的〈国民必读〉》读后）

（1）李文引《民报》第二期《陈烈士天华小传》说："烈士所著书，其已成集者：《猛回头》、《警世钟》、《最近政见之评决》、《国民必读》、《最后之方针》、《中国革命史论》，皆曾风行一时；遗稿有《狮子吼》一种，其散见于他书，尚俟厘订。"其中，我多没见过和读过。

陈天华在革命同盟会中，在孙中山与黄克强之间是比较接近黄的；但他与黄不同，思想和主张都是较急进的。忆早年闻乡前辈与陈天华亦较接近的同盟会人物冷公剑曾说："陈天华谈革命的著作很多，可惜都找不到了"。"……是真干革命的，"甚至夸大地把他推到孙中山以上，这是不合事实的。

李文所叙述的《国民必读》一书的内容，实际包含了旧民主主义革命若干纲领性的要求和论旨，一般地说也确是较急进的。可惜我手边没有其他材料，不可能作系统、全面的探究。

（2）《国民必读》的反帝论旨，从多方面揭露帝国主义的侵略，关于帝国主义霸占中国的领土，李文叙述说：

沉痛地陈述了帝国主义瓜分中国领土，侵占中国主权的强盗行径。历数帝俄侵占东三省、旅顺、大连；英国侵占香港、威海卫和西藏；法国侵占广州湾；德国侵占胶州湾；日本侵占台湾、澎湖等等罪行。

帝国主义瓜分中国的势力范围的划分，陈天华愤怒地抨击说：

俄国指定长城以北，英国指定长江一带，法国指定云、贵、两广，德国指定山东、河南，日本指定福建、浙江为他们的势力范围，凡在各国势力范围内的，不准中国将其内地方、矿山、铁路让送人家。分明各认为己之所有了。

关于帝国主义掠夺中国种种特权，对中国财政（税务）、邮政、经济、军事、文化教育等等，实行野蛮残暴的支配，他说：

中国的海关永远用外国人作税务司，近今的邮政局也是由税务司兼理，各省的机器局都是外国人。……练兵权、教育权也渐渐落到外国人的手，近几年来，用人、行政的权也要问过外国。

他又以极其愤愤的心情，抨击美英等帝国主义凭借特权，极端野蛮残暴地歧视、压迫以至任意屠杀中国人民，中国人的生命财产毫无保障；他还抨击帝国主义对中国工人、华工的极端野蛮黑暗的压榨。例如，他说：

去年俄国水兵，在上海杀死周生有一案，俄国领事官不容中国官员会审。……美国所属的檀香山，有一万余人的中国街，死了一妇女，洋人谓是疫症死的，放火把全街都烧了。在美国作工的（华工）共有数十万人，美国屡议禁止上岸，非常的虐待。近南北美洲开矿的工人，也是英国从中国招去，受苦更甚，一日要死数人。

中国国民的身命财产，全没有保险的地方了。外国所养的鸟兽，侵害一毫不得；中国的国民，连鸟兽都当不得了。

这在实质上，是揭发了帝国主义各国宰割下的中国的半殖民地地位，呼起中国民族反帝革命的必要——中国民族和人民的生死存亡的问题。虽然，由于其阶级地位和历史条件的限制，他当时还没有也不可能这样明确地提出问题。

（3）《国民必读》对清朝的统治又是怎样看待的呢？首先，在帝国主义侵略和国家民族危亡的面前，他指出清朝政府即所谓"皇帝官长"、"官场"，成了出卖国家民族利益的帝国主义工具；李文叙述说：

陈天华还进一步指出：外国人在中国乱杀横骗，中国的官长不特不管，且帮着外国人欺压国民。"于今的皇帝官长，因懂得中国不是他们自己的，不甚爱惜，把土地主权，顺便送与外国。只图他们偷一日之安，全不顾及咱们同胞四万万人永远要为牛马，绝子绝孙"。作官的一心媚外，不尽保护国民之职……。

这里虽还夹杂着同盟会的满汉之界的狭隘观点；但他朴素地指出了清朝统

治的半殖民地性，却是比较深刻的、急进的。

他又进而揭发清朝在内政方面的腐败、专制残暴、祸国、贪污浪费，横征暴敛、倒行逆施，等等。《国民必读》说：

> ……练陆军无钱，复海军无钱，买枪炮无钱，兴工艺无钱，办新政无钱。皇太后每年修颐和园数百万，寿陵数百万，佛照楼五百万，正阳门八十万，其余随举一件，动要几十万，几百万……，那一点不是咱们身上的血。……

> ……咱们出一两，正用的不过十之一二，浮冒中饱十之七八，所以每年国家所收的总共不满八千万两，实则咱们出的不下六七万万两。……

> ……专制政体，国民全不能参与政治，全凭皇帝官长几个人，独断行为，红就红了，黑就黑了。国事任凭他弄坏到怎么样，国民说不得一句话。……中国尚守着专制政体，立即就要灭亡。

李文叙述说："《国民必读》用了不少篇幅迭次批驳了传统的皇权思想……"这就是陈天华的反清反封建的朴素思想和要求；虽然，他们没有也不可能明确提出"反封建"的口号，而只能提"推翻专制政体"、"驱除鞑虏"。

"推翻专制"、"驱除鞑虏"的革命往何处去呢？陈天华应其革命同盟会的纲领，宣扬了一个旧民主主义共和国的蓝图。在《国民必读》的开端，就对"国民"作了如次的解释：

> 没有国之时，一定必先有人民，由人民聚集起，才成了一个国家。国以民为重，故称"国民"。"国民"的讲法，是言民为国的主人，非是言民为国的奴隶。

陈天华自然不可能理解，也不会说明"国民"的阶级性。他所谓"为国的主人"的"民"，实际上也只是资产阶级。但他以"民为国的主人"、"国以民为重"与"君主专制"的"国"对立起来，并主张前者反对后者，在当时是有积极的革命意义的。他认为"国家"不是自有人民就已存在，而是先有了"人民"然后才产生"国家"的观点，也可能来自古代诸子著作的一种传统说法，即与儒家"三皇五帝""开天辟地"说相对立的说法，也是可贵的。像胡适等人，在中国已有了最先进的社会科学并对中国先史时代提出了科学的探究和结论以后，还在胡说什么从有了人类就有了阶级和国家。虽然，陈天华没有也不可能从阶级观点上来认识国家。

陈天华这段话的基本精神，在于抨击"君主专制"或"专制政体"，主张和宣扬"民主"或"民权"。这在当时，是比较适时的、有力的。所以，他又从这里提出资产阶级的民权要求，即革命同盟会"建立民国"的纲领所标示的目的；他呼吁人民起来斗争，对腐朽反动的清政府，起码"要尽力监察他，惩创他，命令他，禁止他，软弱一点不得，退让一点不得"。"咱们要想对付他们做皇帝官长的，一定要先拿出主意和手段来。……把咱们对他的义务，求一个相当的权利，这是主义"。其中心精神，则归结为"就另换一班人，来办国家的事"。如何才能达到这一个目的，在革命同盟会是并不含糊地主张通过暴力手段或武装起义，即革命战争。黄兴、陈天华等人也始终没有放弃这种活动。

陈天华在所谓"权利"和"义务"的资产阶级国家学说的旨趣下，李文叙述："为此著者提出八项权利和三项义务。""这八项权利是：一、政治参与权；二、租税承诺权；三、预算决算权；四、外交参议权；五、身命财产权；六、地方自治权；七、言论自由权；八、结会自由权。三项义务是：一、人人有纳税的义务；二、人人有当兵的义务；三、人人有借钱与国家的义务。"其中的"政治参与权"就是资产阶级的议会制。《国民必读》说：

> 由国民选举议员，把国民所想要的，向皇帝、总统面前要求。一切法律都要议院承认；议院没有承认的，即算不得法律。皇帝、总统不能脱离法律下什么命令，作什么事情。

他这里是包括资产阶级的君主立宪国和民主共和国的一般议会而说的。陈天华等人的革命行动和革命同盟会的纲领是"建立民国"。

（4）上面就是陈天华在《国民必读》一书中所提出和宣传的旧民主主义革命的纲领性的要求和主张。这本书虽然只是他们一种较通俗的宣传品，它和革命同盟会纲领的基本精神是一致的；只是同盟会纲领还有"平均地权"，不悉陈天华对此有无阐述？解决土地问题，在性质上，是属资产阶级革命范畴的问题。"平均地权"虽不能解决土地问题，却提出了这个问题。陈天华如对此未加阐述，便是一个很大的缺陷。

上述《国民必读》所提出的要求和主张，和其时保守、复古等反动派的主张、要求正相敌对，也是和改良派正相反对的。但他在民主政体或君主政体这一根本性问题上，也是当时资产阶级革命派与君主立宪派即保皇党间相互争论的一个严重问题，却没有完全划清界限，——至少在文字上是这样——，也是和陈天华自己在内的同盟会人物孙、黄等的行动相违反的。从前面所引的文字看来，在怎样实现其旧民主主义革命要求这一根本性问题上，即关于"革命转变"或"过渡"的问题上，他也没有完全和改良主义划清界限，存在着和平主义的倾向或杂质。虽然，这也是和陈天华自己在内的同盟会主干孙、黄等的行动相违反的。

1964 年 8 月 10 日

（载《史学集刊》1983 年第 3 期）

读张岂之《反对封建复古主义和在思想上的"一次大解放"——关于近代复古论与反复古论的一段历史考察》

(张文载 1964 年 2 月 28 日《光明日报》)

（1）岂之这篇不太长的论文，包罗若干较有说服力的资料，作了不少基本正确的论析，是一篇好文章。虽然，依据我的浅陋之见，似还有不够全面、深入的地方，也还有值得商榷之处。

所论析的"近代复古论与反复古论"的斗争，突出的表现了任何时代任何思想家都是为其所属阶级的政治服务，表现了哲学思想和政治观点、主张的不可分割性，同时也表现着：阶级立场的变化，思想、观点、主张也都随同变化。因此研究任何一个哲学家的世界观、认识论、方法论，都应同时研究其政治思想、主张及其适应性，更重要的，必须究明其阶级立场及其有无根本性的变化作为出发点和基本线索。

近代中国复古派的复古主义，是半殖民地半封建社会的地主、官僚买办阶级的东西，为帝国主义殖民主义和传统的封建主义（或者说半封建主义）服务的东西，并非典型的封建主义传统，乃是封建主义和买办主义的复合物，孔子和耶稣的混血儿。他们乞灵于历史上的"道统"和保守主义，不能不归结到唯心主义和宗教乃至三纲五常。斗争阵线很分明，不是站在或倾向于保守、反动的一边，就要站在或倾向于进步的、革命的阶级一边。从而对历史上的思想斗争也必然采取不同的态度，站在同情、维护历史上进步或革命流派、唯物主义流派的一边，或者就是同情和固执保守、反动流派、神学和唯心主义流派一边；不偏不倚的中间派是从来没有的。他们都不能不有其一定的阶级性、党派性。近代这两派的斗争，属于保守、反动派传统的直接继承者是"戴季陶主义"、蒋介石、陈立夫的"唯心论"和封建的买办的法西斯主义；属于进步的革命的传统的有生命力的、积极的、革命的因素，我们党批判地继承了下来。

（2）复古、反动流派在反对进步和革命的斗争中，以维护所谓"孔教"和儒学传统、维护三纲五常或"古昔之法制"，并不坚持所谓"专制"或"共和""民国"的政体、国体形式的区别，而他们的所谓"共和"或"民国"，乃是北洋军阀政府的"共和"或"民国"，袁世凯的共和党的"共和"乃至蒋介石的"中华民国"。张文引1913年《孔教会上大总统书》说：

"中国由专制一跃而为共和，上等社会之人，多预知将来共和之幸福，有过于专制万万者。而中下社会之人，尚多以为骇怪；乡里无知之徒，多以民国既成，古昔之法制、人类之纲常皆可废除，因而恣睢狷悍之风，突决破败之象，日甚一日，推原其故，由于人心无道德之标准。今此会成立，宣布圣道，使天下人心，其愚者亦皆知国体虽更，而纲常未废。"陈焕章等《向两院请定孔教为国教书》并说：

"今日国体共和，以民为主，更不容违反民意，而为专制帝王之所不敢为。且共和国以道德为精神，而中国之道德，源本孔子，尤不容有拔本塞源之事，故中国当仍奉孔教为国教"。他们表露的极明白，他们那种"上等社会之人"心目中的"共和"、"民国"，正是其所需要的半殖民地半封建的统治或政权。陈焕章等甚至大呼"以民为主，更不容违反民意……"。所谓"民"也正是他们那种"上等社会之人"，"更不容违反民意"就是绝不容违反他们"上等社会之人"所主张的"孔教会"的要求、旨趣。对那种狂决猛进、不可向迩的反封建浪潮，即认为"民国既成，古昔之法制，人类之纲常皆可废除，因而恣睢狷悍之风，突决破败之象，日甚一日"的，乃是违反"共和"、"民国"的"道德标准"，是"乡里无知之徒"。因此，大呼要拿"圣道"来约束这广大"愚者"，要他们也承认"国体虽更，而纲常未废"。一句话，反对一切改革和革命。帝国主义者看在眼里喜在心里，认为机不可失，便立即起来附和，由基督的口中唱出赞美"孔教"的调儿。这其中，具有代表性的，可列举美国传教士李佳白在孔教会的讲演："孔教于政治细目虽未详言，而其旨趣纲领，则宜永远保存。盖方法、形式或可以与时变通，原则精神不可改易。孔圣于二千年前，已为后世政治界立永久至善之信条，循行不失，自有进境。自君主民主，不过名目之分，无关宏旨，不论可也。……中国而欲改良政治乎？舍孔道莫由矣。"著名殖民主义豺狼、英国传教士李提摩太也急即出头宣布耶教与孔教"携手合作"（1912 年为陈焕章《孔教论》所作"序"）。这就是中国传统的封建主义文化与资本、帝国主义殖民主义文化同盟的宣言，封建的买办的文化的提纲，孔教与耶教合流的基本精神，在"洋务运动"派则表现为"中学为体，西学为用"论，蒋介石朝廷则表现为"戴季陶主义"、新生活运动纲领，等等。这个文化同盟的宣言"宏旨"也正是"晚清"专政朝廷、袁世凯的中华民国、洪宪帝国，到蒋介石的中华"党国"的根本性质的规定。父为华人母为夷人的辜鸿铭的思想以至梁漱溟、胡适等人的学术，都是这种文化的产物，陈焕章、尹昌衡等人的孔教论也是它的产物，如此等等。

反对戊戌"维新""变法"的慈禧派，是在这种反革命精神下进行的，处死辛亥革命的袁世凯及其 1914 年的《祀天典礼告令》、《祭圣告令》，是在这种反革命精神下进行和提出的，北洋政府教育部"通令各省于学校配置经学钟点"、参政院通令"广为颁奖忠孝节义"，蒋介石朝廷的"尊孔读经"，总而言之，反进步的保守主义、反革命主义、反共主义，等等，都是这种反革命同盟纲领在不同时期的具体执行和不同表现。

（3）复古、保守、反革命诸流派，又费尽心机、挖空心思，从传统的儒家思想中，去搜罗残叶败絮，觅取"纲常"等东西的永恒性说教，并尽量搬运宗教神学、唯心主义的反动论据。张文引述梁士质《孔教包有礼教、宗教、教育、教化诸义》中说："董子之请罢黜百家，独尊孔教，诚见乎自有孔教而后，则礼教、宗教、教育、教化诸义，无所不包，与其分门别户，致启争端，何如独定一尊，使学者不至迷于趋向乎？此董子之卓识也"。曾学傅在《中华民国宜禀孔圣经训》中说："至变者时也，不变者道也。道者何？率吾心之仁，而达于国家天下者也。仁即此心生生不息之理，天地人物'一以贯之'者也，而此心理之发生萌芽于孝弟，充极于参赞化育，故仁者之心，'亲亲而仁民，仁民而爱物'。盖仁其身以及人之身，仁其家以及人之家，仁其群以及人之群，仁其国以及人之国"。这表明他们一方面，只能复述"天不变道亦不变"之类的唯心主义观点；一方面只能搬弄"仁"、"心"、"理"、"孝"、

"弟"之类的唯心主义旧教条的旧解释，不能增加任何新的东西或发挥。只是由于中世纪封建主义已沦为封建买办主义，便不能不提出"至变者时也"一类油腔滑调。由于面对不可抗拒的革新力量的兴起和发展，乃从汉宋唯心主义旧仓库中搬弄些陈词滥调，妄图以此来混淆新旧界限，来反对革新。例如柯明义说："夫新旧，器物之名词，非思想之名词也。……道者，不可仪式，不可方物，范围曲成，穷变通久，无古今，亦无中外也"①。"道德之本体，其不变者也，弥纶天地，亘古常新者也。……道德之体云者，在哲学上为人类唯一之主宰"（《道德原论》）。堕落为保皇党的康有为，也在"以孔教与国教配天议"中说，"夫伦行或有与时轻重之小异。道德则有新旧中外之或殊哉？而今之新学者，竟嚣嚣然昌言曰：今方当以新道德易旧道德也。嗟夫，仁、义、礼、智、忠、信、廉、耻，根于天性，协于人为，岂有新旧哉？"直至 1929 年的时际，我还亲自多次听到王鸿一、夏溥斋等人关于"新旧"的类此说教。

这在他们，正是从宋明理学的世界观来曲说"纲常""道德"的永恒性、"常新"性，来麻痹"新"与"旧"的斗争，革命与复古、保守等反革命间的斗争。很明显，这也是适应于地主买办的阶级立场，而提出"与时轻重之小异"，即"变者时也"，"道德"以外的"器物"是可以变的，有"新旧"区别的。为适应帝国主义的要求，甚至无耻地大喊：要帝国主义支配下的半殖民地半封建的中国"仁其群以及人之群，仁其国以及人之国"等等。"仁人之群"与"仁人之国"即外国资产阶级的"群"和"国"是真的。"仁其群"和"仁其国"即中华民族的"群"的爱国主义的"国"，则是假的，只是陪衬。作为帝国主义工具的地主、官僚、买办阶级怎能"仁其群"和"仁其国"呢？近代和现代的中国历史也完全驳斥了这种说法。

（4）斗争是在进步的革命的派别与保守的复古的反革命的派别之间进行的。在共产党诞生和马克思主义者领导的新民主主义文化运动以前，即旧民主主义革命时期，由洪仁玕、魏源、龚自珍、谭嗣同、严复、康有为（戊戌以前）、孙中山、邹容、陈天华、章太炎（辛亥革命以前）以及李大钊、吴虞、鲁迅等为主相继进行的旧民主主义新文化运动的斗争，构成了进步的革命的诸流派。曾国藩、张之洞、郑观应，前面提到的保守、复古派人物，和戊戌变法

---

① 《新旧罪言》。

失败以后的康有为、梁启超，以及王国维、罗振玉都是属于复古、保守、反革命方面的诸流派。黄遵宪、包世臣、薛福成、容闳、邓绎、陈炽，"五四"以前的蔡元培等，以及戊戌以后的严复，辛亥革命以后的章太炎，都属于中间流派，他们在某个时期某些方面、某个问题上常倾向进步，另个时期、另些方面、另个问题上又常倾向保守。

两者间对现实的社会问题的论争，又扩展到对以往各派思想家评价的论争，并表现出明显的党派性。张文以章太炎《訄书》所包含的革命思想和"复古派"反对《訄书》的观点为例，论析了彼此间的斗争。张文肯定说：《訄书》洋溢着强烈的抗清革命意识。其中《原学》至《学业》三篇是概括叙述中国思想史源流演变的一组短论。……给予历史上曾经被封建卫道者目为"离经叛道"、"非圣无法"的进步思想以崇高的评价。章太炎这种论证，曾受到保守、反动派的诽谤和攻击。根据我以往研读的印象，论争是针锋相对的。张文列举夏志学在辛亥革命以后，还在章炳麟氏《訄书》书后中大肆攻击说："章炳麟……所著《訄书》，世多议其非圣无法，予近始得见之。……诋孔子，'声望过情'、'虚誉夺实'，以生民未有之圣，下置莽国师刘歆之列，则他人所不敢言。……章氏谓今世资于孔氏之言者寡，三纲五常，可一日去乎？彼以暗杀盗术为天下倡，盗则无资于孔氏之言也。"

我们今日看来，这在一方面，它正无异于肯定了《訄书》论评孔子的思想是革命的，正闪烁着《訄书》时期的章太炎的光辉；一方面，又正无异于公开表白了夏志学观点主张的反动程度，暴露了他们那班封建卫道者已无理可讲，专靠无耻谩骂过日子。张文又举出两者对王充的评价和论争，也是正相敌对的，《訄书》说："王充……作为《论衡》趣以正虚妄，审乡背，怀疑之论，分析百端，有所发摘，不避孔氏，仅得一人焉，足以振耻。"夏志学前引文说："王充作《论衡》有《刺孟》、《问孔》诸篇，并自纪述其父祖为乡里所鄙，而答以瞽顽舜神，鲧恶禹圣，非圣无法，非孝无亲，充实兼之。章氏称充'正虚妄'，……以颂法孔子为耻，以诋毁孔子为振耻，悍然能为此言，非特逮充，且驾充而上之矣。"

这和对孔子的彼此相反的评价和争论，具有相同的性质，都是围绕封建思想的老根子孔子而提出问题。夏志学说章太炎"非特逮充，且驾充而上之矣"，从章太炎所宣扬的旧民主主义革命的一些论旨说，这倒是确切的，虽然夏志学是从诽谤和攻击的角度说的。但是，章太炎对王充否认"圣人""上知千世"、"下知千世"的论旨的批评，却反而落到了王充后面。

《訄书》对于儒家正统颂孔、扬孟、抑荀的数千年相因袭的旧说相反，作了新的评论。对于孔子，他只给予"古良史也"的地位，并以之放到与刘歆相齐的地位说："孔子死，名实足以伉者，汉之刘歆"。对荀卿则推崇很高，说："荀卿死而儒术绝"。夏志学在同文中也恰恰与此相反，说：章氏谓"荀卿死而儒术绝……荀卿隆礼乐，杀诗书，以性为恶，以礼为伪，以秦刑法之治为至治，儒术之蠹也。"

荀卿是正与孔、孟相反的古代唯物主义者；对其时摇摇欲坠的旧领主制，与正在继起的新兴封建地主制的看法，也与孔、孟不相同，且有一种较朴素的发展观点。以章、夏为代表的两者间的这一争论，是有着党派性的深刻意义的。对王充以外的其他汉代思想家，《訄书》大力抨击了儒家所尊为"汉代孔子"的保守、反动的董仲舒，并集中抨击他的谶纬说和宗教神学，说："董仲舒以阴阳定法令，垂则博士，教皇也，使人人碎义难逃，苟得利禄，而不识远略，故扬雄变之以《法言》，《法言》持论至剀易。……"对进步的思想家扬雄、桓谭都是推崇的。这种争论是在其时进步、革命与保守、复古、反动两大流派间进行的；张文所举章太炎与夏志学只是各自流派的一种代表性的意见。

（5）这种争论，到"五四"运动前夜，李大钊、鲁迅、吴虞等为代表的革命派，在思想战线上的打击锋芒便更加尖锐、深刻了，力量更猛、更大了。其中又以李大钊为代表，例如他说："孔子为数千年前之残骸枯骨"。"尊之祀之，奉为先师，崇为至圣"。"遂非复个人之名称，而为保护君主政治之偶像"，"历代帝王专制政治之护持"（《孔子与宪法》）。"余之掊击孔子，非掊击孔子之本身，乃掊击专制政治之灵魂也。"[1] 在这里，他并进而对各种宗教神学和唯心主义实行总攻击，说："（他们）要皆以宇宙有一具有绝对理性、绝对意志之不可思议的大主宰，曰天、曰神、曰上帝，或绝对，曰实在、曰宇宙本源、曰宇宙本体、曰太极、曰真如，名称虽殊，要皆指此大主宰而言。""吾人以为宇宙乃无始无终自然的存在。"[2] 而又大力冲击"道统"与"纲常"

---

[1]《自然的伦理观与孔子》。
[2]《自然的伦理观与孔子》。

说："古今来之天经地义，未必永为天经地义，邪说淫词又未必果为邪说淫词"①。对历史上进步思想家与唯物主义者的评论，表现了更加鲜明、强烈的党派性，如说墨翟，"其论于中国古代哲学之价值，固不减于孔孟"②。王充《论衡·问孔》"具有大识力"，等等。

中国近代史上进步、革命各流派与保守、复古、反动各流派间，对古代思想上的论争，依前所述，基本上贯穿着反孔与尊孔，反对儒家正统与尊崇儒家正统、诋毁古代的进步思想家与唯物主义者，而以反对封建或维护封建为中心这样一条脉络。

1964 年 2 月

（载《中国哲学》1981 年第 6 辑）

---

① 《真理之权威》。
② 同上。

读赵宗诚《关于王安石的自然观》

（赵文载 1964 年 2 月 28 日《光明日报》）

（1）王安石是北宋时期代表中小地主阶层的改良派即新党领袖。在当时的历史条件下，他们的主张和所施行的政策，较之司马光、吕公著等保守派即旧党的主张和政策，是有进步性的。王安石为首的新党的主张和所行政策本身，也反映了农民及自由商人的一些要求。在其执政和推行改良政策的过程中，宋朝的财政和边防才开始有点起色的时候，他们就被旧党推下台。这表明在当时那种历史条件下，改良主义也不能和被容许解决任何问题。

王安石和其前驱者李觏，彼此的思想和主张，都有着一定关联。

王安石在哲学上的基本观点，早年编著《中国政治思想史》时，只粗略地探索过，未写成文字。他似是一面力图否定周敦颐唯心主义的《太极图说》，把所谓"太极"提高到《易传》的唯物主义观点；一面，由于其时阶级矛盾民族矛盾的复杂、尖锐和其实践的深入体念；还由于火药术、印刷术等科学技术的伟大创造发明，他又肯定并发展了周敦颐的朴素的辩证观。

（2）赵宗诚同志《关于王安石的自然观》，进行了有益的探索；在资料处理问题上，肯定《洪范传》是王安石前期的著作，《老子注》为其后期著作，我也认为是对的。自然，关于王安石思想的若干问题，还可更全面地、系统地作更加深入的探究。赵文提到的陈正夫同志的《王安石的自然观初探》一文，我似乎也读过，惜已记忆不清，通翻手边旧报，没找到《光明日报·哲学》389 期。

关于王安石的世界观，赵文论证他认为第一性的东西，即客观世界的本源，在前期为"太极"，后期为"道"。王安石说："夫太极者，五行之所由生"，"太极生五行"（《原性》）。"五行，天所以命万物者也"，"五行也者，成变化而行鬼神，往来夫天地之间而不穷者也，是故谓之行。天一生水，其于物为精，精者，一之所生也。地二生火，其于物为神，神者，有精而后从之者也。天三生木，其于物为魂，魂从神者也。地四生金，其于物为魄，魄者，有魂而后从之者也。天五生土，其于物为意，精神魂魄具而后有意。"（《洪范传》）王安石在这里，是依据中国早期唯物主义"五行"说的论旨，去对抗周敦颐的"理"、"气"说；《易传》的"太极"说论旨，去对抗"太极图"说。在《易传》，"太极生两仪"节，朴素地、笼统地认为自然界本源的"太极"，包含着"两仪"，即阴阳两个对立部分。而所谓"太极"则只是一个笼统的概念，所以周敦颐及其理学派，便以之曲说为精神。王安石对此，没有也不可能作确切的说明。因此，把他的所谓"太极"释作物质或精神都是可能的。但由于他是以之去否定"太极图"说的唯心主义，我们便可以认为王安石的出发点是以"太极"作为客观存在而提出的。

王安石把"精""神""魂""魄""意"与"水""火""木""金""土"看作是同时由所谓"太极"或"天"、"地"所派生，显然是二元论的。赵文认为，这是王安石"对于生命起源，特别是意起源的大胆假设"。虽容许作这样的设想，但不论王安石原意如何，在这里，他却没有跳出二元论的泥坑。不过王安石是极力想坚持和贯彻唯物主义的"五行"说，并从而给予所谓"太极"以唯物主义的解释。所以他又说："天播五行于万灵，人同备而有之。有而不思则失，思而不失则废。"（《原过》）"心生于气，气生于形，形者有生之本。"（《礼乐论》）"生物者气也，成物者味也。"（《洪范传》）因而他所谓"太极"似是与"气"以至"形"为同义语。如果这样，而不是把"气""形"等同于"五行"，不是把"太极"看作是超越于"气"、"形"之上，《洪范传》基本上便是表述唯物主义论旨的。

关于王安石所谓"道"，赵文叙述他在《老子注》里写道："'一阴一阳之谓道'，……道者，天也，万物之所自生，故为天下母。""道之荒大而莫之所岸"，"唯道则先天地而不为壮，长于万古而不为老。""道有体有用，体者，元气之不动，用者，冲气运行于天地之间。"又在《老子》一文说："道有本有末，本者，万物之所以生也；末者，万物之所以成也；本者，出之自然，故不假乎人之力而万物以生也；末者，涉乎形器，故待人力而后万物以成也。"

又《字说》说："冲气以天一为主故生水，天地之中也，故从中。"依上所引，王安石是想把《老子》的"道"看作唯物主义的东西，尤以所谓"元气"或"冲气"以释道，具有更重要的意义。而此，也正是和"理在道先"的唯心主义观点针锋相对。虽然，他所谓"元气之不动"，又给唯心主义开了后门。

王安石既认为"元气之不动"，因而便说："冲气运行于天地之间，……冲气为元气所生。""静为动之主，重为轻之佐，轻而不知归于重，则失于佐矣，动而不知反于静，则失主矣。""物之归根曰静，静则复于命矣。"赵文说得对，这是王安石"又向唯心主义妥协"。而此，又表现了他堕入了"老子"的圈套。

正由于由前期到后期，王安石思想的二元论倾向或唯心主义成分，晚年的诗作就完全陷入了唯心主义的空想、虚幻的境地。赵文录：

> 秋灯一点映笼纱，好读楞严莫念家；
>
> 能了诸缘如梦事，世间唯有妙莲花。
>
> 云从钟山起，却入钟山去。
>
> 借问山中人，云今在何处？
>
> 云从无心来，还向无心去；
>
> 无心无处寻，莫道无心处。

（3）王安石肯定了周敦颐的朴素辩证观；但他不是也不能由其"理气"等范畴进行论证，而又继承了《易》、《易传》、《尚书》及《老子》等的朴素辩证观，并作了若干重要发展——自然，他没能像王夫之一样，接触到历史发展的朴素观点。他在《洪范传》中说：

> 道立于两，成于三，变于五而天地之较具；其为十也，耦之而已。盖五行之为物，其时、其位、其材、其气、其性、其形、其事、其情、其色、其声、其臭、其味，皆为有耦，推而散之，无所不通。一柔一刚，一晦一明，故有正有邪，有美有恶，有丑有好，有凶有吉，性命之理，道德之意，皆在是矣。耦之中有耦焉，而万物之变遂至于无穷。其相生也，所以相继也，其相克也，所以相治也。……《洪范》语"道"与"命"，……道者，万物莫不由之者也；命者，万物莫不听之者也。

在这里，王安石杰出地揭发了万物的生成、发展、运动及其特性的由来的根据，都由于包含着一对矛盾即"耦"，并肯定"耦之中又有耦"，即矛盾中又包含着矛盾，"万物之变遂至于无穷"。这种"相生"、"相克"的矛盾斗争，体现了"万物莫不由之"、"莫不听之"的客观规律，即所谓"道"与"命"。这在中世纪思想史上，可说是较突出的，具有一定程度的深刻性和盖然地正确性的一种观点。但也正如赵文所论，他这种朴素的辩证观，缺乏关于对立面斗争如何转化，以及完成转化所必需的一定条件等等重要方面的论旨和论证。而此，不只由于其历史时代和阶级地位的局限，还正和其改良主义的政治立场相适应。由此可以理解，不是革命无产阶级，不可能表述辩证的革命观，不能完成唯物主义辩证法的发现。

在《老子注》中，王安石的朴素辩证观也急转直下了。例如他说：

> 盖有无者，若东西之相反而不可以相无也。故非有则无以见无，而非无则无以出有。

但又说：

> 有之与无，难之与易，长之与短，高之与下，意之与声，前之与后，是皆不免有所对待。唯能兼忘此六者，则可以入神；可以入神，则无对于天地之间矣。

这样矛盾调和了，"相反"的矛盾斗争成了"无对"或不存在了。斗争取消了，运动停止了，或者说"静为动之主"，"归根曰静"了。他作了重要发展的朴素辩证观消失了，又堕入了形而上学的泥坑。而此，也正是和他罢相以后，离开和忘却斗争，跪到"我佛"脚下相关联的，也和其"新党"及其重要人物如蔡京等都上升为特权大地主，但仍穿着"新党"外衣的保守分子（如所谓"六贼"）相关联的。也与他后期的唯心主义世界观相因应的，最主要的是和他所代表的阶级与改良主义立场分不开。

（4）梁启超说："公晚年益覃精推理，以求'道'本，以佛、老二氏之学，皆有所得，而其归于用世，有《读老子》一篇云。"（《王安石评传》）这不只在赞扬王安石的唯心主义与形而上学，赞扬其世界观和政治思想上的倒退与堕落，更重要的，则在于以之来为梁启超自己解颐。

1964 年 8 月 14 日

（载《吉林大学社会科学学报》1984 年第 6 期）

杨荣国《杨泉的唯物论思想》

(杨文载 1963 年 5 月 30 日《人民日报》)

(1) 荣国这篇短文，对杨泉思想的论证，是基本正确的。我过去没接触杨泉思想，这篇短文对我帮助尤多。微嫌不足的是，文章没有联系两汉至南北朝唯物主义和唯心主义的斗争过程，作进一步论证。依据荣国所引证的资料和论析，杨泉的唯物主义世界观，填补了由扬雄、桓谭、王充到范缜之间的一个空白，这是很重要的。

(2) 荣国考证：杨泉字德渊，魏末晋初吴人。著有《物理论》十六卷、《太元经》十四卷、文集两卷，均已不存。唐马总《意林》录《太元经》仅六条；其所录《物理论》，严可均说："仅前四条是《物理论》，其第五条至第九十九条乃《傅子》也。"孙星衍从《北堂书钞》等汇书辑有《物理论》一卷。

杨泉的家世及经历，荣国未论及，仅称杨泉对世家豪族无好感，引杨泉说："酉豪大姓，力强财富，妇女瞻侈，车两相追。"① 又称杨泉对黄巾军"有同情之意"。如他曾说，黄巾军"所至郡县无不从"。并称杨泉颇关心和颂赞手工业生产，如"写机织女工说：'伊百工之为伎，莫机巧之最长'，'应万机以布错，实变态之有章'，'足闲蹋躞，手习槛匦，节奏相应，五声激扬'。② 对手工艺工人，他赞扬说：'工匠之方规圆矩出乎心巧，成于手迹'，如没有艺工'睿敏精密，孰能著勋成形，以周器用哉?'③ 他所作《蚕赋》序言说：

---

① 《太平御览》卷五二六，《礼仪部五·祭礼下》。
② 《艺文类聚》卷六十五，《产业上》引《织机赋》。
③ 《太平御览》卷七五二，《工艺部·巧》。

古人作赋者多矣！而独不赋蚕，乃为《蚕赋》。① 蚕之为物，工巨大而化弘优，丝如凝膏，其白伊雪，以为衣裳②。蚕母之养蚕，则其用，岂徒丝蚕而已哉？"③ 可惜我手边无其资料，不可能进一步探索杨泉的阶级成分。

（3）在世界观上，对客观世界的本源问题，或什么是第一性的问题，杨泉提出了下面一些论旨，他说：

> 立天地者，水也；成天地者，气也。
>
> 水土之气，升而为天。
>
> 地有形而天无体。

后一条的含义，荣国引释说："那就好像烧柴一般，在柴的燃烧过程中，总是'烟在上，灰在下'；'烟'无形状，好比'天'；'灰'有形状，好比'地'。④""至于他说'立天地者水也'，这是因为他在会稽……时，有一次曾仰看南山，见云如瀑练，方数十丈'，声音有如石头相击；不久，'山下居民惊骇，洪水大至!⑤ 由是他得出'九州之外，皆水也'；得出'夫水，地之本也'的结论。⑥""又认为'水土之气'复'升而为天'，认为'吐元气，发日月，经星辰，皆由水而兴'⑦。""由于这，他又认为'月'为'水之精'，故'月有盈亏'，从而影响'潮有大小'。⑧

依此，杨泉的朴素唯物主义思想，是比较鲜明的。从这些资料所表明的观点和范畴，可以清楚地看出，他是继承了古代唯物主义《易传》、《洪范》"五行"说的某些观点和范畴，管子关于"水"的观点和范畴，尤其是王充的"元气"说。关于他认为"水"是客观世界最本源的第一性的东西，不只是由于其对古代唯物主义一些观点的继承，也由于他生长在东南水乡的朴素感觉和对自然的盖然性探索。"水土之气，升而为天"，则是"气之轻清者，上浮为天"的观点的发展。从而，杨泉确认"天"、"地"等等，是不以人们意志为

---

① 《太平御览》卷八二五，《资产部五·蚕》。

② 《艺文类聚》卷六十五，《产业部上》引《蚕赋》。

③ 《太平御览》卷八二五，《资产部五·蚕》。

④ 《太平御览》卷二，《天部二》。

⑤ 同上书卷五十九，《地部二十四·水下》。

⑥ 同上。

⑦ 同上。

⑧ 《北堂书钞》卷一五〇，《天部二·月四》。

转移的客观存在，世界是客观存在的物质。"天"、"气"……正是两汉以来，唯物主义派与董仲舒宗教神学及其唯心主义流派争论的中心问题。最重要而有战斗意义的，杨泉的论证，也是从根本问题上，驳斥了何晏、王弼等"天地万物"皆以"无为本"的"贵无论"的谬论，抨击"虚无"说之无稽。他说："夫虚无之谈，无异春蛙秋蝉，聒耳而已。"① 可惜遗著散失，不悉杨泉当时曾否在"有"、"无"的争论中，发表过像"崇有论"一类的论说。

关于所谓灵魂问题，并关涉到死和生、肉体和精神现象的一些问题，杨泉的论述也是唯物主义的。荣国引述说：

> 他说："人含气而生"的，自然"精（气）尽而死"。所以说"死犹渐也，灭也"……"譬如火焉，薪尽而火灭，则无光矣"……因之，"人死之后，无遗魂矣……不会有所谓鬼"。②

> "夫死者，骨肉归夫土"……"神而有灵"的话，"岂其守夫败壤，而系乎草莽哉?"③

这在基本上，可说是王充反神道迷信思想的继承，不过有某些发挥；同时，似还可以说，它又充任了其后范缜"神灭伦"的先驱。

因此，我认为，产生在当时的杨泉的唯物主义思想，是有着重要意义的。可惜我们今日已无法概见其全貌。

也正由于其遗著的散失，杨泉是否涉及到传统的朴素辩证观——"八卦"、"五行"等等——我们也无法知道了。

荣国又指出杨泉唯物主义思想的不彻底性，如他承认有"地祇"即"地之神"等④。这类杂质，不只在王充、杨泉等唯物主义思想中不能避免，而且是古代和中世纪所有唯物主义，严格地说，马克思主义产生以前所有唯物主义思想中都未能避免的。

（4）由两汉到南北朝，与其时复杂、尖锐的时起时伏、时张时弛的阶级矛盾、民族矛盾及其斗争形势的发展过程相适应，也形成了我国思想史上又一次"百家争鸣"的时期。从扬雄、桓谭、王充到范缜等的唯物主义与唯心主

---

① 《太平御览》卷六一七，《学部十一·谈论》。
② 《初学记》卷十四，《死丧第八》。
③ 《太平御览》卷五二六，《礼仪部五·祭礼下》引《清辞》。
④ 《初学记》卷第五，《地理上·总载地第一》。

义各派间的斗争，是它的主要内容。在这一哲学史的圆圈中，没有杨泉，好像有所空白似的。所以我认为荣国对杨泉思想的探究有重要意义。

1964 年 9 月 1 日

关于王充思想的阶级性问题

（童默庵《王充是农民阶级的思想家吗?》，载 1964 年
2 月 21 日《光明日报》；孔繁《关于王充思想的
评价问题——与童默庵同志商榷》，载 1964 年
3 月 27 日《光明日报》）

（1）童、孔两同志的这类讨论，我认为有助于把中国思想史研究引向深入。从两位同志的文章看来，似是都不只看过王充的全部著作，并参阅了某些有关的资料。这是很好的。据我看，孔文有不少论点，基本上贯彻了马克思主义的历史主义精神；童文在有些论点上，似是偏执一些。

童文开首便指责："多数研究王充思想的作者，都肯定王充是农民阶级的思想家①。但最近我联系着王充生活的时代，对他的思想进行全面剖析后发现，觉得说王充是农民阶级的思想家是有困难的。"又说"王充首先是一地主阶级的正统思想家，""王充的祥瑞说就比一般的谶纬说更进一步把汉朝统治绝对化、神圣化了。"等等。但"并不否认他在哲学思想方面的成就"。

关于王充思想的阶级性即党派性，包括他的世界观和政治观点、主张，都是可以而且应该继续地、深入地进行讨论。目前大家的意见，都只是初步探索的结论。首先论证王充是唯物主义者和认为他是"农民阶级思想家"的，都是我。拙著《中国政治思想史》，是在 30 年前与陶希圣及托洛兹基派作斗争时写的，由于水平和条件的限制，有不少论证存在比较朴素不够细致、全面的

① 见吕振羽著《中国政治思想史》；侯外庐等著《中国思想通史》；关锋著《王充哲学思想研究》；郑文著《王充哲学思想初探》及其他一些文章。

地方。但除对个别思想家的估价（如认为荀卿为唯心主义者，柳宗元为二元论者，张载为唯心主义者）须重新论证外，基本上，至今还自认为正确，基本线索是贯彻阶级观点的。另外，其他不少同志不只对王充思想的阶级性问题，而且对中国全部思想史研究的若干重要问题，都不谋而同地与我达到相同的或者较接近的结论，这又增强了我的信心。

童文似乎也肯定王充是唯物主义者；但又认为他在政治上比宗教神学的董仲舒还保守、反动。这从我们的党派性说来，从保护和批判地继承哲学史上的唯物主义（及辩证法观点），揭露、抨击唯心主义（及形而上学）说来，也是值得考虑的。"联系王充生活的时代，对他的思想进行全面剖析"，如果所谓"时代"，意味着当时的社会结构和阶级关系及其历史过程，这是完全对的；为要作到这一点，希望默庵不断努力。

（2）王充的唯物主义有无唯心主义杂质呢？他在政治上有无保守观点和消极成分呢？从王充"生活的时代"和其阶级地位（不论是代表农民阶级或中小地主阶层，抑或其他）说来，都是不可避免的。在两汉社会形势下，作为唯物主义者的王充，挺立起来，与宗教神学进行斗争，是有重要贡献的。他继承了"八卦"哲学、"五行"哲学以来，又经过墨翟等人发展的唯物主义，并又作了重要发展，有其不可磨灭的功绩。但他没有把"八卦"、"五行"、"阴阳"以及首尾倒置的"老子"的朴素辩证观继承下来，也就是说，他为了反对"阴阳五行"的谶纬说，却把那早先借这种形式表达的朴素辩证观也丢掉了——虽然，他的古不如今的进化观点，也包含有朴素辩证观的一些因素——而陷入了形而上学。这也不能不促使其唯物主义夹入唯心主义杂质和其他消极因素。

问题要看，两汉时代思想战线上、阶级关系上的主要问题何在？王充在那些问题上作了什么、起了什么作用？哲学史研究者，必须沿着阶级观点的基本线索，历史主义地从其存在的时代去评价，还其以历史的本来面目，批判地吸取其积极因素来丰富马克思主义哲学。

西汉时代，思想战线上笼罩着一块乌云，是大巫师，即所谓"汉代孔子"董仲舒的宗教神学及其派演的经今文学、与经今文学相争吵的经古文学等流派。政治上，豪贵地主（后汉并集中为外戚、宦官、豪贵）为中心的统治集团，左右朝政、武断乡曲、操纵货殖、兼并豪夺……横行霸道，倒行逆施。王充在这两个问题上，和对封建统治的根本大法"三纲五常"的问题上，不容否认，都进行了斗争，对时代起了前进作用的。

王充《论衡》的锋芒，主要是针对董仲舒宗教神学及其经今文学等唯心主义流派而发的。关于王充的唯物主义世界观，30 多年来已论析明白。王充对谶纬符瑞说的态度，是在章帝白虎观会议集群儒纂成《白虎通义》气焰嚣张的情况下，向它进攻的。童文是怎样论评这个问题的呢？他说：

> 吉验祥瑞是多种多样的，不必尽同。儒生认为只有麒麟出才是祥瑞。王充以为这样解释太狭隘了，不足以表明汉的大德。于是提出"验见非一，或以人物，或以祯祥，或以光气。"① "夫帝王瑞应，前后不同，虽无物瑞，百姓宁集，风气调和，是亦瑞也"②。

> 汉朝是一个祥瑞倍出的"圣世"，……在《讲瑞》、《宣汉》等篇中，列举了汉代累出的麒麟、甘露、醴泉、神雀、白雉、紫芝、嘉禾、黄龙、鸾鸟等瑞，倍五帝三王。结论是"德惠盛炽，故瑞繁夥也。自古帝王，孰能致斯！"

列出这类材料，对深入、全面地探索王充思想是有益的。默庵在这里，则在于说明王充比董仲舒之流的儒家还反动、保守。为证实他自己的论点，还搜罗了王充下列一些话。

> 凡人禀贵命于天，必有吉验见于地。见于地，故有天命也。③
> 盖天命当兴，圣王当出，前后气验，昭察明著。④
> 皇瑞比见，其出不空，必有象为，随德是应。⑤
> 德洽而众瑞凑。⑥

并认为王充下面的话，是"以'大人与天地合德'，代替天人感应说"，引王充说：

> 夫大人与天地合其德，与日月合其明，与四时合其序，与鬼神合其吉

---

① 《吉验》。
② 《宣汉》。
③ 《吉验》。
④ 同上。
⑤ 《验符》。
⑥ 《讲瑞》。

凶。先天而天不违，后天而逢天时。如必须有天有命乃以从事，安得先天而后天乎？以其不待天命，直以心发，故有先天后天之勤；言合天时，故有不违奉天之文。①

上天之心，在圣人之胸；及其谴告，在圣人之口。不信圣人之言，反然灾异之气，求索上天之意，何其远哉？世无圣人，安所得圣人之言？贤人庶几之才，亦圣人之次也。②

必须肯定，这里揭露了王充思想的不少杂质。这也应促使我们怎样去理解这种杂质。同时应看到，其一，王充为什么自相矛盾地说那些话和那样说？他不是说：《验符》等篇有"造作"、"须颂之言"，为期"免于罪"么③？欧洲的中世纪不是常有反神学的进步思想家被教廷及诸侯处死么？其二，《论衡》中的那些话，如对于所谓"圣人"的看法，为什么与它对"圣人"的否定，尤其是所谓"上知"、"下知"、不"借物而知"说的论旨正相反对呢？那究系引自他人之言或他书，并非以之表达本意或什么呢？其三，《论衡》中那些话所包含的真意，究竟何在呢？他不是说："百姓宁集，风气调和，是亦瑞也"么？"不待天命，直以心发"，"上天之心在圣人之胸；及其谴告，在圣人之口"和"世无圣人"么？这类话的真意何在呢？自然，我们不须替古人曲为解释，但也不应任意把古人抹黑。

于此，王充的中心论旨何在呢？就孔文所引：

文王当兴，赤雀适来；鱼跃鸟飞，武王偶见。非天使雀至白鱼来也。④

文武之卒，成王幼少，周道未成，周公居摄，当时岂有上天之教哉？周公推心合天志也。⑤

孔文还叙述说："例如在《吉验》篇中，他承认的汉高祖刘邦之母与神龙交合而生刘邦的神怪传说，在《奇怪》篇中则作了尖锐的批判。他以一般常识证明子性应类父，异类不能交接，高祖不像龙，人与龙不能交接……他把凤

---

① 《初禀》。
② 《谴告》。
③ 《对作》。
④ 《初禀》。
⑤ 《谴告》。

凤麒麟归入鸟兽，把紫芝归入野草，嘉禾归入禾稼，把醴泉归为泉水之一种，甘露归为及时雨，否认祥瑞的神秘性。并且应当指出，即使在《讲瑞》、《宣汉》等篇中，其内容也并不全是错误的。如在《讲瑞》篇中，他就指出：'凤凰、麒麟与鸟兽等也。''嘉禾、醴泉、甘露，嘉禾生于禾中，与禾中异穗，谓之嘉禾；醴泉，甘露出而甘美也，皆泉露生出，非天上有甘露之种，地下有醴泉之类，圣治公平而乃沾下产出也。蓂荚朱草，亦生在地，集于众草，无常本根，暂时产出，旬月枯折，故谓之瑞'。"王充又指出"（祥瑞）亦有未太平而来至也。"① "衰世亦时有凤麟。"② "谓凤凰诸瑞有知，应吉而至，误矣！"③ "圣主治世，期于平安，不须符瑞。"④ 这是王充对谶纬家所假借、捏造的一些自然现象、事象及无所有的臆说，在唯物主义传统、当时科学技术水平的条件下，所作的强有力的驳斥；在当时那样的政治压力和思想统治（如定儒学于一尊，等等）情况下，敢于对谶纬说正面地奋力进攻，正表明了王充的战斗精神和英勇气概。

董仲舒及其流派，是以儒家正统面目登场的（自然，经古文、今文两派又各以左氏或公羊春秋为本而互争正统）。两汉朝廷，把董仲舒尊作"汉代孔子"不是偶然的。王充等人，为对董仲舒宗教神学及其唯心主义各派作深入而有力的斗争，就不能不从孔孟那里挖老根。因此，王充挺起胸脯，大声地、尖锐地喊出"问孔"、"刺孟"等呼声。这在当时是颇不容易的。孔文也叙述说，在两汉，"社会上形成对孔子'好信师而是古，以为圣贤所言皆无非'⑤的偶像崇拜的风气。……王充揭露孔子之言，'上下多相违，其文前后多相伐者。⑥ ……'诚有传圣业之知，伐孔子之说，何逆于理？'⑦ 孔子悲其道不能行，发出'欲居九夷'的牢骚，王充则批评说：'夫中国不行，安能行于夷狄？'⑧ 他批评孔子，'实不欲往，志动发言，是伪言也。'……他甚至引用孔

---

① 《讲瑞》。
② 《指瑞》。
③ 同上。
④ 《宣汉》。
⑤ 《问孔》篇。
⑥ 同上。
⑦ 同上。
⑧ 同上。

子批评子路'是故恶夫佞者',说'孔子、子路皆以佞也。'① 王充还引用《论语》记载的其他言行证明,'孔子之仕,不为行道,徒求食也。'并说:'儒者说,孔子周流应聘不济,闵道不行,失孔子情矣。'《问孔篇》……王充对孟子贬得更低,在《刺孟》篇中,他尖锐地批评孟子:'论不实事考验,信浮淫之语,不遇去齐,有不豫之色,非孟子之贤效,与俗儒无殊之验也。'"以上孔文的引论是有力的。

王充从批评孔、孟,归结到抨击董仲舒为首的汉儒。他对孔、孟并不一笔抹煞,尤其对孔子,不只可能为期"免于罪",更重要的,正是他的阶级和思想所表现的局限性。

对儒家抓着"美新"弱点力加非难的扬雄,光武责骂为"非圣无法"的桓谭,王充则力予赞扬,例如《超奇》篇说:"近世刘子政父子,扬子云,桓君山,其犹文、武、周公并出一时也。"其所以对刘向、刘歆父子评价颇高,可能由于肯定他们学问渊博之所致。对扬、桓,是累加称道的;这可能是自觉不自觉地表现了唯物主义的党派性,或者说由于他们之间若干观点论旨的共同或接近。

(3)王充对构成汉朝统治集团的豪贵大地主阶层的态度是怎样呢?先看看默庵的看法和引证。他说:"在王充看来,东汉王朝是完好无缺,必须歌颂的。他痛斥那些挑剔汉统治的毛病或歌颂不力的儒生为'俗儒'、'拘儒'、'盲嗜之儒'……。并声明'非以身生汉世,可褒增颂叹,以求媚称也。核事理之情,定说者之实也。'②"并从而论断说:王充"著作的目的完全是为了歌颂汉帝,宣扬'汉德',维护汉统治。"为证实这一论断,又引了王充下面的话:"今上即命,未有褒载,《论衡》之人,为此毕精,故有《齐世》、《宣汉》、《恢国》、《验符》。③

"古今圣王不绝,则其符瑞亦宜累属。符瑞之出,不同于前,或时已有,世无以知,故有讲论。俗儒好长古而短今,言瑞则渥前而薄后。是应变而定之,汉不为少。汉有实事,儒者不称。古有虚美,诚心然之。信久远之伪,忽近今之实,斯盖三增九虚,所以成也。能圣、实圣,所以兴

---

① 《问孔》。
② 《宣汉》。
③ 《须颂》。

也。儒者称圣过实，稽合于汉。汉不能及，非不能及，儒者之说，使难及也。实而论之，汉更难及。谷熟岁平，圣王因缘，以立功化，故《治期》之篇，为汉激发。治有期，乱有时，能以乱为治者优；优者有之。建初孟年无妄气，至圣世之期也。皇帝执德，救备其灾，故《顺鼓》、《明雩》，为汉应变。是故灾变之至，或在圣世。时旱祸湛，为汉论灾。是故《春秋》为汉制法，《论衡》为汉平说。"①

由此，童文又进而论断王充"为汉统治献计出谋"，为此，又引证王充下面的话："又闵人君之政，徒欲治人，不得其宜，不晓其务，愁精苦思，不睹所趋，故作政务之书"。②

"政务言汉民之道。""为郡国守相，县邑令长，陈通政事，所当尚务，欲令全民立化，奉称国恩。"③

童文又进而说："（王充）作《备乏》、《禁酒》为统治者防患于未然"，只差一点没有把王充描绘为镇压革命农民的刽子手。为此，又引了王充下面一段话："建初孟年，中州颇歉，颍川、汝南，民流四散；圣主忧怀，诏书数至。《论衡》之人，奏记郡守，宜禁奢侈，以备困乏，言不纳用，退题记草，名曰《备乏》。酒糜五谷，生起盗贼，沉湎饮酒，盗贼不绝，奏记郡守，禁民酒，退题记草，名曰《禁酒》。"④

同样应该肯定，类此，也都是王充思想的消极面的东西，揭露出来，有助于对王充思想全面、深入的了解。王充自己虽然说过，"《论衡》实事疾妄。齐世宣汉，恢国验符，盛褒须颂之言，无诽谤之辞，造作如此，可以免于罪矣。"⑤ 这种解释，实质上也是消极的东西。不过也应看到，就是在他的这类消极的东西中，也不是全不包含积极因素。首先，他仍坚持反对儒家，反对复古主义，宣扬今胜于古的观点。这与他在《齐世》篇所论证的"朴"、"文"等等方面的演化、发展观点，是相通的。其次，他也揭露了汉朝政治"不得其宜，不晓其务"。又次，他又揭露了豪贵地主、官僚不顾人民困苦，"奢

---

① 《须颂》。
② 《自纪》。
③ 《对作》。
④ 同上。
⑤ 同上。

侈"、"糜五谷"、"沉湎饮酒"等倒行逆施行径，"生起盗贼"，并已逼成"盗贼不绝"……。同时，在当时的历史条件下，"禁酒"、"备乏"是于劳动人民有利的。这和他的"转谷炊赡，损邦济邦"、"贬食节用，务啬劝分"是相通的。同时，我们对这些方面，也不须曲为解释，也不容夸大一面，甚至夸大次要，无视主要和全面。

在这些问题上，王充的真意何在呢？对此，我也认为孔繁同志的引证是有力的。孔文说："《累害》篇中，王充指出：'乡里有三累，朝廷有三害。在《答佞》等篇中，攻击当时的官僚贵族为佞人，指责'庸庸之君，不能知贤；不能知贤，不能知佞，'使佞人得以充斥朝廷，尸位素餐。在《逢遇》篇中批评：'籍孺幸于孝惠，邓通爱于孝文，无细简之才，微薄之能，偶以形佳骨娴，皮媚色称'。……在《程材》篇，王充对于贵族官僚的残酷情况，有更生动的揭露，他指责那些官僚：'无篇章之颂，不闻仁义之语，长大成吏，舞文巧法，徇私为己，勉赴权利，考事则受赂，临民则采渔，处右则弄权，幸上则卖将，一旦在位，鲜冠利剑，一岁典职，田宅并兼'。……在《遭虎》篇，他形容当时官场的贪污腐败情况：'按世清廉之士，百不能一。居功曹之官，皆有奸心私旧，故可以幸，苞苴赂遗，小大皆有。'"

这是对从汉朝朝廷、各级官府、官僚到乡曲豪贵的无情抨击和揭露。在后汉朝，商人地主是极嚣张的、苛刻的。王充抨击说："富家之商，必夺贫室之财"①。对豪贵享受特权，把持仕途，王充抨击说："才高行洁，不可保以必尊贵；能薄操浊，不可保以必卑贱。"他还奋力挖掘君权神授说的根子，说："天能谴告人君，则亦能故命圣君，择才若尧舜，受以王命，委以王事，勿弗与如；今则不然，生庸庸之君，失道废德，随谴告之，何天不惮劳也？"②

王充对汉朝统治的态度和看法，孔文引证的论旨，应是其主要方面。在后汉那样的专制淫威下，他的不少论断都是比较激烈的、大胆的。也正由于这样，为"期免罪"，反而又夹带着较多的消极的东西。

我手边没有其他材料，所以大量、也只能复录童文和孔文的引证；两文的引证，看来各从相反方面从《论衡》作了全面而细心的搜集，但仍只能作为

① 《偶会》。
② 《自然》。

例证看。

（4）再进而看看王充对"三纲五常"这一封建统治的根本问题是如何看待的。在这个问题上，同样是精华与糟粕相杂的。一方面，诚如童默庵同志所论，王充是有不少糊涂观点的。如说："国之所以存者礼义也。民无礼义，倾国危主。""以旧礼为无补而去之，必有乱患。"① "治家则亲戚有伦，治国则尊卑有序。"② "是故王法不废学校之官，不除狱理之吏，欲令凡众见礼义之教。学校勉其前，法禁防其后。……不患'性恶'，患其不服圣教。"③ 这其中，是同于封建地主阶级及其代言者儒家的立场说话似的。如果这是他关于"三纲五常"的主要或基本论旨，那么便是为地主阶级说话的。如果这不是其主要的或基本的东西，那么如果认为一个两千年以前的非地主阶级进步思想家，能对"三纲五常"的本质有所认识，而能予以彻底反对，也是不能想象的。

王充并非同儒家一样看待纲常，而是作了一定程度、甚至是重要的揭发和批判。孔文引述说：

> 他认为礼义附属于财富。因此他说："匮乏无以举礼，羸弱不能奔远。……是故百金之家，境外无绝交；千乘之国，同盟无废赠，财多故也。使谷食如水火，虽贪惏之人，越境而布施矣。故财少则正礼不能举一，有余则妄施能于千家。家贫无斗筲之储者，难责以交施矣。"④

> "……谷足食多，礼义之心生；礼丰义重，平安之基立矣。"⑤ ……他对于孔子的"自古皆有死，民无信不立"的唯心主义道德观进行了批判。他说："使治国无食，民饿弃礼义，礼义弃，信安所立？《传》曰：'仓廪实，知礼节，衣食足，知荣辱'，让生于有余，争生于不足。今言去食，信安得成？……'去信存食，虽不欲信，信自生矣。'⑥"

这是王充对"礼"、"义"、"信"……的唯物主义的解释，也是其对儒家

---

① 《非韩》。
② 《定贤》。
③ 《率性》。
④ 《定贤》。
⑤ 《治期》篇。
⑥ 均《问孔》篇。

幽灵孔子的抨击；虽然是较朴素的，在当时却是有积极意义的。这也就是对纲常的进攻。所谓"礼"就是纲常所维护的骨架，等级制度的体现；"义"是"礼"所由以建立起来的封建原理；"信"在封建伦理的范畴中，维系封建领主（或地主）间，或封建统治阶级内部关系的信条（他们对于被统治阶级是用不着这一信条的；对被统治阶级提出，也只是一种欺骗，只是作为行使统治的辅助手段）。王充的这种论点，在当时，也可算是大胆的。实际上，他否认了"礼"、"义"、"信"等东西的合理性。再看他对"忠"、"孝"的看法。"忠"、"孝"是封建伦理的核心，两汉朝廷尤大肆宣传，叫嚷要"移孝作忠"，并大张"以孝治天下"的标签。王充对此，采取什么态度呢？孔文引证他说：

> "父兄不慈，孝弟乃章"；"主不悖惑，忠节不立"；"如无父兄，父兄慈良，无章显之效，孝弟之名无所见矣。"[1]"龙逢、比干忠著，夏殷、桀纣恶也。"[2]

可见他对封建伦理核心的"忠"、"孝"也是否定的。在当时，对"三纲五常"能提出这样的论旨和论纲是很不容易的，也不是封建地主阶级的人物所愿意和敢于提出的。

不容否认或忽视，王充对封建纲常的论旨和论纲，在当时是有不小进步意义，也表现了他的一种反抗精神。"三纲五常"是中国封建统治的纲领，是封建领主或地主阶级各阶层所共同依靠和维护的。我所以认为王充思想不是代表中小地主，不只由于他的出身，更重要的，是由于他的类此思想的性质和唯物主义。但也不容否认，王充思想包含有中小地主的不少思想成分和要求，或者说，他们的特点。究竟它的主要倾向何在？还可以进一步探究。并愿童默庵、孔繁两同志继续努力。

1964 年 8 月 22 日

---

① 《定贤》。
② 《定贤》。

读报随笔之三

关于历史研究方法的一些问题

关于历史主义和阶级观点
问题的争论

（1）年来关于历史主义与阶级观念问题，历史学界进行了有益的讨论，不少青年史学工作者参加了讨论，发表的文章，有不少写得很好；讨论中，展开了有益的争论和论证，逐步把问题引向深入，使大家得到提高。一般地说，大家在理论原则上，对经典著作，似都给予了较大的注意和探索，这是很好的。虽然，不能说，每个人对经典著作的精神实质，都掌握得很好了，而是在某些方面也还存在问题的。另方面，结合具体历史，即通过历史自身的具体过程、具体面貌，进行步步深入的讨论、分析，似还比较地不够，甚至有不够重视的情况。这就不能不影响问题的更加深入展开，也不能不影响所作论证的说服力。

目前讨论的问题，大多围绕着历史主义和阶级观点的涵义及相互关系、历史主义或阶级观点在历史唯物主义体系中的地位，等等。迄今为止，一般都肯定历史主义或阶级观点都是属于历史唯物主义体系内的问题，而不是外于它；问题只是其在历史唯物主义体系中各自的地位问题。肯定不是在历史唯物主义以外另有所谓阶级观点或历史主义，这是很重要的。马克思主义历史科学，只是历史唯物主义，正如列宁所说：历史唯物主义是马克思主义社会科学的代名词。这是没有争论余地的。

（2）阶级斗争学说，阶级分析法或阶级观点，是历史唯物主义的核心，是马克思主义历史科学的基本线索。阶级社会各个历史阶段，主要敌对阶级间的矛盾是社会基本矛盾或主要矛盾，是社会前进的内在基本动力。主要敌对阶级矛盾的对立统一及其转化——在斗争的绝对性和同一的相对性的基础上——

构成那一社会阶段的历史发展及飞跃到较高级的社会的基本动力。奴隶制时代的奴隶与奴隶主、封建制时代的农民与封建主、资本主义时代的无产阶级与资产阶级的阶级斗争，都是如此。这确证了阶级社会历史的全部过程及其各个阶段，都没有、也不可能有例外。

阶级社会的一切社会问题、社会现象，无不围绕着构成其时社会主要阶级间的关系和斗争，而渗透阶级的性质。产生其时那些阶级的生产和交换关系，生产力与生产关系之间矛盾的对立统一的生产方式，社会构成，无不如此；建筑于其上的社会意识形态的东西，也莫不如此；而一切政治方面的东西，则是其直接表现。从而表现为基础与上层建筑之间构成着矛盾的对立统一的关系。经典作家说过：

> 一个社会中一部分人的意向同另一部分人的意向相抵触，社会生活充满着矛盾，历史上各民族之间、各社会之间以及各民族、各社会内部经常进行斗争，革命时期和反动时期、和平时期和战争时期、停滞时期和迅速发展时期或衰落时期不断更换，这些都是人所共知的事实。马克思主义给我们指出了一条基本线索，使我们能在这种看来迷离混沌的状态中找出规律性来。这条线索就是阶级斗争的理论。[①]

> 阶级斗争理论所以是社会科学取得的巨大成就，正是因为它十分确切而肯定地规定了把个人因素归结为社会根源的方法。[②]

> 不仅指出过程的必然性，并且阐明正是什么样的社会经济形态提供这一过程的内容，正是什么样的阶级决定这种必然性。[③]

> 每一历史时代主要的经济生产方式与交换方式以及必然由此产生的社会结构，是该时代政治的和精神的历史所赖以确立的基础，并且只有从这一基础出发，这一历史才能得到说明。[④]

马克思也说过："这种相互斗争的社会阶级，在每一特定时期都是生产和交换关系的产物。一句话，都是自己时代经济关系的产物。"因此，不论阶级社会的任何历史阶段的任何社会问题、社会现象，离开阶级分析法，都是无从

[①]《列宁全集》第21卷，第39页，人民出版社，1959。
[②]《列宁全集》第1卷，第388页，人民出版社，1959。
[③]《列宁全集》第1卷，第379页，人民出版社，1959。
[④] 恩格斯：《〈共产党宣言〉1888年英文版序言》。

理解、无法揭露其内部联系的。

阶级社会各个历史阶段及其各个侧面，从其矛盾斗争的过程，量变质变的过程，否定之否定的过程，等等，无不是围绕着主要敌对阶级间矛盾的对立统一及其转化，并反映着阶级间的关系、性质及其变化。在人类社会的全部历史过程中，在阶级社会过程中，无论从构成社会生产力的生产者阶级自身的发展变化，生产手段的发展变化，构成生产关系的社会诸阶级及各种因素的发展变化，生产力和生产关系的矛盾过程中的发展变化，以及上层建筑的发展变化，等等，也无不反映其时社会阶级矛盾发展过程的关系性质及其变化。

因此，在阶级社会的各个历史时代，不论任一时代的任何过程、侧面，任何社会现象、问题的发展、运动的过程、变化，离开阶级分析法，都是不可能理解的，不可能揭露其发展规律的。

所以说，阶级分析法，是我们研究历史的基本线索。列宁说：

就必须牢牢把握住社会阶级划分的事实，阶级统治形式改变的事实，把它作为基本的指导线索，并用这个观点去分析一切社会问题。[①]

这说明了阶级分析法的重要；但是，它决不等同于历史唯物主义，而只是历史唯物主义的核心，它不能包括历史唯物主义的全部内容。

运用历史唯物主义研究原始公社制时代的历史，或以之研究由资本主义社会到共产主义社会的过渡期终了以后的共产主义社会的历史，是不能也不须以阶级分析法为基本线索的；但依然离不开历史唯物主义。

在阶级社会时代，构成生产力决定因素的人，奴隶制时代的生产主要担当者的奴隶、封建制时代的农民、资本主义时代的工人，虽都是具有自然属性的，但主要的，他们都是属于一定社会的一定阶级的人。构成生产力的生产手段（劳动手段和劳动对象），在其社会性上，都不能不为一定阶级所占有，但怎样占有的（如土地制度，等等），并以之怎样去役使和剥削其他阶级或如何使用它去进行生产；另方面，在它的自然属性上，如土地、钢、铁、原料等等的自然属性，是没有阶级性的，这虽属是次要，却不能不在历史唯物主义的考察之内。

作为人类历史重要因素之一的民族语言，是没有阶级性的。除去属于专门

---

① 《列宁全集》第29卷，第434页，人民出版社，1959。

性的语言学范畴以外，却不能以之看作历史科学以外的东西。

自然科学（包括自然科学技术），从其哲学基础和为谁服务来说，都是有一定的阶级性的，而自然科学本身是没有阶级性的。它却是历史唯物主义必须考虑的问题或社会的一个侧面。

自然地理环境和气象条件，虽然都不能决定社会历史的发展，但在起决定作用的社会内在基本矛盾的基础上，却能而且不可避免地给予一定的影响、作用，加速或延迟社会历史的发展过程，给各别国家、民族的历史以一定的具体面貌。

（3）历史主义是历史唯物主义的同义语，还是前者只是后者的重要内容之一呢？由于列宁的下面一段话，有的同志便认为两者是同义语。列宁是这样说的：

> ……自然他们（马克思和恩格斯——引者）所特别注意的是使唯物主义哲学臻于完善，也就是说，他们所特别注意的不是唯物主义认识论，而是唯物主义历史观。因此，马克思和恩格斯在他们的著作中特别强调的是辩证唯物主义，而不是辩证唯物主义，特别坚持的是历史唯物主义，而不是历史唯物主义。[1]

列宁在这里所说的"唯物主义历史观"也就是"历史唯物主义"，这大概是没有争论的。问题在于，列宁的话是否意味着"唯物主义历史观"即等同于"历史主义"？我看，这是需要具体研究的。如果两者等同的话，则"历史主义"便成了多余的范畴。经典作家们在提到"唯物主义历史观"时，常常是既包括"历史主义"又包括"阶级观点"的涵义。例如他们说：

> 在没有另一种想科学地说明某种社会形态……的活动和发展的尝试以前，没有另一种想像唯物主义一样把"有关事实"排列得秩序井然、把某种社会形态生动地描绘出来并给以极科学的解释的尝试以前，唯物主义历史观始终是社会科学的别名。[2]

> 根据唯物史观，历史过程中的决定性因素归根到底是现实生活的生产和再生产。无论马克思或我都从来没有肯定过比这更多的东西。如果有人

---

[1]《列宁全集》第14卷，第348页，人民出版社，1959。
[2]《列宁全集》第1卷，第122页，人民出版社，1959。

在这里加以歪曲，说经济因素是唯一决定性的因素，那么他就是把这个命题变成毫无内容的、抽象的、荒诞无稽的空话。①

我所作出的新东西就在于证明下列几点：（一）阶级的存在仅仅是跟生产发展的一定历史阶段相联系的；（二）阶级斗争必然引导到无产阶级专政；（三）这个专政本身不过是进到消灭任何阶级和进到无阶级社会的过渡。②

这都是说明"唯物主义历史观"、"唯物史观"、"历史唯物主义"是同义语，也都是包括阶级观点和历史主义，总之是就历史唯物主义的内容而说的。关于马克思主义的历史主义，毛泽东同志的下面几段话是具有普遍意义的。他说：

今天的中国是历史的中国的一个发展；我们是马克思主义的历史主义者，我们不应当割断历史。从孔夫子到孙中山，我们应当给以总结，继承这一份珍贵的遗产。这对于指导当前的伟大的运动，是有重要的帮助的。③

中国现时的新政治新经济是从古代的旧政治旧经济发展而来的，中国现时的新文化也是从古代的旧文化发展而来，因此，我们必须尊重自己的历史，决不能割断历史。④

不要割断历史，不单是懂得希腊就行了，还要懂得中国；不但要懂得外国革命史，还要懂得中国革命史；不但要懂得中国的今天，还要懂得中国的昨天和前天。⑤

必须将古代封建统治阶级的一切腐朽的东西和古代优秀的人民文化即多少带有民主性和革命性的东西区别开来。

别除其封建性的糟粕，吸收其民主性的精华。⑥

在绝对真理的长河中，人们对于各个发展阶段上的具体进程的认识只具有相对的真理性。无数相对真理之总和就是绝对的真理。

---

① 恩格斯：《马克思恩格斯书信选集》，第466页，人民出版社，1959。
② 马克思：《马克思恩格斯文选》两卷集，第2卷，第452页。莫斯科外文出版局中文版。
③ 《毛泽东选集》第2卷，第496页，人民出版社，1952。
④ 同上，第679页。
⑤ 《改造我们的学习》。
⑥ 《新民主主义论》。

马克思列宁主义并没有结束真理，而是在实践中不断地开辟认识真理的道路。①

这虽然都不是在专论马克思主义的历史主义，但在精神实质上，概括阐扬、发展了马克思、恩格斯、列宁、斯大林关于历史主义的论旨。我体会，毛泽东同志在这里，指明了马克思主义历史主义所注视的，是在历史唯物主义基础上，意味着：（一）把历史看作由低级阶段到高级阶段的不断发展的长河；（二）紧紧掌握历史各个时代所独有的历史特点，亦即其特殊性，及历史人物、事件、事变、一切社会问题（或矛盾）、社会现象（包括各种制度）等等的时代特性；（三）正确地、深入地、具体地通过斗争掌握和解决历史的继承性问题。下面分三个方面来论证：

（A）人类社会历史是合规律性地由低级阶段到高级阶段的不断发展的长河，这是经典作家们反复论证过的。马克思、恩格斯、列宁在批判黑格尔唯心主义的基础上称许他的，也正是他理解到历史是一个发展过程。恩格斯说：

> 凡在历史上彼此更替的一切社会秩序，都不过是人类社会由低级到高级的无穷发展过程中的一些暂时的阶段而已。每个阶段都是必然的，因此，每个阶段对于它所借以发生的时代和条件说来，都有自己存在的理由。但是它在新的条件，即在它自身内部逐渐发展起来的更高的条件面前就变成不巩固的东西，并失去自己存在的理由了。它不得不让位于更高的阶段，而这个更高的阶段也同样要走向衰落和灭亡的。②

不只在马克思、恩格斯生存时代以前的人类社会的全部历史：原始公社制社会、奴隶制社会、封建制社会、资本主义社会，都是这样合规律性地发展而来，任何民族、国家的历史都不能也没有例外——尽管有着不同程度的特殊和发展进程的差异。比如没有自己创立过奴隶制社会的日耳曼人，是在罗马奴隶制的废墟上发展起来的。在马克思、恩格斯逝世以后直到今天的时代，不只出现了不少国家、民族的资本主义性的革命，而且胜利地进行了无产阶级领导的民族民主革命，无产阶级的社会主义革命。目前这种革命的进程已加速地在全世界进行着、开展着，尤其在亚洲、非洲、拉丁美洲各国家各民族。这又确证

①《实践论》。
②《费尔巴哈与德国古典哲学的终结》，第6页，人民出版社版。

了经典作家的论证，确证了任何社会秩序都不是永恒的，都是历史长河中由低级阶段到高级阶段的一个暂时阶段，较低级的阶段必为较高级的阶段所代替，资本主义不可避免地必然在全世界灭亡，代替资本主义的共产主义必然在全世界胜利；确证了人类社会由低级阶段到高级阶段的过渡，不可避免地要经过社会革命。因此，凡认为不须经过革命的社会过渡论，是违反马克思主义的历史主义的。凡是毋视社会发展阶段论的观点，都是违反马克思主义的历史主义的。

人类社会各个历史时代中的一切历史事件、人物、现象、问题，等等，在围绕社会基本矛盾的基础上，也都有其内在的矛盾和其发生、发展、消亡的过程，也都有其和新兴事物交替的变革过程或过渡。列宁说："要正确地认识它，要有把握地切实地解决它，就必须从历史上把它的全部发展过程加以考察。"①

（B）在历史进程中各个历史阶段的一切东西，除去前代的残余或在萌芽与初生状态中的下阶段的东西外，都不能不具有其时代的特征和特性，除去作为残余形态的东西而留存到后代的外，都不能不在其特定的时代走完其历史过程。经典作家们说：

在分析任何一个社会问题时，马克思主义理论的绝对要求，就是要把问题提到一定的历史范围之内。②

为了解决社会科学问题……最可靠、最必需、最重要的就是不要忘记基本的历史联系，考察每个问题都要看某种现象在历史上怎样产生，在发展中经过了哪些主要阶段，并根据它的这种发展去考察这一事物现在是怎样的。③

人民这个概念在不同的国家和各个国家的不同历史时期，有着不同的内容。④

马克思主义要求我们一定要用历史的态度来考察斗争形式问题。脱离

① 《列宁全集》第29卷，第431页，人民出版社，1959。
② 《列宁全集》第2卷，第512页，人民出版社，1959。
③ 《列宁全集）第4卷，第43页，人民出版社，1959。
④ 毛泽东：《关于正确处理人民内部矛盾的问题》。

历史的具体环境来提这个问题，就等于不懂得辩证唯物主义的起码要求。①

　　常常有人提出这样的问题：社会上不同的阶级在什么限度内是有用的或甚至是必要的呢？回答自然是按照各个不同的历史时代而有所分别的。②

这对于什么是马克思主义历史主义，怎样用马克思主义历史主义的态度去考察各个历史时代的历史现象，是说得很明白了，无须再作解释。这和前引毛泽东同志的话，精神是完全一致的。

一定时代的东西都具有一定时代的特征特性，不应有任何怀疑或忽视。例如：奴隶制时代的生产奴隶只是能言语的工具，一般没有自己的生产资料和独立经济；封建制时代的农民却有了自己的生产资料和独立经济，但对封建主有人身依附关系，他们是所谓"半人格"的人。又如，奴隶制时代早期的土地制度，一般都是原来的氏族公有制转变而来的"国有"，经由各个村社平均分配于每户自由民，形成小农生产占优势的普遍形式；只是有些户役使数目不等的奴隶，有些则没有奴隶，便在这个缺口上，在小农的普遍形式的尖端，出现各级奴隶主的生产，等等。在东方或亚细亚的形态下，这一直是全部奴隶制时代的基本情况；在希腊、罗马，早期的小农生产占优势的形式，后来便演化为大奴隶主、贵族的大土地所有和大农场形式的生产。在封建制初期，土地在名义上经过国王及大中领主，依次封赠给各级领主，领主给予农民以份地，把农奴束缚于土地上，同时强迫农奴在领主的土地上劳动（即劳役地租形式），组成领主的大农场形式的生产。恩格斯说：

　　大的农业总是造成了和小的农业所造成的十分不同的分配方式，大的农业以阶级对立为前提或者造成着这种阶级对立——奴隶主和奴隶的对立，地主和劳役制农民的对立，资本家和雇佣工人的对立；而在小的农业中，则从事于农业生产的个人之间的阶级区别，并不是必然的……。③

这种不同历史时代的某些现象的不同特性，尤其在相似的形式下，如奴隶主大农业与封建领主的大农业的不同特性，是不容混淆的，否则就要混淆历史

① 《列宁全集》第 11 卷，第 179 页，人民出版社，1959。
② 恩格斯：《〈劳动旗帜〉论文集》，第 34 页，人民出版社，1958。
③ 《反杜林论》，第 151 页，人民出版社版。

的时代性，也是违反马克思主义历史主义的。

一定历史时代的上层建筑的东西，如社会思想，都不能不属于一定社会阶级而有其阶级特性的基础上，又都不能不具有和表现时代的特征面貌及其局限性，其所包含的进步、革命或保守、反动，等等，不能从后代的水平或标准去要求，只应从其时代历史的环境、条件和要求进行马克思主义历史科学的考察。虽然，任何历史时代的任何阶级的东西，都不能不以前代的思想作为素材，并有着思想本身的相对独立性的作用。列宁说：

> 判断历史的功绩，不是根据历史活动家没有提供现代所要求的东西，而是根据他们比他们的前辈所提供了新的东西。①

> 不详细考察某个运动在它的某一发展阶段的具体环境，要想对一定的斗争手段问题作肯定的或否定的回答，就等于完全抛弃了马克思主义的立足点。②

经典作家对黑格尔、西思蒙第、孙中山等人的评价，也作了示范。

又如封建制时代农民阶级政治上的要求，只能是平均主义和朴素的"平等"观念；奴隶制时代的奴隶阶级则连这种理想也没有，而只可能有对原始公社制时代情况的一些憧憬，等等。

近40年来的历史研究工作中，也出现了一些混淆奴隶制和农奴制的特征及历史环境的论点，是违反马克思主义历史主义的。在思想史研究中，也出现了一些忽视或混淆不同历史时代不同思想家思想的阶级特性及其所处的具体环境，也是违反马克思主义历史主义的。毋视或混淆一定历史时代的东西的时代性，如牵强附会地把现代的东西加到古代或古人身上，等等，是违反马克思主义历史主义的。还有一种论点，借口历史主义而否认阶级观点，如对孔子等人思想的评价，等等，更不只是违反马克思主义历史主义，违反了历史唯物主义的基本精神。

（C）对阶级社会的历史，在阶级分析法的基础上，重视历史的继承性，或者说，对历史，对一切历史事物的矛盾过程，重视其本身所固有合规律的继承性，不能割断历史，或虚无主义地对待历史和一切历史事象。马克思说过：

---

① 《列宁全集》第2卷，第150页，人民出版社，1959。
② 《列宁全集》第11卷，第19页，人民出版社，1959。

资产阶级社会是历史上最发达的和最复杂的生产组织。因此，那些表现它的各种关系的范畴以及对于它的结构的理解，同时也能使我们透视一切已经消灭的社会形式的结构和生产关系。……人体解剖对于猴体解剖是一把钥匙。低等动物身上表露的高等动物的征兆，反而只有在高等动物本身已被认识之后才能理解。因此，资产阶级经济为古代经济等等提供了钥匙。①

资产阶级经济只有在资产阶级社会的自我批判已经开始时，才能理解封建社会、古代社会和东方社会。②

由此可以理解，在历史研究中，不容凭主观出发，割断社会历史、阶级、历史事物自身的过程。每个历史时代，每个历史时代的各个时期的一切东西，都不是凭空产生的，而是有其自身的辩证的因果关系，有其历史的继承性。例如，封建初期的农奴制和后期的雇役佃耕制，封建地租形态的劳役地租、实物地租和封建制垂没时期出现的货币地租，都是在其历史过程上有着必然的内部联系——只有在一定的特殊条件下才在某些国家出现了一些变态。资本主义时代的产业资本时期和其最后阶段的帝国主义时期，也是如此。在一般情况下，不能一开始就是帝国主义。同样，在封建制的一般情况下，也不能超越领主制，一开始就是封建性的土地买卖关系的地主制；不能超越农奴制的劳役地租，一开始就是实物地租，等等。

在思想形态上，作为思想素材的范畴、概念、资料等等，在不同历史时代、不同阶级的东西，虽常有着形式上的共同或相似，其本质则由于不同时代、不同阶级而各异的。在同一历史时代的同一阶级的东西，虽然其阶级本质、其某些范畴所包含的内容，基本上是相同的；但在不同时期，如同范畴、形式等东西，却不能不有一定的变化，乃至部分质变。例如中国封建制时代的三纲五常等范畴，虽其基本性质始终一致，但其在不同时代、不同时期、不同儒家的思想体系中，是有差异的。宗教也是如此，例如犹太人原始的基督教，自是和其后来有本质的不同；而其作为罗马奴隶主的宗教，和作为欧洲中世纪封建主的宗教，马丁·路德宗教改革以后作为资产阶级的宗教，都是形式相

---

① 《马克思恩格斯全集》第 12 卷，第 755～756 页，人民出版社，1959。
② 《马克思恩格斯全集》第 12 卷，第 756～757 页，人民出版社，1959。

同、术语相同，却也是本质各异的。我国中世纪地主阶级的道教，和农民的"妖道"或所谓"异端"，也有某些形式术语等的相同，却是相互敌对的，本质各异的。因此，我们既不容毋视历史的继承性，也不容混淆其不同本质。

在思想的继承性上，前行历史时代的不同阶级，或同一历史阶段内前行时期的一定阶级的思想，常常是后一历史时代或后一时期的一定阶级的思想所由以出发的前提。马克思既肯定任何阶级的思想都有其发生、发展、消亡的历史过程，同时又指出"都具有由它那些先驱者传授给它，而它便由以出发的思想资料作为前提。"① 他并指出："在历史上起过作用的各种思想领域有独立的历史发展"②。自然，那都是属于一定阶级的，而它的基本推动力，在阶级社会时代更是阶级斗争。马克思、恩格斯总结其时世界无产阶级阶级斗争的经验，以及全部革命史上的经验，创造马克思主义，它与先行的人类优秀思想成果及凡积极性的东西的关系，列宁是这样说的：

> 既然在同中世纪封建势力和僧侣势力的斗争中，马克思一方面能够承受并进一步发展"十八世纪的精神"，另一方面又能承受并进一步发展十九世纪初期那些哲学家和历史学家的经济主义和历史主义（以及辩证法），这只是证明马克思主义的深刻性和它的力量，这只是证明把马克思主义看作是科学上最新成就的见解是完全正确的。至于在反动分子（历史学家和哲学家）的学说中包含着有关于政治事件更替的规律性和阶级斗争的深刻思想，这一点马克思总是明确地毫不含糊地指出的。

> ……所以说，在这方面获得许多巨大成就的马克思主义是欧洲整个历史科学、经济科学和哲学科学的最高发展。这是合乎逻辑的结论。③

这对如何动用马克思主义历史主义看待思想继承性问题，对思想史研究工作具有极深刻的高度的原则指导意义的。

在批判地继承文化遗产的问题上，从马克思主义历史主义出发，既反对国粹主义，也反对虚无主义。我们应时时记取毛泽东同志的教导："继承这一份珍贵的遗产。这对于指导当前的伟大的运动，是有重要的帮助的。"这指明，

---

① 《马克思恩格斯文选》两卷集，第 496 页，莫斯科外文出版局中文版。
② 同上书，第 499 页。
③ 《列宁全集》第 20 卷，第 197～198 页，人民出版社，1959。

珍贵的文化遗产的继承，是为无产阶级政治服务这个根本原则出发的。怎样继承呢？毛泽东同志在《新民主主义论》中，就获得了较高发展的中国封建时代的文化的教导，已如前面所引证。它指明，对文化遗产必须进行阶级分析，在"区别封建统治阶级的一切腐朽的东西和古代优秀的人民文化"的基础上，批判地吸收其对无产阶级事业，对当前革命运动有益的"民主性的精华"。处理文化遗产问题的这个马克思主义原则方针，是具有普遍真理性的。

几年来，在如何对待文化遗产问题的讨论中，曾出现过下面的一些观点，如对古代某些思想家思想论析的超阶级观点、混淆唯物主义和唯心主义的党性的观点、对"道德继承"问题的超阶级观点。又如论断古代文艺的超阶级的人性论的观点、重艺术轻政治的非阶级观点，等等。不只违反了历史唯物主义核心阶级分析法，而又违反了马克思主义历史主义的原则精神。另一种，虽不甚显著，但确实存在的"割断历史"的论点，也是违反马克思主义历史主义的，是一种虚无主义的论点。

（4）年来关于历史主义与阶级观点的讨论，大都是从阐明马克思主义历史唯物主义出发，这是主流；意见的分歧，是可以步步深入地继续讨论下去的。与这个问题相关联，那些表现在农民战争问题上的有些论旨的偏差，似是稍大。

宁可同志认为："阶级观点是唯物主义历史观的核心，历史主义是辩证法对于历史过程的理解"，"历史主义或者历史观点，就是以辩证观点来研究事物的基本原则之一。"① 参加讨论的同志，就我目前能接触到的文章，大都不同意这种论断。所谓"阶级观点是唯物主义历史观的核心"，如果所述"唯物主义历史观"是"历史唯物主义"的同义语，便应该说是正确的。但这样，又无异说"阶级观点"包括着"历史主义"，"历史主义"好像成了多余的。说"历史主义是以辩证法对于历史过程的理解"的所谓"理解"，宁可同志说得不够明白、具体。如果"理解"为是"……以辩证观点来研究事物的基本原则之一"，则"历史主义"被看成为代替或等同于作为唯物主义辩证法看的阶级观点的地位或"基本原则之一"的地位，或者就无异把"阶级观点"从唯物主义辩证法的领域排除出去了。因此，宁可同志的文章，虽具有一些深刻

---

① 宁可：《论历史主义和阶级观点》，载 1963 年 8 月 20 日《人民日报》。

的地方，系统说来，却值得考虑和继续进行深入研究。

戎笙同志认为："历史主义和阶级观点作为概念是不同的，不能混淆，……但是作为一种考察问题的武器，一种科学的方法，历史主义和阶级观点是统一的不可分割的，更不能对立起来。"① 认为两者是"统一的，不可分割，更不能对立起来"的说法，原则上是正确的。问题在于：阶级观点、历史主义在历史唯物主义体系中的地位和其各自的具体涵义，戎笙同志没给予具体明确的回答，也就仍没能从原则上解决问题——虽然，曾作了一些侧面的有益的阐释。

陈旭麓同志认为："……二者的含义究竟不能相等地看待，它们的区别在于：阶级观点是针对人和事的社会关系而言，历史主义是针对人和事的时代关系而言。"② 说历史主义所关心的是历史的时代关系问题，是有一定道理的。旭麓文章还作了不少有益的论证。问题是：这样来阐释两者的"含义"和"区别"，却无异把"阶级观点"与"时代关系"对立起来，即无异说作为历史研究的基本线索的"阶级观点"不能究明历史的"时代关系"；又无异把"历史主义"和人类社会的"社会关系"对立起来，或互不相关。这是很值得讨论的问题。

袁良义同志认为既然阶级观点是唯物论的问题，又是辩证法的问题，而历史主义也是辩证法的一部分，那么两者的统一，似应从这样两方面来认识："第一方面，当阶级观点或阶级斗争观点作为唯物论的观点来看，阶级观点和历史主义是辩证法与唯物论的联系问题，虽然历史主义并不能包含辩证法的全部内容。""第二方面，当阶级观点或阶级斗争的观点，作为辩证法来看，阶级观点与历史主义是辩证法与辩证法的联系的问题，是关于人类历史的一般发展法和对立面的统一和斗争的法则的关系问题。"③ 袁良义同志对问题是思索得相当深的。他实际上，似是认为"阶级观点"等同于辩证唯物主义，"历史主义"，则是辩证法的一部分内含。如果是这样，他的论断，基本上与戎笙同志的意见相似。这在提法上也还值得斟酌。所谓"……是辩证法与辩证法的

---

① 戎笙《从中国农民战争问题讨论看历史主义与阶级观点的关系》，载 1964 年 6 月 7 日《光明日报》。

② 陈旭麓：《什么是历史主义的一点看法》，载 1964 年 4 月 8 日是《光明日报》。

③ 袁良义：《关于历史主义与阶级观点》，载 1963 年 11 月 6 日《光明日报》。

联系的问题，是关于人类历史的一般发展法则和对立面的统一和斗争的问题的关系的问题"的提法，更值得研究。如果这样，则所谓"作为辩证法来看"的"阶级观点"就只是"关于人类历史的一般发展法则"，辩证法的"对立面的统一和斗争的法则"，便与之无关，而划归于"历史主义"。这是一个重大的理论原则问题。

林甘泉同志认为："阶级观点是唯物史观的基本核心，它本身包含着深刻的历史主义的要求。""马克思主义的阶级观点的一个重要特点，就是彻底摆脱了以往旧的历史理论的形而上学的观点，深深地浸透了历史主义的精神"，"对马克思主义来说，不存在没有历史主义的阶级观点，也不存在没有阶级观点的历史主义。"① 说"阶级观点是唯物史观的……核心"，是正确的。两者是互相浸透的看法，我认为也是对的。在两者的内涵上，林甘泉同志也与其他同志有相同看法，认为马克思主义的阶级观点包含历史主义。对马克思主义的历史主义的内涵，在这里没有作出回答。文章对阶级观点的内涵是否有了明确、具体、系统的回答，我还不知道。

田昌五同志认为："马克思主义历史主义是以历史唯物主义为基础的科学的历史观。照这样讲，历史主义和历史唯物主义又有什么区别呢？是的，我看马克思主义历史主义和历史唯物主义本质上是一致的。……从某种意义上说，马克思主义历史主义就等于历史唯物主义。""第一，马克思主义历史主义具有彻底的全面的阶级观点。""第二，马克思主义历史主义要求人们明确站在无产阶级立场上对一切历史问题采取分析批判的态度。""第三，马克思主义历史主义明确宣布历史研究的任务是为无产阶级政治服务。"② 田昌五同志的论证是有根据的，包含着一定的积极内容的。问题是：他所说的"唯物主义历史观"或"唯物史观"就是"历史主义"的同义语。不容否认，经典作家有时是以"历史观"意味着"历史主义"；但是在更多的场合，他们所说的"唯物主义历史观"（不用说，或者"唯物史观"）乃是历史唯物主义的同义语。因此，昌五同志的这一论断，更需要进一步根据经典指示结合具体历史进行研究。昌五又认为阶级观点包括在历史主义之内，也须进一步研究；我们应

---

① 林甘泉：《历史主义与阶级观点》，《新建设》1963 年第 5 期，转引。
② 田昌五：《对马克思主义历史主义的探讨》，载 1963 年 10 月 31 日《光明日报》。

牢牢地掌握列宁教导的"基本线索"的精神，结合社会历史的具体性进行探索。

李文海同志认为："可以把阶级观点和历史主义的关系归纳为以下几点：第一，阶级观点和历史主义是属于历史唯物主义范畴中的两个不同概念，不同组成部分。第二，这两个概念两个部分是有机联系着的，它们共同统一于历史唯物主义之中。第三，历史主义和阶级观点一样，只是历史唯物主义整个科学体系中的一个部分，一个方面。第四，阶级观点和历史主义统一的客观基础，是充满了矛盾斗争的运动着的历史本身。"[①] 从理论逻辑角度说，李文海同志的论说都是说得过去的，其中有些还是无可非议的。问题在于：它对马克思主义的阶级观点和历史主义的具体含义，都没有回答，没有通过具体历史给予系统明确的回答。

另外还有不少同志写过文章，但我还没有看到。

我对这个问题的上述见解，是很不成熟的，可能有不少错误；随笔直书的东西，逻辑、文字也都是较粗糙的。随笔的目的，只在于就能接触到的文章进行学习时，以加深印象和消化。

1964 年 10 月 28 日

（载《吉林大学社会科学学报》1981 年第 2 期）

---

① 李文海：《论阶级观点和历史主义的统一》，载 1964 年 3 月 12 日《光明日报》。

关于农民战争问题的讨论

（1）近年关于我国封建时代农民战争问题的讨论，参加的同志和发表的论文已很不少，牵涉问题的面很宽。这是一个很重要的讨论，在理论上关涉到历史唯物主义的核心问题，马克思主义阶级斗争学说的根本问题，关涉到我国封建社会时代（世界史上的这一阶段本质上也无例外）社会发展的基本动力和具体形势问题。讨论中，涉及的范围，大致可归纳为如次几个问题：（一）中世纪农民战争是否反对封建制度和地主阶级的问题；（二）农民战争和土地问题；（三）农民的基本要求问题；（四）有没有存在过农民政权及其前途问题；（五）有没有农民自己阶级的意识形态问题，包括农民战争与宗教异端问题。而其实，马克思、恩格斯、列宁、斯大林和毛泽东同志，概括了人类全部历史，已把问题提到了理论原则高度，给予了明确的回答和教导。30 多年来，我国马克思主义历史工作者，运用或试图运用马克思主义理论武器，通过对中国历史的具体研究，已取得了初步的系统成果。

同志们在讨论中虽表现有重大分歧，但讨论是极为有益的，其中并有不少有价值的论证，提高了史学工作的马克思主义水平。

（2）中国中世纪农民战争是否反对封建主阶级和封建制度呢？有些同志认为它只是反对个别皇朝、个别皇帝、个别官吏和个别地主。这些同志在措辞和提法上虽不尽相同，实质上，认为农民战争不反对封建制度和地主阶级，则是一致的。农民和封建主是封建时代主要敌对的两个阶级，贯穿到各个方面的各种形式的两阶级间的斗争，虽有时比较紧张，有时比较缓和，却并没有停止过。农民起义或农民战争，即武装斗争，则为其最高形式。若照这些同志的说法，那还叫做什么阶级斗争呢？我认为不可以那样去了解马克思主义阶级斗争学说。

照这些同志看来，由于农民长期遭受极端残酷的压迫、剥削，反而"变成了适应最低限度生活的能力和容忍顺从的性格"，也就是说，农民与地主的阶级矛盾，由于地主对农民的剥削压迫的残酷性反而消失了。这种看法，和毛泽东同志的教导是没有相同地方的。或者又说，由于地主对农民的剥削比较"缓和"，关心农民的生活条件，不像官府和官吏对农民无限止赋税徭役等等的榨取，使得农民活不下去，所以农民不反对地主阶级。这不只是缺乏阶级分析，而又把地主阶级和其国家、官府、官吏截然分开，都是不符合历史事实的，与马克思主义的阶级斗争学说、国家学说相违悖的。

这些同志又认为农民不反对封建土地占有制度，甚至还希望自己成为地主以至官吏。中世纪农民是包含着较复杂的各个阶层的，封建土地制度在他们头脑中的反映，以及他们思想中所向往和憧憬的也不一样。只有地位不断向两边分化的自耕农，思想上也就有向上爬和向下降的上下摇摆的两方面。封建初期的农奴，后期的佃农半佃农，一般是不可能爬上去的，这是他们现实的、积累的生活经验。因此，他们所向往的乃是平均主义，所以历次农民战争所提出的朴素要求和行动，大都是以平均主义为出发点。因此，这些同志的这一想法，也是违反历史事实的，不符合经典作家教导的。

在我国封建时代的历史中，农民所进行的阶级斗争和要求，毛泽东同志给了高度的马克思主义的概括和阐发，这是大家所熟悉的，无庸一一引述。

我国中世纪历次农民战争的资料，长期被地主阶级有计划的销毁和篡改，已不可能完全复现其本来面貌，但从散见的残留的片纸只字和反面材料，还可以运用阶级分析法理出一条基本线索来。下面就记忆中的印象谈些情况——可能有记忆错误。

以跖（封建统治阶级污称"盗"跖）为首的农民战争——有的同志不承认是农民战争——据《庄子》等书所反映的一鳞半爪材料表明，它的锋芒是指向封建领主及阶级代言人孔子的。周天子为首的封建领主及其家臣、谋士、说客，企图用封跖为诸侯（大领主）、赠给大领地去收买他，被他坚决拒绝和斥责，足证他们不想自己跻到封建统治阶级里面去。他们反对徭役。在封建初期领地制下，对农奴行使份地，实行劳役地租剥削的情况下（这是世界史上的封建制阶段一般经历着的初期过程），反徭役正是反对封建领地制；徭役主要包括劳役地租、徭役差供等，正是领主借土地束缚和剥削农民的集中表现。

陈涉、吴广为首农民起义的口号是"亡秦"，反徭役（兵役）和反"秦法"。"亡秦"就是推翻地主阶级统治。"秦法"就是封建制度，"秦法"和徭役是起义的直接而又长远的原因，是两阶级间带有根本性的矛盾所在。留存的史料虽没有他们关于土地的直接要求，但据王莽说："秦为无道，田得买卖；富者田连阡陌，贫者无立锥之居……"王莽是以之作为本阶级的警告和恢复初期封建制的复古主义的理由；却也说明陈、吴起义的主要原因，也反映了前汉末突出了的阶级矛盾的症结所在和农民对土地问题的意向。如果秦和前汉，农民对土地没有自己的要求，作为地主阶级代表的王莽、刘歆等人，是不会无故翻本阶级的臭脚的。

在两汉，王莽的复古主义是以妄图缓和土地问题为中心的。在这以前，以顽固保守著称的董仲舒及师丹等人，为什么一再提出"限民名田"的主张，并公开声称那是为着防止农民起义。后汉刘秀"得天下"后，看到又有农民起义发生，便急忙给予一部分农民以土地，并下诏罪己。这是为什么呢？前汉、后汉农民战争中及其后，出现了许多无主荒田或"公田"，农民任意收取野生其上的粮麻。北魏的桑田等措施，自是为着地主阶级利益在社会残破基础上的劳动再编制的阶级政策，但也正反映了封建的土地问题是阶级矛盾的症结所在，这不能不反映了汉末农民战争的意向和要求在内——具体表现了农民战争的动力作用。

隋末农民大起义和笼罩全国的农民战争，仅存的资料表明，直接的原因是反对繁重的劳役、兵役和对外战争的苛重负担，等等；他们在战争过程中的行动，不只都反对隋的统治，如瓦冈军还到处开仓散发财粮于穷苦农民，表现了朴素的阶级政策和行动。唐初的"均田"制及其他一系列的改良政策，自是在生产残破和大量无主荒地存在的情况下，为维护和实现其阶级统治和剥削利益而采取的政策，同时也正是胁于农民战争的经验和企图缓和阶级矛盾而采取的政策，也正反映了隋唐间社会阶级矛盾的症结所在、农民对土地及其负担的意向和要求。

残留的史料直接表明，黄巢为首的起义农民在战争过程中的行动：一方面，所至开仓散发财粮于贫苦农民，入长安时，农军竟将随身财物赠与欢迎群众；一方面，所至镇压人民痛恨的官吏、豪恶地主、肆行高利贷等残酷剥削的外来富商等；同时，黄巢坚决拒绝了唐政府的高官厚禄（如节度使等权位）的诱降和收买等等。这表明了他们行动的阶级性质和面貌，也表明自己不愿成为封建统治者。后周和北宋初关于减轻赋役负担的主要内容，以及所谓"均田图"等一系列的改良政策和措施，也都是在维护地主阶级利益的基础上，围绕土地问题为中心而不得不以麻痹农民而采取的举措。

两宋王小波、李顺为首的农民战争，方腊为首的农民战争，钟相、杨幺为首的农民战争，对以土地为基础的封建财产制度、人身依附的等级制，都公开提出了自己阶级的朴素要求和政策，如"均贫富"、"是法平等，无有高下"、"等贵贱，均贫富"，等等。钟、杨并明白指出"法分贵贱、贫富，非善法也"，这就是明白否认地主阶级的"法"，即其等级制度和财产制度；要"行""等贵贱，均贫富"的"法"去代替他们。方腊等的"是法平等"的"法"，可认为其有基本相同的内容。《青溪寇轨》所载方腊等散发的檄文，还直接反映了阶级矛盾、民族矛盾的朴素主张。同时，张载为什么提出恢复"井田"的主张？王安石"变法"所反映的有关阶级矛盾的具体内容何在呢？

以李自成等为首的明末农民战争，所提出纲领性的口号，是大家所熟知的；群众欢迎他们的口号，是大家所熟知的。群众欢迎他们的口号，其中有"迎闯王……不纳粮"，"粮"就是地租和赋税。不纳地租和赋税，还不是根本否认地主阶级的土地占有么？这还只是一般农民群众直接提出的要求。农民军在战争过程中，在西安、北京等处的一系列举措，能说不是反对封建制度和地主阶级的么？

发生在鸦片战争后的太平天国革命运动，系统地提出了《天朝田亩制度》及其他一些朴素的纲领、政策；它一面虽在新的历史条件下包含着一些新的因素，一面又是历代农民战争要求的内容和形式的继续与发展。

同志们的文章，还引证了明清之际的下列一些情况。江苏农民几次提出"均田"的要求和为之进行斗争。江西瑞金农民暴动，"倡立田兵，旗帜皆书'八乡均田'……皆蚁聚入城，逼且官印'均田帖'，以数万计，收五门锁钥，将尽掳城中人。"① 吉安农民暴动"每村千百人，各有渠魁。……皆僭号'铲

---

① 乾隆《瑞金县志》第七卷，《艺文》。杨兆年：《上督府田赋始末》；见傅衣凌《明清农村社会经济》，第111页，三联书店。

平王'，谓'铲主仆、贵贱、贫富而平之也。'诸佃各袭主人衣冠，入高门，分据其宅，发仓廪散之，缚其主于柱，以鞭笞焉。"① 而此，乃是历史的普遍情况。如在中世纪俄国，斯大林说：鲍沙特尼柯夫、拉辛、普加乔夫为首的起义，是"被压迫阶级自发暴动的反映，是农民反对封建压迫的自发起义的反映。""他们反对地主，可是拥护'好皇帝'。"② 普加乔夫为首的农民军，曾不断向农民宣告："不要他们缴纳人头税和其他货币税，不要他们赎买和缴纳代役租，便拥有土地、林地、刈草场和盐湖，并能自由捕鱼。"并号召农民"逮捕、处决和绞死"贵族，杀尽"贵族、恶棍"。拉辛或鲍洛特尼柯夫为首的农民军也都有类似举措。③ 又如在德国，1502 年农民军提出："不再向诸侯、贵族、僧侣缴纳任何捐税、什一税、杂税、赋税；废止农奴制度；没收寺院及其他教会产业分给人民，除皇帝一人而外不承认任何其他君主。"④ 因此，列宁说道："……在奴隶社会、农奴社会和资本主义社会里，有过作为压迫阶级政策的继续的战争，也有过作为被压迫阶级政策的继续的战争。"⑤ 中世纪和改革后的几十年，俄国农民"要求彻底铲除官办的教会，打倒地主和地主政府，消灭一切旧的土地占有形式和占有制度。扫清地主，建立一种自由平等的小农的社会生活来代替警察式的阶级的国家，这种要求像一条红线贯穿着农民在我国革命的每一个步骤。"⑥ "'地权'和'平分土地'的思想，也无非完全为了推翻地主权力和完全消灭地主土地所有制而斗争的农民力求平等的革命愿望的表现而已。"⑦ 毛泽东同志说："地主阶级对于农民的残酷的经济剥削和政治压迫，迫使农民多次地举行起义，以反抗地主阶级的统治。"⑧ 列宁和毛泽东同志的话，不只适应于中国和俄国中世纪的情况，而是对人类社会全部封建时代历史情况的概括。

---

① 同治《永新县志》第十五卷，《武事》；见傅书第 109 页。
②《斯大林全集》第 13 卷，第 100 页，人民出版社，1956。
③《俄国农民战争译文集》，第 15 页，科学出版社版。《苏联大百科全书选译》：《鲍洛特尼柯夫领导的农民战争》、《拉辛领导的农民战争》、《普加乔夫领导的农民战争》条，人民出版社版。
④《马克思恩格斯全集》第 7 卷，第 425 页，人民出版社，1959。
⑤《列宁全集》第 26 卷，第 142 页，人民出版社，1959。
⑥《列宁全集》，第 15 卷，第 180 页。
⑦ 同上书，第 18 卷，第 12 页。
⑧《毛泽东选集》第 2 卷，第 595 页，人民出版社，1952。

虽然，中世纪农民对政治的认识和要求是比较模糊的。正如列宁说："农民模糊地意识到他们应当作什么，但是却不善于把自己的愿望和要求同整个政治制度联系起来。"① 这正是中世纪农民的阶级和时代的局限性的表现。

（3）有些同志认为，中世纪农民所进行的阶级斗争、起义和战争，只是以"封建的纲纪"和"理论"去反对封建统治，只能以"封建的思想理论"作行动的指南；起义农民所建立的政权自始就是"封建性政权"或"自身转化为封建政权"；农民所追求和向往的是"发家致富"、"自己成为地主"以至"大小官吏"。这也就是说，农民所进行的斗争不是反封建，反而是为着封建；是以"封建的思想理论"去反对旧的封建统治，而更新封建。他们还引用马克思下面的话来作证：

> 统治阶级的思想在每一时代都是占统治地位的思想。这就是说，一个阶级是社会上占统治地位的物质力量，同时也是社会上占统治地位的精神力量。支配着物质生产资料的阶级，同时也支配着精神生产的资料，因此，那些没有精神生产资料的人的思想，一般地是受统治阶级支配的。②

在这里，这些同志显然误解了马克思的话。马克思话的精神是——就中世纪说——封建主阶级的思想在中世纪占支配地位，对农民阶级起着支配作用，农民阶级的思想则处于被支配地位；绝不是说，农民阶级以封建主阶级的思想为思想，而没有自己阶级的思想理论。具体的历史表明，农民不只有自己阶级的思想理论，而且有着"平均主义"和"平等"的小农社会的政治理想。前面所引列宁的话说得很明白。恩格斯在指出农民为这种理想而斗争时说："只能是蛮干的超出，空想的超出，而在第一次实际试用之后就不得不退到当时条件所容许的有限范围以内来。"③

在我国中世纪史上，革命农民多次提出并为之斗争的"均田"、"平等"的要求和呼声，是这种理想的具体表现；王小波、钟相、方腊等所提的这类口号，是这种理想的纲领化的表现。斯大林所说的农民的"皇权主义"，在中国史上，便是农民想像中的"真命天子"、"火德星君"、"至治之世"或"尧天

---

① 《列宁全集》第 8 卷，第 374 页，人民出版社，1959。
② 《马克思恩格斯全集》第 3 卷，第 52 页，人民出版社，1960。
③ 《马克思恩格斯全集》第 7 卷，第 405 页，人民出版社，1959。

舜日";它的内容,就是所谓"凿井而饮,耕田而食,帝力于我何有哉"的"平等"的"小农社会"。历代封建统治者及其代言人,利用农民这种理想和要求转而来欺骗农民,把他们的皇帝装扮为向往"尧舜"的"圣君",宣称他们的"圣君贤相"所向往的都是"尧舜之世",还说什么"人皆可以为尧舜",等等。这无非想愚弄农民,叫他们相信地主阶级的皇帝和安于他们的统治。

革命农民的这种理想,也常以宗教教义的形式,表现在教旨中,以至在原来的《太平经》一类文书中。现存的经过篡改的《太平清领书》已只残留一点半滴的积极的东西,必须给予辨伪,不可无条件相信。

我国中世纪农民为追求其所憧憬的理想社会,正如恩格斯和列宁所说,曾拼命为之斗争。其中最显著的如张鲁等在汉中所建立的农民政权,钟相、杨幺在鼎、澧一带即洞庭湖沿湖地区建立的政权,都奋力试行过。有的同志认为张鲁等的汉中政权,是"精心策划"的"封建割据",其政策和举措都是封建统治云云。这种论断是不符合具体史实的。

但是农民的这种理想,是没有也不可能真正实现的,是没有前途的。正如列宁所指出:"……追求新的社会生活方式的农民,是用很不自觉的、宗法式的、宗教狂的态度来看待下列问题的:这种社会生活应当是什么样子,要用什么样的斗争才能给自己争得自由,在这斗争中他们会有什么样的领导者,资产阶级和资产阶级知识分子对于农民革命的利益采取什么样的态度,为什么要消灭地主土地占有制就必须用暴力推翻沙皇政权?农民过去的全部生活教会他们憎恨老爷和官吏,但是没有教会而且也不能教会他们到什么地方去寻找所有这些问题的答案。"①

为什么农民的理想总是得不到结果呢?由于人类社会的发展过程中,没有这样一种"自由"、"平等"的平均主义的小农社会生产方式的前途。农民不可能理解历史发展的客观规律,所以有一种"空想"式的理想,却不能看到自己的前途。只有在无产阶级登上历史舞台,农民在无产阶级领导下进行革命,才能得到彻底解放。

以小土地所有为基础的"自由""平等"的小农社会的前途,马克思说过

---

① 《列宁全集》第15卷,第181页,人民出版社,1959。

下面一段话：

> 自耕农民的自由的小土地所有制形态，当作支配的通常的形态，一方面在古典的古代的最盛时期，形成社会的经济基础，另一方面，在近代各国，我们又发现它是由封建土地所有制解体所引起的各种形态中的一种。①

马克思极明确地教导我们，"在古典的古代的最盛时期"、"当作支配的通常形态"，"形成社会的经济基础"的"自耕农民的自由小土地所有制形态"，是奴隶制时代生产方式的一种形态。这是由前代的平均分配土地于氏族成员的氏族土地所有制转化而来的一种形态；这种自耕农民乃是自由民。这在"亚细亚的"或东方的形态下，便在"土地国有"的情况下，"自耕农民的自由的小土地所有制形态"，"当作支配的通常的形态"。另外就只有在"由封建的土地所有制解体所引起的各种形态中的一种"。此外，便没有也不可能有"自耕农民的自由的小土地所有制形态，当作支配的通常的形态"的社会历史阶段。

（4）起义农民在战争过程中，为镇压地主阶级和反革命，为行使革命人民的权力以至试行自己的理想，多次出现过农民群众的专政的短暂政权。列宁概括这种历史情况说道：

> 历次革命的一般进程表明了这一点，在这些革命中，往往有过短时间的，暂时得到农村支持的劳动者专政，但是，却没有过劳动者的巩固政权，经过一个短时期，一切却又倒退了。所以倒退，是因为农民劳动者，小业主不能有自己的政策，他们经过多次动摇之后，终于要倒退回去。②

列宁不只指出了这种短暂的"劳动者专政"的"政权"在历史上存在过，而且指出了它只能是短暂的、没有前途的。

在中国中世纪史上，以跖为首的农民军是否建立过劳动农民专政的政权，已没有材料来说明。陈涉、吴广为首的农民军是建立过这种政权的：他们有了革命武装的军队——国家机器的重要构成部分；建立了以张楚王为首的官职和机构；在革命支配的地方行使了权力，等等。其后各代农民军如赤眉、绿林、

---

① 《资本论》第 3 卷，第 1053 页，人民出版社，1953。
② 《列宁全集》第 32 卷，第 288 页，人民出版社，1959。

黄巾、瓦岗等，都建立过这种政权。其中，刘黑闼为首的农民军建立的政权，并以河北永年为首都，黄巢为首的农民军建立过"大齐"政权，李自成为首的农民军建立"大顺"政权。韩林儿、刘福通为首建立的政权曾以安丰为首府；毛贵为首的东征军在山东建立的地方性政权还是稍具规模的。郭子兴、徐寿辉、明玉珍等也都建立过具有一定规模的短暂的政权。张鲁为首的汉中政权，钟相、杨幺为首的洞庭政权，更是具有一定规模和表现了农民的政治理想和阶级面貌。尤其是太平天国，尽管由于史料残存不多，已不可能复现其活动情况和面貌；但散见的史料，仍能反映它们是与封建地主阶级政权相敌对的，而不是所谓"封建政权"或"军阀割据"。尽管由于阶级和时代的局限性，它们在组织形式以及"设官"、"颁爵"等方面，模仿了地主阶级的一些东西，而在本质上是与之截然不同的。对此，具体的历史给了具体回答。

这种劳动者专政的短暂政权，是否"自身转化为封建政权"呢？中世纪农民战争是否有所谓"成功"与"失败"的区别呢？对此，毛泽东同志总结了全部中世纪历史，他说农民革命的结局，"总是陷于失败，总是在革命中和革命后被地主和贵族利用了去，当作他们改朝换代的工具。"①

没有自己代表的社会生产方式、没有自己的方向、前途的中世纪农民战争，何来所谓"成功"的根据呢？所以说"他们总是陷于失败"，农民政权总是不能长期存在下去。有些同志把刘邦建立的前汉朝、刘秀建立的后汉朝、朱元璋建立的明朝，说成为所谓农民战争"成功"的史例。这是违反历史实际的，也是违背阶级观点的。农民政权在其存在的过程中，不是直接归于"失败"，就是为混在自己队伍中的地主、贵族（他们或半途投靠前来）所篡夺，使它逐渐离开原来的阶级轨道而转入地主阶级的轨道，使农民战争、农民政权以蜕化变质的形式而失败。

除去大多为地主阶级的反动武装所消灭的短暂农民政权外，平林、新市和绿林，是由混入农民战争队伍的刘秀篡夺，王常、马武等人的叛变出卖而失败的。汉中政权，由于在曹魏强大武装胁迫下，张鲁又被收买而失败的。刘邦在汉朝，是在贵族张良、孔鲋等的导演、地主王陵等的配合而走上地主阶级轨道的。朱元璋的明朝，是在官僚、地主李善长、刘基、胡惟庸、宋濂、章溢等人

---

① 《毛泽东选集》第2卷，第595页，人民出版社，1952。

以"高祖八年定天下"的方案等等导演下，而逐渐变质为地主阶级政权的。如此等等，是中世纪农民战争、农民政权失败的又一种形式。他如贵族地主李密，在随杨玄感举行军事政变失败后投靠瓦岗军，进行步步深入地篡夺。不过，他没能建立起一个地主朝代，就被李渊父子所分化、并吞了。

（5）不只和地主阶级的"纪纲"、"思想理论"相对立，农民阶级在战争中有自己的"纪纲"、"思想理论"和朴素的政治理想，而且与地主阶级的意识形态相对立。农民有自己阶级的哲学思想、宗教、道德、文艺等等。这不只由农民自身直接表现和创作出来，而且每每由地主阶级中的较进步的知识分子多少反映出来。列宁说："剥削的存在，永远会在被剥削者本身和个别'知识分子'代表中间产生一些与这一制度相反的理想。"[1]

既然农民阶级是中世历史的主要创造者，封建社会各个时期农民的革命精神是其时代精神的体现，反映了历史前进的方向，就必然产生反映这种时代精神的文艺创作。既然不能否认这种时代精神，则作为其结晶的哲学思想就必然会在一定时期、一定条件下产生出来。既然中世纪农民"是用……宗教狂的态度来看待社会问题"，"……许多次阶级斗争在当时是在宗教的标志下进行的"，"各阶级的利益、需要和要求都还隐蔽在宗教外衣之下"[2]，那么，又怎能否认中世纪有其与地主阶级宗教敌对的宗教，并作为阶级斗争的工具呢？作为宗教，按其本质说来是鸦片，而此对于中世纪农民却是在阶级和历史局限下的产物，在其为革命服务，在抵制地主阶级宗教方面是起了积极作用的。年来有些同志，鉴于宗教的反动性，是鸦片，便不愿承认中世纪农民有其与地主宗教敌对的宗教，不敢正视它。仇恨宗教的情绪是可贵的，非历史主义的态度却是要不得的。从而把"太平道"、"五斗米道"混同于地主阶级的道教，或片面地论证元末农民的弥勒教异端。有的同志，对中世纪初期较优秀的朴素唯物主义者墨翟及墨派，由于他们有一种宗教观点及宗教式的组织活动，便把他们说成为"宗教唯心主义"、并贬低其阶级性，谓为奴隶主的代言人。而其实，他们在哲学上是与儒、道各派对立，进行了不调和的斗争；在社会活动上又以宗教的面目出现，正是中世纪农民进行阶级斗争的形式的辩证反映。

---

[1]《列宁全集》第 1 卷，第 393～394 页，人民出版社，1955。
[2]《马克思恩格斯全集》第 7 卷，第 400 页，人民出版社，1959。

有的同志，把我国中世纪的进步哲学家，——都估定为中小地主或地主阶级反对派的代言人，却没有代表或反映农民的哲学思想，从而，如王充、以至王艮为首的泰州学派等人，便都成了地主阶级的哲学家。难道他们的思想内容，基本上都是符合地主阶级的利益和要求，而不符合农民的利益和要求？如果依照这些同志，我国中世纪史上哲学思想的两条道路斗争，便只是地主阶级内部的斗争了。能这样去理解哲学史的党派性么？自然，中世纪所有唯物主义者，由于历史和阶级尤其是他们出身的阶级的局限性，未能也不可能完全打破"三纲五常"等樊篱和儒、道思想的传统束缚。这是不足为怪的。

有的同志，甚至把出现在明清之际的中世纪最伟大的唯物主义者王船山划归地主阶级阵营，即所谓地主阶级反对派。走进了衰亡时期的地主阶级，能有这样的哲学思想么？

文艺方面，在我国中世纪史的数千年过程中，尤其在多次大规模农民战争中，以歌谣、故事、神话……等形式表现的，农民自己的这种种创作成果是很巨大的，尽管形式常比较朴素，却是丰富多彩的、生动活泼的，思想是健康的、积极的、战斗的。这种创作，存留下来的还很不少，残留在农民现实生活中的也不少。地主阶级的文艺还常从主要是农民的人民文艺中吸取营养。

中世纪地主阶级和地主阶级出身的某些文人，若干创作在一定程度上反映了农民的思想感情和生活要求，其中像杜甫、白居易、皮日休、罗贯中等的有些作品，我认为还在一定程度上表现了农民的立场。不少同志根据他们思想中的"三纲五常"等东西，便完全否认其主要方面。这样，农民的革命精神所代表的时代精神，就只能反映在农民自己的创作中了；而这样，中世纪历史上所有进步的诗人、文学家、艺术家，便都无例外地成了地主阶级阵营的人物，这难道符合马克思主义历史主义原则精神吗？

在道德问题上，也有些类此的论点。例如士兵出身的韩世忠、佃农出身的岳飞，他们虽都是为地主阶级服务的将军，但若说他们的爱国主义思想，完全是反映地主阶级的东西，而不是反映农民阶级的精神，是不合事实的，也是非阶级观点的。如果是那样，为什么当时在地主阶级出身的人物中没产生多少个韩、岳呢？当然，这不是说，在一定历史条件下，地主阶级中，尤其是中小地主中没有爱国主义思想和具有爱国思想的人物，刘琨、祖逖、李纲、赵鼎、宗泽等也都是民族英雄；但比起中世纪农民来，他们不能不远为逊色。

我对农民战争问题的研究，是远远不够的，上面所说，也还不是成熟的，还有待于今后追随生气勃勃的、勇往迈进的广大史学工作者继续努力。

1964 年 11 月 2 日

（载《史学集刊》1982 年第 1 期）

关于明迄鸦片战争前中国
资本主义的萌芽问题

（读戴逸《中国近代工业和旧式手工业的关系》、林增平
《中国民族资产阶级的软弱性是从娘肚里带来的》，
均载 1965 年 8 月 20 日《人民日报》）

（1）关于中国资本主义萌芽问题的讨论，几十年来，经过了一个曲折的论争过程。其中包括敌对流派间的斗争，也有马克思主义阵营内的"争鸣"。在北伐革命战争失败后的社会史问题论战中，托洛茨基派叫嚣着"外烁"论。他们说，鸦片战争后出现的中国资本主义的产生，全由于"外烁"；国民党反动派的陶希圣派，则不只否认鸦片战争以前中国有资本主义的萌芽，甚至说近代中国是末期封建社会。这都被我们粉碎了。争论中，直接间接地触着：鸦片战争以前，中国有没有资本主义萌芽的问题。我们最初提出来并论证：从明朝后期就开始出现了资本主义的萌芽，曾受到普遍的非议或毋视，直到解放前后，才有个别史家相继达到相同的论断。解放以后直到最近，绝大多数史学工作者，或认为自明朝后期、或明清之际、或鸦片战争前夜有了这种萌芽。关于这种萌芽的过程，我们也曾同时提出论证：在明清之际，它受了清廷、清军毁灭性的摧残，突出地表现为出现资本主义萌芽的东南各城市被屠洗，致它一度被绞杀；但绞杀并未能消灭那存在于中国社会的内在根据，所以在康熙、雍正时，这种萌芽又重新出现了，到鸦片战争前，在东南、在广东都有了滋长；鸦片战争的结果，又被"列强"的资本—帝国主义、殖民主义侵略所绞杀，其后产生的民族资本，不是它的直接发展或转化，而是在中国社会历史发展的内在矛盾的基础上，又受到外资影响的结果。但有些同志却一直认为它是一直发

展而来的。这也是一个有分歧的问题。与这一问题相关的，在近年的不少论家的论旨中，似是还应提出这样一个问题：是否凡投放于产业的资本就是民族资本？

戴逸同志的文章，围绕中国资本主义萌芽问题，就中国近代工业和旧式手工业的关系，进行了较深入的论证，论说了若干问题。林增平同志的文章，对中国民族资产阶级的特殊性问题，作了有益的论析。这都有助于把这类问题的讨论引向深入。

（2）鸦片战争以后，中国经济遭到外国资本狂风暴雨般的猛烈打击，走向破产。就手工业说，列强资本——帝国主义大工业生产的机制商品，凭借种种特权和极为雄厚的资本力量，把中国原有的手工业生产（包括：资本主义萌芽状态的手工业、行会手工业、与农业结合的家庭手工业）淹没了。戴文就纺织、钢铁等行业说：

> 由于这些手工业和外国大纺织厂、大钢铁厂生产的同样产品，推销于同一个市场，外国的机制商品很快就排挤了中国的手工业制造品。因此，这些小手工业所面临的不是什么进一步向大工业转化的问题，而是在外国竞争下滞销、破产、改组、歇业的问题。

实际上，这并不只纺织、钢铁等类行业，而是所有手工业行业共同遭到的命运，除非是列强资本主义生产缺门的行业，甚至它们也需要那种产品。其所以如此，不只由于中国手工业以手工制品和外国大工业机制商品在市场上自由竞争，更重要的是外国商品受到特权掩护，中国手工制品则反而受封建统治的阻碍和摧残，等等不利条件。因此，列强资本侵入后，中国原来的手工业和商业资本，除去列强生产的缺行外，不是被改组成为其服务的买办资本，就是被摧毁——它们原有的经验、技术、设备、人手乃至资本，就大都被外国资本、为外资服务的买办资本所吞食或归于沉淀，也有成为民族资本所利用的条件。鸦片战争后出现的买办资本、官僚资本、民族资本，都是在被歪曲了的中国社会发展的过程上，即半殖民地半封建社会形态的基础上出现的。中国原来资本主义萌芽的生产，则没有按照其历史过程发展下来，又一次被绞杀了。而产生它的中国社会内在的根据，则是其后民族资本出现的主要依据。如果鸦片战争后手工业等原有生产的被摧毁，只是一个与外国大工业机器商品在市场竞争的结果，那么，便会把中国近代资产阶级革命降低和缩小为保护关税的问题。所以戴文又说：

> 总之，考察鸦片战争以后经济的变迁状况，可以辨认出中国旧式手工业的去脉和近代工业的来龙，两者之间存在着一定的联系。帝国主义的侵略是中国历史上前所未有的狂暴风飙，它严重地摧残了中国原有的手工业。但无论如何，它不可能完全阻塞中国经济的发展，也不可能完全割断中国经济前后的联系。中国近代工业有很少数是从旧式手工业直接转化而来的，另一部分是凭借旧式手工业所提供的一些条件而建立的，还有一大部分是在旧式手工业破产的废墟上从头开始的。

这大都是对的，一、二类情况的分析，似是还可更深入一步。文章说："中国社会经济的基础以及在外国侵略下中国社会自身的变化，是产生近代工业的第一位原因"。归根到中国社会内在根据的基础上，是正确的，必要的。说："鸦片战争以后，处于剧烈变动中的中国社会既唤起了近代工业的迫切需要，又提供了近代工业产生的必要条件。"这样提法，如果不予以充分的正确的说明，便可能使人解释为："帝国主义侵略"，岂不反而成了中国"近代工业""产生"的推动力？

戴文的主要论证，放在第一、第二种情况上，下面分别谈谈这两种情况和我的看法。

（3）"第一种情况是原有手工业直接转化为机器工业，如缫丝和某些加工工业。这种情况是少数。"

戴文关于这种情况所举的例证，是有力的，能说明问题的。论述虽不够全面、深入，但包含着一些基本正确的论旨。关于缫丝，它引用广东顺德、南海关于这一行业的资料。这两处原来"旧式手工业"的缫丝、丝织等行业都比较发达的。它引了一个"外国人1933年的记载南海佛山镇附近受雇织丝的男女童工就有一万七千人。"[①] 鸦片战争后，"1872年，陈启源在广东南海的简村设立继昌隆缫丝厂，开始使用蒸汽动力和传动装置。此后，新式缫丝工厂在南海顺德等地迅速生长。1882年南海有机器缫丝厂十一家，1901年顺德有机器缫丝厂二百多家。""广东的机器缫丝厂规模很小，资金很少，机器设备简单……。如从十九世纪八十年代顺德的三十五家机器缫丝厂来看，合计只有资

---

① 《中国文库》第2卷第7号，第205～206页。

金一百零五万元，平均每厂资金只有三万元；而雇工却有一万七千三百人，平均每厂四百九十四人。这就是说，每投资六十元就要雇用一个工人。……每个工厂只有极少极简单的机器设备，许多重要的操作过程仍是使用着手工劳动。"这提供了原有手工业缫丝业向近代机器工业转化的具体情况。

关于它的转化的原因，戴文论述说："……鸦片战争后，帝国主义大量掠夺中国的丝、茶。丝的出口数量连年激增，帝国主义也需要缫丝这一类加工工业为自己的掠夺性贸易服务。"出口的情况是这样的："从广东一地丝的出口数量来说，1882～1883 年度，共出口丝九千五百五十七担，其中'七里丝'（按为手工产品——吕）占百分之八十七，'厂丝'（机器产品——吕）和仿厂丝占百分之十三；到 1894～1895 年度，丝的出口总数达二万零三百三十八担，七里丝下降到只占百分之十，而厂丝和仿厂丝已占百分之九十。""手工缫丝就进入了衰落的过程。""……二十世纪中，日本丝织业突起竞争，中国的机器缫丝业受到严重的打击。一直到抗日战争前夕，已有五六十年历史的广东机器缫丝业，仍然停滞在陈旧落后的小型工业阶段。"

这些情况，是能够说明一些重要问题的。在当时，由于所谓"列强"各国都没有缫丝这一行业，它们又都需要这种产品，所以不只原有的手工业缫丝能存在一个时期，而且从其中"转化"出"机器工业"的缫丝生产。但在日本有了和发展起机器缫丝工业后，"中国的机器缫丝业就受到严重打击"和停滞不前了。旧式手工缫丝业，就早已在内外夹攻中垮了。同时，由于这种新的机器缫丝工业的加工性，对外资的依赖性，而又是民族资本，所以又常受外资的直接控制，而不能得到独立的发展。所以缫丝业虽"转化"为机器缫丝的加工业，而原来的丝织业却完全被挤掉、被摧毁了——这是能说明问题的。

至于戴文说："如果没有外国市场这个条件，那也就不会有机器缫丝工厂的出现。"这一提法是值得进一步考虑的。"如果没有外国市场"，列强各国也没有这一行业兴起；中国缫丝和丝织原来也有其国内市场，按照其自身的发展过程，是会进入到机器缫丝和丝织的——虽然可能较缓慢一些。"外国市场"虽加速了机器缫丝的出现，却给了它以加工性和对外资的依赖性，又截断丝织行业的命脉，这是牢牢地捆绑了它的手脚。

戴文还举了其他行业作为"直接转化"的例证。它说："从手工业直接转化到机器工业的例子，在其他行业中也是有的，如浙江宁波的通久轧花厂，原来是一个手摇机和足踏机的手工工场，1887年有人投资五万元，从日本购买蒸汽机和新式轧花机，在旧工场的基础上建成了机器轧花厂。又如汉阳的周恒顺机器厂，在十九世纪六十年代，只是一个小型的炉冶坊，大约在甲午战争前后，该厂的资本家周仲萱在原有的基础上逐步扩充，采用了蒸汽机和现代翻砂技术，逐渐使它发展成一个近代化的工厂。"前者似还不能看作"直接转化"，而是"有人投资五万元"，"在旧工场的基础上建成"的加工厂。原来的那种轧花机坊，鸦片战争前后，在全国很多城镇都有，经营代客轧花，机器有手摇足踏的，有只用足踏的，还有水力的，它是与农业结合的家庭纺织业对商品经济顽强抗拒的一点反映。后者如系"直接转化"，也只能说是在一定条件下的个别情况，所以说："这类情况在甲午战争以前尚不多见。"

（4）"第二种情况是原有的手工业没有直接转化为机器工业，但为机器工业的产生准备了条件。"

对此，就航运和采矿举了些例证。关于航运，戴文论述说："中国沿海的航运事业，在很早就发展到较高的水平。鸦片战争以前，'沙'、'卫'、'宁'、'南'各个航帮①拥有十多万船工和大量的船只、资金。但在鸦片战争以后，……英商怡和、太古和美商旗昌等轮船公司老早就垄断了中国的沿海航运，不允许中国商人插足其间。连得到清政府大力扶植的轮船招商局也无法同外资竞争。""旧式船帮虽然没有完成转化，但它和新式轮船公司并不是绝无联系的。上海和广东的商人包括沙船商在内，很早也有购买轮船，向新式航运业转变的意图和尝试，但是他们不敢用中国商人的名义，而是借用了外国洋行的招牌。李鸿章说：'各省在沪股商，或置轮船，或投资本，向各国装载贸易，俱依附洋商名下。''近来华商附搭洋轮，亦有殷实沙户在内。'②像著名的买办唐廷枢、徐润等都有轮船往来于上海、香港和日本。""七十年代初，轮船招商局成立，李鸿章就把那些依附于帝国主义的买办、商人拉到自己的身边。唐廷枢和徐润都当过轮船招商局的总办。招商局的发起人之一朱其昂就是

---

① "沙船"航行于东北、河北和江苏之间，此外航行于东南亚的船只亦泛称"沙船"；"卫船"航行于山东江苏各个口岸；"宁船"、"南船"航行于长江以南各海口——原注。

② 原注：《李鸿章全集》，奏稿，卷二十《试办招商轮船局折》，《朋僚函稿》卷十二《复何筱宋制军》。

一个出身于沙船帮的人物。李鸿章说:'朱守自己即有沙船,其亲友更多。'①通过朱其昂的关系,招商局所招的股金中即有一部分沙船帮的投资。"

这些情况表明,鸦片战争以后,在"列强"步步深入的侵略下,原来有了相当发展的中国航运业,基本上都被压倒、挤垮,归于消亡了。由于它们原来的发展和资金等力量,转而经营轮船航运行业是完全可能的——虽然在三敌的压制下也不可能有远大发展前途。戴文所举例证,如唐廷枢、徐润,还有郑观应等购买有轮船经营航业,大都是为外资服务的买办资本,所以李鸿章也说:"向各国装载贸易"。招商局则是洋务派手中的官僚资本,具有为外资服务的强烈买办性;李鸿章、尤其是唐廷枢、徐润、郑观应都是一身而二任焉的大买办兼洋务派大官僚。

关于采矿,戴文举例说:"由清政府和大官僚开办的新矿场,显然不是从旧矿场直接转化而来的,但是旧矿场在以下几个方面为新矿场准备了条件。一、提供矿址。……例如福州船政局的用煤最初取于台湾的小煤窑,后来船政局……并吞……许多煤窑,投资购买机器,建立了中国第一个新式的大型煤矿——台湾基隆煤矿。另一个有名的新式大型煤矿——直隶开平煤矿……开平、唐山一带的小煤窑原来就很多。'该处煤井乃自明代开起,遍地皆有旧址,现在开挖者亦有数十处。''其煤井均系民业已弃旧井,无不乐意出售'。②……。这些旧矿井一部分变成了开平煤矿的产业。开平的部分矿井就是利用旧井开凿的。" "二、提供了技术和经验。……早期的新式矿场,资本很小,……而雇用的矿场中技术熟练的矿工。……""三、提供了资金。……如山东峄县煤矿开设的时候,'望族绅耆,殷实行户,亦皆入资搭股'③……又如热河的三山银矿,原是一个土法采掘的旧矿场,后来被洋务派官僚并吞,'改为机器开采。旧矿主所有的矿井、山场、房屋和木柴折合白银一万两,作为旧矿主对于新矿的投资。'"

这也是与航运业的例证一样,基本上说明了同样的问题,无须赘词了。这类旧式的手工采矿业,虽在"列强"侵略下未能逃脱被毁灭的命运;而其矿址、技术、经验乃至资金,等等东西,便为外资、官僚买办资本所吞食,也成

---

① 原注:《朋僚函稿》同《复何筱宋制军》。
② 原注:唐廷枢:《禀勘开平煤铁矿务并呈条陈情形书略》。
③ 原注:朱采:《清芬阁集》卷八《禀丁宫保峄县煤矿地方官禀陈失实》。

为民族资本利用的条件，或者便归于消亡。

鸦片战争以后，作为资本主义萌芽的原有手工业生产，除"列强"缺门的行业外，都未能沿着自己的过程发展而归于毁灭，主要由于外国帝国主义的侵略和半殖民地统治。清朝为代表的封建统治对资本主义生产的阻挠、摧残，较之先进各国资本主义出世以后所遇到情况更加严重，乃是半殖民地半封建的中国封建统治在这方面的反动作用，又多方为外资服务的一面；它又与官僚、买办资产阶级相结合，共同为帝国主义服务的走狗、工具。但不应把它对于资本主义萌芽的手工业生产的摧残，或其向机器工业"转化"的"阻挠"、堵塞等反动作用，放到帝国主义侵略的反动作用以上。

（5）林增平同志的文章，肯定说：

> 在明清之际的某些城市居民中也产生了少许萌芽状态的资产阶级分子，可是……西方资本主义国家于十九世纪四十年代侵入了中国，并同中国的封建统治者结合起来，使中国一步步变成一个半殖民地半封建社会。从而把上述中国资本主义独立发展的道路截断了。

> 中国原有的资本主义萌芽备遭摧折。

这是基本正确的。虽然，把萌芽放在"明清之际"的文字分寸上似不够明确；把那种萌芽状态下的市民谓之为"资产阶级分子"是值得斟酌的，我以为他们只是资产阶级的前身。

关于民放资本的产生，林文说：

> 另一方面，在外国资本主义侵略的刺激下，随着中国自然经济结构的逐步分解和城乡商品经济的发展，在十九世纪下半期，中国资本主义的兴起又获得了某些客观的条件和可能。这时，谁能够出来投资于资本主义的新式企业呢？过去那些萌芽状态的资产阶级分子已经分化消逝。于是一部分同外国资本主义多少有些联系的商人（主要是买办），少数接受某些西方影响的地主和官僚就取而代之，成了中国近代资产阶级的前身。例如，根据1895～1910年中国民族资本创办的十九家棉纺织厂的创办人进行考查，其中买办富商约四人，官僚富绅约十三人，身份不明者三人[1]这个统计虽未必精确，而且大多数既是买办商人，又是官僚地主，即所谓亦官亦

---

[1] 原注：汪敬虞编：《中国近代工业史资料》第2辑下册，第924页。

商，官商身份并无截然界限，但举一反三，未尝不可以从这里看出近代中国资产阶级的基本来历。

十九世纪七十～九十年代间，中国民族资本很大一部分托足于官办和官督商办、官商合办的企业……。

对所举例证的估计上，也包含有正确的方面。问题在于：买办、官僚投资兴办的企业，其中可能有属于民族资本性质的；但以之一律估为民族资本，是值得进一步研究的。民族资本、买办资本、官僚资本的区别何在？应该怎样去区别它们呢？我以为这应该是近代史研究中应予以考察的一个问题。

戴逸、林增平两同志的文章，对我有不小帮助，使我获得一定的具体知识。我随笔中随感而书的一些看法，可能错误不少。

1965 年 8 月 23 日

（载《求索》1981 年第 1 期）

评"两种革命论"

（读胡一雅《评蔡美彪同志的"两种革命论"的观点》，
载 1965 年 2 月 24 日《光明日报》）

（1）蔡美彪同志关于"两种革命论"的文章，我目前未能看到，只能见于其他同志批评文章中的引证，不悉是否能概括美彪的全部论旨。美彪对历史研究工作是认真用功的；年来关于农争问题的论文，则是存在问题的。

在农民战争问题上，蔡美彪、孙祚民等同志先后提出：封建时代的农民战争不是反对地主阶级和封建制度，只反对个别地主、官吏和皇朝等论点；年来受到了不少同志、尤其是青年史学工作者的批评。从马克思列宁主义的理论原则和其所指导的革命实践来说，尤其从毛泽东思想和中国革命的实践来说，大多数同志都从中吸取了力量、阐明了原则立场、辨别了是非。——虽然，这不是说，大多数同志的论点都是正确的，都不存在问题。美彪的"两种革命论"，就我接触到的引证看来，可说是他们几位同志在农民战争问题上的基本论旨的引伸和解释。

（2）美彪认为："……中国农民战争①则是在还没有新的生产力和新的生产关系的条件下，是在封建社会生产力还有其发展条件下爆发的。""由此决定了两者具有不同的革命动力、革命对象和革命任务。"②

美彪在这里，似是不承认封建社会的农民战争是农民反对地主的阶级战争，是在两阶级间生死敌对的矛盾基础上爆发的。所以他肯定地说，这种革命

---

① 指封建社会的农民战争，下同。
②《历史研究》1961 年第 4 期，蔡美彪《对中国农民战争史讨论中几个问题的商榷》。

战争,不是在封建的生产关系即法律上的财产关系的矛盾对立的基础上爆发的,因而也就实际上否认了中世纪农民战争是在主要两阶级间生死敌对的矛盾基础上爆发的,否认它是农民反对地主的阶级战争,否认农民战争的反封建性,而只能是更新封建统治。

胡一雅同志对蔡美彪同志这一论点的批评,我以为基本上是正确的。——不论不怎样全面,也还有不够妥当和可议之处。

(3)胡一雅同志的文章,把中世纪农民及其在革命战争中所表现的根本要求,归结到土地问题,我认为他抓住了问题的中心。有些同志曾把我国封建时代农民战争的性质,区分为所谓:(一)反奴隶制,(二)反人身依附,(三)反赋税徭役,(四)反封建土地占有……等时期;有的同志还以此作为中国封建社会历史的分期标志。我以为这也是"只见树木,不见森林"的非本质的论断。

关于封建时代的土地问题,胡文认真地从中国封建社会的生产关系论析说:

> 中国封建社会的生产关系主要包括:①地主阶级最大量地占有主要生产资料——土地,农民则很少有土地,或者完全没有土地。这是封建生产关系的核心。②地主阶级凭借对土地的占有和拥有封建特权,对农民肆行人身的奴役和压迫,农民被束缚在土地上,依附于地主阶级,没有人身的自由,没有任何政治权利。③由上述两项所决定的社会产品的分配是:农民除了要将收获物的四成、五成、六成、七成甚至八成以上,以地租的形式供养地主,还要被迫向地主和地主阶级的国家提供无偿的贡纳和别的封建义务。历次较大的农民战争,在不同的历史时期曾以不同的表现形式触及上述的三个方面。

这是符合中国封建社会历史的实际情况的,因而也是掌握马克思列宁主义、毛泽东思想关于封建制度的理论原则的。在这种矛盾的基础上,农民所进行的斗争和其在历次大规模的农民战争中的表现和要求,胡文叙述说:

> 农民反抗封建土地所有制的斗争,在封建社会早期突出地表现为反兼并的斗争,如陈涉、吴广、项羽、刘邦所领导的农民战争,就是要推翻秦皇朝这一鼓励和帮助地主和贵族兼并农民土地的暴力杠杆。赤眉绿林起义和黄巾起义,也都曾阻遏过豪强地主恣意兼并土地的凶焰。这是因为

"富者田连阡陌，贫者无立锥之地"。"豪强大姓，蚕食无厌"，是当时严重的社会问题，是农民陷于生活绝境的主要原因之一。然而在赤眉绿林起义后，却出现了"野谷旅生，麻菽尤盛，野蚕成茧，被于山阜"，任人收摘的情况。① 黄巾起义以后，"土业无主，皆为公田"②。……此后，随着农民反抗地主阶级斗争的发展，贫富对立的观念日益鲜明，北宋农民起义提出了"均贫富"的口号，元末农民起义提出了"贫极江南，富称塞北"的矛盾③。在元末农民起义过程中，革命农民夺取地主的田地房舍的记载，屡见不鲜。当时有一个地主追述说："忆在兵革时人妻孥田庐，朝己业而暮他姓者比比是也。"④ 明末李自成领导的大起义，直接提出了"均田"的口号。它标志着农民争取土地的斗争已提高到了新的历史阶段。太平天国革命更提出了一个系统的土地纲领——《天朝田亩制度》。农民反抗人身的奴役和压迫，争取人身解放的斗争，在历次较大规模的起义中都可以看到。这种斗争，在封建社会早期突出地表现为反对地主阶级对农民人身的任意摧残，争取生命保障的权利。……北宋以后，起义农民反抗等级隶属的斗争，更多地表现为反对贵贱、主奴的区分，要求人身的平等。王小波、李顺起义，提出"等贵贱"的口号。钟相起义时向他的徒众宣称："法分贵贱贫富，非善法也；我行法当等贵贱、均贫富"。明末大起义时，有命主跪而斟酒，批其频数之曰："均人也，奈何以奴呼我，今而后，得反之也"。⑤ 可见农民反抗人身奴役和压迫，贯穿了整个封建时代。

农民对封建社会分配关系的反抗，明显地表现在减租抗租斗争中。……在南宋初年，就出现"顽民"、"顽佃"等名词……就是当时地主对于拒绝向他们交租的佃户的诬称。⑥ 南宋末年，苏州一带的农民为了抗租，有举族连村同官府派来的尉司拼死战斗的。⑦ 到了明清两代，减租

---

① 《后汉书·光武本纪上》。
② 《三国志：魏书·司马朗传》。
③ 《草木子》卷三上《克谨篇》。
④ 《刘坦斋先生文集·户部度支员外郎许公克谦墓碣铭》。
⑤ 同治《永新县志》卷十五《武事》。
⑥ 杨万里《诚斋集》卷六五《与张严州敬夫书》。
⑦ 黄震：《黄氏日钞》卷七〇、八四。

抗租的记载更加频繁，斗争的形式更加丰富。有的是反抗地租的额外附加。例如，在邓茂七的家乡福建，"其俗，佃人输租外，例馈田主。茂七倡其党令毋馈，而田主自往受粟。田主诉于县，县逮茂七。""邓茂七遂杀知县起义，称铲平王。"①……较斗减租也就成为农民反抗地主的一种斗争形式。如宁化县以二斗为一桶曰租桶，粜米则只十六升，沿为例。顺治二年黄通"唱谕诸乡，凡纳租悉以十六升之桶为率，一切移畔、冬牲、豆粿、送仓诸例皆罢。乡民欢声动地，归通唯恐后。"②伴随着减租较斗斗争，有时佃农起义还提出了永佃权的要求。明末清初，瑞金佃农"倡立田兵，旗帜号色，皆书入分均佃，均之云者，欲三分田主之田，而以一分为佃人耕田之本。其前所耕之田，田主有易姓而佃夫无易人，永为世业。"③……抗租据田的斗争在清初也有不少记载，如瑞金地方"佃户据田抗租与田主为难者十家而九。"《泉州府志》记载："未久南安之变作，一日而杀田主数人，垒土堡于山巅，积谷其上，约无输租者。"④顺治年间，更有"港江佃仆作逆，杀主据田"⑤的事件。

我认为胡一雅同志的上述论证，基本上是正确的，对讨论我国中世纪农民战争问题会有积极作用的，所以大幅地摘录。

在我国封建社会的具体历史过程中，在封建生产关系与生产力矛盾的对立统一的基础上，在农民与地主主要两阶级矛盾的基础上，围绕以土地问题为中心农民阶级的各种要求，也就是反封建的要求，如所论证：反对地主"兼并"土地，要求减轻或抗抵租赋徭役等负担，要求"均田"、"均贫富"以及"永佃"、要求人身保障和平等或"均贫贱"……等等，贯穿着中国封建社会的全过程。它虽然表现为多种多样的方式和形式；其内容是越来越丰富，观念也越来越明确。同时，由于矛盾发展的具体情况和条件，可能在这个时期、这个地区，突出地表现某项或几项要求，那个时期、那个地方又突出地表现那一项或那几项要求；但绝不能说，在这个时期、这个地区就是这项或这几项矛盾起主

---

① 《明史》卷一六五《丁瑄传》。
② 同治《宁化县志》卷七《寇变》。
③ 光绪《瑞金县志》卷十六《兵寇》。
④ 乾隆《泉州府志》卷二十《风俗》。
⑤ 光绪《清远县志》卷十二《剪事》。

要作用，如此等等。否则，就会模糊问题的本质，归结到抹煞或否认封建社会的基本矛盾和其中心问题之所在。由此可以理解，为什么马克思主义把解决土地问题归入资产阶级民主革命的范畴？为什么我们党领导的第二次国内革命战争，又称作"土地革命"？在几千年的封建社会历史中，中国封建统治阶级是模糊地感到问题的中心所在的，所以从陈涉、吴广为首的农民战争后，地主阶级的政论家就常常提出"限田"、"井田"一类的主张，某些朝代在其建立的初期，都多多少少地从土地问题等方面采取些措施，作为对农民的主要让步，企图以之缓和阶级矛盾。

我认为胡一雅同志关于这个问题的论证，值得蔡美彪等同志去加以重视，也值得引起其他一些同志的注意。

（4）人类社会历史过程中的社会革命，只存在有发生于各个不同历史阶段的不同社会性质的社会革命：如奴隶反对奴隶主阶级的革命或封建主义革命；农民反对封建主阶级的农民革命或资本主义革命、或资产阶级性的民族民主革命；无产阶级反对资产阶级的革命或社会主义革命。这都是人类历史各个时代的革命人民已经历了过来或正在经历着的——正沿着轰轰烈烈的进程前进。这是马克思、恩格斯、列宁、斯大林、毛泽东同志的著作中，已给予了高度科学总结和概括了的问题。此外，就没有什么可以叫做社会革命的历史事变。大家都知道，希特勒也曾给自己贴了"革命"的标签，蒋介石的口头始终没放弃"革命"两个字，他的反革命残余武装至今还叫作"国民革命军"；现代修正主义也总拿"革命"的牌子作为遮羞布，如此等等。他们都是最凶恶反革命，是革命的敌人、革命人民的敌人；他们窃用"革命"二字（在西文为一字），只不过在玷污这个庄严神圣的字眼，但全世界革命人民、历史上的革命人民，从来也没有为这种反革命所蒙蔽。因此，我们对"革命"的定义式的论断，务须慎重而严肃，只应沿着经典作家所揭示的原则立场前进，绝不容轻率或妄生议论。

美彪断言人类社会史上"社会革命"以外还另有一种所谓"革命"，原则上是错误的。区别"社会革命"的所谓"革命"的术语的采用，也是错误的。虽然，这在美彪，可能是由于用词不慎的错误，但也值得严肃对待。

农民革命战争，是属于反封建的社会革命的范畴。虽然在还没有无产阶级或资产阶级来领导以前，农民独自进行的革命战争，不能提出和创建较高级的社会制度，所以说，他们没有自己的前进方向；但不容否认，它是属反封建的社会革命的性质。

1965 年 3 月 3 日

评"普遍形式"论——冯友兰先生的唯心主义新论

（1）年来冯友兰先生曾以各种各样的形式和论旨，宣传历史唯心主义，尤其是超阶级观点，如所谓"抽象继承"论、"历史个体"论，等等。现在又提出所谓"普遍形式"问题。

《光明日报》1963 年 12 月 1 日《关于思想的"普遍性形式"问题的讨论》，汇报了冯先生和其他同志关于这个问题争论的基本论点。1963 年 12 月 22 日同报又发表了杨超、李学勤、张岂之同志合写的《关于如何理解"具有普遍性形式的思想"的探讨》，批评冯先生"普遍性形式"的文章的若干论点，我认为大都是基本正确的，实事求是的；其中包括关锋、林聿时、汤一介、孙长江、吴传启、司马文、方克立、鲁寿龙等同志的文章。只是我手边没有全部掌握这些论著，不能一一论评。

（2）冯先生的"具有普遍性形式的思想"所包含的观点，基本上是他的"抽象继承法"、"事物个体"论的旧观点新题目，前者只是后者的继续和发展。对此，已陆续引起许多同志的重视和反驳。这不仅由于冯先生的观点包含着重大原则性问题，还由于冯先生曾大量引用经典作家的语录，来歪曲经典作家的历史唯物主义，尤其是它的精髓阶级分析法。而且，从所谓"抽象的继承法"……讨论以来，冯先生对自己的错误观点和论旨，不只无半点改变，而是固执地反驳，并把自己的论旨步步深入和越滑越远。我们完全不反对坚持自己认为正确的意见——如果真是这样的话——但任何时候也不能说，善意批评者尤其是大多数人几乎一致的意见，全无可取。从所谓"普遍性形式"说，

自 1961 年至 1963 年间的冯先生的论点,《光明日报》汇报的叙述是具有概括性的。它叙述说:

> 1961 年 9 月,冯友兰在《哲学研究》上发表了《再论孔子——论孔子关于"仁"的思想》。他认为孔子的"仁"是"从一定的角度看,在一定的程度上,抽象地承认,人与人之间有一定的平等关系"。"孔子所说的'爱人',照字面上讲,……还是说的爱一切人"。他"至少在理论上承认"对劳动者"也要'仁'"。为了论证这种观点,冯先生引证了《德意志意识形态》中的一些论述,说明孔子的"仁""是以普遍性的形式提出来的";而这种"普遍性形式"的思想"有它的一定的历史意义"。这就在于"在一个阶级还在上升阶段的时候,它的思想上的代言人的思想所具有的那些普遍形式,还不完全是欺骗。""例如,资产阶级所说的自由、平等、博爱,都是以普遍性形式提出的。在资产阶级对于封建地主阶级进行革命的时候,这些普遍性形式不完全欺骗"。孔子的"仁"的思想,性质也大体相同。"这些思想,不管它的欺骗性大小,在当时说,总是比较新的进步思想。这些思想是没落阶级所不能有的。"

在 1963 年出版的《中国哲学史新编》中,冯友兰进一步发挥了这种思想。他说,"孔子、孟子所讲的'仁'和'忠恕之道',有自我意识和人与人间平等的涵义。""从平等观念发展的历史进程来看,孔子、孟子所讲的'仁'是其中的一个阶段"。"就其普遍形式说,孔子、孟子所谓平等是抽象的平等",但在当时,"即使抽象的承认,也有一定的积极意义";这种思想的"普遍形式,还不能简单地归结为欺骗"。书中并且还认为"孔子、孟子关于'仁'的理论,表现他们对于人的社会性的认识",只是他们"不可能认识到在阶级社会中,人的社会性即寓于阶级性之中"。该书还运用这种观点分析墨子的"兼爱"等思想,从而得出所谓"普遍性形式即寓于它的阶级性之中"的命题。

在 1961 年 10 月山东举行的孔子学术讨论会的发言及其前后讨论孔子思想的论文中,冯友兰进一步把上述关于思想的"普遍性形式"的观点作为"方法论的问题"作了发挥和论证,说明"普遍性形式"的思想并不是"在任何时候都虚伪"。在剥削阶级上升时期,这种思想"起了积极作用,那就不能说完全是骗人",这时它"不仅仅就是欺骗","不能说完全是虚伪的。"①

杨超等同志的文章,把冯先生的论点概括如次:

(一)剥削阶级思想家提出的"超阶级的爱",或抽象地承认"人与人之间有一定的平等关系"等,如他所描写的孔子的"仁",是"具有普遍性形式的思想"。

(二)当某一剥削阶级处于"革命时期"的时候,"它的思想上的代言人的思想所具有的那些普遍形式,远不能简单归结为欺骗"。更明确地说,它们是真实的,"它们所以能够发生进步的作用,并不是因为它们是虚伪的,而是因为在一定的历史条件下,它们是真实的";冯友兰先生还说:"必须对于劳动人民说也是真实的,所谓真实才有意义"。

(三)……说:"在当时不仅企图代替旧统治阶级的阶级反对旧统治阶级的统治,其他非统治阶级的阶级也反对旧统治阶级的统治。这就是它们的共同利益之所在。就这一点说,企图代替旧统治阶级的阶级提出的"具有普遍性形式的思想","除了反映它本阶级利益之外,至少在客观上,在一定程度上,也反映其他反对旧统治阶级的阶级的一定要求和愿望。"

(四)只有在该剥削阶级已经过了它的"革命时期"之后,这些"普遍性形式"才由真实的转化为虚伪的。"虚伪和真实这两个对立面,在一定条件下可以互相转化,这是辩证法。"

由于未能读到冯先生的原作,恐怕误解他的观点,所以重复地抄录两份引证。

两份引证同样清楚地表明,冯先生为阉割历史唯物主义的灵魂、阶级观点,反对历史唯物主义的历史主义,仍坚持他几年来一贯的观点和手法。从上面的引证中,大致可归纳为下述三点。(一)某些古代思想家的思想,如孔子、孟子的"仁"是超阶级的。(二)历史上的剥削阶级,奴隶主、封建主、资产阶级,在其"革命时期"的思想、主张是"具有普遍性形式的思想","普遍性形式即寓于它的阶级性之中",是代表"其他非统治阶级的阶级"的

---

① 尽见《新建设》1962 年 5 月号,《再论孔子关于"仁"的思想);《文汇报》1962 年 11 月 13 日《关于孔子讨论中的一些方法论上的问题》;《北京大学学报》1962 年第 4 期《再论孔子》;《哲学研究》1963 年第 1 期综合报道《在山东举行的孔子学术讨论会》。

利益和"要求"，或"反映其他反对旧统治阶级的阶级的一定要求和愿望"。
（三）资产阶级的"自由、平等、博爱"不只是超阶级的，而且是超时代的永
恒真理；孔子、孟子的"仁"代表了这"平等"思想的"一个阶段"，他们并
已经认识了人的"社会性"，也就是说，是超阶级超时代的。这就是冯先生
"普遍性形式"论的全部基本内容。不难看出，他这是在与谁唱对台戏——不
论使用了多少马克思主义术语。

但是冯先生还力图借用马克思、恩格斯的话来给自己圆场，想把我们瞒过
去。例如，他引证了《德意志意识形态》中所提到"普遍性形式"。谁也知
道，是马克思、恩格斯在历史唯物主义伟大思想形成时期写作的；但亦已闪耀
着阶级分析法的无限光芒。他们是怎样说的呢？

> 随着分工的发展也产生了个人利益或单个家庭的利益与所有互相交往
> 的人们的共同利益之间的矛盾；同时，这种共同的利益不是仅仅作为一种
> "普遍存在于一种观念之中"，而且首先是作为彼此分工的互相依随关系
> 存在于现实之中。……正是由于私人利益和公共利益之间的这种矛盾，公
> 共利益才以国家的姿态而采一种和实际利益（不论是单个的还是共同的）
> 脱离的独立形式，也就是说采取一种虚伪的共同性的形式。[①]

> 进行革命的阶级仅就它对抗另一个阶级这一点来说，从一开始就不是
> 作为一个阶级，而是作为全社会的代表出现的；它俨然以社会全体群众的
> 姿态反对唯一的统治阶级。它之所以能这样作，是因为它的利益在开始时
> 的确同其余一切非统治阶级的共同利益还多少有一些联系，在当时存在的
> 那些关系和压力下还来不及发展为特殊阶级的特殊利益。[②]

在这里，马恩也是说：（一）"作为一种'普遍'存在于一种观念之中"
的"共同利益"，"以国家的姿态而采一种和实际利益……脱离的独立形式，
也就是说采取一种虚伪的共同性的形式；（二）仅就"进行革命的阶级""对
抗另一个阶级""这一点来说"，"它俨然以全体群众的姿态反对唯一的统治阶
级"，也就是说它要取得"其余一切非统治阶级"的帮助，共同进行斗争，
"它的利益在开始时"和彼此的"共同利益"也只是"还多少有些联系"；而

---

① 《马克思恩格斯全集》第 3 卷，第 37～38 页。
② 同上书，第 54 页。

且由于"在当时存在的那些关系和压力下",也就是说,在反动统治阶级的压力和诸阶级间现实关系的关系面前的一些情况,它还不可能只以"它的利益"而完全背弃阶级联盟的"共同利益"。我看,这是很明白的,不容任意去加以歪曲和窃用。而他们是作为"进行革命的阶级"而登场,而不是作为什么"全民革命"登场的。至于这一问题,列宁在《谈谈全民革命的问题》中说:

> 如果把这一概念《按指"全民革命"——吕）当作一般公式、定律和策略的标准来运用,那是根本不对,是完全反马克思主义的。马克思主义者应当从"全民革命"这一概念中看到必须正确分析各个不同阶级的各种不同的利益,这些阶级是根据某些有限的共同任务而联合一致的。无论在什么情况下,都不能用这一概念来模糊和掩盖对某一革命过程中的阶级斗争的分析。[①]

列宁这段话,正好给上述马恩的论旨以阐扬和发展,对"某些有限的共同任务而联合一致"的诸阶级,"必须正确分析各个不同阶级的各种不同的利益",不容许用所谓"全民革命""这一概念来模糊和掩盖对某一革命过程中的阶级斗争的分析。"这难道还不足以回答冯先生的问题?这难道能说有所谓"具有普遍性形式的思想"的现实存在?那完全是冯先生的虚构。阶级社会历史上的现实存在的只有阶级的思想。

冯先生不可能看不见和看不懂经典作家的这类话。为什么形成那么严重的曲解,而又死死地纠缠不放呢?

（3）经典作家的结论,是从全人类历史概括出来的客观规律的科学真理。冯先生的论断是缺乏历史根据的,其所引证是压根儿曲解并从而又曲解历史实际。

冯先生所论的孔、孟的"仁",是怎么回事呢?在孔、孟,所谓"仁"乃是先验主义的唯心主义范畴。他们为论证纲常伦理的先天存在的依据,便断言,人原来就具有这样一种叫作"仁"的精神存在,所以说:"礼,仁心也;义,仁路也","仁者人也","仁者爱人","孝弟也者,其为人之本与","其为人也孝弟,而好犯上者,鲜矣"……。这难道还不够明白么?正因它是一种捏造的唯心主义的范畴,所以连孔丘、孟轲也不能给予肯定的内容和解释。

---

① 《列宁全集》第 2 卷,第 392 页,人民出版社,1959。

冯先生为什么硬要从唯心主义的故纸堆中把它拾起来，曲说为超阶级超时代的"思想"呢？

也还有个别同志，误认孔子的"仁者人也"，"仁者爱人"，"泛爱众，而亲仁"一类话，有人文主义内容。这显然也是错误的。冯先生以之曲说为代表资产阶级"自由、平等、博爱"观念的一"阶段"，除去其反马克思主义历史主义的作用外，是牛头不对马嘴的。把封建纲常伦理，等等，提到理论高度，并加以大力宣扬和维护的孔子，及其孙子思门徒孟子能具有资产阶级"自由、平等、博爱"等"抽象"观念，极力粉饰等级制度而创为先验主义臆说的孔、孟"思想"，又能体现为反封建等级制度、宣传资产阶级的"平等"观念，岂非极古今之奇谈？冯先生何以自圆其说呢——如果肯认真地面对历史唯物主义而不与之相反对的话，作为封建主阶级代言人的孔孟的阶级成见，和资产阶级的可鄙的阶级成见与骗局，是各有不同特点的。他们各自的历史和著作能明明白白地给予回答。历史唯物主义的历史主义教导我们，人类历史，阶级社会各发展阶段的各个阶级、阶层的思想，各有其不同的本质和特性——虽然，这并不否认作为思想资料等的继承性因素。资产阶级的历史唯心主义，不肯也不敢承认这种历史实际——只知妄图把资本主义秩序和资产阶级思想永恒化。

资产阶级的"自由、平等、博爱"，即在资产阶级"革命时期"，与他们联合反封建的工人、农民，也从不曾享有过。这从欧美及日本近代史中可以复查。经典作家早已指出，所谓"自由"只不过是资产阶级自由竞争一类的自由；"平等就是在富人和穷人不平等的前提下的平等……简直把不平等叫作平等"；"博爱的性质"不过是资产阶级在世界市场上"瓦解各民族"的欺骗手法之类。这都已成了无须争辩的问题。冯先生为何还要通过所谓"普遍性形式"作为超阶级的永恒真理加以宣扬呢？

历史上，"进行革命的阶级"，"……它的利益在开始时期的确同其余一切非统治阶级的共同利益还多少有一些联系"，这是马克思恩格斯概括了历史的实际而得出的结论，是通过阶级分析而得出的结论。在中国，孙中山为首的同盟会领导的旧民主主义革命，是联合会党的。但绝不能说，同盟会纲领的某些方面，如"平均地权"之类，是"真实的"为会党群众的；只能说在反帝反封建的革命进程中，资产阶级的利益，的确同工人、农民等阶级的共同利益

"还多少有一些联系";李纲、宗泽、韩世忠、岳飞等联合农民群众抗金,是客观上符合农民群众的一些利益和要求;但绝不能说,他们为着所代表的阶级,又为着农民的阶级利益而抗金——已成为地主阶级将军的岳飞、韩世忠,虽出身于佃农或士兵,也不例外。王安石等新党的改良政策,虽在一些方面也多多少少反映了农民和自由商人的一些共同利益和要求;但它基本上是从地主阶级尤其是适合中小地主阶层的利益和要求出发的,它在本质上是地主阶级的。"这就是辩证法"。冯先生为什么总是只看树木不看森林呢?

1964 年 8 月 30 日

评刘节先生的"天人合一说"

（1）广州中山大学教授刘节先生，继解放前发表的《历史论》，1962 年起又先后发表了《中国思想史上的"天人合一"问题》①、《孔子的唯仁论》、《墨子的兼爱和实利思想》② 等论文，以及他 1962 年 11 月在山东孔子学术讨论会上的发言、1963 年 10 月在广东历史学会召开的座谈会上的发言，围绕所谓"天人合一"论，表述了他关于世界观、历史观方面的系统思想。他还公开表明：自己是从"按照马列主义的理论处理中国思想史上的问题"的"另外一个角度去看中国思想史上的问题，这个问题就是'天人合一说'，也就是说，他公开和"马克思主义的理论"、辩证唯物主义和历史唯物主义唱对台戏。凡是稍微涉猎过董仲舒宗教神学、宋明理学的人，都能察出刘节先生的"天人合一"说，不过是一套陈词滥调，是董仲舒、朱熹、陆象山、王阳明等的僵尸作祟。而其公然向"马克思主义的理论"宣战，倒有点新鲜。

刘节先生的这一"理论"，在山东孔子学术讨论会、广东历史学会座谈会，都受到揭发和抨击。杨荣国同志的《刘节先生历史观的哲学基础的剖析与探源》③，李根蟠同志的《刘节先生的两种"规律"究竟是什么》④，都对刘文的若干问题，进行了原则分析和反驳，其中有些分析是比较深刻的。《光明日报》也对广东历史学会座谈会"进一步分析批判刘节的错误历史观点"作了综合报道。

---

① 《学术研究》1962 年第 1 期。
② 同上杂志 1963 年第 1 期。
③ 1963 年 11 月 10 日《光明日报》。
④ 1964 年 5 月 24 日同报。

（2）我未能看到刘先生的原作，从其他同志的文章和报道以及下面一类的引证，仍能看出其基本论旨来。刘先生说：

"在中国思想史上，'天人合一'问题实在没有得到很好的发展。"

"要衡量一位中国思想家，必须看他在这一问题上作过怎样程度的探讨与提出怎样程度的解决方法，才可以决定这一位思想家在思想史上的地位。"

"人性本来是出于'天性'而与'天性'相协调的，'人道'本来也可以与'天道'统一起来的。"

"'人性'和'天性'之必为善良的。"

"'克己复礼为仁'，这里的'礼'应该当作'理'看……必须克服自己的心理上的缺陷，才能'协乎天地之性'，这就是'复礼'。"

"'行仁政'，'尊天爵'，这就是在'人道'中见'天道'。这样说'天人合一'，就比较具体，以事实出发。"

"不要'猖狂妄行'，不要'伤天害理'。"

"从人性中追回天性"，"必须"从'人性中发现什么是天性'，并且肯定这天性是善的，……""不明于天者，不纯于德。""要追回人性是不难的，首先要排除一切障碍；使我们有可能追回人性，使合于天性。这个重点就摆在社会制度上了。""就在人与自然相斗争的过程中，出现了许多不合理的人事与制度。""奋其私智"，"冥行妄作"，"亏道而乱德"。"性之体是理"，"（理）也可以说是'天'，也可以说是'神'，乃至于道是'道'。"

"历史是宇宙意识的反映。"

"已成的是'正'，将要成的是'反'。正反相对的冲突，必定产生'合'。这就是新生命。"

"理想与事实斗争，定是理想胜利。"

"自从孔子把'命'的意义作深一层的解释以后，以为'命'是一种先天原理，照我们说，是一种自然规律，那末，天命就是不可改变的……。"

"'命'本来是无声无体的；但可以从一切自然界的运行规律中看出来。"

"总而言之，在宇宙以内只有一种规律，自然规律必须统一于人的规律之中，而人为规律也必不可能违反自然规律。"

"我的'天人合一'说，是要以人来统一而不是以天来统一，也就是以人来掌握自然规律。人掌握自然规律必须是两个方面：一是如物理学的自然规律，这是主观方面的。只有掌握了主观方面的和客观方面的自然规律才能提到天人统一。……""许多人说我是唯心史观，这有一点对。但我也不完全是唯心史观。我的《历史论》一书本来是应该烧掉了的。但是，就在我的《历史论》里，我就提出了历史上有自然法则和人为法则这样两个法则在进行，想把两种法则统一起来，才算是我们讲的'天人合一'。唯心论者是不讲法则的，据恩格斯的话，只有马克思才提出了历史的发展规律，可见我也有些唯物史观的成分。"

"'人性论'就是要使人类社会合乎理性，使社会成为人类理性的体现。这就是说善良的人类本有趋于社会主义的本性。社会主义是人性的必然趋势，是人类社会合乎理性的最后体现。所以我的人性论不但不反对社会主义，相反的还可以帮助社会主义以至共产主义的实现和发展。"

"大家都反对超阶级的思想，我认为超阶级思想是存在的。阶级观点并不是原来就有的，都是要学才有的。事实上过去的哲学家就是不大讲阶级观点的，他们是超阶级的。而我们现在就要讲阶级斗争，这我不反对。但阶级观点和超阶级思想可以同时存在，并行不悖的。比如资产阶级跑到我们这边来，如果我们利用得好，也可以为无产阶级服务的。无产阶级出身的人，也会忘本、会蜕化变质。因此，不能认为阶级的烙印一盖上去，就永远抹不掉。为什么说'不识庐山真面目，只缘身在此山中'，就是自身不容易弄清楚自身的事情，所以从孔子到荀子都是谈解蔽的。"

"许多人说，继承历史文化遗产只能是批判继承。我看不谈继承则已，谈继承多半是抽象的继承，对于事物进行抽象，也是一种批判。因为事实上不能不抽象，这也是由感性认识到理性认识的过程。如我们今天宣传要继承文天祥、岳飞等历史人物，说他们是'舍身成仁'、'精忠报国'，这都不可能不是抽象的继承。师其意，不师其法，这是抽象继承法。抽象继承法事实上存在，这是好的办法，这个问题还要好好讨论一下。"

为怕误解刘先生原意，所以这么长篇地节录他的话。通过上面的节录，可以明白地看到他的观点和论纲。他说来说去，不过是放肆地宣扬唯心主义世界观、历史观的陈词滥调；一再地叫嚣"人性论"，主张"抽象继承法"，公开反对阶级斗争、阶级观点即"马克思主义的理论"，字里行间还透露出对新社会的反感。这一切，甚至使人忍不住气愤。

下面分别谈谈刘节先生的世界观、历史观和"超阶级"等问题。

（3）刘先生所贩卖的世界观中，最本源的东西是"天道"、"天理"或"天性"，也叫作"自然规律"——它是"无声无体的""先天原理"，是超乎客观世界之上的第一性的东西，是先于存在的精神；客观世界，人类社会，万事万物，都是由它支配的，被派生的，那而且是"不可改变的。"这种"先天原理"或"自然规律"体现到它所支配、派生的人类社会、人类，便表现为"人道"、"人理"、"人性"以及"应该当作'理'的'礼'"等等。这不过在卖弄黑格尔的"绝对精神"或所谓"宇宙精神的反映"，也就是宋明理学的"理"。

黑格尔唯心主义是与被颠倒的辩证法结合的，因而天才地把历史看作发展的进程去理解的。刘先生却是以之与形而上学结合的。因此，黑格尔也不能给刘先生以什么帮助。

刘先生要求"人道"、"人理"、"人性"或"人为法制"即"礼"，与"天道"、"天理"、"天性"或"自然法则""协调"、"统一""起来"，以"礼"为中心的社会秩序，就得以"万古长存"了。但刘先生似又不胜惴惴地说，"自然法则"的基础是"理"或"理性"，"人为法则"的基础是"争"或"欲念"，因而又出现了不"统一"、不"协调"，也就是"天人"不"合一"，而此却是违反"善良的""人性"的。在这里，他又影影绰绰地破口大骂"阶级斗争"，污蔑为"猖狂妄行"、"伤天害理"。从刘节的立场出发，问题如何解决呢？他说："克己复礼为仁"，即从"人性中追回天性"，或者叫作"克服……心理上的缺陷，才能'协于天地之性'……"，如此，等等。这就是刘节的历史观。因此，刘先生说，"许多人说我是唯心史观"，却只只"有一点对"；说"我也有些唯物史观的成分"，则完全不合事实。

刘先生自认"有些唯物史观的成分"是从哪里来的呢？他说："唯心论者是不谈法则的"，他却谈了一大堆"自然法则"、"人为法则"。这也是妄言。

谁都知道，宗教神学也"谈"宗教的"规律"，佛典中就有大谈"因明"和"唯识"的卷帙，如此等等。而且，刘先生的所谓"规律"或"法则"，并非伟大列宁所说的"本质的关系或本质之间关系"，或"规律就是关系"①，而是所谓"宇宙意识"、"先天原理"，或是由人们所任意创造、摆布的，并非自然、社会和人类思维运动的客观规律。这也正如列宁在《再一次消灭社会主义》的文章中所说："驱逐科学中的规律，实际上只不过是在偷运宗教的规律"。

可以清楚地看到，刘节先生的世界观和历史观的"理论"，不只根本论旨，而又连范畴以至立言口吻，都是从董仲舒的宗教神学中搬来的，从程、朱、陆、王等的理学中搬来的。而从唯心主义世界和历史唯心主义的系统上说，他还远较程、朱等的理学贫乏、庸俗。不图在马克思主义的科学的哲学昌明的今日中国，在蔚成当代马克思主义的毛泽东思想的今日的中国，仍有刘节这样的人把董学和理学亡灵搬来和它相对抗。而这也已说明了由毛泽东同志作了创造性的巨大发展的马列主义阶级斗争学说的光芒。

（4）所谓"超阶级思想是存在的"问题。刘先生要求"阶级观点和超阶级思想可以同时存在"，理由是"事实上过去的哲学家就是不大讲阶级观点的，他们是超阶级的"。这是完全不合历史事实的。自然，在人类历史上，只有无产阶级才公开地鲜明地表明自己的阶级立场、观点、面貌等等，由于它是最先进最革命的阶级而又掌握了全部真理。历史上的剥削阶级，由于其丑恶的吸血鬼生活等等原因，总是讳言阶级，千方百计地加以粉饰和隐蔽，而他们的思想，不论是奴隶主阶级、封建主阶级或资产阶级的思想家的思想，无不是浸透着阶级性的，全部哲学史或思想史能确切地回答这个问题。尽管这样，像中国封建统治阶级的思想家，从孔丘、孟轲起，虽没有能使用"阶级"一类词汇，他们却严格地区别了所谓"君子"、"小人"等等。像董仲舒、韩愈等人，还大谈所谓"性三品"。这就是他们未加掩饰地"大讲阶级观点的"地方。既然历史上没有也不可能存在过"超阶级的思想"，因而所谓"阶级观点和超阶级思想可以同时并存"的要求，不过在要求资产阶级思想、封建地主阶级思想在今日的中国与无产阶级思想可以同时存在"，历史唯心主义与历史唯物主

---

① 《哲学笔记》，第135页。

义,"可以同时存在"或"分庭抗礼"。

刘先生这个论旨的又一提法,则为所谓"人性论"。在他,"人性"乃是"天性"所赋予或其体现,是先验主义的、"善良的"。这不过是孟轲"性善"论、王阳明"良知"说的僵尸作怪。自然,现代修正主义也正在疯狂地叫嚣"人性论"。

刘先生也毫无隐讳,他是以"人性论"来反对阶级斗争学说和阶级斗争的,所以他说:"人性论就是要使人类社会合于理性……。善良的人类本有趋于社会主义的本性。社会主义是人性的必然趋势,是人类社会合于理性的最后体现。"看,这不是教我们不要阶级斗争、不要无产阶级革命和无产阶级专政,也不要阶级斗争学说,只须要"人性论"或其"理性",就一切都有了,万事大吉了。帝国主义和一切反动派,都不须用革命战争去推翻,一切反动阶级的国家机器也不须粉碎,"善良"的"人性"或其"理性"就会给"人类"端来"社会主义","社会主义"自己会到来——"必然趋势"。要不然,那简直就是"猖狂妄行"、"伤天害理"。他还居然对革命者说:"己所不欲,勿施于人"、"在无形中减少许多敌人"。刘节还声称:"……我的人性论不仅不反对社会主义,相反的还可以帮助社会主义,以至共产主义的实现和发展。"这就不过是希特勒的"社会主义"、天主教的"共产主义"。

刘节先生于无可如何中承认历史上的斗争时,却胡说为"这是人与人斗争的历史",历史的长河是"理想与事实斗争"的所谓"正""反""合"来反对和否认阶级斗争。同时又以所谓"善良"的"人性和天性"来抹煞和否认阶级性,来反对马克思列宁主义。列宁说:

> 一般说来,在为阶级矛盾所分裂的社会中,任何时候也不能有非阶级的或超阶级的思想体系。[①]

> 只有具体的人性,没有抽象的人性。在阶级社会里就是只有带着阶级性的人性,而没有什么超阶级的人性。[②]

这是从全部人类历史概括出来的真理。

刘节先生又正面提出所谓"抽象继承法"。这是冯友兰先生在好几年前提

[①]《列宁全集》第5卷,第352页,人民出版社,1959。
[②]《毛泽东选集》第3卷,第871页。

出的。现在一唱一和、彼此的用意,都不外在混淆或否认哲学史上唯物主义和唯心主义斗争的对立阵营和不可调和的党派性,在于把唯心主义保护下来。冯先生已受到不少同志的批判,又改变汤头,换成所谓"普遍性形式"。刘节先生从"超阶级的思想"出发,又把冯先生的破家当拾起,大叫:"抽象继承法事实上存在,这是好的办法",并以之来反对"继承历史文化传统只能是批判继承"的原则方针。这样,他又要我们把"历史文化传统"无批判地"继承"下来;"如……继承文天祥、岳飞等历史人物……'舍身成仁'、'精忠报国'。"这样,刘先生的"抽象继承法",就不只在于混淆和否认哲学史上的唯物主义和唯心主义斗争的敌对阵营和其不可调和的党派性,并从而把唯心主义美化和保护下来,而且在于把古代、中世纪和近代文化的一切东西,"黄八郎"都继承下来。这是要我们走向哪里去呢?

1964 年 9 月 4 日

读报随笔之四

杂　论

列强帝国主义侵略的堡垒
——旧中国的上海外滩

（读诚士《外滩——帝国主义侵略罪行的见证》，
载 1965 年 3 月 12 日《人民日报》）

（1）诚士同志的文章概述："直到抗日战争前设在外滩的外国洋行在三百家上下，约占全市外商企业 30% 左右。它们分属英、美、日、法等十来个帝国主义国家的财团；经营的行业，则从进出口贸易、航运、工业、房地产、保险一直到股票投机，在规模上，不是经营多种行业的大财团，便是垄断着重要工业设备与原料或日用必需品市场的大托拉斯。它们榨尽了中国人民的血汗，而中国的封建买办阶级便是它们的忠实走狗。"并就所谓"洋行之王"侵略中国历史最长、规模最大的一个垄断资本集团怡和洋行，英国在华四大财团之一的以贩毒起家的沙逊财团的新沙逊洋行以及蒋、宋、孔、陈四大家族登台后的美帝垄断资本的侵略，叙述了若干基本情况。这类文章对我国近代史研究是大有益处的。

人民大革命胜利前的百零九年间，"列强"帝国主义侵略中国的情况过程、性质等等，完全符合列宁《帝国主义论》的科学论证，也充分表明了毛泽东思想和我党民族民主革命纲领的伟大正确。今天来研究这段历史，对我们学习马列主义，学习毛泽东思想和我党党史，以之来为社会主义革命和建设服务，为世界革命服务，都是十分必要的。

（2）从清朝政府在鸦片战争中出卖投降、订立《南京条约》、《望厦条约》等卖国条约起，美英资本主义海盗及其同伙，凭借步步扩大的不平等条约，于1845 年开始在外滩建立"滩头阵地"，并逐渐成为"租界"中心。至 1850 年前后，自外白渡桥到洋泾浜（今延安路）一带，就已分布着十几家英、美等国洋行，只有"江海北关"一幢房子属中国。侵略者为贩毒、走私的便利，在1854年就趁火打劫操纵了上海海关，至1859年便窃夺了全中国的海关权。外国洋行，原来都是些没有多大资本的海盗、冒险家，凭借租界、领事、海关等特权，以远超过中世纪商人的种种欺骗、狡诈手段，推销产品、掠夺茶丝等土产原料，更主要的就是完全无法无天、大干贩卖鸦片等毒品及走私、逃税勾当，而又卖空买空、开设银行、发行纸币，经手借款和高利回扣，贩卖军火，制造内战，掠夺铁道建筑特权和垄断水陆航运，控制卖国政权的财政，等等，逐步对中国实行财政、军事、政治、经济、文化等等方面的全盘控制。

贩毒是他们掠夺中国人民借以起家的重要一项。鸦片输入，"自1843年开埠起的三十年间，输入上海港的鸦片将近一百万箱之多，占全国进口总数（约一百八十余万箱）的百分之五十左右，这些鸦片进口值约为五亿两银子，其中侵略国政府的税收和各洋行的暴利近四亿两。"这占其时全部进口物40%左右。其他方面，不一而足。

（3）侵略中国的第一个洋行，后来又成了最大的财团英商怡和洋行，1832年成立于广州，为英国侵华鸦片战争的策动者，总行设立在香港，其活动中心则在上海，魔爪伸入了各个方面，分支机构遍及全中国几十个重要城市。

怡和洋行主要创始人渣甸的资本，"至多是他在东印度公司的鸦片走私船上贩卖的两箱鸦片"；它在中国人民身上剥削多少膏血呢？"早年怡和在广州贩毒的二十年左右时间里就赚了一百万英镑。侵入上海以后，利润之大更骇人听闻。例如，怡和纺织有限公司成立的资本为一千一百万两，而其1938年的账面赢利已接近一千一百万元。"怡和业务伸及贩毒为重要内容的进出口贸易、航运、码头、仓库并铁路、矿山、房地产、水火保险、公用事业、航空等等。其活动概况是：

（A）贩毒。上海开埠初，怡和输入上海的鸦片，一直占各行首位。从贩毒掠夺的利润和它对中国人民的毒害，是十分惊人的。

其他进出口商品。进口包括棉织品、机器、五金、日用消费品等，尤以军火［为主］。它特在上海怡和机器有限公司设立"军火处"，于其公和祥码头仓库公司专设两个仓库堆放军火，以之牟取暴利，制造军阀内战，攫取特权，以至势力范围。

出口，即对原料和土特产的掠夺，从贵重矿砂至于廉价的鞭炮等各方面。它在全中国各地遍设行栈，大量搜刮。如茶叶，为它自始至终大宗经营的一项，至 1947 年止，它所输出的茶叶仍占中国茶叶出口总额一半左右。

（B）交通（航运和铁道）。怡和、太古、日清，为垄断旧中国沿海、长江航运的三大外国轮船公司，以怡和为最早，它于 1875 年成立公和祥码头、仓库、公司，占上海码头总长度 20% 左右，仓库面积达 250 万平方尺以上，但并无机械化装卸设备。

怡和为汇丰银行最大股东，又与汇丰合组中英银公司，专门投资于铁路，从 19 世纪 60 年代起，就开始劫夺我铁路建筑权。从 1898 年京奉铁路开始到 1937 年，它的铁路借款总计约 1147 万镑、458 万银两又 200 万元。京奉、沪杭、沪宁、广九等路，都有其巨额投资。

它又通过对航运、铁道交通的垄断，来压制中国民族工业、控制市场、制造和左右内战局势等等。

（C）工业。为掠夺贱价劳动，减少运费。就地利用贱价原料，在马关条约关于外资得在中国设厂以前，怡和已在上海经营工业，如在 1882 年就办了怡和丝厂。1910 年时，怡和丝厂的缫车在上海外商缫丝厂中占 29% 以上，年产占 20%。1895 年马关条约后，怡和纱厂是首先开办的四家外商纱厂之一。1921 年，怡和并吞了一家华商和一家英商纱厂后，成立了怡和纺织有限公司。到第二次世界大战前，它拥有 17 万多枚纱锭，3200 多台织布机，4000 枚毛纺锭，是上海实力雄厚的纺纱集团之一。后来怡和又经营食品、冷藏等工业。1935 年怡和为主要股东的汇丰银行，"借口申新纺织公司一笔二百万银元的借款，到期无力偿还，悍然……将为借款作抵押的申新七厂拍卖给日商。经社会舆论和申新七厂三千多职工的斗争，始被迫取消拍卖，将借款转期。"

（D）银行、借款和发行纸币。1932 年，上海共有 30 家外国银行，其中主要为汇丰、麦加利、有利、大英、横滨、止金、台湾、友邦、东方汇理、荷兰、华比等行。怡和为重要股东的汇丰银行，也是卖空买空起家的。它 1864 年在上海成立，次年设分行于上海，到抗日战争前夕，它已在中国 14 个重要城市有分行。开办资本都是英商洋行贩卖鸦片的利润，然而仅港币 250 万元，1921 年又增长至 2000 万元；就其公开的账面赢利说，自 1901～1937 年期间，即达港币 3.6 亿余元。第一次世界大战前，它的外汇业务经常占上海外汇市场成交量的 60%～70% 左右；它为首操纵了中国的国际汇兑与金融市场。它尽量发挥了压迫、束缚中国民族资本的反动作用，并极力通过低利放款、信用透支和条件优惠的押汇等等，支持侵华的英商企业，成为英商最重要的财政支柱。

它所以很快成为侵略中国的大银行资本，主要是通过以下的卖空买空诸渠道而来的。

发行纸币。1870 年发行额达 171 万港元，相当其实收资本 1/3 以上；1914 年底的发行额上升为 2724 万港元，差不多等于实收资本的一倍；1935 年至 1936 年间发行额达到 2.27 亿港元之巨。

吸收中国人的存款。开办时存款约 300 余万港元，"到 1895 年时就上升为一亿四千余万元"，其中大部为军阀、官僚、买办、地主富绅的存款。它这样以中国人的钱去扶持其侵华的企业。仅从 1865 年到 1914 年的材料来看，"贴现和放款"业务就扩大了 45 倍。

经手借款和高利回扣，步步掠夺特权，支配卖国政府，又是在华英行的财政支柱。汇丰是经手英帝对华借款的主要银行，从 1853 年到 1893 年间，清政府共借了约 43 笔外债，折合库平银 4600 多万两。汇丰先是参与各洋商的联合贷款，而从 1874 年起，就单独借给清政府 17 笔款项共 2900 余万两，占清政府全部外债的 63%。接着在 1894 年至 1898 年的 5 年间，清政府对所借的甲午战费和偿付对日赔款等的借款（铁路借款不在内），折合库平银达到了 3.5 亿两之巨。其中汇丰银行贷出的就占了 1.3 亿余两，规定要以海关税收为担保，利率高，实交折扣大。又大都规定以外币作价，而交付银两。汇丰银行操纵着中国的国际汇兑，能够随时提高或压低外汇兑价，以此进行勒索。例如，汇丰银行和德华日行合贷的"英德续借款，只按 83% 的折扣交清政府。同时，双方按合同规定："在借款清偿前，中国海关总税司的职位必须由外国人担任等等。"1913 年，帝国主义各国在剧烈竞争后，商定由英、德、法、俄、日等 5 国组成银行团（汇丰是首要），与袁世凯政府签订的 2500 万英镑所谓"善后借款"，合同规定按八四折扣实交，扣除手续费、汇费后，只有 2070 万余镑，在这个数目里还要扣除各项到期应还外债本息和所谓辛亥革命外国损害赔偿费。这样，连合同签订前的 5 次垫款在内，袁世凯政府实际到手的银数折合英镑也不过998万镑，只占合同额的36%。袁世凯拿了这笔钱就发动了铲除异己的内战。而从1915年到1934年间，用关、盐两税抵付的这笔债款本息却达到了3亿元左右，超过了当年袁世凯政府实收数的两倍。"在这笔借款成立后，帝国主义还在北洋军阀的财政、银行等部门派进了顾问，进一步控制了中国财政。关税的余额和全部盐税成为这项借款的担保品，并规定要设立盐务稽查所，由外籍顾问和会计人员掌握大权。自此，中国关税和盐税两项主要财政收入，就完全由汇丰为首的五家外国银行来支配了。"前面提到，汇丰与怡和合组的中英银公司的那些铁路借款中，"除了利息以外，还要收回扣、经理手续费及其他报酬，并且要以铁路财产为担保。这些借款，还规定由汇丰银行发行债券，由怡和洋行供给设备和材料"。

（E）汇丰还把中国的旧式钱庄改编而成为给自己服务的工具，即使之成为买办资本。它利用所谓"拆票"形式贷款给分庄，加以控制和役使，以之推行其钞票，控制工商，并把势力伸入内地。只要它拒用钱庄庄票或要求兑现，钱庄就会被迫歇业倒闭。

怡和还扶植了为其役使的不少大、中、小买办和大量买办资本，像毒蛇一样缠住中国人民吸吮膏血。

（4）鸦片战争后，从房地产方面掠夺中国人民的英国资本强盗，最凶恶的有上海的沙逊洋行、哈同公司和香港的何东3家。其中沙逊有"房地产大王"之称。它依仗特权，经营各行不正当业务，使用各种狡诈手段和狠毒办法起家，后竟成为一个经营房地产、进出口、工业、公用事业、运输、保险、银行信托等各种业务的大财团。它又并吞了其他不少洋行，如1901年新沙逊洋行改组为沙逊有限公司后，又投资于英商安利洋行，——它经营进口、从化妆品到飞机和大炮，还经营好几个工业企业。至1935年，沙逊便正式吞并安利。此外，上海有名的大公司，如业广地产公司、会德平洋行、正广和有限公司等，都有它的大量投资和其家族或心腹人充当董事等职务。

沙逊总行在印度，1872年于上海开设。它在中国所经营的最大的不正当业务，首先也是贩毒。约计自1872年至20世纪初，它每年运输入上海的鸦片为4000箱至6000箱左右，估计等于当时上海进口鸦片总量10%。从1907年至1914年7年间，它的贩毒利润约达1200万两银子。

其次为贩卖军火。仅1929年至1937年间，它用安利洋行名义卖给国民党反动派的军火，"据不完全统计有教练机七十架、巡逻艇二只、各式枪械一万二千二百支、各种子弹二千五百万发、钢盔十万具、炸药四千吨。它还代理意大利等国洋行的军火交易。"

次为房地产投机。从1926年到抗日战争前，沙逊直接经营和投资控制的房地产公司共有9家。它在上海拥有土地600多亩，大小房屋1900多幢。它攫取房地产的手段之一是以极苛刻的条件作房地产押款生意，并吞许多中国小业主的地产、房屋。约从1914年起，它把夺得大量地产出租给别人营造房屋。根据合同，"土地租期（十五至二十五年不等）满后，房子就无偿地归它"。它用这种手段，除收到700多万两银的地租外，夺得房屋建筑面积14万平方米以上，占地146亩。它又将那些破烂不堪的里弄房屋换取可以收取高额房租的房屋建筑。如1930年至1992年间，它利用因战争等影响形成租界人口激增的情况，高价出售一批旧房屋建造成3座10层以上的大楼。卖国政府是多方面为他卖力的。如1934年，"（它）为了拿下哈同的十六处遗产，用中和地产公司名义发行公司债一千八百万元"，当时中国银行董事长宋子文就以近千万元的巨款来承购这笔债务。

（5）诚士同志的文章所述英国资本强盗怡和洋行、沙逊洋行，在列强帝国主义侵略中国的过程中，如何掠取暴利成为大垄断资本等基本情况，可以像解剖麻雀一样看。所以我们摘录也较细。

诚士同志文章还叙述抗日战争后，美国帝国主义资本强盗，在国民党卖国政府及其四大家族尽力为它服务的情况下，进行了更凶恶的侵略情况，这里暂不摘录。

诚士同志的文章，如果就列强帝国主义资本强盗的侵略与中国各阶级阶层，尤其是与各阶级人民的利害关系，给予系统的具体的适当分析、论列，就更为有益。

1965年3月14日信笔摘记

美英帝国主义独占旧中国"洋油"
市场说明了什么问题？

（读颜尔文《洋油是怎样在旧中国横行的》，
载 1964 年 9 月 25、26 日《光明日报》）

（1）从鸦片战争到人民大革命胜利前的百零九年间，"列强"帝国主义的商品，垄断了中国市场，实行高价倾销，吸吮中国人民膏血，同时残酷无情地压制、阻止中国民族产业资本的发展，独占中国原料资源。地主阶级官僚买办阶级的朝廷和地方政府、地主、官僚、买办，则为虎作伥而为它服务。撒满全国大、中、小城市以至穷乡僻壤的买办网和其各级公司、仓库堆栈及教堂等等，像一条条吸血的毒蛇一样，竖跳横行。外国资本强盗，运用各种机构和特权操纵，实行卖空买空，从事贩毒、走私，贩卖军火，垄断交通，霸占地产等等。不名誉的非法的活动，常常超过其正常的，但也是侵略性的商业、企业活动。又常摆布怂恿反动朝廷及地方军阀进行内战，借以掠夺和扩大特权，制造势力范围，等等，来残害中国人民，控制中国民族的命脉。

颜尔文同志的文章，就美资美孚石油公司、德士古石油公司、英资亚细亚石油公司在旧中国的横行，提供了若干重要的基本情况，是能说明一些问题的。这类论文，都是对近代中国经济史研究很有益的；对当前反对以美帝国主义为首的帝国主义新老殖民主义的斗争的借鉴，都是有益的。而从这些方面进行具体、全面的科学研究，就能有助于深入地认识列宁主义、毛泽东思想和我党纲领的伟大科学性和革命战斗性，等等。

（2）颜文揭露美英帝国主义的这 3 家石油公司，都是鸦片战争后，利用不平等条约，控制中国通商口岸，掠夺中国海关、运输（内河、沿海、铁路等)等特权,随着洋人、洋枪、洋炮、洋船、洋教、洋货等一起侵入中国,所以叫做"洋油",最初是煤油,后来又有汽油、柴油、润滑油等,侵入了从日常生活到军需、工业、交通等方面,从经济到政治、军事,从城市到农村等等方面,步步深入和扩大其残酷的侵略和无情的支配作用。

最先侵入的是美资洛克菲勒财团的纽约美孚真空石油公司所属的美孚,始于19世纪70年代。接踵而来的则为属于英、荷壳牌石油公司的亚细亚,属为美资摩根和洛克菲勒财团共同控制的得克萨斯石油公司的德士古。

这班资本强盗,最初还使用了欺骗宣传、小利引诱等手法,官僚、买办以及地产也为之鼓吹,排挤中国传统的植物油灯,如说,点洋油灯如何便宜,"光亮";赠送沾有中国字"点孚油"、"亚细亚洋灯"之类的铁壳座灯、玻璃罩等,亚细亚附赠洋灯还搭送火柴("洋火");分发印满广告宣传的月份牌,特制宣扬封建迷信的五颜六色的"僧帽牌"洋蜡烛,等等。这样,便一步步在官署、公所、商号、洋学堂以至官僚、买办、大地主的家庭及一般商号,洋油代替了植物油灯,抢夺了植物油灯的市场和用途,不少种植物油料的山农,因而受到损失以至破产。但农民等贫苦人民之家,始终都没有洋油的,他们原来还能点植物油灯,自植物油灯被排挤、桐油山场被迫抛荒后,便很少点灯了,必要时只用松膏取明。(后来外国资本强盗和买办又骗取农民开山植桐,随又控制市场,压制价格,则又是一问题)

洋油进口的数量,从1886年海关有记录时起,年年直线上升。如煤油,1886年为221万多海关两(1海关两等于1.558块银元),1914年增至3509万多海关两。增加近90倍。1928年增至6000万多海关两。汽油1914年为21万海关两,1928年便增至834万多海关两。而当时的海关统计每每是在实数以下,而未经海关的还不在内。

因此在人民大革命胜利前的数十年中,仅作为商品输入的石油一项,从中国人民身上吸去的膏血,数目就庞大得惊人的。为数究竟多少,我们目前还很难确切知道。颜文说:"外国石油公司从中国掠去的利润的确切数字,它们是不会公布的。但从它们透露的一些零星材料中也是可以估算的,如1946年美孚石油公司在中国营业利润是九百九十七万多美元;德士古天津分公司在抗日战争胜利后短短二三年间向美国汇回了外汇七千多万美元。"这个估算,可能是很保守的。而它间接使中国人民受到的损失,更是无法估计。

（3）他们在全中国布下了一个销售、买办、油库、油站网。从大中城市敷到穷乡僻壤。

据颜文揭露，1914 年前后，这 3 家石油公司都相继设置了由自己控制的商业网，均在上海设立总公司。上海、天津、汉口、广州等处设立分公司，商埠或交通重镇如重庆、沈阳、福州、梧州、湛江、长沙、南昌等近 20 个城市设立支公司作为据点；然后于各商业、交通城市，役使合乎他们要求的中国商店充任经理机构，即所谓"经理处"、"代理店"。——它们原来大都是地主、买办、官僚所开设的粮栈、"洋货店"、大杂货店——遍布全国，为数十分惊人，如在大规模倾销初期，仅美孚便有 500 处经销机构。以后都不断增加，至1914 年，如德士古天津子公司在华北地区的"代理店"便有 220 多家。每个"代理店"又联系附近县、市商店四五家至十来家。美孚、亚细亚的情况也是这样。约计 3 家在全中国的"代理店"，至少有数千家，散在全国各县、市为其代销的商店估计不下数万家。这样组成其总公司→分公司→支公司→"经理处"或"代理店"→代售商店，像蔓藤样的销售、买办网，牢牢地把全中国缚住。

它们为减低成本，掠取中国贱价劳动和原料，又皆在上海、天津、武汉、广州、青岛等处，建立制桶、制听二厂（53 加仑为 1.5 听），设备能力都相当大。自是便改听装为散运，由油船散运而来，大大降低了运费（约降低成本50%，但它们并不降低售价，获取高额利润）和扩大销路。又选择一定地点在中国建立油库油罐等储油设备。储油设备能力到解放前夕，已共达 49 万多吨，内美孚 24.2 万多吨，亚细亚 13.4 万多吨，德士古 11.5 万多吨。同时，它们又在各大中城市设立汽油加油站，到解放前夕，连同 12 处伪中国石油有限公司牌子的在内，共有 366 处。另外还有不少专用加油车，凡加油车能开到的场站、路侧，均可给汽车、飞机加油。这种汽油和其储油加油等设备，又都是与其制造、支持反动派所进行的反革命内战相关的。毛主席说："帝国主义列强，从中国的通商城市直到穷乡僻壤，造成了一个买办和商业、高利贷阶级以便利其剥削广大的中国农民和其他人民大众。"（《中国革命和中国共产党》）上述美孚、亚细亚、德士古 3 大石油公司对中国的侵略也完全确证了这一深刻的科学论断。

这 3 家美英石油公司，就这样独占中国石油市场。它们相互间也存在和进行着利害冲突与勾心斗角的矛盾;但它们为能最多最残酷的压榨中国人民,却不是实行减价倾销,而是实行共同规定价格的商价倾销——虽然,其相互也曾一度闹过"减价竞赛"。

他们运销于中国的石油大部是美英帝国主义侵略印尼、中东各国的石油企业的产品。当地工人开采每吨石油的工资,还不到美英在华倾销石油价格的2%。同时从散装代替听运,运费减少5%。可见其成本是若干倍地低于其共同商定的倾销价格。记得1929年至1935年间,苏联煤油曾一度来到中国市场。当时美英煤油好像是每听售价5元左右,苏油在经售商高抬价格牟取暴利的情况下,每听亦仅售价2.5元左右(大致如此)。可见美英资本强盗,在中国石油市场上,长期实行任意抬高的垄断价格。

(4)它们又协同一致,排挤和压制中国的石油工业的建立和发展。颜文揭露说:首先,它们"千方百计地霸占中国石油资源"。"中国是发现石油和利用石油最早的国家之一。1878年清朝政府打算在台湾苗栗用机器采油,美国便派了两名技师和机器来参与其事。"正是其"企图霸占中国石油资源的开始"。1898年英法役使和强制清廷与之签订在四川富顺自流井,巴县、万县开采石油的协议;德、日帝国主义争相开采延长石油,美帝国主义便于1914年2月,使用威胁利诱与中国卖国政府签订中美合办石油合同,规定:美帝派人到延长、热河承德附近勘探石油,勘探完毕后,由中美资本家组成中美合资公司,资本股份中美孚占55%,中国占45%,——中37.5%,实际上也是美孚控制的;管理权按股份多少而定;还规定从开采、炼制到销售,美孚专利60年。"抗日战争时期⋯⋯美英从海上进口石油的路子被截断了。国民党反动政府迫不得已才对玉门加以注意,投入了少量资财,办了一个基础薄弱的油矿。可是美帝却想控制它。抗战胜利不久,纽约美孚真空石油公司便由其副经理率领一个代表团到中国,与国民党反动派政府密谈,提出要用美国资本开发中国石油资源,要从中国取得藏有石油资源的租让地,并企图用所谓合作名义夺取玉门油矿及西北地区的全部石油资源。只是由于当时的解放战争的迅速发展,才粉碎了它们这个阴谋。""抗日战争胜利后,国民党反动政府从日本帝国主义手中接管了在东北和台湾省的几个遭受严重破坏的油矿,可是美国石油垄断资本通过它与国民党反动政府的所谓技术'合作'、派遣'专家和供应机器等方式,又控制了这些工厂'。"这表明美帝要霸占中国全部石油资源,只要哪里有石油苗头，就急不及待地伸出魔爪。反动政府，尤其是国民党反动政府，则一唯其主子之命是从。

只要哪里有一点石油工业，在卖国政府的迎合下，美帝便把它攫住。对石油工业方面的民族资本，如抗日战争前，上海、广州、汕头等地，曾出现了中国人自办的将柴油炼成煤油的土法炼油厂。美英石油公司在反动政府的协助下，就拼命把它们挤垮。不只对民族资本，即对官僚、买办资本，也不容许兴办与它并存的企业。如抗日战争胜利后，蒋介石朝廷的"中国石油有限公司"，想在上海办个炼油厂，已在美国买好两套设备，美孚、德士古知道后，居然通过其驻华大使馆向蒋政府提出抗议；蒋政府如奉圣旨立即把买好尚未起运的两套设备在美拍卖。这不过是一些例子。

美帝国主义的石油资本强盗，妄想永远阻止中国石油工业的建立和发展，永远独占中国的石油市场，还挖空心思地使用各种卑劣手法，"制造'贫油论'"，反动政府、买办以至一些糊涂知识分子，则无保留地加以信任和宣传。例如，1914年为着办所谓中美合资石油企业，美孚派遣两名所谓"地质专家"，即化名王国栋（M. L. Fuller），马栋师（F. G. clapp）来中国考察石油资源。这两个为华尔街服务的奴才，竟作出这样的结论："中国大部地区的岩石类型与生成时代都没有储存石油的可能"。德士古的经理罗基斯在《美国实业发展史》中写道："亚洲腹地包括蒙古高原、中国大部及西藏大山脉，毫无石油储藏"。颜文又揭露："1920年，一个叫斯塔金的美国人，他对世界石油储量的估算中胡说：'中国石油储量极其贫瘠。'1937年，美国一个地质专家威勒到西北地区（包括玉门老君庙），'考察'后的结论是中国西北地区没有石油资源。"鹦鹉学舌一样，如1934年国民党反动政府实业部所编《中国经济年鉴》就说："据美国美孚石油公司于民国三十年到三十五年在陕西、河北、山西、甘肃、河南、四川等省考察之结果，除陕西一省藏有少量石油外，余则仅此而已。"该书又传播了斯塔金的胡说："中国石油储量极其贫瘠"。1949年夏，我随军南下，到了武汉，为武汉大专学校教师作报告中曾说到："全国解放后，我国工农等生产将进入飞跃式的发展进程，钢铁、石油、煤炭、化学等工业部门，都将在较短时期内，赶上并超过美国等资本主义国家。"会后，不少教师来寓所叙谈，其中采矿冶金教师曾说："你对中国工业发展前途那样乐观的说法，很能兴奋人心。只是中国铁矿、石油等资源都很贫乏。这问题是不好解决的。"我问他,"怎能说中国铁矿、石油资源贫乏?"他大概说,外国专家勘探后作的结论。这些教师、先生,我相信他们这样说并非坏意,只是一种盲目崇外的糊涂观念作怪。

我国年轻的地质队伍,几年来勘探的已有结果,已完全粉碎了美帝国主义的阴谋和其"专家"胡说,打破了崇外观念。尤其十分令人兴奋的,解放后的短短时期中,石油工业已为社会主义祖国树立了丰功伟绩,过了关。钢铁生产的发展,亦已为我国的工业化打下了强固基础……。

在旧中国,"……反动统治阶级从来没有进行过系统的石油勘探工作,他们在四十年(1907 至 1948)中,钻井总进尺不过几万米,还不到今天的大庆油田一个钻井队一二〇二队八年(1953 至 1960)中钻井总尺度的一半。国民党反动政府……最主要的玉门油矿十多年(1938 年至 1949)中,累计产油量总共只有五十二万多吨。"这就是美帝为首的帝国主义石油强盗控制下,反动政府所办的石油企业。

(5)颜文还揭露这 3 家美英石油资本强盗又直接参与了蒋介石朝廷反共反人民的内战,支持日本帝国主义对华的侵略战争。

在蒋介石反共反人民的反革命内战中,美国石油资本强盗所起的作用,也正如毛主席在《别了,司徒雷登》中所说一样:"美国出钱出枪,蒋介石出人,替美国打仗杀中国人,借以变中国为美国殖民地的战争,组成了美国帝国主义在第二次世界大战以后的世界侵略政策的一个重大的部分。"就"美国公布的所谓《1948 年援华法案》中一项一亿二千五百万美元的所谓'赠予'部分内,全部是军事物资,其中用于石油产品者即有一千八百八十余万美元。在另一项二亿七千五百万美元所谓'对华经济援助之用'的经济合作总署的方案中,有四千六百万美元购买石油产品。1947 年蒋介石在各方面都败局已成时,美国石油公司便尽力为蒋军提供方便,如阎锡山正着着败退时,德士古派总工程师飞往太原了解情况后,即空运大批汽油前去。1948 年间,我军解放天津战役时,美国石油强盗为支援蒋军,不只抛出在天津的全部存油,并从外地将一船一船汽油突运至大沽口外;在蒋军悬出白旗后,便立即运回美国。为配合支援蒋军的陈纳德'飞虎队',美国石油公司便在每个机场专派职员带着油车等候。这班石油强盗,还直接沟通到蒋军的兵团,如 1946 年 4 月 15 日,蒋军二十五军军长黄伯韬进攻苏北解放区时,便密电上海德士古总经理,请一次卖给汽油七千加仑、火油四百箱支持他的进攻。……类此的事甚多。""中美合作所"也有其直接发给美国石油公司的密电。而它们对于解放区，则实行严密封锁，不让一点汽油进入。

美帝国主义的石油资本强盗，又是如何积极地支持日本帝国的侵华政策呢？美帝国主义在太平洋战争前，为着自己的帝国主义利益，对日寇侵略中国，表面装作中立，实际帮助日寇以便创造条件，来进行调解：即不特日寇独占中国，充当反共宪兵，又能保持和扩大美帝国主义在华利益。美国石油资本强盗，也是缘着这种政策，进行活动的。例如，"九一八"事变发生后，日军向东北各地野蛮进攻时，需要石油量增加，德士古天津分公司便派专人到沈阳，为充分供应日军石油需要，乃以大量石油支援其沈阳支公司。"七七"事变后，由于日寇想独占中国的帝国主义利益矛盾，英帝要求美帝共同出面干涉，美帝乃在口头上声称，"道义上"同情中国，实际支持日寇。例如，日寇在侵华战争的头3年消耗石油4000万吨，其中70%为美帝所供应。为配合日寇进军步伐，当日寇进军华北时，天津美国石油公司乃与日军华北后勤部门签订供油协定。德士古、美孚天津分公司为便利日军需油，便雇用大批日本浪人为推销员。1938年日军侵入武汉后，美孚汉口分公司便与日寇轮船公司订立合同，请其代为运油，为专门与日军联络石油供应事项，便聘请日人作公司职员。这只是一些例子。其时美帝国主义直接向日本国内供应的军用物资，要占日寇侵华战争中军用物资很大比重，是举世共知的。只是我手边没这种数字。

华尔街的资本大王，为其服务的白宫主人及其班子，就都是这样一种人面兽心的豺狼或海盗。

1964 年 12 月 10 日

（载《史学集刊》1983 年第 4 期）

"英美烟公司在中国的掠夺"
说明了什么？

（读陈子谦《英美烟公司在中国的掠夺》，
载 1963 年 10 月 29 日《光明日报》）

（1）陈子谦同志的文章，对英美烟公司在近代中国掠夺的各个主要方面，提供了重要的基本情况和有益说明。文章不长，使人读之一目了然，是一篇好文章。

陈文提供的事实，能说明下面的问题。列强帝国主义对中国步步扩大、深入的侵略，外国资本强盗，利用不平等条约等特权，以少量资本，买空卖空，在中国设立洋行、开设工厂，以极残酷的手段压榨中国人民，剥削贱价劳动，掠夺贱价原料和土产，主要是对工人和农民的经济剥削、政治压迫，同时压迫中国民族资本、垄断市场，牟取极大量的超额利润。卖国政府、地主、官僚买办资产阶级，则迎合外国资本强盗的要求，为它服务，即帮助它来压榨工农，束缚排挤民族资本，等等。中国工人阶级和农民，对帝国主义、封建买办势力这种压迫和剥削，不断进行经济斗争、政治斗争、武装斗争等各种形式的斗争，而且越来越深入、高涨，自中国共产党诞生后，便直接在党的领导下进行革命斗争。

英美烟公司在中国的掠夺，也可以作为一只麻雀来解剖。

（2）关于英美烟公司侵入及其垄断中国烟草市场的经过情况，陈文叙述：

到 1890 年左右，在上海的美商老普隆洋行，首先经销英美帝国主义的香烟。

1902 年，英美两国的烟草公司便联合起来，在伦敦合办了英美烟公司，当年即设立分公司于我国上海博物院路（现虎丘路）23 号，并在浦东陆家嘴开办了第一个香烟制造厂。英美烟公司的资金总额，据称是一万三千万镑。在上海设立分公司的资金，据说仅十一万两银子，折合约一万四千英镑，或六万八千元。开始建厂时，雇佣的工人亦仅百余人而已。可是经过了九十年，横财暴利使它变成一个垄断我国烟草市场的大托拉斯了。它在汉口、天津、青岛、哈尔滨、沈阳、营口等地，亦均设有工厂。它的产品如"大英牌"、"三炮台"、"强盗牌"……"红锡包"、"白锡包"等，充斥解放前的我国城市与乡村的纸烟店里。此外，它还设有烤烟厂、印刷厂、机械厂等。上海苏州路畔还起造了五层楼的大洋房，门前悬挂着铜牌，竟有十七块之多，如驻华英美烟公司、大英烟公司、驻华花旗烟公司等等。

它出售的香烟的纯利润，大约占售价 40% 以上（?），当时……每年约可销售十六万箱……一年售价总数（约合）三亿八千八百万元……每年所得纯利润达一亿一千五百二十万元，前后五十年，……搜刮去的金钱达五十七亿六千万元之巨。

这是说，它排掉了中国传统的水烟、旱烟等后，垄断了香烟市场，每年售出香烟的价格，约当于该公司在华资金总额的 2200 倍，每年所获纯利，几及它在华资金总额的 900 倍；50 年共刮去中国人民血汗，约当于它投资总额的 4.3 万倍。这反映了多么骇人的残酷剥削！以那么微小的资本，居然开设起一个垄断偌大中国香烟市场的托拉斯，充分表现了近代资本帝国主义对殖民地半殖民地侵略的若干特点特性，表现它依仗特权，使用买空卖空等狡诈惨毒手段，以少量资本经营巨大以至多种企业，通过对工农等劳动人民的无比残酷的压榨，攫取骇人听闻的极高额利润。美商杨树浦电厂，近来亦有同志为文揭露，实质情况基本相同。实际，所有列强帝国主义在近代中国所开厂矿等企业，无不如此。

在这里说说美帝的"上电"。它为垄断杭州——南京——上海长江三角洲的电力，控制中国民族资本，摩根财团电气托拉斯——美国及国外电气债券股份有限公司，1929 年"以八千一百万两白银的价格，购买上海公共租界工部局电气处"，改称"上海电力公司"（即杨树浦发电厂），派霍必更斯为总裁，乔亭为厂长。还大唱"电气化江南"的口号，并广事宣传美国"最文明"、最主张"民主"、"自由"、"平等"，"最人道"，最有礼貌，要帮助中国发展工业，非常同情中国工人的生活困难，宣布作满 20 年，就可获得养老金。还特地从工部局出售电气处时，经职工斗争获得的 100 万两养老金中抽出一部分来"增加"职工工资。多大的欺骗呀！接着霍必更斯就召集高级职员和大领班开会，会上说："我们美国人是来为你们谋福利的，现在为了我们的共同利益，公司决定向全厂职工推销股票。这次发行的股票，叫'六两第一优先股'，股息优厚，大家可以自己购买，也可以向亲友推销，凡推销或购买满十股者，可以赠送一股。"会后，洋大班带着翻译和参加会议的人又轮流到各车间推销。在厂的铜匠间外面还搭了个台子，中午吃饭时，洋大班上台大声宣呼："大家来买股票呀！买了股票大家都是电厂的老板了。"有些新职员就上了钩。他们又利用国民党反动派，如宋子文及一部分大买办购买和推销作为提倡，宋子文便买了 80 多万两白银。美帝又规定"上电"股票可充抵用户电资保证金。这样，就在民族工商业者和中小商户中打开了局面，纷纷入了购买股票的圈套。据估计，从 1930 年到 1935 年，上电先后发行股票和公司债券 7 次，得资约 8400 万两白银。比它从工部局购买所支出还多近 300 万两。不仅如此，1935 年 11 月 3 日蒋介石朝廷发布"法币政策"法令，收回银元，上电便以宋子文等大量证券（即股票与债券）持有人同意及蒋政府支持，便取消债券上的"白银条文"。自后"法币"币值越来越低，又经常恶性膨胀，几成废纸。从而上电证券持有人手中的证券便等于毫无牌价。这样，"上电"美国资本强盗又从中国人手中白白抢去了多于其购买"上电"的全部资金，即劫去了一个多"上电"。

"上电"的专营区本只限公共租界；1935 年，它却以缴纳专营权费的名义经蒋政府分肥 150 万元，又攫得工厂集中、市面繁荣的沪西为其营业区。因此，它又以买空卖空的手段，在"上电"挂上一块沪西电力公司的牌子，以这一名义，又发行 300 万元股票，凶恶地掠夺中国人民。（以上据吴关荣《当美帝霸占上海杨树浦发电厂的时候》，载 1963 年 10 月 28 日《光明日报》）

（3）英美烟公司是怎样剥削和压迫中国工人、农民，因而获得那样惊人的大量超额利润的呢？陈文也提供了一些基本情况。

英美资本强盗利用当时农村破产失业人口不断增加，乃以极低工资、超强度劳动，使用极恶劣的设备，……榨取工人贱价劳动。如当时米价为每石二三十元。英美烟公司工人每天工资不到一元，童工、女工只二三角；工人每天工作十几个小时，却得不到一饱。它还立下种种比奴隶制时代还凶恶的规章、禁令，动不动就是扣工资以至开除。例如，午饭时，工人在车间吃饭（自己带去的大饼等）一被发觉，就将食物扔进垃圾箱，或把烟草塞进食物，迫令工人吃下，还要扣工资，如此等等。同时，又用各种各样的规定，任意鞭打脚踢的监督，来无限制地提高劳动强度。它设立大班、二班、三班、各部总管、工头等层层压制手段来统治、压迫工人，监视、督促工人劳动，稍不顺眼，就横加打骂。如一个叫作阿英的 11 岁童工，因负荷不了强加于他的沉重劳动，如一次搬着工箱在车上加烟丝，昏倒了，工头便冲过来用皮鞭乱抽，打完还罚他站墙脚。由于这种非人的折磨，阿英足足病了半个月。它还经常用开除来威胁和处罚工人，如一个叫吴三妹的童工，被开除过 3 次。第三次，她进厂在盒子车间工作，因去了一趟厕所，盒子积了一些，洋鬼子一看见，狠狠踢了她一脚，踢得她病了两天；第三天来厂却被开除了。后给工头送了礼，又进了工厂。由于劳动太沉重、强度太大，她被折磨得很弱和咳嗽厉害，一次把痰吐在地下（车间无痰盂），洋鬼子一看见，便狠狠揪住她的辫子，把她的头猛撞在地下，硬要她把痰吃掉，三妹挣扎想用衣袖去擦，洋鬼子大怒，又是狠狠地对她两拳，并把她开除。第三次，她顶了另一个人的牌子进厂工作，一次正在包香烟时，忽听有人喊"大班来了"，她抬头望了一下；一个强盗即说她不好好干活，跑过来狠狠打了她一记耳光，罚她卷 10 条香烟，站三四小时墙脚，然后被赶出厂门。这不过是一二常见的例子。强盗们只从掠取越来越高的利润率出发，工厂的设备极端恶劣，毫不考虑工人福利。如，没有食堂，又不准在车间吃东西。没有洗澡设备，工人作一天工，满身、满耳、满鼻都是烟灰，都不能冲洗。一个绰名叫"小绍兴"的童工，一次在磨刀车间偷偷用水冲了一下，洋监工看见，便用冷水龙头直往他身上射，这个孩子就这样被折磨死了。工人有病不只得不到治疗，工头知道还要解雇。有些工人发现自己痰里有血，便急忙消掉、拼死硬熬。女工怀孕，工头一见肚子大了，就要解雇；怀孕女工，便常用布把肚子束紧，因此，胎儿每每束死在腹内，有的女工还常常偷偷在厕所流产……。如此等等。真是人间地狱，奴隶制的活图画，这就是欧美资本强盗的"自由"、"平等"、"博爱"和"人道"，而"列强"帝国主义强盗在中国、在殖民地半殖民地所办企业，实质上都是这样。

再看看美帝的"上电"。吴文也提供了一些情况。例如，厂长乔亭一上阵，逢人三分笑，整天往各车间钻，工人们称他为"老江湖"，然后他订出一条条规章制度来束缚工人。如，把全厂工人分成：英美人、西洋人、白俄、华人四等，根据不同皮肤、种族给予不同待遇，连住医院、进饭间、上厕所等等，也都有了区别，违者便处分。又把华籍职员分为聘员、雇员、佣员 3 等 68 级，工人分为 A、B、C、D、E 等不同种的牌子，实行上下悬殊一百多倍的等级工资制，来分化职工的团结；美英人工资特高，聘员月薪 1700 元，等于 168 个华籍工人的工资总和。还规定一种包括 36 条的抄号头记过制度。其中如规定华籍职工路遇外人须让路、招呼、致意，否则要记 3 个至 9 个过，打碎玻璃记 6 个过，参加罢工、集会、募捐记 9 个过，等等。为阻止工人团结，厂规又规定：部门与部门间，办事处一楼与一楼间不许互相往来，同部门同车间若有二三人以上在一处会谈，就要受到干涉以至记过、开除处分。记过到 9 次，就要被开除，并剥夺享受赏金等权利。例如，"上电"用以欺骗工人的养老金制度，实际是有名无实的"空心汤团"，每当工人距拿养老金只差一年半载时，厂方便找岔子按记过 9 次开除的规定，把老工人一一开除出厂。如老工人谢东山只差 3 个多月时间就能拿养老金了，因他一次从江边往厂挑二三百斤重的一担煤，因年迈力衰，把担子放了一下，乔亭便抄下他的号头，第二天宣布开除。因此该厂工人常说："好熬前头几十年，难熬最后几个月"。成批开除老工人，就抵赖了养老金；招收一批工资低、劳力强的临时工，又便于控制和加强剥削。

"上电"资本强盗，同样全不顾工人死活，毫不考虑工人福利、卫生等等。厂中没有工人食堂，工人午上不能回家吃饭，便在饭罐头里放两把江米，放到炉子上烧；美鬼却不准在炉上烧饭和在房子吃饭，否则，若被看见，便一脚把罐头踢到熊熊烈火中，还要记过。所以工人们便只得接着饭罐头到黄浦江边，偷偷扒几口。厂内通风很差，简直是灰世界，工人个个成了灰脸煤人。夏天又闷又热，却没洗澡设备，几千工人一下班就用小铁桶盛上黄浦江的水，从头冲到脚，冷天则只得用烧红的铁棒刺到冷水桶内把水热一下再冲。发电厂不少地方不穿工作服和用劳动保护用品，是不适于人身工作的。"上电"毫不设工作服，把中国工人像牛马样驱使，死伤事故层出不穷。尤其是出灰工人，只要洋鬼子一张嘴，不管炉子多热，出灰工就得钻进去干；又不许将炉熄灭，逼迫工人冒生死危险去出灰；炉膛里一片昏天黑地，高温烫得浑身起泡，灼热干灰滚滚飞扬。只要在里面待上几分钟，人就汗水和煤火搅成一个湿漉漉的泥团子。要有人实在待下不去，钻出头来想换口气，就要遭到美鬼的拳打脚踢，弄不好，还要收牌子，把你开除。出灰天，往往上身是赤膊，腰间围个破麻袋，脚上拖双木屐，用脏"回丝"蘸点水塞在嘴里，用块破旧帆布包着手，让自己的皮肉和烧红的煤炭去打交道。因此，经常发生工伤事故，被红灰烫伤和烫死的是家常便饭。现在这个厂锅炉分场担任出灰组长的共产党员谷玉珠同志，过去就先后 3 次被红灰烫伤过，至今身上还留着累累伤疤。如此等等。

"上电"美国资本强盗，就这样像恶蛇吸吮中国工人膏血，获取极大利润。以 1935 年为例，全年收入 2500 余万美元，支出只 1200 余万美元，赢利率高达 100% 以上。实际，每年的赢利，常超过了资本总额。

（4）英美烟公司对中国农民的直接剥削，也是具有特殊意义的。陈文就其对制造香烟的主要原料烟叶的骇人听闻的贱价掠夺和压制手段，提供了下述情况。

英美烟公司从建厂和开始制造后不久，为掠夺贱价原料，在买办、豪绅的帮同下，便在安徽凤阳、河南许昌一带，诱骗农民种植美国烟种的烟叶，逐步推广，并在这些地方布置买办网，组织烤烟厂。它一面大事欺骗宣传，如说，不分烟叶品质，均以高价收买，一律现金，决不强收；一面役使买办、豪绅、地痞等，使用各种手段，驱使农民，放弃粮食等生产、改种烟叶。同时便加以独占、垄断，肆行极残酷的压榨、掠夺。如农民已改业成为烟农，不得不靠烟叶生产为活以后，美英资本强盗便在每年新烟登场，烟农待售出烟叶为活之际，就故意几个月闭门不收购。宣布收购日期后，又故意一再拖延，把烟农逼至山穷水尽时，才杀价收购。如 1934 年，山东烟叶的收购价格，由五六角一磅，压至一角；许昌由八角一磅压至八分以至三分。称烟时，又都换用 15 两大磅秤。这样使得很多烟农倾家荡产，很多人活活被逼死。这其中包含着无数残酷的内容和惨局。这里仅举下面一个事例。许昌县干郭李村一个名叫毛福顺的农民，全家 6 口人，有地 12 亩，由于英美烟公司的欺骗宣传和摆布，种了 8 亩烟叶。新烟登场，全家忙着烤烟。但由于英美资本强盗的种种诡计，烟叶竟一点也卖不出去，全家生活陷于绝境；毛福顺的儿媳，在讨债无门的情况下，心一横，煮了一锅烟。吃饭时，毛福顺揭开锅盖一看，是烟叶，抱着一肚子怨气便上吊自杀。跟着，儿子同儿媳也相继自杀，一家6口就剩下一个残弱的老婆婆和几个年幼的孤儿。像这样惨绝人寰的悲剧，50年间，不知有多少！

烟叶以外他种原料、土产的生产，情况也基本相同。记得我幼年时，府城县城的教会在官商配合下，说洋人在广州、香港等处收买桐油，越多越好，大种油桐可以发财云云。苦力挑贩便成群结队、肩挑桐油送往广东连州（今连县），油价确比乡间卖作点灯用要高几倍。我村有叫作吕典校的中农，便将其架桥冲满山满谷的油茶树砍伐，改种油桐，还将营种粟粱芝麻等的大块大块肥土也种上油桐；又将所有几亩稻田变卖，以之包人挖山和雇人经营油桐林。我十来岁时，看见典校家每年收回的油桐果，真是堆积如山，每年卖桐油收入光洋不少。但是好景不长，成队的苦力挑贩运送桐油往连州、乐昌、全州，后来各处牙行都说，"洋行嫌桐油太贵又不好，不再收买⋯⋯。"一等几个月都卖不出桐油去，有的苦力挑贩就困死在牙行，有的等到卖了桐油回家，还有本钱和路费。但牙行却又欺骗他说，"明年行市可能好⋯⋯。"实际情况却一年比一年更坏。后来便再无人往连州、乐昌贩卖桐油。附近各埠，如永丰、湘潭、冷水滩、白牙市等处的牙行（实即买办或代理店），便以极低贱的价格收买。典校家就这样弄得家破人亡。我的五叔祖德让有5个身强力壮的儿子，几个儿媳都是好劳动，全家住到刘冲垦山土，生活已日渐富裕。也由于同样原因改种油桐，而弄得贫困不堪。同村吕德慧、德乾兄弟在赞纪冲垦山土、种旱地，生活亦日渐好起来（德慧有五个身强力壮的儿子，德乾有两个身强力壮的儿子，两家的女劳动力也都不弱）。基本上也都同典校一样，弄得家破人亡。德慧一子沦为佃农，二子沦为雇农，德乾全家都穷困死。类此事例还不少。

（5）英美烟公司又极力排挤压制摧残中国的民族香烟业，封建买办政府则为虎作伥。对此，陈文揭露了下述一些情况：

远在清朝末叶，英美烟公司就和醇亲王等一班家伙勾勾搭搭，军阀时代任何一个政府都和它暗暗地（？）有所往来。到了蒋王朝四大家族当权的时候，英美烟公司与之勾结得更亲密，什么商谈借款呀，提前缴纳税款作八折计算呀，都是宋子文亲自与英美烟公司商谈的结果。当时英美烟公司的香烟转口行销，只纳正税，而国货香烟行销各省，反而要纳其他税款。同时英美烟公司还雇了一批所谓法律专家，专与民族卷烟业为难。民族卷烟业产品的包装图案，偶有与他们相似之处，任被指为影射而提起诉讼……。中国人民同这些外国的吸血鬼涉讼，照例是中国人败诉。在销售方面，英美烟公司还抓住了上海出售香烟的二十家大同行，与之订立契约，诱令专销英美货，其他一百七十余家小同行无力与之抗争，也只得跟着大同行的后面，成为英美烟公司的推销员。英美烟公司就是用这种方法来独霸全上海、全中国的香烟市场，而民族卷烟业则奄奄一息。

这不过是一二情况，列强帝国主义及其各个行业的资本强盗，利用各种特权并从各方面配合，来阻止、束缚中国民族资本，卷烟业也不例外。英美烟公司对此的所作所为，也远比陈文所述更多面、狠毒、严重、复杂。譬如民族卷烟业收买烟叶，推销成品，等等，不只没有英美烟公司那样笼罩全国而又得到卖国朝廷和地方政府的支持的买办网，加以厘金、税卡、关隘等的重重压榨和障碍，成本远高于英美烟公司的制品，而又往往停工待料和滞销，贷款、运输等等方面也无处不是障碍和陷阱。卖国政府，尤其是蒋政府，自蒋、宋、孔、陈家族以下重要官员，都是非美制、英制及三炮台雪茄、香烟不吸为它提倡，排斥国产（如孔祥熙家连水果、饼干也要吃美产。抗战时，还逐日用飞机从香港载运自来水……），各大公共建筑、墙壁等处，都张满英美烟公司之类的宣传广告，国产香烟等都得不到地位。主要烟叶产区的收购市场，几全被英美烟公司独占；民族卷烟业便不易收购到优质烟叶以及香料等原料，这又不能不影响产品的质量。和其他民族产业的产品一样，香烟成品及原料等等的购销运输，还不时受到反动军阀间战争的危害；英美烟公司及其他外资则在什么情况下都受到保护。如此等等，不一而足。

（6）英美烟公司的残酷剥削和压迫，更激起工人、农民——尤其是烟农——的反抗斗争。对此，反动政府则助桀为虐，横加镇压和阴谋破坏，陈文对此也作了一些叙述。工人的斗争，自1921年中国共产党诞生后，就在党的领导下进行的。烟农为主要的农民斗争，也是在党所领导的革命的直接鼓舞、推动以至组织下进行的。陈文介绍说：

"英美烟公司的工人不顾饥饿的威胁和武装镇压，在党的领导下，多次罢工，并进行多次英勇的武装斗争，反抗帝国主义的剥削压迫，反抗当时的反动统治。在许昌，愤怒的农民在1927年大革命的鼓舞下，也奋起反抗，一把火烧掉了在许昌的英美烟公司。后来又发生过农民打死英美烟公司走狗的斗争。解放前夕，英美烟公司自知末日将至，将大量资金

（包括职工的储蓄金在内），转移到美国和英国，还企图把公司中的全部重要财产偷偷地携往香港。在党领导下，工人同心协力，进行了护厂斗争。1952年4月2日，这个帝国主义侵略掠夺中国人民的烟公司才由上海国营卷烟厂接办，成为上海卷烟厂的一部分。"

这只是极简单的一些叙述。其实，工人、农民对英美烟公司的斗争，同其他行业工人及农民对外国在华其他行业的资本强盗的斗争一样，都是极为复杂、尖锐、多样而又频繁，日常的斗争就始终没有间断过。斗争都是沿着：经济斗争、政治斗争、武装斗争的规律发展的。他们的斗争表明了：（一）只有中国工人阶级及其领导下的农民阶级是近代中国民族利益的捍卫者，在中国共产党领导下的新民主主义革命，是民族民主革命的唯一胜利道路；（二）由经济斗争到政治斗争到武装斗争，是工人阶级及其领导、鼓舞下的劳动人民所进行的阶级斗争发展过程的客观规律；（三）近代农民，只有在无产阶级通过其先锋队的领导下进行革命，才能得到解放，而且必然获得最后胜利和解放。中国的历史，已取得革命胜利的各国的历史、正在和将要进行革命的并一定要取得最后胜利的各国的历史，都这样和将这样教育我们。

1964年12月5日

关于买办资本的特性问题

（读伍丹戈《论旧中国买办资本的寄生性》、《论旧
中国买办资本的落后性和反动性》，载 1964 年
7 月 1 日、8 月 12 日《光明日报》）

（1）深入、全面研究和正确认识近代中国的买办资本和买办资产阶级，是正确理解近代中国社会性质的一个重要方面，从而也便成了正确认识和把握中国民族民主革命的一个重要方面，深入地正确地体会马克思列宁主义与中国实际相结合，体会和掌握毛泽东思想的精神实质的一个重要方面。毛主席教导说：

> 在经济落后的半殖民地的中国，地主阶级和买办阶级完全是国际资产阶级的附庸，其生存和发展，是附属于帝国主义的。这些阶级代表中国最落后的和最反动的生产关系，阻碍中国生产力的发展。

> 他们和中国革命的目的完全不相容。特别是大地主阶级和大买办阶级，他们始终站在帝国主义一边，是极端的反革命派。①

这是我们进行研究的指导原则和解决问题的钥匙。

伍丹戈同志的这两篇文章，对旧中国买办资本的一些特性，进行了有益的理论分析，并列举了一些史实，可说对问题作了有益的研究；虽然不够全面，论断也不能说完全妥当。

我手边只有两份报纸，没有其他资料，因此只能就伍文及一些记忆，随笔摘论。

---

① 《毛泽东选集》第 1 卷，人民出版社 1952 年版，第 3 页。

（2）买办资本是一种生产关系，但它代表一种最落后最反动的生产关系，是"列强"帝国主义国家、即侵华外国资本的附庸。因此，不论它采取商业资本、银行资本（包括钱庄）或产业资本的形式出现，都不是独立的、正常的，而是寄生的、畸形的，它没有其资本流通、增殖等方面的独立过程，而是依附于外国资本去完成其资本运动的过程，并从中去分沾一点残羹为其利润。所以它以从属的外国资本的利益为利益，帝国主义殖民主义侵略中国的利益为利益，所以它是最反动的，极端反革命的。

买办资本和民族资本的根本区别何在？这是可以也有必要进行讨论的一个问题。伍文为区别买办资本与独立经营的商店、钱庄、工厂等"民族资本"，也不同意那种"为外国资本服务的经销商、中外合办企业和外国公司中的中国资本、以外国资本为后台的中国公司的中国资本、以至在现代中国起过重大破坏作用的官僚资本，都从买办资本的范畴中排除出去"。这应该说原则上是正确的。可以论定，大官僚大买办盛宣怀、唐廷枢、徐润以至郑观应等所办的公司、银行、产业等等，都是官僚、买办资本，不容以某些表面现象，如他们曾以之欺骗人民的"挽回利权"的口号之类，以及他们与外国资本间的一些矛盾的表现，而误认之为民族资本。就我所知，大军阀靳云鹏、王占元等所办的鲁丰纱厂（山东济南）、大汉奸朱五丹等所办的博山煤矿（胶东）、大官僚边守靖等所办的包头面粉公司，更早如袁世凯所办滦州煤矿等等，表面上好像都有其独立的资本活动过程，实质上，鲁丰纱厂、博山煤矿生产的纱和煤主要在供应青岛的日资工厂；包头、滦州生产的面粉和煤主要在供应天津租界，这是为外资服务的，不适合民族资本的特性。有的研究者似把它们都看作民族资本，我以为这类企业的性质是值得研究的。根本问题在于它们主要是符合中国民族的利益，还是主要适合于外资的利益。

在殖民地半殖民地半封建的中国，不属于官僚、买办资本的资本，只是其主要特性不是为列强帝国主义、外国资本的侵略服务；但也不能否认，它也常在不同程度上、或多或少地、带有一些买办性、封建性。中国民族资本的软弱性、民族资产阶级的两面性，自是其力量的脆弱，同时也由于其本身从娘肚子带来的。民族资本总是与外资有着千丝万缕的联系，也不是没有转化为买办资本的。而买办资本也不是与其宗主国资本没有矛盾，尤其是不同帝国主义国家不同资本集团间的矛盾，更常表现为从属于不同帝国主义不同资本集团的买办资本的矛盾。同时，买办资本也不是绝对不能有转化为民族资本的。因此，民族资本与买办资本的根本区别，在于其根本性的主要倾向。

关于中国买办资本的形成，伍文叙述：鸦片战争前广州商馆的买办，是它的前身或萌芽。这种资本，"基本上是一个雇员，即外国人奴仆的头脑。但他们也在外国商人的营业活动中为外国商人经营银钱收支，以及若干商货的买卖。为了这种商业活动，也垫支一些商业流通费用，然后在他们经手的交易和银钱收支中分取若干佣金式的利润。这是一种资本的活动，然而它却是完全从属于外国资本的活动的"。这表现了它在一定程度上的买办性或其作用；但它与鸦片战争后的买办资本还是有区别的。这种商馆，其中最著的有所谓十三行，是清廷所设立，为商馆服务的人是由清朝官府所配置和控制的。鸦片战争之所以成为中国中世纪和近代史的划界线，并不是简单的。说："五口通商以后的外国洋行、银行中买办资本的活动也是一样，不过范围更加扩大"的提法，是毋视了本质的不同，毋视了鸦片战争后，外资依仗不平等条约等特权利益……进行侵略的严重作用，对中国社会性质所引起的变化作用，决定性的作用，外因通过内因所引起的决定性作用。说："甲午战争以后，中外合作的工商业活动有许多新形式，如代理商、经销商、中外合伙举办的各种企业等等。这些形式和单纯的买办是不同的，但这种资本的活动，也都是从属于外国资本的活动，并从外国资本的活动中分取部分的利润。因此，它们仍旧属于买办资本的范畴。"这是正确的。

近代买办资本是在鸦片战争后，在中国原来的商业资本及其他行业的基础上，受"列强"外资的收买、改编，尤其在特权的支撑下，逐步演化而成的。正如伍文所述：五口通商以后，外商及其庇荫下的一些华商在沿海一带的非法的贸易等，如贩卖鸦片、商货走私、诱卖人口、沿海航运等等，都广泛发展起来。由于这种非法勾当可以牟取暴利，许多本来经营正当贸易的、运输的资本，也相率投靠外国资本而逐渐转化为买办资本。如厦门的中国商号，绝大部分成了"外国公司"或挂"外国公司"的牌子而为其服务，闽粤沿海的很多搞运输业务的船只挂上外国船只的牌或悬外国国旗而为其服务，第二次鸦片战争中的所谓"亚罗艇"即是这种船只。其他所谓经销处、代理店等代其推销商品，收购土特产的商号，更是随处——尤其各通商口岸——皆有。这种买办性的资本，尤其买办性的商业资本，逐步伸展到了全国大中小城镇，终于形成了一个笼罩全国的买办网。

把中国原来的商业资本改编为外资服务的买办资本，伍文列举了清末所谓"亦官亦商"的胡光炜，确是一个能说明问题的例子。胡光炜以政治掠夺所得大量财产，调集大批资金，收购囤积大批湖丝，企图垄断市场，抬高外销丝价。后来好像在外资的压迫、控制下停收丝货，忍痛牺牲，亏本抛货，以致失败；他终于完全转化为买办，充作外资的代理人，并成为一个卑鄙无耻、为虎作伥的汉奸，终于以外资的利益为利益。如19世纪70年代他为左宗棠经手向洋商举借的"西征借款"，外商银行所要利率已超过伦敦发行债券利率，他比左宗棠奏请的还要高，后来他自己筹借给清政府的款项，又特意让出一半由汇丰银行承借，使外资获取厚利和使自己得到依附。钱业资本也大致是这样逐步买办化的。盛宣怀所办的通商银行一类银行，则一开始，就是依附于外资银行的买办资本。五口通商口岸的钱庄，最初依靠外国银行的资金通融，开始赋有一些依附性以至买办性；但还有其一个独立的资本增殖过程，和自负盈亏的营业全责，有自己的营业计划和安排。这表现其还有一定的程度的独立性，如19世纪50年代，上海钱庄不顾外国银行的反对，而坚持"规元"等等。但他们对外国银行的依赖性越来越多，独立性越来越少，终于成为买办资本。如清末货币：银两、银元、铜元杂用，但市场广泛使用银元，银元已成为事实上的主币。"然而作为外国银行代理人的银行买办以及……买办性的钱庄，它们的生存却建立在这种需要以繁复计算和兑换的货币制度之上，他们还是保留了银两。在上海就行使了所谓'规元'，作为上海的银两单位，并且以它来作为一切交易和借贷的货币的计算工具。……在这种银两折合银元和银元折合银两中捞取好处。"而北洋政府1914年颁布了银元为主币的法令；而钱庄在外国银行支持下，却坚持以银两为计算单位的制度。直至1931年，外国银行觉得国民党政府的银行资本更适合它的要求，并支持其废除银两制，原来那种为它服务的买办资本的银行、钱庄便趋于没落衰落了。这也是一些例子。

以产业资本形式出现的买办资本，有的一开始就是买办资本，有的也经历一个过程。如袁世凯派周学熙所办滦州煤矿，虽然是在为帝国主义统治的天津租界服务，但也有其一定程度的相对的经营独立性；英资开平煤矿觉得它还同自己有一定程度的利益冲突，终于大鱼吃小鱼，于1912年把它合并于开平煤矿，名曰"开滦"、曰"中外合股"。伍文又举1910年怡和洋行买办祝大椿和汇丰银行买办席大历等创办公益油厂。"这个厂在最初是没有外国资本的，它是一个独立的产业资本。但是不多久，它就自动将股份的一部分让给英国资本，成为中英合办的工厂……就是'为营业起见，利用怡和洋行以推广销路。'显然……（是在）依附于外国资本并以假借帝国主义侵略特权来掠夺中国人民的老路。"它最初是否真为"独立的产业资本"还当进一步考察，说："这个厂就是这样从买办资本转化为民族资本开始，而以民族资本再度转化为买办资本告终"的论断，也还须搜集全部有关资料进一步论析。又以湖南耒阳水口山黑铅（锌?）矿、新化锑矿为例来看。经营采炼黑铅的湖南黑铅炼厂和水口山矿场，是军阀手中的官僚资本。它担负采矿和炼成锌块的加工过程，以之供应美国、并在纽约专设了一个销售机构，经手人为著名大买办李国钦。——他本出身于湖南高等工业学校，因经手此项买卖而成为百万巨富的大买办。湖南新化锑矿山各矿场，都分别掌握在军阀官僚刘叙彝之流的手中，也同样只进行采矿或者还炼成锑块，出售给美日等国的军火业主。如此等等，表明在产业资本形式下为外资服务的官僚资本的买办性。蒋介石王朝四大家族为首的官僚买办资本，伸展到了各个方面，其买办性也发展到前所未有的可耻程度。这种买办性很浓的官僚资本，经营上常自负盈亏的责任，又完全尽了为外资服务的作用，这对于外资是更为有利的。所以到蒋介石反动政府时期，帝国主义尤其是美英资本强盗，特别看重四大家族为首的官僚资本，这便是一个重要原因。

（3）买办资产阶级必然要与封建势力相结合，否则，它不可能顺利进行活动，那也是违反其主子要求的——买办资产阶级与封建势力同是列强帝国主义的工具。因此，买办资本乃随同外资的要求，极力维护封建的生产关系而与之联结一气；它又适应侵略者的要求，极力阻止、压迫民族资本的发生和发展——虽然，外国商品的泛滥，又迅速而沉重地摧毁封建生产的基础，破坏了自然经济。封建大地主阶层以政府的名义掌握的官僚资本，是具有强烈的买办性的，这样，使他们成为大地主、大官僚资产阶级并与买办阶级赋有了共同的特性。不只如此，官僚资本和买办资本在共同的特性基础上，便必然引起两者的合流，而作为"列强"帝国主义工具的中央朝廷以及地方军阀政府，不能不与买办阶级建立联盟共同统治，因而便形成为大地主大官僚买办资产阶级的专政。

关于买办资本维护封建生产关系，伍文也列举了下述情况："在二十世纪初叶，英美烟公司在山东、河南等省推广烟草的种植。这在农业生产上是发生了变化的，山东的潍县、河南的许昌等地成了专业化的、新的商品作物烟叶的产区。然而，在土地制度和生产关系上，却并没有起根本的变化，资本主义大农场并没有产生，就是富农经济也并不发达，小农经济仍然处于统治地位，特别是地主阶级的封建剥削更没有改变。在这里发生的新情况是英美烟公司收购烟叶的买办成了新的高利贷资本和商业资本的领袖。买办将地主、小商贩和高利贷者控制在自己手下而在农村中为外国资本组成了一个剥削网和商业网。农民则除了原来沉重的地租剥削之外，又增加了商业资本和高利贷资本的剥削。所以尽管农业生产已经商品化，可是资本主义的农业还是发达不起来。买办资本在这里保持了最落后的生产关系，并且以这种生产关系的存在作为它本身剥削的凭借。"类此的例证多得很。

就我少年时所见而能记忆的我乡的一些情况也是可以参证的——虽然我当时不能有什么理解，只凭印象回忆。如纺纱绩线织布方面，农家以至一些小地主家庭妇女，大约从五六岁起就学绩麻，10岁左右学纺纱、纺线，每人都有1个麻笭（或麻桶、麻筛）和1架纺车。记得我祖母、母亲、大妹就共有3架纺车，3个麻笭；他们都终生以之为副业，贫苦农民家并以此作为生活挣扎的一种重要手段，不少贫乏、孤老无告之人则全靠纺纱绩麻为生。自耕农以上人家还请织匠上门织布（家机土布、麻布），佃农以下人家则以纺成之纱去金秤市织布店换布或出卖。这都是属于封建生产关系范畴，其中包含着封建的剥削。

由于洋布、洋袜、洋线、洋带、洋毛巾、洋被单、洋绒线……的输入和时兴，土纺、绩麻、家织便逐渐衰落，以至成为仅有残余。原来金秤市一家有三四部织机、雇用二三个工人的织布铺，一家有五六个染缸、三四块踹石、雇佣几个工人的染坊（看来这是带有资本主义萌芽的东西；它何时在当地出现我已无法知道，在我很小的时候就看见了），都逐步缩小以至停业，但并没有机器的纺织生产起而代替。原来农人十二三岁起，就会一人使用轧棉的绞车（一脚踩吊板、转动车轮和下铁轴，一手卷摇转动与下铁轴及反转的上铁轴，一手喂棉……）也渐次被排除了。一家人教的商人陈奇峰、东峰兄弟（其父陈玉华系武举，为当地最大恶霸，奇峰女为当地第一个取洋名，号陈玛丽亚……）便于店中设置四五部洋绞车，雇工代客轧棉。这不只排除了原来的绞车，由于他的店子及其收购棉、麻等山货的牙行只收买皮棉，就连原来的弹匠也排除了。因此，纺织、染踹、土靛、弹棉等旧手工行业和家庭副业，都迅速衰落，以至仅存残余。原来从事这些行业的手工工人都相继失业，以纺绩为副业的农民，尤其以之为生的贫民，更陷于穷困、绝境。我伯祖母辛大娘、叔祖母老八娘，都是这样陷于绝境致死的。外祖母家峁子塘是个干山窝窝，十来户人家无一户地主、富农，二舅、三舅、外叔祖3家自耕农或半佃农，四舅绍煜家全靠父子3人砍柴卖，舅母云姣纺绩为活，从堂表兄先戚、先庄、先武都是裁缝工，先意、庚子是篾匠，他们的母亲、妻子，老孤寡二奶奶等都全靠纺绩为生。由于列强的侵略，洋货的流入……等，农业生产衰落，手工工人相继陷于失业、半失业，生活相继陷于绝境，更加病疫侵袭（痢病、烧病等），便只有4家人有后代（解放时均系贫雇农），其余均绝了户。又如离我家四五华里的动气冲，原来有座土法冶铁坊，还搞土法炼钢，供地方生产农业、手工业生产工具的铁匠铺、行脚铁匠和农家。当时金秤市及乡下较大的铁匠铺只有师傅、徒弟，均系行会手工业性的，他们并有鲁班会的组织，其中只有一两个大铁匠铺，除师傅（即老板）、徒弟外，仿佛还有工人。由于洋铁、洋钢、洋镰、洋钉、洋铁丝、洋锅、洋铛、洋针、洋砥手等等东西的输入，动气冲的冶铁坊以及大小铁匠铺、行脚铁炉，便逐步缩小、衰落以至停闲，手工工人相继失业。但并无资本主义的冶铁、炼钢、农具制造等生产行业的继起。

还仿佛记得除陈奇峰、东峰等当地收购棉花、麻等山货牙行外，还有从外地前来收山货的客商，收购棉、麻、百合、芝麻、牛皮、猪鬃、松香等等。每次都住到奇峰、东峰店里"坐庄"，除由牙行（当地叫作经纪铺）经手收购外，还向个体农民发放高利贷即所谓"定货放款"，言定下年度用一定种类数量的山货偿债——又必须由一家经纪或有势力的地主作保。从宝庆（今邵阳市）等地前来的货郎，好像也与之有联系，深入乡村，临门零碎收购。他们用洋布、洋针、洋线、洋钉、洋袜、各色绒线（姑娘们缀辫用）、洋梳、洋篦、香水、香皂、洋纱带、洋梅绿等等东西，从妇女、从一般农家换棉、麻、松香、猪鬃、鸭毛、牛皮等土产；也同样不是等价交换，听他们信口说，真是一本万利！预借了客商定钱的则不能自由出卖及与货郎交换。

这些事例，也说明了"列强"帝国主义的侵略，及为它服务的官僚买办资本的为虎作伥。一面动摇、摧撼中国封建农民生产的基础，摧毁了原来的手工业（行会的、资本主义萌芽的）生产，使广大农民、手工业者相继破产；一面又千方百计地支持、维护封建的生产关系，阻止、压迫民族资本主义生产的建立和发展。因此，说："在帝国主义侵略过程中……引起了民族资本的工商业的发展"是不妥当的，违反事实的。近代中国民族资本的发生和微弱的发展，是在中国社会原来的内在矛盾作为根据的基础上，又受到外国资本侵入的一定影响。正由于它遭受外国资本强盗及买办官僚资本的排挤、压迫，封建制度的压制、束缚，所以不只原来的资本主义萌芽被绞杀，后来出现的民族资本也始终是微弱的，在曲折、崎岖的羊肠小道中行进和挣扎，始终没有也不可能开辟自己的前途。同时，上述事例，又说明了买办资本，真好像水银泻地，无孔不入。

（4）"列强"帝国主义，不只步步加深、扩大其侵略中国的不平等条约等特权，而又常常越出不平等条约等特权范围，任意地、非法地加以扩大、滥用，并以之去支持、掩护为它服务的买办资本、买办阶级的活动，帮助买办阶级登上近代中国的统治舞台，使买办官僚资产阶级和地主阶级一道，组成其支配下的近代中国的统治阶级。

关于外国资本强盗给予买办资本或买办资本设法利用不平等条约等特权的情况，伍文也举了一些例证，能说明些问题。

贪婪无厌的外国资本强盗，不满足于"治外法权"、"最惠国待遇"、在华设厂、租地等等特权。如外国商品只缴低微关税和二五子口税便在中国通行无阻；而又任意援引，其在华设厂的产品也只缴这点税。中国土产和民产资本的产品，反而有重厘金、苛杂等负担……。外国资本强盗不只自己享有和任意扩大各种特权，还以之给予为它服务的买办；为贪图这种特权庇护，为虎作伥的买办阶级，便更加以外资的特权利益为利益，并助长了那些未完全买办化的资本加速买办化的过程，甚至有些非买办性的资本也走上买办化的道路。而一些并非经营商业的外国流氓，甚至单作出卖"子口单"的勾当，像"九一八"以后到处横行无忌的日本浪人专作走私或掩护走私一样。又如在小刀会收复上海的时期，一些所谓无约国的殖民主义者，继之美、英、法等有约国的所谓"文明人"，也都"援用最惠国条款"作借口，连关税也拒不缴纳。在他们掌握了海关后，虽不能不缴纳低微的关税，但仍旧不缴纳其他正当捐税，如北洋政府征收的印花税、所得税、烟酒税等，他们都拒不缴纳，北洋政府便未能向他们征收。他们又常常以之去庇护买办资本。关于滥用"治外法权",如美国公使芮恩施1914年向美政府的报告说:"把在华外人的治外法权解释为包含了豁免主权政府通常对居留其境内的人们所征收的一切租税。"(威罗贝:《外人在华特权和利益》)这暴露了一副多么凶恶无耻的嘴脸!而此在买办资本,也常同样分享,如殖民主义策士卫三畏在《中国帝国》里供认:"天津条约"后,"在他们的国家内造成了国家中的国家。他们的统治者不知道这种治外法权的原则的真正意义;从此以后就必须遵守这些原则,不数年,他们发现了自己对那些开始仰求外国人保护的本国人民都无法管束。"这里面的具体情况,是极其鬼祟、复杂而多样的。

"列强"帝国主义还常常把各种特权,超过条约范围,通过作为侵略先遣队,即设立在全中国各府、县、镇、乡的教堂、神父、牧师等,保护所谓教民,干涉地方行政,压迫农民等劳动人民。义和团反帝斗争运动前,"列强"帝国主义在这方面已达到了极端放肆和无耻的程度。而这种所谓"教民"其中不少就是买办或为虎作伥、认贼作父的家伙,所以义和团人称之为"二毛子"。我在武冈中学读书时,记得也有这样一件事。武冈城内有个福音堂,堂址为城内惟一的一座洋楼,神父、教士都是美国人。一次,武中同学与住在隔墙义仓局的一连驻军(谭道源部),因门外操场发生冲突和械斗,我和几个同学作为代表去见周县长,请他声请防军司令惩办和撤走驻军连。我们的话才说完,一个衙役把一张红纸名片递给周县长,县长马上要我们改日再谈,说是福音堂神父来见他。我们平日对福音堂颇有反感,因此便问:"神父要见县长作什么?"他说:大概为那个在押的姓夏的教徒吧,已写过信来讨保。我们又问:为什么押起他?他说,是厘金局寄押的。他一面催我们走,一面便匆匆去会神父去了。今日看来,这分明是个逃税的买办;教堂滥用特权去保护,这也是一个例证。类此情况,到处都有。

(5)买办资本与其直接从属的帝国主义国家资本之间,买办资产阶级与其直接依附的帝国主义国家资产阶级之间,也是有矛盾的,但那不是敌对性的矛盾,因为前者以后者的利益为其根本利益,依附于后者的存在而存在——除非另有投靠。又因为近代中国是一个遭受多个帝国主义国家侵略、支配的国家,所以买办资本、买办资产阶级,是分别从属、依附于不同帝国主义国家和其资本;加之,当它是官僚买办资产阶级而又与封建地主阶级相结合,又不能不与各别帝国主义侵略的势力范围相照应，便又形成、演化为官僚买办阶级各流派，如英美派、亲日派等等，或所谓中央系和各个地方派系——如蒋系、桂系（或两广系）、阎系、奉系……；在各派、各系相互间存在利害矛盾、并常常爆发为争权夺利的战争。而此，又都是"列强"帝国主义在华权利争夺的冲突和矛盾的直接反映，并常常只由它们所直接指使和排演的。

在各别买办与买办资本之间，也是有相互的利害冲突和矛盾。如同属所谓"中央系"里面，既有蒋、宋、孔、陈四大家族为代表的英美派，和以吴鼎昌、张家璈、张群、杨永泰等为代表的亲日派之间的矛盾；英美派内又有蒋、宋、孔、陈等各家族相互间的利益冲突。但它们在反共反人民的反革命立场上则是一致的。

从属、依附于这一帝国主义国家和其资本或其一定资本集团的官僚买办资本与官僚买办阶级，与其他帝国主义国家和其资本，或其他资本集团间矛盾，则是敌对性的，并常具有那些帝国主义国家或其各集团间敌对性矛盾的关系，尤其在它们彼此间到了你死我活的利害冲突的时际。如日本帝国主义要独霸中国，与英美等帝国主义在华利益终于不能并存的时际，英美派便被迫"抗日"，而与共产党合作，但它始终没有也不可能放弃反共反人民的立场和勾当，始终没有真正抗日和放弃对日妥协投降的勾当。这也只是一二显例，可以举一反三。

对近代中国的研究，必须深入地全面地掌握列宁主义和毛泽东思想的精神实质，才能达到系统的科学理解。中国民族民主革命的实践过程的丰富经验和其辉煌胜利的总结和概括，正是毛泽东思想对列宁主义的创造性运用和发展，是世界革命人民共有的财富，对正在进行民族民主革命的国家、民族的无产阶级先锋队，是具有巨大的现实意义的。

1964 年 12 月 18 日

（载《史学集刊》1982 年第 4 期）

关于近代中国的纸币

(读周伯棣《近代中国的纸币——鸦片战争前到
1919 年》，载 1964 年 11 月 14 日《人民日报》)

(1) 中国经济的资本主义萌芽于明朝中叶，早于欧洲；由于商品经济的发展，类似纸币的东西，在唐代出现了所谓"飞钱"，宋、金发行"交子"、"会子"、"宝钞"等，明清两朝尤盛，不只朝廷发行"宝钞"、"钞贯"等，钱庄及大商号亦发行"钞"、"票"之类的纸币。由于中国资本主义萌芽走着纡徐曲折的道路，尤其明清之际，受到清廷清军的毁灭性的绞杀，以至原来比中国落后的欧洲反较前完成了产业革命，后来居上，中国反比较落后了一步。

近代中国银行业和纸币发行的历史过程，也正表现了殖民地半殖民地化过程的一个方面。因此，它贯穿着"列强"帝国主义外资依仗不平等条约等特权，在中国建立银行、发行纸币进行残酷掠夺的一条白线。其他各类性质的银行、钱庄等或自始就是其从属的买办资本或渐次成为其从属。同时，它们又表现了帝国主义支配下的半封建割据性，"列强"相互间争夺、分割势力范围的矛盾的反映。离开这个脉络和科学分析，是不能理清这个问题的。

直到人民大革命在全国胜利前，除去解放区（苏区、抗日民主根据地、解放区）人民政权的银行发行了人民自己的纸币外；民族资本始终没有其独立发行纸币的银行，而是受外资及官僚买办资本的银行支配的。

我手边没有其他资料，除随录周文外，便都是凭记忆的一些情况。

(2) 随着《南京条约》和所谓"五口通商"后，"列强"便步步来扩大和加深对中国的侵略，迫使一步步的半殖民地化。"五口通商"，所谓"列强"便各以其在本国发行的纸币拿到中国流通，如强迫行使于东北的相继有帝俄卢布票，即所谓"羌帖"；日本金票，即所谓"老头票"，等等。就已经把中国看作其从属下的半殖民地。卖国政府允许接受这种纸币流通，也正表现了它本身的地位。随着"列强"侵略和中国半殖民地化的进程，外国资本强盗，便相率来中国开设银行、发行纸币（其实都是买空卖空，并无多少硬货准备），并居然以中国货币单位大量发行；然还窃用中外合资名义，其实也只是窃用和借以搜刮游资和吸收买办资本，实际全为外资所掌握。周文叙述："属于这一类银行，有华俄道胜银行（中俄合资）、中法实业银行（中法合资）、中华汇业银行（中日合资）、中华懋业银行（中美合资）、北洋保商银行（中日德合资）、华威银行（中挪威丹麦合资）。这几家银行中，最重要的要算华俄道胜银行。它成立于光绪二十二年（1896年），在我国所发行的钞票，有金本位币与普通银元币两种。第一次世界大战前，该行纸币在我国北方，颇占势力；与日本正金银行的金票相伯仲。"而英美银行和其纸币在长江流域和广东，法国银行及其纸币在滇、桂……也"颇占势力"。这正表现了"列强"帝国主义在华势力范围的争夺，俄、日帝在东北的争夺。

他们主要都以所谓纯外资名义在华开设银行、发行其各自货币单位和纸币。这表现了"列强"侵略与中国半殖民地化又一步加深。周文叙述：

这类银行多为资本主义国家在殖民地设立的银行，虽为私营，常得到其本国政府的支持，营业范围较广，发钞为其特权之一（它在其本国不能发钞）。在中国发钞者有麦加利银行（英）、汇丰银行（英）、有利银行（英）、东方汇理银行（法）、德华银行（德）、华比银行（比）、横滨正金银行（日）、台湾银行（日）、朝鲜银行（日）、花旗银行（美）、荷兰银行（荷）、美丰银行（美）。

上列银行中，以麦加利、汇丰、正金较为重要。麦加利银行在香港称喳吁银行。因其上海分行的第一任总理为麦加利，故名。其所发行的钞票有银元票与银两票两类，多由香港与上海两家分行发行。汇丰银行原名香港上海银行，发行银元券与银两券，以银元券为多。该行纸币多流通于香港、上海、广州等处。正金银行为日本汇兑银行，在中国有十五家分行，其中九家设在东三省，所发钞票，亦多集中于东三省。1917年正金银行所发行的钞票，转移于朝鲜银行。朝鲜银行在东三省发行钞票，始自1909年（宣统元年）。1917年接受正金银行发钞之后，为侵略西伯利亚的日军筹款，乃发军用金票。该行先后所发行的钞票，谓之金票，俗称"老头票"，因券面有老头图样之故。老头票在东北地区，势力极大，流通至哈尔滨以北地区。

外商银行的钞票，分占了中国三大地区。（一）北方——特别是东三省，先有帝俄的卢布票（俗称羌帖），后有日本的金票……。（二）中部——长江流域，有汇丰银行、麦加利银行的钞票。（三）南方——香港、广州等地，有香港汇丰银行在香港所发行的纸币，即港币，或称港元。在港称为西纸，在粤则称为港纸。此外，自河口至蒙自，云南铁路开通后，云南地区，还流通着东方汇理银行的钞票。

这是银行和纸币方面，具体反映了"列强"帝国主义对中国的共同侵略和支配，其相互间的利益争夺和势力范围。这是一。其次，表现了它们对卖国朝廷、地方政府步步深入的财政支配。它"排斥中国钞票（甚至硬币）"，正是迫使卖国朝廷、地方军阀政府从财政上从属于它的一种步骤。又次，它们发行的纸币，不只数量庞大，花色繁多，但准备金甚少，甚至全属买空卖空。以此来掠夺物资，榨取中国人民膏血。又次，常常有"银行倒闭"，甚至利用所谓"破产法"，宣布"倒闭"作手段，"劫夺中国持票人的财产"。

不只如此。它们又支配和通过卖国朝廷或地方军阀政府和买办，以国家银行、地方银行、买办资本的银行及钱庄等，作为扩大其纸币发行的渠道，作为扩大侵略和掠夺的工具。

这等等，都表现了"列强"帝国主义侵略、中国半殖民地殖民地化的步步深入与加剧的过程。

（3）所谓华商银行、国家银行、地方银行，一般地说，都是官僚买办资本。它们与外国银行资本间虽也存在着矛盾或利害冲突，基本上却是为之服务的。因此，认为它们"……觉有'挽回利权'的必要"而设行发钞，是不合事实的。它们的"挽回利权"的口号，只是欺骗人民的牟利的幌子。对之，周文叙述：

> 盛宣怀于光绪二十二年（1896年），首先奏请部款，招募商股，共集资二千五百万两，建立中国通商银行于上海，并在各省设立分行。嗣即发行银两、银元两种钞票。初发一百万元，以伪造多，收回重换；续发五十万元，共为一百五十万元。这可说是华商银行发钞的第一家。到了光绪三

十一年……官商合营的户部银行与交通银行，均开始创办，随即发钞。同时，私立银行，如浙江兴业银行，以营业部与发行部各自独立的方式发行钞票。接着便有中孚银行、四明银行、中国实业银行、中南银行以及其他商业银行，相继成立，随即发钞，这就造成了多数商业银行同时发钞的局面。

这些银行是民族资本还是买办资本的性质，在于它主要是为民族资本服务、民族利益服务，还是为外资服务？其中，像通商银行，是从同外国"通商"服务的，其实际活动也是这样。它是同外资侵入全国以至穷乡僻壤的情况和要求相适的。其中官私合股到私营的变化，是与外资侵入的深化及为其服务的买办资本的增长相适应的。银行户头的增多和各自发钞的局面，是与侵略、支配中国的是多个帝国主义国家、多个有不同利益的资本集团相适应的。它们是否都是从属于不同帝国主义国家、不同资本集团的买办资本，应——从其自身的情况和历史去说明。但它们之间的关系是错综复杂的，绝非单纯，并每每是有变化的，不是始终一致的。但我手边没有其他材料，只就周文和记忆印象来说的。

（4）清初于顺治八年（1651年）发行"钞贯"，顺治十八年（1661年）停止，其性质与前代封建朝廷发行者相同。自后190多年中，未发钞。

太平天国革命运动时期，清廷为济军用，咸丰三年（1853年），发行银两为单位的"户部官票"，制钱为单位的"大清宝钞"。这一面有从财政出发的传统的性质，所以为非兑换券。缴纳地丁，钱粮税课，亦只许搭用五分以内，咸丰七年复限制为三分以内。一面又开始带有从属于外资，并带有银行钞票的一些性质。由于这种两重性，所以它仍受到外资外钞的排挤。侵略者正以各种方式来压服它，使完全从属于自己。因此，这种宝钞、银票，自始即"流通不畅"，终于成为废纸。

光绪三十一年（1905年）成立户部银行。后户部改称度支部，光绪三十四年，户部银行亦改名为大清行。它在名义上是国家银行的性质，或其雏形，实质上是更多地接受外资的支配。这种银行与其发行的钞票，已具有近代银行的若干性质。如户部银行有准备金200万两，并有私股200万两，钞票为无限法偿币，"公私出入款项均准一律通用"。改组为大清银行时，又增加准备金，度支部拨银300万两，商股亦招足300万两。户部银行发行银两票：百两、五十两、十两、五两、一两 5 类；银元票：一百元、五十元、十元、五元、一元 5 种（它还可发行百两或百元以上的钞票）。大清银行发行：一元、五元、十元、百元钞票 4 种，及"银两票"。宣统元年（1909 年）六月通用银钱票暂行章程规定："凡准发此项纸票各行号，自宣统二年起，每年须收回票数二成，限以五年全数收尽"。这与那种纯为外资服务的买办资本行号的利益有不小矛盾，所以始终没能实行。

大清银行于 1913 年改为中国银行，规定"中国银行兑换券，由中国银行及中国银行分支代理处一律发行"，资本扩充为 6000 万两。主要发行银元票，品色达 200 余种。1914 年发行 1600 余万元，1918 年增至 6100 余万元。银票后停止并发行地方性的铜元票。中国银行具有外国财政资本代理店的更完备的性质。

1908 年开始设立的交通银行，准备金 500 万两，1909 年邮传部又增拨 500 万两，给予纸币发行权，并于 1914 年重予特许。1916 年令与中国银行同享有发行兑换券的特权，除发行有银两票、小银元票、铜元票、辅币券外，主要发行：一百元、五十元、五元、一元等银钞（元券）5 种。1911 年发行额达 80 万元，1919 年增至 2900 多万元。交通银行名义上经理邮、电、路、航 4 项公营事业的公款收支为业，实质上即是从邮政、电报、电话、铁道、航运等交通事业中为外资、官僚买办资本及地主阶级服务，也就是说，它与中国银行同为官僚买办资本，并且有更多的买办性。交通系人物，自"梁财神"（梁士诒）以次，无一非大买办。

到国民党反动派统治时代，中国银行、交通银行，连同中央银行、中国农民银行 4 大行，名义上是国家银行，实质上是由蒋、宋、孔、陈四大家族分别掌握的官僚买办资本，包括政学系吴鼎昌、张家璈等在内，美、英、日等系官僚买办资本势力，分别为其主子服务，对人民进行穷凶极恶的剥削和压迫，并突出表现为购销公债、滥发纸币。蒋朝廷不断发行的名目繁多的公债（如 1927～1931 年间共发行了 10 亿以上公债），就是一种竭泽而渔的压榨。每种公债的发行，都由 4 行统一承购分销，折扣大得惊人，如债额 5000 万元，只须 2500 万元承购。这样，就有 2500 万元立即入了四大家族的私人荷包。他们又利用政权，兴风作浪，造成公债市场的人为的涨落潮，以买空卖空的手段通过交易所，买进抛出，使一般债券持有人一转手间成为空头或折尽老本。他们就这样去盘剥人民脂膏。纸币滥发、通货膨胀的记录是惊人的。如所谓"法币"政策，在美英帝国主义指使与支持下，蒋朝廷实行所谓白银集中、黄金"国有"，由4行发行钞票，名曰"法币"（如1939~1948年的9年内，法币发行额增加了47万倍）。4行都无限制发行，既无须兑现，又无资财比价的约束，数目庞大，以至"币"贱于"纸"，到蒋朝廷灭亡前夜，甚至"一筐法币还买不到一筐菜"。法币事实上成了废纸。蒋朝廷又发行所谓"金圆券"（甚至外币如美元）。"金圆券"不只没能建立货币信用，也终于同"法币"一样，发行数无限制膨胀，成为废纸。这也使当时蒋占区劳动人民濒于冻饿死亡绝境，不少持有法币的中小有产者也为之破产或几于破产，他们又尽可能以之转嫁于劳动人民。

抗战日期的汪记伪政权，则发行了所谓"四行准备券"。

（5）辛亥革命前，清廷发行的宝钞、官票未能建立起信用，便于直、鲁、豫、苏、奉、吉、黑、热、赣、闽、湘、川、粤、桂、秦、陇等省，分设官银钱号，一面兑回宝钞、官票，一面发行银票、钱票、铜元票，并规定准备金和发行额——但只是名义上的。实际上，这是与"列强"帝国主义在华势力范围的划分以及各省封建割据性的相应增长而来的。如东北官银钱号在"九一八"前，几完全成了日行的代理店。

辛亥革命失败后，与帝国主义势力范围及分别从属于个别帝国主义军阀割据相照应，各省都成立省银行，或者像辽、吉、黑、热仍沿袭官银钱号，实质上也同他省的省行一样，名为省库经理机关，实则是分别从属于各省帝国主义的军阀的财库。它们都滥发钞币，名义上沿用元、角或毫等单位，实则都以其受支配的外币作为计值标准，并由所在外资银行逐日、逐周悬牌规定兑价，如东四省官银钱号纸票之于日金票，长江各省纸币之于美英银行纸钞，广东毫洋从属于港币，广西、云南省钞从属于东方汇理银行——当地除发行纸票、省行币外，国内其他纸币反一律不能行使。各省的币值极不一致，反每每要通过外币计算汇兑。各省军阀都滥发纸币，实际上是没有准备金的，以致常有倒闭，不只一般持票人遭受损失，以致破产，尤其是广大劳动人民常因而陷于饥寒交迫的绝境。例如，湖南"谭（延闿）赵（恒惕）战争"前，谭延闿滥发纸币，省钞充斥城乡，湖南省银行倒闭，省钞一文不值，无数人民都陷于苦境——它受到3000万湖南人民痛恨。这不过是一个例子。

　　蒋介石朝廷实行所谓"法币"制，只准 4 行发行，禁止各省发行钞票。由于帝国主义势力范围和军阀割据的存在，蒋朝廷也不过是以东南数省为基地的"蒋系或中央系"而已。因此，与南京政府、东南官僚买办资本相争夺的各系官僚买办资本，地方军阀政府，依旧在各自的辖区内自行发钞，如阎锡山的山西省行票，广东的毫洋和毫洋票，云南、广西各自的省行票，等等。这就是军阀的封建割据性与其对不同帝国主义国家的从属性在币制上的反映。

　　因此，反动朝廷与地方军阀政府所发钞票的币值，不能根据票面单位数字计算，而要以所从属、依附的外资银行所发外钞为标准，并由其悬牌分别规定。

　　抗日战争时期，抗日民主根据地——解放区人民政权人民银行所发行的纸币，是与敌、伪、顽区经济斗争的重要手段之一。它继承了中华苏维埃政府时代的传统，从革命和人民的利益出发，信用越来越高，越巩固、扩大，得到广大人民的热烈支持和欢迎。它完全是独立自主的，恰与那实质上等于美英资银行外库的蒋区 4 大银行和"法币"、"金圆券"、日行外库的汪记伪政权的"四行"和"四行准备券"等形成鲜明的对照。它是其后社会主义的中华人民共和国的人民银行和其人民币的萌芽。

　　（6）私营钱庄业，在中国封建时代有着较长期的历史。它一面随着中世纪商品经济的发展而出现，一面又是束缚自由商人资本，尤其是阻止资本主义萌芽的滋长，是为封建统治服务的。清军入关后，为束缚、绞杀资本主义萌芽滋长的一系列反动政策、举措，钱庄是起了反动助手作用的。所以旧时代人民普遍对山西钱庄为代表的钱庄，深为疾恶。

　　这种钱庄及典当业，早期以来就发行的"红票"、"期票"之类，实际已开始并逐渐具有纸币的一些作用。到清初，它们发行的银票已较普遍；嘉庆、道光间又发行钱票，都是可以到期兑现而折转流通。鸦片战争后，这种钱庄业，一面充当清政府财粮部门的助手，清廷特许其设立官银钱号，给予发行钱票特权，并使其负责兑回已失信用的官票、宝钞；但清廷官吏与此等亦官、亦商的钱业商人，伙同作弊，只图中饱，肆行滥发，以至票价逐渐降低至百分之三以下，几成废纸，使人民、尤其劳动人民受到巨大损失。

　　另方面，随着"列强"帝国侵略与中国殖民地半殖民地化的逐步深入，这种钱庄业又逐渐敷有买办性，而成为封建性买办性的东西，而且主要地、以为外资银行推广钞票流通、施放高利贷、执行转账和银两银元折算等等，以分沾余利而生存。

1964 年 12 月 1 日

（载《史学集刊》1983 年第 2 期）

近代中国民族资本的
资本原始积累问题

（读郑宗汉《试论中国资本原始积累的特点》，载 1965 年 7 月
26 日《光明日报》；同年 3 月 8 日同报《经济学》第 262
期中余恩荣、刘天兴、虎俊岭等各文；同年 3 月 29 日
同报胡梯云《旧中国的"剪刀差"对农民的剥夺》；
同年 7 月 12 日同报阎文《旧中国季节差价对
农民的残酷剥削》；同年 9 月 27 日同报
吴承明《对旧中国商业资本剥削
问题的一些看法》）

（1）近代中国民族资本或民族资产阶级的资本原始积累，是一个极曲折
而沾满鲜血的残酷掠夺过程。正如马克思所说：资本从一出世起，"从头到
脚，每个毛孔都滴着血和肮脏的东西"，"是在最可耻、最丑恶、最卑劣、最
可厌的欲念的冲动下进行的"，"是用血与火的文字，写在人类的编年史的"。
在中国，较之欧、美、日本，由于它处在殖民地半殖民地半封建的中国，而具
有不少特殊性或畸形性。

近代中国民族资本的资本原始积累，如同民族资本和民族资产阶级本身在
其两面性的根本规定的基础上，一面是"列强"帝国主义及其工具封建势力、
买办、官僚阶级的束缚、压制、打击下的一条可怜虫，一面也更加对工人及农
民等劳动人民，肆行异乎寻常的残暴剥削的一条凶恶的狼。民族资本的资本原
始积累，由于渠道狭小而曲折，不只未能从国外——像欧、美、日本一样——
去从事海盗式的掠夺和掠取赔款之类来肥己，明、清时从事南洋等处海外贸易

596

的所谓"海寇"等所积累起的财富，则亦为外国资本强盗所吞食或改编。国内亦到处障碍重重，荆棘丛生。因此，规定了它的异乎寻常的残酷性，畸形性和局限性。关于这方面的问题，年来尤其从讨论资本家如何发家致富、或是否有非剥削起家的资本家的问题以来，已发表不少作品；尤其可贵的，有不少实事求是的应用解剖一只麻雀的方法关于各个资本家和其企业的论析的作品。

微嫌不足的是，有些同志在论断中，一面承认鸦片战争以前，中国已有了资本主义萌芽，却又毋视或根本否认其时的资本原始积累及其过程，从而又在这方面轻轻放过了"列强"帝国主义阻碍和歪曲中国历史进程的罪恶。从明朝末期或中叶到鸦片战争前，资本的原始积累，我认为，基本上经历了西欧十三世纪到十六七世纪差不多相同的过程——虽有不少特殊性以至程度的差异——是有一定程度或数额的资本积累。如果没有一定数额的资本，萌芽状态的资本主义生产，也是不可能的，何况这种萌芽已存在了如此长的时期。鸦片战争后，"列强"帝国主义殖民主义，连同中国原有的这种原始积累的资本在内，都一一吞食了，或改变为买办官僚资本，并反过来绞杀那种萌芽，束缚中国巨人的手脚，使之动弹不得。这样，外国资本强盗及其工具，既榨干中国民族资本母体的膏血，人为地使中国民族资本陷于异常的先天虚弱症；又绞杀了中国原有资本主义胎儿本身。以后出现的民族资本和民族资产阶级，乃是一个畸形的怪胎。

明、清时期的资本主义萌芽，虽走着曲折崎岖的道路，但到鸦片战争前——虽曾经明清之际的一度中断——从沿海沿江到内地，如佛山铁业，顺德、南海、广州、太湖三角洲一带地区的丝、棉纺织业，尤其是缫丝业，河北、山西、江西、云南等处的采矿业，湖南平江、邵阳、武冈以至陕甘等处的造纸业，等等，大都有了一定的规模，分布的地区以及有了市民运动抬头的城市，可说袤延大于西欧。

因此，我认为这个问题在中国历史研究课题中，在世界共产主义运动的现实要求中，有一个需要研究而尚待大大努力的问题，故我又一次提出。

（2）近代中国民族资本的资本原始积累，郑宗汉同志的文章，作了如次的扼要叙述：

（它）大致可分为三种情况：（一）由工场手工业即小老板发展起来的。但这种情况不多。根据对上海一九三六年前二百三十八家工厂主要投资者的调查，这些工厂的主要投资者，属于官僚和买办出身的六十四家，属于商人和银号出身的九十二家，属于工程师、技师、教员、职员出身的四十八家，属于华侨出身的十一家，属于流氓、和尚、牧师出身的六家，其前身曾当过学徒、技工和手工业者的只有十七家。这就是说，在全部资本家中，属于小生产者分化而来的，不到百分之八。……（二）由中小官僚、地主、商人转化的。（三）在激烈的阶级斗争中，有一部分小资产阶级及其他社会阶层，通过各种肮脏、龌龊的手段，积累起一定的财富，爬到了资产阶级的地位，上升为资产阶级。依靠后两种方式起家的，在我国民族资产阶级中，占绝大部分。

吴承明同志的文章，累述了下面情况："……商业资本转化为产业资本的不多，而旧式商业资本又比新兴的商业资本表现了更大的落后性。例如，纱厂的创办人或主要投资人中有一百多个是商人，其中只有三个盐商、二个米商，其余大都是新兴的商业资本家或者已经买办化了的钱商。"其中所谓"新兴的商业资本"、"新兴的商业资本家"的用语，须要斟酌。郑文还叙述："例如我国从1896年至1911年民族资本办的四十二家矿业（多是煤矿），几乎全是由知府、道员等出身的官僚、地主、商人开办的。1895年至1910年办的十九家纱厂，最初投资者也几乎全是这些人。"或者，其原始资本积累得到他们的支持。①

其中所述厂家，是否全是民族资本和民族资本家，不妨进一步分析。所述基本情况和论断，是合乎近代中国历史实际的。

明、清时期的资本原始积累，包括资本主义萌芽的各式工场手工业和自由商人资本，除去其时列强的外国资本缺少的行业，如缫丝业等，能够暂时存在，并在具备一定条件时转化为置备机器生产的民族企业；其他一般行业，除个别外，无不被并吞或改变为买办资本；鸦片战争后，工场手工业则不易重新出现和得到新发展。小生产者及旧式商业资本转变为民族资本的特别少，主要原因在这里。就年来报纸发表关于资本家发家的资料看，在小生产者中转化为资本家的，大都是鸦片战争后出现的，并以小贩等商业资本为多，由手工工场小老板转化的极少；为资本家服务而由原来的阶级蜕化出去的学徒、技工等出

---

① 《中国近代工业史资料》第2辑下册，第921～924页。

身的倒不少。他们或它们和鸦片战争前经历了一定过程积累的资本，一般都没有因缘，而是有其从新的资本原始积累的过程。

在近代中国各条渠道的原始资本积累，基本上都不外是对工人、农民及其他劳动人民的可耻的、血腥的、残暴掠夺的过程，是鲜血凝结起来的。鸦片战争以前的资本原始积累，虽不是没给予它们一定的作用和条件，但它们基本上都是在鸦片战争后的一个重新的掠夺过程，是在"列强"帝国主义的支配下的买办网的系统旁边进行的买办官僚资本及地主高利贷者的天罗地网的旁边进行的，并没有它独立的市场。正如毛泽东同志所指出："从中国的通商都市直至穷乡僻壤，造成了一个买办的和商业高利贷的剥削网"。① 作为民族资本的资本原始积累，也是伴随这种剥削网的渠道进行的，这不能不给它以一定的特殊性质和面貌。

（3）近代中国民族资本及买办资本的资本原始积累的不同渠道或行业，郑文作了有益的论述。首先，为外资服务的买办资本，叙述说："有人估计，自1890年到1913年，买办的收入至少在六亿海关两以上，他们积累起来的这些财富，……曾把一部分转化为近代资本。例如，刘鸿生从作开滦煤矿的买办起家，自1916年至1929年积累了大约一百八十八万两资本，之后投资开办火柴、毛纺、水泥等民族工业，由买办资本转化为民族资本"。对刘鸿生的资本企业，我没有研究。这里特别值得重视的，情况表明，从外资强盗嘴边吃残羹剩饭的买办资本者，竟在那样短时间内积累了偌大的财富，外资强盗从工、农等劳动人民身上吸吮的膏血又是多大呢?!（二）传统的官僚、地主、商人三位一体的封建剥削所得而积累为资本的。据我所知，如靳云鹏、王占元、边守靖等的企业，都应属这类资本原始积累来的。如蒋、宋、孔、陈四大家族及阎锡山、陈济棠、奉系军阀等人的资本，则为从属于帝国主义在全国或一个地区进行全面的各派官僚买办资本。一般的地主、商人、高利贷和官僚资本转化的"中国近代资本"，"他们的投资在近代产业资本中占的比重，在初期，占百分之七八十；以后，也在百分之五十以上。有个外国人说：'中国之资本家，或为大商人，或为大地主……惟于此二者之外，有一外国所不能见之资本家在

---

① 《毛泽东选集》第2卷，第623页。

焉，盖即官吏是也"。① 地主向农民的掠夺，"农民除向地主缴纳地租外，还要受到各种超经济剥削和额外勒索。……地主往往又是高利贷者，他们以极高的利率加强对农民的盘剥。在抗日战争前，我国农村的货币借贷年利率一般在百分之三十以上，实物则在百分之七十以上，有的高达百分之五百"。"封建官僚的财富，一是用暴力驱逐，杀戮农民直接霸占农民的田产；二是靠高额俸禄、赏赐、贪污、受贿等方式获得的……"。实际上，官僚敛钱肥己的方法方面多得很。吾乡旧日民谣云："贪不贪，一任州官，雪花银子三万三（千两）。"关于高利贷的剥削，阎文同志的文章揭出下述事例：

> 例如 1927 年，湖南衡阳的"标谷利"：四、五月间借稻谷一石，按照最高稻谷价格折成现钱，并按月息百分之六至百分之七计息，七、八月再按最低价钱折稻谷偿还，三个月即增加了三倍以上。1932 年，浙江吴兴的"放农米"：春季借米，当时米价远比秋季贵，要按当时价格折钱，再加上一倍的利息，把本利合在一起作为借入数目写入借契，秋收后照借契所列数目还钱。再如，1935 年，广西的赊账：农民在青黄不接时，向商人赊买粮食和日用品等，必须以秋后用稻谷偿还为条件，到秋收后，稻谷价格约降低百分之四十左右，商人收回欠款时，再把稻谷价格压低一些。结果，虽为时不过两、三个月，农民则吃亏一半。更残酷的剥削是农村商业资本用抵押的方式预购农产品，"放谷花"、"买期花"（棉花）、"放烟花"等农民，在收获前三至四个月预卖田中的稻谷、棉花、烟叶等农产品，价格由买主估定，通常只达市场价格的三分之一，合登场时稻谷价格的二分之一。

这不只是商业资本利用季节差价，又以高利贷性质对农民的血腥掠夺，而其操纵指挥者则为外国资本强盗。包括买办资本在内的各种性质的商业资本，通过季节差价、工农业产品的"剪刀差"差价，对农民所进行的可耻的血腥掠夺是惊人的、残酷的。阎文还揭露了季节差价的若干实例。地主、富农、投机商人等，利用新谷登场时期，农民要交租、交税，还债的"难关"，杀价收购；等到次年春夏之交，又利用农民严重缺粮的所谓"荒月"，疯狂抬价，囤积居奇，买贱卖贵。下述情况，即其中的一些实例。

---

① 《中国近代工业史资料》第 2 辑下册，第 926 页。

据调查，抗战前，湖南省稻谷的季节差价（1930～1936 年七年平均），华容县为百之九十二点七九，溆浦县为百分之九十五点六四，平江县为百分之八十五点零七。1932 年，安徽省亳县，小麦上市旺季每斤 0.034 元，而青黄不接时为 0.082 元，上涨 1.41 倍；巢县稻谷上市旺季每市担 2.91 元，青黄不接时为 6 元，上涨 1.06 倍。地主、富农和投机商人，……而且大秤进、小秤出；……当时这种季节差价一般在百分之五十以上。遇到灾荒，季节差价更大，许多地方达一倍到数倍。

工农业产品价格的"剪刀差"，更是"列强"帝国主义资本强盗及其操纵役使下的买办资本，以及伴同它们的一般商业资本，对工人、农民及一般劳动人民的极其残酷的血腥剥削。本来，以中国农民的较落后的手工生产的农产品，与外国大规模机器生产的工业商品，按产品所需要的社会必要劳动量进行交换，中国农民便无法生活下去，再加以人为的悬殊极大的差价，而且"剪刀差"越来越大的剥削，农民便只有陷于越来越穷困，动弹不得的绝境。由于帝国主义对中国市场的垄断，又不断扩大了"剪刀差"。对此，胡梯云同志的文章揭露了下述情况：

早在 1880 至 1920 年期间，据《民国景县县志》记述：进口"洋布"的价格上升了 11.5 倍。而同期麦子的价格仅上升了 4.8 倍。洋布价格上升的幅度，超过麦子的 1.4 倍。另据《江苏武进物价之研究》中的材料，以 1910 至 1924 年的平均价格为基数期，到 1932 年，进口的竹布价格上升了 3.14 倍，煤油价格上升了 2.48 倍，白米价格仅上升百分之六十五，至于蚕茧的价格不仅未升，反而因帝国主义在国际市场的搞鬼，下降了百分之四十三……。

1936 年前后，工农产品交换的剪刀差，曾出现过暂时的缩小。但在 1937 年日本帝国主义入侵以后，就又开始扩大了。……随着大城市的相继沦陷，一些主要工业为敌人所掌握；日本帝国主义随之实行了所谓"以战养战"的政策，封锁我国的海岸线，在沦陷区（如华北）施行一切物资均列为"统制品"，禁止输出任何物资的政策。同时还进行了对工业品的严重掠夺，如 1943 年 8 月间，敌人就一举将上海及江苏、浙江、安徽等省市所有的棉纱封存"征购"（估计为八十一万件之多）。另一方面，反动的四大家族……实行了所谓"加强管制物价方案"等办法，在其统治区内掠夺主要商品。在这样摧残之下，工业品的价格越来越贵。工农业产品交换的综合比价指数，如以 1936 年为 100，1945 年为 218.6，1948 年为 165.1（即扩大了近三分之二）。如以棉纱一件交换棉花的比率来说，全国平均数量的变化是：1936 年 488 斤，1939 年 669 斤，1945 年抗战胜利前夕的 7 月升至 1037 斤，为 1936 年的 2.13 倍，……但到 1948 年 12 月时一件棉纱仍可换棉花 910 斤，……。

在天津，1936 年一匹白细布可换棉花 17.6 斤，换小米 153.6 斤，1948 年则可换棉花 35.7 斤，小米 262.4 斤；在上海，1936 年一匹白细布可换机米 110 斤，1948 年 1 至 8 月则可换机米 341 斤。

……农民在农村集市上出售的农产品价格要比城市低得多；同时在集市上购买工业品价格又比城市高得多。如河北束鹿县棉农得到的实际价格只为天津销价的百分之六十四点七。

在抗日战争时期，以蒋、宋、孔、陈四大家族为首的国民党反动派开办的"官式"、"商式"商业公司，"对粮食进行征购外，对于棉花、茶叶、甘蔗、桐油、猪鬃等实行了专买和专卖制度。在价格上各以远低于市价和成本的垄断收购价格，野蛮地进行劫夺；并在青黄不接时，高价卖出"，这又大大地扩大了"剪刀差"和季节差价的差额。

通过如此惊人的季节差价和工农业产品的"剪刀差"差价以及地区差价，对工农以及其他劳动人民的敲骨吸髓的剥夺，民族资本的资本原始积累，在若干方面或渠道，是包括在这种残酷的血和火的掠夺过程之内的。

近代中国民族资本或民族资产阶级的资本原始积累的他种渠道或方面，郑文还叙述下面一些情况：

"前身是小手工业者的资本家"，虽然很少，但不是没有。"由小商品生产转化为有雇工剥削的工场手工业生产，要经过一个过程。由工场手工业的小老板转化为资本家，更要经过一个过程。……小老板的发财致富必然要依靠剥削他人的剩余劳动。……一定要通过剥削，进行资本积累"。"他们的原始资本积累大致有这样几种方式：一是通过利用封建亲友、乡里的关系，推荐无以为生的亲友、同乡，由小及大，由少到多，残酷地剥削他们，无偿地攫夺他们的剩余劳动和必要劳动，逐步积累起血腥资本，从而办了厂、扩了店，成为工业或商业资本家。在小手工业者中，依靠这种方式起家的资本家，在我国相当多。……二是通过剥削童工起家的。这种办法更残酷，而且在我国很普遍。……三是通过欺诈、拐骗起家的。"

由一部分小资产阶级及其他社会阶层分化而来的民族资本家。……其起家方式，大致可分这样几种类型：一、贪污盗窃。这样起家的资本家很多。……二、投机倒把。……在中国，这样起家的资本家是很多的，特别是在某些为帝国主义控制的大城市中。三、巧取豪夺。……还有些民族资本家的原始资本是依靠趁火打劫、坐地分赃、仰仗社会权势、别人的施舍或"馈赠"等方式得来的。

年来报刊发表的不少论文和回忆录，都能证明上述各种情况，郑文也举了不少实例，下面还将摘录。

上面的论证，基本能表现出近代中国民族资本的资本原始积累，在资本原始积累的共同规律上，具有显著的特殊性或畸形性；也表明了列强帝国主义的侵略对中国社会进程的阻挠和歪曲，以致它的近代史在殖民地半殖民地半封建的过渡性的状态中渡过。中国没有欧美、日本那样资本帝国主义的近代史阶段。我看，对人类历史说来，是大坏事，也未始不是一点好事。地大、物博、人多的中国，如果经历资本帝国主义的历史行程，便可能给人类以更大的威胁和危害，同时也可能给无产阶级或其领导的世界革命以更大的阻力。

（4）近代中国资本家发家致富，就民族资本的资本原始积累，同志们的文章，引证了若干实例，是能够说明问题的。现特摘录下述十个例子及其他二则，以概其余——但这不是说，它更没有其他方面或渠道。

例一：北平"粮老虎"黄显达祖孙三代是怎样发家的？黄小二因山东家乡闹饥荒，14岁流浪至北京，身无分文，在粮店干了20年活，学会了资本家弄虚作假、欺骗顾客的一套，并以之尽心为资本家服务，被提为写账、掌柜，分润了剥削并把它积累。儿子黄老大，对店的碾、磨、筛、簸，到货、钱、账等皆精通，并以之能特别凶恶地剥削店员、工人、农民、顾客。他说："不杀穷人不富"，粮垛要高，得从农民身上一斗一升地抠；钱柜要满，得从那些天天买粮的顾客嘴边一丝一毫地刮。所以他到处放高利贷，发明什么"掏耳朵"——把整袋面粉取出一斤半斤，再照样缝好；"大过河"——在面粉袋里掺四五斤玉米粉；"大搬家"——把二号面粉装上一号面粉袋里，当一号面粉卖等等。他的儿子黄显达，办法更多了，交际广，手面阔，出入交易所、赌场，他一次把全部财产输掉，通过巴结有势力的人和其他各种方法手段，很快就恢复起来。又以巴结混得的伪参议员名义实行大鱼吃小鱼，使自己成为"粮老虎"。①

例二：刘老五是怎样发家的？他小时在山东，家徒四壁，流浪到东北，沿街乞讨。不久进一家工厂做工，得到老板看重，提为"把头"。其时山东连年灾荒，许多老乡投奔前去，他骗他们进厂做工，榨取他们血汗钱。越攒越多，便把钱投入工厂，与老板一同剥削工人，成为十足的资本家，20 年时间，他成了某工厂的经理。②

例三：北平东来顺羊肉馆丁子清兄弟是怎样发家的？他们原是小贩，在东安市场摆设卖小吃的小摊，1912 年被乱兵烧毁停业。1914 年，连积累和借钱凑成点资本开设东来顺羊肉馆，只雇用几个工人——其后，越雇越多——，没有工资，除吃饭外，只分小账，伙计干活多，吃的坏，劳动时间长。丁子清兄弟又百般欺骗顾客，如经常把三两羊肉片作四两……。东来顺就这样发达成为大馆子。③

例四：上海"徐重道"国药店。徐重道 1915 年到上海时，身上只有 20 几只角子。后来看到上海滩上妓院很多，不少人患花柳病，他向熟人借了点钱，租了两间房子，挂上"徐重道国药店"的招牌。一面卖假药，一面装假郎中（他根没学过医）欺骗、坑害顾客，就这样发家，成为上海著名国药店。他说："若要发，众人头上刮"，"这话说出了资本家发财致富的真谛"。④

例五：上海一资本家夏晶供认："资本家起家，就是为了剥削。拿我父亲来说吧，30 年前他是一个技术工人，出卖劳动力……。后来他向亲友借了三百元，雇佣工人开了小工程行，就成了资本家，财富也逐渐增加起来。30 年来我家的生活不知比以前作工人时，好了多少？所有费用以及为享乐所耗费的钱财，都是由工人劳动创造的剩余价值，为我们无偿占有的结果。假使单凭我父亲和我的能力，怎能获得这样多的财富呢？"⑤

---

① 参见 1965 年 3 月 8 日《光明日报》余恩荣《所有资本家都是靠剥削和掠夺起家的》。
② 同上报刘天兴《资本家是剥削起家呢？还是"勤俭起家"》。
③ 参见 1965 年 3 月 8 日《光明日报》虎俊岭《中国资本家的原始资本从何而来？》
④ 见郑宗汉《试论中国资本原始积累的特点》。
⑤ 引文同注③虎俊岭文。

例六：四川大资本家鲜伯良说："……我 18 岁时在西充县立师范毕业后，还在当小学教员，……。后来我来到重庆，首先利用在一个军阀的军医处给人管银钱的关系，从中贪污，两三年就搞了一万多元。然后又搞公债投机活动，我的钱越来越多，资金就这样积累起来的。"①

例七：上海永福源五金厂老板周锡生，原来是个"领班"，后来在上海租了一间不足 30 平方米的小房子，通过乡下亲朋，招收孤儿做童工，由其妻做监工，每天劳动十八九小时，作表带、拉链、小铁锁，不久就发了家。在他发家的过程中，150 多个工人，有 130 多人轧断手指，有 30 多人生肺病。童工日夜为老板卖命，又没工资，没开水喝，没毛巾洗脸，没衣穿，甚至没有厕所。②

例八：上海大隆机器厂资本家严裕棠，原是学徒，后来"与日本人合作伪造钞票起家"。③

例九：上海民丰造纸厂资本家金润庠说："1921 年，上海交易所投机风潮兴起，我用买进卖出的投机方法和包办交易所，向外国领事公馆注册，加帽子多取手续费的方法，赚起来四、五万块钱"，"后来我的老友竺梅先先生到山东去当张宗昌的一个混成旅的军需处长。我们两人约好，由我在上海替他采办军用面粉，赚钱大家按规定分配。因为数量大，赚钱很快。大家为了金钱，也不管友谊，我揩他的油，他揩我的油，结果我又积起了七万多块钱家当，他更积起了十六七万元"。④

例十：湖南邵阳白仓地主资本家莫文卿，原是个有几十亩水田的地主，利用对农民的地租、高利贷等封建剥削，买了大片、大片山的竹林，用嫩竹作原料，雇工并设纸碓，造南纸（公文纸等）。除几个长年技工外，皆使用季节工（秋收后）到第二年竹笋出前后。这样十几年的时间，他的纸碓发展到四十多个；地也越买越多，扩大到四百多亩水田，山林更广。

例十一：湖南洞口大排木商会一地主商济臣，原来也是个有几十亩地的地主，与莫文卿同样积累起几百元资本，购买农民的杉木，装木排雇工经资江放

① 《中国近代工业史资料》第 1 辑，第 407 页。参见郑宗汉文。
② 参见郑宗汉文。
③ 《中国近代工业史资料》第 1 辑，第 595 页。
④ 同上第 1 辑，第 555 页。

往汉口发卖。他不只在排上为木工人为灶，由家中装上大米食油等，并引诱工人在排上聚赌，由他抽灯油钱。结果工人为他往汉口放排一次来回，反每每倒欠他的债，年年偿不清。他在洞口买进农民的杉木四五角钱一根，到汉口就能卖上好几元——据云有十倍以上的利润。他又在排附带装上大量南纸（洞口山门一带土产），据闻还在汉口开了家南纸批发庄。这样他原来每年只能放几排杉木，后来发展到每年放几十排，每年赢利达数千以至万元。土地也越买越多，据闻扩大到百担田（近千亩）左右。

例十二：上海一家资本家，26 年前，原是个每月工资 20 元的小职员，可是 26 年后，就成了一个资本家。假使他在 26 年里，每月的 20 元一个也不用掉，全部存起来，也需要经过 12567 年的时间，方能积累起他的资本总额。[①]

这些例子，对近代中国民族资本、民族资产阶级的资本原始积累，自不能包括其全部情况，但它却表述了若干基本情况，既包含资本原始积累的一般性，也表明了它的若干特殊性——殖民地半殖民地半封建社会形态所赋予它的特殊性。

（5）近年来，就报刊对个别资本家的发家及其企业的解剖和描述的情况，其中不少作品对资本家剥削工人，尤其是童工、女工而发家致富，读之令人发指；其买空卖空、投机倒把，欺骗弄假，害人利己等等丑恶事迹，亦很卑鄙可耻。包括上述一些举例在内，我写了不少诗，一面对阶级斗争、阶级教育引起共鸣，一面也以之起着一定的历史科学的作用，我认为可以与这篇随笔统一去看。

1965 年 9 月 29 日

---

① 参见 245 页所引虎俊岭文。

中世纪和近代土地契约形式及
土地所有权性质问题

(读张传玺《从土地契约形式的演变看我国
封建土地所有制》，载 1963 年 6 月
19 日《光明日报》)

（1）在我国历史上，封建制时代和殖民地半殖民地半封建过渡期的土地
买卖契约，对研究这一长时期中土地问题，是有一定的重要意义的。

几十年来，新史学工作者在这个问题上，也存在着一些模糊观点。如，有
的认为土地买卖使用红契是土地所有权属于国家的表现，贺昌群等同志是这种
意见的代表。可惜我手边没有昌群同志发表在《新建设》1960 年二月号的
《关于封建的土地国有制问题的一些意见》等论文。有的认为中国封建土地所
有制一开始就是通过买卖形式的"新兴地主"土地所有，甚至还说是"自由
买卖"，持这种意见的人是颇多的。

从世界史看，各国封建制的历史过程，一般都经过了农奴制时期。在农奴
制度下，土地是经过赐予形式，为各级领主所占有，除去前代残留下来的自由
民等外，农民不占有土地，只有领主作为维持劳动力再生产的手段"分"给
的"份地"。土地买卖是在由封建初期的农奴制到封建后期的专制主义封建制
（生产方式的佃耕制）的交替期开始出现，而成为后期的支配形态。依我看，
这在中国史上就是春秋战国之际和战国。

从秦汉到鸦片战争前，地主阶级的土地占有，一般地、主要地都是经过买
卖形式，但土地不是也不可能已成为商品，因而没有也不可能有"自由买卖"
的买卖关系，而是受到封建关系的强力制约。这第一表现为：土地买卖必须先
经过亲族邻里等无人承买才能出卖于他们以外的买主；第二，必须经过封建官

府对买卖契约的认可。土地成为商品的"自由买卖",是鸦片战争以后才出现的,首先出现而又成为较普遍形式的地方是沿海沿江资本主义较发达的地区。一般地说是这样的。

张传玺同志这篇文章,搜集不少有关史料,也对不少问题作了有益的论析,并有不少正确的论断——虽不能说全面、无误。

(2) 关于契约的出现,张文引证了《周礼·地官·质人》下面的话:

> 质人掌成市之货贿,人民、牛马、兵器、珍异,凡犊卖者,质剂焉。

郑玄注曰:"大市,人民、马牛之属,用长券;小市,兵器、珍异之物、用短券。"

并认为:"那时的土地属于以领主贵族为代表的封建国家所有。农民以领受方式获得份地,没有所有权,土地买卖关系不曾发生,土地契约也不曾出现。"这基本上是正确的;只是所谓土地的"封建国家所有"的说法是不妥当、不全面的。在西周,所谓"普天之下,莫非王土",是土地在"王"有即国有的名义下,经过"王"的名义分赐给各级领主——顺次分赐其亲属、左右、功臣,这便形成领主的土地占有制——名义上的占有,而不是什么"土地国有"。认为"质、剂"只是"私契",也不确切。它是由"质人"掌管和干预的。《周礼》说得明白。

关于各个朝代的土地契约,传玺作了简要的摘引和解释。西汉中期至东汉初年的遗物——"受奴卖田契"[1] 这是今天能见到的最早的田契。他还正确地提出:出现了土地买卖的战国是否已有田契的问题。战国有土地买卖和"新兴地主"存在,这是很少有人怀疑的。两周关于"人民、牛马……"等买卖,即已有专任的"质人"掌管和有"质"、"剂"。在战国以后的土地买卖,应有使用契约的可能。将来的发掘可能解答这个问题。

又引钱大昕《十驾斋养新录》卷十五《晋太康五年杨绍买地券》,论证"在先秦至西晋时期,通称为券、契、约或私约,民间自由订结,不受官府干涉"。所谓"民间自由订结,不受官府干涉"云云,传玺此处的论证是不全面的。就后代的材料,民间买卖土地总力求逃脱官府的干涉,尤其在战争和地主政府统治权薄弱时。不应视为此种土地买卖是由"自由"逆向"不自由"。也

---

[1] 中国科学院考古研究所编:《居延汉简》甲编陆《编辑后记》,又甲编叁《释文》2544A、B。

不可单从封建朝廷的财政观点出发说明问题。它不能离开封建土地占有的属性。传玺所引《隋书·食货志》也说得明白。

> 晋自过江，凡货卖奴婢、马牛、田宅，有文券，率钱一万，输估四百入官，卖者三百，买者一百；无文券者，随物所堪，亦百分收四，名为散估。历宋、齐、梁、陈，如此以为常。

这就是说，零细买卖，即"散估"，不须立券，亦须缴纳同等税率；较大宗的买卖如"奴婢、马牛、田宅"，是必须立"文券"，并凭"文券"、"率钱……输估"。因此，不应认为封建官府对土地买卖的干预和征税，是从钤有官印的红契制度才开始。封建官府对民间买卖货物的敛税与反敛税的矛盾，在春秋战国时已较尖锐，所以儒家发出了"薄税敛"、"关市讥而不征"作为其所谓"仁政"的内容。

十六国、北朝是与东晋、南朝对立的。传玺论述："没有税契制度，也没有文券或红契之称，民间通行的契约，仍然是自由订结的私约。"这在十六国与北朝前期，基本上是确切的，这是由于不断的战争与所谓"糜烂"、"纷乱"的状况，统治者没有力量去过问。又由于北朝拓跋贵族在其统治下的华北地区，较长时期内，实行与汉族地主阶级土地占有形式和佃耕制生产并行的，是奴隶制及农奴制的土地占有形式和生产。因此，以土地买卖作为占有土地的手段，主要只是在汉人地主间通行，拓跋贵族的占地是通过赐予、强夺、圈占等手段，而不是买卖。而在北朝后期，在隋统一前，南北的社会形势，基本上已完全一致。

在唐朝，《唐律疏议》卷十三《户婚》（中）疏义："田无文牒，辄卖买者，财没不追。"又卷二十六《杂律》（上）："诸买奴婢马牛驼骡驴，已过价，不立市券，过三日笞三十；卖者减一等。"《唐六典》卷二十《太府寺·京都诸市令》："凡买卖奴婢，牛马，用本司本部公验以立券。"唐朝又称文券为"市券"、"公券"。这种情况，不可能设想为在唐朝突然出现。对此，贺昌群同志却说：

> 所谓经过买卖的土地私有，只是在封建法律底下承认的，这也有铁的历史事实证明。《隋书·食货志》说……《唐律疏议》卷十三《户婚》律《诸盗耕种公私田者》条、《诸在官侵夺私田者》条，这些所谓私田，正是在皇权所订的法律底下承认的私田，……文券、文牒、文契就是皇权所订的法律的替身，没有皇权所承认的文牒、文契（后世叫'红契'，因

上有官印）土地的买卖是不允许的、非法的、不能成立的。这说明土地私有权的存在，在专制封建主义的中世纪，"就是全国范围内集中的土地所有权"——封建的土地国有制……。

昌群同志在这里的引证，并不能说明我国中世纪"土地国有制"，却有力地论证了中世纪的土地买卖不是所谓"自由买卖"，是受到封建性的严重约束的。官府的印契、税契的行使，正是这种封建性所表现的一个重要方面，正是土地占有的封建性表现。传玺批评说："如果按照贺先生的说法，那么，在使用私约的时期，对于奴婢、马牛来说，从周代开始；对于土地来说，从两汉开始，以迄于西晋。这些财产制度是国有还是私有呢？在《隋书·食货志》中，要有文券的商品、奴婢、马牛与田宅并列；在《唐律疏议》中，要有市券的商品，除田宅（还要用文牒）以外，还有奴婢、马牛驴骡驴等。贺先生为什么单单挑出使用文券的田宅为国有制呢？……打开宋、元、明、清的律令，规定货卖田宅、奴婢、头匹，要投税印契的条文很多，能否说这些都是国有制呢？"除个别用语外，我认为传玺对昌群等同志的批评是正确的，昌群等同志的"土地国有制"的上述论断，也不符合马克思列宁主义关于封建的土地关系的原则精神，不符合毛泽东同志关于中国的封建土地所有制和阶级斗争学说的教导。马克思所说的"亚细亚的""土地国有"，乃是"东方的"奴隶主国家的一种土地占有形态（虽然，关于"亚细亚的"问题的争论，未达到最后一致的结论，大体说，问题是解决了的）。奴隶制社会，奴隶主占有财产，主要是以其占有的奴隶去表现、计算，在这里，奴隶是奴隶制生产得以进行的主要条件，而不是土地。"东方的"奴隶主国家的"土地国有"，并不影响奴隶所凭以构成为一个阶级的社会财产的基础。封建社会则与此不同。土地是封建制生产所赖以进行的基础，也是封建主所凭以构成为一个阶级的社会财产占有的基础。如果封建的土地占有为所谓"国有制"，那除非否认地主阶级的存在，便没有其存在的社会财产的基础，封建国家也便没有其构成的内容了。因此，我以为昌群等同志应考虑传玺等青年同志的批评意见。

（3）北宋以后的地契，传玺引述说，除印契、申牒外，又加了"标准契约"、"官板契纸"、"鸳鸯契尾"等。"标准契约"始于太平兴国八年①。"官

---

① 李焘《续资治通鉴长编》卷二四《太平兴国八年三月乙酉》条。

板契纸"则始于北宋之末由官府印刷者，初由"县典自掌"，但"往往多数空印，私自出卖，将纳到税钱，上下通同盗用，是致每有讼诉"。南宋初，"委逐州通判用厚纸立千字文为号印造，约度县份大小，用钱多寡，每月给付诸县，置柜封记。遇人户赴县买契，当官给付。"① 并令："自今民间竞产而执出白契者，毋得行。"② 南宋朝廷，对税契更提高了财政聚敛上的作用，除契税外，另有所谓契纸本钱、勘合、朱墨、头子钱，"州县巧作名目，又有朱墨钱、用印钱、得产人钱"等等③。结果，隐不投税者日多，又实行粘连税据于契约之后的一契一尾制，即"契尾"④。"契尾"即缴税的收据分两联，一为给予纳税人之收据，一为存根；以后便演为鸳鸯式"契尾"。

到元朝，元代使用的官版契纸，距离大都较近用度不多的省份，由户部印造颁发；江南四处行省，由户部颁给铜版、铜印，"就彼和买纸札工墨印造"⑤。"今天能看到的契尾，——张文——以元代的为最早，上书业户姓名、契价、所买田地及已验价收税等等，……是由县典刷印。"元代在长江以北，尤其是黄河以北、强制圈地、夺地、占地，甚至在耶律楚材建议前，曾有尽杀汉人、尽圈地为牧场的野蛮打算；其后，也强夺大量土地赐给蒙古贵族以及色目豪贵，并强力推行奴隶制及农奴制的生产。因此，其时华北地区的土地买卖主要只是在汉人地主中进行，为数可能不太多，但元政府仍承认土地买卖为合法，并承袭了税契制度来干预和财政掠夺。在南方，土地关系，基本上沿袭秦汉以来的名田制，所以买卖土地使用的契纸便需要较多。但蒙古驻军、官吏、色目豪贵等在南方各省，尤其在沿江、沿海各地，强夺汉人土地也是很多的。我所看见的元代土地买卖文契（属福建地方的），还强调卖地人须尽先问过亲族、近邻以至同教人等，无人承买，始得卖与他人；如亲、邻等人或外人承买，据云地价亦不一样，这表明封建官府不只以税契制来巩固封建的土地占有制和行使干预，而又从卖地人的亲族、邻里等封建关系来巩固这种占有的性质，而加以约束。除"同教"关系的约束，可能为元代特有的情况外，亲、

---

① 《宋会要辑稿》第一百三十八册《食货》三五之六《钞旁印帖》。
② 李心传《建炎以来系年要录》卷八七。
③ 《宋会要辑稿》第一百三十八册《食货》三五之一八《钞旁印帖》。
④ 马端临《文献通考》卷十九《征榷》六《牙契》。
⑤ 《元典章》卷二十二《户部·契本·就印契本》。

邻关系的约束，必系沿袭元代以前的旧制和传统；不可能在前代无此限制，经过两宋商品经济有一定程度的发展后的南方，尤其像沿海地方的福建，反而重新出现了这种土地买卖的限制。这是历史自身的辩证法。

在明、清两代，传玺引述："……也推行官板契纸。明太祖初即位，诏令'凡买卖田宅、头匹，赴务投税，除正课外，每契本一纸，纳工本铜钱四十文。余外不许多取'。"① 清代官板契纸"预用布政司印信，发给州县。"② 明代契尾，亦由县印刷，但文字较繁。万历以后，诏诰文册，充斥契尾，文字更繁；契尾至大于正契二三倍。——由府或布政司印刷。清代契尾，亦"由布政司编号，给发地方官，粘连民契之后，填明价值银数，钤印给发，令民收执。"③ 行使这种契尾以后，清政府还规定，如无契尾，即有红契，亦认为非法。如令云："立法已后，如再有止钤契纸，不连用契尾者，各督抚即行查参治罪。"④ 其理由是："契尾之例，系投契之时，官为印给，不同契纸，第由民间价买，致有滋扰可比。"

回忆大革命时期，在江西所见清朝及近代地契，不只有红契、白契，并红契契纸契尾俱全，契中仿佛有卖地人先"尽问亲房"或"尽问亲邻""无人承买"，或"尽问亲邻里某某承买"等文字约束，与元代福建文契大同小异。

关于所谓"砧基簿"即田地底簿，亦是封建的土地约束性的具体表现。传玺引述说，南宋初年，李椿年创为"经界之法""令民以所有田，各置'砧基簿'，图田之形状及其亩目、四至、土地所宜，永为照应。"⑤ ……状如鱼鳞，所以又叫作"鱼鳞册"。宋朝政府并规定："即田不入（砧基）簿者，虽有契据可执，并拘入官。"⑥ 元、明、清都沿袭这种制度。回忆解放战争时期在围场、安东等地所见地契，都详细写明上下左右田邻地界，有的还在契文后附简图。

（4）关于中世纪土地买卖文契，我认为是关涉到封建的土地关系的一项

---

① 王圻《续文献通考》卷二十二《征榷考·征商》。

②《清朝文献通考》卷三一《征榷考》六《杂征敛》。

③ 参看乾隆十三年直隶布政司契尾，原件藏北京大学经济系。

④《清朝文献通考》卷三一《征榷考》六《杂征敛》。

⑤ 李心传《建炎以来朝野杂记》甲集卷五《经界法》。

⑥ 同上。

重要研究，尤其是封建性的土地买卖的非商品性，常常为不少研究同志所忽视，故随笔摘记不少。只可惜手边无其他资料，张文外，仅凭一些粗略记忆。

1965 年 1 月 13 日

（载《史学集刊》1982 年第 2 期）

赫哲族的新生

（读丁继松《在赫哲族的家乡》，载 1964 年 1 月 11 日
《光明日报》，同年 12 月 2 日同报《喜看赫哲族的
歌舞》；同年 12 月 11 日《人民日报》黑龙江省
抚远县八岔公社、街津公社社员傅兴春、毕秀
华、龙玉成、傅桂芝、吴汉章、吴桂英
《没有共产党就没有赫哲人》）

（1）居住在黑龙江省东安地方乌苏里江边的四边一带，即今四排村一带，亦即散布在今抚远县八岔人民公社、街津口人民公社，而以四排农业渔猎生产队为中心的赫哲族，是我国境内历史悠久的兄弟民族之一。由于历史上长期地遭受深重灾难，国内汉满各族的统治阶级和奸商，尤其是日本帝国主义的残暴、惨毒的压迫、摧残和野蛮屠杀，又是我国境内兄弟民族中人口最少的一个民族。1946 年人民解放军进入东北，他们得到解放时，已只剩下三百来人口，到今为止，几年中人口已增加了一倍；他们又是一个勤劳勇敢富于斗争传统的民族，与历史压迫者的不断斗争，与日本帝国主义的斗争，尤其不接受日寇迫使他们反对抗日联军的至死不屈的斗争，等等。

人民解放军进入东北，他们与东北其他兄弟民族人民一样，迎接了人民解放军，并协助人民解放军进行了三年自卫战争，推翻三大敌人的统治。自此他们便走上了新生的幸福的道路，今日已成为社会主义民族大家庭中的一员。

（2）解放前，他们还处在较原始的残酷状况下，并被迫走向衰亡。他们的生产，主要是渔猎。1920 年虽已有个别赫哲人从汉人学得种植术，但由于历史条件的限制，未能兴起和在生活中起作用。他们吃的是鱼和兽肉，即所谓"带血的鹿肉和豹子肉"等，以及冬青、柳蒿等野菜，日寇抢去兽皮，则配给

橡子面。穿的是兽皮和鱼皮，用鹿筋作成线，将熊皮、豹皮等兽皮制成长袍（赫哲语叫作翁米特格西）、裤、靴、长袜、帽子等等，用鱼皮作套裤、肩甲……，用鱼骨磨制衣扣——旧日统治阶级及日寇，因之污蔑性称他们为"鱼皮鞑子"。他们的住屋叫做"撮罗子"，用树木支叉架成，并不能蔽风雨。饥饿和病疫，尤其是因他们反对日寇"统制"和拒绝反对抗联军，日寇将船锁起，不让打鱼，不卖给枪弹，使其不能打猎，赶至离江百多里的草甸子，生活陷于绝境时，人口更是成家成片的死亡。

解放前，赫哲人主要的生产资料是打渔的网具和木船，打猎的枪和子弹等。网具、枪、弹是属于各户所有，即各个家庭所私有。打猎或捕鱼，有时也单独进行，在一般情况下，都是集体共同进行的。打得的鱼或猎获的野兽等，不论是否参加该次集体渔猎，都按户平分，还对孤老病残之人予以特别照顾。因此，他们的生产和分配，基本上是原始公社制度状态。同时，在他们之间有没有贫富和阶级的明显分化。从生产资料所有、生产分配统一来考察，一方面，他们正处在由原始公社制向阶级制度的过渡状态。另方面，由于他们长期遭受国内反动统治者，尤其是外来侵略者的严重摧残，也由于阶级社会的强烈而长期的影响，等等，赫哲人在解放前的社会又表现了一种畸形和变态，没能按照其固有历史进程行进。

由于这种原始性的落后的生产，同时由于历代满汉统治阶级和奸商等的残酷剥削和压迫，赫哲人的生活，在解放前的千百年中都是极端困苦的，灾难深重的。尤其是日伪统治期间，日本帝国主义在"统制"的名义下，残酷地把他们猎获的皮毛全部掠夺而去，只配给一些吃了"头晕、肚胀、想呕"的橡子面、麸子之类的东西。日寇为阻止他们和抗日联军的联系，并企图诱骗和强迫他们与抗联为敌，遭到富有斗争传统而又有迫切的抗日革命要求的赫哲人的拒绝。日寇始则以成批的屠杀，同时严密封锁他们与外间一切贸易联系，断绝其生产资料、生活资料的一切外来渠道，妄想迫使他们就范，却遭到赫哲人更坚决的反抗。日寇于是便采取极野蛮残暴的种族灭绝政策，不只截断封锁猎枪、弹药的一切来源，使他们无法进行狩猎，同时把"所有渔船都用铁链锁起来，谁要偷着去打渔，就要判罚、杀头……"。并把他们赶至离乌苏里江的一百多里草甸子，想通过饥饿、寒冻、病疫等，把他们灭绝。在这里，他们"种地没地，打渔没河的地方。从江边带去的柳蒿干菜吃光了，不得不去采那又苦又涩的冬青吃。得了传染病，一死就是一家。多少赫哲人就在那时候死去了。有一个部落，刚搬去时是一百二十多人，不到二年只剩下五十多人。"也正如他们的一支歌说："乌苏里绕过完达山，想起从前好心酸。日本鬼子烧杀又抢掠，渔船上锁渡日难。吃的是冬青野菜，剥下鱼皮当衣穿。赫哲只剩三百人，漫漫长夜盼亮天"。不能忘记过去，但"多苦多难"而又"强悍骁勇"的赫哲人并"没有屈服"，黑暗的"漫漫长夜"中，仍在为"亮天"而斗争。

（3）解放后，特别到今天，赫哲人的面貌全变了，已建立起人民公社，以四排村为基点组成了农业渔猎生产队，国家源源不断给送来打渔的汽船和其他生产资料。正如生产队长傅万全同志说："直到二十世纪的二十年代才有人跟汉族学会种庄稼。至于正式从事农业生产，那还是解放以后的事。""要不是共产党把着手教我们种地，到现在还吃带血的豹子肉哩。"1963 年，他们已种了 600 多亩地，其中小麦 140 亩、玉米 242 亩、大豆 130 多亩；他们还正在扩大耕地面积。

18 年光景，他们居住的地方，兴建了学校、广播站、医院、供销社、托儿所及其他服务行业。他们的住宅，"撮罗子"已变成一排浅黄色墙壁、蓝色窗棂的房屋。家家户户有了电灯，大多数家庭有收音机和缝纫机。屋檐下挂着打鱼的网，红色辣椒，……空气里飘着鱼子香，房屋被一片片杨树掩映着，益显得景象佳丽，四排村的面貌变了。每个家庭都过着富裕的生活。丁继松同志访问了一个赫哲人的普通家庭吴老大娘家，可以概见一般。丁继松同志记述说：

> 这间用花壁纸裱糊得干干净净的房间里，朝南是一铺炕，炕上叠着好几床大花被子，靠着窗户放着一张红漆桌子，摆着闹钟、热水瓶、擦得很亮的镜子……。紧挨着桌子的是一架崭新的缝纫机。……桌子对面的墙壁上，有两只用黑纸剪的大公鸡，翘着尾巴伸长了脖子，嘴对着嘴……。（这位老大娘还会剪蛤蟆、虾、蟹等）

> 大娘招待了丰盛的午餐。主人为我们准备了一桌子的菜，其中有一大半是鱼，有清炖鲤鱼，红烧鲫鱼，有咸大马哈鱼，还有一盘珍贵的赫哲菜、炒鱼毛（类似鱼松）。

政治上，正如傅兴春等 6 位人民公社赫哲人社员所说："也站立起来了，成了国家的主人，并且建立了民族乡。在各级人民委员会里，都有赫哲族代表。党领导我们组织起来，走上了合作化的道路。1958 年建立了人民公社，今年国家又给了我们一艘大汽船……。"《喜看赫哲族的歌舞》报道说:"他们遵循毛主席的教导,实行全民皆兵,龙玉成便是基干民兵,打鱼能手。"

文化、教育上,旧时代没有一个读书识字的赫哲人,现在已有了好些学生;赫哲人目前还"正在大学毛主席著作。赫哲族人傅桂芝、龙玉成演唱的'送本毛选带身边',就是反映他们学习毛主席著作的情景。""赫哲人绝大部分青年都积极参加业余艺术活动。社员们口头创作了许多歌颂党、歌颂毛主席的新民歌。"例如1964年参加少数民族业余文艺会演赫哲族傅桂芝演唱的歌剧,除前揭一则外,有:"……身上穿着美丽的新衣,想起您敬爱的毛主席;大江上运来红花布哟,赫哲人从此脱下鱼皮衣。堆起成山的珍珠似的米,想起您敬爱的毛主席。公社年年庆丰收哟,赫哲人再不用柳蒿野菜来充饥。"(《一直唱到北京去见毛主席》)

> 我们是打鱼的能手,我们是勇敢的民兵,不怕风,不怕浪,练文习武哟保边疆。大雾层迷不了路,心中有个红太阳。(《水上民兵》)

丁继松同志参加了他们经常举行的露天晚会,听到赫哲族出名歌手妇女队长、五好社员梅尼娜唱的一支《阿尼娜》的曲词。词云:

> 乌苏里江水清又清,月儿圆圆一片银;鲑鱼跳水哗哗响,赫哲人捕鱼忙不停。快撒网啊快拉绳,网里的鲑鱼直扑楞。小小的船儿装得满,送上北京表表心啊。

赫哲人有人会剪纸,有人会绘画,尤其能歌善舞,如爱唱《嫁令阔》(一种轻柔悠扬的民间曲调)、《阿尼郎》(妇女唱的民间小调),还有人善说《依玛堪》(赫哲人的一种民间说唱文学)。他们现在又常常在江边、树林空场举行的露天晚会(中烧一堆熊熊篝火)。

过去赫哲人得病,从来得不到医治;现在都能得到适当医治了,大大提高了卫生、保健。所以能在18年中人口增长1倍。

(4)对兄弟的赫哲人历史和状况,除去以往曾阅看日人的一些调查、研究资料外,前些年在东北工作时,曾访问过个别赫哲族同志及其他熟悉赫哲族一些情况的同志,近中又读到报纸登载的材料,尤其是6位赫哲族社员所述和丁继松同志的实地探访的报道。随笔摘录并附论析,聊志鳞片而已。

1964 年 12 月 11 日

西藏农奴的觉醒

（旺堆《西藏农奴的觉醒》，载 1964 年 10 月 9 日《人民
日报》；同年 11 月 10 日同报杨扬《看西藏农奴怎样
站起来》；同年 12 月 19 日同报《各项建设事业
迅速发展，第一代工人阶级成长壮大，
西藏自治区总工会成立》）

　　（1）为着想探讨藏族（主要是西藏）地区的农奴制度，曾搜集了不少资料；迄未动笔。

　　在藏族散布和聚居的广大地区内（西藏、青海、甘肃南部及四川、云南各一部分地方），直到平叛和民主改革前，还普遍存在着农奴制度或其状态；虽然各地区间，大如西藏和青甘，发展是不平衡不全一样，而以西藏具有较多的典型性。同时，由于国内先进区对它的长期影响，尤其是接近和插入汉族地区的地方，以及近代英美等帝国主义与印度反动派侵略的关系，它又表现了不少特色及一些畸形的东西。但它基本上保存了农奴状态。这对我们研究封建制度初期的历史，即农奴制时期，是极有帮助的；对西藏的革命和社会主义道路是有极重要的战斗意义的。在那样最落后、最黑暗、最残暴、最野蛮的三大领主，喇嘛庙、官府、贵族统治下的农奴（"堆穷"）及奴隶（"郎生"），是怎样才能翻身的巨大政治意义；不打不倒，党为着给予三大领主以"等待"的机会，曾一再推迟了民主改革和社会主义改造的时间，而反动透顶的三大领主，始终不肯退出历史舞台，并终于发动叛乱。这是一次深刻的历史教训，生动地无一可驳辩地粉碎了和平过渡论。

　　（2）大致从松赞干布时代起，西藏进入了奴隶制度时代，——约距今

1500 年前。以宗喀巴为首的所谓"宗教改革"为标志，西藏进入了农奴制时代，至今亦将近千年。过去在最盛的时期，据传藏族人口曾达到千万左右；由于最落后、最黑暗、最残暴、最野蛮的三大领主的农奴制统治，到平叛和民主改革前，西藏的藏族人口已降落至百万左右，即大家通常说的所谓"百万农奴"。

藏族地区的三大领主统治、即专制的农奴制度，也就是以僧权为中心的僧俗领主的专政，以达赖为首的布达拉宫旧西藏地方反动政府，就是僧俗领主的结合。这三大领主都构成为一个宝塔式的等级制体系。如甘南、青海及四川地区的寺院领主，以坐落在甘南的拉卜楞寺为中心，构成了等级相属的各级喇嘛庙的统治。属于领主阶级的喇嘛中（领主以外的广大喇嘛，大多是官奴和奴隶），也构成了一个身份地位的等级从属关系；其等级从属的各级官府，是从属于喇嘛庙的僧权统治的；贵族领主不只在自己的领地和庄园（"豁卡"）内有政治、军事、经济、财政的独特权力，各级僧权领主和官吏也大都是从他们的家族出身。三大领主在名义上又都从属于以达赖为首的布达拉宫的统治，立于宝塔尖端的达赖，便成为教、政统一即僧权、政权、俗权统一的化身。

藏族地区土地，在平叛和民主改革前，不论耕地、草地，山岭、湖川等等，基本上为三大领主占有。领主都拥有大小数目不等的庄园，通过庄园组织形式，把其从属下的农奴，世世代代束缚于庄园内，进行超经济的极其残酷、黑暗、野蛮的剥削、压迫。他们或给予农奴"份地"，农奴以大部分时间到领主的土地上劳动，有的已不采份地形式，土地全由农奴耕种，缴纳生产物的绝大部分；因此，它存在有劳动地租、实物地租两种形态。领主都对农奴进行极端残酷的高利贷剥削，农奴只借少数钱或粮，一经上套，年年辈辈还债，总是越还越多，永无偿清之日，所以叫作"子孙债"。农奴的差徭（"差巴"）负担的苛重是骇人听闻的。繁多、累重的差役，均须随呼随到，不知多少农奴为供差丧了命；农奴的妻子还要长期到领主家供役，如家务贱役、杂役、放牧、砍柴，等等。领主政权不只规定：农奴的子女仍是农奴，领主还常借口债务等关系，迫令农奴或其家人去充当奴隶（"郎生"），又常派遣狗腿子抢掳农奴子女去作奴隶。农奴对领主有世代相承的人身依附关系，不能自由离开他去。藏区农奴常因忍受不住饥寒交迫和残虐迫害的熬煎，便携妻扶子远走他乡，而他乡的农奴主（领主）也是一样的黑乌鸦。逃走若被抓回，不是活活被残酷处死，也要被弄得半死、残废。喇嘛教则散布，农奴逃走，下世不得超生，等等欺骗宣传。领主对农奴不只有任意打骂、处罚之权，而且常任意处死农奴。各级寺院、官府和贵族领主的庄园，都设有处罚农奴、奴隶的公堂、刑具、监狱等等。什么叫做犯法，是毫无准则的。如农奴的儿子趴在地上给领主儿子当马骑，领主的儿子如从背上摔下犯法；农奴、奴隶看到领主，要立即跪倒在地，并伸出舌头舔地，否则犯法；农奴、奴隶主对领主及其家人、左右的打骂，如稍有回手、回嘴，犯法。如此等等，不可胜数。酷刑除杀、绞、"喂蝎子"等等死刑外，有截趾、断臂、割舌、挖眼、挖心、站木笼、枷示、监禁……种种惨不忍睹的严刑酷罚。领主都豢养和役使管家、家丁等人员为其服务，狗仗人势，这些家伙大都是豺狼样凶恶。

藏区农奴制状态下，还存在大量的郎生即奴隶，地位还低于农奴，实质上，即汉族中世纪初期的"十等"奴隶，欧洲中世纪的所谓贱奴，但由于藏区地广人稀，领主更多地役使奴隶从事生产劳动。喇嘛寺的下层喇嘛即劳动喇嘛，地位也分别相当于农奴，也就叫做"堆穷"、"郎生"。手工工人实即工奴，身份地位同于农奴，并受到更多的贱视。如在拉萨，铁匠工被卑称为"黑鬼"，等等。"郎生之子永为郎生"，手工工人的身份地位也是世袭的。

农奴、手工工人都有自己的室家和一点可怜的生产资料等财产——每每是微薄得不起实际作用。郎生则没有自己的家室和财产，儿女一生下能走动时，就从母亲的怀中被夺走；领主可以把自己的农奴出卖、与他人换牛马或以农奴换农奴。郎生更只是领主的"能说话的牛马"。

西藏农奴制度所拥有的劳动手段，是很落后的，农业生产大多使用木器和石器；铁犁、铁刀很小很钝而又很少。铁犁只有二三寸长，犁地深不过一二寸；这也不是每家都有，而是几家，有的地方则十几二十家才有一件，甚至完全没有。铁刀很小很薄，也不是每家都有。西藏何时开始使用这种铁器，我手边没材料来说明。西藏解放在人民解放军入藏和平叛前，国家发放了大量铁犁铧等内地农具；但国家"发"了，以布达拉宫为首的三大领主，却把它封起来，而不许"放"。由于劳动手段的原始性，更由于农奴经常在饥寒交迫中无力改进生产，农业产量是低得惊人的，有时甚至只能收回种子。

所以喇嘛教、"神王"、"活佛"等等，以次的封建领主，都不过是吃人的豺狼、魔鬼。凡参观过民族文化宫的西藏农奴制度展览的观众，都不能不留下惊心动魄和愤怒的回忆。

（3）在那样残酷的剥削、压迫下，"百万农奴"的阶级仇恨、反抗，即革命要求的根据是极深厚的。他们装哑巴、逃走，不顾危险把背在身上的领主摔下，都是他们反抗、斗争的日常形式和表现。人民解放军入藏后，虽然，"农奴主曾经千方百计用诱迫、挑拨来破坏部队、干部和西藏劳动人民的关系"，如"说医务队是散恶鬼的人"，等等，而农奴和奴隶中间仍是迅即传开种种神话式的传述。如：

> 东方出了个顶红顶红的太阳，太阳里站了个顶高顶高的菩萨，他什么都看得见。他看到了这世界上最高的地方，有人在受最深的苦。菩萨的手一指，菩萨兵就越过千山万水来解救人们的大苦大难。每个菩萨兵的头上，都顶一颗五个角的红星星……。

这正是他们对光明的向往，对革命的向往。所以当反动领主集团掀起叛乱，"百万农奴"的斗争便开始沸腾起来，舍生忘死协助人民解放军平叛。这正"反映了西藏百万农奴在共产党的领导下觉醒起来，喷出世世代代积压在胸中的怒火，焚毁罪恶的农奴制度"。

平叛后，"百万农奴"卷起了汹涌澎湃的民主改革运动。他们都分得土地、牛、犁、房屋和浮财，开始真正当家做主和大搞生产。

民主改革后，他们在党的正确领导和深切关怀下，已初步走上了合作化的道路，普遍成立了互助组，现已有2.2万多个农业、牧业互助组，其中常年互助组占20%。国家又无偿地发放了大量较先进的农具，并教导使用。如近几年，国家还发放贷款630多万元，供应70多万件犁铧、铁锹、铁镐和新式马犁等铁质农具。祖国各地工人支援了钢材3300多吨；1963年和1964年，翻身农奴、奴隶用贷款买了耕牛1300多头，等等。千百年来落后的生产技术，随着落后、反动的生产关系的消灭而获得根本改变。几年来，他们连年，并一年比一年高地得到丰收和增产，生活已开始走上富裕的道路。大多翻身的农、牧奴、奴隶都家有余粮，过去贫困落后的农村、牧场，面貌正在发生翻天覆地的变化，到处都掀起了生产热潮，并正走向社会主义的广阔道路。

尤其值得大书特书的，西藏已从无到有办起了现代工业，有了已开始成长、壮大的第一代工人阶级。这是行将建立的西藏地区社会主义的基石，将来追上先进、共同完成社会主义过渡的根本保证。情况是："解放前，西藏根本没有现代工业，没有现代工人阶级。解放后，特别是民主改革后，在党和国家的大力支持下，翻身农奴积极进行工业建设，在短短几年内，西藏高原上就出现了包括电力、煤炭、农具制造、皮革、汽车修配、森林等十多个行业的现代工业。随着现代工业的发展，一支藏族职工队伍迅速成长起来，目前已有二万多名藏族职工在几十个中小型工厂、矿山、企业和事业单位工作。其中有三千多人，成了汽车驾驶员、拖拉机手，桥梁建筑业、电工、机械工等技术工人。有不少藏族职工成了先进生产者，或参加了共青团和中国共产党。"

"拉萨发电厂，从发电、变电到供电十多个工种，都有藏族工人和……技术人员。在去年建成的拉萨水泥厂里，藏族职工已担负起大部分生产任务。这个厂每年生产六千多吨水泥，质量良好。几乎全是藏族工人组成的西藏建筑工程公司第四施工队，已能独立修建现代工程，工程质量能符合国家施工设计标准。西藏交通运输部门的藏族职工，在最近六年中增加了十六倍多，技术工人由五人增加到六百多。这个部门的三千多名养路工……他们和汉族工人一起，认真地把公路养护好。"

"大批藏族工人能在短期内掌握先进技术，党和汉族工人的热情帮助是分不开的。帮助西藏建设的汉族职工，都把培养藏族工人当作自己应尽的责任。拉萨水泥厂的汉族师傅为了教好藏族工人，积极学习藏语，同时还教藏族工人学习汉语汉文。这个厂有一百四十多名藏族工人，经过两三年的培养，已有七十多人达到一级工以上的技术水平。拉萨电厂的一些藏族工人，在汉族师傅的指导下，能够独立地解决比较复杂的技术问题，有的还学会管理企业。"

"目前全区已有基层工人组织一千七百多个，工会会员二万多人。几年来，各级工会组织，在党的领导下对职工进行了阶级教育、爱国主义和社会主义前途的教育，并组织职工活学活用毛主席著作，从而使广大职工的阶级觉悟不断提高，生产热情空前高涨，先进生产者大批涌现。仅西藏交通运输部门，近年来就涌现出先进集体三百多个、先进职工三千多名。"

西藏自治区总工会亦已于1964年12月15日在拉萨正式成立。

从西藏农奴翻身当家做主的全面情况说，经过平叛、民主改革、生产运动，如同从原来的农奴和奴隶中涌现成长起工人阶级，也涌现出大批积极分子和先进人物，其中有不少人参加了中国共产主义青年团和中国共产党。在农村、牧场、各级政权机关、群众组织、文化战线等方面发挥作用。据 1964 年 12 月 12 日《人民日报》《西藏大批翻身农奴担任领导职务》说：

> 农村牧区的基层干部队伍也在不断壮大，现在全区有一万七千多名劳动人民出身的基层干部担任支部书记、乡长、共青团支部书记、妇联主任等基层领导的职务，成为实行人民民主专政、领导群众进行阶级斗争和生产斗争的核心力量。

> 今年西藏又有一批翻身农奴和奴隶担任了县区领导职务。仅在上半年，拉萨、日喀则、黑河等地区就有 306 人被提拔到县、区领导岗位，其中担任正副中共县委书记、正副县长的有 18 人。

> 目前西藏全区已有一千多名藏族干部担任区以上各级党政领导职务。全区七十多个县的正副县长，和四百四十多个区的正副区长中，百分之八十七由藏族干部担任，不少人还担任中共分工委（相当地委）副书记、专员、中共县委书记和县长等职务。

> 今年新提拔的藏族干部，几年来在工作中经受了锻炼和考验，阶级觉悟和工作能力有了很大提高，许多人学会领导阶级斗争和生产斗争，学会走群众路线的工作方法，被群众赞为革命幸福大道上的带路人。江孜县县长临瓜次仁就是这样的干部。他小时候给农奴主支差，后来当佣人，10 年前他因不堪虐待，从领主家逃跑出来，到公路上参加修路，领主曾为他逃避差役要捕他杀他，使他几年不敢回家。他在修公路的 4 年中，不但学习了文化，还懂得了许多革命道理，民主改革后不久他便参加了工作。几年来，他由一个农民积极分子，成为副区长、县级机关副科长、副县长，今年 7 月又被提升为江孜县县长。从 1961 年以来，他连续 3 年被评为江孜县的先进工作者。今年各地从乡干部中提拔的 232 名区干部，百分之九十以上是民主改革以来涌现出来的积极分子。他们立场坚定，熟悉当地的情况，同群众有着密切的联系，这几年在实际工作中锻炼成长得很快。黑河县巴尔选区贫苦牧民出身的白玛却札，父亲被反动的西藏地方政府绑在马尾上活活拖死，以后全家人在草原上流浪乞讨。西藏民主改革后，他被选为乡的牧农协会委员，在领导群众抗灾保畜、发展牧业生产上取得很大成绩，成了全县的先进生产者。今年 3 月，他被提拔担任这个区的副区长。

在基层干部中，过去被反动领主称为最"贱"的农奴和奴隶，涌现出不少优秀人物。据同日《人民日报》《翻身农奴的当家人》报道，例如"工布江达县拉冈乡党支部书记兼乡长扎西洛布，这位过去只配住牛圈马棚的奴隶，现在带领着拉冈乡的翻身农奴排除万难，在五年间使全乡的粮食增产近两倍，使八十多户贫苦农奴和奴隶成了余粮户。""岗卓旺姆是当雄县纳木湖边一家贫苦牧民的女儿，今年刚满二十四岁。今年冬季大雪封住纳木湖草原的时候，岗卓旺姆正担任色德乡牧民协会的领导工作。就是她，和当雄县工作组一起踏着没膝深的积雪跑遍了色德乡，说服牧民向非灾区转移，使几万头牲畜安全渡过雪灾。""尼木县林卡乡党支部书记兼乡长次仁旦达说："如果我们不能给人民当好家，对他们的实际问题漠不关心，要我们还有啥用？""这位自称是'粗心眼'的人，哪一天也要把全乡的大小事反复想几遍。生产自然要管，老人养老、小孩上学，甚至两口子吵架，他也要管。"……在文化上，也涌现了不少技术工人、技术员、医师、作家、演员等人物和登山运动员等等。西藏话剧团的诞生，参加电影影片《农奴》表演的演员旺堆等同志，原来就都是农奴或奴隶。

尤其是在藏族人民中，工人阶级的诞生和成长，已从其中涌现出成群的共产党员和共产主义青年团员，且有根本性的决定意义。这已如前述。

民主改革到现在短短的6年里，西藏跨越了几个世纪。藏族正在跟上和追赶国内先进的兄弟民族，在党和毛主席的英明正确的领导下，在汉族等兄弟民族的帮助下，逐步赶上先进，走向社会主义和共同完成社会主义的过渡，进入共产主义社会。

（4）藏族地区在民主改革前的农奴制度研究，对历史科学、对现实斗争，都是很重要的。如有可能，还当觅取条件，整理材料，进行系统探讨，同时对大小凉山彝族地区在民主改革前的奴隶制状态的系统探讨，是同样具有重要意义的。

根据报纸对藏族地区、大小凉山过去的农奴制或奴隶制一些具体状况——从现已涌现出的先进、英雄人物的家史、经历及其英勇斗争的事迹，等等。我已写过很多诗（可能在20首以上），并附有不少注，也应该都是具有史料和探讨价值的。

党领导西藏"百万农奴"斗争的胜利，是马克思主义、毛泽东思想的胜利。无产阶级和其领导的劳动人民的革命性、革命要求和斗争，与马克思主义的科学性相结合，就能成为百战百胜，无敌不克、无坚不摧的无敌力量。

1964 年 12 月 20 日

编　后　记

　　《史学散论》(以下简称《散论》)是先父吕振羽同志晚年自编遗稿,始笔于1964年2月,结束于1965年9月,共分4辑专题,收文计33篇。1980年先父逝世以后,应一些学术刊物之约,陆续发表过10余篇。此次汇集出版,系按原作编目,据原稿进行整理,核对过有关资料;其最后一文系有关解放前曲阜孔府问题,因尚待整理,遵家母建议未收入。

　　上述遗稿,是先父在极为艰难的条件下写作的。自1963年以来,先父蒙不白之冤(1979年已经党中央予以平反),失去自由,被迫中断了原定的《近现代中国政治思想史》、《近现代简明中国通史》的写作计划。当时身边无任何参考资料,仅有两份报纸(《人民日报》、《光明日报》)。在身处逆境,与世隔绝的情况下,他始终相信党,始终对前途充满信心,置个人荣辱得失于度外。他痛惜时光无情流逝,为力争减少损失,自1963年初即开始写诗,并回忆整理平生旧作近三千首,题名《学吟集初草》。从1964以来,他从两报上所发表的学术论文中受到启发,他感到当时所争论的一些学术问题十分重要,有些涉及到史学、哲学等理论研究的原则问题,有些可说是解放以来史学界开展一系列讨论问题的继续;他感到不少青年学者的文章资料丰富,析论深刻,提出了不少正确的意见,但也感到有些文章的观点还值得商榷或尚存片面,自己不能置身局外。因随笔直书,录出上述争论不同意见的基本观点,并阐述自己的看法和议论(包括对过去研究所作自我批评),以备他日查考,并为以后继续探讨这些问题准备条件。他把这部文稿题名《读报随笔》,又名《史学评论》。这部文稿,约计20多万字,因无稿纸,全都用钢笔写在32开大小的白纸或旧报纸上。很显然,他出于一名老共产党员对党对马克思主义无比忠诚和高度的责任感，具有一定的文献价值。

今年是先父吕振羽同志诞辰一百周年，也是他逝世二十周年。《散论》的出版，应是对他毕生治史的最好纪念。

《散论》的出版，得到了中国社会科学院科研局及社会科学文献出版社的大力支持与帮助；吉林大学历史系赵锡元教授等为部分文稿作过校勘工作，在此一并致以诚挚敬意与谢忱。另外，本书原名《史学评论》，考虑贴近内容，更名为《史学散论》。

为尊重历史，本书整理时力求保持原貌，只更正了个别错字。限于水平与时间关系，整理中定有不少疏漏或错误，敬希读者教正。

吕　坚

2000 年 2 月

附　自编集目[①]

唱和集（学吟集）诗草编目草稿

第一卷（代序）

    论诗

    再论诗

    三论诗

    四论诗

第二卷

    祖国颂

    祖国名都吟

    祖国名山水吟

第三卷

    马克思颂

    斯大林七十寿辰颂

    民族团结赞

第四卷

    咏史一百题

    旧民主主义革命人物吟

    少数民族特出人物吟

---

① 编者注：《自编集目》系著者根据回忆撰写的自编全集集目。未具时间，因含"甲辰（1964年）杂咏"，估计在1965年左右。

第五卷

　　千年古村向骄阳

　　古木逢春放绿枝

第六卷

　　一九六二年以前杂咏

　　壬寅杂咏

第七卷

　　癸卯杂咏

第八卷

　　甲辰杂咏

史论前集拟目初稿

一、

　　帝国主义与世界殖民地问题——一九三〇年《新东方》

　　东方民族与东方革命——一九三〇或一九三一年《北平日报》

　　最近之世界资本主义经济——一九三三年十二月青年出版合作社版

　　中日问题批判——一九三三年北平导群书店出版（待搜集）

二、

　　杨朱派哲学思想研究——载中山文化教育馆季刊

　　殷商经济研究（同上）

　　隋唐经济研究（同上）

　　谭丕模《中国文学史》序言

　　给陶希圣的关于历史唯物主义问题的信——《食货》半季刊

　　史学新动向——北平晨报（给谭丕模的信）

　　中学生怎样学唯物史观？——商务《中学生》

　　辛亥革命三十年祭——商务《学生杂论》

　　纪念吴检斋先生——一九四〇年重庆《新蜀报》纪念特刊

　　在《文史》、《中苏文化》、《劳动季刊》、《文化批判》等刊物上发表的历
　　史论文

　　史前期中国社会研究——三联版

殷周时代的中国社会——三联版

拟增补：

凉山彝族地区奴隶制度探究

藏族地区及新疆维吾尔族云南傣族地区农奴制度探究

简明中国通史——人民出版社版

中国社会史的诸问题——三联版

史论集——人民出版社版

三、

本国历史讲话（原始社会至南北朝）——延安《解放日报》历史讲座连载

中国民族简史（待改写）——大连大众书局版

四、

史学研究论文集——上海人民出版社版

伟大的兄弟同盟——旅大苏军政治部《实话报》

太平天国运动性质初探——东北局宣传部《学生生活》

双璧诗集序（陈干侯烈士遗作）——中国诗歌发展的历史初探

中国社会的各阶级和党派——中共北方局党校油印记录

史论续集拟目初稿

关于我国旧石器和新石器文化的论文——《人民日报》、《新华半月刊》

怎样学习历史？——《中国青年》、《历史教学》

历史上的民族关系问题——《学术月刊》

关于民族历史的一些问题——同上

新疆和祖国的历史关系——《民族团结》、《新疆日报》

中国历史上的特点问题

中国历史上的百家争鸣问题

怎样研究中国军事史的谈话

怎样研究中国妇女史的谈话——以上四题中央党校有记录油印稿

关于孔子学术讨论的一些问题——山东《大众日报》、《文史哲》

关于王船山学术讨论的一些问题——《新湖南报》存稿

反岷藩之争与武新等县的农民起义和持续两年的战争——仅拟过初步提

纲，待写。

在话剧《甲午海战》座谈会上的发言——载《戏剧报》

论革命精神——一九六一年稿

史论三集拟题

再论荀卿思想

扬雄思想研究

再沦范缜的《神灭论》

柳宗元唯物主义新探

再论张载思想

方以智哲学初探

戴震唯物主义探究

关于孙中山的世界观

章太炎思想研究

陈天华思想研究

邓绎思想研究（关于邓绎的《云山读书论》）

黄遵宪、容闳、郑观应、薛福成、严复、康有为、谭嗣同等人思想的分别或合并研究

太平天国（洪秀全、洪仁玕、钱江等）思想研究

洋务运动派（曾国藩、左宗棠、李鸿章、张之洞等的思想性质，辜鸿铭、林纾、梁漱溟的思想性质）

太虚唐太圆一派的佛学思想

欧阳镜吾一派的佛学思想

熊十力的唯识论的实质

（或合题为"近百年各派佛学思想的实质"）

完成此册后，当继续从事《简明中国近代现代史》、《中国近代现代哲学史》、《亚洲简史》等著作。

讲稿汇编拟目

中国经济史讲义——北平中国大学刊印

中国社会史讲义（殷以前）——同上

先秦诸子思想概论讲义——同上

中国民族解放运动史讲义——塘田战时讲学院木版

中国革命讲授提纲——中共华中局高级党校油印本

中国哲学史问题十讲记录——同上

社会科学概论讲义——北平中国大学刊印

农业经济学讲义——同上

计划经济学讲义——同上

殖民地问题讲义——北平朝阳大学刊印

中国通史讲授（录音）——中共中央高级党校刊印上下册

以上讲稿都很粗糙，其中不少都是记录稿，且事先未经审阅，均须大力重新整理、修改、增删。

工作报告和工作布置拟目

关于旅大工作问题给南满分局陈云、萧华同志的一封信

对旅大区工作的意见在东北局的发言（东北局的记录稿）

关于冀热辽救济工作给分局的总结报告

关于冀热辽分局工作巡视团给分局的工作报告

大连大学（党委）处理俄文班闹事问题的经验给东北局宣传部的报告

大连大学分校工作结束和对三院工作的布置给东北局的报告

视察长春哈尔滨各高等学校工作给东北局的报告

视察沈阳工学院等校工作给东北局的报告

检查旅大档案、博物、图书等馆工作给东北局林枫等同志的报告

关于教学时间安排问题给中央宣传部长的信

关于处理学生失窃问题给中央宣传部长的信

关于五龙背区试点工作的经验和总结——给安东省委的报告（省委机关报专刊）

关于支部工作问题的报告——安东省委党校油印

关于抗战时期湖南文抗、长沙中苏友协、塘田战时讲学院工作在延安湖南工作检查会上的发言——向党中央城工部的报告

冀热辽救济分会的工作计划等——有文件入档

大连大学和大学党委的工作计划、报告等——见学校校刊及档案文件

东北人民大学和人大党委的工作计划、报告等——载校刊《东北人大》
和档案文件

政论和杂著拟目

关于科学的阶级性问题（记录稿）——大连大学卫生研究所铅印本

马克思主义经济在中国的发展的报告——大连《　　？杂志》发表记
录稿

脱险归来——长沙《大公报》连载

抗战前平津一些日报的《专论》

长沙《大公报》、《力报》的《专论》——一九三七——三八

抗战形势讲话——长沙《中苏》半月刊

政论和其他文论——抗战前及一九三九—四〇年《中苏文化》、《中苏》、
一九三二年《丰台》

发表在《东北日报》的论文——一九五〇——五三年

在中国科学院会议上的发言——见汇刊

在全国人民代表大会上作的发言——见汇刊

在政协全国委员会工作会议上的联合发言——见汇刊

检查《民族研究》杂志工作的总结发言——载该刊

关于文字改革问题的笔谈和谈话——载文改会会刊

关于反右斗争的几次发言（见集刊）

关于思想改造等方面的论文（见《光明日报》）

诗集（唱和集）八卷（江明振羽合著）——拟目另录

革命回忆录拟目

随少奇同志回延安（江明振羽）——中国青年出版社样本

抗战时期湖南文抗工作回忆——应湖南考古历史研究所嘱托写

塘田战时讲学院工作回忆（待写）

附：

王建中、王时真、吕一平、王锐聪等同志合写的《塘田战时讲学院回忆》

抗战前南京、广州与国民党合作抗日的经过杂忆

杂记拟目

工读散记（江明）

欧游日记

冀热辽救济分会工作杂记——拟据笔记回忆

冀热辽分局工作巡视团杂记——同上

安东省委工作杂记——同上

旅大区党委和大连大学工作杂记——同上

东北文委工作杂记——同上

东北人民大学工作杂记——同上

一九六二年山东、湖南杂记——同上

溲浡集拟目

中国外交问题——《村治月刊》

青年的觉悟和前途（？）——同上

村治的理论与实施"序"

三个障碍问题——《新东方》

三民主义的理论和实际——北平文化学社

其他